Karl Kohut/ José Morales Saravia (eds.)

Literatura chilena hoy:

La difícil transición

americana eystettensia

Editores: Karl Kohut y Hans-Joachim König

**Publikationen des Zentralinstituts für Lateinamerika-
Studien der Katholischen Universität Eichstätt
Serie A: Kongreßakten, 21**

*Publicaciones del Centro de Estudios Latinoamericanos
de la Universidad Católica de Eichstätt
Serie A: Actas, 21*

Publicações do Centro de Estudos Latino-Americanos da
Universidade Católica de Eichstätt
Série A: Actas, 21

Akten der Tagung vom 24. bis 27. Februar 1999: "Literatura chilena
hoy. La difícil transición"

Actas del Simposio del 24 al 27 de febrero de 1999: "Literatura chilena hoy.
La difícil transición"

Actas do Simpósio do 24 até o 27 de fevereiro de 1999: "Literatura
chilena hoy. La difícil transición"

aey

Karl Kohut, José Morales Saravia (eds.)

Literatura chilena hoy

La difícil transición

Frankfurt/Main · Madrid

2002

Secretaria de redacción: Verena Dolle

Composición tipográfica: Vera Schubert
                              Rita Lentner

Impreso con el apoyo de la
Universidad Católica de Eichstätt

Die Deutsche Bibliothek - CIP-Einheitsaufnahme

Literatura chilena hoy : La difícil transición;
[Akten der Tagung vom 24. bis 27. Februar 1999: „Literatura chilena
hoy. La difícil transición"] / Karl Kohut, José Morales Saravia (eds.).
- Madrid : Iberoamericana ; Frankfurt/Main : Vervuert, 2002
  (Americana Eystettensia : Serie A, Actas ; 21)
  ISBN 84-8489-060-0 (Iberoamericana)
  ISBN 3-89354-922-6 (Vervuert)

ÍNDICE

IV Evoluciones

V Individualizaciones

VI Apostillas

Epílogo

Documentación 465

Índice onomástico 487

A manera de prólogo

La literatura chilena tiene en Alemania una presencia más visible que la de otros países latinoamericanos. Esta presencia es una consecuencia positiva de un hecho sumamente negativo: el exilio masivo después del golpe militar del 11 de septiembre de 1973. A diferencia de lo ocurrido en otros países europeos, los chilenos son el primer grupo importante de exiliados latinoamericanos que llegaron a Alemania. Llegan a un país todavía dividido, y, aunque encuentran en ambas partes una acogida impregnada de solidaridad y simpatía, las experiencias políticas fueron distintas para los exiliados según que llegaran a la República Democrática o a la República Federal. Esto último se refleja, teñido de ironía, en la novela *El anfitrión* de Jorge Edwards, buen ejemplo de cómo las experiencias alemanas de los escritores exiliados se convirtieron en literatura. Un caso particular es el de Antonio Skármeta, que había vivido en Alemania durante 14 años, entre 1975 y 1989, y que, más que otros escritores, había logrado insertarse en el espacio cultural alemán, y que ha vuelto, años más tarde, con el cargo de embajador.

Es esta historia común a ambos países, aún viva, la que ha conferido un interés particular al simposio sobre la literatura chilena actual, celebrado en la Universidad Católica de Eichstätt los días 24 a 27 de febrero de 1999, dentro de la serie de simposios dedicados a las literaturas latinoamericanas de las últimas décadas (Argentina, México, Colombia, Perú y Venezuela). Visto en retrospectiva, el momento fue propicio. La difícil transición a la que aludimos en el subtítulo tanto del simposio como de las actas, se refiere, en primera instancia, a la situación política. A pesar de que hace más de una década que Chile volvió a la democracia, muchos la ven todavía con cierto recelo, señalando en ella las huellas de la dictadura anterior. En segunda instancia, la fórmula vale también para la literatura, en tanto que podemos observar una transición de una literatura caracterizada por las experiencias del golpe, la dictadura y el exilio y animada por el ideal político de una nueva sociedad, a una literatura que refleja el mundo del llamado "modelo chileno", un mundo en el que los valores de la economía de mercado parecen haber reemplazado a los valores políticos. A pesar de estas tensiones internas, o tal vez precisamente por ellas, la literatura chilena es más exitosa que nunca, sobre todo en el campo de la narrativa.

El presente volumen reúne contribuciones de autores y críticos chilenos, y trabajos de estudiosos alemanes y de otros países. En cuanto a la parte chilena, fueron invitados autores y críticos de varias generaciones y tendencias, ya sea que viven en el país o fuera de él, para que estuvieran representadas, de este modo, las diferentes líneas que caracterizan la actual escena literaria nacional. De esta variedad y diferencia surgió una discusión intensa y fructífera que se refleja, aunque sea indirectamente, en los textos impresos. Confiamos en que este volumen ayude a fomentar el estudio crítico y el conocimiento de la literatura chilena actual.

El simposio no habría podido realizarse sin el generoso auspicio del Consejo Alemán de Investigación Científica (Deutsche Forschungsgemeinschaft). Deseamos agradecer del mismo modo al Servicio de Prensa e Información del Gobierno Alemán (Presse- und Informationsamt der Bundesregierung) que hizo posible una estadía previa de los invitados en Munich y, finalmente, al Instituto Cervantes de dicha ciudad y su director Ignacio Olmos que nos prestó su sala de conferencias para una presentación pública de los autores chilenos.

Eichstätt y Berlín,   Karl Kohut
noviembre de 2001   José Morales Saravia

Introducción

Generaciones y semblanzas en la literatura chilena actual

Karl Kohut

> Antes las discusiones eran ideológicas, de fe y principios,
> ahora son sobre dólares, índices de ventas y apariencias
> Ramón Díaz Eterovic, *Los siete hijos de Simenon*

No se puede hablar de "literatura chilena hoy" sin pensar en la política, sin pensar en la llamada difícil transición. El término "transición" se emplea para describir el paso de la dictadura a la democracia, y muchos chilenos la ven "difícil" porque para ellos la democracia tarda en realizarse en el sentido propio de la palabra. Lo difícil y precario de la transición se hizo patente cuando un tribunal inglés mandó detener a Pinochet en Londres en octubre de 1998, hecho que provocó la ruptura del tenue velo del consenso y abrió heridas mal cicatrizadas.

No se puede hablar de la literatura chilena actual sin pensar en la gran esperanza que significó el gobierno de Allende y en el golpe que le puso fin. Sin embargo, y a pesar de que pueda parecer cínico decirlo, estos acontecimientos que se resumen en esperanzas frustradas, violencia y opresión dieron a Chile un papel protagónico que no había tenido antes. La esperanza que supuso el gobierno de Allende para los chilenos fue compartida por muchos en el mundo entero, y el golpe suscitó una ola de simpatía y solidaridad con el país que se materializó en la acogida de los exiliados que se dispersaron por el mundo.

Si la transición es difícil en un sentido político, lo es también en un sentido literario. Sin embargo, es justamente en estos años difíciles cuando la literatura chilena sale de la situación relativamente marginal en la que se encontraba. Es éste un proceso sumamente complejo en el que se mezclan de forma intricada factores políticos y literarios. Antes, Chile tenía fama de ser un país de poetas al contar con dos premios Nobel[1]; el compromiso de Pablo Neruda con el gobierno de Allende fue, por otra parte, un factor fundamental para la repercusión mundial del proyecto político de éste. Aparte de la poesía, sin embargo, la literatura era desconocida, lo que vale, sobre todo, para la narrativa. El *Boom* había hecho protagonistas a autores de otros países, e incluso José Donoso no fue inicialmente sino una figura marginal. En los años del *Posboom*, por el contrario, la narrativa chilena se volvió protagonista, hecho intuido por Fernando Alegría al escribir que la hora de la literatura chilena vendría "cuando el circo de la supertécnica desman-

---

[1] No hay que olvidar al gran sobreviviente de la generación de Neruda, Nicanor Parra, quien recibió en 2001, a sus 87 años, el X Premio Reina Sofía de Poesía Iberoamericana. Cf. *El País*, 7 de nov. de 2001, 50.

tele sus carpas, recoja sus cables y barra su aserrín"[2]. Fue sólo en los años posteriores al *Boom* que se percibió la importancia real de José Donoso. A su lado, surgieron nuevos nombres. Antonio Skármeta es visto por algunos como la figura paradigmática del *Posboom*[3]. Las novelas de Isabel Allende tienen los tirajes más altos, y es probablemente ella la que es actualmente considerada por el público lector europeo y norteamericano como la figura más representativa de la literatura latinoamericana. Roberto Bolaño gana en 1999 el Premio Rómulo Gallegos con *Los detectives salvajes* (1998), Marcela Serrano es finalista del Premio Planeta de 2001 con *Lo que está en mi corazón*, y Luis Sepúlveda, finalmente, es tan exitoso que puede permitirse el lujo de crear, en España, un propio premio literario (Las Dos Orillas). La narrativa chilena produce *bestsellers*, hecho discretamente parodiado por Eduardo Labarca en este volumen con una ironía que no lo excluye. Incluso más sorprendente es, tal vez, el hecho de que este éxito no se limite a los autores mencionados ya consagrados, sino que se extiende a los jóvenes autores de la generación llamada "de los 90" cuya fama empieza a expandirse más allá de las fronteras del país. El éxito de esta generación es comparado en Chile, muchas veces polémicamente, con el éxito económico del llamado "modelo chileno"[4].

El auge de la narrativa ha cambiado la imagen literaria del país. A pesar de la afirmación de Iván Carrasco de que "la poesía chilena es un boom permanente" (citado por Harris 299) es obvio el hecho de que queda algo ofuscada por la narrativa. El teatro lleva una vida aparte y muchas veces ni siquiera se menciona en el contexto literario. Sólo el ensayo tiene un éxito comparable al de la narrativa, hasta tal punto que es a él al que algunos críticos confieren el papel protagonista.

La imagen de la literatura chilena de hoy que se desprende de los 30 artículos de este volumen da testimonio de su efervescencia, de sus éxitos pero también de sus disensos, divisiones y polémicas. El lector atento descubrirá convergencias y divergencias. En esta introducción intentaré resumir críticamente los temas tratados, trazando algunas líneas directrices desde una perspectiva que se define tanto por la distancia geográfica como por la proximidad de la empatía[5].

---

[2] Citado por Antonio Skármeta en un artículo de 1975, 4.

[3] Cf. Mempo Giardinelli en un artículo publicado en *Clarín* (2 de enero de 1986), citado por Shaw 1998, 7.

[4] Cf. Decante 377. Citaré a los artículos de este volumen dando autor y página, mientras que las referencias a otros autores incluyen además, el año.

[5] Este volumen se inserta, además, en la serie de trabajos anteriores sobre la literatura chilena de las últimas décadas. Cf., en especial, Hahn 1994 y Quezada 1997. Me abstengo de enumerar aquí los estudios más especializados que son citados en los artículos de este volumen.

Dictadura, transformismo, transición

Es inevitable empezar este resumen con un breve análisis de la situación política. El golpe de Pinochet de 1973 dividió la historia del país en un "antes" y un "después" y, del mismo modo, la de la literatura. El golpe cambió la vida de todos los chilenos, estableciendo un régimen de opresión y de miedo. Consecuencia de la opresión fue el exilio masivo. Estos hechos afectaron a los escritores de triple manera. Primero, en tanto que ciudadanos, estuvieron expuestos a los mismos peligros que los demás. Segundo, el contexto literario cambió de modo radical. Para quienes permanecieron, a pesar de todo, en el país, la censura y la represión los llevó al silencio o al camuflaje. Para quienes se fueron, el exilio determinó su modo de vivir y escribir. Tercero, estos hechos cambiaron la temática, que fue diferente de acuerdo a que los autores estuvieran o no en el exilio. Sin embargo, los años de la dictadura no fueron uniformes, como lo indican muchos autores, sino que pueden dividirse —según Tomás Moulian (1997)—, en la "dictadura terrorista" entre 1973 y 1980 y la "dictadura constitucional" entre 1980 y 1988/89. Fue en esta segunda fase cuando se produjo lo que Moulian llama el "transformismo", al que considera clave para la comprensión del Chile actual y al que define como el "largo proceso de preparación, durante la dictadura, de una salida de la dictadura, destinada a permitir la continuidad de sus estructuras básicas bajo otros ropajes políticos, las vestimentas democráticas"[6]. Si la transición empezó bajo la dictadura, ésta habría continuado en la democracia. En efecto, varios autores de este volumen expresan ciertas dudas en cuanto al carácter democrático del sistema político actual. "Cuasi-democracia" lo llama Poli Délano (258), de "una democracia que tarda en vislumbrarse" habla Jaime Collyer (178), lo cual coincide con la fórmula de "una cierta forma de democracia", acuñada por Tomás Moulian (1997, 145).

El exilio divide la literatura chilena en dos, interior y exterior. En ambos casos, las condiciones de vida fueron diferentes y marcaron la expresión literaria. Sobre todo en la narrativa, el centro se desplazó al exterior. Según la bibliografía reunida por Giny Klatser, alrededor de 260 escritores escribieron libros en el exilio entre 1973 y 1987 (Jerez 106), muchos de los cuales no llegaron a Chile en estos años. El teatro, por el contrario, floreció dentro del país, punto en el cual me detendré más adelante.

En la segunda fase de la dictadura empezó el retorno, que se hizo más patente algo más tarde, al empezar la transición. Sin embargo, algunos escritores se quedaron en el extranjero, sobre todo los que habían encontrado un puesto en el ámbito académico y obtenido cátedras en EE.UU. o Europa. El exilio forzado se ha-

---

[6] Moulian 1997, 145; cf. Morales Saravia 450. Para un estudio de las transformaciones políticas ver el artículo de Stefan Rinke.

bía convertido, de esta manera, en una ausencia voluntaria. A estos exiliados de primera hora se les habían unido, en los últimos años, autores más jóvenes que habían obtenido puestos en universidades o instituciones académicas en el extranjero. Así, los autores chilenos pasaron a formar parte de la extensa diáspora cultural latinoamericana que, si bien se origina, para ciertos países, en las dictaduras, se afianza gracias al ascenso de la lengua española al rango de segunda lengua mundial de comunicación, ascenso que ha creado una vasta demanda en la enseñanza universitaria de literatura y cultura hispánicas. En términos sociológicos, podemos hablar, pues, de los factores *push* y *pull*, habiendo sido la política el factor *push* y siendo la demanda académica el factor *pull*.

Esta evolución ha llevado a una situación intricada. Los exiliados que volvieron a su país se encontraron con autores más jóvenes que habían crecido y se habían formado dentro de la dictadura y que por ende tuvieron una socialización muy diferente de la de ellos. Esto creó una situación en la cual se enfrentaron distintas concepciones políticas y literarias. Factores extra- e intraliterarios han llevado a una diferenciación extrema entre las generaciones que caracteriza la actual escena literaria chilena y que es retomada por varios autores de este volumen, con ciertas variaciones que a veces no dejan de ser importantes. Es por eso que me lanzaré en una de "esas panorámicas generacionales" que Carlos Franz (187) deja a los críticos y académicos porque es "para eso que les pagan".

Las generaciones literarias: criterios externos

Es sorprendente la serie de generaciones mencionadas en los artículos de este volumen. Una nueva prácticamente para cada década: la del 38, 50, 60, 80 y 90, además de algunos autores intermedios que se situarían entre las generaciones del 60 y 80, y que no han sido reunidos en una generación aparte. Estas generaciones se han establecido exclusivamente en el campo de la narrativa, empero, como mostraré más adelante, también se encuentran —si bien es cierto que con ciertas diferencias— en los de la poesía y del teatro. Empezando con la generación del 38, nombraré sólo a los que —para usar una expresión de Poli Délano (255)— "siguen moviéndose en la palestra", es decir Fernando Alegría, Francisco Coloane y Volodia Teitelboim. La generación de los 50 está representada, sobre todo, por José Donoso, que aún después de su muerte sigue siendo una presencia muy patente, Jorge Edwards, Guillermo Blanco y Enrique Lafourcade[7].

Es con la generación de los 60 cuando empiezan a surgir las divergencias. Como señala Fernando Jerez, existe gran confusión sobre sus límites. Salvattori Coppola la llama "generación del 68" y Maximino Fernández Fraile "generación del 72". José Donoso propuso el nombre de "los novísimos", otros la llamaron los "emergentes", palabra particularmente sugestiva, que más tarde ha sido

---

[7] Délano 255; cf. Godoy Gallardo 1992.

aplicada a la generación de los 80 e incluso a la de los 90 (Jerez 99 y 108; cf. Del Río 205s.). Entre sus autores se encuentran Poli Délano, Ariel Dorfman, Fernando Jerez, Patricio Manns y Antonio Skármeta (Délano 255).

Más divergencia aún se halla en la generación de los 80, a la cual se la llama también "emergente", "NN" (ibíd.), "generación del 73", "de los 87", "Post Golpe" y "Marginal" (Del Río 206 y 210). Entre sus autores se encontrarían Pía Barros, Jaime Collyer, Gonzalo Contreras, Ramón Díaz Eterovic, Diamela Eltit, Carlos Franz, Sonia González, Diego Muñoz Valenzuela y Ana María del Río.

Poli Délano (255) sitúa entre las generaciones de los 60 y 80 a algunos autores que, según su opinión, no encajan en ninguna de ellas: Isabel Allende, Roberto Bolaño, el recién fallecido Carlos Cerda, Eduardo Labarca, Luis Sepúlveda y Francisco Simón. Curiosamente, en esta generación sin nombre se encuentran algunos de los autores más conocidos internacionalmente.

Queda, finalmente, la hasta ahora última generación, que Ana María del Río (206) llama "generación de los 90 o muy jóvenes", si bien lo hace con ciertas reservas al decir que "aún está por verse si se puede hablar de una generación de los nacidos después de 1973 [...]". Javier Campos (234ss.) habla de la misma generación, y sin que lo diga explícitamente, se desprende de sus renglones la denominación "generación *mcondo*", extraída del título de la antología editada por Alberto Fuguet y Sergio Gómez en 1996. José Morales Saravia (453) aplica el término "emergente" a esta generación, con lo que este adjetivo caracterizaría a tres generaciones sucesivas[8]. También se habla de la "generación de 1987" y de "generación X"[9]. Pertenecerían a esta generación, entre otros, Alberto Fuguet y Sergio Gómez, autores del manifiesto *McOndo* que ha dado a esta generación uno de los nombres. José Leandro Urbina (en Cortínez 2000, 83) habla de un "grupo heterogéneo [...] cuyas edades oscilan entre los veintinueve y los cuarenta años". La frontera entre las generaciones de los 80 y los 90 son borrosas, porque algunos autores como Gonzalo Contreras, Arturo Fontaine, Carlos Franz o Darío Oses son encasillados en una u otra por diferentes autores. La problemática se hace patente en el reciente volumen editado por Verónica Cortínez, bajo el título *La novela chilena del fin de siglo*. El criterio inicial había sido, como escribe la compiladora en su introducción, "incluir sólo a aquellos novelistas que hubieran publicado su primera novela a partir de 1989"; empero el volumen incluye también estudios sobre autores como Carlos Cerda o Diamela Eltit que habían empezado a publicar antes. En vista de estas incertidumbres, algunos autores prescinden de criterios generacionales y prefieren hablar algo más vagamente de "nueva narra-

---

[8] En el epílogo, Morales Saravia propone un uso distinto de los términos "transición", "emergente" y "transmoderno", que aplica a la narrativa, el ensayo y la poesía.

[9] Cortínez 2000, 17s. La denominación "generación del 87" es particularmente ambigua, porque se refiere, según Ana María del Río (ver arriba) a la generación de los 80.

tiva" o "nuevas voces", tal como lo hacen Carlos Franz, Darío Oses y Rodrigo Cánovas en este volumen.

Curiosamente, cada una de estas generaciones (con excepción de la del 38) ha sido introducida por una antología: la de los 50 por la de Lafourcade (1954), la de los 60 por la de Cassígoli (1959), la de los 80 por la de Díaz Eterovic y Muñoz Valenzuela (1986) (Délano 258-260) y, por último, la de los 90, por las antologías *Tatuajes* (1990) y la ya mencionada de Fuguet y Gómez (1996).

Hasta cierto punto, encontramos las mismas generaciones en los campos de la poesía y del teatro. En cuanto a la poesía, Tomás Harris habla "de los 80" y especifica "promociones poéticas 1979-1989", contraponiéndolas a la "generación del 60" (297 y 313). Teresa Calderón, por su parte, declara pertenecer a la generación "Post Golpe o N.N." (315) y Pedro Araya habla de "la poesía joven actual", que podemos relacionar con la generación de los 90 en la narrativa. En cuanto al teatro, María de la Luz Hurtado indica fenómenos que de igual modo corresponderían a las generaciones en la narrativa. Sin embargo, ni en la poesía ni en el teatro, las diferenciaciones entre las generaciones van tan lejos como en la narrativa. La ensayística, finalmente, se sustrae de estas clasificaciones.

Son varias las razones por las que me detuve tanto en los criterios externos de la diferenciación entre las generaciones. Ordenar la ingente masa de autores y obras en generaciones es un rasgo común de las historias de la literatura. A veces estas denominaciones tienen su raíz en los mismos autores, que se autodenominan "generación X" o en la denominación que les ha sido otorgada por algún crítico. Empero debería ser difícil encontrar un período en cualquier literatura en el que se hayan distinguido, en un plazo de sólo sesenta años, seis generaciones, si contamos los autores entre las generaciones de los 60 y los 80 (Isabel Allende, etc.) como una generación más. Sin embargo, y dejando de lado las variaciones en la definición de las generaciones, el caso chileno no se debe (o no se debe exclusivamente) a un exceso clasificatorio: los criterios de separación de las distintas generaciones son tanto intra- como extraliterarios, siendo el golpe de 1973 el factor más decisivo. Las dos fases políticas de la dictadura y la subsiguiente arriba señaladas (1973-1980, 1980-1988/89, 1988/89ss.) proporcionaron a la literatura un contexto político distinto a la vez que condiciones diferentes de vida que repercutieron en las obras. A esto se suma, como queda dicho, el fenómeno del exilio. Estas indicaciones someras indican la complejidad de la escena literaria chilena, en la cual conviven y a veces se enfrentan polémicamente autores de diferentes edades (para no hablar de generaciones) y de experiencias personales políticas y literarias distintas.

Sin embargo, esta primera aproximación a las diferentes generaciones se ha limitado a describir los criterios externos que han servido a su diferenciación. Más importante, desde luego, son los criterios internos que las definen.

Las generaciones: criterios internos

Según se desprende de los artículos de este volumen (para sólo atenernos a ellos) las diferentes generaciones se distinguen tanto por factores políticos como literarios. En todo eso no hay que olvidar que Chile no es una isla perdida, sino que participa en los movimientos y evoluciones de las letras latinoamericanas e internacionales. La generación del 38 estaba, como escribe Poli Délano, "marcada por el compromiso, y [...] nunca desligará su literatura de los procesos políticos"[10], juicio que puede extenderse, con ciertas reservas, a la literatura latinoamericana de los 40 y 50. La siguiente generación, la de los 50, con José Donoso y Jorge Edwards como máximos representantes, se distinguió radicalmente de sus predecesores: "se desinteresan conscientemente de la política y evitan opinar sobre lo que está ocurriendo" (Délano 256). Es muy instructivo leer en este sentido el artículo de Jaime Concha en el que relata cómo Donoso escribió, en los años 60, en el pabellón del jardín del domicilio de Carlos Fuentes —la *casita chica*— la novela que iba a ser *El lugar sin límites*, mientras que éste escribía en la *casa grande* lo que iba a ser *Cambio de piel* (cf. en especial 348). Los lugares de escritura reflejan irónicamente la relación entre las literaturas mexicana y chilena de esos años. *El lugar sin límites* significa, como escribe Concha (345), la transición del "realismo costumbrista" de *Coronación* (1957/58) al "lenguaje internacional" de *El obsceno pájaro de la noche* (1970), "del provincianismo estrecho de las letras chilenas en los años cincuenta hasta su consagración en los Estados Unidos". En otras palabras, la estadía mexicana y, más concretamente, *El lugar sin límites,* significan un paso decisivo con el cual Donoso se unió a los autores del *Boom*. Con ellos compartiría una postura de rechazo de la literatura anterior, hasta tal punto que parecería que estaba escribiendo en un vacío literario (cf. Morales Saravia 451s.). La otra cara del mismo hecho es que Donoso es considerado por los autores más jóvenes (tal vez no por todos, pero sí por gran parte de ellos) una figura casi paternal, según Carlos Franz —para citar un sólo ejemplo— "lo mejor de nuestra escasa tradición de escritura artística"[11].

El golpe irrumpió en este mundo literario de los autores del 50 y los obligó a enfrentarse con la realidad política de su país. Así, las obras posteriores de Donoso y Edwards son testimonio de esta irrupción y de la voluntad del autor de confrontar la realidad política a través de su escritura.

---

[10] Délano, 255 quien cita a Fernando Alegría que, por otra parte, forma parte de esta generación.

[11] Franz 189; cf. el cuaderno *Homenagem a José Donoso* (1996) que contiene, además, artículos sobre Neruda, Skármeta y Lihn. Donoso cumpliría para Chile, pues, una función análoga a la de García Márquez para Colombia, función que Erna Pfeiffer (69) adjudica a Isabel Allende, con la diferencia de que Donoso es un modelo aceptado y reconocido públicamente, mientras que "ninguna de las escritoras chilenas [...] se 'atreve' a mencionarla [a Isabel Allende] como modelo" (ibíd.).

La problemática se presentó de modo diferente para la siguiente generación, la de los 60, que Donoso bautizó como la de "los novísimos". Los entonces jóvenes autores se vieron marcados —según palabras de Poli Délano (257), que ha sido uno de ellos— "por una fuerte contienda ideológica librada en años de plena democracia, por la Revolución Cubana [...] y por el surgimiento de grandes voces narrativas de este continente". Estos autores no tuvieron que descubrir la política como sus mayores, puesto que estaban plenamente insertos en ella. El golpe significó para ellos, por ende, algo distinto: el fin de una gran esperanza que tal vez había estado teñida de utopía. Es significativa en este contexto la autocrítica de Fernando Jerez quien, desde la distancia temporal, ve en el proyecto político de esta generación "una pretensión desmesurada y, por cierto, algunos peligros"[12]. Más válidas le parecen, sin que lo diga explícitamente, sus pretensiones literarias:

> Estos autores, como sucede al inicio de casi todos los ciclos literarios, se formulan un programa que pretende revolucionar las letras chilenas. Sólidas lecturas de escritores extranjeros, especialmente norteamericanos, y un profundo conocimiento de las técnicas literarias y una formación humanística intensa auguraba la concreción inmediata del proyecto (101).

La mayoría de ellos partió al exilio y reflejó desde la lejanía los sucesos chilenos, a lo que se sumó la experiencia del exilio que se convirtió en otro gran tema de su escritura. De este modo, Berlín se convirtió, gracias a Antonio Skármeta, Carlos Cerda, Jorge Edwards y otros más en un lugar de la literatura chilena. El Berlín del muro: el lado del este en la obra de Cerda, el del oeste en Skármeta, ambos en Edwards[13]. Los exiliados hicieron mucho por mantener vivo el interés mundial por el destino político de Chile, siendo la canción de protesta uno de los medios, y no el menor, para lograrlo (cf. Steiner 1998).

Los que permanecieron en el país experimentaron lo que significa escribir bajo una dictadura. Fernando Jerez evoca el recuerdo sombrío de esos años. Por un lado, había quienes publicaban obras panfletarias relacionadas con el nuevo poder; por otro, los que debían "someter los textos que desea[ba]n publicar a la consideración de un equipo de censores. Unos brutales funcionarios sin rostro, rechazaban la edición de nuevas obras y la circulación de libros ya publicados"[14]. En Chile, se desconocían la mayoría de los libros escritos en el exilio, por lo que los autores que habían permanecido en el país vivían un aislamiento intelectual. Y cuando en 1984 se abolió la censura previa, surgieron voces que declaraban que

---

[12] Jerez 102. Para una evaluación crítica de la política de la izquierda será fundamental la documentación editada por Víctor Farías 2001.

[13] Para la literatura chilena en la República Democrática Alemana, ver Polster 2001.

[14] Jerez 104 y 106. Habría que compaginar esta descripción con las de Ana María del Río y Fernando Moreno (cf. más adelante, 19 y 27s.).

había una saturación de "temas relacionados con los duros tiempos dictatoriales" (Jerez 109). De modo que los escritores que habían permanecido en el país debieron vivir primero en el silencio y después, enfrentarse al desinterés de por lo menos parte de la crítica y del público.

En cuanto a su escritura, los autores de esta generación repitieron ciertas experiencias de sus mayores, tal como lo señala Bella Jozef sirviéndose de los casos de Poli Délano y Antonio Skármeta. Ambos empezaron "con criterios veristas característicos de la ficción decimonónica" (120), y es sólo más tarde que evolucionaron hacia una nueva concepción de la literatura que les permitió dar testimonio de la realidad política chilena y de su propia experiencia del exilio en una forma literaria adecuada:

> Poli Délano y Antonio Skármeta con un nuevo modelo de creación ficcional, intentan reconstituir el mundo del exiliado, para testimoniar. Ambos narran el trauma de una generación que vivió la destrucción brutal de sus sueños colectivos y toman posición delante de la realidad, en diálogo con la coyuntura histórica del pueblo chileno, evitando el sentimentalismo exagerado y los esquemas convencionales de la ficción (Jozef 129).

Pasando de la narrativa al teatro, nos encontramos con una realidad literaria tan diferente como si se tratara de otro país. A diferencia de la narrativa, escribe María de la Luz Hurtado (281), "nunca se produjo un bache en la capacidad de dar cuenta de la realidad: el teatro en el país pudo, a través de distintos mecanismos, ir acompañando cada uno de los procesos político-sociales durante la dictadura". Ya en 1974 hubo obras disidentes y hasta 1980 la autora contó "cuarenta obras escritas y escenificadas [...] dentro de Chile y que hacían [...] un teatro crítico contingente" (283). En metáforas escénicas se abordaban los temas de la "represión y la tortura", los problemas sociales a consecuencia de la "reconversión capitalista y de mercado, en un contexto político autoritario", "los detenidos desaparecidos y la búsqueda de sus familiares", "la censura y control informativo en los medios". Otra vez, a diferencia de la narrativa y salvo raras excepciones, en el teatro no hubo una censura previa por una comisión censora, aunque sí hubo formas de censura indirecta por medio de medidas económicas (impuestos, inhibición en la publicación de las obras, etc.). A partir de 1984 —para adelantarnos a una fase que correspondería, en la narrativa, a la generación de los 80— los temas políticos mencionados son "afrontados en términos más directos", prescindiendo cada vez más de metáforas y alegorías. Así, son estrenadas obras con temas como "la necesidad de una justicia que juzgue la violación a los derechos humanos", el exilio, "las formas de operar de la policía política, los centros de detención y tortura, vivencias de torturadores y torturados, las posibles vivencias de los detenidos desaparecidos" (281-283).

En lo que hace a la censura que sufrió la narrativa y a la relativa libertad de que gozó el teatro, la situación de Chile se parece mucho a la de la vecina Argentina durante la última dictadura militar (1976-1983). Obviamente, los dramaturgos dijeron todo lo que no podían decir los narradores (desde luego me refiero sólo a los que habían permanecido en el país). La oposición literaria, podríamos decir, se expresó dentro del país casi exclusivamente a través del teatro, por lo menos durante la fase dura de la dictadura. Sin embargo, curiosamente, sólo raras veces se incluye el teatro cuando se estudia la literatura chilena bajo la dictadura[15]. Probablemente tenemos que ver en eso una consecuencia más del alejamiento del teatro del mundo literario en sentido estricto, proceso que se puede observar en la evolución del teatro latinoamericano de las últimas décadas. Todavía no se ha apreciado adecuadamente el hecho de que en Chile se ha iniciado un proceso inverso, en tanto que los dramaturgos —como afirma María de la Luz Hurtado— están intentando relacionarse otra vez con el mundo literario: "los noveles dramaturgos tienen sus referencias y se sienten parte de la literatura propiamente tal" (279). Dos de los dramaturgos más destacados, Egon Wolff y Marco Antonio de la Parra, "defienden los fueros de la palabra transmutada en arte y su asociación con la imagen en la escena", escribe Osvaldo Obregón[16]. Cualquier historia de la literatura chilena bajo la dictadura que no incluya el teatro es una historia incompleta.

En la poesía, Neruda sigue siendo el gran símbolo nacional. El éxito de la evocación literaria de su figura por Antonio Skármeta, llevada al cine dos veces, da testimonio de su presencia (cf. Berg). Este protagonismo oculta la ambigüedad de la situación en que se encontró la joven poesía. Por un lado, la efervescencia poética bajo la dictadura es impresionante. Hacia finales de 1975 y comienzos de 1976 empezaron a formarse grupos y talleres de sorprendente productividad. El número de publicaciones después del golpe es más alto que nunca, escribe Tomás Harris (298) citando a Javier Campos: "desde 1974 hasta sólo 1986 se señalan como 120 libros de poesía publicados entre los de fuera y los de dentro del país". No se debe olvidar, sin embargo, que el mero número de publicaciones da una impresión ilusoria, porque las revistas son efímeras, los cuadernos mimeografiados o autoeditados. A pesar, pues, de esta productividad, la poesía no sale de la marginalidad que se caracteriza, por otra parte, por la voluntad de sobrevivir aún en tiempos difíciles y por la "manifiesta resistencia al régimen dictatorial", como escribe Tomás Harris (ibíd.). Es paradigmático de esta resistencia el volumen *Los círculos* (1979) de Astrid Fugellie, que "se enmarca en el contexto de la dictadura con toda su gama de violencia y represión" (Calderón 319). Empero, en la situa-

---

[15] Cf. el reciente volumen Adler/Woodyard 2000.
[16] Obregón 389; cf. Wolff y De la Parra, ambos de 1993.

ción marginal y el silencio relativo de los 70 se prepara la explosión de la poesía en la década siguiente.

Esta generación, la de los 80 (del 73, del 87, emergente, NN, Post Golpe, Marginal) la constituían, según escribe Poli Délano, autores que eran adolescentes cuando se produjo el golpe, y que

> pasaron su juventud en un país caracterizado por el miedo, la vigilan-
> cia, la delación, la censura, la persecución, el crimen y la lucha clan-
> destina, todo lo cual conforma una atmósfera que está muy presente
> en la temática de sus obras y que infunde pesimismo, desarraigo, y
> los mueve en un espacio oscuro y asfixiante (Délano 258).

Ana María del Río que pertenece a esta generación, anota una evolución contraria a la que había observado Julio Ortega en América Latina, es decir que, mientras que el crítico peruano nota "una desdramatización en la historia de interacción so-cial, exacerbado a su vez en el discurso", en Chile, por el contrario, "el golpe mi-litar lo dramatiza desde la historia y lo mesura desde el discurso" (210). Es una generación de dispersos y marginales que no podían "reunirse oficialmente o [...] leer en público sus textos" (ibíd.). Empezaron a escribir en 1976, poco después del golpe:

> La literatura de esta generación en Chile da cuenta de la represión vi-
> vida, muchas veces a través de un intenso trabajo de tropo y la ima-
> gen, metaforizando el referente como única vía de aparición. Es dis-
> tinto el uso de la palabra desde el exilio, donde existe menos esta ne-
> cesidad del disfraz de la palabra que salva la vida y la voz, y en don-
> de se tiende más a la denuncia de hechos precisos (ibíd.).

Este pasaje que resume en pocas palabras la literatura de esta generación, me ins-pira tres comentarios. Primero, llama la atención la diferencia entre la evaluación anterior de la reacción literaria de esta generación ante la dictadura y las aprecia-ciones de Fernando Jerez (16s.). Segundo, el paralelismo entre la narrativa y el teatro en el intento de ambos de contrarrestar la censura por medio de metáforas y alegorías. Tercero, cierta diferencia entre las novelas del exilio chileno y el ar-gentino: mientras que los autores chilenos, como escribe Ana María del Río, pre-firieron la palabra directa y la denuncia, los argentinos, por el contrario, se sirvie-ron, incluso en el exilio, de tramas alegóricas, lo que da a sus obras un tinte parti-cular[17]. Ana María del Río no oculta el peligro, para la literatura chilena del exi-lio, de "ese realismo fotográfico" que tuvo como consecuencia, en algunos auto-res, una vuelta a "por lo menos dos generaciones más atrás (210). Para los auto-

---

[17] Algunos ejemplos: Juan Carlos Martini: *La vida entera* (1981); Osvaldo Soriano: *Cuarteles de invierno* (1983); Gerardo Mario Goloboff: *Criador de palomas* (1984); Vlady Kociancich: *Los últimos días de William Shakespeare* (1984); Daniel Moyano: *El vuelo del tigre* (1984); Antonio dal Masetto: *Siempre es difícil volver a casa* (1985).

res que permanecieron en el país, Ana María del Río enumera una larga serie de rasgos distintivos (210-215), entre los que me parecen particularmente sugestivos lo "urbano, pero dentro de lo urbano, lo oscuro, lo cerrado y asfixiante", y los protagonistas perdedores[18]. Estos rasgos explican la defensa apasionada de Patricio Manns de una literatura de los espacios abiertos.

Esta breve caracterización de la generación de los 80 sería incompleta sin mencionar por lo menos brevemente la literatura escrita por mujeres que, tal vez por primera vez, ingresaron masivamente en el mundo de la narrativa chilena (proceso, por otra parte, que tiene paralelos en otros países del subcontinente). A primera vista, sus temas difieren radicalmente de los de sus compañeros masculinos:

> El auge de la teoría feminista postestructuralista que trata de enfocar a la mujer como portadora de estos nuevos valores "postmodernos", como deconstrucción, *différance*, descentramiento, heterogeneidad, hibridez, polifonía. Además, en la opinión de muchas de las autoras, como p. ej. Diamela Eltit, "el cuerpo y la biología son zonas estratégicas [...]; también Mercedes Valdivieso señala: "En términos de escritura, la incorporación del cuerpo femenino ha sido una de las grandes conquistas realizadas por las escritoras" (Pfeiffer 71).

Sin embargo, esta aparente concentración en el propio cuerpo y sus funciones biológicas se mezcla de forma original y audaz con lo político:

> Así, es sintomática la combinación de lo erótico con lo político en las obras de autoras como Mercedes Valdivieso, Pía Barros, Diamela Eltit o Ana María del Río. Visto que lo corporal es el lugar conflictivo por excelencia, se ofrece al mismo tiempo como el super-símbolo de la crítica del patriarcado[19].

La literatura de las escritoras de esta generación no se puede descartar como meramente introspectiva, sino que constituye una respuesta a la situación política del país no menos auténtica que la de sus compañeros masculinos.

Para la poesía de la generación de los 80 vale, tal vez por primera vez después del golpe, el juicio de Iván Carrasco citado al comienzo según el cual la poesía chilena está en "un boom permanente, tanto por la cantidad de sus textos, como por el grado de variedad e intensidad de sus propuestas". Entre los muchos poetas que cita, Tomás Harris destaca a Juan Luis Martínez y Raúl Zurita que pertenecerían, según Juan Armando Epple a una "segunda promoción emergente" o a un

---

[18] Del Río 211s.; ambas veces parte de citas de Hagel 1992.

[19] Pfeiffer 71. Cf. la colección de ensayos de Raquel Olea (1998) sobre tres narradoras y cinco poetas de los 80 y 90 (Diamela Eltit, Guadalupe Santa Cruz, Mercedes Valdivieso; Marina Arrate, Carmen Berenguer, Eugenia Brito, Soledad Fariña, Elvira Hernández).

"neovanguardismo"[20], vanguardistas en tanto que retoman la postura de las vanguardias de principios del siglo XX, "la ruptura radical con la tradición precedente y la experimentación lingüística y tópica" (Harris 305). Junto a los poetas hombres hay que poner, en pie de igualdad, a las poetas mujeres entre las que, según Teresa Calderón, destacan Lila Calderón, María Luz Moraga o Mayú y Bárbara Délano, hija de Poli Délano, fallecida prematuramente en un accidente aéreo. De ellas se puede decir lo que Teresa Calderón escribe de Bárbara Délano, es decir, que formaron "parte de una generación de jóvenes idealistas a quienes la historia traicionó y les torció el destino" (327). Los mundos poéticos de estos autores y autoras son muy distintos, pero reflejan, en su conjunto, las preocupaciones políticas y espirituales de la época. Su obra es de modo particular signo de la transición política, que es literaria al mismo tiempo, y es con asombro que viven la explosión creativa al comenzar la transición, con lo que entramos en la discusión de la siguiente y hasta ahora última generación, la de los 90. Teresa Calderón escribe al respecto:

> Después de años de silencio, hubo un desborde exagerado de palabras y donde más se ha notado ha sido en la poesía, por la creencia en una aparente facilidad y por el afán compulsivo de los autores por publicar para alcanzar el ansiado protagonismo: ser entrevistado por un diario, ocupar un espacio radial y aparecer en TV (328).

Carlos Franz (188) describe el mismo fenómeno con las palabras: "Desde el silencio y la desesperanza de los años de dictadura hemos transcurrido con rapidez al ruido y los espejismos de una relativa libertad expresiva y una bonanza editorial". Estas palabras recuerdan a las de Nelly Richard (1998, 37) que nota un paso repentino "del enmudecimiento a la sobreexcitación; del padecimiento atónito a la simulación hablantina". Sería fácil multiplicar las citas al respecto.

Lo que sorprende al observador lejano en esos juicios es el tono crítico, hasta negativo. El hecho fundamental de la reconquista de la democracia parece pasar a segundo plano, quedando en primer plano ciertas consecuencias de la misma percibidas como negativas. En estos juicios se reflejan las polémicas surgidas alrededor de los autores que empezaron a escribir en estos años. La de los 90 es una generación sumamente exitosa y, al mismo tiempo, sumamente controvertida. Por un lado, atestigua la nueva vitalidad de las letras después del "apagón cultural", hasta tal punto que se habla de un verdadero *Mini-Boom* de la narrativa (cf. Bergenthal 1999). Por otro lado, su éxito se compara al "de esos jóvenes empresarios brillantes" (Decante 377), lo que sugiere un fenómeno más económico que literario, que se debería más a un hábil *marketing* que a su calidad estética.

---

[20] Epple es citado por José Morales Saravia 411, nota 1; Tomás Harris (305) se refiere al neovanguardismo.

Los críticos consideran las obras de los autores jóvenes literatura *light* (cf. Campos 233s.), con lo que confunden la calidad y profundidad de la obra literaria con el mundo que ésta buscaría representar. Stéphanie Decante (377) resume estas críticas muy sugestivamente:

> Crisis del Libro y la Lectura; "hongkonguización" del país; denuncia de la intrusión de lógicas comerciales en el campo literario, de una mediatización excesiva, de cierta chatura intelectual, e incluso de cierta falta de ética... Los nuevos narradores chilenos pasan a ser entonces "Planeta boys"; su éxito comercial llega a ser relacionado con una postura moral y una validez literaria sospechosas, como lo sugiere el título polémico de un artículo de Paula Recart (1993): "estos son los vendidos".

Estas críticas, polémicas, explican el contraataque de Jaime Collyer contra el nuevo fundamentalismo "de los sectores políticamente correctos", fundamentalismo progresista que tacha de "viejo fundamentalismo conservador" travestido:

> Es una nueva forma de censura, solapada y recurrente, tan contraria a la libertad del creador como el conservadurismo de la era victoriana o el maccartismo. Quizás incluso peor, puesto que viene ornamentada de sus buenas intenciones democratizadoras, revestida con el manto sacrosanto de la no-discriminación por géneros o del anticolonialismo (Collyer 177).

Collyer ve la literatura chilena actual atosigada por dos censuras opuestas: una crítica "oficial" de "inspiración católica y conservadora" (180) por un lado y, por el otro, una "'progresía' y su propia vocación censora" (181). Desde luego, esta equiparación de los dos fundamentalismos (o el hecho de llamar la *political correctness* fundamentalista) escandalizará a muchos y causará nuevas polémicas.

Darío Oses, por su parte, enfrenta "el escritor integrado, vendido, próspero, visible y exitoso" al "autor maldito, heroico e invisible, proscrito tanto de los suplementos literarios como de las páginas de vida social". Entre el conformismo del uno y las transgresiones del otro ve una vasta "tierra que no es de nadie y de muchos, hay intercambios y movilidades, hay marginales que acceden a posiciones de relativa integración, e integrados que experimentan la tentación del fracaso" (225s.).

A pesar de que Oses se refiere sólo a la narrativa, me parece que su diagnóstico puede aplicarse a la escena literaria en general. Más allá de los estereotipos, hay una interpenetración muy grande entre ellos, lo que lleva, podemos añadir, a las muchas polémicas que caracterizan la escena literaria actual.

Rodrigo Cánovas emprende, desde otro ángulo, una defensa de estos escritores. Si Stéphanie Decante retoma, en el pasaje citado arriba, las voces que hablan de una crisis de la lectura, él advierte que el éxito de los jóvenes autores se debe ante todo al hecho de que han encontrado y encuentran lectores: "es innegable que el lector ha elegido el género novela porque se identifica con las historias que allí se cuentan". Y pregunta: "¿Qué nos restituye la novela?"

Tal vez el rasgo más llamativo (y más polémico) de esta generación es una negación del pasado, es decir, su ruptura radical con él. Alberto Fuguet y Sergio Gómez, los autores del manifiesto *McOndo*, se declaran "post-todo: post-modernismo, post-yuppie, post-comunismo, post-baby-boom, post-capa de ozono"[21]. La irreverencia agresiva de esta frase recuerda a los manifiestos vanguardistas de principios del siglo XX. Los jóvenes escritores viven y escriben en y sobre el mundo neoliberal de los noventa. Aparte del manifiesto *McOndo* sería la novela *Mala onda* (1991) de Alberto Fuguet la que marcaría el tono de la nueva narrativa. Retomando la *onda* mexicana y su mundo juvenil, la novela de Fuguet abre una nueva temática, la de la juventud chilena en un ambiente desenfrenadamente neoliberal. En palabras de Javier Campos (244), Fuguet

> inicia un estilo juvenil que nada tendrá que ver con la narrativa chilena previa (testimonial o de exilio o de reconciliación ni menos hablar del realismo-mágico latinoamericano), sino que todas sus historias y ambientes tendrán un escenario recurrente que podría denominarse simplemente como "el mundo *mcondista*".

Sin embargo, los *mcondistas* no son un fenómeno chileno aislado, sino que forman parte de un movimiento latinoamericano de ruptura, como señala José Morales Saravia (453) al relacionarlos con la generación del *crack* en México.

Ya dije que los límites entre las generaciones de los 80 y los 90 son borrosos. Rodrigo Cánovas reúne a sus autores (sin referirse al problema generacional) bajo el lema de "nuevas voces". Para él, los novelistas narran la vida de los chilenos desde la noción de *crisis* en el sentido griego de la palabra, el paso de un estado a otro. En este sentido, la crisis sería sinónimo de transición. La crisis se encarna, en sus obras, en la figura del huérfano, "un alma solitaria, un feto, un paria, un traidor, un apátrida" (263). Para Cánovas, sin lugar a dudas, la elección del huérfano es también una elección política, puesto que la figura del padre ha sido ocupada por el dictador. La orfandad puede ser, por ende, electiva, un rechazo voluntario del padre, lo que se expone paradigmáticamente en la novela *Santiago Cero*, de Carlos Franz (264). Es sorprendente la vasta gama de expresiones que encuentran los novelistas de este tema común:

> El folletín (en Marcela Serrano y Luis Sepúlveda), el grotesco festivo (en Rivera Letelier y Darío Oses), el manierismo lúdico (en Gonzalo Contreras y Arturo Fontaine), el neobarroco (en Diamela Eltit), el video-clip (en Alberto Fuguet) y la poética reflexiva del encantamiento (en Carlos Franz y Ana María del Río) (263).

---

[21] Citado según Campos 239.

En otro intento de generalización, Cánovas enumera el folletín, el logotipo y la literatura poética como formas de expresión de la novela de fin de siglo. El folletín "es lo retrosentimental, el gusto por lo ido. La novela policial, el relato de aventuras, el melodrama social y el testimonio-rosa son aquí los subgéneros del fin de siglo chileno" (267). El logotipo, por su parte, es, según la propuesta de Fredric Jameson "una imagen construida con el lenguaje de los *media*" (ibíd.), lenguaje que encuentra de modo paradigmático en Alberto Fuguet. La literatura poética, finalmente, sería representada en diferentes variaciones expresivas por Marco Antonio de la Parra, Darío Oses, Gonzalo Contreras, Carlos Franz, Diamela Eltit y Ana María del Río (268). Al aislar el motivo de la orfandad, Rodrigo Cánovas encuentra un denominador común a la literatura de la transición, en una visión que busca las raíces de la novelística actual en un nivel profundo donde lo psicológico se encuentra con lo político[22].

La escena teatral de los 90 converge en algunos puntos con la narrativa *mcondista* en tanto que comparte con ella la inmersión decidida en el presente. No se vuelve hacia el pasado; no se "restaura el Chile republicano pre-73 ni el combativo por la democracia de los 80", como escribe María de la Luz Hurtado (285). Me parece significativo el hecho de que la pieza *La Negra Ester* que, según muchos, marcaría un hito en la historia teatral del país, se estrenara a fines de 1988. Así se establecería una concordancia perfecta entre la historia política y literaria, tanto en la narrativa como en el teatro. El éxito rotundo de *La Negra Ester* se explica, según María de la Luz Hurtado, por el hecho de que

> satisfizo una necesidad de identificación con una identidad popular trágica y marginalizada, abordada con un tono festivo, carnavalesco y de comentario irónico acerca de sí mismo. [...]
>
> Con este espectáculo, el teatro en Chile retomó, tras casi dos décadas de marginalidad y confinamiento en espacios periféricos, su espectacularidad dentro de la tradición circense y de un realismo grotesco trabajado como celebración de lo popular (286 y 287).

El juicio anterior destaca la combinación de la temática de la identidad con el redescubrimiento del espectáculo teatral. Generalizando, María de la Luz Hurtado señala como temas centrales la pregunta por la propia identidad en la que se expresa una "sensibilidad emocional y psíquica de reubicar al sujeto en sus coordenadas fundamentales" (286), y los "conflictos existenciales del ser humano, la lucha entre el sujeto y su medio" (289). En cuanto al espectáculo, señala dos tendencias opuestas: "la exacerbación de la espectacularidad escénica preñada de símbolos evocativos de la cultura chilena y latinoamericana" por un lado y, por el

---

[22] Varios autores de este volumen se refieren a la orfandad, cf., en especial, Morales Saravia 454s. Marcela Serrano, finalista del Premio Planeta 2001, declaró que "lo que quiero contar es la orfandad" (*El País*, 7 de nov. de 2001, 47).

otro "un movimiento que apuesta a la centralidad de la palabra, del texto, de la construcción de la ilusión teatral y su acción a través del verbo dramático" (291s.). Es interesante enfrentar a esta visión panorámica el estudio particular de la trayectoria de uno de los dramaturgos más importantes, Egon Wolff, que hace Osvaldo Obregón. Si la primera tendencia aleja al teatro del mundo literario en un sentido estricto, la segunda lo aproxima, incluso lo inserta en él, tal como mencioné más arriba a propósito de Marco Antonio de la Parra y Egon Wolff.

A pesar de esta aproximación al ambiente literario por parte de los dramaturgos, las obras teatrales de los 90 parecen estar bastante lejos de las obras *mcondistas* de la narrativa. Esta diferencia se ahonda en la escritura de las mujeres. En la narrativa, el papel de las escritoras se hizo notar más en la generación de los 80 y en la intermedia entre los 60 y 80 que en la de los 90[23]. En el teatro, por el contrario, María de la Luz Hurtado (292) señala una "explosión de dramaturgia de mujeres" entre los escritores noveles. Sus obras se distinguen, tanto en su temática como en su forma, del teatro de autores masculinos y del mundo *mcondista*, así, "lo social para ellas es un trasfondo, no el tema principal" (ibíd.). La mayoría de las autoras huye del realismo y "se ubica en mundos fantástico-oníricos"; sin embargo, considero que difícilmente puede afirmarse que se trate de un teatro escapista, sino que nos hallamos más bien ante un teatro de fondo trágico:

> Una constante destacable es que la mayoría construye la acción sobre la base del misterio, de un secreto o de algo desconocido que enrarece las vidas trágicamente, en una explosión de violencia y muerte. En todas hay asesinato o suicidio, salvo en una en que el origen de lo ocurrido es una violación reiterada de tres niñas púberes (ibíd.).

A pesar de la aproximación por parte de los dramaturgos al mundo literario, y a pesar de que algunos de ellos se mueven en ambos mundos, el teatro sigue siendo una realidad literaria aparte. Esta distancia se nota —aparte de las diferencias ya discutidas— en el hecho de que el teatro de los 90 queda fuera de las polémicas que caracterizan el mundo de los novelistas.

La situación de la poesía sigue siendo ambigua. A diferencia de los narradores que supieron insertarse en la escena literaria del país, los jóvenes poetas quedan marginados en una escena dominada por los poetas de la generación anterior. Esta es, al menos, la impresión que se desprende del artículo de Pedro Araya, uno de estos jóvenes poetas[24]. "Los libros de poesía no se editan, no se difunden, no se compran ni se leen" (247s.). Los que escriben poesía y los que la leen forman una "inmensa minoría" que busca un "diálogo que permea no sólo la escritura y las lecturas, sino que se transforma en un pluralismo poético" (248 y 249). Los poe-

---

[23] Cf. el artículo de Erna Pfeiffer que trata exclusivamente autoras de los 80; respecto a la escasez de mujeres en la generación de los 90, ver Campos (especialmente 242).

[24] Cf. también la antología de la poesía joven chilena de Véjar 1999.

tas jóvenes de los que habla pertenecen, en su mayoría, a un grupo, son conocidos, amigos (249). En cuanto a su temática, podemos observar un movimiento análogo al de la narrativa y del teatro, del testimonio a la escritura:

> Si el eje fundamental que movilizó a los poetas de generaciones anteriores fue la conjunción de poesía e historia y cultura, no sólo en su función testimonial, sino sobre todo en sus funciones estéticas, el eje que determina a buena parte de los poetas actuales es el de poesía y lenguaje, tanto fundamento expresivo como materia de reflexión, en una diversidad que rehuye la distinción de estéticas y temáticas comunes […] (ibíd.).

Sin embargo, no se limitan a la palabra sino que su curiosidad no tiene límites, e incluyen "la iconografía de diverso tipo, la música, y en fin todo lo capaz de atrapar el joven asombro" (ibíd.). En este sentido, siguen las huellas de Lila Calderón que, de modo parecido, incluía "en sus manifestaciones expresivas, las técnicas experimentales del video y la poética del cine en cuanto a sus posibilidades de escritura" (Calderón 325). Sin embargo, lo que hace un par de años parecía todavía un "proyecto alternativo" (ibíd.), ahora se ha convertido en *mainstream*.

A pesar de la posición marginal de los jóvenes poetas que ha señalado, Pedro Araya habla de una "explosión" y cita como testimonio una larga serie de nombres (en la que, curiosamente, se encuentran pocas mujeres). Tal vez se trate, pues, de la marginalidad transitoria propia de una generación emergente, para utilizar una vez más esta palabra, a la que todavía le falta llegar a la superficie desde donde atraer la atención del público.

En cuanto al ensayo de los 90, el esquema generacional resulta inadecuado, pues es precisamente en esta época que recobra toda su importancia y que se observa una verdadera explosión en el campo. *Cultura, autoritarismo y redemocratización* de Manuel Antonio Garretón, Saúl Sosnowski y Bernardo Subercaseaux es de 1993, *Ni apocalípticos ni integrados* de Martín Hopenhayn del 94, *Chile ¿un país moderno?* de Subercaseaux del 96, *El peso de la noche* de Alfredo Jocelyn-Holt y *Chile actual* de Tomás Moulian del 97, *Residuos y metáforas* de Nelly Richard del 98, para citar sólo unos pocos casos dentro de un corpus mucho más amplio (cf. Nitschack). Me parece significativo el hecho de que la *Revista de Crítica Cultural*, dirigida por Richard y que desempeña una función primordial en la escena intelectual, haya sido fundada en 1990 (cf. Pagni). Particularmente importante es el No. 16 de 1998 que lleva el título *La vuelta de tuerca*, cuaderno en el que colaboran algunos de los ensayistas más influyentes de estos años (cf. Nitschack *passim*). La importancia que el ensayo adquiere en estos años es tan grande que motivó a Volodia Teitelboim a declararlo el género literario más importante, opinión compartida también por Horst Nitschack (154), constatación que se puede poner en duda en vista de la importancia de la producción narrativa, sin hablar de los otros géneros. El éxito del ensayo es plenamente un producto de la transición, porque es sólo en la democracia (por precaria que sea) que éste encuentra la libertad de expresión que le es indispensable. El ensayo y la novela *mcondista* son las dos caras de la literatura de la transición.

Memoria y olvido. La identidad chilena

El rasgo más destacado de la literatura chilena de hoy es su multifacetismo: conviven en ella seis generaciones con distintas socializaciones políticas y literarias; conviven escritores que no salieron del país con los que se fueron y volvieron y con los que permanecen lejos; finalmente conviven autores de distintos géneros que expresan experiencias diferentes de modo diferente. Dentro de esta convivencia, es sobre todo la última generación, la de los 90, la que ha suscitado y suscita polémicas y críticas, cuyo blanco es, principalmente, un olvido del pasado por parte de ellos que a sus mayores (pero no sólo a éstos) les parece escandaloso. Javier Campos, que generalmente los ve con cierta simpatía (tal vez porque se siente muy próximo a ellos) concede:

> También es notorio que a los narradores mcondistas poco o muy poco les interesa tratar asuntos que tengan que ver con el pasado político ni temas que hablen de la reconciliación. Su mundo parte de los 80 en adelante (Campos 242).

Nacidos después del golpe, estos autores reflejan en sus obras un mundo que no es el de sus mayores. Esta inmersión decidida en el presente significa para las generaciones anteriores un olvido de las víctimas del pasado y una ausencia voluntaria del campo de la política en el presente, lo que se expresa en la fórmula "no estar ni ahí" (Del Río 207). Las críticas son tajantes. Así escribe Patricio Manns (203s.):

> La novela de la ciudad de hoy es escapista, esconde la realidad real, se distancia de los caídos, cuyas tumbas, cuidadosamente cavadas a la luz de la luna, resurgen a la luz de la luna muchas lunas después, todos los días, aquí y allá. La novela de la ciudad de hoy es una bondadosa infamia, porque no reflexiona sobre la gangrena heredada del cavernarismo militar, no se pronuncia sobre la voluntad uniformada de perpetuarse, tan largo tiempo como sea posible, en custodios de la Constitución, en garantes de la democracia, en carcerberos de las aspiraciones cívicas.

Un incidente ocurrido justo antes del inicio del simposio de Eichstätt ejemplifica claramente estas críticas, cuando algunos de los autores leyeron, ante un público más amplio en el Instituto Cervantes de Munich, fragmentos de sus obras. Al empezar la discusión, se levantó un oyente, probablemente un exiliado chileno, al que le pareció escandaloso que ninguno de ellos se hubiera referido en los fragmentos leídos a la dictadura. Manfred Engelbert por su parte, se ha hecho eco de estas críticas, al referirse, polémicamente, a una "literatura desgraciadamente normal". La novela *Santiago Cero* le sirve como ejemplo para estigmatizar una literatura "que en las circunstancias del postgolpe no puede menos que cobrar un matiz afirmativo caracterizador de muchas de las novelas de la transición chilena"[25].

Sin embargo, la crítica de un olvido del pasado es más general y va más allá de los *mcondistas*. Así, Tomás Moulian (1997, 31) escribe que "un elemento decisivo del Chile actual es la compulsión al olvido" que se manifestaría en la estrategia del "blanqueo" del país, cuyo ícono sería el *iceberg* que el gobierno chileno envió a Sevilla en 1992 como representación del país en la gran Exposición a propósito del V° Centenario[26]. Marco Antonio de la Parra representa —según escribe María de la Luz Hurtado (289)—, en la pieza *La pequeña historia de Chile* (estrenada en 1996), "el país actual como uno sin memoria, sin historia, condenado al individualismo cotidiano". Varios autores de este volumen lamentan el hecho de que "todavía no se ha escrito la gran obra sobre la dictadura (Jerez 109, Nitschack 149).

Una visión opuesta expone Darío Oses al escribir que "la narrativa de los últimos años pareciera indicar [...] que hay una suerte de obsesión por la memoria"(228). ¿Olvido o exceso de memoria? El artículo de Fernando Moreno sobre la materia histórica en la narrativa chilena apoya más el argumento de Darío Oses[27]. En un intento de teorización, distingue las obras que se vuelcan (1) "hacia el pasado inmediato, hacia la dictadura", (2) "hacia un pasado más o menos lejano", y (3) las obras "que engarzan presente y pretérito" (272s.). Son las obras del tipo (1) y (3) las que nos interesan en nuestro contexto. Y ahí viene la sorpresa. "Los ejemplos del primer tipo de novela —escribe— son innumerables", y da una nutrida lista de ejemplos. "En un primer momento —escribe— se trata de reaccionar, de apropiarse, de hurgar, de explicar, explicarse y exteriorizar algunos elementos claves para la comprensión de ese trágico capítulo de la historia chilena" (271). La expresión literaria de estas primeras reacciones es el testimonio que es "discurso sobre la historia inmediata y discurso inmediato". En una segunda fase, los novelistas eligen "una estrategia de ocultación, a veces apenas velada": "el referente histórico, siempre presente, se vislumbra y se desarrolla indirectamente: se invierte, se elude, se interioriza, se desliza hacia otros niveles, como el mito y la maravilla". Esta estrategia narrativa se asemeja mucho a la estrategia elegida por los dramaturgos contemporáneos. Visto desde esta perspectiva, la diferencia

---

[25] Engelbert 171. Una lectura opuesta de la novela la ofrece José Morales Saravia (454-459) quien la analiza junto con novelas de Gonzalo Contreras, Ana María del Río, Jaime Collyer y otros. Ver en particular: "El mundo que estos personajes juveniles enfrentan es el de las instituciones anquilosadas en su autoritaria convencionalidad y en su omnipresente poder amenazador. Este mundo es vivido como asfixiante, malhadado y cerrado en sí mismo" (455). Cf. también Cánovas 264.

[26] Moulian 1997, 33s. Manuel Antonio Garretón (1993) toma este episodio como punto de partida de sus estudios sobre la transformación cultural.

[27] Para la literatura histórica chilena ver también Encina 1997.

entre la narrativa y el teatro post-golpe elaborado más arriba desaparece o casi desaparece. Habría que añadir en este punto la novela negra, "el modo privilegiado para restituir el pasado", según escribe Rodrigo Cánovas (264) citando a Roberto Ampuero y Ramón Díaz Eterovic[28]. Otra vez la novela chilena se inserta en el contexto latinoamericano, porque la novela de detectives está cercana a la novela histórica, y es, al mismo tiempo, un medio privilegiado para expresar el mundo negro de la dictadura (cf., en Argentina, Mempo Giardinelli y otros más).

Ahora bien, la novela histórica puede parecer (y a veces lo es) otro camino para escapar del presente. Fernando Moreno, por el contrario, sostiene que la novela histórica chilena no se aparta sino que se inserta en él:

> Apropiándose de la Historia silenciada, impugnando la historia oficial, inventando la historia, los textos contemporáneos optan por la senda de una narratividad cuestionadora que se sitúa por encima del conformismo de las verdades absolutas (272).

Es cierto que Moulian y De la Parra hablan de la sociedad en general, y Moreno de la narrativa (a la que habría que añadir el teatro). Las dos visiones son, tal vez, menos contradictorias que complementarias: si bien el olvido (o el intento del olvido) caracterizaría a la sociedad en general, la literatura asumiría la parte de la memoria.

A otra problemática más general nos lleva el tercer tipo de novela histórica desarrollado por Fernando Moreno, "es decir aquellas que establecen un puente entre el referente histórico y la contemporaneidad de la escritura, y que podríamos llamar novelas transitivas" (274). Un ejemplo reciente de este tipo (y posterior a la redacción de su artículo) es *El sueño de la historia* (2000) de Jorge Edwards, historia del retorno de un exiliado al Chile actual. Otra vez lo chileno se mezcla con lo latinoamericano, porque el retorno del exilio es el tema de algunas novelas más, entre ellas *Cruz de olvido* (1999) del costarricense Carlos Cortés, y *El cazador ausente* (2000), del peruano Alfredo Pita[29].

La novela de Jorge Edwards va, sin embargo, más allá de la historia reciente, sirviéndose para ello de un protagonista historiador que escribe sobre los tiempos de la colonia. El presente, la historia reciente y la lejana se mezclan en una visión totalizadora. En la argumentación de Fernando Moreno, es la novela *Butalamón* (1994), de Eduardo Labarca, la que le sirve como paradigma del enfrentamiento de dos mundos, el araucano y el europeo. Esto nos lleva al tema de la identidad nacional, tema que aparece explícita o implícitamente en muchos lugares de este volumen, y que es discutido en los artículos de Bernardo Subercaseaux y Patricia Cerda-Hegerl. Al tratar esta problemática fundamental al final de mi reflexión in-

---

[28] La reciente novela de la serie "Heredia", *Los siete hijos de Simenon* (2000), ha sido galardonada con el Premio Las Dos Orillas.

[29] Otra novela más que ha recibido el Premio Las Dos Orillas.

vierto el orden de los artículos de este volumen por razones intrínsecas al hilo de mi argumentación.

Bernardo Subercaseaux defiende la tesis de un "déficit de espesor cultural" en comparación con otros países latinoamericanos (46ss.), señalando la oposición entre la "ideología homogeneizante" que plantea que la raza chilena "estaría constituida fundamentalmente por la fusión de europeos y araucanos (también en menor porcentaje por otras etnias)" (46). Sin embargo, la mezcla física "no se tradujo en un proceso activo de interculturalidad"; los mapuches como etnia y su cultura son relegados a un *ghetto*, de modo que seguiría vigente la actitud de la formación de la nación chilena en el siglo XIX:

> Fueron levantados y ensalzados como mito pero vituperados como realidad, se prestigiaba simbólicamente la epopeya mapuche en desmedro del mapuche existente, al que se le usurpaban las tierras y se le despreciaba como bárbaro y antiprogreso[30].

Incluso más tajante es Patricia Cerda-Hegerl al escribir que "la élite chilena se hizo a la negación drástica de sus orígenes mestizos y a la afirmación de un forzado europeísmo y una modernidad cuya estrategia ha sido desde siempre la continua negación de sí misma" (58). Indica que a mediados del siglo XX nació una búsqueda cultural de una nueva "chilenidad" que se alió con la izquierda política. "El pinochetazo barrió oficialmente con esa búsqueda imponiendo en su lugar el proyecto de un Chile moderno, conservador y consumista" (60). En este sentido, el golpe habría tenido consecuencias directas sobre la concepción de la identidad chilena. Para Bernardo Subercaseaux, los diferentes procesos —los más lejanos del siglo XIX y los más cercanos de la dictadura— explicarían este déficit que conlleva a que "Chile sea hoy día —comparativamente— un país de una interculturalidad abortada o interferida, un país de un multiculturalismo mutilado" (48). Esta situación se agrava en la época actual de la globalización. Subercaseaux ve en este punto un desafío central para la democracia chilena:

> Profundizar la democracia implica articular las diferencias. Implica avanzar por lo menos en tres espacios: en el espacio jurídico de derechos y libertades; en el espacio de reconstitución democrática o de las instituciones y partidos políticos, y en el espacio de una ciudadanía democrática o una ciudadanía responsable y emancipada […]
>
> La interculturalidad y la democracia cultural apuntan a la idea de permeabilidad entre culturas y sujetos diversos: para que ello opere se requiere democracia política, cultural y comunicativa. Desde esta perspectiva el problema mapuche no es sólo un problema más, es un

---

[30] Subercaseaux 46. Para la presencia de los mapuches en la literatura chilena ver Antillana/Loncón 1998.

asunto de mucho mayor proyección en la medida que somete a prueba el grado de cultura humanista y democrática de la nación chilena (53).

Otra vez estamos ante el fenómeno de un olvido, un olvido, sin embargo, más profundo que el de la historia reciente de la dictadura. Los artículos de Bernardo Subercaseaux y de Patricia Cerda-Hegerl tienen el mérito de ahondar el análisis de la transición más allá de los avatares de la política actual. La discusión de la novela histórica nos ha llevado, pues, a uno de los problemas clave de la situación chilena. Y otra vez podemos constatar que la literatura ha asumido una función —casi diría— terapéutica.

Conclusión

"El consenso es la etapa superior del olvido", "Consenso es la enunciación de la supuesta, de la imaginaria armonía", "El consenso es un acto fundador del Chile Actual": tres frases como martillazos con las cuales Tomás Moulian caracteriza el Chile actual[31]. Los ensayos aparecidos en los años 90 constituyen críticas tanto del olvido como del consenso, pero también lo son, en un sentido más amplio, de la literatura. Es posible que todavía no se haya escrito "la gran novela" sobre la dictadura, aun cuando esa espera de "la gran novela" tenga algo de utópico. Esperándola, podemos contentarnos con las numerosas obras que evocan este período sombrío de la historia reciente del país. Las obras no faltan.

¿Y el olvido de los *mcondistas*? Las críticas a su olvido de la historia me recuerdan a las polémicas del tiempo del *Boom*, cuando Óscar Collazos le reprochaba a Julio Cortázar olvidarse de la triste realidad latinoamericana. Los jóvenes autores de hoy podrían contestar a sus críticos lo que los autores del *Boom* contestaron a los suyos: que no se puede prescribir a los autores la temática, que es sólo auténtica la literatura que nace de la vocación de sus creadores. Tal vez algún autor *mcondista* escriba, en algún momento, una novela sobre la dictadura que será histórica según una de las definiciones, en tanto que su autor no habrá vivido los acontecimientos. No faltan ecos históricos en sus obras publicadas hasta ahora, como, por ejemplo, en *El lugar donde estuvo el Paraíso* (1996), de Carlos Franz, cuya acción situada en la selva amazónica peruana parece estar muy lejos de la realidad chilena. Y ¿quién dará testimonio del Chile actual, por muy neoliberal y materialista que pueda ser, sino ellos, los jóvenes, que han crecido en él y no conocen otra realidad? Lo mejor que se puede decir de la literatura chilena actual en la que conviven varias generaciones con sus experiencias políticas y literarias propias, es que cada una de ellas atestigua su realidad y que, más allá de las polé-

---

[31] Moulian 1997, 37. Nelly Richard retoma y comenta el concepto de consenso (1998, 30).

32

micas y, tal vez, incomprensiones, reflejan la realidad histórica de este país atormentado y optimista a la vez.

Bibliografía

Adler, Heidrun; George Woodyard (eds.). 2000. *Widerstand und Macht: Theater in Chile*. Frankfurt am Main: Vervuert (Theater in Lateinamerika, 9).

Antillana, Ariel; César Loncón. 1998. *Entre el mito y la realidad. El pueblo mapuche en la literatura chilena*. Santiago de Chile: Asociación Mapuche Xawun Ruka.

Bergenthal, Kathrin. 1999. *Studien zum Mini-Boom der* Nueva Narrativa Chilena. *Literatur im Neoliberalismus*. Frankfurt/M.: Peter Lang.

Cánovas, Rodrigo.1997. *Novela chilena, nuevas generaciones: el abordaje de los huérfanos*. Santiago de Chile: Editorial de la Universidad Católica.

Cassígoli, Armando. 1959. *Cuentistas de la Universidad*. Santiago: Universitaria.

Cortínez, Verónica (ed.). 2000. *Albricia: la novela chilena del fin de siglo*. Santiago: Cuarto Propio.

Díaz Eterovic, Ramón; Diego Muñoz Valenzuela (eds.). 1986. *Contando el cuento*. Santiago: Sinfronteras.

Encina, Francisco Antonio. 1997. *La literatura histórica chilena y el concepto actual de la historia*. Edición, prólogo y notas de Alfredo Jocelyn-Holt Letelier. Santiago de Chile: Ed. Universitaria.

Farías, Víctor. 2001. *La Izquierda Chilena (1969-1973). Documentos para el estudio de su línea estratégica*. Editado por el Centro de Estudios Públicos (CEP), Santiago de Chile. Berlin: Wissenschaftlicher Verlag, 6 vols.

Fuguet, Alberto. 1996. Presentación del país McOndo. En: íd./Gómez, 11-20.

—; Sergio Gómez (eds.). 1996. *McOndo*. Barcelona: Grijalbo.

Gallagher, David. 1993. La creación de un Chile nuevo. En: *Gaceta del Fondo de Cultura Económica* (México) 275, 48-51.

Garretón, Manuel Antonio. 1993. *La faz sumergida del iceberg. Estudios sobre la transformación cultural*. Santiago de Chile: Cesoc/Lom.

—; Saúl Sosnowski; Bernardo Subercaseaux (eds.). 1993. *Cultura, autoritarismo y democratización en Chile*. México: Fondo de Cultura Económica.

Godoy Gallardo, Eduardo. 1992. *La generación del 50 en Chile: historia de un movimiento literario*. Santiago: Ed. La Novia.

Hagel Echeñique, Jaime. 1992. Apuntes sobre el cuento. En: *Simpson siete. Revista de la Sociedad de Escritores de Chile* (Santiago) 1, 71-87.

Hahn, Oscar (ed.). 1994. *La literatura chilena del siglo XX. Revista Iberoamericana* 60, jul.-dic., Nos. 168-169.

Hopenhayn, Martín. 1994. *Ni apocalípticos ni integrados. Aventuras de la modernidad en América Latina.* Santiago: Fondo de Cultura Económica.

Jocelyn-Holt Letelier, Alfredo. 1997. *El peso de la noche. Nuestra frágil fortaleza histórica.* Santiago: Planeta/Ariel.

Lafourcade, Enrique (ed.). 1954. *Antología del nuevo cuento chileno.* Santiago: Zig-Zag.

Literatura chilena; tradição e renovação. Homenagem a José Donoso. 1996. Cuaderno especial de *América Hispánica*, Nos. 15-16.

Moulian, Tomás. 1997. *Chile actual. Anatomía de un mito.* Santiago: Lom.

Olea, Raquel. 1998. *Lengua víbora. Producciones de lo femenino en la escritura de mujeres chilenas.* Santiago de Chile: Editorial Cuarto Propio; Corporación de Desarrollo de la Mujer La Morada.

Olivárez, Carlos (cd.). 1997. *Nueva narrativa chilena.* Santiago de Chile: LOM.

Parra, Marco Antonio de la. 1993. La dramaturgia como sacrificio. En: *Conjunto* (La Habana) No. 94, 12-20.

—. 1997. *La mala memoria. Historia personal de Chile contemporáneo.* Santiago: Planeta.

Polster, Martina. 2001. *Chilenische Exilliteratur in der DDR.* Marburg: Tectum Verlag.

Quezada R., Jaime. 1997. *Literatura chilena. Apuntes de un tiempo: 1970-1995.* Santiago de Chile: Dep. de Programas Culturales, Div. De Cultura, Ministerio de Educación.

Recart, Paula. 1993. Estos son los vendidos. En: *Caras* (Santiago) 140, 62-65.

Richard, Nelly. 1994. *La insubordinación de los signos (Cambio político, transformaciones culturales y poéticas de la crisis).* Santiago: Cuarto Propio.

—. 1998. *Residuos y metáforas (Ensayos de crítica cultural sobre el Chile de la Transición).* Santiago de Chile: Cuarto Propio.

Shaw, Donald L. 1998. *The Post-boom in Spanish American Fiction.* New York: State University of New York Press.

Skármeta, Antonio. 1975. La novísima generación: varias características y un límite. En: *The American Hispanist* 1, No. 3, 4-6. También en: *Revista de Literatura Hispanoamericana* (Maracaibo: Universidad de Zulia) 10, 9-18; en trad. francesa en: *Europe*, No. 570, 191-198.

Steiner, Friederike. 1998. *Kultureller Wandel in Chile von 1969-1993. Dargestellt am Beispiel der "literatura testimonial", der Liedbewegung und der Arpilleras*. Münster: LIT (Text und Welt. Studien zu Literatur und Kultur der Romania, 9).

Subercaseaux, Bernardo. 1996. *Chile ¿un país moderno?* Santiago: Ediciones B.

Tatuajes. Diez narradores inéditos de la generación de 1987. 1990. Santiago: Ed. Trombo Azul/Documentas.

Véjar, Francisco (ed.). 1999. *Antología de la poesía joven chilena. Poesía de fin de siglo*. Selección, prólogo y notas de F.V. Santiago de Chile: Ed. Universitaria.

Wolff, Egon. 1993. Teatro no textual en Chile. En: *Conjunto* (La Habana) No. 94, 21-25.

I

IDENTIDADES

Identidad y destino: el caso de Chile

Bernardo Subercaseaux

Jóvenes chilenos que bailan el *rap* y comparten el mismo gusto por el *rock*, por ciertos *graffitis* o estilos de vida, se sienten hoy día más próximos a jóvenes de otros países —que comparten esos mismos gustos— que a la sociedad nacional a la cual pertenecen. Alberto Fuguet, uno de los más destacados exponentes de la nueva narrativa chilena, publicó una antología-manifiesto, en la cual desde el propio título ya indica que sus señas de identidad provienen de la globalización —las hamburguesas McDonald, los video *clips* y los computadores Mac— en desmedro de las señas tradicionales de un específico cultural chileno, como las ramadas, Violeta Parra, o la Cordillera de los Andes (Fuguet/Gómez 1996).

Por otra parte, los "nosotros" de mayor fuerza y persistencia simbólica se construyen cada vez más en torno al fútbol o a programas de radio y TV. También las identidades se conforman en el consumo de bienes que integran y diferencian simbólicamente a los usuarios, en torno a un cierto tipo de ropa, a una marca determinada de moto, o a cierto tipo de música. Paralelamente adquieren mayor presencia en el espacio público identidades de género, como la femenina y la homosexual, o identidades etarias, como la tercera edad.

Junto a estos fenómenos identitarios no tradicionales, los mapuches, en diferentes lugares del país, levantan una reivindicación étnica y cultural con una vehemencia y un apoyo (nacional e internacional) no conocidos. Si bien algunos de estos procesos pueden haberse dado con anterioridad, hoy forman parte de un escenario distinto, en la medida que ante el proceso de globalización y massmediatización en curso, la nación se ha visto debilitada en su capacidad de apelación a un "nosotros" común, disminuida en su rol de contenedora de lo social y más bien limitada —en este aspecto— a las señas de identidad que concitan algunos eventos deportivos.

Entre quienes viven o piensan la identidad nacional desde una perspectiva tradicional, este nuevo escenario ha generado cierto malestar. En la sección "Cartas" de los periódicos, los lectores con frecuencia se quejan por la desaparición o neutralización de ciertas señas de la identidad chilena. Por otra parte, el proceso de reivindicación étnica ha motivado gran preocupación en diversos ámbitos del país. Todo ello indica que es necesario abrir espacios reflexivos sobre estas temáticas, volviendo incluso a reexaminar conceptos básicos como el de identidad o de nación, para situarlos en una perspectiva histórica y luego actual.

¿Qué se entiende por identidad cultural? La visión más tradicional concibe a la identidad cultural de un país —o a la identidad nacional— como un conjunto de rasgos más o menos fijos, vinculados a cierta territorialidad, a la sangre y al origen, como una esencia más bien inmutable constituida en un pasado remoto, pero operante aún y para siempre. Se habla de una identidad cultural estable (la identidad nacional pertenecería a ese orden) para diferenciarla de procesos identitarios transitorios o inestables, o de microidentidades como la de barrio, club deportivo, edad, etc. También se habla de identidades sociales como la de determinado sector o clase y de identidades individuales, como la de género.

En la visión tradicional subyace una concepción esencialista en que el concepto de identidad tiene similitudes con el concepto de carácter, pero referido no a un individuo sino a un pueblo. En siquiatría o sicología cuando se habla del carácter de una persona determinada, se habla de estructura de personalidad, de aquellos rasgos que son una constante y que no cambian. Si un individuo tiene un carácter compulsivamente perfeccionista o melancólico, puede morigerar esas tendencias, pero ellas no desaparecerán, pues se trata de la base de su personalidad, de una especie de código genético. Llevada a un extremo, esta visión más tradicional tiende a sustancializar la identidad, percibiendo negativamente toda alteración de la misma. La identidad implicaría siempre continuidad y preservación de ciertos rasgos acrisolados en el pasado; se vería, por ende, continuamente amenazada por aquello que implica ruptura, pérdida de raíces, vale decir por el cambio y la modernidad. Tras esta perspectiva subyace una visión de la cultura como un universo autónomo, con coherencia interna, como un sistema cerrado que se sustrae a la historicidad.

Aunque con distintos grados de moderación y sin caer en el extremo fundamentalista que hemos señalado, es esta visión más tradicional y estática la que ha primado en el sentido común y en la reflexión sobre la identidad tanto en Chile como en América Latina. Ella está detrás cuando nos preguntamos por ejemplo, por el ser chileno, o por la identidad del mexicano, o por el carácter argentino, preguntas que suponen la existencia de un paquete de rasgos fijos e inalterables, de una matriz única que implica necesariamente un nivel de abstracción, puesto que desatiende la heterogeneidad en los modos de ser y las múltiples y variadas expresiones de la vida social y cultural que se dan en un país.

En una versión distinta de esta postura, la identidad nacional se define no como una esencia inmutable, sino como un proceso histórico permanente de construcción y reconstrucción de la comunidad imaginada que es la nación; las alteraciones ocurridas en sus elementos no implican entonces necesariamente que la identidad nacional o colectiva se haya perdido, sino más bien que ha cambiado. Las diferencias culturales no obedecerían por ende a esencias culturales inmóviles, sino a accidentes de ubicación e historia. Nada habría en las diferentes culturas humanas que sea o haya sido exclusiva u ontológicamente "propio". Potencialmente, entonces —en la medida que no se puede fijar una demarcación irreductible entre "lo propio" y "lo ajeno"— cada cultura es todas las culturas. Con esta perspectiva el concepto de identidad pierde su lastre ontológico y finito, convirtiéndose en una categoría en movimiento, en una dialéctica continua de la tradición y la novedad, de la coherencia y la dispersión, de lo propio y lo ajeno, de lo que se ha sido y de lo que se puede ser.

La concepción esencialista de identidad es, sin embargo, la que subyace al malestar a que nos referíamos al comienzo; también, por lo general, es la que alimenta los discursos identitarios tradicionales de nuestra historiografía, como aquél que señala a la homogeneidad como uno de los rasgos propios de la identidad nacional chilena. Los autores del pasado que reflexionan en esta línea, piensan que la homogeneidad existe realmente, que está allí afuera, que el nacionalismo etnolingüístico blanco tiene una base empírica en la historia y en la demografía del país.

Algunas concepciones contemporáneas insisten en la unidad y homogeneidad racial del pueblo chileno. Por ejemplo, el mito fundacional que preside la concepción de la historia del ejército publicada por su Estado Mayor es el mito de la homogeneidad de la raza, la mezcla física y cultural de sangres araucana y española y la amalgama de sus virtudes en el crisol de la Guerra (*Historia del Ejército de Chile*, 1980-82). Para este tipo de posturas, la identidad de la nación —que tiene como eje a la raza como hecho biológico y cultural— es prediscursiva, está allí como lo está una sustancia o una piedra. En un artículo reciente el senador (designado) y ex general Julio Canessa Robert, señala que "la cultura mapuche es consustancial al concepto mismo de chilenidad. Tratarlos como una etnia diferente es racismo, en el peor sentido de la expresión" (1999). Se trata por supuesto de una apelación identitaria de uso ideológico, en la medida que tal homogeneidad oculta relaciones de dominación y exclusión. Cabe señalar, en todo caso, que así como en otros países de América Latina hay una cultura de la pluralidad cultural, en Chile, desde el siglo XIX, se vislumbra una ideología identitaria de la homogeneidad cultural. Se trata de un trasfondo que explica, en parte, el malestar que se percibe hoy día frente a la idea de diferencia en los sectores más conservadores del país.

Frente a este manejo y enfoque más tradicional del concepto de identidad, está el punto de vista de quienes conciben a las identidades culturales o a la identidad nacional como algo carente de sustancia, como identidades meramente imaginarias o discursivas, como objetos creados por la manera en que la gente, y sobre todo los intelectuales y los historiadores, hablan de ellos. La identidad, desde esta perspectiva, no es un objeto que exista independientemente de lo que de él se diga. Para los autores que sostienen esta postura de tinte posmoderno (Brunner 1995), la identidad es una construcción lingüístico-intelectual que adquiere la forma de un relato, en el cual se establecen acontecimientos fundadores, casi siempre referidos a la apropiación de un territorio por un pueblo o a la independencia lograda frente a los invasores o extraños. Los libros escolares, los museos, los rituales cívico-militares y los discursos políticos son los dispositivos con que se formula la identidad de cada nación y se consagra su retórica narrativa. La identidad nacional desde esta perspectiva siempre tendrá la estructura de un relato y podrá ser escenificada o narrada como una epopeya, como una pérdida o tragedia, como una crisis, como una evolución o como proyecto y destino.

Desde el punto de vista anterior, la nación más que una comunidad histórico-político o un dato geográfico, sería una comunidad imaginada, una elaboración simbólica e intelectual, que se constituiría en torno a la interpretación del sentido de la historia de cada país. Se trata de una postura que en su grado extremo disuelve la identidad y elimina el referente, aproximándose a la fina ironía de Borges cuando en una oportunidad señaló que ser argentino —o para el caso ser chileno, mexicano, brasileño— es sobre todo un acto de fe.

Frente a estas posturas que diluyen la cuestión de la identidad en discurso o creencias, otro sector de autores, herederos en alguna medida de la visión más tradicional, sostienen que la identidad nacional no es discursiva o imaginaria, sino que es más bien prediscursiva o extradiscursiva. La conciben por ende como una mezcla de tradiciones, lenguas, costumbres, circunstancias históricas compartidas, en fin, todo aquello que conforma los modos de ser o el carácter de un pueblo, y que constituye una realidad operante más allá o más acá del discurso, una realidad a la que tenemos acceso vivencial o fenomenológico cada vez que estamos entre argentinos, chilenos, brasileños, norteamericanos, mapuches, etc. Dentro de esta línea hay también, (y a ella nos sumamos nosotros) una concepción de identidad que admite los dos componentes: la mediación imaginaria y discursiva, pero también la dimensión extradiscursiva, vale decir un referente que puede ser constatado y perfilado empírica e históricamente. Dentro de esta línea de pensamiento, la nación, junto con ser un dato geográfico y una territorialización histórico-político del poder, es también un constructo intelectual y simbólico. La nación, por lo tanto, sería, al mismo tiempo, una realidad constatable que existe y ha existido independientemente de la subjetividad, y una comunidad imaginada o relatada, vale decir un constructo intelectual y simbólico.

Finalmente se da también una concepción más relacional de identidad. Según esta perspectiva el "nosotros" siempre surge de la delimitación de un "ellos". La identidad lejana e insular de Chile, por ejemplo, responde a la visión de un "otro" europeo. La identidad mapuche se construye en función del tratamiento que viene recibiendo ese pueblo por parte de una sociedad "otra" desde la conquista hasta el presente. La identidad deviene así un asunto de autoafirmación. En la medida que la constitución de una identidad depende de una alteridad ausente, necesariamente se remite a esa alteridad y está contaminada por ella (Mouffe 1996).

En síntesis, el aporte fundamental de la discusión sobre identidad en las últimas décadas apunta a la desustancialización del concepto, por una parte desde el campo de su historicidad y por otra desde la teoría cultural postmoderna. Desde esta última con dos variantes: una que llamaríamos "light" que convierte a la identidad en pura discursividad, y otra que aguza la mirada hacia la diferencia, la alteridad y lo heterogéneo, construyendo en consecuencia un concepto relacional de identidad, que privilegia las identidades construidas en el descentramiento de la cultura y en su desterritorialización, las identidades que trasuntan un mundo crecientemente internacionalizado en que la cultura no reconoce ejes unificadores a nivel de la nación, sino yuxtaposiciones, culturas diversas e hibridajes. Esta última postura, sin embargo, deja abierta la pregunta por aquello que le confiere coherencia a la identidad nacional en tanto espacio en que se articulan las diferencias.

Dos matrices en la concepción de lo nacional

Hemos utilizado el concepto de identidad nacional indistintamente con el de identidad cultural. La antropología y la etnohistoria distinguen ambos conceptos, nosotros, empero, los hemos empleado de modo cruzado y casi siempre como sinónimos. Esta perspectiva coincide, como veremos, con la ambigüedad que conlleva el concepto de nación y con las dos vertientes que concurren a la constitución de lo nacional. ¿Qué se entiende por nación? Cabe señalar en primer lugar que la nación es una construcción política de la modernidad. No siempre existieron naciones, de hecho hasta por lo menos el siglo XVII predominaron otras formas de organización política o de territorialización del poder, como por ejemplo los imperios o las ciudades mercantiles. La nación, o más bien la forma estado-nación como realidad o como ideal político-institucional, se instala en el mundo a partir de la Ilustración y la revolución francesa. La idea de que la humanidad está naturalmente dividida en naciones, de que hay determinados criterios para identificar una nación y reconocer a sus miembros, la idea de que cada nación tiene derecho a un gobierno independiente y soberano, y de que los Estados son legítimos en la medida que responden a estos parámetros, es una idea moderna. La nación, históricamente, por lo tanto, es una comunidad política de la modernidad.

En el ámbito de la Ilustración, la nación aparece definida políticamente. La idea de contrato social (que constituye una de las bases filosófico-políticas de la democracia), la idea de la nación como una unión de individuos gobernados por una ley y representados por una asamblea de la que emerge la ley (base de la distinción entre los poderes ejecutivo, legislativo y jurídico), son ideas todas que implican una definición político-institucional de la nación. En esta perspectiva el concepto de nación implica al Estado y también una base territorial. A partir de esta definición política de la nación se generaliza la forma Estado-nación como forma jurídica, como territorialización del poder, como discurso ideológico de integración, como parámetro para la organización de la educación y de la cultura. Es dentro de este marco, a comienzos del siglo XIX, que Chile emerge como nación, rompiendo con esa forma arcaica de organización del poder que fue el Imperio.

A partir de este marco, se desarrolla también, durante el siglo XIX, la construcción de la nación, en que el Estado junto con la élite, desempeñan un rol fundamental en el proceso de nacionalización o chilenización de la sociedad: difunden e imponen a través de la Escuela, la prensa y otros mecanismos un "nosotros", un sentido de pertenencia, una suerte de etnicidad no natural, una especie de segunda naturaleza centrada en la idea de *ser ciudadanos de Chile*, una idea que desatiende los particularismos étnicos, visualizándolos incluso como una amenaza que atenta contra la construcción de una nación de ciudadanos. En esta perspectiva hay que situar las políticas de inmigración impulsadas por Pérez Rosales y los gobiernos liberales.

La concepción de la nación que hemos reseñado, concepción que conlleva una definición política de la misma, y que es indudablemente de cuño francés, va a ser, sin embargo, modificada por el romanticismo europeo, particularmente alemán, con ideas que van a significar un viraje en la concepción y uso del concepto de nación y, lo que es más importante, en la delimitación de lo nacional. En efecto, en la tradición romántica alemana se gesta una concepción cultural de la nación casi en antagonismo con la concepción exclusivamente política de la misma. En esta concepción la nación pasa a ser definida por sus componentes no racionales ni políticos, sino por el lenguaje, por las costumbres, por los modos de ser, por su dimensión simbólica, por la cultura. Contra la universalidad ilustrada y abstracta, el romanticismo alemán rescata los particularismos culturales, la individualidad y el sentimiento, lo singular e infraintelectual. Dentro de esta concepción de nación, el nacionalismo se convierte en un rescate de aquello que es más particular de un pueblo: la lengua, las costumbres, las tradiciones, los modos de ser, los refranes, etc. En esta perspectiva la base de la nación pasa a ser no tanto una frontera geográfico-política o un hecho biológico como la raza, sino un hecho cultural o espiritual: la nación es antes que nada memoria compartida, alma, espíritu, sentimiento, y lo secundario es la geografía o la materia corpórea.

Se perfilan así dos énfasis en la concepción de la nación, énfasis que tienen aspectos contradictorios. De estas contradicciones derivan en nuestro medio algunas tesis historiográficas diferentes. Mario Góngora, por ejemplo, sostiene una tesis que se inclina por el predominio en Chile de la primera opción, por la idea de que la nacionalidad chilena ha sido una construcción desde arriba, una creación desde el Estado. A diferencia de la realidad europea, donde las naciones y los sentimientos nacionales fueron, en general, anteriores a su constitución como Estados; o bien en casos como México o Perú, donde tanto las culturas precolombinas como la colonización española dejaron una fuerte impronta de identidad que impregnó culturalmente a las nuevas repúblicas; en el caso chileno el surgimiento de la nacionalidad habría sido una creación político-institucional realizada luego de la guerra de la Independencia, en ruptura con un pasado colonial cuyo legado tuvo menos peso que en otros países. Una tesis distinta ha sostenido recientemente Alfredo Jocelyn-Holt, para quien no ha sido el Estado sino la sociedad civil y la élite los artífices de la nacionalidad chilena. No es casual, a fin de cuentas, que existan tesis diferentes sobre la construcción de la nación, ello implica énfasis distintos en el concepto de nación que se utilice.

Construcción de la identidad nacional: un discurso posible

¿Cómo se ha construido nuestra identidad nacional en el tiempo, vale decir, históricamente?

a) Cabe señalar, en primer lugar, que mirando a la Colonia desde hoy día se advierte una suerte de protonacionalismo, perceptible en la vivencia de ciertas particularidades de un pueblo que implican una intuición de la nación o un sentido de nación antes de que ésta existiera política e históricamente. El ejemplo más destacado lo encontramos en *La Araucana*, de Alonso de Ercilla. Como se sabe Ercilla estuvo apenas un año y medio en Chile, pero su poema épico publicado en pleno siglo XVI, ya nos intuye como nación y nos nombra (en el sentido fuerte del término), fijando ciertos rasgos que se mantienen hasta hoy en nuestro imaginario colectivo: una nación remota, una angosta faja que se extiende desde los límites con el Perú hasta la Antártica, flanqueada por el macizo Andino y por el Pacífico. Una nación aislada e insular. Se trata de una epopeya que canta a dos razas, y nos entrega también una mitología retrospectiva de origen, atribuyendo el principio a un pueblo guerrero e indomable, cuyos héroes se proyectan en calles y camisetas de fútbol. Es en esta perspectiva que *La Araucana*, poema épico español que cantaba al Imperio de Felipe II, fue leído por Andrés Bello en el siglo XIX como un poema de fundación nacional, equiparándolo al *Cantar de Mío Cid* para los españoles o a *La chanson de Roland* para los franceses. "Inventor de Chile" llamó Pablo Neruda a Ercilla. La nación, con esta mirada, es algo que preexiste pero que no se construye históricamente.

Otro momento de prenacionalismo se encuentra en algunas instancias de la sociedad criolla del siglo XVIII, que influida por las reformas borbónicas y por cierto desarrollo comercial, va a acentuar su autoconciencia de ser una realidad diferente a la peninsular, percibiendo ciertas contradicciones con el sistema de administración virreinal y colonial.

b) Un segundo momento de construcción de nuestra identidad nacional, y sin duda el más importante, lo constituye la guerra de emancipación colonial y la Independencia. A partir de allí se desatan múltiples procesos de autoconciencia nacional, en que juega un rol fundamental la élite ilustrada, élite que constituía un pequeño porcentaje de una población total que en 1810 no superaba los 900.000 habitantes. Las primeras décadas de nación independiente son pletóricas de este pathos fundacional: se trata de crear un Estado, un ejército, una historia, una lengua, una literatura, un sistema de jurisprudencia, una prensa etc., etc. Se empieza a desarrollar así un proceso de nacionalización de la sociedad emprendido por la élite y el Estado, un proceso en que hay dos posturas en permanente contienda: por una parte el liberalismo más republicano y jacobino, representado por algunos pensadores imbuidos de enciclopedismo europeo como Camilo Henríquez y Manuel de Salas; y también, en la década del veinte, por líderes pipiolos y hacia 1840 por intelectuales como Lastarria. Por otro lado encontramos una postura posibilista y organicista, representada por Portales y Bello, para quienes lo chileno no puede tener existencia como valor o como idea antes de tenerlo como realidad.

Es la lucha entre los hombres montados a caballo en libros y los hombres' montados a caballo en la realidad. Para los primeros la construcción de Chile implicaba necesariamente la negación del pasado colonial, en todos los planos, incluido el de los residuos de ese pasado en la conciencia criolla. Para los segundos, en cambio, la construcción del país no podía hacerse sin tener en cuenta el "peso de la noche". Estirando la cuerda puede señalarse que desde entonces surgen dos líneas de pensamiento y adoctrinamiento nacionalista: una democrática y otra más bien autoritaria. La guerra contra la Confederación o el gobierno de Bulnes representan momentos de apaciguamiento de esta contienda y de cierto consenso en la imagen y en la construcción de la nación.

c) El proceso de construcción de la nación se prolonga por todo el siglo XIX, y la élite ilustrada continúa desempeñando un rol de primera importancia en él. Ahora bien, este proceso de construcción de la nación no se realiza desde el vacío, o desde una tabla rasa, sino desde un ideario republicano y liberal que termina imponiéndose en todo el espectro político, incluso entre los conservadores. Se trata de un ideario que a lo largo del siglo XIX se canaliza con extraordinaria vehemencia a través de diarios, revistas, obras históricas, tratados de jurisprudencia, discursos políticos, leyes, agrupaciones sociales, clubes de reformas, partidos políticos, logias masónicas, instituciones educativas, novelas, piezas de teatro, expresiones gráficas y hasta modas y actitudes vitales. También el proceso de inmigración y colonización del sur del país. Con sus agentes y circuitos, todo este conjunto es lo que llamamos cultura republicana de cuño liberal.

La paulatina hegemonía, que esta constelación ejerce —para bien o para mal— sobre la sociedad chilena, y la tensión con la visión ultramontana y conservadora (que siempre fue más orgánicamente culturalista) dominan casi todo el espacio intelectual del siglo XIX. Es en este espacio, con sus consensos y disensos, que se va construyendo la identidad nacional, a la que concurre la concepción de una identidad homogénea o monoidentidad, puesto que se asume un concepto de la identidad nacional que, desde el paradigma de la civilización europea niega al "otro", fundamentalmente al indio. Se trata de una construcción de corte marcadamente político, el objetivo es construir un país de ciudadanos, un país civilizado y de progreso, un país en que van quedando sumergidos y sin presencia sectores que no armonizan con esa utopía republicana: como por ejemplo la cultura y la religiosidad popular o el mundo de las etnias, sobre todo de la más numerosa, los mapuches.

Es dentro de esta modalidad de construcción de nuestra identidad nacional, de corte marcadamente ideológico-político, que se va a patentizar una de nuestras marcas más persistentes como país: un déficit de espesor cultural.

d) En las últimas décadas del siglo XIX adquiere visibilidad la presencia e incorporación creciente de sectores medios y populares a la vida política, social y cultural de Chile. La guerra del Pacífico, en 1879, se convierte en un hito en la construcción de la identidad en la línea de lo nacional-popular, un hito en la ampliación de la base social de la identidad. Se ensalza al roto chileno que pasa a ser en el imaginario colectivo una figura emblemática de esta nueva etapa de construcción de la identidad nacional. A través de esta figura se amalgama la ideología de la homogeneidad con el concepto de mestizaje, concepción que va paulatinamente posibilitando la autoafirmación de diversos sectores sociales (capas medias y populares).

En 1900 el país llega a 3.000.000 de habitantes. La expansión de la educación, bajo el modelo del Estado Docente, juega un rol fundamental en la expansión de la identidad nacional, identidad que también se ve estimulada por constantes problemas limítrofes con los países vecinos. Alrededor de 1910, los ensayistas del centenario, Nicolás Palacios, Tancredo Pinochet y Francisco Antonio Encina, entre otros, enfrentados al deterioro moral de la élite, promueven la figura del roto como síntesis mestiza de la raza y elaboran un pensamiento sensible a los problemas sociales (aunque con connotaciones de nacionalismo racial), proteccionista en lo económico, favorable al espíritu de empresa y a una enseñanza más ligada a la industria y a la vida práctica que a las letras.

En 1920, con la elección de Arturo Alessandri Palma, el Estado amplía sus bases de reclutamiento a los distintos sectores sociales, el Frente Popular de 1938 continúa este proceso de ampliación y lo productiviza en el plano político. En este contexto se reformula el papel del Estado, como un organismo que debe abrir cauces no sólo al desarrollo económico (con la creación de la CORFO) sino también al desarrollo cultural, transformándose en una especie de garante (con la Universidad de Chile a la cabeza) de la difusión y experimentación cultural.

Hasta aquí esta trayectoria de alguna manera sienta las bases, en términos de construcción de la identidad nacional, para el Chile contemporáneo, previo a la globalización.

En las últimas décadas, y en la llamada "globalización", se detectan en el país algunas nuevas apelaciones identitarias. Entre ellas la de la ciudadanía como consumidor, aquella que se afirma en los *malls* y en el consumo compulsivo. También se advierte una identidad chilena que tiene mucho eco en la prensa y bastante aceptación en círculos políticos y empresariales (incluso en el extranjero). Se basa en la figura del empresario exitoso, en los mercados libres y en los accesos a los bienes de consumo. Se trata de un proyecto de modernización que concibe a Chile como una empresa de gran éxito, un ejemplo diferente al resto de América Latina, cuyo representante típico es el empresario joven y audaz que se está comprando el continente, un proyecto en el cual se supone también pueden participar el resto de los chilenos gracias a la "teoría del chorreo" y mediante el consumo internacionalizado (aunque sea con tarjetas de crédito; Larraín 1997).

Se puede colegir de este itinerario que la construcción de la identidad nacional ha sido en Chile en gran medida un subproducto de la política, que ha sido la práctica social e incluso el proceso de modernización lo que ha generado los procesos identitarios, y no las dinámicas de carácter étnico o demográfico, como ha ocurrido en otros países del continente.

Déficit de espesor cultural: pluralidad interferida

Nuestra tesis del déficit de espesor cultural es una tesis comparativa, en la medida que señala un rasgo diferencial de la cultura chilena en relación a otros países. Es precisamente esta perspectiva comparada la que permite hablar de un déficit de espesor cultural, pues desde el punto de vista estrictamente antropológico todas las culturas tienen el espesor que les corresponde, y no cabría por lo tanto hablar de "déficit".

La ideología homogeneizante o tradicional plantea que la raza chilena estaría constituida fundamentalmente por la fusión de europeos y araucanos (también en menor porcentaje por otras etnias). Desde este punto de vista el concepto de raza apuntaría tanto a lo biológico como a lo cultural. Tal como hemos señalado en páginas anteriores, algunas concepciones contemporáneas insisten en la unidad y homogeneidad racial del pueblo chileno, planteando que desde *La Araucana* los mapuches forman parte, biológica y simbólicamente, de la nación chilena. Tales posturas, pasadas y actuales, contrastan con nuestro punto de vista, puesto que perciben en los mapuches un aporte de origen étnico a nuestra identidad, en la medida que desde la Colonia éstos habrían formado parte de la nación chilena. Se trata, sin embargo, de un contra-argumento que precisamente nos permite reafirmar nuestra tesis.

Los mapuches, como se sabe, constituyen un porcentaje no despreciable de la población chilena. El último censo indica que la población que se identifica con esta etnia alcanza a casi un 10% de la población total y en la región de la Araucanía a más de un 25%. Durante los siglos XIX y XX, en el período de construcción del Estado Nacional y en el proceso de nacionalización (que emprendió este Estado) de la sociedad chilena (fundamentalmente vía la educación), la cultura mapuche o sociedad menor recibió de la sociedad mayor un trato reiterado. Fueron levantados y ensalzados como mito pero vituperados como realidad, se prestigiaba simbólicamente la epopeya mapuche en desmedro del mapuche existente, al que se le usurpaban las tierras y se le despreciaba como bárbaro y antiprogreso. Desde Andrés Bello, que publicaba artículos antiaraucanos en un periódico titulado paradójicamente *El Araucano*[1], hasta el "Arauco Shopping Center", la estrategia —consciente o inconscientemente— ha sido la misma. No es casual que hasta el día de hoy los mapuches hablen de "los huincas" y de "ustedes los chilenos". Se trata de una forma lingüística que indica en la subjetividad de los usuarios una

---

[1] Debo esta observación a Jaime Concha, estudioso de nuestra cultura que dicta clases en Estados Unidos.

ausencia de identidad nacional chilena. Aun cuando algunos documentos o discursos de caciques en el pasado hayan incluido apelaciones patrióticas, los mapuches en tanto comunidad nunca han formado parte de la nación en los términos planteados por Benedict Andersen: como parte de una comunidad imaginada (Andersen 1993).

En Chile, a diferencia de otros países de la región, la mezcla física con indígenas no se tradujo en un proceso activo de interculturalidad. Más bien puede afirmarse que la cultura mapuche (entendiendo por tal desde la lengua, las costumbres y las visiones del mundo hasta sus expresiones artísticas) ha sido un *ghetto* y su presencia o proyección cultural en la sociedad mayor, vale decir su peso en la identidad nacional, es más bien débil, y esto abarca desde el plano del lenguaje, hasta las formas de vida y las formas artísticas (salvo, es cierto, algunas excepciones puntuales y recientes en el plano literario). Desde esta perspectiva hablar de una etnia diferente no es racismo —como señala el artículo citado de Julio Canessa; precisamente el racismo consistiría en negar o no reconocer la existencia de esa cultura diferente (en la que aquí y allá se pueden espigar algunos elementos de interacción con la cultura de la sociedad mayor).

Hay también quienes plantean que el carácter de *ghetto* o la escasa proyección a nivel nacional y latinoamericano de la cultura mapuche se debería a cierta debilidad intrínseca de sus manifestaciones en relación a otras culturas de origen étnico del continente. Nada asegura, sin embargo, que la monotonía de la música araucana no pueda ser considerada el día de mañana como uno de los más altos valores musicales, como de hecho ha ocurrido con la atonalidad en la música contemporánea. Cabe señalar, entonces, que la deuda histórica que tiene la sociedad mayor con respecto a los mapuches, además de económica (por la apropiación y reducción de tierras) es también de índole cultural.

Como contraste al caso chileno, un país donde efectivamente se ha producido una proyección nacional de la diversidad étnica es Paraguay, país en que la etnia guaraní a pesar de no tener en cifras de población un gran peso (actualmente apenas el 1,5% de la población), sí tiene enorme y difundida importancia cultural en todo el país. De los 4.150.000 habitantes alrededor del 50% de la población es bilingüe, y 39% utiliza como habla fundamentalmente el guaraní (Corvalán 1998). En Paraguay hay hasta un canal de televisión con programas en guaraní. Augusto Roa Bastos, el más importante autor contemporáneo del Paraguay, es claramente un escritor transcultural, del mismo modo que lo son Miguel Ángel Asturias en Guatemala, José María Arguedas en Perú y Jorge Amado en Brasil.

Además de Paraguay, se pueden señalar como ejemplos comparativos, los casos de Bolivia, Ecuador, Guatemala, México y Brasil. En cuanto a éste último país se puede afirmar que la cultura afrobahiana del noreste se ha proyectado a todo el Brasil, con una fuerte carga de identidad nacional: son los componentes étnicos y demográficos de la cultura afrobahiana los que nutren desde la samba, el bossa nova, las macumbas y los sincretismos religiosos hasta Jorge Amado y el carnaval. Brasil es nítidamente un país donde los particularismos culturales (originados en la cultura negra de base esclavista) se proyectan con enorme fuerza en todos los estratos de la sociedad y cimientan, más allá de la práctica política o social, el imaginario cultural y la identidad nacional del país. Se trata de países que, a diferencia de Chile, tienen una cultura de la pluralidad cultural.

La inmigración tampoco ha representado en Chile un aporte significativo al espesor cultural y a la identidad nacional, sobre todo si pensamos en términos comparativos con Argentina. En Chile siempre se ha mantenido como una influencia local: los alemanes en el Sur y algunas colonias extranjeras en la capital, o en Punta Arenas y en el norte, pero sin llegar a la significación que tiene para la identidad nacional la inmigración europea en los países del Río de la Plata, particularmente en Argentina, donde a partir de las primeras décadas de este siglo, como consecuencia de una inmigración masiva y no selectiva, se altera y cambia radicalmente el panorama cultural e identitario de ese país, incluso en el plano de la lengua. En los países del Río de la Plata se puede hablar, a diferencia de Chile, de un espesor cultural de carácter demográfico que se constituye a partir de las migraciones europeas de fines del siglo XIX y comienzos del XX.

La tesis del déficit de espesor cultural, es entonces, una tesis que adquiere consistencia en relación a lo que ocurre en otros países del continente. Es también una tesis histórica en el sentido que diagnostica un proceso de varios siglos en que han intervenido factores diversos y complejos. Tal diagnóstico explica que Chile sea hoy día —comparativamente— un país de una interculturalidad abortada o interferida, un país de un multiculturalismo mutilado, un país en que por razones históricas de nexos y hegemonías socio-políticas las diferencias culturales de base étnica o demográfica no se han potenciado, en que los diversos sectores culturales y regionales que integran la nación no se han convertido en actores culturales a plenitud (lo que significa que desde cierto punto de vista aún no la integran). Así planteado, el problema no es, como se ha sostenido, una cuestión de ocultamiento o de velo, o de una puesta en escena débil de la identidad chilena; no se trata de una mera operación discursiva (Montecino 1998); el problema tiene también una dimensión extradiscursiva, que apunta a una debilidad estructural en la proyección del espesor cultural de carácter étnico, demográfico y social del país. Precisamente este déficit de espesor explica que en Chile la identidad nacional y las apelaciones identitarias estén fuertemente signadas por los principales hitos históricos y las ideologías predominantes en cada época, y que haya primado, como hemos dicho, una constitución identitaria que opera como vagón de cola de la política y de la práctica social.

Cohesión social y globalización

El espesor cultural tiene una función de argamasa: es un fenómeno de cohesión social y de apelación identitaria. Desde esta perspectiva tiene una incidencia en la identidad nacional y en la integración interna de la nación. El déficit de espesor cultural incide, por ende, en una identidad nacional no integrada desde el punto de vista cultural. O si se quiere: en una identidad nacional que se construye fundamentalmente —desde la vertiente ilustrada— a partir de lo político y la práctica social; tal ha sido, como señalábamos, el caso chileno. Es desde allí —desde la dimensión de lo político— que se han generado los flujos de energía y los momentos más dinámicos en la historia de la cultura del país (las movilizaciones estudiantiles, la bohemia y la vanguardia en las primeras décadas del siglo XX; posteriormente el frente popular y la generación del 38; luego los proyectos de emancipación y el movimiento cultural de los 60, etc.).

Ahora bien, en la escena contemporánea, no sólo operan factores de integración social de carácter étnico o demográfico. También los hay vinculados a las representaciones que movilizan los deportes y los medios de comunicación de masas, particularmente la televisión. Como sostiene un estudio reciente,

> es posible pensar que a través de la futbolización del espacio público se estarían cumpliendo funciones necesarias de cohesión social y de adaptación de los sujetos a un ambiente modernizado. El fútbol ofrecería un 'nosotros', que no encontraría su realización en otros ámbitos del acontecer social; estaría satisfaciendo necesidades de pertenencia y participación difíciles de lograr en una sociedad atomizada e individualizada. Además y en relación a la adaptación de los sujetos a un ambiente competitivo, el fútbol estaría ofreciendo ídolos que encarnarían, en un terreno virtual, los anhelos de la fama y el éxito, impuestos como metas y negados como realización para la mayoría de los individuos (Munizaga 1999).

Una reflexión similar podría hacerse respecto a las teleseries o a determinados programas de la TV abierta o de la radio; así ocurre, por ejemplo, con el programa del Rumpy, en la Radio *Rock and Pop*, programa que ha generado un proceso de pertenencia y apelación identitaria, incluso con el uso de un determinado lenguaje.

La cohesión social y las identidades generadas por vía de los medios o el deporte, si bien constituyen un "nosotros" colectivo, conforman sin embargo, en términos de persistencia, de cohesión y de espesor, identidades de un *pathos* diferente y de corto alcance comparadas con aquellas que tienen una base étnica o demográfica.

Estudiosos han reparado que grupos que de alguna manera fueron excluidos o recibieron un trato desmedrado en la constitución de lo nacional (las mujeres y los indígenas, por ejemplo), no necesariamente se ven amenazados por los procesos de globalización en curso, tampoco por la massmediatización. Néstor García Canclini percibe en el contacto de indígenas con la globalización, más que peligros y amenazas, oportunidades para pasar desde el indigenismo paternalista y cabizbajo a modalidades más autogestivas:

Se apropian de los conocimientos, los recursos tecnológicos y culturales modernos. Combinan procedimientos curativos tradicionales
con la medicina alopática, siguen técnicas antiguas de producción artesanal y campesina a la vez que usan créditos internacionales y com-
putadoras [...] Los campesinos guatemaltecos, mexicanos y brasileños envían por fax informes sobre violación de derechos humanos a
organismos internacionales; indígenas de muchos países usan videos
y correo electrónico para transmitir su defensa de formas alternativas
de vida (García Canclini 1995, 153).

Lo señalado por García Canclini indica que en países en que hay una fuerte presencia étnica, la globalización no significa necesariamente una mayor desintegración o una amenaza a la identidad. Por otra parte, la globalización implica, en términos económicos, que el rol de los mercados deviene fundamental en la coordi-
nación de la vida económica, y que la nación ve disminuido su rol a este respecto.
Desde esta perspectiva se ha señalado que la globalización conlleva una disolución
de las monoidentidades vinculadas a la tierra y a la sangre, o si se quiere, una
erosión de las identidades más estables, pasando a ocupar un rol más relevante las
identidades nómades o transitorias, como por ejemplo las vinculadas a un club de
fútbol o a un determinado tipo de consumo; identidades éstas que cumplen un rol
de cohesión social pero a nivel micro.

Ahora bien, en un país en que hay un déficit de espesor cultural étnico o demográfico de arrastre, este tipo de identidades transitorias desempeñan un rol aún
más relevante en la vida social y pueden incluso contribuir al creciente menoscabo
de la identidad nacional. Estas nuevas identidades son las que estudiosos como
García Canclini han llamado identidades nómades, desterritorializadas, fragmenta-
das, híbridas o también identidades locales. Se trata de voces e identidades que
son evidentes en la juventud visible del país, en las barras bravas, en los grupos
de raperos o de *rock* contestario. En base a este tipo de fenómenos y a la presencia de identidades nómades o locales, se afirma que la nación viene experimentan-
do un deterioro como contenedora de lo social, y que viene siendo reemplazada
—en esta función— por equipos deportivos, corrientes musicales o modas.

Cabe hacer tres observaciones respecto a este nuevo escenario en que sobresa-
len las identidades locales o microidentidades por sobre la identidad nacional: la
primera es que se vive un clima intelectual de época (algunos lo llaman postmoderno) caracterizado por la carencia de utopías, por el pensamiento débil, por una
cierta proclividad a lo múltiple y a lo heterogéneo y por una pérdida de competencia del Estado y la nación en los más distintos ámbitos (económico, comunicacional, educativo, artístico, etc.). Desde esta perspectiva las energías intelectuales
de quienes piensan el tema de la identidad se han volcado a la crítica del esencialismo y al rescate de las identidades locales e híbridas, evitando así reducir los
distintos modos de ser chileno, brasileño, argentino, a un paquete de rasgos fijos
y arcaicos, a un patrimonio monocorde y ahistórico. Dado este clima intelectual

era esperable que los temas de identidad nacional fuesen relegados a la crítica del esencialismo identitario, y a la desconfianza frente al discurso de un específico cultural latinoamericano, o, para el caso, chileno.

Si bien es cierto que las identidades locales desempeñan hoy día un rol significativo en el plano de la expresividad social, las mismas pueden ser cuestionadas respecto a su perdurabilidad, espesor y valor estético. Cabría en efecto preguntarse ¿qué significa la constitución de una identidad cultural o de un "sí mismo" en torno a un determinado estilo musical, a un programa de radio o a un club de fútbol? Se ha señalado que MTV Latina (señal por cable de video *clips* musicales con sede en Miami) ha sido más efectiva a la hora de cumplir el sueño bolivariano de integración latinoamericana que muchos discursos, foros y tratados internacionales. No cabe duda, a partir de ejemplos de esta índole, que, efectivamente, por la vía del mercado (musical, audiovisual, canal por cable, etc.) se están dando fenómenos de integración social y de constitución de identidades. Cabe, sin embargo, preguntarse, si frente a estas nuevas voces culturales no estaremos frente a lo que Baudrillard llamaba "utopías profilácticas", utopías menguadas, sin grandeza y algo tristes, como la utopía de una "vida sin colesterol", o la utopía del "yo autosuficiente".

El mismo video *clip*, la misma señal por cable, la misma comida rápida, la misma música juvenil en lugares tan distantes como Katmandú, Belfast y Santiago. Se habla de cultura estereotipada y de uniformación transnacional de la cultura. De un escenario en que predominan la massmediatización, la internacionalización y la organización audiovisual de la cultura, un escenario complejo en que se rompen las viejas demarcaciones culturales (entre lo culto y lo popular, entre lo nacional y lo extranjero, entre lo tradicional y lo moderno), un escenario en que emergen las dinámicas de hibridación de culturas y subculturas que dan lugar a identidades nuevas y múltiples, identidades locales y nómades, sin el apego a las viejas territorialidades nacionales.

Todo este proceso —se afirma— estaría siendo empujado y sería una consecuencia de la globalización. Ahora bien, si aceptamos este diagnóstico, cabe decir que la situación resulta muy diferente en un país que tiene un espesor cultural fuerte —como México, Argentina o Brasil— que en uno que lo tiene débil como Chile. No es lo mismo la presencia que adquiere la música anglo, difundida por las transnacionales de la música, no es lo mismo ese destino, decíamos, en el país del tango o de la samba y el bossa nova, que en un país en que el baile nacional es apenas una cuestión de una vez al año durante las fiestas patrias, un baile más bien carente de prestigio simbólico en un alto porcentaje de la población, y en franco retroceso ante la cumbia, la salsa y el merengue. Hay por supuesto enclaves o bolsones de espesor o de hibridez cultural, sin embargo, todo diagnóstico del caso chileno debe considerar la ausencia de expresividad cultural diversa con valor y proyección de identidad nacional como un hecho de la causa. Y si queremos ser realistas es en base a un diagnóstico de esta índole que debe plantearse la pregunta por la posibilidad de un proyecto de identidad nacional que concite la suficiente adhesión y legitimidad, por un proyecto que pueda darle cauce a la diversidad cultural del país.

Desafíos para la democracia

El cuadro identitario que hemos recorrido se caracteriza en primer lugar por un déficit de espesor cultural de arrastre; en segundo término, por un resurgimiento de identidades locales o micro identidades acompañado por un desperfilamiento del rol de la nación y del Estado, en el contexto de la globalización. Y, por último, en tercer lugar, por una autoafirmación del pueblo mapuche que funcionaliza, en pro de esta autoafirmación, algunas dimensiones de la globalización en curso. ¿Cuáles son, en este contexto, los principales desafíos para que la identidad nacional concite una adhesión suficiente? ¿Es posible darle cauce, aun, a la diversidad cultural del país, particularmente a la de raigambre étnica? ¿Es posible enriquecer el espesor cultural chileno por la vía del fortalecimiento de los procesos interculturales? A partir de lo señalado y de la constatación del peso que ha tenido en la construcción de la identidad nacional la dimensión de lo político y la práctica social, ¿cuál debería ser el camino y la estrategia a seguir? Por otra parte, con respecto a los procesos culturales, cabe preguntarse si las dinámicas que informan el campo cultural son susceptibles de afectarse por la vía de determinadas políticas públicas o de proyectos identitarios. ¿O es que acaso los fenómenos culturales se moldean y sedimentan sólo en el tiempo largo, como ocurre con el espesor cultural de carácter étnico o demográfico? O, por el contrario, ¿es posible incidir en la trama del tejido social y cultural? Es factible, en definitiva, una suerte de ingeniería de la identidad cultural.

Hay ejemplos de dinámicas identitarias generadas sin políticas expresas, dinámicas que son más bien el resultado de un determinado curso histórico, como los casos que comentábamos de Brasil y Paraguay. Pero hay también dinámicas identitarias que son el resultado de políticas públicas, como es, por ejemplo la creación de un espacio cultural europeo vinculado a las políticas de la comunidad económica europea. Hay casos en que las políticas públicas en ámbitos democráticos refuerzan o abren el camino a los espesores e identidades culturales regionales y locales, como ha ocurrido por ejemplo en España gracias al fortalecimiento consensuado de las autonomías y gobiernos regionales. Está también el caso de Canadá y sus políticas multiculturales. Desde esta perspectiva en el caso chileno estamos convencidos de que partiendo del peso que ha tenido en la construcción histórica de la identidad nacional la dimensión de lo político y la práctica social, las respuestas tendrán que encarar y enfatizar esa dimensión. De allí la necesidad de profundizar la identidad democrática del país y el rol que ello puede jugar por una parte para abrir el cauce a la diversidad cultural, y por otra, paralelamente, para lograr una mayor integración y cohesión social.

Profundizar la democracia implica articular las diferencias. Implica avanzar por lo menos en tres espacios: en el espacio jurídico de derechos y libertades; en el espacio de reconstitución democrática o de las instituciones y partidos políticos, y en el espacio de una ciudadanía democrática o una ciudadanía responsable y emancipada. Se trata de promover la democratización de la democracia de modo que el ámbito de lo político ayude a destrabar las interferencias y los déficit de arrastre en el plano cultural. Ahora bien, el Estado es por su rol una institución homogeneizante, la profundización de la democracia deberá correr por ende, en gran medida, por cuenta de la sociedad civil, y del movimiento social, cultural y político.

La interculturalidad y la democracia cultural apuntan a la idea de permeabilidad entre culturas y sujetos diversos: para que ello opere se requiere democracia política, cultural y comunicativa. Desde esta perspectiva el problema mapuche no es sólo un problema más, es un asunto de mucho mayor proyección en la medida que somete a prueba el grado de cultura humanista y democrática de la nación chilena. Estamos tal vez ante la última oportunidad para abrir los cauces de una interculturalidad que ha estado en gran medida trabada. La profundización multifocal de la democracia aparece como una vía para destrabar la interculturalidad latente que existe en el país, lo que tal vez hoy por hoy no es sólo un requerimiento de una sociedad más sana y democrática, sino también de una sociedad que en todos los planos necesita tener herramientas para administrar de la mejor manera posible el nuevo escenario de la globalización.

Voces de cronopios

Cabe sin embargo, por último, para despejar los afanes nacionalistas que subyacen a las reflexiones sobre identidad, servirnos de algunos autores cuyas ideas oxigenan los nacionalismos excesivos, y atemperan también la añoranza de una identidad nacional demasiado espesa (como aquella que no deja espacio para otras pertenencias identitarias, de barrio, de género, de club deportivo, de edad, de sector social, de religión, etc.).

Federico Nietzsche escribió:

> No debemos hacer caso a los que se lamentan de la pérdida de costumbres locales, trajes, usos, fueros, dialectos, formas políticas etc. Sólo a ese precio nos podemos elevar a lo supranatural, a los fines generales de la humanidad, al saber, fundamento de lo humano, a la comprensión y al goce del pasado, de lo no vernáculo; en suma, sólo así podremos dejar de ser bárbaros.

Según Jorge Luis Borges: "Mentalmente el nazismo no es otra cosa que la exacerbación de un prejuicio que sufren todos los hombres: la certidumbre que su patria, su lengua, su religión, su sangre, son superiores a los de los otros".

El novelista inglés E. M. Forster —autor de *A Passage to India*— señaló: "Si tuviera que escoger entre traicionar a mi país y traicionar a un amigo, ojalá tenga las agallas para traicionar a mi país".

Bibliografía

Andersen, Benedict. 1993. *Comunidades imaginadas: reflexiones sobre el origen y la difusión del nacionalismo.* México: F.C.E.

Brunner, José Joaquín. 1995. *Cartografías de la modernidad.* Santiago: Dolmen Ediciones.

Canessa Robert, Julio. 1999. ¿Integrarlos o segregarlos? En: *El Mercurio* (Santiago), 14 de abril.

Corvalán, Grazziella. 1998. *¿Qué es el bilingüismo en el Paraguay?* Asunción: Centro Paraguayo de Estudios Sociológicos.

Fuguet, Alberto; Sergio Gómez (eds.). 1996. *McOndo.* Barcelona: Grijalbo Mondadori.

García Canclini, Néstor. 1995. *Consumidores y ciudadanos. Conflictos multiculturales de la globalización.* México: Grijalbo.

Larraín, Jorge. 1997. Chilenidad ¿pérdida o cambio? En: *Revista Mensaje* (Santiago), septiembre.

Montecino, Sonia. 1998. Cóndores y condoritos. En: *El Mercurio* (Santiago), 21 de octubre.

Mouffe, Chantal. 1996. Por una política de identidad nómade. En: *Revista Debate Femenino* (México), 14.

Munizaga, Giselle. 1999. Escenas mediáticas de la democracia. En: Carlos Ossa (ed.). *La pantalla delirante. Los nuevos escenarios de la comunicación en Chile.* Santiago: LOM Editores-Arcis Universidad, 9-22.

El tema de la identidad en la historia y literatura chilenas

Patricia Cerda-Hegerl

La antropología ha puesto en claro que las identidades colectivas son el resultado de un entretejido de eventos, experiencias, símbolos, metáforas, mitos y narrativas capaces de crear un argumento que le dé a un grupo una historia y un horizonte compartido y único. En la creación de este "argumento" de la identidad, la literatura ha asumido siempre un rol fundamental. Fueron los poetas Homero y Hesíodo quienes dieron ese argumento y con ello fundaron una mitología y una tradición que en occidente ha sido desde entonces reactualizada por cada nueva generación de creadores. Sumidos en esa tradición por "razones de fuerza mayor", también a la literatura chilena le cabe un papel fundamental en la "invención" de su propio argumento de la identidad. "Un país —a juicio de Juan Goytisolo— no es sólo un pedazo de tierra: es, en primer término, un conjunto de factores socioculturales e históricos que cobran sentido y se ordenan a través de la escritura" (1992, 354).

Desde sus inicios en la década de 1840, la creación literaria chilena se hizo a la búsqueda de una identidad, a tapar con ficciones el vacío que había dejado la pérdida del referente cultural español. Comenzó abriendo caminos por la vía del romanticismo o costumbrismo, que en Hispanoamérica asignaba al texto una utilidad social específica, vale decir, colaborar al mejor conocimiento de lo propio y a la corrección de los errores y desequilibrios humanos y sociales que el novelista descubría en la realidad. Se consideró que para fundar una literatura era necesario describir la vida nacional, los seres que habitan un país, sus costumbres, tradiciones (cf. Rojas/Canizzo 1957). Con ello la literatura costumbrista alimentaba en sus escasos lectores (la mayoría de los chilenos eran analfabetos todavía en las primeras décadas de este siglo) un sentimiento de conciencia nacional cuyos rasgos fundamentales eran una historia, una tradición y un modo de expresarse; una lengua común. La función del escritor era profundizar la visión de su país para ayudar a comprender la naturaleza y el significado de la nacionalidad, especialmente la nacionalidad tal como se había manifestado en el pasado más reciente porque existía la presuposición de que la manera en que la gente visualizaba su realidad nacional determinaba, al menos en parte, cómo actuaría respecto a ella. Los escritores del siglo XIX se empeñaron en descubrir esa "otredad" de Chile que se manifestaba en la vida de los campesinos, de los mineros o donde quiera que un grupo humano diferente al modelo urbano o "civilizado" daba señales de sí. Ciertas costumbres, ciertas ideas, ciertos comportamientos podían verse por una parte como pintorescos, presentados como eran desde el ángulo de visión de una clase de lectores implícitamente más sofisticados, pero también podían verse como algo propio, como un signo innegable de "lo nuestro". Es decir, el costumbrismo se basó en el reconocimiento de la existencia de elementos dispares dentro de la sociedad y la cultura chilena y americana.

El movimiento naturalista positivista que reemplazó al costumbrismo y dominó el panorama narrativo chileno durante las primeras cuatro décadas de este siglo agregó a este interés documental una actitud de compromiso social y moral de intenciones correctivas y de denuncia. El naturalismo quiso introducir en las caducas estructuras de una jerarquización postiza heredada de la época colonial un sentido nivelador de la justicia, ya que —se decía— la novela había ofrecido hasta entonces un rostro exterior y conformista de la vida americana. Con pretensiones de científicos, los novelistas se hicieron a la descripción de la realidad americana y chilena para denunciar tanto la explotación del pueblo por parte de las élites como la desidia, la pobreza y la falta de interés de éste (Ara 1965). La novela se hizo fundamentalmente social, combativa y comprometida. Su escenario principal fueron los crecientes núcleos urbanos donde el hombre y la mujer emigrados a la capital —"una casta deteriorada por los vicios de los siglos" (Edwards Bello 1990)— se enfrentaban casi por determinación natural a la miseria, al abandono y a la rapiña de los políticos y los dueños de conventillos. La novela naturalista fue esencialmente una novela de conventillos. Los ejemplos más notables son *El roto*, de Joaquín Edwards Bello, *La viuda del conventillo* de Alberto Romero, *La sangre y la esperanza*, de Nicomedes Guzmán, *Vidas mínimas*, de José Santos González Vera, *Juana Lucero*, de Augusto D'Halmar, etc. Estas cités de hacinamiento y pobreza representaron durante la primera mitad del siglo lo que son las poblaciones marginales en Santiago de hoy: el lugar en el espacio urbano que les correspondía a los marginados, a los *desacomodados,* a aquellos habitantes descendientes ilegítimos, porque no reconocidos, de ese otro país mestizo, vástago de los antiguos vencidos. Estas novelas criollistas empecinadas en poner al descubierto ese otro país oscuro han sido las novelas chilenas más leídas y comentadas por sus contemporáneos. Ninguna novela actual alcanza la popularidad que tuvieron en su tiempo *El roto* o *Juana Lucero*.

La desorientación temática a mediados del siglo

Hoy podemos decir que tanto el romanticismo costumbrista del siglo pasado, como la literatura documental de la primera mitad de éste, los escritos de Edwards Bello, de Marta Brunet, de Manuel Rojas, entre otros, alumbraron regiones escondidas de la realidad chilena que hubiesen permanecido oscuras, haciendo parte de la memoria del olvido, exiliadas para siempre en los conventillos o "montaña adentro".

Cuando los escritores de la generación de 1950 vituperaron al criollismo como "el amor a la raza y, especialmente, a la tierra, la pasión de Chile, su manía, su enfermedad" (Díaz Arrieta en: Godoy Gallardo 1992) y se hicieron a la forzada búsqueda de nuevas temáticas y a la renovación de las técnicas literarias, comenzó para la literatura chilena una desorientación temática de la cual todavía no se recupera. La corriente de pensamiento que más influyó a esta generación fue el existencialismo que había surgido en Alemania con Heidegger y Jaspers y en Francia con Sartre como reacción a los efectos de las guerras mundiales. Los que en Chile comenzaban entonces a escribir se declararon decepcionados, desganados, escépticos sobre el sentido de la vida. Muchos temas dejaron de ser tratados por considerárseles de índole criollista. Esta misma expresión, a diferencia por ejemplo de lo que ocurrió en Argentina, pasó a transformarse en Chile en una expresión en sumo desvalorizante. Cuando un crítico opinó, muy erradamente, por cierto, que *El lugar sin límites* de José Donoso, era una novela criollista, sabía que apuntaba la flecha al talón de Aquiles de la literatura chilena de los años cincuenta. Lo que debía ser una innovación literaria tuvo como consecuencia el alejamiento de la narrativa chilena de las búsquedas anteriores y también de aquellas que caracterizaron a la narrativa contemporánea en otros países americanos, aquellos que formaron la generación del llamado *Boom*. José Donoso y Jorge Edwards fueron los únicos narradores de la llamada generación del 50, dos entre los 24 elegidos por Enrique Lafourcade para su *Antología del cuento chileno* —considerada la "partida de nacimiento" de esta generación— que no se apartaron del populismo de Joaquín Edwards Bello y Augusto D'Halmar, ni de los barrios de Nicomedes Guzmán. Les dieron, eso sí, otro tratamiento y un trasfondo inesperado (cf. Godoy Gallardo 1992). Hicieron una literatura nutrida en la reflexión sincera del ser chileno, una literatura, como la pedía Borges en *El tamaño de mi esperanza*: conversadora del mundo y del yo, de Dios y de la muerte. Tal vez se deba a ello que se hayan convertido en los más reconocidos de su generación dentro y fuera del país.

El crítico y profesor de literatura de la Universidad de Concepción, Mario Rodríguez se atreve a afirmar que hoy predomina en Chile "una literatura rubia, burguesa y europeizada que excluye los discursos no blancos, mestizos, abiertos a la heterogeneidad racial y social" (Rodríguez 1994). Esta pobreza sólo puede verse como una consecuencia de la desorientación temática surgida a mediados de siglo.

Gran parte de la identidad cultural continental se ha definido por su narrativa. Gracias al esfuerzo de comprensión imaginativa y al carácter a menudo anticipatorio de la ficción, dice Fernando Aínsa, se va sintetizando la esencia de una cultura:

> a partir de la disponibilidad creadora de un conjunto de autores, cuya virulencia y originalidad no se ponen en duda a título individual, pueden llegar a reconocerse los signos que forman el sustratum común de una cultura… (Aínsa 1986).

El tema de la identidad, la definición del sujeto frente al "otro", la definición del lugar que le cabe a un individuo o a una cultura en el universo, están al principio de la creación literaria universal y de la literatura hispanoamericana, en particular.

Claro que el concepto de identidad no es estático. Depende de una serie de factores: de la historia, de los logros y fracasos, de tiempos buenos y malos, de los mitos inventados y agregados al discurso oficial de los gobiernos y las élites, de las creencias de todo tipo.

Sabido es que la investigación histórica puede arrojar resultados muy distintos según se mire desde la perspectiva del vencedor o del vencido, de las élites dominantes o de las bases anónimas. En Chile, como en todos los países americanos, las fuentes escritas suelen venir únicamente del bando vencedor. La versión de la historia que suelen aprender los chilenos ya en sus primeros años escolares es algo así como la siguiente: una voluntad de país flotaba por el aire ya antes de que Pedro de Valdivia emprendiese la conquista de finisterrae o Chilli. Sólo faltaba apartar a los indios del camino para realizarla, para consolidar este proyecto cuasi eterno. Lo que había antes era desorden y caos. Los indios vencidos eran infieles y primitivos. Tribus semidesnudas que hubo que domesticar, vale decir, evangelizar... Esta versión es tributaria de los cronistas de Indias para quienes la conquista significó algo así como el triunfo de los dioses olímpicos sobre centauros y titanes que desde entonces habitan en el abismo. En las crónicas, que en su mayoría eran informes parciales sobre los hechos de la conquista, informes que callaban más que lo que dejaban constancia, se basaron los historiadores chilenos desde el liberal Diego Barros Arana hasta el conservador Francisco Antonio Encina. Las crónicas han constituido la fuente principal de los manuales de historia de Chile y tampoco los historiadores más recientes del pueblo chileno se han apartado en lo substancial de su "visión blanca" y fastuosa de la historia de Chile.

La negación de los orígenes

Sabido es que a diferencia de otras regiones americanas, la élite chilena se hizo a la negación drástica de sus orígenes mestizos y a la afirmación de un forzado europeísmo y una modernidad cuya estrategia ha sido desde siempre la continua negación de sí misma. "El defecto de la aristocracia chilena", opinaba el crítico Ricardo Latcham,

> es su equivocación cultural: su desorientación respecto a los problemas nacionales, su atraso respecto a las grandes cuestiones contemporáneas (Latcham 1991).

La cuestión es ¿cómo se ha llegado a esto? Para acercarse certeramente a este asunto hay que comenzar por el principio, con la guerra de Arauco, que fue sin duda el acontecimiento histórico más importante y significativo de la época colonial en el territorio de Chile actual. La eterna situación de confrontación abierta entre mapuches y representantes de la corona española imprimió al Reino de Chile un sello y una impronta propios cuyas consecuencias se alargan sutil y subrepticiamente hasta la hora actual. La obstinada reticencia de los mapuches de la Araucanía a someterse a la dominación española los convirtió ante los ojos de los otros en un peligro latente y a la vez provocó en la élite terrateniente y comerciante de la Capitanía General una actitud y una posición radical respecto a ellos: o nos sirven o los desaparecemos. Ese fue abiertamente el tono del discurso de los hombres de Valdivia y de todos los gobernantes españoles durante el siglo XVI y gran parte del siglo XVII antes de que las continuas derrotas y desastres hicieran pensar en otra forma de organización colonial más o menos satisfactoria para las dos partes.

En 1640 la corona española se vio obligada a ceder y a reconocer la autonomía de los indios de la Araucanía. Con ello renunció a la conquista de gran parte del territorio sur de Chile. Como línea divisoria entre la república de los españoles y aquella de los indígenas sirvió desde entonces el río Bío-Bío a lo largo de cuya ribera los cristianos fundaron una serie de fuertes desde los cuales salían a hacer sus ataques o malocas a la Araucanía que tenían como objetivo principal hacerse de mujeres (los soldados habían llegado solos a la frontera). Durante el resto del período colonial los indios no sometidos de la Araucanía fueron pasando paulatinamente de enemigos a vecinos. Los soldados indios y mestizos que hasta entrado el siglo XVIII todavía siguieron llegando desde el Perú en número de dos mil poco más o menos al año a engrosar las guarniciones de los fuertes, cumplieron más bien la función de pobladores que de militares. Con las mujeres indias que conseguían en sus malocas o que cambiaban a los caciques mapuches por vino y aguardiente en cuya producción pronto se especializaron, fundaron familias campesinas. En el siglo XVIII la frontera olía a mosto, a parlamento, a fiesta y a convivencia de dos culturas en estrecho y conveniente contacto comercial en que el producto principal de conchavo o trueque era el vino que producían los soldados y el ganado que los caciques traían de la Pampa. La élite miraba todo esto desde Santiago, por supuesto, con un repudio y una impotencia que enardecía aún más su furia contra el indio. El respiro que les traería la mal llamada Pacificación de la Araucanía tenía que esperar todavía hasta fines del diecinueve.

Ahora bien, el conflicto araucano tuvo como consecuencia el alejamiento tanto simbólico como real de todo lo indígena por parte de la sociedad colonial del territorio de Chile (desde el valle del Aconcagua hasta el río Bío-Bío con un apéndice en el sur en los fuertes de Valdivia y Castro). El vocablo "indio", que allí era sinónimo de rebelde e infiel, estuvo reservado a los hombres y mujeres libres de la Araucanía, ultra Bío-Bío. Los habitantes de las áreas rurales del valle central, descendientes directos de los mapuches vencidos del valle del Mapocho que fueron trasladados por los encomenderos a sus haciendas agrícolas ubicadas en las áreas aledañas a Santiago, no fueron nombrados de acuerdo a sus antecedentes raciales, como sucedió en la mayoría de las otras regiones americanas. Quedaron reunidos en la categoría de *peones, inquilinos, artesanos, labradores agrícolas*. Su origen étnico se perdió bajo clasificaciones aleatorias que designaban su actividad económica. Ese no nombramiento produjo ya en la colonia temprana un vacío de identidad en el habitante de Chile que hemos ido heredando las generaciones posteriores. Nosotros, los descendientes legítimos o ilegítimos de los vencidos, nunca supimos quiénes fueron nuestros verdaderos progenitores ni cuál es nuestro verdadero origen. El viajero que pase hoy por la república se encontrará con un pueblo de fisonomías claramente mestizas tanto en las zonas rurales como en las poblaciones marginales de las ciudades. Ante la cuestión de su pertenencia a algún grupo étnico, a la identificación con algún antepasado, con alguna vertiente cultural, el viajero no va a encontrar respuesta de ningún tipo porque su pregunta caerá en el vacío. Orígenes no hay. Todos somos chilenos, hijos de la mismísima chilenidad y viva Chile.

Sólo la élite los mantiene con claridad bastante ficticia. Todavía existen en Chile linajes ancestrales que emparientan a algunas familias en algunos casos extremos con la misma hueste de Pedro de Valdivia y con los enigmáticos vascos que llegaron después. También los descendientes de europeos del norte llegados a partir del siglo XIX al país se mantienen fieles a su cultura y tradición. El resto, vale decir, la mayoría de los chilenos, los que, de alguna manera, siempre estuvieron allí, no saben nada de sus verdaderos orígenes. Tampoco la emersión de la clase media chilena a principios de este siglo ha traído consigo nuevos planteamientos al respecto. El nuevo grupo social heredó del Chile anterior el vacío de identidad y el miedo a pertenecer al grupo de los de abajo. Sintió siempre una verdadera necesidad de emular a las clases patricias lo cual al mismo tiempo significó su alejamiento incluso en el campo simbólico de los más pobres. La clase media pasó del vacío a la negación. Sólo en una pequeña parte de este grupo nació, hacia mediados de este siglo, un cierto interés, una cierta búsqueda de algo parecido a la "chilenidad". Algunos reflejos de esta búsqueda se aprecian en los nuevos movimientos folklóricos y musicales (piénsese en Violeta Parra), en la poesía de Pablo Neruda y de Nicanor Parra. Esta nueva búsqueda estuvo envuelta en el marco de un movimiento político de izquierda que llevó en 1970 al poder al presidente Salvador Allende. Pero de eso quedan apenas algunas voces en el desierto. El pinochetazo barrió oficialmente con esa búsqueda imponiendo en su lugar el proyecto de un Chile moderno, conservador y consumista. Lo popular tiene hoy sabor a fracaso, a utopía y la búsqueda de los orígenes le parece a la mayoría de los ocupados habitantes de Chile actual una estupenda pérdida de tiempo. Los movimientos y organizaciones mapuches tendientes a no perder su identidad y su cultura, la lucha por conservar el medio ambiente, son desafíos tan premonitores como necesarios que encuentran escaso eco en el alma nacional. La vida colectiva continúa valiéndose de mitos no tanto para inventarse una identidad, sino para negar lo evidente.

La aparición de Lenz

Para ilustrar la obstinación de la élite chilena en la aceptación de los orígenes mestizos puede ser interesante referirse a las aventuras del filólogo alemán Rudolf Lenz en Chile cuyas ideas los académicos chilenos rechazaron de raíz. Inspirado por el romanticismo alemán, Lenz postuló que el idioma que se habla —o que se hablaba en Chile en la época en que él hizo sus investigaciones lingüísticas, vale decir, a fines del siglo XIX— era un castellano con fonética araucana. El aislamiento en que vivieron los criollos durante casi trescientos años bajo el señorío de la Metrópoli unido a la lenta mezcla con la raza indígena y a la falta de educación escolar habrían tenido como consecuencia una evolución de la lengua en Chile más rápida y rotunda que en otras regiones de América. Según las observaciones del filólogo, a fines del siglo XIX el roto, el huaso y el patrón hablaban el mismo lenguaje. Lenz postuló la existencia de una nueva lengua románica en Chile, planteamiento que se ha visto reforzado por la tesis del lingüista dominicano Pedro Henríquez Ureña cuando sostiene que durante la colonia y hasta el siglo XIX Chile formaba un grupo dialectal en sí, tal como lo formaban áreas más amplias como el Río de la Plata y el Caribe. Las apreciaciones de Lenz en el sentido de que en su modo de hablar los patrones apenas se distinguían de sus peones fueron también las de Andrés Bello. El intelectual venezolano se quejaba a mediados del siglo XIX de que en Chile se hablara un castellano bastante mediocre al que él calificó de "jerigonza corrompida de la plebe" y que algunos llamaron huasteco, esto es, de los huasos o, es lo mismo, del campo. Era un habla con altibajos. Todas las palabras se pronunciaban juntas, casi sin separación. Las pausas consistían en alargar las vocales para enfatizar lo dicho: claaaaaaro, siiiiiiih. Muchas consonantes desaparecieron y quedaron vocales sobre vocales. La lengua vocálica de que habló Neruda. ¿Se referirán a eso los extranjeros cuando dicen que los chilenos hablan "cantadito"?

El Reino de Chile apenas participó en las escasas corrientes culturales de la colonia americana. Las relaciones de este tipo entre la Capitanía General y España eran mínimas. No hubo allí más barroco que aquel que alcanzaron a importar los jesuitas para sus iglesias, no más barroco que las procesiones y los estrados. Apenas hubieron representaciones teatrales. Una moral de estrados y monasterios, estrecha como la situación geográfica, regía la vida de los chilenos. Los viajeros que pasaron por la nueva república a principios del siglo XIX tuvieron la impresión de haber recorrido un país tranquilo, católico, conservador, donde en el terreno de las ideas no pasaba mucho. En las exiguas bibliotecas sólo se encontraban libros sobre mártires cristianos, alguna *La Araucana* y tal vez, con suerte, algún *Quijote*. La mayoría de las mujeres y algunos hombres eran analfabetos. A excepción de la infaltable tertulia a la hora del crepúsculo, en la que se reunía la familia numerosa y sus amigos a cantar y bailar y de paso, a planear una nueva constitución, en la capital de Chile no pasaba mucho en el terreno intelectual. Antes de que llegase la primera imprenta, en 1809, no se producían ideas escritas. La única producción de carácter artístico provenía del pueblo mestizo de Santiago y del campo en sus chinganas y payas, en sus cantos a lo humano y lo divino y en sus ritmos y bailes varios.

Sabemos por el jesuita Luis de Valdivia, el primer estudioso de la "lengua de Chile", que a fines del siglo XVI los indios del Valle Central ya habían adoptado el castellano. Sería tal vez una estrategia de libertad. Siendo ladinos eran todavía "chusma" o "gentuza" pero ya no tan claramente esclavizable y encomendable según la legislación colonial. Tal vez, hablando castellano era posible pasar desapercibido, confundirse con los mestizos que de por sí gozaban de un status y un trato mejor en la colonia temprana. O tal vez porque la unidad prehispánica representada por los pueblos de indios pronto se rompió. La mayoría de los indios del valle del Mapocho, cuyo número era exiguo, terminaron "empatronados" en las haciendas ganaderas de sus encomenderos. Cuando se habla del *pueblo* en esta época se está refiriendo a esa masa anónima y homogénea que descendía de esta *gente de la tierra* que pasó a poblar las haciendas ganaderas y de los tres mil y tantos esclavos negros que alcanzaron a llegar a Chile en ese siglo (después no llegaron más), a los que hay que agregar algunos indígenas transcordilleranos (huarpes). Sobre ellos se instaló el grupo español: una centena de hombres hacendados y encomenderos, de los cuales la mayoría no sabía firmar, que rendían para abastecer de cordobanes y frutos del país al Perú. Tres siglos coloniales sirvieron al cruce entre indios, esclavos, mestizos y españoles, cruce y recruce por caminos ilegítimos y naturales, caminos patriarcales de una sociedad estrictamente colonial. De allí proviene la gran mayoría de los chilenos, los anónimos chilenos más abajo de la plaza Italia y en provincia. Todo el acervo mítico-religioso mapuche pasó a los campos a través de los peones agrícolas, los encomendados en primeras, segundas y hasta terceras vidas y aunque se han ido perdiendo, aún subsisten las consejas, las historias de brujas y otras personificaciones del mal que son consideradas hoy parte de la tradición popular.

Salta la pregunta ¿hasta qué punto adoptaron el castellano? ¿Valiéndose de qué mecanismos? ¿Cómo se escuchaba ese castellano que necesariamente tuvo que utilizar en el primer tiempo la fonética mapudungún? ¿Cómo era el habla que avizoró Lenz? ¿Sería parecida a la que transcribieron autores románticos costumbristas como Blest Gana (*El loco estero*), o definitivamente criollistas como Eduardo Barrios (*Gran señor y rajadiablos*) o que encontramos en el realismo social de una Marta Brunet?

Resulta interesante comparar la reacción de los intelectuales chilenos ante las ideas de Lenz con el carácter de la discusión que estaba teniendo lugar paralelamente en la vecina Argentina, donde los intelectuales sostuvieron respecto a la lengua tesis muy diferentes a las de los chilenos, llegando con Luciano Abeille (1899) incluso a defender un idioma exclusivo argentino. La mayoría de los intelectuales de ese país oscilaron entre el sometimiento a las reglas académicas y la mayor libertad dentro de la estructura tradicional del español (cf. Alonso 1938).

El hecho de que las ideas del lingüista alemán hayan sido rechazadas en Chile casi por decreto radica en cuestiones de alcance socio-histórico: la negación permanente por parte de los intelectuales chilenos de cualquier elemento de origen pre-hispánico en la cultura nacional. Es el vacío de los orígenes y el miedo a ser conquistado, indio e ilegítimo, valores considerados tradicionalmente negativos, el que actúa en forma inconsciente en este rechazo. Lenz pasó por Chile cuando la nueva república se sentía por fin vinculada comercial, cultural y políticamente al resto del mundo. No obstante, el aislamiento colonial todavía estaba presente en la memoria. Los criollos no querían saber nada con el pasado colonial que el lingüista les traía a colación. La colonia, preñada por el signo de la soledad, debía quedar atrás lo antes posible. Transformarse rápidamente en ente moderno era la divisa. Lo que Marco Antonio de la Parra ha definido últimamente como el "sueño narcisístico de la modernidad".

Este rechazo hace parte de una negación de carácter más fundamental, aquella del discurso oficial al que me he referido anteriormente ante el cual la literatura chilena no se ha revelado nunca. Todavía hay muchas realidades durmiendo en la memoria del olvido. Al decir esto me hago eco de los planteamientos del autor de *Tiempo mexicano*: "entre nosotros no hay un solo tiempo: todos los tiempos están vivos, todos los pasados son presentes" (Fuentes 1994). "Una sociedad, un pueblo, una cultura" —escribió otro mexicano en 1967, el recientemente fallecido Octavio Paz— "se define no sólo ante el futuro, sino también frente al pasado. Sus recuerdos no son menos reveladores que sus proyectos. Aquí, como a nivel individual, lo que se calla es a menudo más trascendental y más revelador que aquello que se cuenta".

La tematización a veces implícita, a veces explícita de lo que Ernesto Sábato llama "el irracional misterio de la existencia" en la literatura no se riñe con temáticas de índole social y política que también necesariamente atañen a los personajes novelescos. Hegel es el que afirma que la conciencia individual es inseparable de su momento socio-histórico. Por lo demás, está claro que América Latina forma parte de occidente, una historia y un lenguaje común nos conforman. Somos occidente, pero somos, como los norteamericanos, una ex colonia. Nuestra vida espiritual se ha regido siempre por la dialéctica del localismo y del cosmopolitismo, manifestada de las maneras más diversas. Uno de los más saturados de occidentalismo y modernidad, Jorge Luis Borges, adopta frecuentemente la prosodia del pueblo, claro, sin adoptarla como bandera, sino tratándola como una temática más.

José Donoso o la búsqueda de una nueva mitología

En el discurso donosiano está muy presente el otro Chile, invisible, aquel de la memoria del olvido. ¿De dónde deviene sino el deseo de reconocimiento, la búsqueda constante del padre por parte de Humberto, búsqueda que es un eje central de la novela *El obsceno pájaro de la noche* (1970)? Humberto busca en don Jerónimo la paternidad que no pudo obtener en la mirada de su propio padre, porque éste, en realidad, nunca tuvo rostro. Alcanzar reconocimiento social, salir del anonimato, como esperaba de él su padre, que fue un autodeclarado "donnadie".

En cierto modo, los personajes de las viejas de esta novela afirman la inanidad de la búsqueda de legitimación de Humberto, ya que niegan la existencia del padre del niño de la Iris Mateluna: el niño que ella espera es hijo del milagro, fruto de su propio deseo, sin padre: un huacho. Para el narrador de *El obsceno pájaro de la noche* no hay salida. El ser se debate entre la búsqueda de una legitimidad y el anonimato a que lo condena el grupo.

La novela *El obsceno pájaro de la noche* puede ser leída como una conseja maulina, la del imbunche, con claras raíces mapuches, que aparece contada en varias ocasiones en el transcurso del libro con las variaciones que introduce la conciencia que la narra. En el acervo mítico araucano el imbunche es un wekufe (ente) que sirve a los brujos para causar el mal. Es un niño raptado por los brujos, guardado en las salamancas subterráneas con los ojos, el sexo, la boca, las narices, todos los orificios del cuerpo cocidos. La novela toma la misma versión que Julio Vicuña Cifuentes (1947) recogió en la zona del Maule. Mediante el imbunchismo Jerónimo habría vengado la envidia que le despertaba su ex secretario. No queda claro si el imbunchismo es una proyección de su propia conciencia que se ha imbunchado a sí misma con la vergüenza que siente por su físico y su origen social. Hay en todo caso un imbunche psicológico porque son sus propias obsesiones de acoso, envidia y odio social las que le han ido tapando todos los orificios del alma. Por esta razón su mundo es como él afirma, "un mundo sellado, como vivir dentro de un saco".

Con la tematización del acervo mitológico tradicional, a la que Donoso da un tratamiento excepcional y novedoso, el escritor se inserta en la misma búsqueda que movía a sus colegas escritores de otros países latinoamericanos que conforman la generación del *Boom*. Da al tema un tratamiento a la vez muy leal a la idiosincrasia de Chile. Su mitología no es solamente mestiza, sino claramente mestiza chilena. Donoso hurga la especificidad de lo chileno, en esa mezcla de elementos mapuches y criollos que han ido marcando el tono nacional, así como García Márquez se refiere a la especificidad colombiana, Fuentes a la mexicana, Vargas Llosa a la peruana y Cortázar a la argentina, etc.

Donoso fue un escritor de obsesiones. El mismo le dijo a la periodista chilena Raquel Correa "¿No escribe uno, en realidad, un solo libro en la vida, que toma —siempre— distintas formas?" La obsesión más grande de Donoso era el enigma de la identidad. La identidad del ser, tematizada en la máscara y la impostación, aparece en casi todos sus textos. El mismo se preguntaba: ¿Por qué me interesan tanto los disfraces? ¿Por qué me interesan los travesti? ¿Por qué me interesa en *Coronación* la locura de la señora? ¿Por qué en *Este domingo* los disfraces tienen un lugar tan importante?

Ahora bien, esta cuestión de la identidad y las apariencias es un tema contingente en Chile. El desdoblamiento de la clase alta en "ser" y "aparecer" fue observado por el escritor desde el seno mismo de ese grupo. El escritor joven comienza por percibir el deterioro por un lado y la sinrazón por otro. Este deterioro y la corrosión de los linajes esencialmente anacrónicos que el Chile católico y conservador se esforzaba y se esfuerza por ver perdurar en el tiempo, es el tema de sus novelas *Coronación* y *Este domingo*. El miedo a mostrar las partes oscuras de la personalidad, los patios interiores de las casas, llamados patios de los huachos, nacidos de las relaciones sexuales de los patrones con las sirvientas, las chinas de las casas, esos y muchos otros lados oscuros de lo cotidiano habrían aparecido a los ojos del escritor como lo paradójico que pone a las apariencias en tela de juicio. En *El obsceno pájaro de la noche* hay un encuentro que se produce en el museo antropológico de Santiago, cuando el personaje principal asume su identidad de escritor. Esta identidad es presentada como un disfraz eventual, uno entre otros. Humberto dice:

> Pude haber huido, pude haberme disfrazado de araucano con las galas sombrías exhibidas en un maniquí al que podía sustituir, pero no huí.
> No comprendo por qué le contesté a don Jerónimo: qué le contesté.
> Le dije: soy escritor (Donoso 1970, 280).

Imbuido por el espíritu del *Boom*, Donoso abrió sin duda una nueva mirada hacia la cultura chilena. Al intentar penetrar en los recovecos más lejanos del inconsciente, en los mundos oscuros de las casonas de Santiago, y en los claros de un pueblucho del sur, Donoso hizo que algo que ha estado allí desde siempre se aparezca de pronto novedoso, maravilloso, como si nunca antes lo hubiésemos visto, eso que pasábamos todos los días por allí.

Bibliografía

Abeille, Luciano. 1899. *Idioma nacional de los argentinos*. Buenos Aires. Sin Editorial.

Aínsa, Fernando. 1986. *Identidad cultural de Iberoamérica en su narrativa*. Madrid: Gredos.

Alonso, Amado. 1938. *Castellano español, idioma nacional*. Buenos Aires: Ed. Losada.

Ara, Guillermo. 1965. *La novela naturalista hispanoamericana*. Buenos Aires: Ed. Universitaria.

Donoso, José. 1970. *El obsceno pájaro de la noche*. Barcelona: Seix Barral.

Edwards Bello, Joaquín. 1990. *El roto*. Santiago: Ed. Universitaria.

Fuentes, Carlos. 1994. *Tiempo mexicano*. México: Aguilar.

Godoy Gallardo, Eduardo. 1992. *La generación del 50 en Chile: historia de un movimiento literario*. Santiago: Ed. La Novia.

Goytisolo, Juan. 1992 [1977]. *Disidencias*. Santillana: Taurus.

Latcham, Ricardo. 1991. Psicología del caballero chileno. En: Hernán Godoy Urzúa (ed.). *El carácter chileno*. Santiago: Ed. Universitaria, 370-374.

Paz, Octavio. 1967. *Corriente alterna*. México: Siglo XXI.

Rodríguez, Mario. 1994. El orden del discurso novelesco. En: Eduardo Godoy Gallardo (comp.). *Hora actual de la novela hispánica*. Valparaíso: Ed. Universidad Católica de Valparaíso, 349-356.

Rojas, Manuel; Mary Canizzo. 1957. *Los costumbristas chilenos*. Santiago: Zig Zag.

Vicuña Cifuentes, Julio. 1947. *Mitos y supersticiones. Estudios del folklore chileno recogido de la tradición oral*. Santiago: Nacimiento.

Reflexiones sobre la literatura femenina chilena

Erna Pfeiffer

Aunque el título de esta ponencia no lo escogí yo sino que me fue propuesto por los organizadores de este evento, me parece sumamente acertado y estimulante para aventurarme a mi temática. Bastante hay que reflexionar acerca de los dos conceptos contenidos en él: "femenina" y "chilena". ¿Qué se entiende "hoy", para usar otro término usado en el programa general del simposio, bajo "literatura *femenina*" en Chile? ¿Es posible hablar de *una* literatura femenina contemporánea o se trata de una generalización ilícita? ¿No es demasiado grande la distancia entre la popular Isabel Allende y la hermética Diamela Eltit como para meterlas a ambas en el mismo saco?

1.

Empecemos por dilucidar el primer término, "femenina". Esta expresión es repudiada por una cantidad considerable de autoras y críticas como "adjetivación de la literatura". Bajo el título de "El segundo sexo: la segunda literatura", un colectivo de mujeres escribe lo siguiente:

> La literatura se adjetiva: Lejos de causar sorpresa, la fórmula 'literatura femenina' apunta a un lugar seguro y tranquilo, alejado de toda amenaza y sospecha y marcado por lo irremediablemente indiscutible (Mora Escalante/Ovares Ramírez/Rojas González 1985, 97).
>
> En el campo de los discursos, la forma más general de actualización del mito es, precisamente, hablar de 'literatura femenina'. ¿Qué se entiende por tal? Se asume que es aquella escrita por mujeres, independientemente del punto de vista que la sostenga y del género escogido. [...] Ahora, ¿por qué hablar de 'literatura femenina' significa actualizar el mito de lo femenino? Primero que nada, al adjetivar 'literatura', se especifica una PARTE de un TODO: hay una totalidad, la llamada creación literaria en general que no lleva el signo de lo femenino y que, en ausencia, lleva el de su contrario, el de lo masculino. La literatura, como totalidad, es la literatura masculina y la 'femenina' es un coto cerrado en ese 'cerco de objetos' así concebido (ibíd., 100).

Si no queremos reproducir los mitos y tautologías que dicen que la "literatura femenina" se constituye precisamente por sus calidades "femeninas" (con todas las connotaciones conocidas de sentimental, intimista, tal vez un poco palabrera, coloquial, y *muy* autobiográfica), sería preferible hablar de "literatura de mujeres", sin valoración ni resabio peyorativo. Así la libraríamos del ghetto de una subliteratura secundaria con sus propias leyes, su propio público (también restringido a mujeres, por supuesto), de la limitación a temas "típicamente femeninos" y la elevaríamos al rango de *la* literatura a secas. Así también podríamos subrayar la pluralidad *dentro* de la literatura producida por mujeres, distintas entre sí por su lugar histórico, su posición ideológica, su programa estético, sus técnicas narrativas, etc.

He intentado dilucidar lo que dicen las mismas autoras chilenas acerca del aspecto y he encontrado respuestas muy diferenciadas. Así, por ejemplo, Mercedes Valdivieso, fallecida el 3 de agosto de 1993, en un cuestionario que me contestó en 1990, dice lo siguiente:

> Mucho se ha polemizado sobre esto y sin conclusiones definitivas. Es posible pensar que la escritura no pasa por el sexo sino por la representación que el sexo tiene en la sociedad. [...]
>
> Para mí la diferencia no yace en la temática misma, sino en el tratamiento que de los temas se hace. Lo considerado como trivial o propio del mundo íntimo, doméstico, ha alcanzado en el discurso femenino de hoy en día, una dimensión equitativa a la de los considerados 'grandes temas' abordados por la tradición literaria. Pienso que la representación de una voz femenina en la literatura, sería la de deconstruir la imagen de la mujer que nos legó una narrativa masculina. Es decir, la mujer debe destruir esa imagen para crearse de veras y debe optar por sus propias elecciones ("Cuestionario sobre literatura femenina", sin publicar, 1990).

Diamela Eltit, en el mismo cuestionario, que ella me contestó en 1992, se expresa así:

> Pienso que la escritura es un instrumento social, no es sexuada, lo que torna masculina o femenina una escritura es su relación con el poder (sintáctico, temático, social). [...] Lo femenino de mis temas creo que radica en su forma de escritura. [...] creo que hay una diferencia [entre lenguaje femenino y masculino], pero en la utilización de los códigos, en el juego entre lo dominante y lo periférico ("Cuestionario...", 1992).

Y aunque sería interesante explayarnos más sobre el tema, tenemos que contentarnos con estas breves reflexiones un poco "embrionales" por falta de tiempo. Paso a hablar sobre el segundo aspecto, la supuesta "chilenidad":

2.

Para poder afirmar la existencia de una literatura *chilena* femenina en el sentido de un corpus definido dentro de los márgenes de una literatura nacional, tal como lo hace Lina Vera Lamperein en el título de su libro *Presencia femenina en la literatura nacional,* me desconciertan dos factores: la falta de una tradición histórica, tal como existe, por ejemplo, en México con Sor Juana Inés de la Cruz, y la escisión de la llamada literatura "post-golpe"[1] en dos fracciones o bloques: la del exilio y la de "las que se quedaron".

Veamos el primer punto: es cierto que no existe una larga trayectoria de la literatura de mujeres en lo que hoy es Chile; la "escritura conventual" (Lamperein 1994, 35) de Sor Úrsula Suárez (1666-1749), Sor Juana López y Sor Tadea de San Joaquín (1755-1827) apenas ha traspasado los muros de los claustros, ni en su tiempo ni hoy. Tampoco la literatura de los salones del siglo XIX nos legó obras realmente transcendentes como pasó en Perú con Clorinda Matto de Turner, en Argentina con Juana Manuela Gorriti o en Cuba con la Avellaneda. Los nombres que cita Lamperein, al menos para mí, han sido totalmente "nuevos", en el sentido de desconocidos: Mercedes Marín Recabarren del Solar (1804-1866), Carmen Arriagada (1808-1890), Rosario Orrego de Uribe (1834-1879) y Quiteria Varas Marín (1838-1886). La "verdadera" historia de la literatura escrita por mujeres en Chile empieza con nuestro siglo, con autoras como María Luisa Bombal (1910-1980), Marta Brunet (1897-1967) y, sobre todo, Gabriela Mistral (1889-1957). Es interesante ver que, entre estas tres, que generalmente aparecen en las historias de la literatura chilena, solamente dos han dejado huella en las escritoras contemporáneas: la Bombal y la Mistral. A la pregunta de "¿Cuáles son sus escritores/as preferidos/as?", ninguna de las once escritoras chilenas entrevistadas entre 1988 y 1994 menciona a Marta Brunet y sí, seis a Gabriela Mistral y cuatro a María Luisa Bombal. Y *no* se mencionan otros nombres de escritoras chilenas, con excepción de Violeta Parra, que es nombrada por Marjorie Agosín en su respuesta (véase el cuadro completo en la página siguiente).

Todo esto hay que verlo ante el fondo real de que *el* escritor chileno más famoso y leído a escala mundial es, hoy en día, una mujer, Isabel Allende, que con varios millones de ejemplares vendidos en todos los idiomas, para Chile cumple la misma función que García Márquez para Colombia[2]. Pero a Isabel Allende ninguna de las escritoras chilenas, yo diría, se "atreve" a mencionarla como modelo[3].

Hay otro aspecto que me produce cierto malestar al pensar en *la* literatura chilena en el sentido de una literatura nacional, y es el abuso que cometió precisamente la dictadura con palabras como "patria"[4], "nación", "país", etc., queriendo

---

[1] Cf. el subtítulo del libro de Eugenia Brito: *Campos minados (literatura post-golpe en Chile)*.

[2] Hay que recordar que el comienzo de la literatura conscientemente feminista en Chile también estuvo marcado por el fenómeno de un modesto *bestseller* (25.000 ejemplares, en cinco ediciones): *La brecha*, de Mercedes Valdivieso, en 1961.

[3] Y sí me parece observar un fenómeno de imitación en algunas escritoras, parecido a las llamadas "gabistas" en Colombia (cf. el artículo de Helena Araújo), pero en autoras que no he incluido en mi investigación, como tal vez Marcela Serrano.

[4] Expresiones repetidas en eco parodiado por autoras de la "nueva escena literaria" en Chile, como en el título de la novela *Por la patria*, de Diamela Eltit.

autora entrevistada	autoras chilenas mencionadas	autores chilenos mencionados
María Teresa Adriasola (= Elvira Hernández)	Mistral	Huidobro, Rokha, N. Parra
Marjorie Agosín	Bombal, Mistral, V. Parra	–
Isidora Aguirre	–	–
Isabel Allende	–	Neruda
Diamela Eltit	Mistral	–
Lucía Guerra	Bombal	–
Heddy Navarro	Mistral	Neruda
Mercedes Valdivieso	Bombal, Mistral	Huidobro, Neruda
Ana Vásquez	–	–
Cecilia Vicuña	–	–
Virginia Vidal	Bombal, Mistral	–

establecer una homogeneización falaz de diferentes clases sociales, intereses económicos, diversidades étnicas e individuales en un bloque "sólido", corporativismo que recuerda las formaciones fijas y compactas preferidas por los nazis en su emblemática nacional (cf. Theweleit 1987). Eugenia Brito habla de la "unidad falsamente construida por el proceso dictatorial" (Brito 1994, 15), de la "visión única y hegemónica de un sujeto 'chileno', monolítico, plano, sin estratificaciones sociales o psíquicas" (ibíd., 14). Precisamente la incisión del golpe de 1973, sin embargo, es la que divide la literatura chilena en dos: mientras que la literatura del exilio puede continuar usando las estrategias de la novelística tradicional del realismo mágico (y lo hace con mucho éxito, como vemos en el ejemplo de Isabel Allende), no tiene problemas con el enunciado o la denuncia explícita y, por ende, no se ve forzada a renovar su repertorio estético, estos fenómenos sí afectan, de manera sustancial, a la literatura post-73 en Chile mismo: por las condiciones específicas de la violencia política, la censura y la clandestinidad, las escritoras se ven desafiadas, al mismo tiempo, a ir en busca de nuevos procedimientos y nuevas estructuras artísticas. Es una constelación histórica, ya que por un lado, tienen que usar complejas estrategias de cifrado, por razones extraliterarias; por otro lado, uno de sus objetivos centrales es precisamente la descentralización del sujeto hegemonial, logocéntrico. Así, coinciden dos vertientes que se van intensificando mutuamente, creando textos extraordinariamente opacos, marginales, resistentes a una lectura fácil, por no hablar de su "vendibilidad", su comercialización en el mercado burgués y neoliberal del libro[5].

3.

En el caso de las mujeres, se suma otro factor simultáneo: el auge de la teoría feminista postestructuralista que trata de enfocar a la mujer como portadora de estos nuevos valores "postmodernos", como deconstrucción, *différance*, descentramiento, heterogeneidad, hibridez, polifonía, etc. Además, en la opinión de muchas de las autoras, como p. ej. Diamela Eltit, "el cuerpo y la biología son zonas estratégicas" ("Cuestionario"); también Mercedes Valdivieso señala: "En términos de escritura, la incorporación del cuerpo femenino ha sido una de las grandes conquistas realizadas por las escritoras" ("Cuestionario"). Así, las mujeres tratan de hacer de la necesidad virtud y emplean conscientemente su cuerpo sexuado, difamado y relegado a la región de lo prohibido, no sólo como escenario y protagonista sino también como "arma" en contra de las instituciones represivas[6]. Así, es sintomática la combinación de lo erótico con lo político en las obras de autoras como Mercedes Valdivieso, Pía Barros, Diamela Eltit o Ana María del Río. Visto que lo corporal es el lugar conflictivo por excelencia, se ofrece al mismo tiempo como el super-símbolo de la crítica del patriarcado. Pronunciar lo silenciado durante siglos, hacer ver el lado "oscuro" de la anatomía y fisiología femenina, como la menstruación, el aborto, el parto, la masturbación y el orgasmo, se convierte en un acto subversivo dirigido en contra de la "falocracia". En este sentido, sí se podría hablar de una literatura conscientemente "femenina", que no solamente invierte, sino que además deconstruye los paradigmas usados hasta ahora en el terreno de lo culturalmente definido como "masculino" o "femenino", en el sentido de *gender*. Es una relación bastante paradójica: la literatura "femenina" trata de negar el concepto de "feminidad", exagerando y socavando al mismo tiempo las delimitaciones tradicionales de los géneros.

Se puede ver, con más claridad, en el ejemplo de *Vaca sagrada*, de Diamela Eltit, donde impacta la imagen de la menstruación, que en un primer momento se podría ver como un fenómeno "típicamente" femenino, con todo lo que implica

---

[5] Dice, por ejemplo, Diamela Eltit: "no vendo mucho y [...] no soy lo que se llama 'un buen negocio'"; "Lo que las editoriales están valorando especialmente son aquellas obras con potencia comercial o best sellers. No es el caso de mis libros así es que lo negativo que recibo de las editoriales es la permanente aseveración de que no vendo lo suficiente" ("Cuestionario"). Lo confirman las cifras dadas por ella: la novela más vendida, *Lumpérica* (1983), tiene una tirada total de 4.500 ejemplares en dos ediciones.

[6] Piénsese, por ejemplo, en los tatuajes subversivos inscritos en los mismos muslos de las trabajadoras en Eltit 1992, 108-110.

de lo fluido (Luce Irigaray) o la noción de derroche (Hélène Cixous). Por supuesto, la menstruación también es indicio de la negación de la fertilidad, de la obligación tradicional a la reproducción biológica, la vocación "natural" de la mujer a la maternidad. Lo que en este texto complejo llama la atención es la interrelación, yo diría, casi obvia, evidente, emblemática, con la sangrienta represión del sistema en contra de las otras. He encontrado esta combinación entre sangre y violencia en multitud de obras de mujeres (por ejemplo, en Mónica Mansour y María Luisa Mendoza en México[7]), pero no con la explicitez y la contundencia que caracterizan las escenas impactantes en *Vaca sagrada*:

> Jamás hablábamos de la sangre. Simplemente la esperábamos para generar la confusión en nuestros cuerpos. Fundidos en la sangre, las palabras se volvían genocidas. El habla nos incitaba a realizar pedidos letales cuando el placer se nos venía encima. La herida, mi herida, el tajo, la muerte y la víscera (Eltit 1992, 22s.)[8].

Palabras como "genocidas", "letales", "herida" y "muerte" ya le sugieren al/a la lector/a en qué dirección encauzar las asociaciones. Después, con el encarcelamiento de Manuel, las yuxtaposiciones metonímicas adquieren todavía más fuerza expresiva:

> La sangre que expulsaba era la única respuesta. La sangre manchando mis piernas. [...] Debía presentar la sangre para evitar mi propio ajusticiamiento, tenía que inventarlo todo en esas noches ágrafas, descubrir la muerte transitando por mi cuerpo en una travesía continua. Terminaba empapada en mi propia sangre para no olvidar lo que era la sangre. Yo no me estaba muriendo, pero sangraba. Manuel estaba detenido en el Sur y mi sangre conseguía suspender su muerte por una noche (ibíd., 43).

También en la novela *Maldita yo entre las mujeres*, de Mercedes Valdivieso, del mismo año que el libro de Eltit (1991), la sangre menstrual desempeña una función emblemática. La autora, en el mencionado cuestionario, da una breve síntesis de su "programa literario" al cual se atiene en la escritura de este texto desconcertante acerca de una figura histórica del siglo XVII chilena, la llamada "Quintrala", Catalina de los Ríos y Lisperguer:

> La mujer ha sido pensada y se le ha entregado un modelo a través del cual debe pensar y actuar, por lo que uno de los temas de mi obsesión es el de presentar a la mujer en proceso de ruptura de estos modelos.

---

[7] He tratado de describir esta correlación en una ponencia que di en Erlangen, en 1994, titulada "Frauen auf der Folterbank. Politische und sexuelle Gewalt in Lateinamerika im Spiegel literarischer Texte" (sin publicar).

[8] Para un análisis lúcido del significado de la menstruación en el texto de Diamela Eltit, véase Labanyi 1996.

[...] Yo retomo en la novela las dos voces que pienso que han perso-
nificado a esta mujer: la voz del pueblo, de la leyenda, y la voz de
ella misma, esa que no pudo escucharse y nadie habría querido escuchar. La voz del pueblo sería la voz masculina, la de la ley, la que
doña Catalina quebrantó y, por lo tanto, la persiguió en su tiempo y
la dejó marcada para la posteridad. La voz de ella misma nos enseña
a una mujer que por no poder usar su fuerza y su talento, estos se le
volvieron en contra de ella misma ("Cuestionario")[9].

Y también en este texto, la primera menstruación de la personaje rebelde conlleva
la connotación de "cambio", "renovación":

Dicen que Catalina sufrió por esos días su primera sangre de mujer
y que, en vez de avergonzarse como pasa a las doncellas, presumió
que haría hombres y hembras para cambiar la tierra (Valdivieso
1991, 78).

Ella es "irreverente con Dios, la ley y su padre" (ibíd., 79); es más: las malas
lenguas dicen que envenenó a su progenitor, así como también mató a cuchillo a
su soberbio pretendiente, representante del poder colonial, don Enrique Enríquez.
Aquí, la sangre que corre de la herida del varón, le quita la fuerza artificial de la
que él estaba provisto por medio de sus insignias de poder. El final de una de las
primeras escenas nos enfrenta a este "desinflarse", esta especie de castración simbólica del macho[10]:

La sangre empezó a manarle de la boca y a mancharle la camisa. Se
retorció sin soltar otras palabras y se derrumbó al suelo. Me separé
del cuchillo, lo deposité sobre una mesa y me agaché a mirar al hombre. Nada quedaba de su elegancia, estrujado de él mismo y vacío
(Valdivieso 1991, 26).

Muy al contrario, al final de la novela *Tiempo que ladra*, de Ana María del Río,
en medio de la confusión de una huida precipitada en tren, es el padre, aunque
muerto por los militares a raíz del golpe (en el texto, ha sido ministro de aduana
y se lo llevan para desaparecerlo), el único personaje que da coherencia a la protagonista en la difícil fase de transición entre infancia y adultez, el día de su primera
menstruación:

---

[9] Véase también el artículo de Ojeda 1998.

[10] La voz del pueblo dice que Enrique Enríquez también fue emasculado: "La descripción
del cuerpo de Enríquez lo mostraba puntado por mil cuchilladas sin misericordia, arrancados
los ojos y cercenadas sus evidencias de hombre" (Valdivieso 1991, 27). La llamada "cría de
bruja" también usa, según los rumores, el poder de su sangre menstrual para hechizar a su
galanteador con prácticas mágicas: "Y dicen que para dominar en él las virtudes de San Juan
y de Malta, la doña sacrificó palomas y corderillos nuevos, en sus días mensuales de sangre
impura" (ibíd., 27).

> No sé, todos los anteriores signos de tristeza se suman como mantas
> negras que aletean en mi sangre, esto es un castigo, una de las plagas
> de Egipto, pero ahora el pichí se convierte en sangre, igual papá no
> está, igual vamos yendo a un viaje sin fin, en vez de buscarlo nos va-
> mos arrancando de un horror de hortensias ensangrentadas y pasto sin
> venas, [...] el horror se me ahueca como el túnel, la sangre se estira
> en el asiento, husmeando por encima de mis hermanos que duermen,
> todo desparramado desde que papá se fue, [...], la sangre pasa por
> los zapatos del tío Hernán de la Rivera y por la punta de los flecos
> del chal de alguien, la sangre pasa por la maleta de tía Cleme que
> pelea por el hueco de la ventana con unas tías por parte de madre,
> quítense, salta la sangre por las acequias, cantando en los arroyuelos
> junto a los sauces, unos punzones se hunden en la desnuda carne de
> los melones, malditos, la sangre sin papá se revuelca con la mugre de
> debajo de los asientos de tren y se vuelve negra pasta de sangre
> negra... (Del Río 1994, 213s.).

Es una frase interminable que ya por su forma misma expresa la incoherencia y la angustia de la niña en su monólogo interior; a sus temores y sentimientos de culpa, inculcados por la religión ("moriré por mis malas acciones, diría la madre De la Maza"), responde la voz del padre que le explica los fenómenos biológicos como representante de la razón:

> Papá me mira y no voy a morir, de nuevo alguien le ha dado cuerda
> al mundo. [...] Por todos lados quedan partes de papá. Pero aquí, en
> el tren, está entero, sentado, mirándome, claro que siempre con ese
> aire frágil y delicado que tiene, como que fuera a desaparecer sin re-
> medio bajo una escoba terrible que lo barre y que borra su nombre de
> la guía de teléfonos (ibíd., 216).

Es el sujeto masculino débil y solidario, no dominante sino él mismo expuesto a peligros, a la amenaza de aniquilación física, un hombre "feminizado", si se quiere[11], capaz no sólo de entender y respetar sino incluso de contrarrestar la inmensa

---

[11] "Ismael era un hombre con una ternura" (Del Río 1994, 45), "No será nunca un pionero de esos que aparecen en 'Vidas Célebres'" (ibíd., 27), "Ismael es un quijote" (ibíd., 35), "pa-pá un cero a la izquierda" (ibíd., 109). Pasa algo parecido en *Vaca sagrada*, donde es Manuel el que se deja "contagiar" por el flujo de la sangre de la mujer: "De pie, abierta de piernas, mi sangre corría sobre Manuel y esa imagen era interminable. Mirábamos las manchas rojas en su cuerpo, en las sábanas, cayendo desde la abertura de mis piernas. Manuel pedía que le contagiara mi sangre. Se la entregaba cuando él la buscaba plenamente erecto para extraerla y gozar de su espesor líquido. Manuel aparecía sangrando, con una irreversible lesión insta-lada en su altura. Era ahí, entre la sangre, cuando tocábamos el punto más preciso de la tur-bulencia genital, confundidos entre amenazadores flujos que nos mecían alterando nuestros sentidos" (Eltit 1992, 22).

angustia de la mujer ante la disolución, la desintegración corporal simbolizadas en el derrame de sangre, en el hueco genital visto como una herida[12]. Aquí, tal vez, el cuerpo femenino sí se constituya en representación del cuerpo nacional: la sangre que emana del cuerpo de las mujeres protagonistas de las tres novelas estudiadas simboliza y contrarresta al mismo tiempo el derrame de sangre del pueblo; los golpes que recibe Francisca de parte de Sergio, cuyo nombre suena a "sargento"[13], son eco y metonimia del Golpe con mayúscula. En *Tiempo que ladra*, por la aparente visión "ingenua" de la niña anónima narradora, se nota un vínculo establecido por analogía:

> Todo iba bien hasta que sucedió lo de la Sofi [el aborto]. Y lo de la Sofi, yo diría que desencadenó lo de papá y lo de los militares y lo de la sangre (Del Río 1994, 175)
> [...] todo se corta, no sólo la luz, las ventanas se arquean con los truenos y de pronto alguien manda que empiece la noche a las tres de la tarde y hay que comer y acostarse aunque nadie tenga hambre y es el golpe, el golpe, el golpe, el golpe, elgolpe, elgolpe, elgolpe, elgolpe... (ibíd., 186s.)

Son imágenes fuertes: el aborto, la menstruación, la lactancia, el parto, y son imágenes ciertamente "femeninas". Pero si son las bases (únicas) para poder hablar de una "literatura femenina chilena"— todavía estoy dudando un poco. Me parece más bien que las características comunes de la escritura de estas autoras, que aquí no he podido analizar sino muy tangencialmente, las une con una "literatura post-golpe en Chile" en general y sin marca de *gender*: la experimentación con la forma, la polifonía, la yuxtaposición de diversas voces, muchas veces contrarias, la fragmentación del texto hasta convertirlo en un rompecabezas, las técnicas de montaje y *collage*, el injerto de distintos géneros como cartas, documentos, diarios, etc., la cronología no-lineal, los elementos metaficcionales y mucho más, insertan plenamente a las autoras en la corriente actual de la literatura en Chile. Quisiera dejarle la última palabra a Eugenia Brito, quien intenta delinear estas orientaciones o desorientaciones en los "campos minados" de la "nueva escena literaria": ella habla de "un arte velado que busca por todos los medios reorganizar su decir, interesándose en las operaciones del significante para evitar la linealidad de las interpretaciones del código del Opresor". Y sigue:

> [...] al evitar la caída en el logocentrismo, la "nueva escena", activa el espacio replegado de la letra y propone, desde ella, el continente de una nueva aventura, que pasa, por supuesto, como toda aventura,

---

[12] "Mi hermosa herida constante entre las piernas", "la vacía belleza de mi herida" (Del Río 1994, 87).

[13] Sergio es también el santo patrón del ejército, mientras que su contraparte masculina, Manuel, lleva el nombre que significa "Dios con nosotros" (ver *Mateo* 1, 23).

por un duelo de la tierra-madre: la matriz generadora del lenguaje, violada, tomada, reducida a la calidad de fantasma, pero finalmente posesión de un Otro, que la administra, ordena sus leyes, exilia algunos de sus términos y redistribuye su cuerpo en un orden nuevo, que se escribe palmo a palmo, sobre las redes, las rejas impresas en el cuerpo tomado, herido, domesticado. La nueva escritura exhibirá hasta la exageración este carácter opresivo, victimario y reductor del sistema dominante, transgrediendo sus leyes e intentando liberar ese cuerpo ocupado (Brito 1994, 11).

Si según las dicotomías de la *genderization* universal, estas características se entienden como "femeninas", entonces tal vez podamos hablar de una "feminización de la literatura chilena contemporánea", pero ¿no hemos dicho que queremos superar esos viejos mitos?

Bibliografía

Araújo, Helena. 1996. El "Gabismo" femenino, ¿contagio saludable? En: *Magazín Dominical* (Bogotá), N° 696, 15 de septiembre, 10s.

Brito, Eugenia. ²1994 [1990]. *Campos minados (literatura post-golpe en Chile)*. Santiago de Chile: Editorial Cuarto Propio.

Eltit, Diamela. 1983. *Lumpérica*. Santiago de Chile: Ed. del Ornitorrinco.

—. 1986. *Por la patria*. Santiago de Chile: Ed. del Ornitorrinco.

—. ²1992 [1991]. *Vaca sagrada*. México: UNAM.

Labanyi, Jo. 1996. Topologies of Catastrophe: Horror and Abjection in Diamela Eltit's *Vaca sagrada*. En: Anny Brooksbank Jones; Catherine Davies (eds.). *Latin American Women's Writing. Feminist Readings in Theory and Crisis*. Oxford: Clarendon Press, 85-103.

Lamperein, Lina Vera. 1994. *Presencia femenina en la literatura nacional: una trayectoria apasionante*. Santiago de Chile: Editorial Cuarto Propio.

Mansour, Mónica. 1984. *Mala memoria*. México: Oasis.

Mendoza, María Luisa. 1971. *Con él, conmigo, con nosotros tres. Cronovela*. México: Joaquín Mortiz.

Mora Escalante, Sonia Marta; Flora Ovares Ramírez; Margarita Rojas González. 1985. El segundo sexo: la segunda literatura. En: Juana Alcira Arancibia (ed.). *Evaluación de la literatura femenina de Latinoamérica, siglo XX, II Simposio Internacional de Literatura*, t. I. San José de Costa Rica: EDUCA, 97-107.

Ojeda, Cecilia. 1998. Una reinterpretación de la Quintrala en la historia chilena: *Maldita yo entre las mujeres* de Mercedes Valdivieso. En: *Confluencia* (Greeley, Colorado) 13, 2, 92-97.

Río, Ana María del. 1994. *Tiempo que ladra*. Santiago de Chile: Editorial Planeta.

Theweleit, Klaus. 1987. *Männerphantasien*. Reinbek bei Hamburg: Rowohlt, 2 vols.

Valdivieso, Mercedes. 1961. *La brecha*. Santiago de Chile: Editorial Zig-Zag.

—. 1991. *Maldita yo entre las mujeres*. Santiago de Chile: Editorial Planeta.

II

CONFLICTOS

Transición y cultura política en el Chile de los noventa o ¿cómo vivir con el pasado sin convertirse en estatua de sal?*

Stefan Rinke

Al hablar de la transición en Chile se alude, por lo general, a procesos que tuvieron que ver con la vuelta a un sistema de democracia parlamentaria tras los diecisiete años de dictadura. Chile es uno de los numerosos ejemplos en Latinoamérica, en donde la década de los 90 fue una época de grandes transformaciones y que muestra un futuro incierto, debido a una mezcla entre antiguos y nuevos problemas, como signo de la globalización y la modernización en el nuevo siglo (Gwynne/Kay 1999; Reyna 1995). Los expertos en la materia consideran a menudo el caso chileno como singular, debido a la impresión que causan sus evidentes resultados. De nuevo se ha formado un mito chileno que se apoya como valor indicativo esencialmente en datos macroeconómicos (Hofmeister 1995, 15). Más allá del nivel económico, no obstante, y considerando más a fondo la transición chilena, se dan además otras particularidades. Una de ellas es la mordaz discusión sobre la herencia de la dictadura, especialmente en el ámbito de la violación de los derechos humanos. Todavía hoy, tras diez años del fin del Régimen, se preguntan muchos chilenos cómo es posible vivir con el pasado, sin convertirse en estatua de sal.

Estos procesos se han visto reflejados en la cultura política del país. Respecto a esto, se ha de considerar la transición socioeconómica de Chile en relación con los cambios que se produjeron en la cultura política, la cual está, de ahora en adelante, estrechamente ligada con el reconocimiento del trágico pasado. Las siguientes cuestiones marcan las pautas de mis investigaciones sobre el tema: ¿En qué situación se encuentran la economía y la sociedad chilenas al final de la primera década tras el fin de la dictadura? ¿Hay alguna señal que indique el fin de la transición? ¿En qué medida es relevante para la cultura política del país, tanto ahora como antes, el tema de la violación de los derechos humanos y hasta qué punto ensombrece su pasado, presente y futuro? ¿Cómo fueron las relaciones mutuas entre el Estado y la cultura? ¿Hay una política cultural que tenga repercusiones en la vida política? ¿Qué transformaciones se produjeron en los medios de comunicación? ¿Qué lugar ocuparon los intelectuales chilenos en los distintos procesos de cambio y de qué manera intentaron influir en ellos?

Para dar una respuesta a estas preguntas es necesario hacer un inventario de los cambios producidos. Por consiguiente voy a esbozar, en primer lugar, los da-

---

* Este artículo se terminó de escribir el 14 de diciembre de 1999. He recibido la ayuda de mis amigos chilenos David Vásquez, Patricio Valdivieso y Patricio Bernedo. A todos ellos les doy las gracias. Giselle Munizaga (1993, 89) se hace la misma pregunta del título aunque con algunas modificaciones.

tos correspondientes al desarrollo político, económico y social de la última década de la transición chilena, para lo cual será necesario reflexionar sobre el régimen de Pinochet. En segundo lugar se encuentra el problema de la violación de los derechos humanos y la discusión sobre el fin definitivo de ésta. En tercer lugar, esbozaré los cambios producidos tanto en la cultura política como en la política cultural, así como las transformaciones en el terreno de los medios de comunicación. Por último expondré brevemente el papel que tuvieron los intelectuales chilenos y sus críticas tanto sociales como culturales.

1. El cambio político y socioeconómico de los noventa

En la situación política y socioeconómica chilena de los noventa se ha tendido más al compromiso y a la continuidad que a un cambio radical. El origen de esta situación inicial se encuentra en los años de la dictadura. Entre 1983 y 1984 se produjeron fuertes protestas que culminaron con manifestaciones de estudiantes y obreros, debido a la pésima situación económica del país durante la década de los 80, donde casi una cuarta parte de la clase trabajadora perdió su puesto de trabajo. Estas manifestaciones públicas no sólo pronosticaron el fin del mandato de Pinochet con el lema "y va a caer", sino que también contribuyeron considerablemente a la desestabilización del Régimen. Además proporcionaron las bases para la aparición de una oposición democrática ejercida por dirigentes políticos que contaban con el apoyo de la iglesia católica y en donde se agrupaba un amplio espectro de ideologías que iban desde los cristianodemócratas hasta los socialistas[1]. Pero estas demostraciones no fueron suficientes para provocar la caída del régimen y por eso sólo quedó una posibilidad para poner fin a la dictadura mediante negociaciones y acatando las reglas del juego institucional establecido por el Régimen. Esto significó la aceptación del plebiscito previsto en la constitución de 1980 para el año 1988. Por esto se dice que la transición a la democracia chilena fue una "transición pactada"[2].

A pesar de que con la Concertación, formada por la agrupación de distintos partidos democráticos, se produjeron algunas modificaciones importantes durante el período de tiempo comprendido entre los resultados positivos obtenidos en el referéndum de 1988 y las elecciones en diciembre de 1989, se mantuvo el carácter autoritario de la constitución. El régimen de Pinochet se ocupó de establecer nuevos obstáculos en el camino hacia el cambio democrático mediante la implantación de los llamados "amarres". Mediante esto se consiguió, entre otras cosas, asegurar el puesto de los empleados con cargos públicos ante una posible destitución del cargo, se nombraron a jueces de confianza, se colocó en la prensa a gente partidaria del régimen y se consolidó el poder de Pinochet en el ejército hasta 1998.

---

[1] Constable/Valenzuela 1991, 240-242; Fleet/Smith 1997; German 1999.
[2] O'Donell 1986; Cañas Kirby 1993; Drake/Angell 1993; Boeninger 1997.

Además el régimen pudo asegurarse una mayoría en el Senado al regular la composición de este organismo, en parte mediante la implantación de criterios según la profesión ejercida. Uno de los resultados de esta política fue la —por muchos demócratas considerada escandalosa— toma de posesión del cargo de senador vitalicio por el ex-dictador en marzo de 1998[3].

Debido a estos enclaves autoritarios, el compromiso se convirtió en una condición fundamental para el gobierno de la Concertación. Según el sociólogo chileno Tomás Moulian, este gobierno ha estado, por así decirlo, condenado al compromiso en todos los campos debido a las condiciones en que fue creado (Moulian 1994, 41). Los pretenciosos programas de los presidentes Patricio Aylwin y Eduardo Frei se encontraron bajo difíciles circunstancias y consiguieron escasos resultados en sus finalidades políticas como: el pago de las culpas por parte de los criminales del régimen militar, la eliminación de los elementos autoritarios en la constitución chilena, la reforma de la justicia o el establecimiento de la hegemonía civil. La derecha política impedía cambios en el nombramiento de los senadores y el ejército mantuvo su papel de "Guardián del orden y de la Constitución", casi como un cuarto poder. Junto al obstruccionismo de la derecha, se hicieron cada vez más evidentes las divergencias ideológicas dentro de la Concertación, sobre todo durante la presidencia de Frei. Las elecciones de diciembre de 1997 y el éxito de la extrema derecha contribuyeron a crear nuevas dificultades, así como la precampaña electoral por la presidencia de la Concertación, en donde a finales de mayo de 1999 se decidió claramente a favor de Ricardo Lagos contra el demócrata cristiano Andrés Zaldívar. Hasta la fecha la última muestra en donde se refleja esta tendencia fue en las "tablas" que resultaron de la primera ronda de las elecciones a la presidencia en diciembre de 1999 y que han de contemplarse como un claro éxito del opositor derechista Joaquín Lavín[4].

En la última década se han producido sólo lentamente reformas políticas en Chile. Mientras que durante el mandato de Aylwin fue particularmente importante la democratización de los comicios a alcalde, durante la presidencia de Frei se consideró más importante en 1997 conseguir una extensa reforma judicial. Esta reforma se promovió con el ascenso y nombramiento de jueces partidarios del gobierno de la Concertación. El Tribunal Supremo también comenzó a democratizarse lentamente mediante nuevas designaciones que lo transformaron poco a poco y que representaron un momento clave en todo este proceso. No obstante, los últimos resultados electorales han frenado sin duda el optimismo en este ámbito[5].

Los gobiernos democráticos chilenos tienen menos en cuenta su balanza de éxito en relación con las reformas políticas que con el rendimiento económico del país. También en este aspecto es necesario volver a la época del gobierno de

---

[3] Koch 1998, 79s.; Cañas Kirby 1994; Angell/Pollack 1993; Gleich 1991.
[4] Koch 1998, 80s.; Roberts 1999; Pollack 1999.
[5] Correa Sutil 1997; Agüero 1998; Fermandois/Morris 1995.

Pinochet para entender la situación actual. Bajo el mandato de Pinochet, Chile fue declarado el modelo económico de Latinoamérica. Sobre la base de ideas neoliberales importadas de EE.UU. se pretendió, al menos aparentemente, reducir la influencia del Estado en la economía y se reestructuró la economía nacional. La política económica se orientó hacia los conceptos de desregularización, liberalización y privatización. Esto desembocó en el llamado milagro económico chileno de finales de los años 70 que se basaba esencialmente en la exportación. Esta coyuntura alcista no se mantuvo a largo plazo pero el gobierno continuó con el proceso de liberalización. Desde 1984 la tasa de crecimiento económico chileno fue a primera vista extraordinaria[6].

Nuevas investigaciones han señalado en efecto que la idea de una economía liberal a nivel nacional no interferida de ninguna manera por parte del Estado ha sido un mito muy bien alimentado. Por un lado se impuso finalmente tras la crisis de 1982/83 un neoliberalismo pragmático. Por otro, el Estado permaneció interviniendo bajo el mandato de Pinochet. Esto se puede apreciar, entre otras cosas, en el hecho de que los gastos públicos continuaron subiendo y en que, por ejemplo, la nacionalización de la Gran Minería no se volvería a suprimir. En efecto, la intervención estatal ganó un nuevo carácter y su meta ya no fue más el establecimiento de una justicia social, sino fomentar ayudas para la creación de nuevas relaciones de mercado. Esto tuvo repercusión, entre otras cosas, en la formación de grupos económicos y en el auge de una nueva élite tecnócrata que los representaba y que estaba formada por financieros y empresarios (Koch 1998, 65-77; Imbusch 1995).

Una consecuencia más de esta política económica fue el empobrecimiento de otros sectores de la población, debido a que se saldaron las deudas del Estado mediante recortes de los puestos de trabajo en los servicios públicos y de los salarios. También se desregularizó el mercado de trabajo, lo que significó la supresión de los derechos de los trabajadores. Son de destacar particularmente tanto la abolición de los sindicatos, como la flexibilización de los mercados de trabajo. Finalmente, todo esto significó para los trabajadores la derogación de los convenios colectivos y de la protección contra el despido, así como un recorte del salario mínimo. Los salarios reales se redujeron de manera progresiva hasta 1987. Además, la reforma de la seguridad social se distanció del principio de solidaridad por el que se regía y, en su lugar, cada trabajador tuvo que tomar las medidas necesarias para asegurarse laboralmente. Esto disminuyó enormemente el costo de los salarios, pero ocasionó, además, otras injusticias para los trabajadores. El milagro económico de Chile estaba basado en la explotación de la clase obrera. Sólo un pequeño sector de la sociedad se beneficiaba de ello mientras que la mayoría se

---

[6] Constable/Valenzuela 1991, 166-198; Valdés 1995.

encontraba con situaciones laborales cada vez peores, perdía su empleo o se ganaba difícilmente la vida en el sector informal que crecía rápidamente[7].

Todavía bajo el gobierno de Pinochet se preveía claramente a finales de los años 80 el fin de un desarrollo positivo de la economía basado esencialmente en la explotación de los trabajadores y se planteó la necesidad de una modernización urgente. Los gobiernos de la Concertación tuvieron que ocuparse de este proceso pero lo hicieron partiendo de la política económica neoliberal de su antecesor autoritario. Se mantuvo la rígida orientación de la economía hacia las exportaciones, por lo que las nuevas tesis de la CEPAL sobre política de desarrollo, en donde se consideraba que la integración en el mercado internacional y la creación de industrias en ningún modo se excluyen, se convirtieron en las tesis más importantes. Basado en las teorías de la CEPAL, se vio cada vez más claro que las ventajas en los costos, como los bajos salarios y la abundancia de las materias primas no podían dar una garantía para el auge económico y que se tenía que poder competir sobre todo en el campo de la tecnología (Foxley 1995; Clapp 1995).

El éxito macroeconómico ha legitimado la política económica. Los indicadores macroeconómicos superaron las expectativas, ya que el Producto Interno Bruto (PIB) creció entre 1990 y 1997 en torno al 7,8%. Las exportaciones y el volumen de las inversiones fueron claramente superiores que durante el régimen de Pinochet, mientras que el número de desempleados y la tasa de inflación, por el contrario, descendieron. En el marco internacional se considera, entre otras, el Acuerdo de Complementación MERCOSUR en junio de 1996 un éxito, mientras que el fracaso de las negociaciones para el ingreso en NAFTA rara vez se lamenta (Koch 1998, 84s.; Foxley 1995, 15-18). También el volumen de las inversiones extranjeras en Chile creció rápidamente y el país fue considerado, de nuevo, totalmente solvente a partir de 1991. Alrededor de la mitad del capital invertido provenía de Estados Unidos y se destinaba principalmente al sector minero (cobre), aunque también al de exportación agraria (Eyzaguirre/Lefort 1999; Gwynne 1996).

Las propuestas presentadas, asimismo, por la CEPAL, según las cuales en cierta medida un Estado Social contribuiría a la eficiencia de la economía, encontraron su reflejo en la política socioeconómica chilena. Se acordó que el siguiente punto importante en los programas de los gobiernos de la Concertación sería un mejor reparto de las riquezas, además de su crecimiento. Los pasos que se dieron en este sentido fueron la reforma de los impuestos, que trajo consigo, entre otras cosas, la progresión de los impuestos sobre la renta y, sobre todo, el Acuerdo Marco, según el cual empresario y trabajador se situaban al mismo nivel en cuanto a sueldo, salario mínimo y renta. Frente a ello, la reforma de las leyes laborales flaquea posteriormente, con lo que el despido más o menos fundamentado y

---

[7] Koch 1998, 46-49 y 53-57; Constable/Valenzuela 1991, 222-246; Barrientos 1996.

con una indemnización mínima sigue siendo posible a partir de ese momento. Así y todo, volvieron a permitirse las negociaciones de convenio colectivo. Además de ello, los crecientes salarios y la subida del gasto social en las áreas de educación, salud pública, medidas sociales y construcción de vivienda contrarrestan la facilidad de despido. Esto se traduce, entre otras cosas, en un claro incremento de la cuota de empleo y en el correspondiente retroceso del sector informal, así como en un relativo descenso de la importancia del sector terciario dominante. El nivel de pobreza, además, descendió entre 1990 y 1998 de un 33,3% a un 17,8%, y el de pobreza extrema incluso bajó del 10,6% al 4,7%[8].

En conjunto la situación de consumo y de vida de la mayoría de los chilenos ha mejorado visiblemente desde 1990 aunque no obstante quedan muchos problemas por resolver. Especialmente apremiante es, tanto antes como ahora, la lucha contra la pobreza que se produce hoy en día sobre todo mediante empleos mal pagados y precarios contratos de trabajo. El aumento de los ingresos por persona desde 1992 no ha de llamar a engaño ya que la distancia entre pobres y ricos no ha disminuido. El desigual reparto de la riqueza en Chile sólo es superado en Latinoamérica en comparación con Colombia y Brasil. Teniendo en cuenta el reciente desarrollo económico negativo debido a la crisis asiática, parece dudoso que la meta en un futuro próximo pueda ser un reparto más justo de la riqueza. Desde 1998 este desarrollo económico ha disminuido. El PIB alcanzó en ese año tan sólo el 3,4%. A partir del último trimestre de 1998 los valores en cuestión en ese momento descendieron todavía más. Debido al déficit en las exportaciones, se produjo un violento paro en la producción. A su vez, en ese mismo año aumentó el número de desempleados y a partir de junio de 1999 se alcanzó con el 10% un nuevo récord durante la década de la Concertación[9].

2. El peso de la memoria

El negativo desarrollo económico no es sin embargo la única faceta de los problemas contra los que Chile tiene que luchar actualmente. El asunto de la detención del ex-dictador y actualmente Senador Vitalicio, Augusto Pinochet, en Londres durante octubre de 1998, ha dejado traslucir el conflicto de intereses dentro de la sociedad chilena con respecto al todavía no zanjado tema de la violación de los derechos humanos durante la dictadura. De nuevo es necesario volver a la época de la dictadura para entender los problemas del presente. El régimen de Pinochet había creado ya en 1978 una ley de amnistía que exculpaba a los responsables de los crímenes. La oposición democrática tuvo que hacerse cargo de esta situación a lo largo de los años 80. En el discurso de los entonces líderes de la opo-

---

[8] Hojman 1995 y 1996; Vergara 1993 y 1994; Koch 1998, 82-96; Cortázar 1995.
[9] Los últimos datos ofrecidos por el Banco Central de Chile, http://www.bcentral.cl/indicadores/actualizados/.

sición se consideraba mucho más importante el hecho de lograr una reconciliación nacional que la imposición de la justicia a cualquier precio. Precisamente en este delicado asunto es donde se aprecia con más claridad el problema de la transición pactada.

Tras el ascenso al poder de la Concertación, la cuestión de los derechos humanos se convirtió en una de las cuestiones más importantes. Así el presidente Aylwin subrayó la importancia que para él tenía este asunto con actos simbólicos como la ceremonia de inauguración en el Estadio Nacional. Además en su primer año de gobierno, el cadáver de Salvador Allende fue trasladado en una ceremonia oficial al Cementerio General. Además se mandó construir monumentos en memoria de las víctimas como el "Memorial de los detenidos desaparecidos y de los ejecutados políticos". Junto a estos acontecimientos simbólicos, también se puso en funcionamiento la Comisión Nacional de Verdad y Reconciliación por encargo del gobierno de Aylwin, cuya abundante documentación sobre los crímenes cometidos durante la dictadura de Pinochet, que fue presentada en febrero de 1991, verificó un total de 2.279 víctimas asesinadas y desaparecidas durante la dictadura. A la constatación de estos hechos le siguieron una serie de medidas adoptadas por el presidente Aylwin. Las víctimas del régimen, o sus parientes y sobrevivientes recibieron compensaciones por parte del Estado. Se fueron poniendo progresivamente en libertad a los prisioneros políticos y el gobierno de la Concertación consiguió la jubilación de algunos oficiales que estaban bajo sospecha de haber violado los derechos humanos. También en este sentido se puso en funcionamiento una reforma judicial[10].

En efecto, todo esto era el principio de un arduo y largo trabajo pero el ímpetu de los primeros años de la Concertación disminuyó rápidamente, como se pudo observar con las demoras que se produjeron en la construcción del "Memorial de los detenidos desaparecidos" y en su posterior inauguración en febrero de 1994 sin la participación del gobierno. Una persecución judicial de los culpables no fue posible en su debida medida primeramente por la conducta obstruccionista de la justicia y sobre todo del Ejército. Además esta persecución siempre se vio frenada por la distribución de las fuerzas políticas en el Congreso donde la derecha está fuertemente representada sobre todo en el Senado. El ejemplo de Argentina como país vecino parece mostrar que una obstinada persecución de los culpables conlleva el riesgo de que se pudiera producir un nuevo golpe de estado. Voces críticas censuraron el hecho de que el cometido de la Comisión Nacional de Verdad y Reconciliación hubiera sido ejercido desde la labor de una manera demasiado conciliadora. En lugar de una detallada investigación sobre los criminales, se centraron sólo en las muertes y desapariciones. No se tuvieron en cuenta las declaraciones de los testigos. Se observó de manera crítica que el gobierno apenas apro-

---

[10] Wilde 1999, 481-485; Rottensteiner 1997, 59-61.

vechó el instrumento del que disponía teniendo en sus manos dicho informe. Además el presidente Aylwin reaccionó a las discusiones sobre el tema en 1993 con una propuesta de ley que garantizaba la impunidad de los autores de los hechos si éstos podían dar información que contribuyera a aclarar el destino de los desaparecidos. Esta propuesta terminó convirtiéndose en una "ley de punto final" que sería duramente criticada[11].

Junto a la Iglesia Católica, que tras un período de silencio volvió a exigir al gobierno una persecución de los criminales, fueron sobre todo los familiares de las víctimas y las agrupaciones de derechos humanos los que hicieron que este tema no quedara olvidado[12]. A propósito de esto, se produjeron una serie de sucesos tras los cuales el pasado del país irrumpió en el presente. De entre ellos se destaca sobre todo el descubrimiento de fosas comunes pertenecientes a la época de la dictadura como el Patio 29 en el Cementerio General, realizado en el período inicial de la Concertación y que dio una clara idea de la dimensión de los crímenes. También provocaron gran interés los informes nuevamente investigados a partir de 1990 sobre la Colonia Dignidad fundada por alemanes y su implicación en los crímenes. La publicación de biografías y otros libros y artículos, así como música y películas de testigos presenciales, como por ejemplo al conmemorarse el 25 aniversario del golpe de estado el 11 de septiembre de 1998, permitieron una identificación personal con la desgracia y el sufrimiento[13]. La revelación más reciente, y que hasta el momento no ha sido comprobada, la hizo en junio de 1999 el hijo de Manuel Contreras, Manuel Contreras Valdebenito, en aquella época jefe del cuerpo de seguridad, DINA, al declarar que un millar de chilenos detenidos desaparecidos fue lanzado al mar[14].

Además, la falta de acuerdo sobre la manera de abordar el abrumador pasado se vuelve a reflejar en la persistente lucha de poder entre el gobierno democrático y el enclave autoritario. Los distintos asuntos que ensombrecieron esta última década, tuvieron varios factores en común: el gobierno o las organizaciones de Derechos Humanos revelaban crímenes de la dictadura y los ponían en manos de la dudosa justicia. El Ejército y los civiles que lo apoyaban reaccionaron fuertemente y esto fomentó de nuevo el temor existente desde el principio a un nuevo golpe de estado. El primer gesto amenazador del ejército fue en diciembre de 1990 con el acuartelamiento de todas las tropas, el ejército de enlace, tras volver a retomarse el asunto contra el hijo de Pinochet, Augusto Pinochet Hiriart, sobre los métodos de corrupción, el llamado "Asunto Pinocheque". Atentados contra miembros

---

[11] Pion-Berlin 1994; Wilde 1999, 491-494; Rottensteiner 1997, 53-70.

[12] Uno de estos grupos es el que se encarga de mantener la interesante y actualizada página web http://www.derechoschile.com.

[13] Wilde 1999, 473 y 485-491. Como película importante véase Patricio Guzmán, *Chile: La memoria obstinada* (1997).

[14] *La Tercera* (23 de julio de 1999).

del ejército y el asesinato en abril de 1991 de Jaime Guzmán, miembro de la cúpula pinochetista, aumentaron la tensión. Otro momento clave fue en mayo de 1993 con el llamado "boinazo" donde las tropas vestidas con trajes de combate y birretes realizaron maniobras delante del Palacio de la Moneda en el centro de la ciudad de Santiago. Se desencadenó un nuevo intento de llevar ante los tribunales a oficiales que habían violado frecuentemente los derechos humanos. Un año después se condenó a policías de aquella época que habían tomado parte en los "asesinatos degollados" en 1985. Este éxito de la Concertación se vio no obstante ensombrecido por el hecho de que el jefe de los carabineros, Rodolfo Stange, que en este caso había mostrado impedimento a la justicia, "voluntariamente" se retirara de su puesto tras meditarlo mucho y luego fuera nombrado en 1998 con el título de Senador Vitalicio (Wilde 1999, 486s.).

Las discrepancias entre el Gobierno y el Ejército sobre el tema de los derechos humanos se mantuvieron como una constante de la política chilena. En mayo de 1995 Manuel Contreras y el alto cargo del DINA, Pedro Espinoza, fueron declarados culpables del asesinato de Orlando Letelier, destacado representante político de Allende en Washington D.C., en septiembre de 1976. Debido a la presión internacional, este caso había sido resaltado explícitamente por la Ley de Amnistía en 1978. La condena fue un éxito del Gobierno y de las organizaciones privadas en favor de los derechos humanos, pero la alegría se vio empañada, ya que la entrada en prisión se retrasó y ambos inculpados fueron encarcelados finalmente en la prisión militar de Punta Peuco. Allí protestaron los militares de paisanos en junio de 1995 contra el encarcelamiento. Combinados con una pomposa celebración del octogésimo cumpleaños de Pinochet los acontecimientos se transformaron, por otra parte, en una manifestación de las inquebrantables fuerzas de los derechistas y los militares. El último acontecimiento importante en esta cadena fue la concesión del Mando Supremo del Ejército y la toma de posesión del cargo de Senador Vitalicio por el general Pinochet en marzo de 1998. La iniciativa de una querella constitucional contra el ex-dictador, que más bien constituía un acto simbólico para la discusión y que, debido a las relaciones de mayoría en el Senado, estaba condenada al fracaso de antemano, fue rechazada finalmente incluso por los miembros de la Concertación (Blomeier 1999, 6-8; Rottensteiner 1997, 101-115).

Puesto que el terrorismo de estado durante la dictadura no se limitó a Chile, sino que como en el caso del atentado contra Letelier, también operó fuera del país, en los años 90 se llevaron a cabo diversos procesos judiciales en el extranjero que fueron muy sonados. Así se abrieron procedimientos judiciales en Italia, Argentina y España. Sin embargo, el caso más importante es, con toda seguridad, el del acta contra Pinochet en octubre de 1998. En base a una petición de extradición hecha por un juez español, el ex-dictador fue detenido en una clínica londinense donde se recuperaba de una operación de espalda. Tras varias deliberaciones, los Law Lords ingleses se inclinaron, finalmente, en marzo de 1999 en contra del reconocimiento de inmunidad diplomática aprobado por Pinochet. Sin embargo, se impuso la limitación de que sólo se le pudiese juzgar por aquellos delitos perpetrados a partir de septiembre de 1998, es decir, con posterioridad a la firma de Chile y Gran Bretaña de la Convención Internacional contra la tortura. Sin poder entrar aquí en las particularidades de las realizaciones jurídicas, hay que sostener que Pinochet, quien estuvo en Londres bajo arresto domiciliario, ahora espera la resolución final del caso desde hace ya algo más de un año. En vista de su avanzada edad y de su estado de salud, se pensó en sobreseer el caso por motivos humanitarios. Sin embargo, Pinochet subrayó el 14 de julio de 1999 que rechazaba tal decisión por considerarse víctima de un ataque contra la soberanía nacional de Chile. Las discrepancias legales continuarán partiendo de ahí[15].

El Gobierno es, hasta cierto punto, partidario de la argumentación de Pinochet y ha luchado continuamente desde octubre de 1998 por su repatriación a Chile. Se mantuvieron en la idea de que las violaciones de los derechos humanos cometidas en Chile deben ser juzgadas por jueces también chilenos. De todos modos, en Chile se acumulan las querellas criminales contra Pinochet. El funcionamiento de la reforma judicial deja entrever, que los repetidos casos de violación de los derechos humanos desde fines del 98 ya no se sobreseen más, simplemente en función de la Ley de Amnistía, y que se llevan a cabo indagaciones. Al mismo tiempo, el Gobierno recalcó que, para él, se trata de la defensa de la figura del Senador, no de la persona de Pinochet y que no hay que confundir inmunidad diplomática con impunidad. Con este comportamiento el Gobierno ya no tiene en sus talones a una Concertación unánime. Numerosos diputados del PS han acogido favorablemente el proceder de las justicias británica y española en una carta pública, ya que un juicio contra Pinochet en su propio país sería imposible. Los que de verdad compartieron la alegría por la detención fueron los miembros de la Agrupación de Familiares de Detenidos Desaparecidos. Mientras el Ejército se contuvo por el momento, la Derecha hizo uso del caso con fines propagandísticos en vista de la lucha electoral por la presidencia. Las manifestaciones de algunos miembros políticos de la UDI produjeron un aumento de la violencia, como no la había experimentado el país desde la vuelta a la democracia. También el enfado del Ejército creció fuertemente en vista de la larga estancia en prisión de Pinochet y de los nuevos procesos abiertos contra otros miembros del cuerpo. Mientras tanto, el interés de la sociedad en el caso Pinochet ha descendido claramente, aunque numerosos medios de comunicación y actos simbólicos, como los desfiles de las tropas del 19 de septiembre, se encargan de que el tema siga estando de actualidad[16].

---

[15] Sobre los desarrollos actuales v. http://www.tercera.cl/casos/pinochet/.

[16] Blomeier 1999. Izurieta defiende a militares procesados por la justicia. En: *La Tercera* (9 de noviembre de 1999).

3. Construyendo una cultura política

La sorprendentemente elevada dimensión de violencia y odio de ambas partes en relación con el tema Pinochet a fines de 1998 subraya la profunda polarización que, a partir de entonces, caracteriza a la sociedad chilena y que recuerda de manera clara a la situación que se produjo en 1973 en contra del fin de la Unidad Popular. El consenso democrático y la paz interna no existen aún. Profundas fisuras dividen no sólo a las viejas, sino también a las nuevas generaciones, las de aquéllos que crecieron con la dictadura[17]. La reinstauración de una cultura política democrática —según Garretón, las "imágenes y sentidos sobre la acción colectiva" (Garretón 1995, 20)— aparece, si es que llega a hacerlo, sólo superficialmente (Tulchin 1991). Para la consolidación de la democracia es de una importancia decisiva que se acepte dicha política cultural en la diversidad, no se tema al conflicto ni a los debates públicos, se reconozca el intercambio entre Gobierno y oposición y domine la tolerancia.

Así lo reconoció también la Concertación, que se dedicó con ímpetu desde el principio a este tema. La posterior desideologización de las tendencias internacionales consiguió, como consecuencia de la transformación de 1989/90, que la situación inicial del panorama político fuese, a primera vista, propicia. Pero pronto se hizo evidente que el enlace con tradiciones democráticas tras los largos años de dictadura no era posible sin más. Esto significaba que la cultura política debía ser la representante de una creación nueva que diese apoyo de manera perseverante, puesto que no iba a conseguir la adaptación al cambio de sistema político automáticamente. La meta decisiva debía ser la superación de la herencia de la dictadura —una cultura política de miedo y de sospecha. Eso sólo se podía llevar a cabo mediante un cambio radical en las relaciones entre el Estado y la sociedad civil, por lo que a los partidos políticos democráticos les correspondía un importante papel de intermediarios. Una condición fundamental es, en efecto, la problemática heterogeneidad socio-cultural, aquella que produce la sincronía de lo no sincrónico:

> somos a la vez adobe y computadora, techo de paja y televisión a colores, consumo universalizado y diferenciado e indigencia, barricada, blue jeans americanos, indigenismo, cultura rock y derechos humanos, todo a la vez (Garretón 1995, 23; cf. Brunner 1992, 121-161).

La anhelada integración de los restantes sectores de la población a través de la política social ya descrita anteriormente es un pilar del trabajo en la cultura política. Esta entra en conflicto con el resultado atómico de la política económica neoli-

---

[17] Esto también es válido para los chilenos que viven en el extranjero. Quedó claro durante un coloquio celebrado en octubre de 1998, con motivo del 25 Aniversario del golpe de estado, que yo organicé durante mi estancia como profesor invitado en la Universidad de Tufts, EE.UU.

beral orientada al mercado y con la satisfacción unilateral de las necesidades de consumo como se manifiesta, por ejemplo, en la formación de *shopping malls* que siguen el modelo estadounidense. Unido al orgullo del prestigio internacional que se adquirió gracias a los éxitos económicos y deportivos y a la canonización de la primera santa chilena, el consumismo se estaba transformando en autocomplacencia dentro de la creciente clase media (Garretón 1995, 124-132). A causa de las cuotas de indigencia, el paraíso del consumo es, ahora y siempre, para la gran mayoría de los chilenos sólo un bonito sueño: "El placer actual es el paseo por el *mall*, donde muchas familias viven la emoción de poder realizar voyeurísticamente, sin consumarlos, sus deseos mercantiles" (Moulian 1997, 109). En los últimos años, los intelectuales chilenos han advertido de diversas maneras que el esfuerzo por participar de este paraíso se ha convertido en una satisfacción sustitutoria, en una sociedad que cada vez se despolitiza más y que se rige por el Credo del mercado neoliberal.

Esta despolitización se demuestra en la muy discutida "apatía de las masas" frente al proceso democrático. Si bien se puede demostrar la euforia del primer momento, cuando la participación en el plebiscito de 1988 y en las primeras elecciones, en diciembre de 1989, fue de más del 90% en cada caso, así también, entretanto, ha habido una fuerte desilusión. Ante todo, la escasa participación en las elecciones de diciembre de 1997, que posibilitaron el regreso de la Derecha, se consideró una señal de alarma (Navia 1997). Un motivo de especial preocupación es la postura de la juventud que se encuentra, debido a la alta cuota de desempleo, en una situación de inseguridad y, en muchos casos, de marginación. La frustración, el "nialliísmo" ("no estoy ni allí") encuentran sus causas en la falta de integración, en muchos casos, unida al rechazo de los caminos apropiados para esa integración. La participación política se presenta "aburrida", allí donde las dimensiones heroicas de una política de la calle parecen haberse extinguido (Garretón 1995, 89-103).

El final de la esperanza de un gran cambio revolucionario que, en Chile, fue desautorizado mediante la retórica del régimen pinochetista, es una razón fundamental del desencanto. La constelación de la transición no ha contribuido a una mejora. No se producen grandes cambios estructurales por causa de los problemas discutidos anteriormente. En lugar de la participación directa, priman las gestiones de las élites que, a menudo, se constituyen en secreto y firman compromisos, pero esquivan los conflictos. Precisamente, las nuevas élites políticas aún no han restablecido con el pueblo el estrecho contacto que es necesario, después de la larga dictadura. Esto se manifiesta ya en las incomprensivas reacciones a las protestas directas que se dirigen contra medidas concretas del Gobierno. De este modo, la larga dictadura ha provocado no sólo falta de confianza en las relaciones humanas, sino que ha conducido también a una escasa sinceridad en las discusiones políticas, lo que refuerza la idea de que todavía se está ante una democracia incompleta (Lagos 1997, 123-138). Los resultados son: falta de interés, descontento con los logros y, muy a menudo, crítica irrealista al Estado. Más allá de ello, esta constelación hace posible la perdurabilidad de valores y mentalidades autoritarias. Muchos chilenos que se establecieron por completo durante la transición y que no desean ningún cambio radical le ven, sin embargo, cuando miran atrás, el lado positivo a la dictadura. El aprecio a la democracia permanece acotado en el caso de los participantes clave. En cuanto a ello, no se trata solamente de la justicia y el ejército, sino también de sectores muy influyentes del mundo de los negocios y, sobre todo, de la prensa[18].

La importancia decisiva de los medios, orientados democráticamente en una sociedad pluralista, fue claramente reconocida por la Concertación, pero también aquí tuvo lugar solamente un cambio lento, porque los medios de comunicación también eran parte de la herencia de la dictadura. El régimen de Pinochet, que inmediatamente después del golpe de estado expropió todos los órganos de la Izquierda, utilizó hábilmente la situación de 1988/89 para cimentar bastiones conservadores, mientras se llevaba a cabo, quizás, para *El Mercurio* y *La Tercera* una regulación de sus obligaciones extremadamente apropiada, y mientras la televisión era, en su mayor parte, privatizada. Posteriormente, como era de esperar, la "lógica de las leyes de mercado" perjudicó el establecimiento de una competencia nueva y fuerte. Los proyectos críticos como, por ejemplo, el diario *La Epoca*, no pudieron llevarse a cabo. La modernización tecnológica a través de la introducción, por ejemplo, del cable coaxial, de la fibra óptica, del uso del satélite, hizo necesarias fuertes inversiones de capital que sólo podían aportar las empresas ya consolidadas. La consecuencia fue una mayor concentración del poder de los medios en las manos de unas pocas empresas, como el tradicional grupo Edwards, cuya insignia *El Mercurio* domina la prensa diaria chilena. Además, son claramente reconocibles procesos de transnacionalización, por ejemplo, en el mercado de las revistas que domina la editorial mexicana Televisa (Cortés 1998).

Los desarrollos institucionales se precipitaron también sobre los contenidos, pues la globalización de una cultura de masas a manos de la predominante industria cultural norteamericana tampoco se detuvo ante Chile. La comercialización ha hecho, además, que los criterios editoriales se orienten hoy todavía más en el aspecto lúdico de la información. A eso hay que añadir las repercusiones negativas de la larga dictadura sobre la profesionalidad del periodismo chileno, la cual promovió la autocensura con su extensa práctica de la censura. La reivindicación de una amplia libertad de prensa fue también acotada por una justicia que hizo retirar del mercado las publicaciones críticas, como el *Libro negro de la justicia chilena*, de la periodista Alejandra Matus[19]. En cierto sentido, los gobiernos de

---

[18] Lahera/Toloza 1998, 705-711; Manzi/Catalán 1998, 539-548; Garretón 1996; Wilde 1999, 480s.; Garretón 1995, 123-128; Hojman 1997, 171-185.

[19] Está en la página web http://freeteam.xs4all.nl/ ~ noticias/libronegro/.

la Concertación organizaron estos hechos, mientras marginaban las voces más críticas con su política conciliadora. Causas y efectos de la despolitización caminan especialmente juntas aquí. La confianza en las fuerzas reguladoras del mercado, en los tempranos años noventa, cedió ante una estimación sustancialmente más escéptica[20].

La pieza político-cultural del Gobierno democrático era ambicionada de manera similar a como ocurrió en el caso de los medios de comunicación. Los principios que, en este sentido, se siguieron fueron: la libertad frente a la práctica de la censura, acceso y participación, pluralismo cultural, autonomía de la cultura, diálogo opuesto a las confrontaciones, apertura internacional, y protección del patrimonio cultural nacional. Una intervención directa en la cultura no podía ser la meta de la política cultural estatal en base a estas reivindicaciones. Más bien, se trataba de mostrar caminos y abrir puertas para que el sector cultural pudiese desarrollarse con libertad. El sociólogo Manuel Garretón ha formulado, en concreto, cinco metas de la política cultural estatal: promoción de la creatividad cultural, protección de la herencia cultural, creación de posibilidades de participación mejores y más justas para todos los ciudadanos, principalmente a través de una política de formación activa, representación de la cultura en el marco de la economía privada y hacia el exterior, en el del público internacional y, por último, llevar a cabo un consenso cultural fundamental, que encierre valores como la libertad y la democracia[21].

4. Hacia una transformación cultural

Los resultados de los esfuerzos realizados en el ámbito de la cultura son ambivalentes, algo que de nuevo sólo se puede entender volviendo la vista hacia el autoritario pasado. Durante la dictadura de Pinochet, tanto la cultura como la política fueron objeto de intensas persecuciones. El sistema de represión se dispuso en contra de la libertad de expresión, así como en contra de las ideas consideradas como subversivas y las formas de expresión creativas. La denigración de ideas opuestas al Régimen estuvo acompañada de una fuerte intervención en el sistema educativo, de una intensa censura en los medios de comunicación y de directos abusos por parte de las "patrullas de peluqueros-militares" contra artistas, autores e intelectuales. A todo el que no siguiera las normas de la dictadura le imponían castigos que iban desde cortarle el pelo en medio de la vía pública, hasta la muerte por razones políticas, la cárcel o el exilio. El ideario corporativo-nacionalista, encargado de dominar el discurso, se comportó esencialmente de manera defensiva y se opuso a las manifestaciones culturales que hubo hasta entonces, las cuales

---

[20] Para la evaluación positiva v. Tironi 1993, 235-247. Más críticos son Munizaga 1993, 89-99 y Cortés 1998.

[21] Garretón 1995, 65s., 139s. y 169-191; Cox 1993.

fueron declaradas de extrema izquierda y fueron perseguidas. En concreto, se anularon las reformas de la era Frei y Allende, que pretendían una mayor educación para todos, así como disminuir las diferencias sociales. Se produjeron recortes económicos y destituciones de cargos, así como supresiones de departamentos universitarios que estaban encargados de temas sociales. Los militares establecieron el control en las universidades. La educación se manipuló ideológicamente y se ensalzaron conceptos como la familia y la patria. Al mismo tiempo, el mercado tuvo también acceso al sistema educativo con el establecimiento de planes que fomentaban la educación privada apoyados por el Gobierno[22].

Contrariamente y pese a la fuerte represión ejercida contra toda libertad de expresión y formación de una voluntad política, se originó en la clandestinidad un nuevo movimiento cultural que sentó las bases para el establecimiento de una oposición. En vista de esto, los temores de la dictadura no carecían de motivos. Además, incluso la más intensa persecución cultural estuvo condenada al fracaso. Sin embargo, con la transición a la democracia se dio otra situación paradójica, ya que la cultura parecía estar apartada en manos de los especialistas, mientras que la política reivindicaba determinadas cuestiones como, sobre todo, el concepto de memoria colectiva:

> Las energías que se expresaron en el mundo cultural y que contribuyeron a desatar el proceso de democratización parecieran agotarse y subsumirse en el mundo renacido de la política, donde todo es negociación, concertación, búsqueda de consenso y atenuación del debate cultural para evitar cualquier riesgo (real o imaginario) de regresión autoritaria (Garretón *et al.* 1993, 9).

Mientras tanto, los intelectuales y artistas chilenos han vuelto a tomar una actitud crítica y representan la diversidad cultural del país. Su objetivo es, por una parte, sacar a la cultura del estado de marginalidad en que se encuentra por establecer prioridades políticas ante los graves problemas sociales, y por el dominio de la cultura de masas (Richard 1994, 85). Y por otro lado, persiguen la difícil tarea de evitar, mediante la aceptación básica del cambio democrático, una adaptación al espíritu de la época de la transición (Foxley/Tironi 1994). El tema central sigue siendo el conflicto con el pasado. Respecto a esto, el llamado "arte refractario" (Richard) es, precisamente, aquél que rechaza la pacificación del pasado mediante el "blanqueo"[23]. El iceberg que Chile envió a la Exposición Universal de Sevilla 1992 es el símbolo de la situación en la que se encuentra el país. Como el iceberg, que sólo deja ver una parte de su forma, así pesan sobre Chile los todavía insufi-

---

[22] Merino 1998, 682-685; Koch 1998, 49-50; Calderón 1993, 19-28.
[23] Moulian 1997, 31-37. Especialmente interesante parece la recepción de Moulian (Rinke 1999; Fermandois 1998). V. además títulos importantes de Richard 1994; Jocelyn-Holt 1997;

cientemente investigados y, sobre todo, muy poco condenados crímenes cometidos. Se esconde a las víctimas bajo capas de hielo, allí donde los hechos no se pueden ocultar más. Las víctimas producen miedo, pero están escondidas tan lejos que, en la realidad, no pueden llegar a tocar la superficie, ni a ser tocadas. La cultura revela las huellas en el hielo y continúa explorando el contorno del iceberg. Es por esta razón que los intelectuales tienen un papel fundamental en el futuro de Chile.

5. Epílogo

En el presente chileno se proyecta hoy la gran sombra de su pasado. Para mirar atrás sin convertirse en estatua de sal, los chilenos han fijado la vista durante algún tiempo con éxito en un futuro neoliberal. Pero el pasado ha vuelto a aparecer al final de la primera década tras la dictadura y la transición no parece en modo alguno haber terminado. Estas reflexiones sobre el pasado se produjeron, en parte, tras la detención de Pinochet y, en parte, por los agravados problemas económicos que ponen en duda las promesas del proyecto neoliberal. Quizá el desencanto provocado tras el intenso crecimiento económico de los 90 haya hecho que se retomen los problemas del pasado y la necesidad de afrontarlos. Para conseguir esto se han tomado algunas medidas como la lentamente desarrollada reforma judicial, o la mesa de diálogo en la que, junto a los abogados de los derechos humanos, toman parte también representantes de las Fuerzas Armadas. El proceso de cambio hacia una cultura política democrática no ha terminado todavía, pero los esfuerzos del Gobierno y de la sociedad civil, así como la experiencia común de una democracia estable comienzan a dar fruto. Tanto la alta participación electoral en las primarias de la Concertación, como en la campaña electoral y en las elecciones a la presidencia de diciembre de 1999 permiten tener esperanzas de una cultura política chilena estable. Precisamente los resultados del 11 de septiembre de 1999 dan motivos también para esta esperanza. En la manifestación en contra del poder militar y del silencio ante la violación de los derechos humanos participó más gente que nunca, y los disturbios con violencia fueron los más bajos hasta la fecha. El significado simbólico de estos actos no ha de menospreciarse.

Bibliografía

Agüero, Felipe. 1998. Chile's Lingering Authoritarian Legacy. En: *Current History* (Febrero), 66-70.

Angell, Alan; Benny Pollack (eds.). 1993. *The Legacy of Dictatorship: Political, Economic and Social Change in Pinochet's Chile*. Liverpool: Institute of Latin American Studies.

Barrientos, Armando. 1996. Pension Reform and Pension Coverage in Chile. En: *Bulletin of Latin American Research* 15, 309-322.

Blomeier, Hans Hartwig. 1999. Chile vor der Präsidentschaftswahl: Kandidaten, Krisen und Konflikte. En: *KAS/Auslandsinformationen* 15, 9, 6-47.

Boeninger, Edgardo. 1997. *Democracia en Chile: lecciones para la gobernabilidad*. Santiago: Andrés Bello.

Brunner, José Joaquín. 1992. *América Latina: cultura y modernidad*. México: Grijalbo.

Calderón, Alfonso. 1993. 1964-1973: La cultura: ¿el horror de lo mismo de siempre? En: Garretón *et al.*,19-28.

Cañas Kirby, Enrique. 1993. *Autoritäres Regime, Transition durch Verhandlung und Demokratische Öffnung: Chile 1983-1991* Tesis doctoral Universidad de Freiburg.

—. 1994. La transición chilena en los años ochenta: claves de una transacción exitosa en perspectiva comparada. En: *Revista de Ciencias Políticas* 16, 41-65.

Clapp, Roger A. 1995. Creating Competitive Advantage: Forest Policy as Industrial Policy in Chile. En: *Economic Geography* 71, 273-296.

Constable, Pamela; Arturo Valenzuela. 1991. *A Nation of Enemies: Chile under Pinochet*. New York: Norton.

Correa Sutil, Jorge. 1997. No Victorious Army Has Ever Been Prosecuted...: The Unsettled Story of Transitional Justice in Chile. En: A. James McAdams (ed.). *Transitional Justice and the Rule of Law in New Democracies*. Notre Dame: University of Notre Dame Press, 123-154.

Cortázar, René. 1995. Una política laboral para una nueva realidad. En: Pizarro *et al.*, 129-139.

Cortés, Flavio. 1998. Modernización y concentración: los medios de comunicación en Chile. En: Lahera/Toloza 1998, 557-612.

Cox, Cristián. 1993. Las políticas educacionales de los noventa. En: Garretón *et al.*, 263-284.

Drake, Paul W.; Alan Angell (eds.). 1993. *El difícil camino hacia la democracia en Chile*. Santiago: FLACSO.

Eyzaguirre, Nicolas; Fernando Lefort. 1999. Capital Markets in Chile, 1985-1997: A Case of Successful International Financial Integration. En: Guillermo Perry; Danny M. Leipziger (eds.). *Chile: Recent Policy Lessons and Emerging Challenges*. Washington: World Bank, 81-112.

Fermandois, Joaquín. 1998. Verdad y mito del Chile actual. En: *Estudios Públicos* 69, 411-437.

—; Michael A. Morris. 1995. *Democracy in Chile: Transition and Consolidation, 1987-2000*. London: Conflict Studies.

Fleet, Michael; Brian H. Smith. 1997. *The Catholic Church and Democracy in Chile and Peru*. Notre Dame: Univ. of Notre Dame Press.

Foxley, Alejandro. 1995. Los objetivos económicos y sociales en la transición a la democracia. En: Pizarro *et al.*, 11-31.

Foxley, Ana María; Eugenio Tironi (eds.). 1994. *La cultura chilena en transición*. Santiago: Secretaría de Comunicación y Cultura.

Garretón, Manuel A. 1995. *La faz sumergida del iceberg: Estudios sobre la transformación cultural*. Santiago: Lom.

—. (ed.). 1996. *Los chilenos y la democracia: La opinión pública 1991-1994*. Santiago: Participa.

— et al. (eds.). 1993. *Cultura, autoritarismo y democratización en Chile*. México: Fondo de Cultura Económica.

German, Cristiano. 1999. *Politik und Kirche in Lateinamerika: Zur Rolle der Bischofskonferenzen im Demokratisierungsprozeß Brasiliens und Chiles*. Frankfurt a.M.: Vervuert.

Gleich, Michael. 1991. *Spielräume der demokratischen Opposition zwischen Diktatur und Demokratie*. Saarbrücken: Breitenbach.

Gwynne, Robert N. 1996. Direct Foreign Investment and Non-Traditional Export Growth in Chile. En: *Bulletin of Latin American Research* 15, 341-357.

—; Cristóbal Kay (eds.). 1999. *Latin America Transformed: Globalización and Modernity*. London: Arnold.

Hofmeister, Wilhelm. 1995. *Chile: Option für die Demokratie. Die Christlich-Demokratische Partei (PCD) und die politische Entwicklung in Chile 1964-1994*. Paderborn: Schöningh.

Hojman David E. (ed.). 1995. *Neo-Liberalism with a Human Face? The Politics and Economics of the Chilean Model*. Liverpool: University of Liverpool.

—. 1996. Power and Inequality in Chile: Are Democratic Politics and Neoliberal Economics Good for You? En: *Journal of Interamerican Studies and World Affairs* 38, 73-96.

—. 1997. *El Mercurio's* Editorial Page- *La Semana Económica*- and Neoliberal Policy Making in Today's Chile. En: Will Fowler (ed.). *Ideologues and Ideologies in Latin America*. Westport: Greenwood, 171-185.

Imbusch, Peter. 1995. *Unternehmer und Politik in Chile: Eine Studie zum politischen Verhalten der Unternehmer und ihrer Verbände*. Frankfurt a.M.: Vervuert.

Jocelyn-Holt, Alfredo. 1997. *El peso de la noche: nuestra frágil fortaleza histórica*. Santiago: Planeta.

Koch, Max. 1998. *Unternehmen Transformation: Sozialstruktur und gesellschaftlicher Wandel in Chile*. Frankfurt: Vervuert.

Lagos, Marta. 1997. Latin America's Smiling Mask. En: *Journal of Democracy* 8, 123-138.

Lahera, Eugenio; Cristián Toloza (eds.). 1998. *Chile en los noventa*. Santiago: Dolmen.

Manzi, Jorge; Carlos Catalán. 1998. Los cambios en la opinión pública. En: Lahera/Toloza 1998, 523-556.

Merino, Roberto. 1998. Microclimas culturales. En: Lahera/Toloza 1998, 682-685.

Moulian, Tomás. 1994. Limitaciones de la transición a la democracia en Chile. En: *Proposiciones* 25, 39-52.

—. 1997. *Chile actual: anatomía de un mito*. Santiago: Lom.

Munizaga, Giselle. 1993. El sistema comunicativo chileno y los legados de la dictadura. En: Garretón *et al.*, 89-102.

Navia, Patricio. 1997. Tendencias de participación electoral en Chile en 1997. En: *Chile 97: Análisis y opiniones*. Santiago: FLACSO, 21-32.

O'Donell, Guillermo *et al.* (eds.). 1986. *Transitions from Authoritarian Rule: Comparative Perspectives*. Baltimore: Johns Hopkins UP.

Parra, Marco Antonio de la. 1997. *La mala memoria. Historia personal del Chile contemporáneo*. Santiago: Planeta.

Pion-Berlin, David. 1994. To Prosecute or to Pardon: Human Rights Decisions in the Latin American Southern Cone. En: *Human Rights Quarterly* 16, 105-130.

Pizarro, Crisóstomo *et al.* (eds.). 1995. *Políticas económicas y sociales on el Chile democrático.* Santiago: CIEPLAN.

Pollack, Marcelo. 1999. *The New Right in Chile, 1973-1997.* Basingstoke: Macmillan.

Reyna, José Luis (ed.). 1995. *América Latina a fines de siglo.* México: Fondo de Cultura Económica.

Richard, Nelly. 1993. En torno a las diferencias. En: Garretón *et al.*, 39-48.

—. 1994. *La insubordinación de los signos.* Santiago: Cuarto Propio.

Rinke, Stefan. 1999. Review of Tomás Moulian, *Chile actual.* En: *Notas: Reseñas iberoamericanas* 6, 16, 204-207.

Roberts, Kenneth M. 1999. *Deepening Democracy? The Modern Left and Social Movements in Chile and Peru.* Stanford: Stanford UP.

Rottensteiner, Christa. 1997. *Schuld ohne Sühne? Das Erbe der Menschenrechte in Chile nach Pinochet.* Frankfurt a.M.: Lang.

Tironi, Eugenio. 1993. Las políticas en la transición y la transición en los medios de comunicación: Cuatro reflexiones. En: Garretón *et al.*, 235-247.

Tulchin, Joseph S. 1991. *From Dictatorship to Democracy: Rebuilding Political Consensus in Chile.* Boulder: Lynne Rienner.

Ulibarri, Luisa. 1993. Nuevos márgenes, espacios y lenguajes expresivos. En: Garretón *et al.*, 29-38.

Valdés, Juan Gabriel. 1995. *Pinochet's Economists: The Chicago School in Chile.* Cambridge: Cambridge UP.

Vergara, Pilar. 1993. Ruptura y continuidad en la política social del gobierno democrático. En: *Estudios Sociales* 78, 105-144.

—. 1994. Market Economy, Social Welfare, and Democratic Consolidation in Chile. En: William C. Smith *et al.* (eds.). *Democracy, Markets, and Structural Reform in Latin America.* Miami: University of Miami, 237-261.

Wilde, Alexander. 1999. Irruptions of Memory: Expressive Politics in Chile's Transition to Democracy. En: *Journal of Latin American Studies* 31, 481-485.

Generación del 60: escribir en dictadura

Fernando Jerez

Sabemos que el mundo en el cual vive el escritor afecta profundamente a su mundo interno y deriva hacia una visión muy particular de su entorno, impacto que puede manifestarse con mayor o menor fuerza en el mundo creado. Los escritores de la generación del 60, también llamados de la "Generación del 72" —por Maximino Fernández Fraile (1994)—, o "Los novísimos", o pertenecientes a la "Generación Emergente", están marcados por los fuertes acontecimientos históricos que ocurrieron a partir de los últimos años de la década de los 60[1]. Estos hechos, creo yo, han determinado frente al público y la crítica el destino de sus obras, las que introducen en sus contenidos la atmósfera conflictiva de su tiempo. Surgen estos escritores después del llamado *boom* literario latinoamericano. Es una generación irreverente en muchos sentidos, desagradable al comienzo para los críticos literarios por el afán de ruptura con los moldes lingüísticos y por su separación de las referencias emanadas de sus modelos anteriores. Con el transcurrir del tiempo y de los acontecimientos, son cuestionados paradójicamente por el orden establecido que no lee, pero que controla los medios de información y de edición, debido a que ha oído hablar de su rebeldía y de su inconformismo con los cánones de esteticismo puro proclamados como deseables por el mundo del diario vivir.

Este trabajo pretende llamar la atención de críticos y estudiosos de la literatura chilena acerca de la desagradable tendencia a subvalorar por criterios prejuiciosos, anteriores por completo al juicio literario, no sólo a muchísimas obras que produce esta generación durante los convulsionados tres años de Allende, sino también a los textos que surgen durante y después del golpe militar. Se trata de exponer una situación concreta, con una intención nada plañidera. Tampoco pretendemos recuperar del naufragio los restos inservibles de la obsoleta discusión acerca del compromiso del escritor.

Estos autores, como sucede al inicio de casi todos los ciclos literarios, se formulan un programa que pretende revolucionar las letras chilenas. Sólidas lecturas de escritores extranjeros, especialmente norteamericanos, y un profundo conocimiento de las técnicas literarias y una formación humanística intensa auguraba la concreción inmediata del proyecto. Ignacio Valente sostiene que los escritores de este período plantean "una decidida voluntad de exploración de los lenguajes nuevos y de las nuevas situaciones existenciales y colectivas del país y del mundo" (1992). Por su parte, el escritor Ramiro Rivas, afirma que

---

[1] En los dos anexos de este artículo aparecen, por una parte, los escritores de este período y sus correspondientes obras y, por otra parte, diversas propuestas de enmarcarlos en una generación.

estos narradores dan sepultura al seudo-lirismo, al seudo-filosofar, o a la maraña metafísica, al constante falseamiento de la historia, o a la adoración mitificada de la anécdota. En su gran mayoría, dejaron atrás los caducos moldes del narrador omnisciente (1984, 71).

Pero sus afanes de experimentación, no iban encaminados a realizar una literatura expuesta a perecer asfixiada en un narcisismo extremo. Por el contrario, sus textos logran muchas veces acusar, denunciar, desenmascarar, mostrar los microscópicos fragmentos que dan sustancia a la realidad, como si fuera otra y distinta.

Al comienzo de los años 70 la capacidad creativa de estos escritores adquiere nuevos rumbos, quizás caminos inesperados debido a la presión que ejercen sobre su sensibilidad los ecos de las luchas sociales que conmueven al país y a gran parte del continente. Estas realidades provocadoras intervienen en la formación de un mundo interior que habrá de manifestarse con mayor o menor énfasis en sus obras. Se encuentran ante un mundo insoslayable y con perspectivas claras de poder llegar con su arte a la comunidad, en los umbrales de un sueño posible.

Un párrafo del acta del jurado, que justifica la elección de las diez obras premiadas en el Primer Concurso de Cuentos Baldomero Lillo 1972, ilustra la magnitud del momento que se vive:

> [...] el jurado considera en la selección de los cuentos valores como capacidad imaginativa, habilidad técnica, conciencia de los conflictos individuales y colectivos que de una manera u otra, están interpretando el momento actual de cambios profundos de nuestras estructuras sociales y políticas [...] (*Cuento 72 Quimantú* 1972, 188).

Son tiempos que potencian también la sensibilidad de Vargas Llosa y lo llevan a proclamar que

> sólo a través del socialismo podrá América Latina adquirir el impulso, ése, suficiente como para salir de su estado de postración, y para vencer las terribles injusticias que hoy día existen en nuestra realidad. Ahora, yo creo que el escritor, el escritor latinoamericano, tiene la obligación de comprometerse con este ideal (Lorenz 1972, 175).

Hoy día, yo creo que la divisa de "comprometerse con este ideal" encierra una pretensión desmesurada y, por cierto, algunos peligros. Una literatura mandada a hacer por uno mismo, con un programa de elementos externos autoimpuestos, elimina el misterio de toda creación auténtica. Por lo demás, considero innecesario un compromiso de tal naturaleza, dado que el artista, el escritor, habrá de fundar su arte no en la uniformidad sino en la libre elaboración de sus múltiples propuestas, en las que puede o no caber la historia y la sociología con sus conflictos alterantes.

Pero por aquella época se hablaba de los capitales foráneos como si fuesen el demonio mismo que arribaba a nuestros campos, a nuestras minas y ciudades a empobrecer más todavía a los nacionales. La Coca-Cola y las bananeras, desembarcaban en barcos piratas que luego regresaban a Estados Unidos cargados de voracidad satisfecha. Tiempos lejanos, muy distintos a las súplicas plañideras de nuestros gobernantes actuales que recorren de rodillas los grandes países implorando participación en el reparto de las inversiones que administran los filibusteros de cuello y corbata.

Esta generación, en mayor o menor grado, pública o privadamente, de manera directa o sesgada, ha sido estigmatizada, y sus obras tienden a ser desdeñadas en el mejor de los casos y en el peor, ignoradas completamente.

En 1973 la dictadura se hace presente con su terror de fama mundial. Un número considerable de escritores, la mayoría, diría yo, se marcha con sus maletas ligeras a diversos lugares geográficos, mientras otros se quedan en el país, como si permaneciesen ausentes. El golpe militar brinda a los escritores, una larga interrupción de sus carreras literarias frente al público de su propio país. Precisamente, cuando los autores del período emergían exhibiendo una precoz madurez literaria, sus obras merecerán, las más afortunadas, un período muy corto de divulgación antes del 11 de setiembre de 1973, y ni hablar sobre lo que sucede después de esa fecha, cuando sus textos son condenados en Chile a un protagonismo absolutamente nulo. Entonces, Dorfman tiene 31 años y ha escrito *Para leer al Pato Donald* (1971) y lanzará durante el año *Moros en la costa*; el prolífico Poli Délano tiene 37 años y ya ha escrito *Gente solitaria* (1960), *Amaneció nublado* (1962), *Cuadrilatero* (1962), *Cero a la izquierda* (1966), *Cambalache* (1968), y *Vivario* (1971); Skármeta con sus 33 años ha escrito los libros de cuentos *El entusiasmo* y *Desnudo en el tejado* (1967). Este fatídico año 1973, salen a circular otros dos libros suyos: *Tiro libre* y *El ciclista del San Cristóbal*; Ramiro Rivas, de 34 años, ha publicado *Una noche sin tinieblas* (1963), *El desaliento* (1971); Carlos Olivárez, de 29, ha publicado *Concentración de bicicletas* (1971); Eugenia Echeverría, de 30 años, *Cambio de palabras* (1972); Cristián Huneeus, *La casa de algarrobo* (1968); Mauricio Wacquez, de 34, *Excesos* (1971) y el autor de estas líneas, ha escrito *Déjame tener miedo* (1971) y poco antes del golpe militar, ha salido a circular brevemente en Chile la novela *El miedo es un negocio*, el último libro publicado por Quimantú. Algunos autores incluyen en esta generación también a Antonio Avaria, de 41, quien ha publicado *Primera muerte* (1971); Luis Domínguez, que tiene 44, ha publicado *Citroneta Blues* (1971), y Manuel Miranda que tiene 43 años en 1973, ha escrito en 1972 *David de las islas*. Otros escritores han desarrollado su carrera literaria fuera de Chile y no disponemos de material suficiente para ocuparnos de ellos como escritores que sufrieron los rigores de la represión cultural.

Esta generación se suma en forma espontánea a quienes por largo tiempo esperan modificar las características de eternidad que iba adquiriendo la injusticia en los pueblos latinoamericanos y en particular, en Chile. Pero a la vez está empeñada en realizar hechos literarios nuevos y trascendentes. Así lo advierte tiempo después Cedomil Goic, cuando afirma que

esta generación debe originar una etapa de renovación formal y temática. De hecho, algunas primigenias manifestaciones han quedado ya
estampadas en las novelas incipientes de los escritores jóvenes: su temática juvenil de radical antinomia con la imagen vetusta de lo real
[...] y sobre todo, la especial manera de configurarse un narrador cuya perspectiva vitalista y vitalizadora se opone también abiertamente
al escepticismo y desencanto de los narradores de 1957 (en: Fernández Fraile 1994, 651).

Por tal motivo, la generación es mirada con recelo por los medios de comunicación tradicionales y se le presta poca atención pública en sus páginas. Más tarde,
durante el gobierno militar, se hará acreedora a la persecución y al silencio. Pero
con el término de la dictadura no acaba todo, porque durante mucho tiempo "pa-
gará", como decimos en nuestro país, aquella decisión de sumarse en teoría y
práctica a las inquietudes de su tiempo. Porque ya sabemos los chilenos con cuánto cruel realismo, con un realismo que limita con lo mítico, la política pedestre
clava los dientes en el alma de las personas y cómo los intereses pecuniarios dividen a las gentes. Y no sólo en el terreno de las gobernabilidades y los proyectos
económicos, sino también en otros aspectos que debieran ser unánimes e incontro-
vertibles, como son los terrenos de los derechos humanos y el terreno de las artes,
donde es más posible hallar los sueños hechos verdad y realidad.

Quiero decir, que cuando se produce la violenta irrupción militar en los ámbitos de la vida chilena, los escritores de la generación, casi todos ellos ya habían
producido una obra importante. Anteriormente, cuando eran muy jóvenes habían
escrito sus primeros libros y, como dijimos, por los años 70, producen su primera
obra madura.

La adhesión activa de muchos de los escritores de la generación al proyecto
de gobierno propuesto por Salvador Allende y la simpatía demostrada en favor
de los movimientos latinoamericanos será abiertamente incomprendida por los
medios literarios tradicionales sustentados por el poder de la información. Las
obras que producen a partir de la dictadura son caratuladas sin tardanza de obras
políticas y, en muchos casos, de obras panfletarias sin ser sometidas previamente
a un análisis en el que prime más la sensibilidad artística que la mera pasión partidaria o la influencia indudable del poder que sustentan los medios del nuevo orden
económico. Un manto de sospecha ronda la obra de estos escritores. Una reacción
de menoscabo iniciada por los medios de comunicación que monopolizaban la derecha y los golpistas, pero seguida después, desgraciadamente, por gentes no ads-
critas a esos movimientos, e incluso izquierdistas sorprendidos en su debilidad estética e ideológica. Muchos de los que se acercan a sus obras lo hacen prejuiciosa-
mente, con la mente copada por el desencanto de regresar tristemente al mundo
que hasta ayer era el ideal de futuro y que de pronto se volvió un lastimoso pasado.

Un escritor no puede desplazarse por la multitud de caminos que se le ofrecen como un enajenado, tropezando con las personas y con las cosas como si no existieran. No tiene justificación una eventual postura asexuada frente a la realidad socio-histórica. No puede permitir el surgimiento sólo de una literatura de palabras satisfechas, preciosa y hueca como una Barby. Tan falsa como la respiración complacida del solitario humano que acaba de hacer el amor con una muñeca inflable. Eso lo comprendieron muy bien los novísimos que dieron a conocer sus obras durante los años 70. Martín Cerda[2] decía en una entrevista con Carlos Orellana, en 1986:

> Hoy yo ya no puedo concebir que uno en un texto escabulla la problemática que están viviendo los lectores eventuales de ese texto. Siempre he dicho que no se trata de escribir sobre el miedo, sino escribir, más bien, con miedo, a partir del miedo, que es una manera de conjurarlo. Se ha hecho mucha literatura sobre el miedo de los demás, pero yo creo que un "sicocrítico" es capaz de detectar con facilidad que, allí donde se habla de cualquier cosa, el miedo está presente; el miedo ante un poder que lo invade todo, lo penetra todo, que echa a correr los rumores, que es omnisciente, que tiene instrumentos muy perfectos para enterarse de las conversaciones más secretas, todo lo cual nos ha tenido a los chilenos que vivimos en el interior, al borde de la paranoia (Cerda 1986, 129).

Aún después de recuperada la democracia, un fragmento no despreciable de la sociedad continúa con temor y suspicacias y se siente proclive a considerar que el intento por poner en práctica las ideas de cambio conlleva el peligro de fracturar la tranquilidad y el sosiego— aparente, por supuesto. Cuando en 1992 invitamos a Enrique Lafourcade a participar en el panel de figuras importantes, en el Primer Congreso Internacional de Escritores denominado "Juntémonos en Chile", su espontánea reacción fue la siguiente: "Voy si me aseguran que el Congreso no será un homenaje a Salvador Allende". Es la actitud cliché con que muchos se introducen a la obra de estos escritores. Porque abundan los fóbicos de la política, los mismos que no pierden oportunidad para adoptar posturas de moda, los teóricos de las palabras vírgenes. Que no entienden que al escribir sobre las maquinaciones del poder o sobre los vicios de gobernabilidad en nuestros pueblos, o cuando la novela se ocupa de un dictador, sobre un ángulo del dictador, y de personajes oprimidos, o torturados, se está escribiendo sobre seres humanos, sobre conductas y reacciones, sobre hechos que son el objetivo de la literatura: el alma humana, el pensamiento humano, cualesquiera sean las categorías de realidad por las que

---

[2] Martín Cerda, ensayista chileno (1930-1991), autor de *La palabra quebrada, ensayo sobre el ensayo,* Premio Municipal 1981 y *Escritorio* (1981).

se incline el escritor. Y que si el soporte no conlleva características literarias de calidad, los contenidos se transforman en débiles intencionalidades.

Prejuicios, estigmatización. No creo recordar la existencia de escritores panfletarios en los duros tiempos de la dictadura. Panfletarios sí, pero no escritores. No en el sentido de textos que tengan como único objetivo hacer propaganda política. Si así fuere, los escritores no habrían tenido la ocurrencia de dedicarse a la incierta aventura de escribir libros. Ni siquiera creo que el escritor se proponga dar cuenta de una realidad comprometiendo su espíritu esencialmente creador a una postura ideológica establecida por otros, no construida por la magia de la palabra, sino con la fría predisposición del arquitecto que traza las líneas de un edificio y luego rellena con cemento los huecos de su diseño. Más bien creo en las improvisaciones del alma, en la lente del alma, distinto en cada autor para la percepción del mundo. Por tanto, estoy con Cortázar cuando dice que

> un cuentista o un novelista no lo es por crítico sino por creador; si su capacidad crítica la comparte con el político, el dirigente, e incluso con cualquier ciudadano conciente y responsable, la función creadora en el plano narrativo le es propia y privativa, es eso que hace de él un novelista, un poeta o un dramaturgo (1970, 54).

Es una cuestión, a mi entender, que han puesto en práctica los narradores que publican sus libros desde los sesenta.

Durante el período de la dominación dictatorial impera en Chile la censura previa. Los pocos escritores que permanecen en el país deben someter los textos que desean publicar a la consideración de un equipo de censores. Unos brutales funcionarios sin rostro, rechazaban la edición de nuevas obras y la circulación de libros ya publicados. A veces, les bastaba que el título les sonara sospechoso para manifestar su repulsa ignorante, encapuchada y tragicómica. Se dice que alguien quiso quemar un libro sobre Pablo Picasso, titulado "El cubismo", porque según el censor algo tenebroso tenía que ver con Fidel Castro. Parece un chiste, un mal chiste. Porque hay otros mejores que no viene al caso recordar.

Pero los escritores, después de marcharse al exilio y superar traumáticas experiencias, humillaciones sin fin, reorganizando las emociones e intentando poner cierto orden en su razón, comienzan a escribir. Según la bibliografía reunida por Giny Klatser, de Holanda, alrededor de 260 escritores chilenos escribieron libros durante los años 1973-1987. Por supuesto, no todas las obras pertenecen al género narrativo o poesía, pero la mayoría de estos libros, algunos valiosísimos si nos atenemos a la opinión de quienes han tenido acceso a ellos en tierras extranjeras, no han llegado a Chile en ninguna forma. Tal vez una iniciativa ante el Consejo Nacional del Libro en Chile, tendiente a reunir esas obras en una biblioteca especial sucumbiría ante una respuesta parecida a la que recibiera Salvattori Coppola, cuando postuló al concurso de adquisición de libros, con su trabajo titulado "La novela chilena fuera del lugar". Su solicitud fue rechazada por un ex comunista, integrante de la comisión evaluadora (palabra ésta que la moda ha degradado) porque, escuchen bien, consideró que el libro contenía un "trabajo sectario". Es decir, los mismos parámetros recurrentes durante la dictadura. Es otra forma de condenación *a priori*. Alguien así, escupe a su madre.

Porque la memoria se ha vuelto para muchos una tortura. La memoria de lo que fueron, la memoria de aquellos tiempos en los que participaron activamente. ¡¡¡Que participamos activamente!!!, ¡vaya, quería excluirme de este juicio, como tantos!

Desde 1973 a 1984, editar libros en Chile es un privilegio nada honroso, puesto que sólo pueden hacerlo los adictos al régimen. Cobran cierta notoriedad unos pocos oscuros escritores. La prensa libre ha sido abolida. La radio Cooperativa, en cuanto esbozaba indicios de cuestionamiento al régimen, intentos que ahora nos sonarían risibles, era clausurada de inmediato por largos períodos. Amedrentados así los medios de comunicación, no cabía esperar la menor mención de los libros escritos por los chilenos, perseguidos políticos, ubicados con tristeza, nostalgia y rabia en distintos lugares del exterior. Y es necesario plantear estos hechos aquí porque la literatura está conformada por los hechos que narra la palabra, que construye la palabra edificando otra realidad, sobre la realidad concreta, a veces más concreta, a veces mítica. Pero las palabras no circulan sin hechos. La palabra en el escritor nace para construir su mundo con el mismo impulso misterioso e indescifrable con que algunos creen en Dios.

De manera que durante un tiempo larguísimo, que en algunos casos persiste hasta hoy, poco o nada supimos de muchísimas obras. Cito a manera de ejemplos: *Tejas verdes* (1974), de Hernán Valdés; *El paso de los gansos*, de Fernando Alegría (1974); *Le sang dans la rue*, de Guillermo Atías (1978); *Gorriones cogiendo altura* (1975), de Roberto Bolaño; *Que Dios protege a los malos* (1979), de Miriam Bustos; *En este lugar sagrado* (1977), de Poli Délano; *Moros en la costa* (1973), de Ariel Dorfman; *La infinita* (1983), de Eugenia Echeverría; *Más allá de las máscaras* (1984), de Lucía Guerra; de Susana León no nos llegan sus obras, tampoco de Omar Saavedra; *Campo minado* (1978), de Constanza Lira; *El hipódromo de Alicante y otros cuentos fantásticos* (1986), del admirable Héctor Pinochet; *Jaula de papel* (1974), de Radomiro Spotorno; para qué hablar de lo ignorado que fue durante largo tiempo Patricio Manns, autor de *Actas de Marusia* (1974), *Actas del alto Bío-Bío* (1985) y *Actas de Muerteputa* (1988).

Excepciones notables las constituyen Isabel Allende y Luis Sepúlveda, escritores cuyos méritos son reconocidos en el exterior. También Antonio Skármeta y Ariel Dorfman. Escritores consolidados antes del golpe, como José Donoso y

Jorge Edwards, escriben obras importantes durante el período, las que logran conocerse en Chile[3].

Más tarde, todavía muy pocas editoriales, se atrevieron a reeditar las obras publicadas en el extranjero. Otros autores, dramáticamente, al regresar publican libros que tienden a buscar una reinserción en el medio. Por una vía u otra, son silenciados porque ya impera la no memoria, la evasión.

Volviendo a la generación del 60, sobre cuyos límites existe gran confusión, Salvattori Coppola (1995) hace de ellos la siguiente distinción, aparte de pretender llamarla "generación del 68": escritores que publicaron sus primeras obras en la década del 60 y menciona a Poli Délano, Manuel Miranda Sallorenzo (nace en 1930), Fernando Jerez y Luis Alberto Acuña (nace en 1927); y escritores cuyas primeras obras son publicadas en el segundo quinquenio de la misma década del 60: Antonio Skármeta, Hernán Valdés (nace en 1934), Mauricio Wacquez, Héctor Pinochet.

Sobre los novelistas de la generación de 1972, Cedomil Goic señala que "muestran la pronta y experta habilitación de todas las formas de la novela contemporánea", para expresar "la contraposición de autenticidad e inautenticidad, apariencia y realidad, verdad y falsedad de un mundo larvario o de la precariedad de todo lo real". Destaca en ellos lo lúdico y lo imaginario, la indeterminación temporal, la maestría rítmica de la disposición, la conciencia de irrealidad del mundo narrado y el lenguaje coloquial (en: Fernández Fraile 1994).

En 1984, al levantarse la censura previa, algunos libros pudieron editarse en el país. Entonces son los escritores ubicados fuertemente en la oposición los que comienzan a ganar el suspendido e importante Premio Municipal de Literatura, que la Municipalidad de Santiago concedía a las mejores obras publicadas en un año. Naturalmente, esta distinción culminaba con la presencia del Alcalde designado por el dictador por lo que la autoridad debió aparecer en las fotografías estrechando la mano de los marxistas— ya que para la dictadura, los opositores y los amantes de la libertad no podían ser otra cosa que marxistas. Por tanto, para evitar la repetición de tal bochorno, el premio fue nuevamente suspendido por largos años[4].

Pero si no es admirable el hecho de que la dictadura ejerciera su repudio por la palabra escrita, posesionado de un increíble temor por las novelas, cuentos y poemas, durante más de dieciséis años, lo es muchísimo más el otro fenómeno,

---

[3] José Donoso: *Tres novelitas burguesas* (1973), *Casa de campo* (1978), *La misteriosa desaparición de la marquesita de Loria* (1980), *El jardín de al lado* (1981), *Cuatro para Delfina* (1982), *La desesperanza* (1986); Jorge Edwards: *Los convidados de piedra* (1978), *El museo de cera* (1981), *La mujer imaginaria* (1985), *El anfitrión* (1987).

[4] En la época fueron distinguidos con este premio Poli Délano, por su novela *Cambio de máscara*; Fernando Jerez, por su libro *Así es la cosa*; Jaime Miranda, por su obra *Regreso sin causa*.

el que les ocurrió enseguida a los escritores agrupados en la denominada generación de "los novísimos" que publicaron durante esos años en Chile o en el exterior. Cuando en 1990 se inicia el proceso de recobrar la democracia, se inaugura también la sutil corriente estigmatizadora. Pareciera que todo el país se encuentra urgido de amnesias. Evita los recuerdos del pasado reciente enquistados en su literatura, desea la extirpación de la memoria. Un diario, *La Época*, no logra nunca remontar de manera segura, las pesadas aguas de la indiferencia. Desaparecen revistas, radios. Se inicia el período de la contemporización, del temor a quedar mal, de herir al otro. Todos están de acuerdo, sin más. Un crítico, vinculado a una importante casa editorial sostenía que urgía ponerle término a la literatura que acogía los temas relacionados con los duros tiempos dictatoriales. Según él, se había llegado a la plena saturación, al rechazo sistemático de tales obras. Sin embargo, recordemos que una cantidad importante de investigadores sostiene que, por el contrario, todavía no se ha escrito la gran obra sobre la dictadura.

Después del año 83, con los golpistas en el poder todavía, proliferan en los medios de difusión los reseñistas transitorios, escondidos en seudónimos, espontaneístas, surgidos de uno y otro bando. Vieron en el análisis de libros literarios no una oportunidad para "comprender el fenómeno literario", como aconsejaba Luis Alberto Sánchez, sino la ocasión de convertirse en francotiradores camuflados en su lenguaje oblicuo, obcecados con una excesiva posición política, precisamente el mal que intentaban atribuirle a la literatura que comentaban. Pero este vicio ha continuado después esta confabulación para una apreciación valórica y estética revelada con honestidad. Valga esta apreciación condenatoria para los restringidos medios de la izquierda chilena que han practicado el juego a la inversa, es decir estigmatizando a su vez las obras con sesgo derechista.

Ariel Dorfman, afirmaba y con razón, en el Encuentro de Escritores de Valdivia, en 1990:

> Yo creo que hay otro tipo de trancas, en medio de esto. Y se trata de la relación en que la sociedad ha puesto la literatura con la política. Apenas uno toca un tema contingente, automáticamente se supone que esto no puede tener ningún tipo de valor literario (*Encuentro Nacional de Escritores, Valdivia 1990* 1991, 56).

Por supuesto, lamentablemente, muchos críticos olvidan o no practican lo que Federico Schopf se encarga de recordar, cuando dice que

> el texto literario es un momento de un acto comunicativo distendido en el espacio y en el tiempo. Es parte —la parte materialmente presente— de una situación comunicativa que se reconstruye no sólo a partir del texto. El texto, es, en este sentido, más bien un pretexto, la parte visible de un tejido más amplio (Schopf 1995, 186).

Debemos reconocer que en el período se escriben obras apuradas, pero también se escribieron muchísimas obras depuradas. A veces, es ineludible escribir sobre el acontecimiento mismo, aprehendiendo realidades próximas, cuando aun los golpes duelen más. Pero de ahí, a subvalorar, a la condenación *a priori* me parece una desvergüenza. ¿No tenemos acaso un ejemplo notorio en la suerte que corrió en Chile la obra de teatro *La muerte y la doncella*, de Ariel Dorfman? ¿Por qué obtiene un clamoroso éxito mundial y en Chile apenas la ve un puñado de espectadores? La obra de Dorfman fue condenada de antemano.

Ignacio Valente, refiriéndose a una obra mía, *Un día con Su Excelencia*, y perdón por la autorreferencia, decía, con ligereza según mi opinión, con prejuicio:

> Parece que el género de la novela sobre los años del régimen militar chileno es un género particularmente difícil de abordar, tal vez por la propia intensidad de los sucesos políticos. Isabel Allende en *De amor y de sombra*, fracasó; Lafourcade, en *El gran taimado*, para qué decir; sólo José Donoso en *Casa de campo*, ha triunfado con brillo en este desafío, escribiendo en forma oblicua y con la fuerza de grandes energías fabuladoras. No puede decirse que este intento de Fernando Jerez en el difícil género sea un fracaso, porque mueve a ratos una dinámica substancia narrativa, pero tampoco se lo puede calificar de éxito sin más (Valente 1989, 2).

Este juicio, por cierto, no se compadece con la opinión de críticos extranjeros.

Ahora, en el mismísimo año 1999, Patricio Manns deslizaba su desencanto al decir que los críticos al analizar los libros "debieran partir de la obra y no del hombre. Golpean al pasado del hombre antes que a la obra. Algo de esto les ha pasado a Isabel Allende y Luis Sepúlveda"[5]. Por su parte, Pedro Lemebel, un luchador importante durante la dictadura e infaltable invitado en los eventos de protesta, dice que ahora todas las puertas se le han cerrado.

Más intolerablemente escandaloso todavía es el caso de marginación editorial del excelente novelista Francisco Rivas. Médico neurocirujano, durante los años más duros de la dictadura publicó bajo el seudónimo de Francisco Simón. Su novela *El informe Mancini* obtuvo un importante reconocimiento en un concurso internacional. El crítico de la revista *Análisis*, de inclinación izquierdista, señalaba respecto de esta novela que "el primer logro del autor, es incitar el interés del lector —incluso del más escéptico— provocando que éste no decaiga en momento alguno (Anón. 1984)". Por su parte, la señora María Angélica Bulnes, del derechista diario *La Segunda*, sostenía: "no pasa de ser una especie de diatriba con una base de ciencia ficción [...]. La trama bien tratada, podría llegar, tal vez, a ser apasionante, pero se convierte en una empresa cansadora para el lector" (1983, 4). Más adelante, la señora escribe: "El autor es Francisco Simón R. ¿Existirá? ¿Será colombiano? Puede ser, aunque algo en el subconsciente nos dice

---

[5] Entrevista con Radio Cooperativa, difundida el 27.1.96.

que este libro pertenece a un escritor (a) chileno (b) de izquierda (¿comunista, socialista, radical de izquierda?)". Voy a citar otra perla de la señora María Angélica Bulnes, que ilustra el período:

> [...] obtuvo el segundo premio en el concurso de novela Jorge Isaacs, promovido por la Industria Licorera Del Valle. Pero es un hecho que no puede desmentirse el que muchos jurados actúan hoy día con criterios políticos (y si no pregúntenle a Borges). Y es más, en los concursos no siempre se premia un buen libro sino sólo el mejor de los que se han presentado [!!! Hay signos de exclamación que son míos]. Asimismo, es factible pensar que el premio se le otorgó razonando políticamente, para darle un impulso a un panfleto que busca claramente desprestigiar al actual gobierno chileno (ibíd.).

A Francisco Rivas, en 1989, en dictadura todavía, le fue concedido el Premio Municipal por su novela *Todos los días un circo*, pero se negó a recibirlo. Más tarde, en 1994 lo ganó nuevamente, esta vez con su libro de cuentos *El banquete*. A pesar de todo, las editoriales le hacen el quite y los medios limitan al mínimo la difusión de sus libros. Las editoriales pequeñas o medianas que lo editan, encuentran dificultades de promoción y distribución. Es lamentable, vergonzoso. Un talento formidable que no es mencionado siquiera por Maximino Fernández Fraile en su *Historia de la literatura chilena*. En cambio, un reconocimiento positivo para José Promis (1993, 227-262) que sí lo hace y muy extensamente.

Esta estigmatización y esta sospecha política alcanza, a mi juicio, también a ciertos escritores agrupados en la llamada generación del 80. Diego Muñoz Valenzuela y Ramón Díaz Eterovic nos recuerdan que "la mitad de la vida de estos escritores transcurrió en plena dictadura, y —ojo— que hablamos de la mitad más importante" (1992, 6). Pero es curioso, abiertamente extraño que algunos de estos escritores que recibieron esta especie de lastre por repudiar la dictadura, obtengan menos éxito de crítica y de ventas que algunos escritores de su misma generación o de generaciones posteriores y que obtengan un reconocimiento internacional antes que nacional. Por otra parte, para Jaime Hagel: "Quiéralo o no el autor, toda obra refleja el espíritu de la época en que fue escrita. Al tiempo de la escritura de estos cuentos se le podría llamar *la era del ogro*" (*Encuentro Nacional de Escritores, Valdivia 1990* 1991, 46).

Termino con estas palabras de Ariel Dorfman pronunciadas en un encuentro de escritores realizado en la sureña ciudad de Valdivia en Chile: "Mi generación, yo creo, es una generación golpeada —nos han sacado cresta y media—, pero no perdida. Dispersa sí, pero no perdida" (ibíd., 56).

Bibliografía

Anón. 1984. *El informe Mancini*. La sombra de las bayonetas. En: *Análisis* (Santiago) 72, 3 de enero, 45.

Bulnes, María Angélica. 1983. *El informe Mancini*. ¿Qué es? ¿Qué dice? ¿Vale la pena? En: *La Segunda*, 9 de mayo, 4.

Cerda, Martín. 1986. El escritor chileno y su práctica social, los difíciles años de la dictadura. En: *Revista Araucaria* (Madrid) 36, 129-136.

Coppola, Salvattori. 1995. *La novela chilena fuera del lugar*. Santiago: Comala Ediciones.

Cortázar, Julio. 1970. Literatura en la revolución y revolución en la literatura: Algunos malentendidos a liquidar. En: *Literatura en la revolución y revolución en la literatura*. México: Siglo XXI editores, 38-77.

Cuento 72 Quimantú. 1972. Santiago: Editorial Quimantú.

Encuentro Nacional de Escritores, Valdivia 1990. 1991. Santiago: Editores Proyecto de Educación para la democracia PRED.

Fernández Fraile, Maximino. 1994. *Historia de la literatura chilena*. Santiago: Editorial Salesiana.

Klatser, Giny. s. fecha. *Chili, Bibliografie van proza en poëzie door Chilenen in ballinschap, 1973-1987*. Amsterdam: [edición de la autora].

Lorenz, Günter. 1972. *Diálogo con América Latina*. Valparaíso: Ediciones Universitarias de Valparaíso.

Muñoz Valenzuela, Diego; Ramón Díaz Eterovic. 1992. *Andar con cuentos*. Santiago: Mosquito Editores.

Olivárez, Carlos (ed.). 1988. *Los veteranos del 70: antología*. Santiago: Ediciones Melquiades.

Promis, José. 1993. *La novela chilena del último siglo*. Santiago: Editorial La Noria.

Rivas, Ramiro. 1984. La novísima generación o generación del 70. En: *Pluma y Pincel*, N° 14, abril-mayo, 71.

Schopf, Federico. 1995. Más allá del optimismo crítico. En: María Nieves Alonso; Mario Rodríguez; Gilberto Triviños (eds.). *La crítica literaria chilena*. Concepción: Editora Aníbal Pinto.

Valente, Ignacio. 1989. La jornada de un tirano. En: *Revista de Libros, El Mercurio*, 14 de mayo, 2.

—. 1992. En: Diario *El Mercurio,* 27 de diciembre.

Anexo N° 1

Escritores del período

José Luis Rosasco (* 1935). *Mirar también a los ojos* (1972, cuentos), *Ese verano y otros ayeres* (1974, cuentos), *El intercesor* (1976, novela), *Hoy día es mañana* (1980, cuentos), Premio Municipal de Santiago; *¿Dónde estás, Constanza?* (1980, novela), Premio Andrés Bello y Municipal de Santiago; *Tiempo para crecer* (1983, novela), *Travesuras antifeministas* (1984, crónicas), *El Metrogoldin* (1985, novela), *Historias de amor y adolescencia* (1985, cuentos) *Francisco, yo te amo* (1988, novela), *La vuelta al mundo volando sobre tres océanos* (1988, crónica), *Pascua, la isla más isla del mundo* (1988, crónica) y *De tertulias y otros recreos* (1992, crónicas).

Carlos Morand (* 1936). *Una larga espera* (1961, novela), *La deriva del tiempo* (1963, cuentos), *Los adolescentes en la obra narrativa de Aldous Huxley* (1963, ensayo), *Con las manos en las rodillas* (1972, novela), *De un muro a otro* (1973, cuentos), *Del lado de la sombra* (1974, cuentos), *Llegarán de noche* (1976, novela), *Visión de Santiago en la novela chilena* (1977, ensayo), *Ohtumba* (1979, novela), *El espejo de los búhos* (1982, novela), *Espacio en blanco* (1986, novela), *UltraOhtumba* (1988, novela), *Bienvenido a Elsinor, Profesor Freud* (1991, teatro), Premio Municipal de Santiago; y *Rastros quemados* (1992, novela).

Poli Délano (* 1936). Véase documentación al fin de este volumen.

Cristián Huneeus (1937-1985). *Cuentos de cámara* (1960, cuentos), *Las dos caras de Jano* (1962, novela), *La casa de algarrobo* (1967, cuentos), *Historias desiguales* (1969, cuentos) y *El rincón de los niños* (1980, cuentos).

Fernando Jerez (* 1937). Véase documentación al fin de este volumen.

Patricio Manns (* 1937). Véase documentación al fin de este volumen.

Héctor Pinochet (1938-1998). *Poemas de amor* (1969, poemas), *El hipódromo de Alicante* (1986, cuentos), *Alrededor de todo* (1972, poemas), *La casa de Abadatti* (1989, cuentos).

Eduardo Labarca (* 1938). Véase documentación al fin de este volumen.

Elena Castedo-Ellerman (* 1938). *El teatro chileno de mediados del siglo XX* (1982, ensayo) y *El paraíso* (1990, novela).

Ramiro Rivas (* 1939). *Una noche sin tinieblas* (1963, cuentos), *El desaliento* (1971, cuentos) y *Toque de difuntos* (1986, cuentos).

Mauricio Wacquez (* 1939). *Cinco y una ficciones* (1963, cuentos), *Toda la luz del mediodía* (1965, novela), *Excesos* (1971, cuentos), *Frente a un hombre armado* (1981, novela), *Paréntesis* (1982, novela) y *Ella, o El sueño de nadie* (1983, novela).

Antonio Skármeta (* 1940). *El entusiasmo* (1967, cuentos), *Desnudo en el tejado* (1967, cuentos), *El ciclista del San Cristóbal* (1973, cuentos), *Tiro libre* (1973, cuentos), *Novios y solitarios* (1975, cuentos), *Soñé que la nieve ardía* (1975, novela), *No pasó nada* (1980, novela), *La insurrección* (1982, novela), *Ardiente paciencia* (1985, novela), *Matchball* (1989, novela) y *Los pecados capitales* (1993, cuentos), en colaboración con otros seis narradores.

Adolfo Couve (* 1940). *En los desórdenes de junio* (1970, cuentos), *El picadero* (1974, novela), *El tren de cuerda* (1976, novela), *El parque* (1976, novela), *La lección de pintura* (1979, novela), *La copia de yeso* (1989, novela), *El cumpleaños del Señor Balande* (1990, novela) y *Balneario* (1993, cuentos y novelas cortas).

Isabel Allende (* 1942). *El embajador* (1971, teatro), *La balada de medio pelo* (1972, teatro), *La casa de los siete espejos* (1972, teatro), *La casa de los espíritus* (1982, novela), *De amor y de sombras* (1985, novela), *Eva Luna* (1987, novela), *Cuentos de Eva Luna* (1990, cuentos) y *El plan infinito* (1991, novela).

Ariel Dorfman (* 1942). *Para leer al Pato Donald* (1971), *Moros en la costa* (1973, novela), *Cría ojos* (1979, cuentos), *Viudas* (1982, novela), *Pruebas al canto* (1982, poemas), *La última canción de Manuel Sendero* (1983, novela), *Cuentos para militares* (1985, cuentos), *Dorando la píldora* (1985, cuentos), *Sin ir más lejos* (1986, crónicas), *Máscaras* (1988, novela) y *La muerte y la doncella* (1992, teatro).

Antonio Rojas (* 1942). *El huésped del invierno* (1982, novela), *Sonata de un violín de invierno* (1984, cuentos), *El puñal de piedra* (1988, novela), *El negro y los colores* (1989, cuentos) y *El bebedor de cerveza* (1992, novela corta).

Francisco Rivas (* 1943). *El informe Mancini* (1982, novela), *Martes tristes* (1983, novela), *Los mapas secretos de América Latina* (1984, novela), *Pequeña leyenda de una ciudad ocupada* (1985, cuentos), *Historias de la periferia* (1987, cuentos), *Todos los días un circo* (1988, novela), *El banquete* (1992, cuentos).

Enrique Valdés (* 1943). *Permanencias* (1968, poemas), *Ventana al sur* (1975, novela) y *Trapananda* (1983, novela).

Carlos Cerda (* 1943). *José Donoso: originales y metáforas* (1988, ensayo), *Morir en Berlín* (1993, novela), *La casa vacía* (1996, novela).

Lucía Guerra (* 1943). *La narrativa de María Luisa Bombal, una visión de la existencia femenina* (1980, ensayo), *Mujer y sociedad en América* (1980, ensayo), *Más allá de las máscaras* (novela) y *Frutos extraños* (1992, cuentos), Premio Municipal de Santiago.

Alejandra Basualto (* 1944). *Los ecos del sol* (1970, poemas), *El agua que me cerca* (1983, poemas), *La mujer de yeso* (1988, cuentos), *Territorio exclusivo* (1991, cuentos) y *Las malamadas* (1993, poemas).

Ana María Guiraldes (* 1946). *Un día en la vida de Psiqué, la enamorada de un dios* (1993, novela corta); *Un día en la vida de Alonso, pasajero de la mar océano* (1993, novela corta); *Un día en la vida de Odette, hija de la revolución francesa* (1993, novela corta); *Un día en la vida de Paolo, pintor renacentista* (1993, novela corta) y *Un día en la vida de Li Song, mujer china* (1993, novela corta). En colaboración con Jacqueline y Alberto Balcells, ha escrito *La rebelión de los robots* (1989, novela corta), *Aventura en las estrellas* (1992, novela corta) y *Misión Alfa Centauro* (1992, novela corta).
Obras para adultos: *Las muñecas respiran* (1985, cuentos), *El nudo movedizo* (1983, cuentos), Premio Municipal de Santiago, y *Cuentos de soledad y asombro* (1989, cuentos).

Cecilia Beuchat (* 1947). *Psicoanálisis y Argentina en una novela de Ernesto Sábato* (1970, ensayo), *La literatura infantil como fuente de desarrollo del lenguaje oral y escrito* (1985, ensayo), *Cuentos con algo de mermelada* (1987, cuentos), seleccionado en 1988 por la Biblioteca Internacional de München; *El lobo y el zorro y otros cuentos* (1990, cuentos), en colaboración con Mabel Condemarín; *Cuentos con olor a fruta* (1990, cuentos), seleccionado en 1990 por la Biblioteca Internacional de München e incluido en el Catálogo *Children's Book of International Interest*, de la Feria del Libro de Bologna, Italia; *Caracol, caracol, saca tu librito al sol* (1991, antología), en colaboración con Mabel Condemarín; *Las cuatro estaciones* (1993, antología), *Cuentos con maravilla* (1993, cuentos), *Cuentos de perros, gatos y canarios* (1993, cuentos) y, nuevamente en colaboración con Mabel Condemarín, *Trompitas* (1993, cuentos).

Ana María del Río (* 1948). Véase documentación al fin de este volumen.

Diamela Eltit (* 1949). *Lumpérica* (1983, novela), *Por la patria* (1986, novela), *El cuarto mundo* (1988, novela), *El padre mío* (1989, novela), *Vaca sagrada* (1991, novela) y *Los pecados capitales* (1993, cuentos), en colaboración con otros seis narradores.

Luis Sepúlveda (* 1949). *Crónicas de Pedro Nadie* (1969, cuentos), Premio Casa de las Américas; *Los miedos, las vidas, las muertes y otras alucinaciones* (1986, cuentos), *Cuaderno de viaje* (1987, crónicas), *Un viejo que leía novelas de amor* (1989, novela) y *Mundo del fin del mundo* (1992, novela).

Jorge Marchant (* 1950). *La Beatriz Ovalle* (1977, novela), *Gabriela* (1981, teatro), *La noche nunca ha gestado al día* (1982, novela) y *Como tú me quieras* (1984, teatro).

Roberto Rivera (* 1950). *La pradera ortopédica* (1985, cuentos).

El autor de la ponencia ha tomado gran parte de los datos aquí consignados sobre los autores, parcial o totalmente, del libro *Historia de la literatura chilena*, de Maximino Fernández Fraile.

Anexo N° 2

Distintos criterios para enmarcar una generación propuestos por:

Maximino Fernández Fraile, *Historia de la literatura chilena: generación de 1972 o generación del 70, o promoción emergente*. Escritores nacidos entre 1935 y 1949. Período de gestación 1965 a 1979. Cita a los siguientes escritores como pertenecientes a esta generación: Allende, Isabel; Balcells, Jacqueline; Basualto, Alejandra; Beuchat, Cecilia; Couve, Adolfo; Délano, Poli; Del Río, Ana María; Dorfman, Ariel; Eltit, Diamela; Guiraldes, Ana María; Huneeus, Cristián; Jerez, Fernando; Morand, Carlos; Rosasco, José Luis; Sepúlveda, Luis; Skármeta, Antonio; Wacquez, Mauricio.

José Promis, *La novela chilena del último siglo*. Escritores nacidos entre 1935 y 1950. Cita a algunos de los integrantes de este grupo: Allende, Isabel; Délano Poli; Dorfman, Ariel; Gallardo, Andrés; Guerra, Lucía; Huneeus, Cristián; Jerez, Fernando; Manns, Patricio; Palazuelos, Juan Agustín; Rivas, Francisco; Skármeta, Antonio; Villegas, Juan; Wacquez, Mauricio.

Salvattori Coppola, *La novela chilena fuera del lugar*. Generación del 70 (también quiere llamarla generación del 68). Cita a algunos integrantes, sin importarle la fecha de nacimiento de los autores: Acuña, Luis Alberto; Coppola, Salvattori; Délano, Poli; Jerez, Fernando; Miranda Sallorenzo, Manuel; Pinochet, Héctor; Skármeta, Antonio; Valdés, Hernán; Wacquez, Mauricio.

Carlos Olivárez, Antología *Los veteranos del 70*. Reúne a los siguientes narradores, sin importarle la edad de los autores: Avaria, Antonio; Baeza, Roberto; Délano, Poli; Domínguez, Luis; Dorfman, Ariel; Echeverría, Eugenia; Eytel, Guido; Huneeus, Cristián; Jerez, Fernando; Manns, Patricio; Malbrán, Ernesto; Meckled, Salomón; Olivárez, Carlos; Quijada, Rodrigo; Rosasco, José Luis; Rivas, Ramiro; Skármeta, Antonio; Teillier, Iván; Urbina, José Leandro; Wacquez, Mauricio.

Ramiro Rivas, La novísima generación o generación del 70. (En: *Pluma y Pincel*, N° 14). Se ocupa de los siguientes autores: Avaria, Antonio; Castellano Girón, Hernán; Couve, Adolfo; Chaigneau, Raimundo; Délano, Poli; Domínguez, Luis; Dorfman, Ariel; Echeverría, Eugenia; Eytel, Guido; Gutiérrez, Alejandra; Jerez, Fernando; Lavín Cerda, Hernán; Malbrán, Ernesto; Meckled, Salomón; Miranda Sallorenzo, Manuel; Morand, Carlos; Olivárez, Carlos; Ossa, Carlos; Palazuelos, Juan Agustín; Quijada, Rodrigo; Rivas, Ramiro; Rosasco, José Luis; Santander, Carlos; Skármeta, Antonio; Torres, Víctor; Wacquez, Mauricio.

Memoria y exilio: Poli Délano y Antonio Skármeta[*]

Bella Jozef

> Algún día en las historias de la literatura latinoamericana
> habrá un capítulo que será el de la literatura del exilio
> Julio Cortázar, *La condición del exilio*

> del aire al aire, como una red vacía
> Pablo Neruda, *Alturas de Macchu Picchu*

Palabras preliminares

Como en una pantalla, recuerdo a algunos amigos chilenos: a Gabriela Mistral, que yo visitaba con frecuencia en Petrópolis, donde vivió por cinco años como Cónsul General de Chile y donde le alcanzó la noticia del Premio Nobel. Quien conoció a Gabriela jamás puede olvidar la dulce expresión de su sonrisa, con un dejo de tristeza y el acento afirmativo de su voz templada por la suavidad chilena. A la universalidad de sus obras debemos una ampliación del espacio poético latinoamericano. A Marta Brunet, leída con fervor en aquellos años y quien me invitó a Concepción. También recuerdo los encuentros con Pablo Neruda. Su lenta y pausada voz aún resuena en mis oídos. Él supo recobrar el pasado, incrustándolo en el presente: le debemos, según otro amigo, Jorge Edwards, "algunos de los mejores poemas de este siglo". A Nicanor Parra, Premio Internacional Juan Rulfo, cuando fui uno de los miembros del primer jurado (1991). A Gonzalo Rojas, a quien me tocó presentar en su ingreso como Miembro Honorario del Pen Club del Brasil, "la poesía es la realidad detrás de la realidad". A José Donoso, cuestionador de los códigos tradicionales del arte, constructor de un universo propio que se disuelve en la nada primordial. A Nelson Osorio, el ensayista y crítico, a quien conocí desde su exilio caraqueño y quien me invitó a coordinar la parte brasileña del DELAL. A Lucía Guerra-Cunningham. Todos me acompañan en estas páginas y en este momento.

La generación del 60

Con la antología *Cuentistas de la Universidad* (1959), Armando Cassígoli, en aquel entonces director de la revista de la Sociedad de Escritores Chilenos, da a conocer la "novísima generación de narradores" (como la llamara José Donoso).

[*] Agradezco a Poli Délano por el envío de varios ensayos acerca de su obra, que mucho me ayudaron en la elaboración de esta comunicación. A Antonio Skármeta, de quien traduje *El poeta y el cartero* (obra puesta a la escena durante todo el año de 1997 en Brasil, con gran éxito de público), por su amistad y el intercambio constante de cartas y de libros.

Esta promoción —llamada "la generación del 60"—, además de la proximidad de edades, está unida por su militancia política en el gobierno de la Unidad Popular. Tras el golpe de Estado que derrocó al presidente constitucional Salvador Allende e instauró en el país la dictadura de Pinochet, una gran mayoría tuvo que asumir la infinita tristeza del exilio —como bien la definen Poli Délano y Antonio Skármeta— cuyas obras se radican en un tiempo específico del punto de vista político y sociocultural.

En aquellos años,

> a diferencia de la generación anterior, se pretende fundar un discurso narrativo originado en el deseo de colocar la literatura al servicio de la representación de una épica cotidiana donde reaparece la confianza en las capacidades individuales y colectivas para instalarse triunfalmente en el mundo y construir una sociedad mejor (Promis 1994, 925).

Poli Délano y Antonio Skármeta empiezan a escribir basándose en el canon de la representación realista de lo real, con criterios veristas característicos de la ficción decimonónica, cuya vocación sigue la tradición clásica de la novela chilena. "Es cierto", —afirma Poli Délano— que

> mis primeros cuentos son deliberadamente realistas, en el sentido de entregar al lector demasiados detalles sobre las cosas, de ofrecer demasiadas explicaciones y de atenerse exageradamente a lo tangible, pero el término 'realismo' suena hoy demasiado amplio y, por lo tanto, ambiguo (en: Burgos/Fenwick 1994, 207).

Al reconstruir, no apenas la realidad de todos los días, sino la duplicación del mundo de la superficie, ellos transforman su universo interior en espacios donde circulan los seres de su invención. Copia fiel de los registros de la oralidad, la palabra engendra la "ilusión referencial" y el lenguaje pertenece a cierto coloquialismo. Poli Délano (cuyo verdadero nombre es Enrique Délano Falcón) nació en Madrid (22.04.1936) pero su estancia en esta ciudad fue breve. Santiago y Ciudad de México fueron los escenarios de su infancia. Por ser hijo de chilenos, considera como suya la patria andina. Su interés por la literatura llega, primero, por la influencia de su padre, Luis Enrique Délano, narrador y ensayista y, más tarde, por la lectura de los clásicos y de los novelistas norteamericanos Dos Passos, Faulkner y Hemingway. En 1960 recibe el Premio Municipal de Cuentos por *Gente solitaria*. Vivió en México de 1974 a 1994, donde dirigió talleres de literatura en Cuernavaca y en la capital.

"La vida está llena de historias" ha dicho Poli Délano. Y él se puso a tomarlas al vuelo desde muy joven.

> No sólo escribo cuando estoy sentado frente a un cuaderno y una pluma. Escribo todo el condenado tiempo: cuando converso con alguien, cuando viajo en el autobús, cuando miro a una muchacha caderear

calle arriba, cuando escucho a Piazzolla, siempre. Escribir es prácticamente una forma de vida [...] Por último, creo que escribir, con el tiempo, se ha ido convirtiendo en la mejor manera de pensar, de sacar alguna mínima reflexión acerca de este creciente caos misterioso que es vivir (en: Calderón 1985, 5).

Al enfrentar críticamente los valores sociales, exponiendo la falsedad, el cuidado de las apariencias, considera que "la literatura es una herramienta de las muchas que trabajan incansablemente y de muchas formas por cambiar la sociedad" (ibíd., 11). Le resulta ser "más fácil inventar historias sobre algo vivido, sobre algún personaje que conocí o alguna situación que me contaron e incluso escribir indirectamente sobre los sucesos de mi propia vida" (Guerra-Cunningham 1984, 29).

Cuando Antonio Skármeta (1940) salió de Chile, después del golpe militar de 1973, su prestigio de narrador estaba consolidado. Ya era autor de tres libros de cuentos en los que algunas directrices futuras están sugeridas. Desde su primera obra *El entusiasmo* (1967) *a Desnudo en el tejado* (1969, Premio Casa de las Américas) y *Tiro libre* (1973), los jóvenes protagonistas que derrochan energías y las ansias de vivir son los mismos y son distintos. Los mismos: como Arturo que en la novela *Soñé que la nieve ardía* (1975) llega a Santiago convencido de que conquistará la ciudad mediante el triunfo en el fútbol y con las mujeres. Diferentes: como algunos personajes de los cuentos de *Tiro libre,* porque trascienden la problemática personal para entregarse enteramente a una lucha colectiva que acoge las tensiones de la sociedad chilena de los últimos meses del gobierno de la Unidad Popular. Esta transformación en los intereses de los personajes se debe a un cambio en el contexto que afecta sus propias existencias[1].

Memoria y exilio

Quien llega al conocimiento, también
Llega al recuerdo, paulatinamente
Conocimiento y recuerdo son una sola y misma cosa
Gustav Meyrink

Yo viajo con nuestro territorio y siguen viviendo conmigo,
allá lejos, las esencias longitudinales de mi patria
Pablo Neruda

El tema del exilio es universal: remonta a los lamentos de Ovidio y pasa por Dante Alighieri, Chopin y Victor Hugo, para sólo citar algunos. Ha sido una constante en la literatura de varios países de América Latina. Son incontables los intelec-

---

[1] Una perspectiva interesante acerca de la generación del 60 ha sido formulada por Antonio Skármeta en varios textos. Nos referimos especialmente a Skármeta 1981, de donde sacamos varios datos para esta comunicación.

tuales que tuvieron que dejar sus países en busca de libertad. Juan José Saer afirma, por su parte, que

en la Argentina, el exilio de los hombres de letras, más que la resultante esporádica de un conflicto de personas aisladas con su circunstancia histórica, es casi una tradición. Toda la literatura argentina del siglo XIX ha sido escrita por exiliados[2].

Julio Cortázar afirmó que el exilio domina actualmente la escena de la literatura latinoamericana, como hecho real y tema literario (1980, 113). Augusto Monterroso dijo una vez: "No hay exilio en singular. Es una experiencia múltiple". Un personaje de Roa Bastos declaró: "El exilio, efectivamente, es la peor de las enfermedades que pueden atacar a un ser humano" (Roa Bastos 1993, 18). En una entrevista dada a Karl Kohut el mismo autor afirmó que "un exiliado es siempre un castigado [...]. [El destierro] es uno de los castigos más duros, porque es cortarle de su raíz esencial al ser humano" (Kohut 1983, 238). Pero añadió: "Tiene la ventaja de que da [...] al artista [...] una cierta perspectiva con respecto a su realidad", reconociendo que

la perspectiva del alejamiento permite descubrir ciertos aspectos, ciertas caras de una realidad física o espiritual. Esto es lo que podríamos contar en la parte positiva del exilio, si uno lo toma también con sentido positivo (ibíd., 239).

No se aleja mucho de la posición de Vargas Llosa quien, después de afirmar que

en el caso de la literatura peruana, es posible enumerar una larga e ilustre serie de libros que describen el rostro y el alma del Perú con fidelidad y con belleza, y que fueron escritos por hombres que llevaban años de destierro (Vargas Llosa 1968, 60).

Cita a algunos nombres de la literatura hispanoamericana: al Inca Garcilaso y a Vallejo, a Sarmiento y a Blest Gana, a Asturias y a Cortázar, llama la atención al hecho de que "la evasión o el arraigo de una obra, como su perfección o imperfección, no tienen nada que ver con el domicilio geográfico de su autor" (ibíd.). Podemos añadir que, al reformularse como hombres y como artistas, la identidad se abre a la diferencia.

Las experiencias del exilio, recreadas artísticamente, conformaron la expresión de varios países del Cono Sur: la generación de Mayo en Argentina, la de Benedetti en el Uruguay, la de Augusto Roa Bastos, en Paraguay, y la de Gonzalo Rojas, Poli Délano y Antonio Skármeta en Chile. El evento particular deviene experiencia colectiva. "El exilio", dice Poli Délano, "produce impotencia, genera ra-

---

[2] Saer 1981, 420. Saer cita los ejemplos de Sarmiento y Hernández para afirmar que "en Argentina, la situación del escritor y en general del intelectual, es incierta y problemática".

bia, estimula el remordimiento y hace de algún modo vivir a medias, con la maleta hecha, dispuesto siempre a partir, pero también da fuerzas".

La salida forzada de la comunidad de origen, provoca el testimonio ficcionalizado y una visión retrospectiva activada por la memoria y la imaginación. Por una paradoja, lo que está lejos insiste en mantenerse cercano y el pasado insiste en hacerse presente. Al reflejar una imagen de la realidad del país natal, sin tomar distancia ante el hecho histórico, el exilio hace perder la conexión con el ámbito originario. Es lo que se añade a un mundo personal —memoria en el pasado y desarraigo en el presente— cuando el espacio se ve limitado y la memoria de un tiempo ausente vuelve la realidad imposible. Aunque la memoria se recuse a deformar el pasado, el proceso rememorativo no implica siempre en la distorsión de los hechos y objetos recordados: los narradores buscan la verdad histórica, sin máscaras, pues tener conciencia del tiempo es ya una forma de exilio.

El proceso histórico del exilio aparece como experiencia excluyente, marginadora. Margina de un medio familiar, hace de su víctima un extranjero, un ser ajeno, que no pertenece al mundo en que le toca estar (Castillo de Berchenko 1989, 43). "Obligado o voluntario —dice Benedetti— el exilio representa siempre una exclusión. Y el exiliado político sabe que tras sí, sólo queda un muro inaccesible". El exilio trae como condición *sine qua non* la pérdida de identidad, pues el exiliado no tiene raíces en ninguna parte. Vive entre un pasado que no ve y un futuro que no llega. Por otro lado, hay un intento de regresar a la normalidad, el deseo de alcanzar una libertad individual hasta entonces prohibida.

La expulsión forzada de un individuo de su comunidad originaria y sus consecuencias a nivel personal y comunitario, constituye la temática de las obras de Poli Délano, Antonio Skármeta, Fernando Alegría, Isabel Allende, entre otros. El exilio exacerba la importancia de cada opción, pues inventa, refuerza o agravia caminos demasiado numerosos. En el lugar de origen la familia, el paisaje, las costumbres pueden atenuar la gravedad de cada decisión, de cada palabra, pero en el exilio nada puede ser neutro y las mínimas cosas son la zarza ardiente en la que el hombre se consume, alimentado por el recuerdo de un atardecer, una calle que cruzó, un libro leído en un parque.

La memoria acompaña al exilio: el pasado es reevaluado en otra dimensión. La realidad nacional, lo que se dejó atrás, ocupa un sitio importante y a veces central en la obra de muchos autores exiliados. "El exilio es, en esencia, ausencia" (Kohut 1983, 32). La memoria, según Octavio Paz, "es un presente que no termina nunca de pasar" (Paz 1970). La memoria enriquece el presente con la integración del pasado. De esta forma, el presente y el pasado se entrecruzan, se contaminan, se funden. A través de esa relectura, el pasado se vuelve presente.

Sin embargo, la fatalidad de no vivir en el país de uno, desde el punto de vista de la creación, a veces es positiva porque puede dar una visión más completa y objetiva de aquella realidad. Y el exilio puede proporcionar, debido al distanciamiento en relación a la realidad de su país, una perspectiva más libre (cf. Kohut 1983, 34).

En relación al binomio memoria/exilio, consideraremos dos aspectos en la obra de Poli Délano y Antonio Skármeta:

1) La memoria poético-existencial en la problemática del hombre y su existencia, cargada de pesimismo, como los dos chilenos exiliados de *Piano-bar de solitarios*:

> ¿Pero qué buscaban más allá del piano y más allá del canto? Tal vez solamente capear un poco la soledad […] hacerle el quite tal vez a lo más cotidiano de la Vida o también, quién sabe, a la soledad, esa especie de fantasma que todos hemos sentido rondar, tenido al lado, y que se escabulle de las definiciones […] (Délano 1983, 8).

Javier, el pianista decide abandonar la música y opta por volcar en la historia todo lo que ha sorbido de las noches enhebrando con su historia personal la historia de cada uno de los demás, se introduce por las soledades cambiándolo todo en palabras, "otro tipo mágico de notas", para testimoniar.

Los personajes son considerados "parias sin destino" (Délano 1981b, 69), perseguidos por un exilio que cambió el rumbo de sus vidas. A veces, una autocrítica zumbona, en narración indirecta en primera persona, un narrador semi-ebrio va organizando su relato, autoasignándose el papel de protagonista, burlándose de lo que el lector pueda prever (Délano 1996a).

En *La misma esquina del mundo*: la multiplicidad de voces y la fragmentación del tiempo y del espacio muestran una situación a través de distintas perspectivas. El aquí y ahora en contraste con el ayer/allá, la utopía perdida. Los recuerdos acechan, perseguidos por un exilio que ha variado los rumbos de los personajes al despojarlos de lo suyo, les ha traído la vivencia del desarraigo, buscando algo que parece perdido: "Tú y yo somos idénticos, venimos del mismo lugar, lo perdimos y lo añoramos por igual" (Délano 1981a, 73).

La temporalidad es también un componente esencial del sujeto protagonista. La novela, según Lukács, es la única forma que incluye el tiempo entre sus principios constitutivos (Benjamin 1985, 212).

2) La memoria sociopolítica colectiva y el golpe militar de 1973 reorientan el proyecto literario. Pasa a existir un antes y un después. En *Soñé que la nieve ardía,* con una prosa arrebatada y sensual, el narrador muestra el sueño de solidaridad terminado abruptamente, contando la realidad política en el Chile de la Unidad Popular.

Cuando una cultura alcanza la madurez, ella pasa a tener memoria. El saber del conocimiento integra al hombre al universo. Ciertos períodos históricos tienden a perfeccionar y ampliar esa memoria y otros a destruirla. En la Revolución Francesa, por ejemplo, el conjunto es bien conocido pero lo que cambia es la visión del historiador que la interpreta en función de su experiencia, de su tiempo.

Los antiguos nos enseñan que los muertos son aquéllos que perdieron la memoria. No por casualidad los griegos eligieron uno de los sentidos para describir la acción de retomar el recuerdo: beber el agua fresca del lago de Mnemosine.

El memorialismo es una de las vertientes de la narrativa contemporánea, construida a partir del deseo de conocer o de reconocerse, explicar, denunciar, justificar o de resistir. La memoria se revela como fuente de nuevos significados que descubre y relaciona para explicar y conseguir entender el sentido de acontecimientos pasados. De este modo, los hallazgos del presente pasan a componer una nueva estructura para organizar lo que pasó. La memoria quita el pasado de los laberintos del olvido traduciendo el silencio de un mundo filtrado por el tiempo.

Los libros de memorias y las autobiografías no nutren solamente la producción ficcional sino constituyen espléndido material para establecerse una más adecuada radiografía del contexto sociocultural de una época.

Según Bergson, en la memoria todo se conserva y dura en estado virtual. La lectura de los textos de Freud permitió, por primera vez, dentro de nuestra tradición intelectual, la percepción de que la fuente fundamental de toda reflexión es la memoria. Podríamos ampliar este concepto diciendo que ella es la fuente de la ficción y de la historia.

El primer tiempo de la memorización es el registro, el almacenamiento, la conservación a modo de una escritura. El segundo tiempo es el recuerdo de lo que está guardado. Las condiciones del presente marcan igualmente el recuerdo como las del pasado que ha sido memorizado. Podemos, así, afirmar que la cultura es una memoria no hereditaria expresada en un sistema determinado de prohibiciones y prescripciones.

La memoria, entretejida con los hilos de la fantasía, es retomada por el arte para dar un sentido a la existencia y ayudar al ser humano a situarse y participar. La memoria puede corregir y acomodar el pasado en función del presente.

Podemos decir que toda ficción es recuerdo. Cada escritor cuenta lo que sucedió o imagina que sucedió. En esta condición se privilegia alguien que recuerda, manipula y embellece el pasado y hasta lo reescribe.

El sujeto se constituye en función de una específica articulación de su pasado, en general prohibido por algún proceso de recalque o represión. La memoria surge, entonces, como fantasmatización, ficcionalización del pasado. La relación que el sujeto de la modernidad mantenía con el tiempo era permeada, apunta Fredric Jameson, por "misterios elegíacos de la durée y de la memoria" (Jameson 1985, 16).

El sujeto se encontraba en medio a un *continuum* temporal y la memoria se constituía en instancia organizada y conferidora de identidad. Por oposición a esto, la memoria posmoderna se revela como la producción de un texto acerca del pasado. Eso presupone, como muestra Jameson, "el rechazo del modelo freudiano de latente y manifiesto, o de represión". Desaparece la cuestión de la fidelidad del recuerdo al hecho vivido, en la medida en que éste surge como irrecuperable.

Una vez que la memoria no construye más una identidad, el pasado puede ser reinventado como ficción del sujeto. Este ya no es, como en la modernidad, un "ego cogito" (Husserl) o un existente en busca de una esencia (Sartre). Se trata ahora de un ser de papel, como sugiere Barthes: "quizás entonces vuelva el sujeto, no como ilusión sino como ficción" (Barthes 1973, 80).

La novela existencialista de los años 50 presuponía modelos de profundidad en la investigación acerca del sujeto, la escritura y la memoria. No más el paradigma como esencia/apariencia o latente/manifiesto. Se abandona la temática del ser humano —portador de atributos o esencias— en favor del sujeto: un lugar estructural en la frase.

Dentro de ese proceso de ficcionalización de la memoria, el tiempo surge como arbitrariamente montable y remontable, números que no cargan en sí ninguna substancia: esa pérdida de profundidad del tiempo es la propia "depthlessness" que Jameson asegura como típica de la temporalidad postmoderna.

Se tiene la costumbre de distinguir entre memoria colectiva e histórica: la primera representa la preservación de un acervo de tradiciones que, echando raíces en el pasado, permanece viva en el presente de una comunidad mientras la historia, perteneciendo enteramente al pasado, estaría alejada del presente por el transcurrir del tiempo. La memoria colectiva constituiría, así, toda la herencia actuante del pasado y en ella se incluiría también el legado histórico (Halbwachs 1968, 80).

La memoria es un elemento esencial de lo que se acostumbra llamar *identidad,* individual o colectiva, cuya búsqueda es una de las actividades fundamentales de los individuos y de las sociedades de hoy (Le Goff 1994, 476).

Toda memoria implica una evaluación del pasado, de los hechos y de las cosas, de las sensaciones. No raramente, lo poético irrumpe en el tejido de los recuerdos. Acordarse como una especie de recapitulación y deseo de desembarazarse, a veces, de cosas que inspiran miedo u obsesión angustiante.

Poli Délano y Antonio Skármeta, al escapar hacia el exilio ya estaban maduros para la literatura, lo que no les impidió regresar a su país con un soplo de renovación en sus procedimientos estéticos. Poli Délano, por ejemplo, cambió la influencia de Hemingway por la de Charles Bukowski. Sus personajes, gentes solitarias que se buscan en los otros, acosados por la nostalgia y el recuerdo, se hacen cargo de la herencia del país de origen al mismo tiempo que se insertan en nuevas ciudades (México o Berlín).

Algunos críticos dividen la ficción de Poli Délano en dos etapas: la visión retrospectiva sostiene el primer momento, en un segundo está la reintegración, la adaptación a una nueva realidad. En los últimos años, la temática del escritor se ha amplificado y sus personajes, poniendo a prueba su caudal de energías, sus enlaces con el mundo, se aferran a "un dulce recuerdo" causado por el exilio. Poli Délano domina la técnica del género cuentístico y afirmó:

> Entiendo que el cuento debe ser entretenido, pero no debe quedarse sólo en eso, porque cualquiera anécdota bien narrada puede entretener... Pero gana en dimensión cuando la anécdota misma es superada o una verdad que toque la condición humana, o también, cuando se esté reflejando una realidad que vaya más allá de los personajes, que no deben ser individuos aislados, sino que detrás de ellos haya una conformación dirigida hacia el sector social (en: Bolaño 1976, 22ss.).

Sabe crear atmósferas, pequeños climas en que el yo aparece expuesto, más que a fuerzas exteriores, a profundas y perturbadoras fuerzas internas. Historias que nacen de un delirio y en donde lo concreto y lo abstracto pierden sus contornos para producir una alucinada sensación de ambigüedad. En lucha contra las máscaras sociales, penetra en zonas del inconsciente y construye un universo ficcional de intimidad e impresiones yuxtapuestas. Sus personajes son espectros encarnados por medio del lenguaje que han debido soportar el peso de la historia: olvidos de autodefensa, memorias a veces autodestructivas, vida y desencanto, encuentros y lejanías, pasiones transfiguradas en el recuerdo, lo que estuvo a punto de ocurrir y no ocurrió: la estética del deseo jamás consumado.

En varios cuentos, el nudo de la tensión argumental se resuelve, fácticamente, mediante alguna información significativa que tiene la virtud de funcionar como una especie de luz que alumbra todo el texto en diferentes direcciones.

En ciertas obras de Skármeta todo se da a través de la visión de los niños que desean saber de dónde son. En *No pasó nada* (1980), desde la perspectiva de Lucho, un adolescente de 14 años, exiliado en Berlín con sus padres y un hermano menor, después del golpe militar que derrumbó el gobierno de Salvador Allende, conocemos los hechos vividos por los personajes, a través de una voz central que les cede la palabra. El narrador, fiel al vocabulario del protagonista, se impone limitaciones técnicas al lenguaje, armoniosamente resueltas, sin perder el poder expresivo. El joven elabora reglas propias para su vivir, al mismo tiempo en que analiza las opciones del exilio e intenta adaptarse a la nueva vida. Participa del aprendizaje vital e inserción en el mundo social a través del rito de iniciación, el yo "estremecido por el inmenso e inexplicable hecho animal de existir". Las memorias del pasado chileno —el de la tradición referida con nostalgia— y los problemas y desafíos que le ofrece el presente lo ayudan a construir la existencia de un chileno en el exilio para crear códigos propios: un proyecto de continuación de la historia que empezó del otro lado de la Cordillera y del añadimiento de nuevos parámetros. Pero antes la vida le va a enseñar a madurar. El conocimiento del mundo a lo largo de los ritos de pasaje tendrá mediadores: el amor y la amistad, la primera novia y la relación con los demás. Compara los espacios de la casa (el de la contención y de transición) y los de la calle (de violencia e integración) haciendo de un dominio el prolongamiento de otro, en busca de la complementariedad perdida.

Intentando crear una poética libre, que hace surgir "los valores más secretos e insinuantes de las palabras", buscó renovar el lenguaje de la ficción tradicional promoviendo la utilización, por parte de los diferentes personajes, del lenguaje en relación a su actividad, clase o edad, de forma seria o cómica, utilizando incluso de la jerga como base para una exploración poética.

Comentarios radiofónicos que reproducen un modo característico de contar, donde abundan juegos de palabras, exageraciones, lugares-comunes, que no ocultan también el placer del narrador por el vocabulario exótico. Sus héroes dejan de reclutarse en la excepcionalidad para transformarse en los caminantes de la ciudad. Los inserta en el espacio urbano, lugar de tensiones y conflictos. Asimismo incorpora el influjo de los medios masivos de comunicación. El cine, la radio o la televisión son formadores de imágenes y ayudan a crear aspiraciones y a determinar visiones que los personajes se hacen de ellos mismos y de sus vidas.

En varios cuentos, al lado de los procedimientos tradicionales de la narrativa, predomina cierto experimentalismo y podemos observar un elaborado nivel formal, un hábil manejo de los diálogos y de la atmósfera, en que muchos ven el influjo de Hemingway y William Saroyan.

Dedicado al cine en Alemania Federal, en la segunda etapa de su producción, Skármeta no dejó de llamar la atención sobre la situación de sus compatriotas dentro y fuera de Chile y propuso como tema central la problemática del exiliado. Se alejó de las preocupaciones que caracterizaron gran parte de su obra hasta entonces: las escenas de una adolescencia difícil, la vida familiar de la clase media chilena y sus propias experiencias en los Estados Unidos en la década del 60. Además de narrador, guionista y traductor, Skármeta se ha empeñado en dilucidar las características de la literatura chilena y, especialmente, el contexto de su generación, los temas predilectos, sus lecturas y la prosa alimentada a través de la literatura norteamericana, "y del trato intensivo con la cotidianidad", como fuente autoabastecedora de vida e inspiración y "la aceptación de la cotidianidad como punto de arranque para la fantasía" (Skármeta 1981, 56). Y añade: "Bajo la presión de Vicente Huidobro, López Velarde, César Vallejo, Borges y Neruda se instaura en la narración una lengua autónoma, poética, libre, absolutamente específica de la literatura" (ibíd., 55), enfatizando que el punto de arranque de esta literatura es la urbe latinoamericana.

Antonio Skármeta fundamentó su poética en varios ensayos donde se refiere a su propia literatura, a las relaciones con la tradición y con el contexto generacional. En sus creaciones, la realidad integra lo cotidiano junto al sueño, la imaginación, la fantasía y la magia, desacralizando los cánones establecidos. Sin aceptar el rostro convencional de la realidad, la despoja de sus máscaras, (re)crea situaciones vividas (o que podrían serlo), a las que se une, en sus inicios, cierto pesimismo existencial. En ciertas obras, intenta un discurso experimental para transmitir la materia literaria en imágenes de efecto visual.

Consciente de las pérdidas que significa el exilio, donde fueron escritos gran parte de sus libros, llama la atención contra las falsas ilusiones:

> El consuelo de la sobrevivencia en la emigración no puede mitigar la amputación que significa arrancarse de la patria como temperatura e identidad cultural. Lejos de dejarse engañar por los brillos del cosmopolitismo, la abrupta condición del destierro muestra al autor como está enredado con su pueblo y como éste es el destinatario natural de su obra (ibíd., 63).

No por casualidad el diálogo del poeta Pablo Neruda, en *Ardiente paciencia* (que recibió en la película el nombre de *El poeta y el cartero*) se establece con el cartero por que éste simboliza la intermediación entre la patria y el exilio, al cual trae la palabra y la lengua. Skármeta, por haberse refugiado en Berlín, no tenía a mano su lenguaje. Tuvo que hacerlo funcionar de otro modo, dedicándose a la invención de un lenguaje latinoamericano propio. En su obra de teatro del mismo nombre, el tema principal es el lenguaje —la metáfora— que el poeta Neruda le enseña a su joven discípulo. Así, le transmite la materia literaria en imágenes que funcionan como literatura.

El testimonio posee larga tradición y ocupa lugar sobresaliente en América Hispánica. Nació, muchas veces, de la necesidad de presentar el lado escondido de la Historia, la de los dominados en oposición a los dominadores. Poli Délano y Antonio Skármeta con un nuevo modelo de creación ficcional, intentan reconstituir el mundo del exiliado, para testimoniar. Ambos narran el trauma de una generación que vivió la destrucción brutal de sus sueños colectivos y toman posición delante de la realidad, en diálogo con la coyuntura histórica del pueblo chileno, evitando el sentimentalismo exagerado y los esquemas convencionales de la ficción. Hacen, como testigos, una relectura de la Historia, por un ejercicio de nostalgia para recuperar, por la escritura, un pasado que no desean borrar de la memoria. Rescatan la Historia, como una forma de exorcismo, para contar a la posteridad los dolores y tristezas de miles de desterrados y desaparecidos tragados por una violenta dictadura militar. Al revisar críticamente la cultura nacional, indican la inexactitud de las versiones oficiales, resucitan los muertos y reconstruyen un mundo perdido. Con la imaginación hecha memoria, esa memoria donde crece la historia, que a su vez la alimenta, buscan salvar el pasado para servir al presente y al futuro. Por la confluencia de tiempo y espacio, una realidad se hace presencia a través del recuerdo aprisionado.

En este marco se nos ofrece la relectura de Chile y su proceso histórico específico, espacio heterogéneo en constante redefinición. Se observa en ambos autores el deseo de recoger el modo esencial de ser chileno, arraigados en la realidad chilena para mantener la propia identidad.

Tomar conciencia del pasado es atributo humano que confiere amplias perspectivas. El conocimiento de esas obras se reviste de fundamental importancia para la comprensión de una época y de sus participantes que asumieron su historia para construir y comprender el mundo en un momento determinado, descubrirlo y encontrar en él su lugar. El mensaje que nos transmiten es que a pesar de la derrota del exilio, la esperanza sigue.

Dice un proverbio chino: "Piensa en tu pasado y sabrás tu futuro".

Bibliografía

Alegría, Fernando. 1981. One true sentence. En: *Review* (New York) 30, 21-23.

Barthes, Roland. 1973. *Le plaisir du texte*. Paris: Seuil.

Benjamin, Walter. 1985. *Obras escolhidas* 1. São Paulo: Editora Brasiliense.

Bergson, Henri. 1957. *Memoria y vida*. Textos escogidos por Gilles Deleuze. Madrid: Alianza Editorial.

Bolaño, Roberto. 1976. Dos lagartos ante una botella (entrevista a Poli Délano). En: *Plural* (México) 63, 22-27.

Bumas, Ethan Shaskan. 1996. Metaphor's Exile: the Poets and Postmen of Antonio Skármeta. En: Bella Jozef (ed.). *Literatura chilena: tradição e renovação*. Rio de Janeiro: Seminario Permanente de Estudos Hispano-Americanos, Faculdade de Letras da UFRJ, 158-172.

Burgos, Fernando. 1991. Poli Délano. En: *Antología del cuento hispanoamericano*. México: Editorial Porrúa, 625s.

—; M.J. Fenwick. 1994. En la calle: entrevista al escritor Poli Délano. En: *Confluencia. Revista hispánica de cultura y literatura* (Memphis: University of Northern Colorado) 9, 2, 131-142.

Cabrera Leyva, Orlando. 1973. *Boom* chileno remeció a Cuba. En: *La Nación Dominical* (Santiago de Chile), 11.03., 8-12.

Calderón, Alfonso. 1985. Poli Délano, una demarcación territorial. En: Prólogo a *25 años y algo más* (cuentos). Santiago: Alfa Contemporánea, 5-15.

Cassígoli, Armando. 1959. *Cuentistas de la Universidad*. Santiago de Chile: Sociedad de Escritores Chilenos.

Castillo de Berchenko, Adriana. 1989. *Individuo y marginalidad en el cuento latinoamericano del Cono Sur*. Perpignan: CRILAUP, Université de Perpignan.

Cortázar, Julio. 1980. Amérique Latine: exil et littérature. En: Jacques Leenhardt (ed.). *Littérature latino-américaine d'aujourd'hui*. Paris: Centre Culturel International de Cérisy-La-Salle, 113-123.

—. 1981a. La condición del exilio. En: *Cambio 16*, 489 (13.04.), 100s.

—. 1981b. The fellowship of exile. En: *Review* (New York) 30, 14-16.

Cymerman, Claude. 1993. La literatura hispanoamericana y el exilio. En: *Revista Iberoamericana* 164-165, 523-550.

Délano, Poli. 1981a. *La misma esquina del mundo*. México: Premia Editora de Libros.

—. 1981b. La suerte entre gitanos. En: *Hispamérica* (Gaithersburg) 10, 28, 65-69.

—. 1983. *Piano-bar de solitarios*. México: Editorial Katún.

—. 1996a. *Cuentos*. México: Fondo de Cultura Económica.

—. 1996b. Como buen chileno. En: íd. *Cuentos*. México: FCE, 97-104.

—. 1998a. *En este lugar sagrado*. México: Grijalbo.

—. 1998b. *Solo de saxo*. México: Grijalbo.

Guerra-Cunningham, Lucía. 1983. Amor, destierro, literatura. En: *Plural* (México) 137, 65s.

—.1984. Entrevista. En: *Hispamérica* (Gaithersburg) 14, 41, 29-42.

Halbwachs, Maurice. [2]1968 [1950]. *La mémoire collective*. Paris: PUF.

Jameson, Fredric. 1985. Pos-modernidade e sociedade de consumo. En: *Novos estudos da Cebrap* (Rio de Janeiro) 12, 16-26.

Jozef, Bella. 1987. Ardente paciência. En: *O Globo* (Rio de Janeiro), 15.03., 5.

—. 1996. O poeta e seu carteiro. En: *Jornal do Comércio* (Rio de Janeiro), 28.03., A-19.

—. 1998. A mais antiga história de amor. En: *Jornal do Brasil* (Rio de Janeiro), 6.06., 3.

Kohut, Karl. 1983. *Escribir en París*. Frankfurt: Vervuert/ Barcelona: Hogar del Libro.

Kozameh, Alicia. 1983. Poli Délano: Soledades y regresos. En: *Plural* (México) 144, 67.

Le Goff, Jacques. 1994. Memória. En: íd. *História e memória*. Trad. de Bernardo Leitão e Irene Ferreira. 3ª ed. São Paulo: Editora da UNICAMP, 423-483.

Lemaitre, Monique. 1991. *Skármeta, una narrativa de la liberación*. Santiago: Pehuén.

Neruda, Pablo. 1948. Alturas de Macchu Picchu. En: íd. *Himno y regreso*. Santiago de Chile: Cruz del Sur 73.

Pagni, Andrea. 1986. Antonio Skármeta, inventando a Berlín. Una entrevista. En: *Lateinamerika Studien* 22, 197-210.

Paz, Octavio. 1970. *El arco y la lira*. México: Fondo de Cultura Económica.

Promis, José. 1990. Balance de la novela en Chile. En: *Hispamérica* (Gaithersburg) 55, 16-26.

—. 1994. Programas narrativos de la novela chilena en el siglo XX. En: *Revista Iberoamericana* 168-169, 925-933.

Rama, Ángel. 1981. Founding the Latin American Literary Community. En: *Review* (New York) 30, 10-13.

Roa Bastos, Augusto. 1981.The Exiles of the Paraguayan Writer. En: *Review* (New York) 30,17-20.

—. 1993. *El fiscal.* Buenos Aires: Editorial Sudamericana.

Saer, Juan José. 1986 [1981]. Exilio y literatura. En: *Una literatura sin atributos.* Universidad Nacional del Litoral. Cuadernos de Extensión Universitaria 7, 21-24. Trad. de un artículo publicado originariamente en: *Temps modernes* (julio-agosto 1981), 420s.

Shaw, Donald L. 1994. Skármeta: contexto e ideas literarias. En: *Revista Iberoamericana* 168-169, 1051-1061.

Silva Cáceres, Raúl *et al.* (eds.). 1983. *Del cuerpo a las palabras: la narrativa de Antonio Skármeta.* Madrid: Lar.

Skármeta, Antonio. 1959. *Desnudo en el tejado.* Cuba: Casa de las Américas.

—. 1973. *Tiro libre.* México: Siglo XXI.

—. 1975. *Soñé que la nieve ardía.* Barcelona: Planeta.

—. 1979. Narrativa chilena después del golpe. En: *Casa de las Américas* (La Habana) 112, 83-94.

—. 1980a. *No pasó nada.* Barcelona: Pomaire.

—. 1980b. *Primer coloquio sobre literatura chilena.* México: UNAM.

—. 1981. Perspectiva de los novísimos. En: *Hispamérica* 10, 28, 49-64.

—. 1982. *La insurrección.* Hanover: Ediciones del Norte.

—. 1985. *Ardiente paciencia.* Hanover: Ediciones del Norte.

—. 1989. *Match Ball.* Buenos Aires: Sudamericana.

Valdivieso, Jaime. 1987. Mito y ruptura en cuatro relatos. En: íd. *Chile: un mito y su ruptura.* Concepción: Ed. Literatura Americana Reunida, 39-76.

Vargas Llosa, Mario. 1968. Literatura y exilio. En: *Boletín de la Universidad de Chile* (Santiago de Chile) 83-84, 58-61.

Transdisciplinariedad y postdictadura: la *Revista de Crítica Cultural* (1990-1998). Puesta en escena de un discurso

Andrea Pagni

1.

Fundar una *revista* es siempre hacer una apuesta de futuro y asumir un riesgo. Fundar una revista *cultural* es optar por una participación en un campo específico, el de la cultura, en ese "escenario de las mediaciones simbólico-institucionales, donde códigos e identidades disputan significaciones, valores y poderes" (Richard 1992/*RCC* 5, 6), es tomar posición dentro de ese espacio y entrar en la disputa por las significaciones, los valores y los poderes.

Fundar una revista de *crítica* cultural en 1990, al comienzo de la postdictadura chilena, era optar por una intervención que pusiera el acento en una variedad de prácticas contrahegemónicas en el campo de la cultura a través de un medio que permitiera una cierta vinculación con la red institucional, que aceptara entrar en un juego llamado democratización, pero situándose al margen de las disciplinas establecidas y de las instituciones tradicionales. La *Revista de Crítica Cultural* asume en 1990 esa localización: aceptar las reglas del juego de la transición incipiente sin renunciar sin embargo al disenso, a formular sus incómodas preguntas (cf. Richard 1989, 15), a cuestionar los límites y desordenar las disciplinas. Dirigir una revista de crítica cultural independiente en el Chile de la postdictadura implica también asumir una porción de poder, establecer alianzas, seleccionar, promover inclusiones y exclusiones, intervenir políticamente.

En todos estos sentidos, el proyecto de la *Revista* se articula sobre el deseo de una "utopía crítica"— una fórmula frecuente en los textos de Nelly Richard, que recurre a ella deliberadamente contra todos los diagnósticos postmodernos del fin de las utopías. Una utopía crítica exigiría:

> cuestionar —desde el interior de sus pliegues— el sistema de referencias que una determinada formación social y cultural impone como paradigma de legitimidad, [...] pelear lo divergente y la alternativa mediante un juego de acciones *situadas* (Richard 1990/*RCC* 2, 8).

En este sentido, la *Revista de Crítica Cultural* no se propone como espacio donde se articule una voluntad de verdad otra frente a la verdad oficial del consenso, tampoco busca reinscribirse en el marco del saber alcanzado dentro de las instituciones, sino ser plataforma para el debate de saberes localizados y coyunturales, saberes que las disciplinas tradicionales consagradas —la sociología, la teoría literaria, la semiología, el psicoanálisis, la antropología— simplemente no habían tenido en cuenta, o incluso habían marginado.

2.

El primer número aparece en mayo de 1990, al comienzo de la postdictadura. En el pie de imprenta figura Nelly Richard como directora y el consejo editorial aparece compuesto, además, por Juan Dávila y Eugenio Dittborn (artistas visuales), Diamela Eltit (escritora), Carlos Pérez Villalobos (profesor de estética e historia del arte) y Adriana Valdés (crítica de arte y literatura), nombres vinculados a aquella "nueva escena" que había irrumpido con sus propuestas neovanguardistas en el rarificado medio cultural chileno en 1977 (cf. Richard 1994, 60ss.). La composición del consejo se mantiene estable durante seis años. En 1996 se producen algunos cambios: Dittborn y Valdés salen, y se integra en cambio Willy Thayer. La diagramación, desde el primer número a cargo de Carlos Altamirano, pasa entonces a ser responsabilidad de Guillermo Feuerhake.

La *Revista* se ha caracterizado por una continuidad poco común en proyectos culturales de este tipo en América Latina. Saca dos números por año, uno entre mayo y julio, el otro en noviembre con una tirada estable de 1000 ejemplares. Según informaciones proporcionadas por Nelly Richard, la mitad de los números se vende por suscripción en Chile y también en algunas universidades norteamericanas, y el resto en las diez librerías especializadas de Santiago, así como en presentaciones en congresos, ferias del libro y otros eventos culturales.

Se trata de una revista independiente que no cuenta con financiación externa estable y regulada; tampoco recibe apoyo de fundaciones culturales. Se financia con las suscripciones y con los avisos culturales que publica. Los rubros con mayor espacio de publicidad son las editoriales —chilenas como Cuarto Propio y Francisco Zegers e internacionales o transnacionales como Planeta, Paidós o el FCE—, las instituciones educacionales estatales y privadas (Universidad de Chile, Universidad ARCIS, muy cercana al proyecto de la revista, el Instituto Chileno-Francés de Cultura, la Secretaría de Comunicación y Cultura) y las galerías de arte y museos (Posada del Corregidor, Gabriela Mistral, Museo Nacional de Bellas Artes). El espacio dedicado a la publicidad cultural, mínima en los primeros números, va aumentando poco a poco hasta alcanzar 15 páginas en el número 8 (mayo de 1994) y superar luego las 20 páginas, ocupando poco menos de un tercio de la paginación total. La publicidad cultural se ha ido convirtiendo casi en una sección de la *Revista*, que ofrece un panorama de algunas zonas de actividades culturales en Santiago, una muestra de las preferencias bibliográficas de las lectoras y lectores de la *Revista*, y que permite localizar y medir, a ojo de buen cubero por lo menos, el impacto de la publicación.

A partir del número 9 la *Revista* incluye también una sección "Lecturas" dedicada a la reseña de publicaciones y exposiciones artísticas vinculadas con los temas centrales de discusión, que prioriza la producción literaria, artística y crítica en Chile. Por lo demás también brinda con cierta regularidad espacio a la publicación de fragmentos de textos narrativos inéditos de ciertos escritores y sobre todo escritoras chilenas, próximos a publicarse: es el caso de Diamela Eltit, Carmen Berenguer, Guadalupe Santa Cruz o Eugenia Prado.

En el espacio visual de la *Revista* se combinan texto escrito e imágenes. En los primeros años, cada número era ilustrado por un visualizador invitado, o se ilustraba con imágenes de un artista chileno (Lotty Rosenfeld, Eugenio Dittborn, Arturo Duclos, Paz Errázuriz, Gonzalo Díaz, Juan Dávila). Quiero tratar de describir, con un ejemplo, cómo puede funcionar este *collage* de texto e imágenes: el número 7 (noviembre de 1993) trae fotografías de Paz Errázuriz tomadas en la entonces desocupada Cárcel Pública de Santiago poco antes de su anunciada demolición. Esas fotografías de la cárcel vacía, monumento en que los cuerpos reprimidos brillan, literalmente, por su ausencia, irrumpen en los textos de los diversos artículos de ese número, interrumpen la entrevista a Jean Baudrillard o las reflexiones sobre oralidad secundaria de Jesús Martín-Barbero, comentan el artículo de Alberto Moreiras sobre postdictadura y reforma del pensamiento. Pero además, todo el número, desde el primer artículo hasta el último, está recorrido, en la zona superior de cada una de las páginas, por una banda gris con un texto otro, éste sí vinculado directamente con las fotografías: un montaje de grabaciones a los gendarmes que guiaban el *tour* por la cárcel en julio y agosto de 1993. La continuidad de este texto por encima de los artículos, crea un efecto de omnipresencia de esa voz que habla de la cárcel: un tema que no se pierde aunque se esté leyendo la entrevista a Baudrillard. Más bien podría decirse que las fotos y el texto de la grabación generan, en el borde que los yuxtapone al texto de Baudrillard, una oposición a su certeza de que las estrategias simbólicas ya no tienen sentido político (*RCC* 7, 6-12). Las fotos resitúan el texto de Baudrillard, lo localizan en el Chile de la postdictadura y resquebrajan sus afirmaciones desde ese lugar que el discurso "eurocéntrico" de Baudrillard, como lo califica Richard en su entrevista, por supuesto, nunca había tenido en cuenta. Este ejemplo muestra cómo la *Revista* genera su propio lugar de enunciación. En ese lugar que les es ajeno, las palabras de Baudrillard adquieren otras resonancias, resonancias no previstas por quien las enuncia.

A partir del número 12 (julio 1996), la política del diseño gráfico cambia: en lugar de Carlos Altamirano, que se había ocupado hasta entonces del diseño, el diseñador gráfico pasa a ser Guillermo Feuerhake. La relación entre textos e imágenes cambia; en lugar del ensamblaje de dos discursos que operan produciendo sentido por yuxtaposición, ahora las imágenes pierden peso propio, pasan a ser subsidiarias del texto. El discurso de las imágenes deja de ser uno frente a la multiplicidad de los textos y se fractura acompañando como un comentario a cada texto en particular. Un caso extremo, casi abusivo, y que quiebra de una manera sorprendente con la estética previa, es el de las fotografías que muestran a Nelly Richard y Jacques Derrida con motivo de la entrevista que aparece en ese mismo número[1].

En lo que hace a la proveniencia de los autores que escriben para la *Revista*, si hacemos un recuento estadístico, comprobamos que se comenzó dando en los dos primeros años tanto espacio a aportes latinoamericanos no chilenos como a aportes chilenos: Beatriz Sarlo, Néstor García Canclini, Julio Ortega, Hugo Achúgar colaboran en los primeros números. Más adelante fue ganando espacio el debate en torno a los estudios culturales, cuyo centro es la academia norteamericana. De ahí la presencia bastante frecuente de voces de latinoamericanistas que trabajan en los EE.UU. como John Beverley, George Yúdice, Julio Ramos, Alberto Moreiras o Mabel Moraña. En comparación con los números iniciales, el espacio concedido en la revista a artistas, escritores, intelectuales chilenos es cada vez más importante. La presencia de voces europeas se suele dar en forma de entrevistas efectuadas con motivo de las visitas a Chile de Guattari, Derrida, Baudrillard y no tiene por lo tanto una continuidad programática. Lo que sí tiene sistema es en esos casos la forma de la entrevista. No se trata de reproducir artículos de estos ilustres visitantes, sino de comprometerlos en un diálogo que los confronta con posiciones alternativas, con preguntas que son mucho más que un mero dispositivo para permitir al entrevistado exponer una vez más sus famosas y consagradas posiciones. Si Chile sólo está presente en el discurso crítico europeo como lo hablado —sólo marginalmente— por éste, en los diálogos con Baudrillard, Guattari o Derrida hay una toma de palabra que cuestiona ese estatuto definido desde el centro y recompone los roles.

3.

Quizás podría decirse que el proyecto de la *Revista* gira en torno a dos ejes mayores: transdisciplinariedad y postdictadura, con los que se cruzan otras zonas temáticas recurrentes: las reflexiones sobre el género y la cuestión de lo latinoamericano.

La reflexión transdisciplinaria está instalada desde un comienzo en el proyecto de una revista de crítica cultural, en la medida en que uno de los objetivos de la

---

[1] Este nuevo concepto gráfico constituye desde mi punto de vista una pérdida respecto del diseño anterior. Consultada Nelly Richard acerca de la política de diseño gráfico de la *Revista*, me confirmó que se había decidido volver a la concepción inicial, porque la que se aplicó entre los números 12 y 17 había sido objeto de críticas por parte del consejo editorial. El último número (18, junio 1999) retoma efectivamente hasta cierto punto la concepción inicial, reproduciendo a lo largo de los diversos artículos fotografías de diputados y dirigentes mapuches tomadas entre 1910 y 1970 y pertenecientes al archivo gráfico de Rolf Foerster, autor de "¿Movimiento étnico o movimiento etnonacional mapuche?", un artículo que aparece en dicho número (52-58). Como responsable del diseño gráfico a partir de este número, ya no firma Guillermo Feuerhake, sino una sigla: VE®.

crítica cultural sería modificar las reglas de configuración del saber tradicional. La discusión de cuestiones de política cultural, el diálogo con posiciones de los estudios culturales en el resto de América Latina o en los EE.UU., la reflexión sobre el estatuto de las disciplinas tradicionales como la sociología o la crítica literaria, los problemas específicos de la institucionalización de nuevos saberes en Chile pueden localizarse en esta zona de la *Revista*.

El tema de la postdictadura adquiere a su vez toda una serie de inflexiones. ¿Cómo concebir y practicar la relación entre política y cultura en la circunstancia específica de la transición chilena? ¿Cómo mantener la tensión crítica frente a la legalización del consenso? ¿Cómo enfrentar las presiones crecientes del mercado? ¿Qué políticas de la memoria oponer a las tecnologías del olvido, al olvido programado? Si en los primeros números la *Revista* dio espacio sobre todo a intelectuales argentinos, uruguayos o peruanos para que comentaran los procesos de redemocratización en sus respectivos países, pronto el tema se concentró en la experiencia local, y así por ejemplo el número 5 (julio 1992) reúne aportes exclusivamente chilenos sobre la transición democrática, la relación entre modernidad, cultura y democracia, y los cambios de estilo y representación en la cultura política.

Las cuestiones de género se vinculan con los dos ejes centrales en la medida en que los estudios de género exigen una perspectiva transdisciplinaria, y aparecen, como lo evidencian las dificultades vinculadas con su institucionalización en la universidad chilena (*RCC* 12, 24-31), como una de las formas de desestabilización de la máquina de la transición. También la dimensión latinoamericana se cruza con esos dos ejes, puesto que los aportes de críticos latinoamericanos están vinculados por lo general o bien a temas de la postdictadura o bien a la reconfiguración transdisciplinaria, y porque los ejes postdictadura y transdisciplinariedad están siempre contextualizados en un marco latinoamericano y latinoamericanista. Pero además, transdisciplinariedad y postdictadura también están vinculadas entre sí en el marco del proyecto de una crítica cultural en la medida en que la reconfiguración transdisciplinaria aparece como una de las modalidades contrahegemónicas en el Chile de la transición, y la cuestión de las dictaduras latinoamericanas, el fracaso de las izquierdas, etc. tiene que ver también con el cambio de paradigmas y la reflexión transdisciplinaria en América Latina. La imagen de la *Revista de Crítica Cultural* que propongo aquí, no es la de un edificio coherente, sino la de una red abierta con cabos sueltos.

En lo que sigue, quisiera recortar algunas de sus zonas de reflexión vinculadas con el tema de este simposio— la literatura chilena en la transición. ¿Qué lugar ocupa la crítica literaria en el marco de la crítica cultural de la *Revista*? ¿Cómo se articula en ella la reflexión sobre la literatura en el contexto específico de la transición? La primera pregunta tiene que ver con la reconfiguración transdisciplinaria, la segunda con la postdictadura.

3.1.

Entre las cuestiones que se formulan en esta zona de la *Revista*, no está ausente la pregunta por el lugar de la crítica literaria en el contexto de la actual reconfiguración transdisciplinaria. Se trata de uno de los aspectos que interesan a una crítica de la cultura en su reflexión acerca de "las relaciones entre el saber académico tradicional y aquella producción crítica que desborda las fronteras de especialización del modelo universitario" (Richard 1998, 17). En "El proceso de Alberto Mendoza: poesía y subjetivación", un artículo publicado en el número 13 (noviembre 1996), Julio Ramos reflexiona sobre el desplazamiento de los estudios literarios, a partir de los años ochenta, del lugar central que habían ocupado como discursos constructores de identidades nacionales en América Latina. En aquel momento aparece una serie de trabajos de críticos literarios latinoamericanos —el último libro de Ángel Rama sobre la ciudad letrada, el libro de Josefina Ludmer sobre la gauchesca, los trabajos de Cornejo Polar sobre la heterogeneidad de las culturas andinas— en los que

> la cultura deja de ser el territorio donde se garantiza la emancipación y la soberanía del sujeto por la intervención de la letra; la cultura comienza a ser ahí más bien un campo de fuerzas, sin duda contradictorio y disputado, pero también ligado a las formaciones del poder (Ramos 1996/*RCC* 13, 37).

Entre las razones que provocan esta transformación, Ramos menciona la "crisis de las posiciones de izquierda que el pensamiento estético-cultural había contribuido a designar, y [...] el desgaste de los principios mismos de la razón liberal, ilustrada" (ibíd.). Una consecuencia de este desplazamiento es la aparición, en el contexto académico, de los estudios culturales. La *Revista de Crítica Cultural* adscribe a una concepción de la cultura en ese segundo sentido de campo de fuerzas, donde la literatura y con ella también la crítica literaria han sido desplazadas del papel protagónico que habían tenido a lo largo del siglo XX. Sin embargo en la medida en que no pretende ser espacio de formulación de nuevas verdades, sino de nuevas preguntas y de relativización de explicaciones totalizadoras, exclusivas y excluyentes, la *Revista* da lugar también a la problematización de la nueva hegemonía que parecen haber conquistado tan rápidamente los estudios culturales desde su posición central en la academia norteamericana.

Si Ramos diseña, desde su lugar de enunciación en los EE.UU., una agenda para los estudios culturales —que contempla el papel de la literatura en la construcción de las identidades nacionales, pero también los procesos de marginación y oclusión de sujetos y prácticas culturales y la emergencia de sujetos "nuevos" o subalternos— Beatriz Sarlo admite, *nolens volens* y desde un lugar diferente de enunciación, en un artículo titulado "Los estudios culturales y la crítica literaria en la encrucijada valorativa" (1997/*RCC* 15, 32-38), la pérdida de impacto de la crítica literaria sobre el público y el avance paralelo de los estudios culturales, que, al decir de Sarlo, dan trabajo a una multitud de críticos literarios reciclados, y a los que la intelectual argentina les objeta su extremo relativismo. Sarlo subraya la importancia de la cuestión estética, de la dimensión específica del arte que tiende a ser pasada por alto desde la perspectiva culturalista (cf. ibíd., 38), pero que resulta de fundamental interés en el marco de la transmisión de la herencia cultural y que debe seguir siendo el objeto de la crítica literaria. "Todo parece indicar", sostiene Sarlo aludiendo a la distribución de los roles en el mercado académico internacional,

> que los latinoamericanos debemos producir objetos adecuados al análisis cultural, mientras que otros (básicamente los europeos) tienen el derecho de producir objetos adecuados a la crítica de arte. [...] Nos corresponde a nosotros reclamar el derecho a la 'teoría del arte', a sus métodos de análisis (ibíd.).

Pero en ese mismo número 15, a continuación del artículo de Sarlo, García Canclini reflexiona sobre el debate en torno a la hibridación iniciado a partir de *Culturas híbridas*, que es justamente un libro de análisis cultural, y defiende la operatividad del concepto de hibridación de lo culto, que Sarlo quiere rescatar como objeto específico de la crítica literaria, con lo popular y lo masivo (*RCC* 15, 42-47). Y en ese mismo número, en un trabajo titulado "El boom del subalterno" (*RCC* 15, 48-53), Mabel Moraña critica a su vez que

> [l]a hibridez ha pasado a convertirse en uno de los ideologemas del pensamiento post-colonial, marcando el espacio de la periferia con la perspectiva de un neo-exotismo crítico que mantiene a América Latina en el lugar del otro (ibíd., 51).

Lo que me interesa demostrar a través de estos ejemplos es que la *Revista* no defiende *un* punto de vista, sino que se propone como espacio de discusión para distintos puntos de vista: el de los *cultural studies* del latinoamericanismo norteamericano, los de Sarlo, de García Canclini, de Moraña, que reunidos en un mismo número, debaten entre sí, se ponen mutuamente en cuestión, y los de las voces chilenas que inciden en esta discusión. Por supuesto no se trata de eclecticismo; la *Revista* demarca la línea de sus inclusiones y exclusiones a partir de la concepción de una crítica de la cultura que presta atención a "lo que no recibe una definición precisa, una explicación segura, una clasificación estable", a lo devaluado o subrepresentado por los relatos de autoridad y sus narraciones hegemónicas (Richard 1998, 12): ser plataforma para qué voces, poner en escena qué discursos.

No es de sorprender que uno de los temas que ha generado polémicas en la *Revista* lo constituya el estatuto y la legitimidad de los estudios culturales. ¿Cuál es la relación entre crítica cultural y estudios culturales? A este tema, Nelly Richard dedicó un capítulo de su último libro: *Residuos y metáforas (Ensayos de crítica cultural sobre el Chile de la Transición)*:

> Los estudios culturales y la crítica cultural representarían dos nuevas prácticas que participan de esta misma búsqueda de transversalidad tanto en el rediseño de las fronteras del conocimiento académico (los estudios culturales) como en las rearticulaciones críticas del discurso teórico (la crítica cultural) (Richard 1998, 142).

Pero mientras que los estudios culturales "trivializaron la reflexión sobre los textos y sus estéticas" renunciando "a especificar por qué ciertos lenguajes indirectos (llenos de ambigüedad y multivocidad) dicen lo que dicen", con una intensidad formal y semántica que no puede reducirse al mero valor de información, la crítica cultural presta atención también a lo estético-literario como dimensión capaz de cuestionar la mera instrumentalización comunicativa del lenguaje (ibíd., 151s.), y lo hace, por lo general, en un lenguaje no instrumentalizado para la transmisión transparente de un mensaje. No se trataría entonces de optar por los estudios culturales o por los estudios literarios o estéticos, sino de trabajar sobre la dimensión crítica de cada uno de ellos, y mantenerse alerta ante su posible instrumentalización y consiguiente pérdida de capacidad antihegemónica y desestabilizadora.

Lo que también interesa destacar, es que la *Revista de Crítica Cultural* se ha constituido en un nuevo espacio, en Chile, para el debate transdisciplinario en curso entre críticos latinoamericanos, específicamente chilenos, y latinoamericanistas angloamericanos, un debate que suele tener (su) lugar en el terreno de la academia norteamericana. Esto provoca una transformación de las relaciones discursivas de poder, o quizás sea más ajustado decir que impulsa el diálogo en un espacio que los críticos locales conciben como propio, y que les permite entrar en un debate del que, en el marco dominante de la academia norteamericana, quedan prácticamente excluidos. Es el caso de la discusión sobre el estatuto de los estudios culturales entre John Beverley (1996/*RCC* 12, 46-53 y 1997, 14, 76) y Federico Galende (1996/*RCC* 13, 52-55).

3.2.

Si tratamos de leer las dos posiciones esbozadas hace un momento —la de Ramos y su diagnóstico sobre el nuevo campo de los estudios culturales y la de Sarlo y su defensa de la especificidad de la crítica literaria— en relación con el lugar y la función de la literatura y la crítica literaria en la dictadura y postdictadura chilenas, podríamos decir que en lo que hace al campo cultural chileno, *dentro* de Chile, a partir del 11 de septiembre de 1973, el margen de intervención de la letra, de la literatura para garantizar la emancipación y la soberanía del sujeto —retomando las palabras de Ramos en su definición de lo que fue la concepción de la cultura hasta mediados de los ochenta— resulta repentinamente nulo. Quiere decir que lo que va cristalizando teóricamente en libros que se publican en América Latina en los años ochenta, es experiencia concreta para los intelectuales que se quedaron en Chile ya diez o quince años antes: la cultura es un campo de fuerzas ligado a las formaciones de poder. *Fuera* de Chile puede seguir operando todavía la concepción de la cultura como territorio donde se garantiza la "emancipación y la soberanía del sujeto por la intervención de la letra" (Ramos 1996/*RCC* 13, 37). Donde esa garantía no está dada, no habría cultura. Es posible, incluso, que en la escena del exilio chileno esa concepción emancipadora de la cultura siguiera operando con más fuerza y por más tiempo todavía que en el resto de América Latina. Pero *dentro* de Chile el golpe destruye de un zarpazo ese territorio. El (im)probable lugar de la cultura pasa a ser, de un día para otro, un campo de fuerzas ligado a las formaciones del poder. No hay, para quienes vivieron la dictadura *en* Chile, un territorio propio, un afuera desde donde oponérsele. Eso vale también para las artes visuales o la literatura, que son los discursos clásicos a los que Richard apela cuando se trata de hablar de las tácticas de resistencia cultural durante la dictadura[2].

En el primer número de la *Revista* Nelly Richard efectúa un recorrido por las "Estéticas de la oblicuidad" (1990/*RCC* 1, 6-8) desplegadas por artistas y escritores en el Chile post-golpe no sólo para escapar a los dispositivos del orden, sino también, y sobre todo, para subvertirlos: la ambigüedad, la problematización de la representación como montaje discursivo tendían a "fracturar el mensaje oficial de una verdad única" en un combate "a favor de lo múltiple y de lo fragmentario, de lo parcial y de lo inconcluso, de lo heterogéneo y de lo inestable", contra toda forma de totalización. El primer territorio a reconquistar en ese combate, dice Richard, fue la memoria, "la memoria sitiada por la guerra contra el pasado interdicto cuyas claves —rememorativas, historizadoras— habían sido confiscadas por el operativo de silenciamiento" (ibíd., 7). Así en *Por la patria*, Diamela Eltit opone a la memoria monológica de la historia oficial que construye su propia versión trucada del pasado una memoria clandestina en un trabajo que ensambla relatos discordantes, narraciones que frustran toda síntesis recapituladora, toda interpretación totalizante. Frente a las prácticas del poder normativo y represivo que ponía límites, establecía fronteras, prohibiciones de pasar, hubo artistas y escritores chilenos que apostaron a prácticas del nomadismo, cruzaron géneros, mezclaron textualidades, quebraron los formatos, los límites tradicionales, y lo hicieron ocupando el margen como un lugar propio de enunciación: Richard nombra aquí a Martínez, Zurita, Muñoz, Maquieira... Respecto de las prácticas de la "nueva escena" Richard observa que

---

[2] La peculiar configuración del campo cultural chileno entre 1973 y 1990 merece un estudio que dé cuenta de las relaciones entre la producción chilena en el exilio y dentro de Chile, relaciones que, en virtud de la duración de la dictadura chilena y de las peculiaridades de su instalación, parecen bastante más complejas que las que se han dado entre literatura escrita en el exilio y bajo dictadura en otros países latinoamericanos como Argentina, Uruguay o Paraguay, donde hubo mayor permeabilidad e intercambio. Véase al respecto Kohut/Pagni 1989.

[...] la crítica institucional de los artistas chilenos se ha formulado mediante una problemática de los espacios regida por el jugar dentro de los límites (de actuación y visibilidad) fijados por la oficialidad, buscando —desde ahí— correr sus marcas de tolerancia, desprogramar su trazado de autoridad, presionar contra su dispositivo de control y vigilancia (ibíd., 8).

Esta "estrategia de la des/inserción" que interpela desde el margen del sistema sus reglas de obligatoriedad, la opone Richard a esa otra práctica de la marginalidad como posicionamiento externo respecto del poder, favorecida desde las posiciones del exilio (ibíd.). Estar al margen —fuera—, no es lo mismo que estar en el margen— dentro. Cada localización genera sus propias prácticas.

Es justamente la densidad formal y semántica del arte de la que habla Sarlo, la que también destaca Richard aquí, pero la posición de Richard es mucho más transgresora. Allí donde Sarlo adhiere nostálgicamente a las posiciones adornianas en lo que hace a las modalidades del compromiso en arte y a la fuerza subversiva de las vanguardias, Richard prefiere criticar el aliento totalizador del proyecto vanguardista desde posiciones explícitamente postvanguardistas, preguntándose por las condiciones de ejercicio artístico-cultural de una práctica de crítica social después del fracaso del modelo de las vanguardias (Richard 1990/*RCC* 2, 6-8). Por otro lado, para Richard, como ya observé más arriba, no se trata de optar entre estudios culturales y estudios literarios, en la medida en que sus objetos no se oponen ni se excluyen.

No son muy numerosas las contribuciones específicas de crítica literaria en la *Revista*: aparte del trabajo ya mencionado de Richard sobre las estéticas de la oblicuidad, referido a la literatura y las artes visuales de la "nueva escena" durante la dictadura, hay un trabajo de Eugenia Brito sobre la poesía de Gonzalo Muñoz en el primer número, otro de Richard sobre la poética de Eltit en el número 6 (mayo 1993), dos artículos de Idelber Avelar sobre la narrativa postdictatorial de Gonzalo Contreras (9, noviembre 1994) y Eltit (14, junio 1997): a la ficción postmoderna de las citas y el pastiche, que Avelar adscribe a una poética latinoamericana compensatoria de la saturación, la literatura postdictatorial de Contreras y Eltit contrapondría una poética de la rarefacción. Si la novela de la dictadura —*Lumpérica*— era la afirmación de lo imposible, dice Avelar en un análisis brillante de la narrativa de Eltit, la novela de la postdictadura —*Los vigilantes*— es imposibilidad de la afirmación; frente a la utopía de una polis en el Chile bajo dictadura, tendríamos ahora un intento privatizado de supervivencia en una temporalidad apocalíptica, la de la postdictadura.

En la sección "Lecturas" Carlos Pérez Villalobos escribe sobre la obra de Raúl Zurita con motivo de la aparición de *La vida nueva* (1995/*RCC* 10, 55-59), Richard sobre *El infarto del alma*, de Eltit y Paz Errázuriz (1995/*RCC* 10, 59-61), Catalina Mena escribe sobre *Las Infantas*, de Lina Meruane (1998/*RCC* 17, 75).

La *Revista* hace, es evidente, un recorte claro sobre el conjunto de la producción literaria chilena, incluye en su espacio de discusión determinadas zonas y excluye otras. No es *toda* la literatura lo que interesa a una crítica cultural como la que la *Revista* propone, sino ciertas prácticas estéticas— las que ponen en escena justamente un gesto radicalmente crítico, cuestionando las políticas y los lenguajes de la representación que sustentan el armonioso relato de la transición chilena, articulando una poética de la memoria capaz de recuperar lo fragmentario, lo residual del recuerdo, lo que no puede ser procesado como información por la máquina narrativa de la redemocratización[3].

Si elegí ocuparme, en un congreso dedicado a la literatura chilena de la transición, de la *Revista de Crítica Cultural* es porque creo que constituye un proyecto intelectual valioso y valiente, y fuera de serie en el Chile de la postdictadura. Desde 1990 la *Revista* delimita un lugar de enunciación alternativo, un espacio de disenso situado en los bordes de un sistema que hace del pluralismo consensuado, donde la diversidad pretende borrar las diferencias, el paradigma de su legitimidad; un espacio incómodo e incomodante porque no se lo puede encerrar en una definición programática clara, porque está abierto al juego de las discursividades críticas con sus cruces provisionales, sus trayectorias discordantes y divergentes, sus metodologías híbridas, sus intervenciones localizadas: un espacio donde poner en práctica y a prueba justamente las posibilidades de una "utopía crítica" en el Chile de los años noventa[4].

---

[3] La virulenta discusión que siguió a esta ponencia durante el congreso trazó una línea clara entre quienes encuentran que la *Revista* constituye un aporte fundamental en el campo cultural chileno de la transición, y quienes la critican por considerarla hermética y elitista. Para las críticas a la *Revista* articuladas desde las posiciones de la izquierda tradicional chilena ver el artículo de Vidal (1993), y también la respuesta de Nelly Richard en el mismo número de *boundary 2* (1993).

[4] Si en lo que antecede cité profusamente, sobre todo de los textos de Nelly Richard, lo hice por diversos motivos. En primer lugar, porque la crítica cultural es también una práctica de escritura que trabaja sobre la densidad semántica del lenguaje contra los usos informacionales de un lenguaje denotativo y transparente, y porque no quería que esa dimensión se perdiera en la mediación. Suponer que habría un metalenguaje de la crítica cultural diferente —por claro, definido, recortado y confiable— de los lenguajes ambiguos, descentrados, oblicuos de y con los que la crítica habla, es en el marco de las reflexiones aquí expuestas, pecar de ingenuidad, aunque también pueda parecer un pecado de ingenuidad no distanciarse de ese lenguaje al hablar de la *Revista*. En segundo lugar, mi intención es transmitir un poco el tono de la *Revista de Crítica Cultural* teniendo en cuenta que se trata de una publicación que hace, también ella, del borde su lugar de enunciación, una publicación prácticamente desconocida en Alemania y también en buena medida en el campo cultural chileno de hoy.

Bibliografía

Avelar, Idelber. 1994. Bares desiertos y calles sin nombres: literatura y experiencia en tiempos sombríos. En: *Revista de Crítica Cultural* 9, 37-43.

—. 1997. Alegoría y postdictadura: notas sobre la memoria del mercado. En: *Revista de Crítica Cultural* 14, 22-27.

Beverley, John. 1996. Estudios culturales y vocación política. En: *Revista de Crítica Cultural* 12, 46-53.

—. 1997. Respuesta de John Beverley a Federico Galende. En: *Revista de Crítica Cultural* 14, 76.

Brito, Eugenia. 1990. La cita neobarroca: el crimen y el arte. En: *Revista de Crítica Cultural* 1, 29-31.

Galende, Federico. 1996. Un desmemoriado espíritu de época. Tribulaciones y desdichas en torno a los Estudios Culturales (una réplica a John Beverley). En: *Revista de Crítica Cultural* 14, 52-55.

García Canclini, Néstor. 1997. El debate sobre la hibridación. En: *Revista de Crítica Cultural* 15, 42-47.

Kohut, Karl; Andrea Pagni (eds.). 1989. *Literatura argentina hoy. De la dictadura a la democracia*. Frankfurt a.M.: Vervuert.

Mena, Catalina. 1998. El fracaso de la lección moral. En: *Revista de Crítica Cultural* 17, 75.

Moraña, Mabel. 1997. El boom del subalterno. En: *Revista de Crítica Cultural* 15, 48-53.

Pérez V[illalobos], Carlos. 1995. El manifiesto místico-político-teológico de Zurita. En: *Revista de Crítica Cultural* 10, 55-59.

Ramos, Julio. 1996. El proceso de Alberto Mendoza: poesía y subjetivación. En: *Revista de Crítica Cultural* 13, 34-41.

Richard, Nelly. 1989. *La estratificación de los márgenes. Sobre arte, cultura y política/s*. Santiago de Chile: Francisco Zegers.

—. 1990a. Estéticas de la oblicuidad. En: *Revista de Crítica Cultural* 1, 6-8.

—. 1990b. De la rebeldía anarquizante al desmontaje ideológico (crítica y poder). En: *Revista de Crítica Cultural* 2, 6-8.

—. 1992. Cultura, política y democracia. En: *Revista de Crítica Cultural* 5, 5-7.

—. 1993a. Duelo a muerte y jugada amorosa: la novela, el libro y la institución. En: *Revista de Crítica Cultural* 6, 26s.

—. 1993b. Reply to Vidal (from Chile). En: *boundary 2* 20, 3, 228-231.

—. 1994. *La insubordinación de los signos (Cambio político, transformaciones culturales y poéticas de la crisis)*. Santiago de Chile: Cuarto Propio.

—. 1995. Síntoma y arabescos. En: *Revista de Crítica Cultural* 10, 59-61.

—. 1998. *Residuos y metáforas (Ensayos de crítica cultural sobre el Chile de la Transición)*. Santiago de Chile: Cuarto Propio.

Sarlo, Beatriz. 1997. Los estudios culturales y la crítica literaria en la encrucijada valorativa. En: *Revista de Crítica Cultural* 15, 32-38.

Vidal, Hernán. 1993. Postmodernism, Postleftism, Neo-Avant-Gardism: The Case of Chile's *Revista de Crítica Cultural*. En: *boundary 2* 20, 3, 203-227.

El ensayo chileno pos 1973

Horst Nitschack

Los críticos literarios lo constatan, el mercado de libros lo comprueba y la discusión intelectual lo refleja: el ensayo como género literario está en auge en la literatura chilena.

Si es cierto que el público literario está aún esperando en vano la gran novela histórico-social sobre los acontecimientos políticos a partir de 1971 —es decir sobre el gobierno de la Unidad popular, el golpe militar y el gobierno militar seguidos por la época de la transición a partir de 1989—, también lo es que el género literario que ha reaccionado de la manera más compleja y más amplia a este desafío ha sido la ensayística. Esta es una constatación que hace surgir la pregunta de en qué medida él está actualmente desplazando a la literatura de ficción, principalmente a la novela, de la posición privilegiada que le era concedida durante décadas.

Mis observaciones sobre el ensayo crítico contemporáneo se dividirán en tres partes:
1. La ensayística chilena desde 1973: una primera aproximación.
2. La ensayística como el género literario de la transición: la autorreflexión de los ensayistas.
3. Tres presentaciones sumarias de ensayos actuales: Martín Hopenhayn: *Ni apocalípticos ni integrados. Aventuras de la modernidad en América Latina* (Premio Lasa 1997); Alfredo Jocelyn-Holt: *El peso de la noche. Nuestra frágil fortaleza histórica* (Premio Consejo Nacional del libro y de la lectura); Tomás Moulian: *Chile actual. Anatomía de un mito.*

1. La ensayística chilena desde 1973: una primera aproximación

El año 1973 es la fecha clave para repensar Chile, es la fecha clave a partir de la cual el país se repiensa a sí mismo y, como todo lo indica, el género literario predilecto para este acto de repensarlo es el ensayo.

La actitud ensayística no tiene que ser necesariamente crítica. No quiero pasar por alto las tendencias justificadoras y glorificadoras con respecto al camino económico chileno desde 1974, en las cuales la dimensión política se encuentra, como es de sospechar, generalmente excluida o marginalizada.

Poco después del golpe, como reacción al Frente Popular y al programa socialista de Allende, surge una ensayística afirmativa de los intelectuales que se solidarizan con el gobierno militar, ya que los demás se encuentran en las prisiones, en la clandestinidad o en el exilio.

Sin embargo sería un equívoco suponer que la ensayística afirmativa hubiera desaparecido pronto. De hecho en 1993 José Piñera escribe en su prefacio para *Camino nuevo*:

> Me confieso culpable de creer en Chile. Nuestro país tiene futuro no sólo porque el país se ha modernizado o porque tengamos una economía social de mercado que funciona. Tiene futuro, sobre todo, por la calidad de los chilenos. Y entre todos tenemos el deber de crear un país en que, con talento y esfuerzo, se puede llegar a cualquier cumbre (Piñera 1993, prefacio, citado en: Pinedo 1998, 1).

Es un ejemplo del ensayo que celebra el proceso de modernización del país sin restricción, un proceso para el cual se considera al gobierno militar como condición imprescindible. Escuchamos un tono parecido en ensayos de David Gallagher, Joaquín Lavín y Andrés Benítez. Constata David Gallagher en *Chile: La revolución pendiente*: "El Chile pujante y moderno de hoy parece una fantasía frente a ese Chile autodestructivo de entonces" (Gallagher 1992, citado en: Pinedo 1998, 2). Un tal entusiasmo, sin embargo, no implica siempre una completa ceguera con respecto a los objetivos no logrados por la 'revolución liberal', pues ella, como admite David Gallagher: "estuvo muy lejos de abarcar otros temas importantes: la educación, la justicia, las relaciones sociales" (ibíd.).

En oposición a esta tendencia glorificadora de la modernización de Chile se perfilan tres corrientes de crítica de esta modernización:

— la oposición conservadora representada, entre otros por Mario Góngora y su *Ensayo histórico sobre la noción de Estado en Chile en los siglos XIX y XX*;

— la oposición identitaria en el sentido propio, entre otros con Jorge Guzmán: *Diferencias latinoamericanas*;

— y la oposición cristiana a la modernización con Pedro Morandé, Cristián Parker, Máximo Salinas, siendo el texto más conocido el de Pedro Morandé: *Cultura y modernización en América Latina*.

La oposición conservadora critica en el proyecto liberal de modernización ante todo la reducción del poder estatal que reduce el estado hasta el extremo a una mera institución de administración.

La crítica identitaria: según Javier Pinedo esta vertiente de la crítica de las tendencias glorificadoras de la modernización de Chile se manifiesta a partir de los años ochenta:

> Por identitario se entiende una posición que rescata los modos de ser populares, las culturas étnicas, un cierto modo de vivir en la historia, ciertos rasgos de la sicología social, así como aspectos sociales y raciales distintivos del mundo cultural chileno y latinoamericano, y sobre todo a los perdedores del sistema[1].

---

[1] Pinedo 1998, 4. Retomamos aquí esta clasificación de Javier Pinedo sin formular la pregunta de en qué medida los ensayos afirmativos, defensores de la política del gobierno militar usaron también un 'discurso identitario' con la intención de crear una identidad chilena nacional contra otras identidades que se manifestaron en favor de intereses particulares.

Esta crítica insiste en el carácter particular de América Latina, el que se define principalmente por el mestizaje y por rasgos matriarcales ("la ausencia del padre"). Por ello no se permite la aplicación o la adaptación del proyecto de modernización de la sociedad occidental a América Latina.

La oposición cristiana retoma los argumentos de la crítica identitaria en un sentido menos antropológico y más histórico: siendo el pasado latinoamericano tan diferente del de Europa (principalmente la ausencia de la reforma, de la ilustración y del pensamiento racional), América Latina tiene que encontrar su propia modernidad, compatible con las particularidades de su pasado. Consecuentemente el universalismo, calificado como eurocentrista, está refutado (cf. Parker 1993).

Otra vertiente de la ensayística no formula una crítica de la modernidad y de la modernización como tal sino critica especialmente el camino que tomó la modernidad en Chile y las actitudes de los grupos sociales dominantes chilenos hacia el proceso de modernización. Como lo expresó Bernardo Subercaseaux en su libro de ensayos *Chile ¿un país moderno?*:

> Asumiendo estos desafíos [la transformación en un país moderno, H.N.] y conjugándolos con lo que somos, y con lo que hemos sido, la modernización deja de ser un destino y se convierte en un proyecto, un proyecto que estamos recién comenzando a encarar (Subercaseaux 1996, 67).

La modernidad como destino tiene que ser superada, según estos críticos, y ser transformada en una modernidad que responda a las necesidades y que se adapte a las condiciones de la realidad chilena.

Tanto para José Bengoa (*La comunidad perdida*) como para Tomás Moulian (*Chile actual. Anatomía de un mito*) la modernidad con sus distintas formas de modernización es inevitable, pero la sociedad chilena tiene que ser consciente acerca de cuál es el precio que ella está pagando. La renuncia a los Derechos Humanos es —según Tomás Moulian y José Bengoa— de todas maneras un precio demasiado alto e inaceptable.

El crítico Javier Pinedo caracteriza estos últimos ensayos como sigue:

> [Ellos] postulan una triple crítica de la modernidad:
> — como proyecto limitado que no ha cumplido las promesas que ofreció.
> — A la aplicación concreta que hicieron de ella los militares, versión que resultó nefasta.
> — Y por último, a un chileno que no ha estado a la altura de un verdadero proyecto moderno (Pinedo 1998, 9).

Me referiré ahora a una última corriente ensayística representada, entre otros, por autores como José Joaquín Brunner, y Jorge Larraín (*La trayectoria latinoamericana a la modernidad*). Ellos defienden en sus textos la modernidad criticando las posiciones esencialistas de identidad cultural y/o nacional. La propia identidad no es para ellos una realidad objetiva, sino un elemento que se escenifica a través de discursos literarios y del imaginario producido por la industria cultural y por pensadores políticos e intelectuales. Es decir, si la identidad chilena no es determinada, ella puede ser redefinida según las necesidades del proceso de modernización y a través de él. No existe ni para José Joaquín Brunner ni para Jorge Larraín una identidad latinoamericana incompatible con la modernidad occidental como lo consideran Jorge Guzmán y Pedro Morandé, tampoco ninguna relación profundamente problemática y conflictiva como en el caso de Bernardo Subercaseaux o Marco Antonio de la Parra, sino que será gracias a la aceptación de los valores y comportamientos postulados y exigidos por la modernidad que los males de esta sociedad como clientelismo o personalismo político y cultural, autoritarismo, racismo encubierto, desigualdad social, desvalorización de la democracia, serán superados.

Sin la pretensión de haber presentado un análisis exhaustivo de la ensayística chilena, ni con respecto a sus temas principales ni con respecto a sus intenciones políticas y culturales en un sentido más preciso, podemos constatar lo siguiente:
1. La significativa presencia de la ensayística chilena en la discusión cultural y política del país es incuestionable.
2. Ella ha acompañado y estimulado desde 1973 los grandes debates políticos y culturales que giraban alrededor de los temas de modernidad y modernización, identidad cultural, democratización y equidad social.

2. La ensayística como género literario de la transición: la autorreflexión de los ensayistas

Testimonio de la importancia que tiene la ensayística en la literatura chilena actual es el Primer Congreso de Ensayistas Chilenos[2], en el cual se realizó una autorreflexión sobre la ensayística en Chile bajo las siguientes perspectivas:
1. Reflexiones alrededor del género del ensayo como género literario en general y como género literario latinoamericano y chileno en particular.
2. Las características de la ensayística chilena actual.
3. Su papel en el discurso intelectual nacional.

2.1. Reflexiones alrededor del género ensayo

El ensayo chileno actual es deudor de dos tradiciones: de la tradición ensayística europea que empieza con Michel Montaigne (*Les Essais*, 1580) y Francis Bacon (*Essay*, 1597), la que tiene su primer auge en la ilustración y continúa su desarrollo en los últimos dos siglos; y de la tradición del ensayo latinoamericano que se-

---

[2] Primer Congreso de Ensayistas Chilenos, Santiago, 13-14 de enero 1998. Partes de las ponencias y de las conversaciones fueron publicadas en la *Revista de Crítica Cultural*, separata del N° 16, *La vuelta de tuerca*, citado a continuación con este título.

gún los críticos empieza con Sor Juana Inés de la Cruz (Grínor Rojo, *Revista de Crítica Cultural*, 16, 6), y encuentra sus primeras grandes manifestaciones en los ensayos de la época de la independencia ante todo con Simón Bolívar. La tradición ensayística chilena tiene además sus raíces inmediatas en la historiografía. Alfredo Jocelyn-Holt localiza como punto de partida la generación del 42 (del siglo XIX) que como consecuencia de un mandato de la Universidad de Chile debía presentar una memoria ante un público general en la sesión celebratoria de la universidad. "De ahí surgen una serie de memorias históricas, muchas de las cuales tienen un sesgo ensayístico muy fuerte "(Jocelyn-Holt, *La vuelta de tuerca*, 16). Pero se destaca también la tradición ensayística, que ya empezó con Andrés Bello pasando en el siglo XIX entre otros por José Lastarria y Francisco Bilbao.

Como una de las razones principales para la popularidad de la ensayística actual como género literario, tanto en el ámbito internacional como en el nacional, la mayoría de los críticos menciona la disolución de los límites tradicionales entre el discurso científico y discurso intelectual en un sentido más general, como por ejemplo en el caso de Derrida, Baudrillard, Jameson y otros (cf. Moulian, *La vuelta de tuerca*, 8). Además, como constata Eduardo Sabrovsky, "el colapso de la gran metafísica del occidente", es decir el colapso de los "grandes relatos" es otro fenómeno de las ciencias humanas internacionales que estimula el discurso ensayístico. Con ello se produce la convicción cada vez más común, que no existen verdades eternas, sino que ellas son "verdades relativas, cambiantes, falseables" (Sabrovsky, *La vuelta de tuerca*, 8).

Podríamos resumir que para la mayoría de las posiciones presentadas en este congreso la postmodernidad es en el contexto internacional la precondición principal para el auge de la ensayística chilena. Sin embargo el ensayo no es solamente considerado como el género de la postmodernidad. Su importancia, como resaltaron algunos críticos (por ejemplo Grínor Rojo y Tomás Moulian), se debe también a sus calidades de crítica y polémica en el sentido más tradicional de la ilustración y del racionalismo crítico.

Con respecto a las precondiciones nacionales para el auge de la ensayística, un gran número de los críticos y teóricos del Primer Congreso concordó que la ensayística en Chile, desde su surgimiento en el siglo pasado ha estado relacionada con "las temáticas nacionales". "Yo creo que los ensayos se clavan en momentos estratégicos de nuestra historia…" (Gabriel Salazar, *La vuelta de tuerca*, 16). Ello vale también sin duda para la ensayística de la transición que transgrede los límites del trabajo sistemático de las ciencias sociales sobre la realidad presente y levanta su voz en este momento político decisivo (cf. ibíd.).

Resumiendo se puede constatar que según los críticos el auge de la ensayística se explica por una coyuntura internacional de las ciencias humanas (ruptura de los grandes relatos, de las verdades eternas, multidisciplinariedad, transgresión de los límites entre las ciencias) a la que se suma la situación histórica nacional:

— preocupación por cuestiones nacionales;
— deficiencias de las ciencias tradicionales en dar respuestas a la situación histórico-social de las últimas décadas;
— deseo de un público democratizado por participar en las discusiones intelectuales.

2.2. Las características de la ensayística chilena actual

Fueron los ensayos, como ya mencionamos, los que replantearon en los últimos años los grandes temas (modernidad, identidad, democratización, educación, vida cultural) y que estimularon una discusión crítica y autorreflexiva importante. Sin duda, el ensayo contribuyó a la creación de un espacio democrático, así como su auge —en mi opinión— se debe también a este proceso de redemocratización y a la necesidad de abrir un foro intelectual, para lo cual él fue el género literario más adecuado.

Sin embargo, se señalaron en el Primer Congreso también algunos límites o peligros a los cuales la ensayística está expuesta: En la medida en que ella entra en competencia con los medios de comunicación masiva, ella puede caer en la tentación de someterse a su lenguaje fácil y publicitario (cf. Raquel Olea, *La vuelta de tuerca*, 10). Si los medios de comunicación masiva y su lenguaje son la Escila, la Caribdis son las exigencias de productividad tanto del mercado como las de la institucionalidad cultural en general:

> La categoría de la productividad permea todo el sistema de la institucionalidad cultural en Chile [...] y está obligando a las universidades a medir permanentemente el rendimiento de sus académicos en base a 'publicaciones', con todo el apremio que esto significa. Un apremio que dificulta el silencio que requiere la reflexión, ese tiempo 'perdido'. Veo ahí un escollo muy difícil de saltar para lograr una reflexión intelectual más inventiva (Sofía Correa, *La vuelta de tuerca*, 11).

Finalmente vale resaltar que la ensayística chilena actual encontró su público. Volodia Teitelboim constató a este respecto:

> La novedad con el ensayo es que por primera vez, no sé en cuantos años, está en la primera línea de la aceptación del público. Habitualmente es la novela, el cuento, la narrativa, etc. Creo entonces que el ensayo está respondiendo a una inquietud profunda a una angustia colectiva... (Volodia Teitelboim, *La vuelta de tuerca*, 10).

Resumiendo se pueden destacar las características siguientes del ensayo:
— su compromiso con el desarrollo político y cultural del país;
— discusión de la historia reciente;
— participación en la democratización del país;
— flexibilidad formal.

Este último punto, la cuestión formal y literaria del ensayo, merece algunas reflexiones, que van más allá de las discusiones del Primer Congreso, para proponer algunas ideas suplementarias sobre la relación entre la época histórica de la transición y la forma literaria del ensayo.

2.3. El ensayo como forma literaria y la discusión intelectual de la transición

La gran flexibilidad formal del ensayo actual significa que es casi imposible definirlo por su forma literaria. En su extensión él varía entre pocas páginas y cientos de páginas (por ejemplo Tomás Moulian, *Chile actual. Anatomía de un mito*). Su postura oscila entre una actitud pedagógica y explicativa, una actitud testimonial, un tono denunciador y —en el otro extremo— una escritura altamente hermética o innovativa (por ejemplo gran número de los artículos ensayísticos en la *Revista de Crítica Cultural*). Esta dificultad de definir el ensayo como forma literaria lleva en el caso extremo a una definición *ex negativo*: es ensayo todo lo que no es novela o cuento ni tratado científico o de investigación, ni crónica u otro género literario definido como memoria o relato (cf. Juanita Gallardo, en *La vuelta de tuerca*, 4). Otra descripción que prueba las resistencias que este género presenta para una definición formal más precisa se encuentra en la propuesta de caracterizar al ensayo como "una especie de híbrido que se mete por todos lados" (Naín Nómez, *La vuelta de tuerca*, 3).

A pesar de que varios teóricos se refieren a los trabajos de Lukács y de Adorno sobre el ensayo (entre otros Raquel Olea, Grínor Rojo, Federico Galende, Martín Cerda), ellos sin embargo no sacan todo el provecho posible de sus reflexiones para tratar el ensayo de la transición. Fijados en las ideas de la postmodernidad se les escapa que la ensayística, como una vertiente de la modernidad, practica desde largo tiempo un pensamiento y una actitud hacia su objeto que recién varios representantes postmodernos reclaman como invenciones suyas. Ya el joven Lukács subrayó que el ensayo es ante todo un análisis de discurso cuando él hace hincapié que este género literario trata de "etwas bereits Geformtem", de algo que ya ha encontrado una forma: "Es propio suyo [del ensayo] no crear cosas nuevas de una nada vacía sino reordenar sólo las que ya existieron alguna vez"[3].

Tomás Moulian se acerca a esta reflexión con la observación de que "el ensayo trata de inquietar discursos que ya están escritos" y con la afirmación que "la base de los ensayos, son los libros que se han escrito antes de él, mucho más que algo que se llamaría 'la realidad'" (*La vuelta de tuerca*, 14). En otras palabras tanto Lukács como Tomás Moulian resaltan en el ensayo su carácter de referirse a textos ya escritos— Lukács en un sentido más amplio comprendiendo todas las manifestaciones culturales como tales textos. El ensayo no es entonces un texto creati-

---

[3] "[...] es gehört zu seinem Wesen, daß er nicht neue Dinge aus einem leeren Nichts heraushebt, sondern bloß solche, die schon irgendwann lebendig waren, aufs neue ordnet" (Lukács 1968, 44).

vo en el sentido que crea algo nuevo, sino un texto crítico que tiene otros textos como objetos.

Entonces, ¿de qué manera trata el ensayo estos textos de referencia? Aquí el ensayo se distingue claramente del texto científico, por cuanto entra en juego su carácter subjetivo. Pero existe también una diferencia distinta entre él y la intertextualidad literaria, de modo que esta retoma a otros textos para crear un nuevo texto literario, mientras que el ensayo se refiere en diferentes niveles, bajo múltiples perspectivas y con diferentes intencionalidades —críticas, irónicas, polémicas, pero nunca afirmativas— a los textos y discursos para ponerlos a la discusión. Retomemos para una descripción más detallada de la relación ensayo-textos referidos, las reflexiones de Theodor W. Adorno tomando en cuenta que él representa un discurso que se inscribe en una tradición de la modernidad que precede en mucho a la postmodernidad.

Adorno destaca las siguientes características del ensayo:
— se decide libremente por su objeto;
— escoge la perspectiva bajo la cual tratar a su objeto;
— empieza y termina con sus reflexiones donde a él le parece;
— guarda su independencia hacia el texto investigado;
— no se somete a las exigencias de un rigor sistemático;
— es antidogmático, antifundamentalista y no argumenta en favor de principios;
— su base argumentativa es la convicción de la no-identidad, de la multiplicidad.
En este sentido el ensayo 'deconstruye' (Adorno, por supuesto no utiliza esta palabra, pero él describe exactamente este proceso) la hermética del objeto, hace aparecer sus grietas, sus contradicciones, sus presuposiciones no admitidas y escondidas. En otras palabras, él considera el texto analizado como un "Kraftfeld" (Adorno 1981, 22), un campo energético; es decir no solamente como un texto que representa (una cosa, un asunto teórico, una argumentación), sino que produce opiniones, ideas, convicciones, las que a veces van más allá de él mismo. A estas potencias y potencialidades de los textos, el ensayo confronta su propia posición crítica, heterodoxa que nunca se somete a la argumentación o a la lógica de su objeto, insistiendo —como subraya Adorno— siempre en la no-identidad. Contra las verdades o realidades presentadas en los textos referidos, el ensayo insiste en la posibilidad del otro, en el sentido de Adorno. Contra una lógica cerrada él representa la herejía, contra la totalidad él es la voz de una particularidad que no se deja someter. Así, mantiene su independencia frente a los discursos analizados. Es escrito desde la abundancia, y es consciente de ella, una abundancia que ha sido encerrada en lógicas y sistemas por el texto analizado. La ensayística siempre comparte la posición de que todo podría ser diferente, sin asumir el papel de tener que demostrar cómo este otro estado sería concretamente. Así, el ensayo guarda su horizonte abierto, su carácter indefinido y no se somete al dominio de la facticidad sino envuelve su objeto en una red de conceptos críticos, contrastantes y al-

ternativos que lo insertan en las configuraciones más variadas. En este juego se demuestra la calidad y la riqueza conceptual de cualquier ensayo.

Tomando esta descripción del ensayo como base es evidente que su nuevo surgimiento en la literatura chilena después de 1973 no es solamente un fenómeno coyuntural, provocado por las corrientes postmodernas occidentales de un lado y por las deficiencias de las ciencias tradicionales para dar respuestas a la situación histórica en el país del otro lado. El ensayo según las observaciones de Adorno en "Der Essay als Form" (El ensayo como forma, 1981) puede ser comprendido como manifestación y espacio de una tradición de pensamiento no dogmático, antitotalitario y antiautoritario que defiende el derecho de lo no-idéntico y que subvierte cualquier discurso de poder, sea poder político, económico, ideológico o intelectual[4]. Es ante todo el ensayo, como forma literaria, quien permite cuestionar el dogmatismo político, la lógica de la realidad y de lo fáctico; él quien se toma el derecho de criticar y de abrir espacios sin asumir la necesidad de llenarlos al mismo momento con propuestas concretas. Me parece entonces poco sorprendente, que la época de la transición descubra al ensayo para sí. Porque éste ofrece exactamente la posibilidad de un discurso crítico, no dogmático, deconstruyendo argumentaciones que repiten la lógica del poder, un discurso rebelde contra el poder de lo fáctico, que no se prohíbe argumentar en favor de un otro, aun cuando su realización histórica resulte inconcebible.

3. Tres ejemplos

Dos de los tres títulos elegidos para ser presentados aquí han sido ensayos de gran importancia para la discusión nacional de los últimos años: se trata de Tomás Moulian: *Chile actual. Anatomía de un mito* y de Alfredo Jocelyn-Holt: *El peso de la noche. Nuestra frágil fortaleza histórica*. En el caso del tercer título, *Ni apocalípticos ni integrados. Aventuras de la modernidad en América latina* de Martín Hopenhayn, su selección está motivada ante todo por el hecho de que él representa una dimensión de la ensayística chilena que no ha sido considerada en nuestras observaciones hasta ahora y que, sin embargo, no debería faltar: el subtítulo lo avisa: *Aventuras de la modernidad en América Latina*.

Los ensayos de Martín Hopenhayn reunidos en este libro son un ejemplo de la participación de la ensayística chilena en la discusión latinoamericana, transgrediendo el espacio limitado del cuestionamiento de la chilenidad, de la historia nacional, y de la actualidad política y cultural chilena. Hopenhayn discute en estos ensayos la condición latinoamericana después de los movimientos revolucionarios y sus esperanzas en un cambio radical de la realidad latinoamericana en los años

---

[4] Se trata de un gesto, de una actitud hacia un otro texto que no es idéntica con posiciones ideológicas. Así se puede explicar que cualquier texto o discurso de tendencias dogmáticas está subvertido por el ensayo como género literario.

60 y 70. Examina entre otros aspectos en qué grado las propuestas del pensamiento postmoderno (ante todo Lyotard), pero también las posiciones de la teoría crítica de la Escuela de Frankfurt contribuyen a la descripción y la comprensión de la realidad latinoamericana actual.

Como mencionamos en la primera parte, para Martín Hopenhayn no existe ninguna esencialidad latinoamericana, sin embargo, es evidente para él que los conceptos tanto del discurso postmoderno como los de la Escuela de Frankfurt reflejan las situaciones históricas y sociales de las condiciones en las cuales fueron elaborados y por ello no pueden ser adaptados a las condiciones latinoamericanas sin modificaciones importantes. En el caso del discurso postmoderno el autor señala además un malentendido peligroso: lo que éste plantea como estrategia de discurso (diversidad, microrrelatos, fragmentación, pluralidad del sujeto, etc.) se presenta en América Latina como "realidad social" o mejor dicho como convivencia real y no como exigencia teórica. La seducción de aplicar un tal discurso a la descripción de la realidad es, por consecuencia, grande, a pesar de que su valor explicativo y analítico es altamente problemático. Resumiendo:

> De este modo, las contradicciones sociales del capitalismo, acentuadas en la periferia latinoamericana, se escamotean tras la exaltación de las formas y los lenguajes. La crisis económica se mitiga discursivamente con la invocación de una bella anarquía y la heterogeneidad estructural se maquilla con la exaltación de la creativa combinación de lo moderno y lo arcaico, encarnación periférica de lo postmoderno (Hopenhayn 1994, 168).

Para Martín Hopenhayn las potencialidades de la teoría crítica de la Escuela de Frankfurt, especialmente sus contribuciones a la crítica cultural y sus análisis de la industria de la cultura son más prometedoras para una aplicación actualizada a las condiciones latinoamericanas (cf. ibíd., 156). Según él, principalmente la potencialidad racionalista en la "interpretación 'delatora' de la realidad" y su orden hegemónico de un lado y del otro lado el "reconocimiento de sujetos y prácticas con señales emancipatorias" (ibíd.), son lo que hace la teoría crítica interesante y valiosa para la discusión latinoamericana. En la medida en que estos ensayos de Martín Hopenhayn pueden ser leídos como contribución para pensar América Latina ellos representan una vertiente importante de la ensayística chilena.

El peso de la noche. Nuestra frágil fortaleza histórica de Alfredo Jocelyn-Holt, un libro, al igual que el de Tomás Moulian extensamente discutido en el Chile contemporáneo, es un ensayo histórico en cinco capítulos o —en una comprensión más clásica del ensayo— son cinco ensayos consecutivos sobre "Estado, cultura y nación" en Chile desde la independencia hasta el final del siglo XIX. Sin embargo no es un estudio en una perspectiva puramente histórica, sino se trata de develar las condiciones que producen la crisis de 1973, tomada por Jocelyn-Holt como última consecuencia de un proceso histórico que encuentra sus raíces en el siglo

XIX. Jocelyn-Holt analiza cómo las fuerzas del orden se confrontan a lo largo de la historia chilena con las fuerzas del caos y cuál ha sido el papel de las élites y del estado en este juego de poderes. Él devela la tensión permanente entre élites y estado y destaca el rol de la cultura como espacio autónomo e independiente frente a este estado y el orden impuesto por él. Una de sus reflexiones centrales parte del análisis de la frase conocida de Diego Portales: "El orden social se mantiene en Chile por el peso de la noche y porque no tenemos hombres sutiles, hábiles y cosquillosos: la tendencia casi general de la masa al reposo es la garantía de la tranquilidad pública" (citado en Jocelyn-Holt 1997, 148). Jocelyn-Holt demuestra que este orden, resultado de una gravedad social, no tiene carácter liberal ni ilustrado. Además lo califica una gran debilidad, lo que hace que él se defina principalmente *ex negativo* por "la ausencia temporal de desorden" (ibíd., 153). Este orden, el orden del reposo de las masas, es el correlato del poder señorial tradicional e incompatible con la idea de un estado moderno. Así, el autor devela o mejor, desmitifica —analizando el siglo XIX— convicciones chilenas arraigadas: la convicción del Chile como un estado poderoso, garante de un orden político confiable y la ilusión de un orden social estable y sólido. Ambas convicciones se revelaron como ilusiones con los acontecimientos de 1973 y de los años siguientes. La erupción del caos político y la ausencia de un poder estatal, garantía de un orden civil, no deben por ello sorprender tanto, según el autor, sino que deben ser vistos como una potencialidad implícita de la historia chilena y como herencia del siglo pasado.

El libro más discutido y más divulgado de los tres que presento es *Chile actual. Anatomía de un mito* de Tomás Moulian. El estudio es un libro de 380 páginas que se autodefine como "ensayo" (Moulian 1997, 11). Se trata entonces más de un ensayo en el sentido etimológico de la palabra, como tentativa, y no tanto de un ensayo en el sentido clásico del género.

Chile actual es ante todo el desmontaje, el cuestionamiento radical de este mito chileno que se constituyó en los años ochenta: mito del país exitoso —el Jaguar latinoamericano— un país de nuevo democrático, de una sociedad ordenada e igualitaria, país modelo y ejemplar dentro de la comunidad de los países latinoamericanos. Con otras palabras, un país vuelto hacia el futuro, hacia una sociedad moderna, competitiva, que aprendió muy bien las lecciones de los 'Chicago boys' y del neoliberalismo, que disfruta del mercado global y se integró en el proceso de globalización.

Tomás Moulian destruye este autorretrato de bienestar y éxito con dos cortes decisivos, letales para este mito: un corte sincrónico y otro diacrónico. En el eje sincrónico confronta el mito con la realidad social del país: el precio que paga la clase media alta para su bienestar; las desigualdades sociales y de poder adquisitivo; la destrucción del espacio urbano por la violencia y la contaminación; la falta de cultura política y de representaciones políticas para diferentes grupos de la sociedad. En el eje diacrónico Tomás Moulian recuerda la historia reciente del país:

la dictadura militar, sus represiones y violaciones de los Derechos humanos y confronta este pasado con la política del olvido, con la falta de conciencia histórica que se permite la sociedad chilena actual en su embriaguez de modernidad.

Ha sido este libro el primero en presentar argumentos y datos en cantidades abundantes acerca de un malestar que debe haber inquietado desde años a diversos grupos de intelectuales chilenos. Solamente así puede explicarse el éxito de este libro que de repente parece haber formulado algo que gran parte de sus lectores ya sabían y con lo cual la mayoría de ellos está de acuerdo. Las voces críticas con respecto a este ensayo se limitaron en general a argumentos subordinados y no ponían en duda la importancia política del ensayo. Pero ello sin duda es otra función de la ensayística: dar luz a un saber compartido por muchos, pero del cual nadie tenía el coraje, o nadie había encontrado las palabras, para hacerlo público.

Ahora bien, y para finalizar: estas observaciones sobre la ensayística chilena actual no permiten un juicio definitivo pero posibilitan extraer algunas conclusiones y formular un par de tesis. A modo de conclusiones:

1. Es incuestionable la significativa presencia de la ensayística en el campo literario chileno actual.

2. Ello refleja el deseo de los intelectuales de participar en la discusión valórica y ética del país y su compromiso con su destino.

3. Las publicaciones ensayísticas comprueban una tendencia general del campo literario chileno: el predominio de la capital en el discurso intelectual y la participación casi insignificante de las otras regiones: Chile se piensa desde Santiago y desde las experiencias capitalinas.

4. A pesar del predominio de la capital se observa el esfuerzo porque la variedad étnica, social y regional del país, sus diferentes tradiciones y espacios culturales estén representados y discutidos. Desde este punto de vista la ensayística es probablemente el género literario más diversificado y comprometido de la literatura chilena actual.

Algunas tesis:

— En el proceso de repensar Chile después de los eventos de 1973 la ensayística juega un rol destacado.

— La ensayística refleja un proceso de democratización en el sentido que promueve un discurso multidisciplinario, crítico con el pasado y con la realidad actual del país, desmitificador y transgresor de convicciones ideológicas establecidas.

— En la medida en que "la alternativa épica ha sido arrasada por la fragmentación de la experiencia" (De la Parra 1997, 12) y por la imposibilidad de los grandes relatos, la ensayística parece haber absorbido u ocupado funciones de la narrativa tradicional tanto con respecto al público de lectores como con respecto a la producción literaria y al mercado literario. Su oscilación entre subjetividad y objetividad le otorga un alto grado de flexibilidad, lo que le permite responder a los cambios sociales y culturales y a los desafíos de la modernidad de manera más adecuada, dinámica y veloz que la narrativa épica.

Después de todo lo dicho resulta evidente que me parece aún arriesgado formular una evaluación definitiva del valor literario de la ensayística chilena actual. Los textos se convierten en literatura no por sus buenas intenciones, sino porque están bien escritos. En este contexto resulta pertinente la observación de Roberto Hozven en la cual señala que "[...] la autorreflexividad discursiva, hoy día en Chile, es menos una elección estilística que uno de los dispositivos representacionales, indispensables para poner en escena, para reensamblar, estratos psicosociales del cuerpo chileno" (Hozven, *La vuelta de tuerca*, 29). Sin embargo, aun cuando convengamos en conceder al ensayo chileno este alto grado de autorreflexividad como uno de los "dispositivos representacionales" para una puesta en escena impostergable, permanece, no obstante, abierta la pregunta si este ensayo ha encontrado su expresión literaria adecuada. Existe —me parece— una alta probabilidad de que él sea considerado más adelante el género literario en el cual el futuro, el presente y el pasado de este país se discutía a finales del siglo XX con la mayor intensidad y con el mayor compromiso ético. Lo que queda por verse es, en qué medida sus cualidades literarias y estéticas le permitirán encontrar un lugar destacado en la historia literaria chilena del futuro.

Bibliografía

Adorno, Theodor W. 1981 [1974]. Der Essay als Form. En: íd. *Noten zur Literatur*. Frankfurt a.M.: Suhrkamp, 9-33.

Bengoa, José. 1996. *La comunidad perdida. Ensayos sobre identidad y cultura: los desafíos de la modernización en Chile*. Santiago: Sur.

Brunner, José Joaquín. 1988. *Un espejo trizado. Ensayos sobre cultura y política culturales*. Santiago: Ed. Flacso.

—. 1994. *Bienvenidos a la modernidad*. Santiago: Planeta

—. 1995. *Cartografías de la modernidad*. Santiago: Ed. Dolmen.

Cerda, Martín. 1982. *La palabra quebrada, ensayo sobre el ensayo*. Santiago: Ediciones Universitarias de Valparaíso [un fragmento reimpreso en la *Revista de Crítica Cultural* 9/1998, 18s.].

Gallagher, David. 1992. Chile: la revolución pendiente. En: Barry Levine (comp.). *El desafío neoliberal. El fin del Tercermundismo en América Latina*. Bogotá: Ed. Norma, 141-178.

Góngora, Mario. 1986 [1981]. *Ensayo histórico sobre la noción de Estado en Chile en los siglos XIX y XX*. Santiago: Ed. Universitaria.

Guzmán, Jorge. 1984. *Diferencias latinoamericanas*. Santiago: Ecech.

Hopenhayn, Martín. 1994. *Ni apocalípticos ni integrados. Aventuras de la modernidad en América Latina*. Santiago: Fondo de Cultura Económica.

Jocelyn-Holt, Alfredo. 1997. *El peso de la noche. Nuestra frágil fortaleza histórica*. Santiago: Planeta/Ariel.

Larraín, Jorge. 1997. La trayectoria latinoamericana a la modernidad. En: *Estudios Públicos* N° 66, otoño, 313-333.

Lukács, Georg. 1968. Über Wesen und Form des Essays. Ein Brief an Leo Popper. In: Ludwig Rohner (ed.). *Deutsche Essays, 1*. Neuwied und Berlin: Luchterhand, 32-54. [Primera edición en: Georg Lukács. 1911. *Die Seele und die Formen. Essays*. Berlin: Egon Fleischel & Co., 3-39.]

Morandé, Pedro. 1984. *Cultura y modernización en América Latina*. Santiago: Instituto de Sociología, Univ. Católica de Chile.

Moulian, Tomás. 1997. *Chile actual. Anatomía de un mito*. Santiago: Lom-Arcis.

Parker, Cristián. 1993. *Otra lógica en América Latina. Religión popular y modernidad capitalista*. México: Fondo de Cultura Económica.

Parra, Marco Antonio de la. 1997. *La mala memoria. Historia personal de Chile contemporáneo*. Santiago: Planeta.

Pinedo Castro, Javier. 1997. Chile a fines del siglo XX: Entre la modernidad, la modernización y la identidad. En: *Universum* (Talca, Universidad de Talca) 12, 141-180.

—. 1998. Ensayo chileno y política. Algunas propuestas de fin de siglo. (Manuscrito). [Ponencia leída en el XXXII Congreso del Instituto Internacional de Literatura Iberoamericana. Pontificia Universidad Católica, Santiago, 28 de junio al 3 de julio 1998.]

Piñera, José. 1993. *Camino nuevo*. Santiago: Economía y sociedad.

Revista de Crítica Cultural. 1998. Separata del N° 16, *La vuelta de tuerca*. Santiago.

Subercaseaux, Bernardo. 1996. *Chile ¿un país moderno?* Santiago: Ediciones B.

25 años de postgolpe y una literatura desgraciadamente normal

Manfred Engelbert

Cuando formulé el título de mi ponencia en agosto del año pasado (1998) todavía no se había dado la discusión otra vez acerbada sobre la posibilidad de una "normalidad alemana". Esta discusión fue desencadenada por el discurso del escritor Martin Walser al recibir el "Premio de la paz de los libreros alemanes" de 1998, premio que en años anteriores recibieron Jorge Semprún y Octavio Paz. En dicho discurso Walser adelantó alguna duda sobre la utilidad cívica de una conmemoración rutinaria de los crímenes de la Alemania nazi reivindicando la posibilidad de una vida "normal" sin la omnipresencia del "mazo moral" de Auschwitz. Fue tocar un tabú y, precisamente por eso, algo necesario. Porque nos lleva a preguntarnos por qué nos consideramos "destinados a vivir con la presencia de Auschwitz" (Harpprecht 1999, 86) y "cómo la memoria puede hacer justicia a la Historia alemana" (carta citada en: Horster 1999, 88). ¿Qué significa "presencia de Auschwitz"? ¿Qué se pretende "haciendo justicia a la Historia"? Acaso ¿no está presente Auschwitz en Bosnia, en Ruanda, en los cientos de miles de niños muertos por el hambre y por el trabajo cada año en muchas partes de nuestro planeta? ¿No está presente en la caza de hombres organizada por jóvenes alemanes barbarizados en estos mismos días? ¿Y no está presente también en la impunidad de cierto general retirado chileno de nombre Pinochet? ¿Qué significa, entonces, precisamente "hacer justicia a la *Historia*"? ¿No tendríamos que hacer justicia en el presente sirviéndonos de la Historia para que Auschwitz sea definitivamente un hecho del pasado?

Si tomamos en serio estas preguntas nos está negada la "normalidad". En la medida en que no separamos la Historia del Presente, en que comprendemos la importancia de aquella precisamente como pre-historia de éste y por ende como llave para su comprensión nos quedamos con la tarea de la transformación oportuna de nuestro presente con un trabajo consciente y concienzudo— y todavía más cuando la Historia y las llamadas Humanidades son nuestra profesión.

Si el título de mi ponencia parece atreverse, bajo estas luces, a criticar doblemente —por normal y por desgraciada— una producción literaria que por cierto no conozco en su totalidad, quiero subrayar que la normalidad literaria aludida resulta tan chilena como alemana y global. El debate alemán es también un debate chileno. En su posfacio a *Santiago Cero* (edición de 1997 por Seix Barral), Alfredo Jocelyn-Holt, por ejemplo, declara que "sólo el olvido hace posible el recuerdo" (Jocelyn-Holt 1997, 166 y también 161). Los límites de Chile con Alemania, otro ejemplo, no sólo constan en la "Colonia Dignidad". De manera sobrecogedora los revela el relato de "Isla 10", o sea Sergio Bitar, en el testimonio redactado con la ayuda de Juan Andrés Piña y publicado en 1987. Cuenta Bitar cómo los presos representantes del gobierno de la Unidad Popular trataban de organizar, "para que la mente no divagara y así no se planteara el dramatismo de la situación" en el campo de la isla Dawson, "actividades que nos absorbieran tiempo" (Bitar 1987, 95s.):

> [...] algunos constituimos un grupo para estudiar alemán. Nos llamaban los "germanófilos". [...] Era tanta nuestra dedicación al alemán, que hacíamos el esfuerzo de mantener conversaciones, incluso durante nuestro trabajo forzado, en ese idioma. [...] Propusimos la creación de "la mesa de los alemanes": Hasta aquí llegó nuestro entusiasmo, porque hay que comprender que en una situación de esa naturaleza, rodeados de armamentos y viviendo en un campo de concentración, el hablar alemán en la mesa, parecía una réplica grotesca de un campamento nazi. A los pocos días los amigos nos hicieron callar [...].

Si por otra parte la "normalidad" de la literatura chilena me parece "desgraciada" es porque, una vez más, se corre el riesgo de perder una posibilidad de utilizar —*horribili dictu*— la Historia como "nuevo órgano" de un aprendizaje humano. Es, porque —siguiendo una distinción aducida por Jaime Collyer en 1990— entre "las dos literaturas básicas" la que "ayuda a comprender" me parece asfixiada por "la que ayuda a olvidar", "la que ayuda a ser persona libre y un ciudadano libre" queda a la zaga de "la que ayuda a manipular a los demás" (Collyer 1990, 127).

En lo que sigue trataré de exponer las razones que me llevan a este juicio no demasiado halagador por lo menos en cuanto a la literatura narrativa.

Intentando describir, en 1993, las tendencias generales del novelar en Hispanoamérica después del "boom", llegué a distinguir cuatro condiciones esenciales para el quehacer literario:

1. una internacionalización de la producción y de la distribución ligada con un nuevo regionalismo;
2. una predominancia marcada de la clase media como lugar social de la producción literaria;
3. una profesionalización creciente, y
4. una heterogeneidad dirigida de los fenómenos literarios en cuanto a género y temática (Engelbert 1994).

Estas cuatro condiciones son, por supuesto, características de una economía neoliberal en la cual la producción literaria pasa a ser un servicio más que ofrece gratificaciones económicas y sociales a partir de una producción continua de calidad controlada y vendible si se encuentra en congruencia con los intereses y deseos, con la visión del mundo de un público "eventual" con suficiente poder adquisitivo para poder y querer pagarse el lujo de un libro. Dentro de este marco los intereses económico-sociales determinan más que nunca si no la expresión literaria concreta —la forma y el tema precisos que se eligen en una obra literaria—, por lo menos, a través de la publicación, la expresión que se considera como "legítima". Por ende, si queremos llegar a comprender la literatura como "fiel expresión del sistema social en que se gestaba" (Promis 1990, 15) tenemos que enfocar el desarrollo de las clases medias en el período que nos interesa. Sólo a partir de los hechos correspondientes se puede valorar la dimensión pragmática del discurso literario— acomodado o contestatario según Promis, otra vez (ibíd., 21). Solamente a partir del contexto histórico concreto se puede decidir si un discurso "optimista" está apoyando estructuras del poder o si, al revés, un discurso "pesimista" comporta una crítica de las estructuras dominantes. Rehabilitar un modo de análisis socioliterario preciso que no tenga miedo del término "clase" es, pues, una tarea necesaria.

En el contexto chileno, el fenómeno de más importancia para un análisis socioliterario de la literatura de los últimos 25 años es, probablemente, la doble reestructuración de la clase media chilena a lo largo de los años de la dictadura neoliberal. Efectivamente las clases medias han conservado, dentro de este marco, su importancia relativa en la estructura de la sociedad chilena. Pero se dio un traslado desde el sector estatal al sector privado, por una parte, y desde los sectores asalariados a los sectores medios independientes. Con la creciente importancia de los sectores financiero y comercial se forma y confirma un "sistema de movilidad" diferente. En este sistema ya no cuentan ni la educación formal, ni la antigüedad, ni la acción reivindicativa colectiva sino un conjunto de "virtudes" menos definidas que descansa en la iniciativa, la calificación ("*ad hoc*") y la competencia individuales (Engelbert 1994; Martínez/León 1987, 133).

La cultura que se gesta en este contexto es mesocrática y narcisista. Es la clase media que, a través de un grupo de profesionales especialistas, a la vez productores y receptores igualmente especialistas, hace cultura: la cultura. La cultura que nace de estas circunstancias es una "cultura individualista dominada por el miedo", según Eugenio Tironi (1987, 120). Si, durante toda la dictadura, el miedo fue una arma política manejada "en forma notable" por Pinochet (De la Parra en: Díaz Saenger/Devés Valdés 1989, 128) y el terror estatal la única ligazón social, la internalización de las nuevas "virtudes" tiene como base un miedo menos físico pero no por eso menos eficaz en su función colectiva ante la inestabilidad económica, la precariedad del trabajo y la posibilidad del fracaso dramatizado por su personalización, precisamente. El consumo aparece casi necesariamente como medio de compensación y "fuente alternativa de status y símbolo de movilidad ascendente". Al mismo tiempo, "frente a una creciente heterogeneidad de los grupos medios" el consumo se vuelve otro factor de cohesión, "de homogeneización y reconocimiento" (Martínez/León 1987, 37). De tal modo que deshecho "el mito de la clase media", según otra vez De la Parra (en: Díaz Saenger/Devés Valdés 1989, 129), por "nuestra crisis de identidad", da lugar a otro mito que es el de la "posmodernidad".

Sería, tal vez, más exacto y adecuado hablar de "ideología" en el sentido de una visión del mundo producida socialmente en circunstancias de dominación y que resulta a la vez explicativa de la situación de los concernidos y limitada en cuanto a su alcance por la interferencia de intereses propios y del poder dominante. A partir de esta definición se reconoce, en la heterogeneidad constatada y postulada a la vez, en la "muerte" del sujeto-individuo, en el "fin de los grandes relatos", en la "hibridización de la cultura", etc., la desilusión de los sectores mesocráticos —no sólo en Chile— que se encuentran en la defensiva social tras el fracaso del Che, tras los eventos bífidos del 68 (Tlatelolco y Praga) y, en particular, tras las dictaduras terroristas establecidas —con ayuda ya oficialmente reconocida de los EE.UU.— en el Cono Sur.

El impacto de las teorías de la postmodernidad en Argentina y en Chile merecería un estudio muy detenido para deslindar una recepción afirmativa y otra crítica o, mejor dicho, una utilización para fines críticos considerando la posibilidad de un lento desliz desde posiciones "contestatarias" hacia actitudes "acomodadas" (para retomar la distinción de Promis 1990, reelaborada en Promis 1993, 217-220). Tanto Raúl Zurita (1983) como Rodrigo Cánovas (1986) han subrayado en su tiempo la correspondencia entre una situación de aniquilación física y síquica de una multitud de individuos por un lado y la doctrina de la muerte filosófica del sujeto por otro.

Se comprende que tal doctrina haya podido arraigarse en el ambiente de la clase media intelectual azotada por el terror y asediada por la censura, ofreciendo el discurso filosófico no solamente una explicación de la propia perplejidad y pérdida de mundo sino también un telón de seguridad.

Buena parte de la producción editorial de "Las Ediciones del Ornitorrinco" vinculadas con la revista APSI corresponde a estas condiciones. A partir de finales de 1983 —algunos meses tras la caída de la censura previa— se publica una serie de novelas experimentales que entregan una visión desgarrada y esclarecedora, a veces lúcida y siempre sincera de la situación vivida por la clase media intelectual en su afán de comprender y de hacer surgir los debates necesarios en condiciones precarias de sobrevivencia. Frente a la novelística de los 70 —que la hubo, y que se leyó (piénsese en el éxito de la apología del golpe hecha por Alejandro Magnet con el título de *Operación primavera* que se vendió, entre el 20 de octubre y el 16 de noviembre de 1973 en por lo menos 5000 ejemplares)— estos libros se destacan menos por su éxito editorial que por el alto nivel de reflexión y de construcción estética. Y su mera existencia prueba la posibilidad de alternativas y de utopías, de grandes discursos en pequeños espacios que invitan a la discusión, al debate y a la contradicción. No me voy a hacer otra vez propagandista de la obra de Diamela Eltit y de *Lumpérica* (ver Engelbert 1990). El radicalismo estético de este "texto" en la presentación de una búsqueda frenética de identidad confina el texto de tal manera dentro de su momento histórico que pueda resultar difícil rescatarlo en otro nivel que el de monumento de este momento.

Pero como tal y frente a la facilidad y la frivolidad de lo que se vende hoy en día merece ser destacado como hito en la historia reciente de la literatura chilena. Que haya sido posible "recuperarlo" —precisamente como monumento y como lujo vanguardista— en una segunda edición en Planeta-Sur no le resta mérito. *Lumpérica* queda como un desafío a la percepción si se acepta el reto de la lectura en vez de transformarlo en objeto aurático.

En los dos años siguientes (1985/1986) se redactan dos novelas más que destacan como una literatura que ayuda a esclarecer[1]. Quiero hablar de *La Revuelta* de Sonia Montecino (escrita en el verano chileno de 1985) y de *El deseo de toda ciudadana* de Marco Antonio de la Parra (escrita en el verano siguiente de 1986). Ambas novelas se publican en 1988 (el libro de De la Parra tendrá otra edición en 1989), y son mucho más que diversiones veraniegas. También son libros más bien difíciles, sobre todo la novela corta de Montecino. Cuenta ésta una búsqueda de identidad no menos frenética que la de *Lumpérica* al poner en su centro una figura tripartita y andrógina que se debate entre su existencia de luchadora de *catch* (Bibí) y de travestista (Sandro) y sus orígenes mapuches (Noemí Sandoval). La recuperación mitificada de las raíces de machi mapuche significará una victoria sobre el mundo del "Emperador", macho-dictador representante de un sistema de explotación sin piedad. Se trata de un texto "salvaje" por su presentación de ambientes marginados (y precisamente por eso representativos del alto grado de alienación existente en el mundo capitalista) como el del *catch* y de las *boîtes* así como la confrontación de éstos con el mundo mítico de los mapuches. Es cierto que la utopía final conlleva una carga tal vez demasiado idealista en el sentido de que la salida liberadora del mundo masculino "chileno" para entrar en un mundo mapuche y de mujeres no corresponde para nada a las posibilidades reales de las mujeres mapuches de la realidad social analizada por la misma autora en su estudio sobre *Mujeres de la tierra* de 1984. Pero también es cierto —y lo ha destacado en una fina tesina de final de estudios Milena Hühn (1996)— que esta diferencia marcada entre la ficción y el estudio social realiza las posibilidades precisamente utópicas, de invención de mundos nuevos, de una literatura que se compromete a fondo con su mundo social[2].

---

[1] Ya confesé que me encuentro lejos de conocer toda la producción literaria (novelística) chilena. Fue en el congreso de Eichstätt que conocí la obra de Fernando Jerez— *Un día con su excelencia* es de 1986, *Temprano despunta el día* (1993) me fascinó cuando traté de ponerme al día durante una larga noche de lectura. Habrá artículo...

[2] No estoy de acuerdo con el juicio sumamente positivo de Martin Lienhard (1990, 304-306) sobre *Actas del alto Bío-Bío* de Patricio Manns (1985) que, como "etnoficción" rescataría "el discurso indígena". Me parece demasiado obvia la intrusión de un punto de vista de intelectual algo sabihondo— no tanto por la presencia de narrador con grabadora cuya sombra se nota en mucho de lo que sería discurso grabado fielmente, sino en la construcción del profesor de Historia y de Castellano, José Segundo Leiva Tapia, un mártir abocado a una de esas

La otra novela publicada por Ornitorrinco en 1988 es la mencionada de Marco Antonio de la Parra. También en *El deseo de toda ciudadana* (el deseo de toda ciudadanía de vivir sin miedo) se trata de una lucha por la identidad amenazada de una mujer —Verónica— que encuentra su vida más íntima invadida por un ser masculino —"el tipo", "el hombre del diente de oro"— con fantásticas posibilidades de intromisión. Es difícil saber quién es, si realmente existe: sus posibilidades de ubicuidad le trasforman en duende maléfico que llega a arrinconar a Verónica al borde de la locura. Oportunamente —en la mitad del texto— un narrador auctorial se dirige al lector:

> Sí, es probable que usted la crea loca. Ha cerrado el último capítulo convencido de que ella se ha demenciado totalmente [...]. Pero, le pido que la miremos bien, ¿qué tiene realmente de loca? Solamente viene bajando del colectivo después de otra jornada de trabajo, como usted o como yo, llega a la misma hora de siempre, como usted o como yo, deprimida tal vez, más bien vacía, sin encontrarle asunto a la tarde, como usted o como yo (1987, 107s.).

Y esta mujer-ciudadana (como nosotros, ya queda establecido por la construcción del narrador) se encontrará una vez más con el terror que llega hasta la violación. Este paroxismo va a provocar la reacción violenta de Verónica que matará a pistolazos a su torturador. Pero todavía no termina la novela: Verónica decide dejar la ciudad para volver al campo de donde llegó. Y lo va a hacer— junto al "muerto que se levantó":

> Al llegar a la vereda un niño le entregó una rosa envuelta en celofán.
> Verónica la tomó con la mano libre y se la hizo oler al tipo.
> ¿Vamos?— le dijo.
> —Vamos— contestó el muerto.
> Y como dos novios salieron a la calle. Del brazo (ibíd., 215).

De repente queda claro que este tipo desagradable es mucho más que un esbirro de la dictadura. Es el terror y el miedo instalado en cada uno de los ciudadanos a raíz del "manejo notable" del miedo constatado por De la Parra en el texto posterior ya citado. La internalización de la dictadura crea un "alter-super-ego" que hay que superar ("matar" en la alegoría magistral del texto) para poder vivir con él. Parece que esta idea era corriente en el ambiente de APSI. Sergio Marras, director adjunto de la revista en 1989, llega a definir a Pinochet de la manera siguiente:

> Pinochet es algo en la vida de uno. Cómo no. Es mi retrato en el espejo, es la caricatura de mi propia cara. [...] Sacarme el Pinochet que

---

situaciones de callejón sin salida, salvo la muerte heroica, que le gustan al Patricio Manns novelista (en contradicción con el teórico de la novela de los espacios abiertos).

tengo adentro me podría llevar hasta fines del siglo. Pero, aunque corro el peligro de quedarme vacío, no dejo de proponérmelo.

Pinochet es casi todo lo que detesto en mí (en: Díaz Saenger/ Devés Valdés 1989, 114s.).

Este altísimo nivel de auto-conocimiento logrado a finales de la dictadura parece haberse perdido o por lo menos no se hizo norma en los años posteriores de la transición. Al contrario, la normalidad parece ser, por una "mala memoria" (De la Parra), por este horror al vacío apostrofado por Marras, compensado o tapado por una perspectiva de desaliento a veces frívola que parece vincular la literatura del postgolpe o, mejor dicho, del neoliberalismo de la concertación-transición con la de la "generación del 50" y su máximo representante, José Donoso. (Promis 1993, 223, apunta en esta misma dirección cuando constata que "las notas características de la perspectiva ofrecida por la *Novela del Escepticismo* vieron enfatizados sus tonos de angustia y desorientación en la medida en que sus relatos acentuaban el sinsentido de los destinos individuales y la destrucción de los comportamientos sociales.") El postmodernismo se vuelve cínico negando la posibilidad de una utopía constructiva, confrontando el individuo con los callejones sin salida de la desesperanza que se dice "lúcida" o con una frivolidad comprometida únicamente consigo misma, reivindicando la literatura como juego autorreferente. Resulta cínica esta actitud estética porque se niega la posibilidad de ser persona a partir de una situación de plenitud personal puesta a disposición por "la fuerza de las cosas". De ese modo se confina a los que nunca tuvieron ni tiempo ni dinero para ocuparse de su personalidad al limbo de las masas populares a los cuales se concede la "hibridización" como *accesit* en la fiesta de los premios consagrados.

Esta literatura del desaliento frívolo parece hacerse norma después de 1989— fecha otra vez de importancia no solamente chilena. Valgan como ejemplo las obras de Antonio Skármeta y de Ana Vásquez. Resulta particularmente penoso el camino de Ana Vásquez, tan mal conocida y tan grande en su novela *Abel Rodríguez y sus hermanos*, publicada en Chile —tras publicaciones en España (1981) y Francia (1983)— también en 1988.

En *Mi amiga Chantal* no queda mucho de la clarividencia amarga de aquella novela (que merecería una reedición) en la cual no hay Caín, sino solamente perdedores en la implacable carrera impuesta por circunstancias de competencia y de miseria material y síquica (el amor como fuente de violencias que resultan de un "double bind" sin solución es, por cierto, un aspecto en común y que valdría la pena de un análisis atento).

Pero si esta tendencia predomina después de 1989 —la tesis de Kathrin Bergenthal (1999) sobre la "Nueva Narrativa Chilena" analiza con lujo de informaciones los detalles del "mini-boom chileno"— no estuvo ausente en los años anteriores. Voy a tomar como ejemplo *Santiago Cero* de Carlos Franz, novela escrita y premiada en 1988, publicada una vez más en 1989 y reeditada por Seix Barral en 1997, tras la "consagración internacional de la nueva narrativa chilena" (texto publicitario de la banda del libro) por el casi-éxito en el Premio Planeta (Argentina) de 1996, con *El lugar donde estuvo el paraíso*.

Santiago Cero cuenta la historia de un "sapo por amor" cuyo nombre nunca vamos a conocer porque es él quien nos entrega su propia historia. Se desarrolla ésta en el ambiente de una universidad santiaguina. La protagoniza un grupo de estudiantes que integran sobre todo Raquel, Sebastián y el narrador en segunda persona[3]. Raquel, es una chica con ansias de "normalidad estudiantil" —tener una respuesta a todo— que no tiene "respuestas claras" (1989, 2 y 1997, 2) y en eso se asemeja al narrador que aparece con aires de idealista y de artista, a la vez en el centro y al margen de las cosas. Con la imagen de la "mujer ideal" en la cabeza no se da cuenta de la transformación —tras una grave enfermedad— de Raquel en mujer. Lo que sí llama la atención a Sebastián, el personaje vagamente contestatario de la novela. Sebastián va a inventar un carteo ficticio con un amigo de viaje por Europa, y con estas cartas logra captar la atención y el amor de Raquel dándole pasto a sus anhelos escapatorios, por lo demás comunes al grupo entero (un cartel de Lufthansa con el castillo de Neuschwanstein es su emblema). Espiando los pasos de Sebastián y de Raquel, el narrador pisa los talones al "Guatón Blanco", un eterno estudiante espía del régimen. Y cuenta el narrador:

> Esa red invisible tendida sobre Santiago, en la que habías entrado sin
> darte cuenta, se cerró sobre ti una tarde de lluvia[4].

Efectivamente el narrador va a hacerse sapo y roba las cartas (inventadas) que molestan al régimen por el mero hecho de parecer llegar desde fuera. Blanco logra deshacer el grupo —en el cual se encuentra también Rubén, un ex-militante

---

[3] En la versión manuscrita leída en Eichstätt —y que había pasado a leer a Carlos Franz la noche anterior— había puesto, por error de otra noche de trabajo, "narrador en primera persona". Carlos me corrigió en público. Sin insistir demasiado en la explicación de mi desliz-error me gustaría llamar la atención al texto "marco", este sí en primera persona, lo que induce a identificar el "TU" del cuerpo principal de la narración con el "YO" del marco que explícitamente pone de relieve la situación de "doble vida" y "una medida de seguridad" (1989, 12 y 1997, 12). Con lo cual se relativiza notablemente el efecto de distanciamiento en el cual insistió Carlos en la discusión. El "gran asunto" del debate fue la pregunta: con qué derecho yo —un crítico literario— me metía a "censurar" libros. A lo cual sigo respondiendo que criticar expresando juicios de valor no es censurar. Al contrario, la libertad casi absoluta de expresión, bien pagada además, de la cual disfruto como catedrático alemán, casi me obliga a utilizar esta libertad para formar y expresar juicios razonados que —por circunstancias de diversa índole— no pueden o no quieren pronunciarse de la misma manera en otros ámbitos. Mis razones pueden no ser "correctas" (buenas, adecuadas...), pero publicándose por lo menos puede haber debate. Sea como sea, como crítico independiente no me veo obligado a aceptar ni cualquier visión del mundo ni cualquier estética con el sólo argumento de que emitir juicios de valor y proponer "normas literarias" sería "totalitario".

[4] Cap. II, 7, 86/96. Aquí y en lo que sigue la primera página se refiere a la edición de 1989 (2a. edición 1990), la segunda a la de 1997.

de la Unidad Popular, según se entiende, que es entregado a la tortura en años anteriores por el mismo Blanco— revelando a Raquel la ficción de las cartas. Tras una pelea brutal Sebastián se va a Europa y Raquel se casa con el narrador. Este, para mantener su secreto de espía y para aislar a Raquel en una burbuja de vida privada se hace cada vez más sapo y sucede a Blanco en la posición del espía profesional. Secreto imposible de mantener y cuya revelación (por una vieja rencorosa) deja el matrimonio hecho trizas. El narrador ya inútil como espía termina en una isla donde expía la sentencia de un amor imposible, por falta de comprensión e impuesto con la violencia, escribiendo el libro que acabamos de leer.

Frente al esfuerzo analítico, presente en las soluciones estéticas diferentes de Montecino, de De la Parra y de Vásquez, de comprender y de superar la violencia tanto impuesta como asumida (interiorizada) con la cual opera la dictadura militar de Pinochet, la novela de Franz representa un modelo más bien retrógrado en el sentido de que su novela retoma un esquema ya criticado por su "enajenante estado [...], síntoma de una vivencia nacional aún más enajenada" en un artículo de Ariel Dorfman (1966, 110; artículo recordado oportunamente por Manuel Alcides Jofré 1988).

La novela chilena de aquellos años resultaba "enajenada" en su "enorme presencia de adolescentes criminales, frustraciones sexuales y viajes al extranjero" (atinado resumen de Dorfman por Jofré 1988, 191). *Santiago Cero* de Franz —que se dice discípulo de confianza de José Donoso— retoma esta tradición (la novela del desaliento en palabras de Promis) que en las circunstancias del postgolpe no puede menos que cobrar un matiz afirmativo caracterizador de muchas de las novelas de la transición chilena.

La reedición mencionada de *Santiago Cero* en editorial prestigiosa no es, entonces, un hecho casual. El texto de la solapa, que procede del texto escrito por Jocelyn-Holt que presenta el libro, subraya la pérdida de mundo concreto al hablar de la "época" de las acciones de la novela que sería "la juventud: ayer u hoy mismo". Habla del "sueño de una ciudad mejor": "El sueño de una generación que amanecía huérfana y para la cual 'la historia definitivamente ocurría en otra parte'".

Este texto inspirado, pues, por Jocelyn-Holt, es una estilización perfecta de la auto-visión de una capa social que, según mi interpretación, supo hacer sus paces con el régimen dictatorial y con las consecuencias sociales de éste por haberle ofrecido una vía de éxito individualizado casi masivo. La negación del padre —existente como patriarca (y como padre concreto en el caso de Franz que le dedica su segunda novela)— y la tesis de encontrarse fuera del proceso histórico no son sino coartadas de justificación. La reescritura parcial de *Santiago Cero* —porque no se trata de una simple reedición— subraya la "normalización" de esta literatura a través de algunos rasgos significativos.

En primer lugar se constata una voluntad —no sistemática— de purgar el texto para un público internacional quitándole chilenismos semánticos y sintácticos ("fome" se reemplaza por "malo", p. 19, "mechón" por "novato", p. 58, "vai" por "vas", p. 132, etc.). En segundo lugar se nota un esfuerzo de literarización, por ejemplo en el manejo de los lemas, pero sobre todo en el manejo de los afanes artísticos de Sebastián y del narrador. Las diez páginas que se añaden a la novela resultan casi exclusivamente de la reelaboración de la figura del narrador y de Sebastián como poetas (cap. I, 8). La puesta en escena, por Sebastián, de *La vida es sueño* que se menciona una sola vez en la primera versión (p. 109) cobra mucho más importancia en la segunda (p. 119, 120, 127, 136). Hasta se nos cita el primer verso de Segismundo y se elabora el paralelo entre el preso "huérfano" que no conoce la libertad y el grupo de jóvenes en Santiago. Por mi parte, no puedo menos que recordar una de las interpretaciones posibles de la pieza de Calderón según la cual la aceptación final del poder del padre y el mismo símil del título señalan una actitud ya harto conservadora en su tiempo (cf. Engelbert 1985, 263s.). Si de "sueño" se trata en *Santiago Cero* bien podría ser algo cercano al sueño de la razón.

Es sorprendente la manera por la cual un mero cambio de género —cambio de perspectiva si no cambio de clase— puede romper el cerco de la normalización que parece todopoderoso si nos quedamos en el ámbito de la novela. Basta tomar un ejemplo del vasto continente de la poesía cantada tan importante para Chile y América, tan malamente recordada en *La mala memoria* de De la Parra (1997, 69s.; ver Engelbert 1998) y tan desconocida en la isla académica internacional. No necesita mucho comentario la canción del grupo Illapu que también habla de sueño, y que sigue hablando de utopías, y que compuesta en 1993 mantiene una actualidad candente —escuchar bien la segunda estrofa— por su compromiso con un mundo que nunca fue solamente chileno, pero en el cual "Chile" significa mucha humanidad en potencia.

Escuchémosla— y venga el debate a refutar mis pequeñas provocaciones[5]:

---

[5] Aquí se dio otro momento "fuerte" del debate. "Eso", se me dijo, "no es poesía". Y los poetas presentes en el coloquio se escandalizaron por "la facilidad" y "el mensaje que ya no podían escuchar por lo repetitivo". Que se me pruebe que sus propios mensajes realmente son nuevos (también en sus formas) y que nos ayuden a comprender el mundo. Los que escuchan —masivamente— a los Illapu ¿son todos tontos? ¿Les falta educación artística? Pues adelante con las reformas al respecto— que reivindica, a su modo, el poema (insisto)-canción de los Illapu. El problema del canon que se deja ver aquí es, por lo demás, uno que también existe en Alemania. "¿Qué te sorprende? me preguntó mi amigo Horst Nitschack — Imagínate la reacción en un congreso de germanistas dándoles a escuchar el grupo 'Ton, Steine, Scherben'". Traté de examinar este problema en mi artículo "para una cultura total..." (Engelbert 1998).

Me habita la confianza

Cuando digo amigo mío
que no es tiempo de nostalgia
que aunque la apariencia cambia
sigue viva la esperanza
y aunque la justicia tarda
la verdad desata el alba
hacia el sol de otra mañana
digo entonces que se avanza.

Cuando digo amigo mío
que la frase hay que cambiarla
se acabó y hay que enterrarla
al otoño va el patriarca
y aunque es la primera instancia
la sentencia ya le aguarda
ya está abierta la ventana
y la puerta hay que ganarla.

Cuando digo amigo mío
que me habita la confianza
no es que crea que todo anda
que ya no hace falta nada
y si el mundo salta y cambia
la miseria reina y manda
que esta faja angosta y larga
no ha ganado su alborada.

Cuando digo amigo mío
que la utopía no ha muerto
que yo sueño aún despierto
sin frenar mi pensamiento
que aunque la meta esté lejos
y el camino se haga lento
no descansaré un momento
de cantar mi sentimiento.
(Texto: Andrés Márquez
Música: Roberto Márquez)

174

Bibliografía

Bergenthal, Kathrin. 1999. *Studien zum Mini-Boom der* Nueva Narrativa Chilena. *Literatur im Neoliberalismus.* Frankfurt/M.: Peter Lang.

Bitar, Sergio. 1987. *Isla 10.* Santiago de Chile: Pehuén.

Cánovas, Rodrigo. 1986. *Lihn, Zurita, Ictus, Radrigán. Literatura chilena y experiencia autoritaria.* Santiago de Chile: FLACSO.

Collyer, Jaime. 1990. De las hogueras a la imprenta. El arduo renacer de la narrativa chilena. En: *Cuadernos Hispanoamericanos* 482-483, 123-135.

Díaz Saenger, Jorge; Eduardo Devés Valdés (comps.). 1989. *100 chilenos y Pinochet.* Santiago de Chile: Zig Zag.

Dorfman, Ariel. 1966. Perspectivas y limitaciones de la novela chilena actual. En: *Anales de la Universidad de Chile* 124, no. 140, 110-167.

Eltit, Diamela. 1983. *Lumpérica.* Santiago de Chile: Las Ediciones del Ornitorrinco. Reedición Santiago: Planeta 1991.

Engelbert, Manfred. 1985. Calderón de la Barca. En: Klaus Pörtl (ed.). *Das Spanische Theater. Von den Anfängen bis zum Ausgang des 19. Jahrhunderts.* Darmstadt: Wissenschaftliche Buchgesellschaft, 240-279.

—. 1990. ¿Cómo valorizar el arte literario actual? Escrituras de mujeres chilenas: Isabel Allende/Diamela Eltit. En: *Wissenschaftliche Zeitschrift der Humboldt-Universität zu Berlin, Reihe Gesellschaftswissenschaften* 39, 5, 445-450.

—. 1994. Apropiaciones de realidad en la novela hispanoamericana a partir de 1968. El postboom: ¿una novela liberada? En: *Estudios Filológicos* (Valdivia) 29, 125-142.

—. 1998. Indigenismo y universalismo - para una cultura total (José María Arguedas, Violeta Parra, Quilapayún). En: Claudius Armbruster; Karin Hopfe (eds.). *Horizontverschiebungen. Interkulturelles Verstehen und Heterogenität in der Romania. Festschrift für Karsten Garscha zum 60. Geburtstag.* Tübingen: Gunter Narr Verlag, 401-411. [Se publicó también en: Diana Kiss; Daniel López; Eduardo Castro (eds.). *Universidad, cultura y sociedad - Reflexiones en torno al Desarrollo Regional. Actas del Segundo Seminario Universidad y Desarrollo Regional, Osorno, Chile, noviembre 1997.* Osorno: Fondo de Publicaciones Red UREL, 269-281.]

Franz, Carlos. ²1990 [1989]. *Santiago Cero.* Santiago de Chile: Publicaciones Nuevo Extremo. Reedición Santiago: Seix Barral - Biblioteca Breve/ Editorial Planeta Chilena 1997.

—. 1996. *El lugar donde estuvo el paraíso.* Santiago de Chile: Planeta.

Harpprecht, Klaus. 1999. Walser und kein Ende. En: *Die Neue Gesellschaft - Frankfurter Hefte* 46, 1, 85-86.

Horster, Detlef. 1999. Gut, daß es Walser gibt. En: *Die Neue Gesellschaft - Frankfurter Hefte* 46, 1, 86-88.

Hühn, Milena. 1996. *Ethnologie, Feminismus und literarische Konstruktion. Untersuchungen zu Sonia Montecino*. Tesina dactilografiada, Göttingen.

Illapu. 1993. Me habita la confianza. En: *En estos días...*(cassette). Santiago de Chile: EMI-Odeón Chilena S.A., lado B, no. 10.

Jerez, Fernando. 1986. *Un día con su excelencia*. Santiago de Chile: Bruguera.

—. 1993. *Temprano despunta el día*. Santiago de Chile: Atena/Galinost.

Jocelyn-Holt Letelier, Alfredo. 1997. Posfacio. Tras la lectura de *Santiago Cero*. En: Franz, 159-167.

Jofré, Manuel Alcides. 1988. La novela chilena: 1965-1988. En: José Luis Gómez-Martínez; Francisco Javier Pinedo (eds.). *Chile: 1968-1988* (= Los Ensayistas - Georgia Series on Hispanic Thought 22-25), 191-206.

Lienhard, Martin. 1990. *La voz y su huella. Escritura y conflicto étnico-social en América Latina (1492-1988)*. La Habana: Casa de las Américas.

Magnet, Alejandro. 1973. *Operación primavera*. Santiago de Chile: Editorial del Pacífico. (5a Edición - 16 de noviembre de 1973).

Manns, Patricio. 1985. *Actas del Alto Bío-Bío*. Madrid: Libros del Meridión/Ediciones Michay.

Martínez, Javier; Arturo León. 1987. *Clases y clasificaciones sociales. Investigaciones sobre la estructura social chilena, 1970-1983*. Santiago de Chile: Centro de Estudios del Desarrollo Sur.

Montecino Aguirre, Sonia. 1984. *Mujeres de la tierra*. Santiago: CEM/PEMCI.

—. 1988. *La Revuelta*. Santiago de Chile: Las Ediciones del Ornitorrinco.

Parra, Marco Antonio de la. 1987. *El deseo de toda ciudadana*. Santiago de Chile: Las Ediciones del Ornitorrinco.

—. 1997. *La mala memoria. Historia personal de Chile contemporáneo*. Santiago de Chile: Planeta.

Promis, José. 1990. Balance de la novela en Chile: 1973-1990. En: *Hispamérica* 19, 55, 15-26.

—. 1993. *La novela chilena del último siglo*. Santiago de Chile: Editorial La Noria.

Tironi, Eugenio. 1987. *Pinochet. La dictature néo-libérale*. Paris: Editions L'Harmattan.

Vásquez, Ana. 1981. *Abel Rodríguez y sus hermanos*. Barcelona: La Gaya Ciencia. Reedición Santiago de Chile: Ediciones Melquíades 1988.

—. 1991. *Mi amiga Chantal*. Barcelona: Editorial Lumen.

Zurita, Raúl. 1983. *Literatura, lenguaje y sociedad (1973-1983)*. Santiago de Chile: CENECA.

Escribir en Chile hoy: la nueva censura

Jaime Collyer

El fundamentalismo arremete por doquier. Una prueba contundente de ello es la reticencia solapada de sectores bienpensantes y progresistas al estreno de la nueva versión fílmica de *Lolita*, hecho ocurrido en Europa el año pasado y en Chile hace apenas un mes. A la reacción tan pudibunda de las facciones conservadoras que en 1955 impidieron, durante al menos tres años, la circulación del clásico de Nabokov en el ámbito de habla inglesa, se ha sumado en esta ocasión el rechazo de las huestes contrarias, de las facciones políticamente correctas, ante un producto fílmico que consideran indeseable, porque obvia, según dicen, la gravedad implícita en un caso de flagrante pedofilia. El *New York Review of Books* señalaba, a propósito de todo ello, lo ocurrido precisamente en su estreno en algunos países europeos, donde fueron distribuidos panfletos a la entrada de los cines, previniendo a los espectadores que una de cada cuatro jovencitas de la región ha sido víctima, antes de cumplir los dieciséis años, de alguna forma de abuso sexual. Con dicho gesto profiláctico, se da por supuesta cierta vinculación causal entre la obra de Nabokov y los mencionados índices de criminalidad. Es el mismo criterio que hoy nos previene contra algunos textos clásicos como *La letra escarlata* de Hawthorne o *La fierecilla domada* de Shakespeare, por considerarlos sexistas y cómplices de una situación discriminatoria.

El viejo fundamentalismo conservador se ha travestido en nuestra época para reencarnarse en un fundamentalismo de signo opuesto: el de los sectores políticamente correctos, que propician el derecho exclusivo y excluyente de los postergados del mundo a escribir de sus propias vivencias y sus temas, no con los ojos de sus dominadores, y en los términos habitualmente aprobados por la jerarquía partidista involucrada en cada caso. Es una nueva forma de censura, solapada y recurrente, tan contraria a la libertad del creador como el conservadurismo de la era victoriana o el maccartismo. Quizás incluso peor, puesto que viene ornamentada de sus buenas intenciones democratizadoras, revestida con el manto sacrosanto de la no-discriminación por géneros o del anticolonialismo.

En lo personal, he experimentado ambas formas de censura, la antigua (conservadora) y la nueva (políticamente correcta). Mi segunda novela, *Cien pájaros volando* (1995), refería entre otras muchas cosas la relación íntima de un antropólogo con una oveja de una localidad montañesa, episodio que motivó la indignación de una editora adscrita a la prensa conservadora en Chile. Refería además la peripecia de una facción guerrillera de inspiración maoísta afincada en la región, algunos de cuyos miembros se sentían a la vez emocionalmente inclinados hacia la oveja en cuestión. Una faceta, esta última, que logró crispar a cierto crítico chileno de izquierda, el cual señaló en su comentario respecto a la novela que ella no hacía justicia a la tradición revolucionaria en América Latina.

Adicionalmente, a raíz de la traducción en los EE.UU. de *Gente al acecho* (Ed. Planeta, Chile), el volumen de cuentos que publiqué en 1992, una intelectual californiana encargada de revisar la traducción escribió a mi editora una carta preocupante, sugiriéndole su propia renuncia a participar en un proyecto editorial que, a su entender, se mofaba abiertamente de las culturas tribales, entre otros pecados.

Palos por que bogas, palos por que no bogas, piensa uno con desazón. El fundamentalismo unido —las viejas y nuevas formas de censura— permanecen al acecho, para seguir haciendo de las suyas, como le ocurriera al buen Nabokov en su día; como acaba de ocurrirle a la nueva encarnación cinematográfica de su *Lolita*, no hace mucho.

El viejo fundamentalismo

El viejo fundamentalismo es el de siempre —el que envió a la cárcel a Oscar Wilde y ordenó secuestrar de las librerías inglesas la primera edición de *El amante de Lady Chatterley*—, pero en nuestra época se ha vuelto un punto más recalcitrante, más agresivo, más omnipresente: ahora pretende destituir a primeros mandatarios extraviados en "relaciones indeseables" dentro de su oficina oval o se enfunda en los ropajes del integrismo islámico, condenando a muerte a escritores denostados por vilipendiar los textos sagrados. Hay, en tal sentido, un paralelismo irrestricto entre la condena que Jesse Helms, el senador ultraconservador norteamericano, promoviera de las muy provocativas fotografías de Robert Mapplethorpe en 1989 (episodio que llevó a los tribunales estadounidenses a varios catedráticos afines a su exhibición) y la triste condena que recayera sobre Salman Rushdie unos años antes.

La crítica literaria exhibe hoy, en Chile, análogas proclividades censoras y excluyentes. Ello es parte fundamental del paisaje literario y cultural del país actual, inmerso en una transición tan imperfecta como la que hoy vivenciamos, a una democracia que tarda en vislumbrarse. Hablar de la literatura chilena actual supone, así pues, hablar de este estado de cosas, derivado muy probablemente de las condiciones autoritarias supervivientes en que los creadores locales han debido operar en los últimos años. El monopolio conservador de la crítica literaria y cultural no sólo prohibe la exhibición de determinados *films* en el país; emite, a la vez, dictámenes morales implícitos y prohibe, por la vía de obviarlos o desperfilarlos, determinados contenidos en la narrativa o la plástica locales. Quedan excluidos, por ejemplo, de sus predilecciones la cuentística *gay*, las obras pictóricas que desmitifican la figura de los próceres americanos, la zoofilia y otros pecados *contra natura*.

La oposición fundamentalista a la "pornografía" da por supuesto un orden ideal, sin desviaciones: es la herencia probable de la religiosidad católica (que postulaba un orden maniqueo, una pugna constante entre el bien y el mal, entre la norma y sus desviaciones) o los credos puritano-protestantes, que suponían a su vez una jerarquía xenófoba de los tipos humanos. El espíritu censor experimenta, a la vez, cierta nostalgia mal disimulada de la pre-modernidad, o de la modernidad en fase de repliegue: se lamenta por el deterioro de las viejas certidumbres históricas o filosóficas. El catolicismo conservador reniega explícitamente —al menos en Chile— del relativismo axiológico que propician el liberalismo y los sectores "librepensadores", convirtiéndolo en blanco favorito de sus denuestos. Como hacía George Steiner, el pensador contemporáneo de postguerra, en su ácida y muy temprana crítica de la concepción post-moderna. Una crítica de clara inspiración neocolonialista. Dicho sea de paso, Steiner rechazaba, de hecho, la idea global de la postmodernidad porque ella propiciaba el deterioro de una ética absoluta, porque favorecía el declinar de los valores utópicos, porque desconfiaba de la idea de progreso como el gran motor de la historia, y, *last but not least*, porque contribuía a deteriorar el influjo geopolítico y moral de los EE.UU. en el mundo.

Para el espíritu censor, el arte ocupa un lugar preponderante dentro de esta opción disolvente, multiforme y amenazante para el orden natural de las cosas. Por extraño que parezca, el censor y el moralista, el fundamentalista doctrinario y el integrista, confían todos a rajatabla en los potenciales del arte. Enfrentado a la vieja polémica del arte como inutilidad o mero decorado (recuérdese al respecto el *dictum* sartreano: frente a un niño hambriento, *La náusea* vale muy poco), o como un vehículo de cambio y "la voz de los que no la tienen" (que fue el postulado tan optimista de Camus en su discurso de aceptación del Nobel), el censor parece inclinarse decididamente por esta última opción. Considera —aunque sea de manera implícita, aunque sea a regañadientes— el arte como un instrumento capaz de inducir y controlar el comportamiento, con consecuencias reales, a veces peligrosas. Una razón por la cual aspira, en ocasiones, a suprimirlo.

El censor de inspiración conservadora sostiene que la pornografía ocasiona desviaciones claramente demostrables en la vida real; siente el miedo irracional de que la pornografía o lo que denomina "el arte obsceno" nos invadan, nos sobrepasen en todos los ámbitos, hagan presa de nuestros vástagos y los transformen en espíritus afines a la perversión. Es una conclusión no demostrada empíricamente, por cierto, y más bien al contrario: la llamada Comisión Relativa a la Obscenidad y la Pornografía, convocada por la administración Nixon en 1970 para analizar el problema, y posteriormente la Meese Commission, convocada con ese mismo fin en 1986, arribaron ambas a conclusiones por decir lo menos sorprendentes, señalando que, a su entender, parecía haber una correlación apreciable entre la exposición frecuente a la llamada "pornografía" (el eufemismo del momento fue "contenidos sexuales explícitos") y una vida sexual más o menos armónica, más o menos sana, en la fase adulta.

Como contrapartida a todo ello, valga recordar que la psicología social demostró contundentemente, y por esa misma época, que la exposición frecuente de los niños a contenidos bélicos o escenas violentas favorecía la aparición, en casi todos ellos, de comportamientos agresivos.

La presunción demasiado liviana, y no demostrada, de que el arte calificado de "obsceno", y el arte en general, tienen consecuencias reales sobre el comportamiento individual o colectivo plantea al menos dos problemas de envergadura. Por una parte, supone que el creador ha de asumir las consecuencias "nefastas" de su arte, que debe acatar sus efectos y las consecuencias resultantes de él. Desde esta perspectiva, la situación de Salman Rushdie se vuelve peligrosamente "normal", curiosamente aceptable. Ocurrió de hecho en el Reino Unido, donde algunos sectores de la clase política postularon algo parecido, reprochándole al escritor anglo-hindú que hubiera publicado sus *Versos satánicos*, vistos los disturbios que ello provocó en el Reino Unido. El que la hace, la paga, parece ser el criterio último de esta forma de razonamiento, y un motivo adicional en favor de la censura y la prohibición, en nombre de la paz social.

El segundo problema que se plantea dice relación con la postura eufemística y evitativa que dicho supuesto acaba propiciando en los académicos, los críticos y especialistas proclives a una mayor apertura mental. La defensa del arte y la literatura que el conservadurismo fundamentalista califica de "obscenos" acaba sumiendo al experto y el académico en un dilema crucial: para legitimar ese arte que defiende, ha de proclamarlo un arte químicamente puro, abstracto, de valor eminentemente alegórico. Un arte irrelevante y sublime, cuasi inofensivo, que aspira a captar la esencia de las cosas antes que a ensuciarse con la dura existencia de sus protagonistas, o con sus proclividades poco santas. El caso de Nabokov y su *Lolita* es una vez más paradigmático: la defensa que en su día hicieran determinados sectores de la crítica, y algunos de sus colegas, aludía al valor "eminentemente literario" de la obra, carente de otras connotaciones. Así pues, frente al reproche conservador que asimila el efecto hipotético de ciertas obras literarias o plásticas a una violación eventual de las consciencias, el especialista situado en la trinchera opuesta lo postula, para defenderlo, como una modalidad sin consecuencias amenazantes, como un arte esencialmente impotente, en la feliz caracterización que Wendy Steiner, catedrática norteamericana abocada al problema, sugiere en su obra *The Scandal of Pleasure* (1995).

La crítica que podríamos denominar "oficial" —de inspiración católica y conservadora— plantea implícitamente en Chile exigencias estéticas como las que venimos analizando: propicia una narrativa lineal, aproblemática y desexualizada, que adhiera a los "-ismos" en boga, ya asimilados por el orden vigente, y desdramatice la realidad a su antojo. Los izquierdistas son, dentro de esa novelística, gente de buen tono, todos "renovados", arrepentidos, conversos al neoliberalismo y sus bondades; los jóvenes son todos rebeldes sin mayores causas, adolescentes extraviados que vuelven al redil familiar cuando decrecen sus ímpetus de justicia social; los personajes femeninos son todas mujeres de clase media adictas a un feminismo acomodaticio y narcisista, que reniega de un macho prototípico y abstracto, un monigote al que es fácil destronar de su pedestal caricaturesco. En las tramas y escenarios domina una suerte de claustrofobia moral, cuando no de total asepsia en ese sentido, muy del gusto de esa crítica oficial. La crítica es normativa y ejercida por improvisadores, leguleyos y fundamentalistas, que en última instancia se pliegan a las modas editoriales y las exigencias del mercado. Valora, esa crítica, la literatura generacional o juvenil, la literatura de género, la literatura que da cuenta del período dictatorial o cualquiera sea la moda del momento. Obvia de ese modo lo que decía el buen Sábato: eso de que hay en todo esto un único dilema válido: literatura profunda o superficial.

Por último, la nunca descartada exigencia de exotismo por parte del lector medio europeo, o incluso de los sectores académicos europeos, influye no poco en este esquematismo que gobierna a la actual producción narrativa de Chile y América Latina en un sentido amplio. Baste mencionar lo que decía el hispanoamericanista francés Alan Sicard en una entrevista concedida al diario argentino *Página 12* el 21 de abril de 1996:

> El interés actual de los europeos apunta a un cierto tipo de escritores que retornan al relato, a la bella historia, a lo novelesco. Durante mucho tiempo el interés estuvo en los que demolían la trama narrativa, que habían acabado o pretendían hacerlo con el relato lineal. Ahora vuelve a haber interés en una forma de narrar más lineal, más tradicional.

Una narración más lineal, algo más simple: he aquí el anhelado complemento académico del censor de inspiración conservadora, para que nadie siga complicándose más de la cuenta con la sucia, inarmónica realidad de cada día.

La "progresía" y su propia vocación censora

Nuestro escenario finisecular y políticamente correcto, guarda íntima relación con lo ocurrido en los años sesenta y la llamada "década fecunda". Los sectores progresistas desafiaron por entonces la noción clásica de la lucha de clases, diversificando su propia idea de las formas existentes de dominación, generando movimientos ambientalistas, feministas, de liberación sexual, antibélicos o comunalistas (hasta culminar paradójicamente, en nuestros días, con los neofascistas de talante anárquico que hoy claman contra la tiranía del gobierno central en los EE.UU.). La postmodernidad filosófica, aludida muy tangencialmente en nuestra introducción, es un buen refugio teórico para estas nuevas reivindicaciones, porque valora ante todo la diferencia, la "otreidad" y la heterogeneidad, frente al universalismo uniformizante de la modernidad. La crisis última de la modernidad pasa por la denuncia bipolar de C. Wright Mills, cuando postula la conexión a su entender antojadiza que el liberalismo y el marxismo hacen entre racionalismo y liberación político-social. El liberalismo es en buena medida el gatillador de la crisis: genera, a pesar de su talante optimista y arrogante, la pobreza endémica a la que aún asistimos y es cuando menos concomitante a la carnicería mecanizada del presente siglo. En el que el hombre no es, ya más, la culminación del proceso evolutivo; el progreso está, de Condorcet en adelante, sujeto a imprevisibles retrocesos, y la ciencia y su modelo no dan cuenta de la realidad, plagada de incertezas, de agujeros negros y nociones ahora relativas.

Germina, a partir de todo ello, un novedoso espíritu de apertura: el de lo "políticamente correcto", pero el nuevo *Zeitgeist* evidencia prontamente sus propios dogmas y sus yerros. La nueva moda consiste en "democratizar" a rajatabla el hecho estético, la crítica del mismo, la enseñanza de lo estético, el discurso académico. En la práctica, ello se reduce no pocas veces a un "cuoteo" político entre los varios sectores antaño postergados, para que la nueva academia y los programas universitarios los incluyan, les garanticen su derecho a existir y expresarse, los enaltezcan como es debido.

El movimiento de liberación femenina es, independientemente de nuestra afinidad irrestricta con su causa, un buen ejemplo de los nuevos dogmas cultivados. "Escríbete a ti misma, tu cuerpo debe oírse", decía en 1975 Hélène Cixous, la connotada feminista francesa, en *La risa de la medusa*. La escritura desde el cuerpo derivó prontamente a la medición puntillosa de adjetivos "propiamente femeninos" en los textos circulantes, para asegurarse, por esta vía cuantificacionista, de que las autoras en boga fueran representativas del nuevo paradigma, dignas de elogio, acreedoras a la aprobación de la jerarquía. A ello le siguió la parcelación temática: había temas "propiamente femeninos" que ningún varón podía abordar con convicción, cuestiones en las que le era preferible abstenerse (ello sin considerar el atentado implícito que ello supone contra la libre expresión y, todavía peor, contra el propósito original de lo literario).

Análogas exigencias y dogmas podrían extrapolarse a otras formas literarias hoy valoradas por la nueva academia y lo políticamente correcto. También de los autores africanos se espera que den cuenta de su vivencia peculiar, que asuman su realidad intrínseca, y de los latinoamericanos que reflejen en su obra la problemática de su entorno, la caza de ballenas en el Cono Sur o los pesares apreciables en algún latifundio mal explotado. Con mucho "color local", que es como le gusta al lector medio del hemisferio norte.

En última instancia, lo "políticamente correcto" se transforma, por desgracia, en una asonada limitada contra el lenguaje imperante, eso y poco más (por ejemplo, en la obsesión anual por encontrar el término adecuado para los varios sectores racialmente minoritarios en los EE.UU.). El gran cambio que propicia es, si se quiere, eminentemente retórico, una cuestión de buenos modales, un puro eufemismo. Tras de las buenas intenciones, acecha el Gran Orden de siempre, la costumbre superviviente, la dominación y sus tentáculos.

Alcances finales

La conclusión es, pues, demoledora: la izquierda y la derecha unidas jamás serán vencidas. Ambas —los nuevos "progres" y los fundamentalistas conservadores de siempre— buscan imponer sus procedimientos y contenidos a lo estético, ambas quieren un mensaje enaltecedor, ambas prohíben determinados hechos o subproductos estéticos antes de que ellos sucedan.

Pero no todo ha de quedar en desazón. La feliz incerteza que la postmodernidad filosófica nos deja entre manos puede también aplicarse, con provecho, a lo literario y el hecho estético. Frente a las exigencias tan edificantes de ambos bandos, queda la opción sempiterna de asumir literariamente la incerteza: de escribir textos que deconstruyan a su antojo lo real y el lugar común, que parodien los lenguajes oficiales y se nieguen dignamente a aceptar así como así la "historia oficial", esa que moros y cristianos intentan vendernos desde hace años. Una versión que pasa, en el caso de Chile, por vender muchos libros a costa de obviar los desmanes de nuestra historia reciente.

Se trata, así pues, de precaverse literariamente de las versiones oficiales, de las uniformidades propias de la modernidad, de los valores totalizantes. Y, simultáneamente, de las voces "progresistas" que pretendan parcelar temáticamente la realidad, o bien cuotearla entre los varios autores, imponiéndoles de paso la búsqueda de mensajes edificantes o transformadores. Quién sabe: puede que la literatura o el arte en general no sirvan mayormente para nada. Igual, alguien tiene que poner la música, hacerla resonar entre los que no pueden hacerlo, o incluso entre sus adversarios. Pero ha de ser, muy probablemente, con una infinita modestia de propósitos. En su estudiada humildad, en la medida que no se proponga función u objetivo algunos, puede que acabe, la literatura en sí, sirviendo efectivamente para algo, transformando efectivamente lo real, propiciando nuestra liberación mental y/o política.

Bibliografía

Best, Steven; Douglas Kellner (eds.). 1991. *Postmodern Theory, Critical Interrogations*. New York: The Guilford Press.

Steiner, Wendy. 1995. *The Scandal of Pleasure*. Chicago: The University of Chicago Press.

III

POSICIONES

Para una ficción chilena artística (a partir de José Donoso)

Carlos Franz

I. Introducción

En Agosto de 1997, convocados por el suplemento literario del desaparecido diario *La Época*, se llevó a cabo en Santiago un Congreso sobre esa "corriente del niño" literaria que constituye la llamada Nueva Narrativa Chilena. Durante cuatro días, en amplias jornadas, más de 40 escritores, críticos, editores, periodistas, y centenares de lectores entre el público, repletaron un gran auditorio. Se habló de todo, de editoriales, de mercadotecnia, de crítica periodística y de la otra, del neoliberalismo rampante, del golpe militar, y de la transición; en fin, de todo. Y casi nada o muy poco, a mi juicio, sobre los procesos de escritura, las actitudes de estos escritores ante su oficio, sus búsquedas estéticas.

En esa ocasión, y tratándose del vigésimo congreso de ese tipo al que yo asistía y en el que volvíamos sobre los mismos vinos añejos, me atreví a lanzar un llamado. Pedí que pasáramos a una segunda fase de nuestro diálogo literario. Que le dejáramos, por un momento, las grandes reflexiones históricas a la sociología y la ciencia política; así como las panorámicas generacionales, a los críticos y académicos (que para eso les pagan). Y nosotros, los autores, hiciéramos el esfuerzo de formular y exponer las poéticas a las cuales adheríamos. Juré solemnemente —ante unas 250 personas— que en el futuro yo predicaría con el ejemplo. Que la próxima vez que me invitaran a un foro sobre literatura chilena, les ahorraría mi *weltanschauung*, mi visión de mundo, y en cambio intentaría expresar algo más modesto, pero quizá más interesante para los estudiosos del fenómeno. Juré que en el próximo foro intentaría declarar mis influencias, confesar mis parangones estéticos, en suma, y mostrar francamente el tipo de poética a la cual adhiero.

Y bien, este de Eichstätt es el "próximo foro". Y yo estoy jodido. Ahora estoy obligado a empezar a cumplir, al menos, la palabra empeñada aquella vez. ¡En qué camisa de once varas me he metido!

II. Por qué hablar de poéticas y por qué de Donoso

Una razón por la cual me parece pertinente hablar sobre poéticas narrativas en este congreso, es que ellas pueden decirnos tanto acerca de una literatura, como las propias obras literarias. De la poética a la que adhiera el escritor, dependerá en gran medida la estética de sus obras. Me atrevo a sostener, incluso, que la actitud profesional o artística del escritor —en el modelo que propongo—, resulta más determinante sobre las formas y temáticas de su obra, que la ideología a la cual adhiera. De hecho, la poética es la ideología del autor ante su oficio.

Ahora bien, tal como le ocurre al país, nuestra narrativa ha pasado en la última década por una transición. Transición que ha afectado también, precisamente —invisiblemente— a las poéticas de sus autores. Desde el silencio y la desesperanza de los años de dictadura hemos transcurrido con rapidez al ruido y los espejismos de una relativa libertad expresiva y una bonanza editorial. La mayoría de los autores de la nueva narrativa estábamos inéditos o casi, hace tres lustros, a pesar de que llevábamos bastante tiempo escribiendo. Hoy, nuevas voces han aparecido, algunas antiguas se han revitalizado, las cifras de publicaciones literarias han aumentado exponencialmente.

Todos esos signos positivos externos han tenido sus precios, sus costos. Algunos de estos costos son notorios: la desorientación del público lector ante la sorpresiva y multiplicada oferta de nuevos escritores de calidad, aparentemente, homogénea; la desorientación de una crítica periodística, en la mayor parte de los casos inexperta, que opera en las singulares condiciones de oligopolio informativo que se viven en Chile; en fin, la desorientación de muchos de los nuevos autores, un cierto mareo de las alturas, producto del éxito repentino que se sube a la cabeza.

Sin embargo, creo que el costo y el riesgo mayor —por ser el más oculto, el menos aparente— ha sido la profesionalización ingenua. Es decir, la súbita incorporación de los nuevos narradores al mercado editorial, ignorando o menospreciando los costos y riesgos de participar en tal empresa a estas alturas del siglo.

En Chile, en la última década, la profesionalización ingenua del escritor ha significado y permitido que lectores, críticos y escritores confundiéramos muy a menudo ciertos términos claves. Se ha confundido creación con producción; literatura con libro; obra artística con producto editorial; en suma, se ha confundido arte con profesión.

No digo que en otros lugares del mercado global que estamos viviendo estas sinonimias abusivas no se hagan. Al contrario, se hacen y en escala gigantesca, mucho mayor que en nuestro pequeño país. De hecho, creo que se trata de un fenómeno característico en la globalización del mercado literario en la posmodernidad. Como dice el novelista y académico británico David Lodge en su *The Practice of Writing* (1997, 14): "La actual atmósfera anima a los escritores a pensarse a sí mismos no sólo como artistas, sino también como profesionales trabajando en una asociación comercial con sus editores".

Como se ve, la confusión entre artista y profesional no es un defecto chileno; en todas partes se cuecen habas. Pero creo que en Chile estas confusiones finiseculares las hemos vivido con singular ingenuidad; a veces con enternecedora candidez. Las razones sobran: nuestra lejanía, la euforia de la transición subsecuente al largo encierro de la dictadura, el delirio económico liberal, la modernización acelerada y vertiginosa. Todos esos factores hicieron que los autores de la nueva narrativa nos encontráramos especialmente proclives a dichas simplificaciones. Dicho en chileno, no conocíamos la chicha con la que nos estábamos curando. Y sobre todo, la mayoría, no habíamos formulado una poética de nuestro oficio, que nos ayudara a mantener la sobriedad en esta embriaguez generalizada.

Pero ¿por qué traer a cuento el caso y ejemplo de José Donoso en una discusión sobre el campo literario chileno de hoy? Por dos motivos. En primer lugar porque adhiero a la conocida sentencia de T. S. Eliot, según la cual la tradición se perpetúa a través de las rupturas que se hacen con ella. Y para mí, Donoso representa lo mejor de nuestra escasa tradición de escritura artística. Donoso representa para Chile el gran momento del mal llamado *boom* latinoamericano. Y yo, como autor, me formé en esa tradición y es con ella con la cual quiero entroncarme y a la vez medirme; es esa la tradición la que quisiera contribuir a romper, y a la vez perpetuar.

En segundo lugar, la figura de Donoso sigue siendo pertinente porque me parece que su actitud como autor literario es precisamente la que nos hace falta hoy día. Porque Donoso era un autor especialmente resistente a las simplificaciones del tipo que vemos hoy, y muy alerta a las tensiones y riesgos inherentes a la profesionalización del escritor artista.

No es que Donoso no fuera un escritor profesional. Al contrario, lo era en grado sumo. Vivía fascinado con los iconos del mercado editorial, le subyugaban los agentes literarios, los míticos editores, las ferias de libros, la feria de vanidades de la edición contemporánea. Sufría si un libro suyo no se vendía y hacía lo posible para promoverlo. Cualquiera que lo conoció sabe que disfrutaba su papel de autor de moda con toda la pasión de sus sentidos. Pero al mismo tiempo —y he aquí la gracia, esta es la paradoja creativa y estimulante—, al mismo tiempo Donoso nunca dejaba de ser un artista, nunca dejaba de perseguir un ideal estético y de discriminar con la misma pasión, a veces furiosa, lo que era una obra, de lo que a su juicio era un simple producto. Nunca cesaba de distinguir lo que es el fruto vital del compromiso de un escritor con su vocación, de aquello que es una mera muestra de su habilidad o instinto profesional.

Por eso, reflexionar y ahondar en una poética posible, a partir del ejemplo creativo de Donoso, me parece fundamental en el momento de transición confusa que vive la literatura chilena de ficción. Por lo menos, ha sido fundamental para mí. Pues debo reiterar que las reflexiones que siguen las escribí, en primer lugar, para ayudarme a mí mismo, para orientarme en esta selva oscura, para entender qué tipo de escritor profesional soy, y no olvidar qué clase de escritor artista quiero ser. En suma, estas reflexiones son testimonio de mi propia perplejidad, de mis propias dudas en torno a los riesgos y oportunidades de ser escritor en el fin del mundo, al fin del milenio.

III. Escritor artista y escritor profesional

Antes de seguir, aclaremos que empleo los términos "artista" y "profesional" de una manera idiosincrática, tentativa, aproximada. Muy en el estilo dubitativo que el propio Donoso empleaba en nuestras largas jornadas de taller literario, a comienzos de la década de los 80. La distinción no pretende ser peyorativa —aunque a veces se la emplee de ese modo— para ninguno de los dos tópicos. Donoso era un intelectual demasiado fino y complejo como para aplicarle o extraer de él distinciones radicales. Más bien se trata de una cuestión de tendencias, de énfasis, de prioridades. Se trata de un problema que todo escritor honesto y consciente de su oficio termina por enfrentar, el de equilibrar esa ecuación inestable —resistiendo y cediendo— entre la privacidad del artista y la publicidad del profesional.

Al rastrear en Donoso estas sutiles distinciones de énfasis que voy a exponerles, descubrí que ellas configuraban dos cosas. La primera, una tipología general que tal vez pueda aplicarse a todo autor literario, para medir el grado de tensión que ha puesto en la cuerda floja de su oficio. La tensión entre ser escritor artista o ser escritor profesional. Una tipología heredera de la distinción clásica entre el "poeta desdichado" y el "literato feliz". El poeta marcado por el fuego divino, aspirando a la trascendencia de una obra que dure siempre, o como dice Shakespeare, "mientras los hombres respiren y los ojos vean". Y el literato, en tanto, trabajando para el presente, sabiendo que el porvenir, como dijo alguien, es una coartada; advirtiendo la intrascendencia del esfuerzo más excelso: "¡También muere lo bello!", canta Schiller.

La riqueza de esta distinción se revela allí donde no es tajante. Ambos, Shakespeare y Schiller, fueron poetas para la eternidad; y literatos, en su época. Ambos tipos de escritor no son incompatibles *per se*, ni son necesariamente predadores naturales el uno del otro. De hecho, si existen como tipos separados es para envidiarse y emularse mutuamente. Y lo más probable es que ambos no sean sino momentos distintos de un mismo ser. La mariposa literaria es un bicho curioso de la entomología cultural. Un bicho en el que la metamorfosis a menudo se invierte, pasando de la belleza a la utilidad: primero nace la mariposa —el artista—, y luego esta se trasmuta en la oruga— el profesional.

Por supuesto, hay quienes no pueden elegir esta metamorfosis. Hay quienes nacen orugas —literatos felices, profesionales— y así permanecerán: Pérez Galdós, Zolá, Sartre, más cerca nuestro, Benedetti. Y hay quienes pasarán toda su vida como mariposas —poetas desdichados, artistas—: Jane Austen, Nabokov, Kafka, y más inmediatos, Rulfo, Onetti.

Y por último hay quienes serán, dolorosamente, lo uno y lo otro, oscilando. Artistas y profesionales, alternándose, apartando el cáliz del éxito, y luego bebiéndoselo de un trago. Imaginando un público, y aceptando el que les toque. Rechazando la actualidad, y deseando lo contemporáneo. Híbridos, mestizos, travestidos. Gustave Flaubert, Thomas Mann, Henry James, Graham Greene, José Donoso, fueron de estos.

Acudiré a tres fuentes para proponer una posible poética de la escritura artística, partiendo del caso de José Donoso. Como dije, Donoso nos dejó su recuerdo y ejemplo en los talleres literarios que dirigió. Pero además, escribió artículos, prólogos, relatos memorialísticos como su *Historia personal del boom*, el texto que glosaré de preferencia a continuación. Y nos dejó guiños ocultos en sus obras de ficción, obras de su biblioteca subrayadas por su mano, las cuales he consultado... Un puñado de signos que son como astillas caídas de su banco de carpintero literario, virutas raspadas puliendo la madera de su oficio. Pistas de una vocación que he rastreado en busca de una poética que, por discreción, nunca se formuló con ese nombre.

IV. Apuntes para una poética de la ficción artística

¿Autonomía de la ficción, o contexto?

Dice Donoso en su prólogo a la novela *El astillero*, de Juan Carlos Onetti, que los fantasmas de ese libro tan admirado

> [...] iluminan algo que no queda fuera del relato, sino dentro de él, que no señala verdades y significados situados exteriormente a la novela, sino en su transcurso, en la experiencia de leerla y dejarse envolver por esa otra realidad ficticia paralela a la realidad y que por ser paralela, jamás la toca (Donoso 1971, 13).

La idea de que la novela es una realidad paralela que jamás se toca con la otra, tiene su antecedente inmediato en la gran pretensión del arte vanguardista de este siglo. Para los simbolistas, para la pintura abstracta, para la música dodecafónica, la obra de arte pretende esa ruptura radical que es la liberación faltante del sujeto moderno: la independencia de la realidad. Es el *non serviam*, de Vicente Huidobro.

Este afán liberador tiene el mismo tono airado en otros escritores-artistas del llamado *boom* latinoamericano. Carlos Fuentes, por ejemplo, afirma: "La novela no muestra ni demuestra al mundo, sino que añade algo al mundo" (1993, 18).

Por su parte, Donoso enfatiza la libertad del artista para crear una literatura soberana: "el entusiasmo de escribir no para demostrar nada, sino para entender por qué uno escribe" (Donoso 1987, 166).

De allí, la exigencia de autonomía de la ficción. Puesto que su realidad es paralela a la otra, puesto que no se refiere al mundo mostrándolo, sino que le agrega algo, la ficción tiene perfecto derecho a bandera y soberanía. Tiene el mismo privilegio de los pueblos libres para autodeterminarse.

Este solipsismo narrativo le da algunas ventajas prácticas al escritor artista por sobre el profesional. No la menor será que pase lo que pase allá "afuera"—en el tiempo y en el mundo—, en teoría el libro subsistiría inalterado. La obra sería capaz de decirle algo de sí misma a alguien mucho después y muy lejos. Nada más ajeno al Donoso artista, entonces, que la idea de contexto, las lecturas historicistas.

Por contraste, el escritor profesional utiliza la ficción como medio para tratar o retratar la realidad. Se refiere al mundo, lo interpela, y éste —a veces, en contadas ocasiones— le responde. En consecuencia, el profesional considera el contexto en el cual escribe. Su escritura depende del mundo, no es autónoma, observa normas preexistentes. El mundo decide cuánto durará lo que ha admitido en su seno.

¿Conocimiento de "lo otro", o reconocimiento?

Si la literatura es esa otra realidad ficticia paralela, la novela artística es el pasaje y la invitación a lo otro. Dice Donoso: "la novela más que cualquier otra forma, moviliza a los seres a cumplir la fantasía, rara vez lograda, de ser lo que no son" (ibíd., 18).

La motivación dominante que caracteriza al novelista artista es, entonces, conocer lo otro (lo que no somos, lo que seríamos) y proponerle esa aventura a los lectores. En las *Conjeturas sobre la memoria de mi tribu*, texto escrito poco antes de su muerte, Donoso confiesa que siempre se sintió herido por: "esa fragilidad de la cual nacía el impulso a ser otra cosa" (1996, 20).

Este concepto de ajenidad sitúa los trabajos del escritor artista en el pensamiento dialógico característico de la novela moderna. Precisamente, leyendo *La imaginación dialógica* de Mijail Bajtin —uno de los teóricos favoritos de este escritor sin teoría propia, pero agudo lector de ellas— Donoso subrayaba la siguiente idea: "La novela es la forma de arte literario más endeudada con la noción de otredad" (Bajtin 1987, 423).

Y bien sabemos que la otredad es incómoda, produce insatisfacción. Puede movilizar en el lector la peligrosa idea de que la realidad no es única, de que hay otro mundo.

La actitud del escritor profesional me parece diferente. Este propone, más bien, una aventura de reconocimiento. Apela a un mecanismo básico por lo demás del encantamiento novelesco, la identificación. Su gran ventaja es el placer narcisista. El lector retratado se reconoce, y en consecuencia se siente salvado del anonimato, dotado de una forma que lo recorta en la multitud, como protagonista. Y por ello el mundo premia al escritor profesional. Aunque haga llorar o indigne a sus lectores, pues estas son formas de catarsis.

Aristóteles en su poética le reconoce este papel útil —profesional— al trágico, pues precisamente mediante la catarsis, sus obras actúan como verdaderos reguladores del ánimo social.

En cambio, el escritor artista ofrece sus hechos estéticos desnudos, canta sin ofrecerle alivio a nadie. Por el contrario, solivianta la conformidad más radical de todas, aquella sumisión al imperio de la realidad. (La re... la re... la realidad, como la motejó Juan Luis Martínez). Por esos delitos, Platón ya había expulsado al poeta de la ciudad.

Entonces, la poética del escritor profesional es aristotélica; la del escritor artista, platónica.

¿"Fisura" o integridad?

En su libro memorialístico *Conjeturas sobre la memoria de mi tribu*, Donoso expresa: "desde el inicio me di cuenta que todo consistía en la herencia de una fisura, una pifia que destruía la perfección superficial de toda visión..." (Donoso 1996, 17). Para Donoso esa "fisura" era antes que nada una experiencia personal, expresada en una sensación de desajuste social y sicológico, que lo empujaba precisamente a dudar de la realidad dada, y escribir buscándole su revés.

Pero en un sentido más general sospecho que esta "fisura" corresponde a la desazón, a la incomodidad o sentimiento de desencuadre, que caracteriza al sujeto moderno. (Aunque este desajuste se expresa particularmente en el arte contemporáneo, es también una noción de antigua prosapia. La fisura o fractura equivale a la idea romántica de herida o enfermedad, como fuente primigenia del impulso creador. Es la mano mutilada de Cervantes, el ojo faltante de Camoens, la cojera de Byron.)

La fisura permite e implica el roce; el roce entre partes del yo no del todo ajustadas. De este roce surge la chispa poética que incendia la imaginación artística. Idea insultante para la tradición racionalista, la fisura resulta fundamental si queremos aproximarnos a la noción de autonomía de la obra artística. El artista no retrata la fisura, la asume, e invita al lector a pasar a través de ella y seguirlo, y perderse... Para el escritor artista, la fisura está allí no para mostrar la locura del mundo, sino simplemente porque es parte vital de la obra literaria. Kafka no es alegórico del absurdo, es absurdo.

La fisura también es ventana, grieta hacia esa irracionalidad del subconsciente, que es parte sustantiva del esfuerzo de irrealización. Esfuerzo por independizarse de la realidad y mantener la autonomía de la ficción. Donoso propone una aceptación de la irracionalidad que renuncia a explicarla o siquiera situarla, que no la critica sino que la asume. Dice: "inteligencia e irracionalidad no son palabras contradictorias" (Donoso 1987, 71). Como gran parte de la novela vanguardista de este siglo, como Joyce, como Kafka, Donoso ha intuido que la irracionalidad permite esa otra inteligencia, el *interlegere*, el leer entre las líneas de un texto, incluso entre las líneas, en las fisuras, de este nuevo hipertexto universal.

Fisura e irracionalidad demarcan aun mejor, creo, las diferencias y vasos comunicantes entre artista y profesional. A la fisura del escritor artista se opone la integridad del escritor profesional. La obra del profesional no es expresión directa de sus heridas, no tiene esa conexión personal dolorosa, sino que es preocupación o interés de literato. Por lo mismo también, es menos egoísta. El profesional observa al mundo y sus fracturas desde una mirada ordenadora e integrada, desde una racionalidad que le permite ofrecer interpretaciones, diversiones, esperanzas o denuncias. El novelista profesional no opera desde una fisura, sino sobre ellas.

¿Pensar en la página o antes de la página?

Autonomía de la ficción, conocimiento de lo otro, fisura e irracionalidad... Todos estos conceptos podrían indicar en forma equívoca hacia una configuración dionisíaca del escritor artista, como un ser puramente intuitivo. Y sin embargo, éste intenta arquitecturas, tramas, argumentos de extrema precisión intelectual. ¿Cómo llamar irracionales, sin abuso, a *En busca del tiempo perdido*, a *El sonido y la furia*, a *Ulises*, o a *El obsceno pájaro de la noche*? Sí, no cabe duda que el narrador artista no sólo intuye, también elabora, piensa. Pero el suyo es un pensar que se da en la página.

Comentando el gran impacto que significó para él, la lectura de *La región más transparente*, Donoso afirma que Carlos Fuentes intenta allí una síntesis intelectual de México, pero "[...] síntesis hecha, no como hasta ahora, antes de que el escritor se pusiera a escribir, sino sobre la inmediatez de la página misma" (Donoso 1987, 42).

Es decir, el escritor artista no es un espontáneo ni un vitalista, no es sólo un intuitivo. La fisura e inteligencia irracional no se oponen al pensar. Lo que ocurre es que se trata de un pensar en la página.

Por contraste, el escritor profesional piensa antes de la página, en una decisión previa que se ilustra o prolonga, en la ficción. El escritor profesional muestra y demuestra el mundo en lugar de agregarle algo. Y para ello enfatiza la importancia de los temas, por sobre la preeminencia de las formas.

¿Formas o temas?

El escritor artista tiende a privilegiar las formas estéticas, en tanto que el profesional enfatiza los temas. Puesto que las formas son únicas y los temas comunes, ambos se envidian en lo que pierden. Ese "ambos" que en el gran escritor son uno, mirándose a través de la "fisura".

Cito: "Experimentación. Problemas técnicos. Esteticismo, pese al naturalismo que ocupa el primer plano de la anécdota. Literatura de élite...". En la narrativa latinoamericana todo eso era "tabú" se queja Donoso (1987, 68), cuando él y los de la generación del *boom* empiezan a novelar. Será precisamente enarbolando las banderas del esteticismo, que los escritores del *boom* harán su revolución. Curiosa revolución hecha con estandartes aristocráticos y elitistas, que paradójicamente popularizará la novela latinoamericana como nunca antes. Pero el arte escribe derecho sobre los renglones torcidos de la historia.

Sin embargo el esteticismo va más lejos. Su tentación verdadera es suprimir la distinción forma/contenido. Y volverlas una sola cosa: pura forma. Donoso:

> Inventar un idioma, una forma, con el fin de efectuar el acto de hechicería de hacer una literatura que no aclare nada, que no explique,

sino que sea ella misma pregunta y respuesta, indagación y resultado, verdugo y víctima, disfraz y disfrazado (ibíd., 40).

Es decir, Donoso sueña inventar una forma que no cubre, ni muestra, sino que es lo que disfraza. O como dice en otra parte: "Materia y forma: que la greda y la mano que la modela lleguen a ser una y la misma cosa" (Fontaine 1997). Creo que cada escritor artista suscribiría el intento.

Mi reflexión es la siguiente. Preocupado de ganar espacio para la independencia de la ficción, el novelista artista pretende suprimir o acortar al menos, la distancia forma-tema. En tanto que el profesional empieza a trabajar a partir de esa distancia. Privilegia el contenido con el prurito de evitar que la forma lo obstaculice, lo opaque, o lo manche de vanas preocupaciones estéticas, como en las versiones más pueriles de los realismos socialistas.

O bien, como pasa en las versiones muy contemporáneas de la mercadotecnia literaria, el novelista profesional afirma la distinción forma-tema como una estrategia de posicionamiento del producto. Se sirve de formas recibidas, a veces criticándolas o parodiándolas, para darle una apariencia fácilmente reconocible (formateada, como decimos ahora), a la anécdota de sus relatos. Así ocurre en el folletín sentimental contemporáneo, en la novela de serie negra o en la novela erótica, que están tan en boga. Para el escritor profesional de esta laya, no hay forma, sino formato; no hay siquiera tema, sino anécdota.

¿Encarnar lo contemporáneo, o formularlo?

El proyecto de autonomía para la ficción, de un escritor artista, o su esteticismo, parecerían a primera vista incompatibles con el abordaje a lo contemporáneo, que usualmente se hace a través de sus temas y sus hechos.

Sin embargo, el escritor artista a menudo es quien mejor capta el espíritu de su época. ¿Cómo lo hace? Donoso, por ejemplo, era un escritor interesado en el mundo y en el presente. Lo fascinaban esas brevísimas metáforas del presente que son los gustos, las modas. Es más, quería una obra que fuera ella misma gusto, tendencia.

¿Cómo resolver, entonces, esta relación dramática del escritor artista que pretende autonomía total, incluso de su época, y al mismo tiempo desea lo contemporáneo?

Cito a Donoso: "Ciertamente, una de las experiencias más emocionantes que puede proporcionar una obra de arte es que encarne lo contemporáneo, no que lo formule" (Donoso 1987, 89).

Donoso sugiere que el dilema puede resolverse mediante la idea de encarnación de lo contemporáneo. Lo actual debe encarnarse en una obra del mismo modo, agrego yo, que las modas encarnan, visten y travisten —no formulan—, el espíritu de una época.

Nada tiene de extraño, me parece. El escritor artista es un ser en sociedad, procede de su experiencia, habita su época. La habita conmovido, desfasado, desde la fisura, pero la vive. Es como se suele decir, un hijo de ella. Escribir desde la fisura es estar en el mundo, no fuera de él. Pero a diferencia del profesional que formula los temas o elabora los hechos, lo que el artista observa conmovido son las formas que toma lo contemporáneo, sus estéticas.

Encarnación de encarnaciones, la novela artística por excelencia no cuenta los hechos de una época, sino que recorre sus formas.

En cambio, indiferente o ciego a la contemporaneidad, el escritor profesional recorre la actualidad que es dato, hecho, noticia. Y su época lo premia por eso pues, como lo dijera para siempre Shakespeare: "The present eye praises the present object" (1991, 734).

El profesional elabora, interpreta, formula; el artista forma.

¿Lector ideal o lector concreto? Aquellas encarnaciones de lo contemporáneo, en la novela artística, van dirigidas a un lector también muy contemporáneo, pero ideal.

Veamos como formula el punto un escritor artista como Donoso. En una entrevista que le hice en 1994, me decía: "Quiero ser visible, quiero ser accesible. Yo no escribo para los críticos, sigo queriendo que me lea el lector sensible e inteligente en un avión a China" (Franz 1994). Y en su *Historia personal del boom*, nos dice: "El lector común en Hispanoamérica era ahora más sofisticado" (Donoso 1987, 69).

Lo que aquí importa es que ese viajero en el avión es un lector indeterminado, anónimo, sin rostro, edad, sexo, ni clase social precisa. Y que cuando menciona al público latinoamericano, alude al "lector común". Una categoría abstracta, ideal. Seguramente, el lector en el cual pensaba Donoso es aquel ser sin rostro pero al cual conocemos íntimamente; ese que somos nosotros mismos, los escritores, cuando leemos. Aquel de los versos de Baudelaire: "Tú, hipócrita lector, mi semejante, mi hermano".

Ese lector ideal, en cualquier caso, me parece muy diferente del lector concreto al cual se dirigen los escritores profesionales de hoy mismo en Chile y otras latitudes. Los novelistas profesionales que formulan la actualidad para segmentos de mercado o grupos objetivos determinados: mujeres en la edad media, adolescentes, consumidores ABC1, minorías étnicas, sexuales, etc.

André Gide hizo esta distinción fundamental: "Hay obras que crean a su público y hay obras que son creadas por su público". El lector ideal, en definitiva, es el público inventado por la propia obra literaria, es decir, quienes descubren que necesitaban el libro sólo en el momento de leerlo. En cambio, el lector concreto es parte de aquel público que encarga al escritor profesional la obra que ya quería leer.

V. Conclusiones

Resumiendo, el escritor artista tiende a hacer una vida creativa distinta a la del escritor profesional. Entre otras cosas, el artista pretende que su obra es un fin en sí misma. Decreta la autonomía de la ficción. Sueña con desentenderse del público, y para eso se inventa un lector ideal, creado por la propia obra. Se resiste a la tiranía de lo actual y opta por encarnar lo contemporáneo. Trabaja desde una duda, una inquietud irresoluble, una fisura como la llamaba Donoso.

En tanto que el escritor profesional tiene algo que contar y lo hace. Tiene certezas, se levanta por sobre la fisura propia, y formula las de su época. El profesional produce su obra dirigiéndola hacia algo más: una causa, o una idea, por ejemplo, o la ambición de una carrera literaria. Le canta al mundo y éste se encanta con él. Escribe la obra que un público concreto esperaba y éste lo premia con su atención.

El resultado, como se ha visto, puede ser válidamente una poética en diagonal, tentada y tensada por fuerzas divergentes. Donoso encarnó una tensión de ese tipo, entre artista y profesional, en su propia carrera creativa. Si esbozó partes de la poética que antes bosquejé, lo hizo para fines prácticos. Para ayudarse a resistir la fuerza gravitacional de lo dado: el mundo literario y editorial, las modas y costumbres del público.

Por las mismas razones que entonces tuvo Donoso, creo importante que los autores chilenos de la nueva generación nos planteemos el dilema de nuestras propias poéticas. Hoy, aquellas fuerzas divergentes han aumentado su poder, tensionando la frontera que separa al escritor artista del profesional para hacerla más zigzagueante, borrosa y confusa que nunca. Fenómeno particularmente agudo en Chile debido a esa profesionalización ingenua que hemos padecido y que mencioné al comienzo.

Reelaborar, y continuar tal vez, esta tradición de una poética para la escritura artística, hecha de distinciones sutiles, de matices, puede ser una de las pocas maneras efectivas que tenemos a mano para defender la libertad de nuestro oficio. Para resistirnos a la bárbara homogeneidad del mercado literario contemporáneo.

Bibliografía

Bakhtin, Mikhail. 1987. *The Dialogic Imagination*. Austin: University of Texas Press.

Donoso, José. 1971. Prólogo, en: Juan Carlos Onetti. *El astillero*. Barcelona: Ed. Salvat.

—. 1987 [1972]. *Historia personal del boom*. Santiago: Ed. Andrés Bello.

—. 1996. *Conjeturas sobre la memoria de mi tribu*. Santiago: Ed. Alfaguara.

Fontaine, Arturo. 1997. Donoso en su taller. En: *Revista Letra Internacional* (Madrid) N° 52, Septiembre.

Franz, Carlos. 1994. José Donoso, mortal. En: *Revista Nexos* (México), agosto.

Fuentes, Carlos. 1993. *Geografía de la novela*. México: Fondo de Cultura Económica.

Lodge, David. 1997. *The Practice of Writing*. New York: Allan Lane-The Penguin Press.

Shakespeare, William. 1991. *Troilus and Cressida*. En: íd. *The Complete Works*. Oxford: Clarendon Press, 734ss.

Chile: por una narrativa de los espacios abiertos

Patricio Manns

El propósito declarado de este trabajo es examinar algunos aspectos generales de lo que he denominado "una narrativa de los espacios abiertos", por oposición a los temas novelescos que genera la ciudad, espacio cerrado por antonomasia, *huis-clos* multitudinario y equívoco, y además, inagotable manantial de cemento que nutre duramente el "soliloquio del individuo". Para reconocer la existencia de esta forma narrativa, es indispensable que ella reúna al menos dos condiciones: la presencia de un sedimento épico-mítico constante en la organización del texto, y el protagonismo de personajes arquetípicos. A primera vista, la confrontación no parece importante. Y sin embargo, los materiales, los temas y las técnicas literarias utilizados por los escritores anclados en uno u otro campo son tan disímiles, que me pregunto por qué los especialistas no han llevado a cabo un estudio racional, exhaustivo y completo, sobre estas dos opciones fundamentales de la novela. Es sólo a partir de ellas que podrá encararse el estudio de otras subformas narrativas, pues la primera bifurcación efectiva, real y visible de la propuesta novelesca nace aquí.

En los hechos, la narrativa de los espacios abiertos es la primera en ver la luz. Y esto en la totalidad de los mundos literarios. Desde la invención de la novela, en los siglos IX o X, según la opinión de diferentes autores, hasta la publicación de *Madame Bovary*, de Flaubert (1857), toda la gran literatura universal se situaba en los espacios abiertos, lo que equivale también a decir en la épica, en los mitos y en los arquetipos. Pese a la existencia de las ciudades, y antes que ellas, de los castillos y campos amurallados, los narradores eligen desde un comienzo la descripción de sucesos que pueden percibir directamente cada día, y que parecen constituir una prolongación de los hábitos poéticos de la juglaría, que los precede cronológicamente. Cuando por fin se escribe sobre la ciudad, no es porque la ciudad acaba de nacer, sino porque ella se organiza, adquiere su nocivo poderío y se constituye poco a poco en denso, variado y nuevo material literario. Durante dos o más siglos será el soporte temático casi exclusivo y excluyente de todas las otras escrituras, en particular porque grandes novelistas de muchas latitudes adoptan la ciudad como el órgano que vertebra la sensibilidad de su intelecto.

Sin embargo, contrariamente a la ciudad y al templo, al castillo y al campo amurallado, a la idea del recinto protector, el espacio abierto y sus atributos no nace: ha estado siempre allí. El espacio abierto es anterior a la novela, que precisamente se inicia describiéndolo, y describiendo al hombre que lo recorre, lo habita y lo trasciende, como lo vemos, por ejemplo, desde las primigenias sagas de Islandia, antecesoras directas de la novela moderna, pasando por el *Quijote*— citados apenas con el fin de mostrar dos de los hitos. Cuando la ciudad irrumpe en la novela, lo hace para quedarse largo tiempo, y no sólo ahoga a la novela entre sus tentáculos, sino también al teatro, al poema, al cuento. El siglo XIX y buena parte del XX, configuran el apogeo de la novela de la ciudad, en particular impulsado por escritores como Stendhal, Balzac, Flaubert o Proust— para marcar algunos de aquellos que han tenido mayor influencia en América Latina. El caso del irlandés James Joyce es una porfiada excepción, pues si bien su enorme novela, *Ulises*, con seguridad la mayor del siglo XX, transcurre enteramente en la ciudad de Dublín, y en un solo día —16 de junio de 1904—, la utilización de técnicas y estilos literarios de épocas diferentes, las irónicas paráfrasis de diversos libros, que asoman en cada uno de sus capítulos, y sobre todo, los mitos, los arquetipos y la historia profundamente épica de Irlanda, que el autor inserta párrafo a párrafo, página por página, mediante inenarrables subterfugios empapados de genio, le confieren una dualidad excepcional. Baste citar el acápite en que dos personajes menores de la obra penetran en una taberna, tras cuyo mostrador pontifica, bebiendo su propio material y charlando con sus parroquianos, su propietario, Barney Kiernan. Ambos hombres llegan comportándose normalmente en el interior de una novela normal:

> —¿Eres un abstemio estricto?— dice Joy.
> —No tomo nada entre dos bebidas— digo yo.

Después de saludar a Kiernan y al resto de los bebedores con ampulosa familiaridad irlandesa, se instalan entre el corro, y prescriben sin vacilaciones cada cual su brebaje matutino. Y en ese preciso instante, a causa del mágico instinto o la perspicaz comprensión de una estructura narrativa compleja, o más que compleja, plena de audacia, Joyce transforma bruscamente la poco imponente figura de Barney Kiernan, sin solución de continuidad, escribiendo:

> La figura sentada sobre un can rodado al pie de una torre redonda era la de un héroe de anchas espaldas vasto pecho robustos miembros ojos francos rojos cabellos abundantes pecas hirsuta barba ancha boca gran nariz [...], nariz de tal capacidad que dentro de su cavernosa obscuridad la alondra podía haber colocado fácilmente su nido.

Este pasaje me hace pensar que la narrativa de los espacios abiertos no sólo apunta a las anchuras geográficas, sino a los espacios emocionales, morales, mitológicos, históricos, y que en ocasiones, la ciudad puede ser una simple idea situacional para un espíritu en certera maniobra de volar.

Apenas después de la mitad del siglo veinte, algunos narradores de importancia vuelven a renegar de los alféizares, los zaguanes, los portales, las manzanas de conventillos, los puentes citadinos, las calles estrujadas por grandes edificios sombríos, de hormigón y vidrio, al pie de los cuales agonizan los árboles urbanos, los automóviles tosen enfermos, los trenes perforan la lluvia enloquecidos buscando el resplandor amargo de las urbes. Estos narradores intentan escapar de nuevo hacia la libertad de las praderas, de las montañas, del esplendor de los volcanes cargados de nieve y de silencio, de los mares de ola inagotable, de los ríos empujados por el fragor de su propio bramido. Al mismo tiempo, incitan a sus personajes a leer bajo la luz de sus propias espadas o cuchillos, a escarbarse los dientes con grandes alabardas o a limpiarse el trasero con un disparo de espingarda. Y resitúan allí la misma ecuación humana, la humanidad fundacional, el hombre revenido de lejos, que ellos enfrentan a su pasado infinito, pero devolviendo a su historia el carácter épico-mítico originario, y a su acontecer cotidiano, la entrañable marca arquetípica acuñada por los más antiguos de los antiquísimos antiguos.

La dicotomía ciudad-espacio abierto origina inmediatamente dos maneras de ver el mundo, y al mismo tiempo, dos formas de estructurar la literatura, tanto desde el punto de vista del tratamiento de la historia y del o de los personajes, como desde el punto de vista de las técnicas narrativas empleadas. Pero surgen también categorías de otro orden: la relación del hombre con la ciudad es sustancialmente distinta a la relación del hombre con la naturaleza. La ciudad es por esencia la representación de numerosos tipos de miseria, el paradigma de la explotación del hombre por el hambre, la vida torva, despojada de toda su añorada grandeza. La ciudad es el humo pestilente de las fábricas, el olor animal del trabajo, la soledad acompañada, esto es, aquella soledad morbosa que es siempre una mala compañía. La ciudad traiciona y corrompe. Allí afloran los prejuicios sociales y raciales, allí coexisten, sin disimular sus reconcentrados odios mutuos, los que lo tienen todo y los que no tienen nada— porque, paradojalmente, el que más tiene, más teme, lo que también transforma su vida en un infierno, una pesadilla en que reiteradamente sueña con lo que puede perder. Allí el amor se transforma en sucesivas e interminables maniobras de violación, allí la desesperación marca a hierro los rostros maltratados por el horror de la madrugada en el invierno, rostros atormentados por el sueño, cabeceando en suburbanos cargados con una masa humana que acaba de abandonar el lecho y ya está extenuada por la vida inmisericorde, sin horizontes, sin prosapia, sin grandeza, sin fulgor, sin respiro. El viaje por la ciudad es un viaje que ultraja al individuo, y entonces, el individuo ultrajado se emborracha, golpea, mata, como en una oscura maniobra de rescate de su brevísima eternidad, mordida por oblicuos anhelos de venganza, tragada por el oscuro túnel donde sólo existe la boca de entrada. En la novela de la ciudad, la felicidad está excluida, por más neutro que sea el tono del narrante, por más inocuo que sea el acontecer existencial del ser narrado. El desamparo es una característica mayor del hombre de la ciudad, y este desamparo no concierne tan sólo a las condiciones deshonrosas de su trabajo, a la defensa de sus vagos amores, a la imposibilidad de sus deseos indescriptibles, sino a su angustia frente al poder del poder, un poder que no le deja espacio para rescatar el más mínimo valor subjetivo de entre los insalubres escombros de su vida. Porque la ciudad ha sido ocupada ahora por soldados— no por guerreros: los guerreros matan sólo a sus enemigos, y en igualdad de condiciones, no a sus propios connacionales indefensos. La presencia de los soldados en las calles de la ciudad, hace imposible a la literatura de hoy la osadía de las literaturas de ayer. Impone la autocensura, se impregna de miedo, glosa patéticamente su vergüenza, su miseria moral, su impotencia. Esto hace que una importante mayoría de las escasas obras que puede exhibir la narrativa chilena actual, constituyan, bajo ciertos aspectos, una sombría crónica de traiciones, cuando no un manual de resentimientos enfermizos. Porque el narrador de hoy, en la ciudad, contrariamente al narrador de ayer, en su espacio abierto, no es un héroe ni siente la obligación de serlo. El desamparo moral es una característica mayor del hombre de la ciudad, y este desamparo no concierne sólo a las condiciones alienantes de su trabajo, a la defensa de sus vagos principios, ni a la imposibilidad de sus indescriptibles deseos. Toda esta danza macabra y multiforme se enmarca en los compases de marciales músicas prostibularias, de jolgorios impotentes, porque la alegría es una leyenda jocosa inventada por risueñas calaveras que yacen a flor de tumba, porque la alegría es una confusión que se mezcla con los efluvios de la borrachera, con un ir y venir de una ausencia de puerto a otra ausencia de puerto, hasta que se consuma el vértigo del naufragio total.

Hay concomitancias, por supuesto, con la literatura de los espacios abiertos. En éstos, el hombre es, muchas veces también, "un embutido de ángel y de bestia", pero su sola relación con la naturaleza, a la cual lo une un cordón umbilical de hierro y sangre, un pacto de grandeza y hermosura, un contrato de cielo con abismo, cambia completamente la circunstancia del desvelo. El trabajo duele, y a veces mata, pero el hombre es libre de buscarlo donde quiera. El amor del hombre es multiforme, porque la búsqueda del amor es multiforme, y el epicentro dramático de esa búsqueda puede caracterizarse, alguna vez por la pasión volcánica de una mujer silenciosa, u otra vez por el jadeo estratificado de una oveja sonora. Como en la ciudad, el hombre está solo, pero esta soledad es ancha, es grandiosa: los propios elementos que la generan, al mismo tiempo la subliman. Como en la ciudad, los hombres mueren, por su cuenta o asesinados. Pero no es la misma cosa morir arrinconado cerca de una alcantarilla, escuchando el apagado rumor de las materias fecales como música de la propia agonía, que sumergirse lentamente en aquella oscuridad sin vuelta, arrullado por el rumor metódico de un soplo venido en línea recta de los flancos nevados de las cordilleras, o del tácito responso verde de un mar incalculable.

La novela de los espacios abiertos observa al hombre en su dimensión perfecta, contactado con la unidad absoluta de las materias que le dieron origen. La ciudad y sus soldados son una emanación imperfecta del hombre, pero el hombre es la fosilización de un sueño cósmico, y lo cósmico es lo que extiende un vigoroso manto de inmortalidad sobre la brevedad de las ciudades. En los espacios abiertos se vive y se muere sin reloj, ya que es la muerte la dueña de las horas. La muerte es también la dueña de los lugares, la dueña del cuchillo, la dueña de la pólvora, la dueña del último estertor, la dueña de la tierra. La muerte es para el hombre una discusión cerrada entre el final de su vida y el comienzo de su eternidad. Y en los espacios abiertos la eternidad es visible porque sucede allí, en el volcán, en el desierto, en la estepa, en el mar, en el ventisquero, en la montaña. Esta condición esencial establece las reglas de la novela, para la cual uno de los protagonistas deberá ser siempre la vastedad circundante. Es en toda vastedad circundante que fulgura el aura de las eternidades. En la ciudad hay apenas vastedades restringidas. En la ciudad la vastedad restringida es la calle, el parque, el cerro del fondo. La vastedad es la noche, porque la noche es una ausencia, y la ausencia no se mide por hitos, marcas ni reparos, contrariamente al día, que es una presencia. Pero el día no es la ciudad ni pertenece a la ciudad. El día es sólo la luz que mide al mundo y lo hace visible. En los espacios abiertos, la vastedad alcanza el cenit por arriba, el nadir por abajo. En los espacios abiertos el tiempo es ancho y sin costuras. Se vive inmerso en él, pero no se piensa en él. El tiempo es uno mismo y la medida del tiempo es el latido de nuestro corazón. Por eso, para un hombre asustado, cuyo corazón trota, las horas parece que corrieran, y para un hombre sesteando plácidamente, las horas tortuguean reptando tranquilamente al sol, cuando es necesario que haya sol. Es posible sestear también debajo de una nube, o bajo la sombra de un árbol, aunque sólo dormidos a la sombra de un árbol pueden ser degollados los jinetes.

Todas estas reflexiones parten de una decepción creciente: la novela de la ciudad es hoy día en Chile una realidad que no es real, una necesidad que no es necesaria, puesto que es una novela exenta de crítica en la mayor parte de los casos, despojada de látigo o de estigma. Una novela diametralmente opuesta a aquella de la ciudad social recreada por las gentes de la generación del 38, para citar un caso. Esa generación creyó en la literatura establecida como una bandera de combate, una clarinada de denuncia. La literatura tiene una función social, sobre todo en tiempos en que arrecian las mistificaciones, en que la mentira ensancha su cauce interminable. Se eleva a la categoría de prócer de la patria maltratada, a un asesino abominable, a un cobarde rastacuero uniformado que ordenó disparar durante muchos años contra su pueblo sin armas, y que hoy implora la compasión internacional para no ser juzgado por los crímenes, las torturas, las violaciones, la desaparición alevosa de miles de ciudadanos indefensos, los mismos que lo alimentaron, lo armaron y lo ataviaron. Este bastardo capítulo de nuestra historia fue perpetrado en nombre de filibusteras teorías de seguridad nacional, las que en el fondo, sólo ocultan pactos y contubernios con el capitalismo salvaje y transnacional de fin de siglo. Si no es así, ¿quiénes financian la defensa del sátrapa para agradecerle los favores recibidos y lo dicen sin ambages? ¿Quiénes se han erigido en abogados del asesino acusando a los muertos? La novela de la ciudad de hoy es escapista, esconde la realidad real, se distancia de los caídos, cuyas tumbas, cuidadosamente cavadas a la luz de la luna, resurgen a la luz de la luna muchas lunas después, todos los días, aquí y allá. La novela de la ciudad de hoy es una bondadosa infamia, porque no reflexiona sobre la gangrena heredada del cavernarismo militar, no se pronuncia sobre la voluntad uniformada de perpetuarse, tan largo tiempo como sea posible, en custodios de la Constitución, en garantes de la democracia, en cancerberos de las aspiraciones cívicas. Una novela que no ha comprendido lo que significa para nuestro pueblo la inadmisible imposibilidad de administrar justicia, y su caligrafía calla ante la irrevocable institución de la impunidad más soez, no merece ser escrita.

Por todo esto preconizo la vuelta a los valores puros que nos dieron origen, al redescubrimiento de los mitos, a la revisión de la épica, al renacer de los arquetipos, lugares literarios donde antes, los verdaderos héroes morían en brazos de sus guerreros —no soldados: guerreros, digo—, donde los pueblos caían protegiendo a sus jefes, sus héroes, sus mitos y sus dioses, en una musculosa expresión nacional de solidaridad, sin sosiego y sin vacilaciones. Amando y reestudiando a nuestros mitos, volveremos a encontrarnos con la esencia, hundiremos de nuevo las raíces hasta el mismísimo fondo de la tierra, donde sorben su cuchara de rabia, su vocación de fuego, los volcanes. Crearemos un duro suelo propicio y nutritivo para afirmarnos en él y recomenzar interminablemente la lucha interminable.

La ciudad es el ombligo inhóspito del hombre. Los espacios abiertos, mitológicos, morales, históricos, son la percepción, la sensibilidad, la memoria natural del ser. La ciudad es hoy la historia reciente y mezquina, el lenocinio de la soldadesca. El mundo es el mito recreado, constante y multifacético. Claude Lévi-Strauss sostiene que la verdad de la historia está en el mito y no al revés. Dados los tiempos que corren, yo prefiero disparar desde los mitos.

Trez-Vella, 22 de febrero de 1999

Literatura chilena: generación de los ochenta
Detonantes y rasgos generacionales

Ana María del Río

Antecedentes

En Chile los movimientos de la literatura contemporánea se organizan alrededor de su mordaza: el golpe militar de 1973 instauró una represión de 17 años y su pervivencia formativa todavía está dejando sentir sus efectos en los autores jóvenes de nuestro país.

La literatura chilena actual distingue tres grupos generacionales que rodean este hito histórico y que son afectados por él en su expresión.

La generación del 50 con nombres como José Donoso, Jorge Edwards, Enrique Lafourcade, Marta Blanco, Mercedes Valdivieso, etc. De la apreciación de Cedomil Goic acerca de sus características y su vigencia como generación destaco algunos rasgos:

— combate el realismo social vigente con las entonces nociones emergentes de literatura comprometida que abarcaban las nociones válidas para escritores como Sartre y Camus;

— la caracteriza un irrealismo definidor y un distanciamiento de la representación tradicional de la realidad a favor de la ilusión, la apariencia, lo fantástico, el principio de incertidumbre y un escepticismo con respecto a las posibilidades del conocimiento;

— plantea un estilo que se acerca al neobarroco, donde el grado de seriedad de la representación ha sido desplazado por el humor negro, el juego, la ironía, en medio de ecos y repeticiones que duplican y derogan lo representado en una dispersión y fragmentarismo fecundo. Dispersión que también alcanza a la figura del narrador en una multiplicación de situaciones narrativas y modos de decir novedosos, que no son fieles transcripciones de situaciones ni modos de habla de personajes. El elemento del humor incluye también rasgos paródicos, diversos niveles de lenguaje, nueva presentación de diálogos y extensos comentarios del narrador o personajes que duplican el sentido de lo representado en un uso llano y pretendidamente serio de la libertad épica del narrador, lanzando e instaurando de una vez por todas la extrañeza frente a las formas de la novela tradicional (Goic 1988, 439).

La generación novísima (nombre dado por José Donoso) con Antonio Skármeta, Claudio Giaconi, Fernando Jerez, Ariel Dorfman, Poli Délano, Cristián Huneeus, Mauricio Wacquez, etc. Ellos presentan —también siguiendo la apreciación del profesor Goic (ibíd., 492s.)— varias características:

Alejados de los elementos confrontacionales del realismo socialista y demás equívocos del compromiso literario, estos autores asumen espontáneamente el horizonte inmediato de la novela, planteándola como deconstrucción del género, enderezándola hacia el juego, conjugando en ella una serie de técnicas lúdicas, una disposición textual de reflejos especulares, dispersión del yo, diálogo textual de complicación variada y libre. El fantasma de Borges se enseñorea sobre esta novela y esta generación. Se produce un desafío al statu quo de las letras y/o de la sociedad, con el mismo afán de juego, insertándose críticamente en un lenguaje oficial o tradicionalmente narrativo. En esta generación, los escritores renuevan su conciencia de la literatura y del género narrativo. Los determinantes del estilo y de la disposición de la novela tienden hacia la negación o abolición de lo previamente narrado. La situación narrativa y sus factores tienden a la dispersión y al hueco frente a las pretensiones unitarias y psicológicas de la personalidad. Todas estas son negatividades de las cuales el genio de los novelistas novísimos saca partido. La fatiga frente a modalidades metanovelescas, autorreflexivas y autodestructivas, despreocupadas de narrar y muchas veces cargadas de meditaciones y especulaciones, parece, cada vez más, abrir la expectativa de una narración interesante y bien contada. El interés por el contenido aumenta.

La generación de los 80, o generación del 73, o generación post golpe, o generación NN, o generación marginal (todos estos alias para un solo delincuente expresivo), comienza a lanzar su voz alrededor de 1976, así jóvenes universitarios y jóvenes de agrupaciones poblacionales dan inicio a actividades literarias marginales. Por ejemplo, dentro de la creación de la Agrupación Cultural Universitaria ACU o la Unión de Escritores Jóvenes, UEJ, y también al alerto de la Sociedad de Escritores de Chile SECH. Aunque no existe veredicto sobre esta generación en la mayoría de libros sobre literatura (tal vez con excepción de los estudios sobre el tema de Rodrigo Cánovas y otros), se puede decir que ésta fue una generación donde se detuvo y se trastocó el desarrollo normal de la expresión literaria. La línea lúdica y el ámbito crítico frente a la narración tradicional se ven interrumpidos bruscamente por un suceso, el golpe militar, que reinicia muy bruscamente otra voz, debido a que instala e impone un régimen represivo donde pasa a ser prioritario el intento por denunciar el estado de cosas existente burlando la censura y el silencio impuestos. Todas las consideraciones sobre estilos y voces narrativas quedan supeditadas a una sola voz que unifica y uniformiza a esta generación, formada por escritores muy jóvenes al momento del golpe, la mayoría sin obra publicada: se trata pues, de poder decir, de poder mandar la voz al mundo de afuera sobre lo que ocurre en este país cerrado. Así nacen los talleres literarios como ejercicio predominantemente marginal en los que como característica unificadora, se da un trabajo en todos los niveles de la metáfora alusiva, intensificándose la calidad y la profundidad de ésta, como único lenguaje —el metafórico— capaz de traspasar fronteras represivas y de burlar a la censura, preocupada de buscar y de castigar denuncias testimoniales.

Generación de los 90 o muy jóvenes. Aún está por verse si se puede hablar de una generación de los nacidos después de 1973, la generación de los 90, que comenzaría su vigencia en el año 2000. Personalmente advierto como característica de esta generación su recurso a nuevas instancias expresivas y narrativas: artículos en la prensa, programas radiales, combinación con otras artes, por ejemplo la música (como vemos en la reciente ópera *Patria*, estrenada en nuestro país), instancias que predominan sobre la incursión más tradicional en novela y narrativa corta. Aunque no me referiré a esta generación, puesto que todavía no puede hablarse de su forma definitiva, sí se advierte su presencia vigente en el próximo siglo y existen poderosos representantes, como Andrea Maturana, Sergio Gómez, Alberto Fuguet, René Arcos, etc.

El período de la represión en Chile (1973-1990) afectó de manera distinta a cada una de estas generaciones:
— provocó exilios voluntarios y obligados e interrupciones en la labor literaria de los escritores de la generación del 50;
— para la generación del 70, causó detenciones, desaparecimientos, tortura, muerte, exilio, miedo, relegación, cambio brusco de las condiciones de creación, ya que ella venía de un ambiente de exaltación de la cultura popular y de los acontecimientos colectivos, y un amordazamiento— común a los escritores de las tres generaciones;
— para la generación del 80, provocó exilios, cesantía, censura, autocensura, miedo a la expresión, una casi anulación de la actividad editorial y una escritura de signo encubierto (como lo vemos en los cuentos "Golpe" de Pía Barros, o "Padre Nuestro" de Leandro Urbina), también un cambio de expresión y modos de representación y una acentuación del desencanto, tristeza y escepticismo, tanto del narrador como de los personajes, al recomenzarse la experiencia democrática en el país, distinta a la especie de exaltación de acción de resistencia que salió a flote en plena represión;
— para la generación del 90, provocó una reacción de indiferencia con respecto a la acción y participación políticas (en general contenida en la expresión "no estar ni ahí"), una expresión cerrada, no participante ni adjetivada, un narrador que se limita a dar cuenta del suceso sin intervenir en él, a la manera de un yo au-sente del centro, de la ciudad, del propio cuerpo. Una mirada de insectario sobre la realidad.

El golpe de estado también cambia el espacio desde donde el público ha podido conocer a estas generaciones. Mientras que la generación del 50 se dio a conocer a través de libros (*El obsceno pájaro de la noche, Novela de navidad*, etc.), las generaciones del 70 y del 80 se dieron a conocer a través de revistas (*Obsidiana, El gato sin botas, La castaña, Araucaria, Hoja por ojo, Simpson siete*, etc.), a través de cautelosas y pardas autoediciones artesanales de mínimo tiraje y destinadas a venderse o regalarse entre el grupo de habitués. Estas hojitas, que recuerdan la literatura de cordel de los tiempos de revolución de un país, se agruparán después en antologías que las aglomeran en ediciones rústicas[1], antologías que presentan una amplia convivencia de la maleza y el trigo, sin juicio discriminativo, buscando sólo el juntar las distintas escrituras de un país silenciado. Sólo con el levantamiento parcial de la censura se comenzará trabajosamente en 1984 la edición vía editoriales comerciales que invertirán en el proyecto en verde de las nuevas voces chilenas y que se demorarán casi quince años en reponerse de esta detención cultural editorial a que se la ha condenado.

Después saldrán a la luz antologías publicadas en democracia, como son *Santiago pena capital* (1991) y *Tatuajes: diez narradores inéditos de la generación de 1987* (1990).

Todavía no es dado hablar de un medio editorial para el grupo de los muy jóvenes. Sin embargo, es normal que tuvieran el camino mucho más expedito para la publicación que la generación que estuvo bajo la represión. De hecho, la vía de aparición de textos cortos, no frecuentemente narrativos sino más bien reflexivos, en la prensa, ha constituido la primera vía de expresión (Suplemento *Zona de Contacto* de *El Mercurio*, *Revista Rock & Pop*, etc.); además han surgido vías alternativas como la de concursos nacionales (tanto para obras escritas como para proyectos de escritura) con los fondos del impuesto a la venta sobre el libro, destinado a premiar a autores jóvenes.

Por otro lado, tomando en cuenta la opinión de algunos editores y críticos, las editoriales chilenas adolecen de gestión editorial efectiva. Aunque esta característica no ha sido subsanada y a pesar de la inferioridad cultural (sobre todo si nos comparamos con países como Japón, donde se copia y se traduce a velocidades supersónicas) la presencia de escritores, movimientos generacionales y obras existe y es creciente en nuestro país, gracias a la gestión de editoriales pioneras que han invertido en un programa de difusión de escritores chilenos entre los chilenos, paso esencial después de un oscurantismo cultural de casi dos décadas (Ed. Planeta inicia este movimiento de difusión, seguido con éxito por Alfaguara). Como punto de partida de este nivel de apertura y masificación editorial se puede señalar las ediciones masivas en 1991 de los autores Gonzalo Contreras y Marcela Serrano que abren la entrada de los textos nacionales al mercado.

El golpe militar de 1973, al escindir y detener la labor literaria del país, ejerce una suerte de "atraso" y de "traslape" cultural-generacional. En su análisis de la literatura hispanoamericana, Cedomil Goic afirma que la generación hispanoamericana de 1972 se encuentra en plena gestación histórica, con un camino que fue iniciado en 1965, con opciones creadoras enfáticas, lúdicas, desenvueltas, desenfadadas, cínicas, frescas (todos estos adjetivos de Goic, cf. 1980, 276), ejercidas predominantemente sobre la esfera de la adolescencia, con una constante de

---

[1] *Contando el cuento* (1986), *Encuento* (1984), *Andar con cuentos* (1992), *Cuento aparte* (1986), *Cuentos chilenos* (1988), *Cuentos chilenos contemporáneos* (sin fecha), *Cruzando la cordillera* (1986), *Muestra de literatura chilena* (1992).

contraposición de lo auténtico interior con el mundo exterior, un enfrentamiento de la adolescencia con la inautenticidad del mundo adulto y con una representación de un mundo "eminentemente inestable" que explica el "resbalar de los planos" (ibíd.) en un cosmos no acabado; con respecto a las normas establecidas, se produce un "forcejeo" (ibíd., 277) llevado airosamente con gracia lingüísticamente creadora. Todo esto pasa en Latinoamérica en la generación de 1972.

En Chile, el golpe militar de 1973 viene a silenciar y a cortar todas esas características que nuestros narradores se preparaban a expresar: las amputa de la escena creativa generacional, al mismo tiempo que escinde e inicia otra línea de representación del mundo. La tragedia es que estos escritores de la generación del 70 en Chile quedan silenciados y ausentes, tanto por la represión en el país como por la lejanía de los diferentes exilios y el aislamiento a que es sometida nuestra nación.

Ya vemos que en 1976 comienza otra generación, la de los 80, a dar los primeros pasos en el escenario de la literatura, adhiriéndose a ella algunos escritores de la generación pasada que han tenido que cambiar fundamentalmente su trayectoria y su visión del mundo debido a las circunstancias históricas donde las prioridades chilenas han cambiado fundamentalmente. El cambio gira alrededor del hecho de que la modalidad autorreflexiva generacional que tenía que venir, por influjo de la escena creativa continental, se ve bruscamente suspendida por la emergencia de sucesos límite y de un vuelco total en las prioridades de la expresión y de sus temas. Se da así paso a esta especie de mesura y de "narrar el horror sucedido" que algunos han confundido con un realismo propio del naturalismo, ya pasado. No es sin embargo una vuelta atrás de la literatura chilena; simplemente es una necesidad de dar testimonio del ambiente de muerte y amenaza que cubre al país.

A pesar de que como señala Soledad Bianchi "el arte no imita sino que transforma la realidad re-elaborándola mediante el lenguaje" (1990, 49s.), la literatura de la generación de los 70 en Chile reclama, por razones obvias, una mayor tendencia al realismo. Siguiendo con las palabras de Bianchi,

> es indiscutible que en esta década y media la *práctica* de la literatura sufrió drásticas variaciones, a mi entender más visibles y homologables con la situación política, en el contexto, en las condicionantes y en las condiciones en que fueron producidas las obras que en su propia organización y estructura (ibíd., 50).

Al hablar de las "condiciones", Bianchi señala la censura, la quema de libros, el exilio, la cesantía, la tortura, las denuncias, los desaparecimientos, etc.

Pero las obras mismas, que recrean la realidad de ese período, a pesar de que surgieron de la necesidad de denunciar, desde el extranjero, la situación de represión (y de que sólo a través de una suma de escritos públicos, semiprivados, clandestinos, testimoniales, del exilio, del interior, imaginantes, imaginarios, etc., "se tendrá una imagen más o menos fiel y acabada de la literatura de ese período" (ibíd., 62), a pesar de que existe en ellas una distancia muy corta, casi testimonial con el hecho narrado, no todas adolecen como creen algunos de ese realismo fotográfico que anacroniza la literatura volviéndola por lo menos dos generaciones más atrás. La literatura de esta generación en Chile da cuenta de la represión vivida, muchas veces a través de un intenso trabajo con el tropo y la imagen, metaforizando el referente como única vía de aparición. Es distinto el uso de la palabra desde el exilio, donde existe menos esta necesidad del disfraz de la palabra que salva la vida y la voz, y en donde se tiende más a la denuncia de hechos precisos.

Un escollo para la creación literaria de la generación del 70 es precisamente esa suerte de distancia (que Bianchi metaforiza con la palabra "exilio") que el creador debe tomar con respecto a su materia. Esta es extremadamente dificultosa en el Chile de 1973-1984. La imposibilidad de tomar distancia frente a los sucesos vividos por todos y diariamente es tal vez la razón del porqué las creaciones narrativas chilenas del período parecen adolecer de esa especie de "mesura" y tono realista que las acompaña el primer tiempo.

Podemos decir que en Chile sucede, con el golpe militar de 1973, lo contrario de lo que Julio Ortega propone —en el estudio citado de Goic sobre la generación 1972 en Hispanoamérica— como caracterización de la nueva narrativa hispanoamericana para la época: en vez de una desdramatización en la historia del relato de interacción social, exacerbado a su vez en el discurso, en Chile, el golpe militar lo dramatiza desde la historia y lo mesura desde el discurso: en Chile, el golpe militar llena la escena de un heroísmo de cuño épico, con el símbolo de una saga militar odiseica; en cambio el discurso expresivo se acurruca, se vuelve susurro, rumor concentrado, mesurado y autoamordazado, convirtiéndose en un signo del poder ejercido.

Rasgos generales de la generación de los 80

La generación de los 80 (que algunos llaman también de los 87) —debido a haber nacido en una dictadura dispersora de cualquier movimiento cultural o crítico del sistema existente— conforma una generación dispersa de seres y voces que participaron durante muchos años de la calidad de marginales o de NN (ese es el motivo de sus otros nombres), en la imposibilidad de reunirse oficialmente o de leer en público sus textos.

Debido a esto, una de las primeras labores fue el tratar de reunirlos, tanto bajo la dictadura en forma clandestina, en talleres, o por medio de diversas antologías. La antología constituyó el medio de nombrarlos (disminuida su acción como autores particulares), de recontar su existencia, tanto bajo la dictadura como después de ella. Entre los eventos de reunión sobresalió el Congreso Internacional de Literatura Juntémonos en Chile, organizado por la Sociedad de Escritores de Chile, junto a jornadas culturales promovidas por distintas entidades privadas.

A pesar de que la gestión editorial comienza lentamente a incursionar en el medio nacional (debido a que uno de los rasgos del establecimiento de la democracia en 1989 es la gran demanda de textos chilenos), es la antología de autores el medio principal para acercarse a los rasgos constitutivos de esta generación, pudiéndose vislumbrar en ellas los elementos reiterados de las distintas creaciones. Labor heroica la de reunir voces anónimas, la mayoría, en tiempos incluso en que no era permitido el hacerlo, la de congregar los tonos narrativos para dar un testimonio de la época de creación[2].

Los rasgos de la generación de los 80 se perfilan en muchas de estas antologías:

— una constante biográfica que acerca a los escritores antologados es que en su mayoría eran jóvenes, muchos adolescentes en el año 1973. Esto provocó una reacción de respuesta que a pesar de la disgregación, unió por la edad semejante de los autores. Se forma así una comunidad de narradores (no relacionada físicamente, pero sí históricamente), comunidad de motivos, que muchas veces da origen a diversos talleres más o menos clandestinos, creando una gran cercanía de recursos expresivos;

— la generación del 80 se conforma como "en el sentido literal del término la más rupturista que ha existido en este país. Rupturista porque no tuvo pasado y careció de un futuro que enfrentar" (Marks 1992, 7). Esta impresión de corte, de ausencia de continuidad constituye una característica perceptible en todos los cuentos de la antología *Contando el cuento* (1986);

— con respecto a la atmósfera de estos textos:

> El espacio es urbano, pero dentro de lo urbano, lo oscuro, lo cerrado y asfixiante. ¿Claustrofobia o defensa del molusco? El acontecer se desarrolla, se arrastra o estanca en ascensores, subterráneos, celdas, sucuchos, cámaras de tortura, mazmorras, buses letales, piezas de mala muerte, hoteles parejeros, cementerios, prisiones, etc. Los pocos espacios abiertos pertenecen a los personajes exiliados (Hagel 1992, 84).

No es difícil realizar la conversión: la imagen de lo cerrado remite en forma simple, casi *naïf*, al hecho de un país bajo una represión. Pero al usarla como base común a muchos relatos se transforma en una imagen potente, en una voz generacional con posición definida.

Desde este espacio surge la necesidad de transgredir y se realiza de manera indirecta: en general, el país bajo represión será representado por una familia o una estirpe o un personaje en decadencia contra el que hay que erguirse en medio de un lenguaje metaforizado y alegórico;

---

[2] Es conveniente destacar aquí la labor de los antologistas Ramón Díaz Eterovic, Diego Muñoz, Pía Barros, Juan Armando Epple, Sergio Saldés y Marcelo Novoa, entre otros.

— siguiendo con la visión de Hagel:

> todos estos cuentos sin excepción, escamotean cuidadosamente la co-
> dificación de la situación del relato. [...] El lector tiene la impresión
> de haber llegado atrasado a la película o de que le falta la primera pá-
> gina a todos y a cada uno de estos cuentos (ibíd., 83s.).

Aparece la conexión algo simplista, pero no por eso menos cierta, de que la situación del país no es criticable en los días de la dictadura. Esto conduce fácilmente
al escamoteo de la situación del relato, a un comienzo eterno *in medias res*. Otra
situación que puede haber llevado a este escamoteo generacional de la situación
del relato puede estar relacionada con la influencia de otros cuentistas, los grandes
del *boom*, leídos con profusión: Onetti, Benedetti, Rulfo y Cortázar, además de
otros argentinos más jóvenes, víctimas también de una situación represiva similar:
Abelardo Castillo y Luis Guzmán, entre otros;

— otro rasgo interesante de esta generación es la gran cantidad de personajes perdedores y caídos que aparecen en la narrativa de este período:

> Obreros cesantes, boxeadores reventados, personajes sifilíticos, me-
> lancólicos, dementes, hombres derrotados, mutilados, mujeres aban-
> donadas, torturadas, enfermos, locos, solitarios, retrasados mentales,
> en fin, todo un carnaval pesadillesco de esperpentos desolados y
> frustrados (¡qué diría el Führer!). Es difícil no pensar en la sentencia
> de Henry James: qué es el personaje sino la ilustración del acontecer,
> y qué es la situación sino la iluminación del personaje (ibíd., 84).

Autores como Díaz Eterovic, Rivera, Muñoz, Del Río, Barros, Epple, etc. ilus-
tran ampliamente este rasgo generacional;

— otro rasgo constitutivo de la generación de los 80 (especialmente en las escritoras) es el desarrollo del modelo del cuento hacia una situación negativa o desde
ella. Los procesos internos de los personajes se mueven generalmente hacia su
destrucción y/o desaparición o muerte. Hagel (ibíd., 85) afirma que la mayoría
de los textos de esta generación se mueven hacia una "degradación producida" (siguiendo la teoría de Claude Bremond). Al plantearse, sin embargo, una instancia
negativa como terreno de cultivo de lo narrativo, se produce un germen de rechazo y rebeldía hacia la situación que produce esta "degradación", germen que en
sí tiene las características del cambio, de un cambio hacia el rechazo de la muerte
o degradación, inserta en los textos como una esperanza. Muchos de los textos
se quedan vibrando alrededor de esta degradación sin cerrarla totalmente, jugando
con la posibilidad de la libertad potencial que persigue un cambio en las condiciones degradantes, provocadas por un agente externo, y por lo tanto, potencialmente superable o vencible. Lo que en muchos de estos textos de la generación
se confunde con desánimo, es defensa, agazape, mimesis de protección. No es
tiempo de estandartes ni de poner el pecho al enemigo, sino de resistencia, de es-
conderse en cuevas, en escondites de la expresión para dar la batalla desde ahí;

— hay en los textos de esta generación una "distancia entre el tiempo de la escritura y el tiempo de la lectura" (ibíd.), tiempo fecundo que va hacia la amplificación de instantes de expectación y miedo frente a lo que sobrevendrá a los personajes de un país en represión, enfrentados a "un hombre armado" (homologando el título de la gran novela de Mauricio Wacquez). El factor tiempo es distinto para el agresor y el agredido, ampliándose hasta el infinito para este último, en la espera, el desconocimiento y el temor. El tiempo en los textos se presenta hinchado de dolorosas angustias, incomunicaciones, estructuras del poder ejercido sobre el que "no sabe qué va a pasar";

— en estos textos, la mimesis del lenguaje apunta directamente al mundo, priorizando la presentación de hechos más que de complejidad de personajes o experimentaciones vanguardistas (con una gran excepción que los integra, *Lumpérica* de Diamela Eltit). En relación a esto, algunos críticos se han referido a esta cercanía del contexto contingente, producto de una cotidianidad severamente alterada, como un factor de "realismo", pasando por alto toda la dirección oblicua del lenguaje y el trabajo de alegorización y metaforización del mismo, propio de esta generación y, a mi modo de ver, su gran logro. Baste ver cuentos como *La pena más negra* de Fernando Jerez, *No queda tiempo* de Jorge Calvo, *El hijo de Marcial* de Antonio Ostornol, *La cerveza de los hombres solos* de Ramón Díaz Eterovic, *Sumisión* de Ana María del Río, *El cangurú de Bernau* de Roberto Ampuero, *Nupcias* de Gonzalo Contreras, etc. Algunos investigadores (Osses) dotan a esta generación de una ausencia de proposiciones estéticas haciéndola heredera directa de un romanticismo y de un naturalismo:

> [...] los conceptos que vinculan al cuento chileno con la tradición: la violencia, próxima a las bases programáticas del Romanticismo y el desarraigo, de filiación naturalista en sus orígenes, enmarcado casi exclusivamente en la periferia social del mundo urbano y reformulado como un campo semántico de significaciones más amplias, tanto desde la perspectiva del yo desmembrado en su experiencia vital, como desde el punto de vista existencial (el individuo expulsado del cuerpo social).

Creo apresurada esta apreciación: se necesita más para declarar a los textos de la generación del 80 herederos de una tradición decimonónica. Aunque hay ingredientes que hacen atractivo este pensamiento (la implantación de Rosas en Argentina produce obras casi testimoniales, rebeldes a la dictadura y al sistema general de represión, tal como lo hacen hoy los escritores chilenos en exilio o también la cercanía que hay entre la marginalidad social de los personajes del naturalismo y los de los textos de esta generación), debemos recordar, sin embargo que ya no se puede hablar tan fácilmente de una vuelta a sistemas literarios pre-superrealismo, pues este movimiento de la primera mitad del siglo fue definitorio en dotar a los textos que vinieron después de él de un carácter definitivamente contemporáneo. Varios rasgos de la gran revolución literaria que provoca el superrealismo vienen en nuestra ayuda:

— el mundo representado es desde el superrealismo eminentemente interior y da lugar a una representación asistemática, errática, arbitraria, de trabazón floja... en el orden insólito que construye; esto marca características perennes para textos post-superrealismo. No es posible volver al contenidismo pre-superrealismo, ni a la narración "externa";

— tampoco es posible para los textos de una generación como la de los 80 montarse sobre el riel de la racionalidad pre-surrealismo. A partir de este movimiento se establece un nuevo modo de representación de la lectura, en una nueva escritura con parámetros como el uso de la incoherencia y deformación narrativas que establecen una mirada irreversible. No es posible escribir textos pertenecientes al romanticismo o al naturalismo en nuestros días, ni siquiera al amparo de una represión;

— sí se engendra un nuevo realismo, una nueva mimesis, que atrae elementos que en general tienden a deformar la realidad presentada (como camino a la lectura más acusada de una realidad): dislocaciones en el tiempo; relato a varias voces; monólogos mezclados con narración en tercera; técnicas de la ironía; presentación del esperpento, de lo grotesco; realidades extradiegéticas, contextuales, políticas, entreveradas con diálogos intratextuales que comentan la historia y el propio discurso; diversos grados de autorreferencialidad; ausencia general del carácter lúdico de los textos; diálogo entre elementos intra y extra diegéticos, con un contexto que aparece presentado a través de alegorías (deportivas, del cine, etc.); todos éstos son elementos conformadores de este nuevo realismo;

— el uso generacional de un lenguaje alusivo encubierto metaforiza una realidad que no se puede dar a conocer tal como es (que no se puede dar a conocer como lo habría hecho un autor romántico o uno naturalista). La situación represiva obliga a una recreación de la realidad. La generación de los 80 recrea la realidad agudizando el prisma de ambigüedad y de dislocación de la realidad vigente (tiempo y espacio) y remitiendo a mundos interiores, a proyectos estáticos de rebelión interna, y de búsqueda desesperada de la libertad, dada a través de símbolos, alegorizaciones, imágenes que recrearán el clima de opresión en vigencia. Hagel se refiere al predominio de símbolos anales y excrementales: tumbas, fosos, piedra, muertos, fosos, bultos tapados, etc., que recrean esta realidad sin ser elementos fotográficos pero igualmente definitorios;

— por último, los textos de toda esta generación se yerguen como crítica, rebeldía y no conformidad frente al legado histórico reciente. Sin embargo, como apunta Camilo Marks (1992), la implantación de la disgregación, de lo no colectivo, de la anulación de las fuerzas sociales y de los ideales, contribuye a esta disgregación de lo literario, en lo que se ha dado en llamar modernismo de fin de siglo (que abre el terreno al post-modernismo, no asumido aún por nuestra literatura) y lo une con un individualismo acendrado donde textos y autores tiemblan ante la disgregación, producto del estado del poder represivo, de las amenazas y traiciones enseñoreadas sobre el mundo exterior. En este sentido de disgregación los escritores de la generación del 80 estarían sí dolorosamente adscritos a una modernidad.

Panorama del ambiente literario en relación a la generación de los 80: realismo metafórico y fuerza colectiva

En la escena narrativa nacional, la generación del 50 ha pasado a tomar el papel de antecesora de la generación del 80. La generación del 70, tanto en sus características como en sus temáticas, estilos y avatares biográficos de los autores, ha pasado a identificarse con la del 80, realizándose un traslape que es otro de los elementos que advertimos cuando asistimos al desarrollo de los hechos de ese período. No habrá, por consiguiente, diálogo generacional ni reacción generacional, sino un agrupamiento de integrantes de diversas edades en torno a la expresión de un solo hecho común que ha invadido la escena nacional.

Testimonios y metaforizaciones

Debido a la poderosa influencia del contexto histórico nacional a raíz del golpe militar chileno, numerosos críticos dan a conocer una supuesta "calidad testimonial" de los textos y primeras narraciones que tienen como referencia o tema el golpe y su entorno socio-político e histórico.

Sin embargo, creo que esto no es así. La cotidianidad ha sido tan alterada por el miedo, la represión, que no cabe en esos días de prohibiciones de salir en la noche, de reunirse bajo cualquier pretexto, en esos días de persecuciones, desapariciones, delaciones, cautelas, la posibilidad de testimonios explícitos, ni vibrantes, detallando la situación de represión. Estos sólo vienen a aparecer fuera de Chile, con la distancia y polarización de la realidad impuesta por el exilio, en colaboraciones que pueblan revistas como *Araucaria*, *Chile América*, *Literatura chilena en el Exilio*, *Literatura chilena: creación y crítica*, etc.

También son editados algunos testimonios directos y memorables, de los que se lleva la palma el cuento *Tejas verdes* y la novela *A partir del fin*, ambas de Hernán Valdés, aparecidas en el exilio. (Caso especial lo constituye *La parrilla*, de Adolfo Pardo, testimonio simulado de tortura editado clandestinamente en Chile y que circuló en la misma forma).

Pero los testimonios conforman un género distinto al de la literatura, que tiene el mérito de ser la "primera agua" en la que se puede apreciar el grado de transformación de las condiciones de un país que pasa del estado de democracia al de represión violenta.

En otro orden que los testimonios están las novelas sobre el tema, con representación de mundos potenciados, cuyo contenido se mueve cerca de la conmovedora comparación entre el tiempo de la Unidad Popular de fuerte apertura social y el tiempo de la represión. La novela de novelas en este sentido es *La casa de los espíritus*, de Isabel Allende, que unió el episodio del golpe militar con una saga familiar tradicional chilena y que inserta novelísticamente una serie de hitos históricos recientes y hace un estudio en profundidad de las clases que dan origen a los partidos políticos chilenos.

En un nivel de difusión mucho menor, pero también como novelizaciones acerca del tema están *El paso de los gansos* de Fernando Alegría y *Soñé que la nieve ardía* de Antonio Skármeta.

Por razones obvias en Chile no proliferó la forma testimonios que dieran cuenta del desarrollo del golpe militar en la ciudadanía. Se produjo otra forma literaria, mucho más compleja e interesante, que sobrepasó el nivel meramente alusivo de los testimonios. La llamaré *metaforización*.

Condenados al silencio, los escritores chilenos efectúan una especie de desplazamiento metafórico de los sucesos ocurridos a los sucesos de sus narraciones, de los mundos reales a los mundos narrados. Se alude al horror por medio de diversas construcciones metafóricas, imaginativas y simbólicas que dan cuenta de una creación que eleva el referente a la representatividad máxima y alude a la realidad de modo poético. Son las novelas y cuentos de la metaforización, modo que predominó claramente durante el período de represión, lográndose una alta calidad de éstas.

Con respecto a líneas temáticas, predomina el tema de una estirpe que concluye y de núcleos familiares que conforman ambientes novelescos, al estilo de la novela de formación o *bildungsroman*.

Se recaptura el espacio de la infancia en un mundo deteriorado por el tiempo y minado por una especie de aristocratismo y conservadurismo recalcitrante que constituye "el enemigo" contra el que deben luchar para su formación los diversos héroes y heroínas. Muchas veces este espacio familiar devora, a la manera de Saturno, a los personajes protagonistas. Tenemos a este respecto novelas como *El picadero*, de Adolfo Couve, *Ventana al sur*, de Enrique Valdés, *Dulces chilenos*, de Guillermo Blanco, pertenecientes a la segada generación del 70 en su primer período, 1974-77.

En el siguiente período, 1978-80, la temática sigue centrándose sobre "la estirpe aristocrática nuevamente en decadencia, escindida. Su permanencia en una casa de campo, en el espacio cerrado, ordenado, entra en crisis con la ruptura de los límites" (Jofré 1989). La novela por excelencia de este período es *Casa de campo*, de José Donoso. Asimismo, en *Los convidados de piedra*, de Jorge Edwards se realiza un "juego intertextual donde los convidados son los desaparecidos, los exiliados y los muertos" (ibíd.), homologando la historia con la decadencia de la clase aristocrática, pero situándola en el contexto de la violencia histórico-política. Es interesante saber que ambas novelas fueron publicadas fuera de Chile.

También predomina la imagen y metáfora alusiva en *Rastros del guanaco blanco*, de Francisco Coloane, donde la persecución de los onas de parte de una civilización constituye una imagen muda reflejo del momento de persecuciones existente entre 1973 y 1989.

El siguiente período 1981-84 registra las novelas más importantes sobre la etapa de violencia escritas hasta ahora en nuestro país, también escritas y publicadas fuera de Chile: *La casa de los espíritus* (Isabel Allende) y *El jardín de al lado* (José Donoso).

Asimismo, el trabajo de la metaforización de la denuncia está presente en novelas como *El museo de cera*, de Jorge Edwards, *El obsesivo mundo de Benjamín*, de Antonio Ostornol, *La última condena*, de Juan Mihovilovich, *Trepananda*, de Enrique Valdés, *Lumpérica*, de Diamela Eltit, *Oxido de Carmen*, de Ana María del Río. Predominan en ellas los acabamientos de estirpes decadentes, los poderes tiránicos de caciques antiguos, la alegoría de personajes alusivos, la memoria colectiva de una crisis, los protagonistas héroes en contra de una dictadura familiar.

En *Lumpérica* las condiciones de creación son algo distintas y Eltit se ubicaría en un lugar más solitario dentro de esta generación: se establece en esta obra un ánimo rupturista de vanguardia y una clara alusión al mundo marginal desde donde se cotidianizan las situaciones límites (en este sentido, Eltit pasa a formar parte por el tratamiento de sus temas de la generación de los 80: alusiones a una tiranía como telón de fondo de toda su creación). En Eltit predomina la opción de respuesta desde la marginalidad, desde el "lumpen".

En este período, el cuento tiene también un uso semejante en cuanto a la metaforización del referente. Esto se advierte en los cuentos de las antologías *Contando el cuento* (1986), *Encuento* (1984), *Cuento aparte* (1986), *Cuentos chilenos* (1988), *Cruzando la cordillera* (1986).

Con los cuentos sucede que la metaforización accede casi a un tratamiento poético del referente que en muchas ocasiones convierte la narración en alegoría. Otras veces el tratamiento más vertical da origen al cuento corto corto, género propio de una época en la cual la urgencia y la inmediatez de la difusión —muchas veces anónima— eran necesarias. El cuento corto corto es un producto típico de los talleres de literatura de los años de la represión. Cuentos signo de esa época son "Padre nuestro que estás en los cielos", de Leandro Urbina y "Golpe", de Pía Barros.

Trabajo colectivo en la generación de los 80

No es difícil asociar la proliferación creciente de talleres literarios con los años de la represión. La prohibición de reunirse en locales públicos o cerrados convierte a los talleres en una acción expuesta a peligro y los dota de un significado que se monta sobre la intensidad de la creación. A pesar de esto, los talleres literarios comienzan a ser concurridos en número creciente durante los años de la represión y la población es femenina casi en un 90%. Los primeros que dirigen estos talleres son los autores de la generación del 50 y del 70: José Luis Rosasco, Cristián

Huneeus, Enrique Lafourcade, José Donoso y otros más. Después surgirán los talleres femeninos dirigidos por escritoras de la emergente generación de los 80: Pía Barros, Ana María del Río, Ana María Guiraldes, Agata Gligo, Mercedes Valdivieso, etc.

Estos talleres presentan las siguientes características comunes y generales:
— se cultivan, en general, los modos de decir del silencio, metaforizando la realidad en mundos oblicuos de relación tangente con el real;
— se crean personajes "perdedores", antihéroes de acción mártir o víctima de las circunstancias reales;
— se produce una recreación de la realidad en imágenes, sinécdoques y metáforas de alta claridad expresiva y poética, alusivas a la realidad existente;
— se habla, se adjetiva, se condensa y se potencia el silencio represivo.

Estas características del trabajo de talleres —única posibilidad de difusión de las obras en un momento en que la censura ataba de manos a las editoriales— producen una efervescencia creativa de grupos de taller que desdicen el apagón cultural que postula un oficialismo, interesado en poner orden en la escena nacional. Nunca ha sido tan intensa la creación y la colectivización creativa como en estos años. Sin embargo, no va dirigida a la denuncia frontal de las condiciones sociopolíticas imperantes.

No es el taller, por supuesto, el único contexto de creación del autor, pero en esos años de fuerte censura, autocensura y silencio editorial (sólo una editorial, Bruguera, con su gerente Hugo Galleguillos se lanza a la tarea de editar a chilenos jóvenes, disidentes del sistema), el taller representa la única vía de difusión de escritos, de "publicación oral" en sesión, y de aparición de una especie de literatura de cordel en hojas de papel artesanal que hacen circular cuentos cortos, poemas y diversos textos en prosa. Es por esto que se toma esta instancia no sólo como congregante de autores y corrientes literarias, sino también como medio editorial.

Estos talleres además conjuran el estado de verdadera orfandad literaria en que quedan los escritores a partir del exilio de las figuras antecesoras que han partido o han muerto o no son tan proclives a trabajar en conjunto.

Con respecto a las escritoras que forman el grueso de los talleres se advierten temas emergentes: un feminismo de buen cuño, interesantemente paralelo a una rebelión contra un sistema político dominante. En general, las escritoras de los años duros chilenos escriben contra pequeños dictadores "puertas adentro", dictadores de la mesa del comedor que rigen familias y ordenan vidas particulares. Muchos cuentos de autoras mujeres preconizan una rebelión contra el sistema que comienza desde el lado del débil con el discurso alienado como voz denunciante. (En este ámbito podemos nombrar a casi todas las escritoras de esos años: Diamela Eltit, Ana María del Río, Ana María Guiraldes, Pía Barros, Mercedes Valdivieso, Agata Gligo, y muchas otras). El sistema no es enfrentado con vociferaciones o con fuerzas equivalentes, sino con un discurso oblicuo, con una voz irónica y metafórica, y es doblemente interesante constatar que los logros sociales que están vigentes hoy día en nuestro país relacionados con la posición contemporánea de la mujer, fueron impulsados por la literatura de esos años, que iba tanto en contra de la dictadura como en contra de los tiranos familiares. La lista de logros no es pequeña: se destacan la Ley de Violencia Intrafamiliar, la despenalización del adulterio, etc.

En un intento de fijar algunas características comunes del trabajo de escritoras mujeres durante la época de la represión se pueden destacar las siguientes:

— Mientras que la narrativa del *boom* latinoamericano y las obras que lo siguieron postulan una narrativa del poder tomando al dictador o tirano como eje central de la narración, las escritoras inician un nuevo tipo de narración, ya no de dictador, sino de dictadura (Gómez 1993, 5), donde el objetivo es mostrar el desajuste social, familiar y moral generado por dictaduras de distinto cuño, y en distintos ambientes (no sólo la experiencia tiránica en Chile, sino también la de Argentina y Uruguay se hermanan en intención, contenido y a veces en los recursos narrativos que las expresan, tales como metáforas, sinécdoques, elipsis, etc.). Esta reacción tiende a presentar la realidad omitida por el discurso oficial mediante hechos que recrean vivencias testimoniales (propias, más bien de escritoras exiliadas), experiencias, imágenes, montajes, metáforas de situaciones vividas bajo represión de dictaduras del Cono Sur, como afirma el profesor Gómez en su ensayo. Se trata de una denuncia que "rebasa los límites temáticos y estilísticos del género, proyectándolo más allá de la función condenatoria" (ibíd., 7), haciendo intervenir la creación.

— La característica relevante es que en general, las escritoras de épocas represivas en nuestro país revierten esta voz denunciatoria eliminando la guerra de poderes paralelos y hablando desde la trinchera de la víctima. Es el "grito de la amputación, el fin de la palabra" como dice Josefina Ludmer (1988, 85) en su ensayo sobre el género gauchesco, efectuado desde la periferia y no desde el centro del poder.

— No sólo cambio de lugar, sino de intensidad.

Así, diferentes tipos de discurso narrativo se integran en esta configuración de una realidad oblicua, metaforizada y fuertemente alusiva, conservando para sí el privilegio de la representación de las consecuencias del poder. El tratamiento de la tiranía está dado en sus emanaciones más particulares, su efecto sobre individuos particulares, donde prevalecen obsesiones, temores, locuras agazapadas bajo la pérdida de perspectiva racional y el hundimiento en el anonimato representativo. Los sistemas sociales se dislocan, sobre todo el familiar, predominan los desaparecimientos de las cosas y/o lugares, que aluden inmediatamente al de las personas produciéndose una ambigüedad de situaciones, de discursos. Todo este sistema de ambigüedades resulta en una creación potente que incorpora estos elementos al discurso narrativo realizando un verdadero aporte: una voz narrativa silenciada pero no silente, agrupando una fuerza expresiva desde su confinamiento que surge en los talleres con fuerza de réplica y densidad narrativa, configurando una fuerza colectiva de alta calidad que hace nacer un corpus literario sólido que trabaja con transformaciones de mundos individuales hacia el quiebre de sistemas socio-políticos cerrados. La alienación individual resuena sobre una sociedad sin alternativas y tiende a mostrar el miedo y la desesperanza del individuo atrapado en una red de realidad amenazante.

Bibliografía

Bianchi, Soledad. 1990. Una suma necesaria (Literatura chilena y cambio. 1973-1990). En: *Revista Chilena de Literatura* (Santiago) 36, 49-62.

Cuento aparte. 1986. Santiago: Ediciones Cerro Huelén.

Cuentos chilenos. 1988. RDA: Ed. Kinkulén.

Cuentos chilenos contemporáneos. 1981. Selección realizada por el comité literario del Editorial Andrés Bello. Santiago: Ed. Andrés Bello.

Díaz Eterovic, Ramón; Diego Muñoz Valenzuela (eds.). 1986. *Contando el cuento. Antología joven narrativa chilena*. Santiago: Editorial Sinfronteras.

—. 1992. *Andar con cuentos. Nueva narrativa chilena*. Santiago: Editorial Mosquito.

Encuento. Narradores chilenos de hoy. 1984. Santiago: Ed. Bruguera.

Epple, Juan Armando (ed.). 1986. *Cruzando la cordillera. El cuento chileno 1973-1983*. México: Secretaría de Educación Pública/La Casa de Chile en México.

Goic, Cedomil. 1980. *Historia de la novela hispanoamericana*. Valparaíso: Ediciones Universitarias de Valparaíso.

—. 1988. *Historia y crítica de la literatura hispanoamericana*. Vol. 3. Barcelona: Crítica Grijalbo.

Gómez, Jaime. 1993. *Testimonio, polifonía y despersión: la denuncia de la dictadura en la narrativa de las escritoras del Cono Sur*. Tesis doctoral University of Iowa.

Hagel Echeñique, Jaime. 1992. Apuntes sobre el cuento. En: *Simpson siete. Revista de la Sociedad de Escritores de Chile* (Santiago) 1, 71-87.

Jofré, Manuel Alcides. 1989. Novela chilena contemporánea: un fragmento de su historia. En: *Logos: Revista de Lingüística, Filosofía y Literatura* (Serena) 1, 2, 23-41.

Ludmer, Josefina. 1988. *El género gauchesco. Un tratado sobre la patria*. Buenos Aires: Sudamericana.

Marks, Camilo. 1992. Una generación encontrada. En: *Literatura. Libros* 4, 206 (suplemento del diario *La Época*, 22 de marzo, Santiago), 6s.

Muestra de literatura chilena. Congreso Nacional de Escritores Juntémonos en Chile. 1992. Santiago: SECH-PRED.

Osses Macaya, Mario Horacio. 1991. *El cuento en Chile desde 1979*. Madrid: Univ. Complutense.

Santiago Pena Capital. 1991. Santiago: Ed. Documentas.

Tatuajes: diez narradores inéditos de la generación de 1987. 1990. Santiago: Ed. Trombo Azul/Documentas.

Nueva narrativa:
¿entre la insurrección y la línea de montaje?

Darío Oses

Muchos debates sobre la "nueva narrativa", terminan por instalar, como problema principal la cuestión limítrofe —quiénes caben dentro de este movimiento y quienes no—, y del nombre: la denominación de "nueva narrativa", que provoca desproporcionado escozor y molestia.

Ha habido muchos conjuntos de producciones literarias anteriores con la pretensión de demoler lo precedente y de fundar lo que viene. Se ha hablado hasta el cansancio de "nueva ola" y de "boom". El *boom* alude a algo así como una repentina eclosión de creatividad y de ventas literarias que brota en un terreno baldío o sobre un sustrato de literaturas agotadas. Algo así como el desierto florido que germina en la primavera de los años lluviosos en el norte de Chile.

De hecho, en 1966, en un artículo publicado en los *Anales de la Universidad de Chile*, Ariel Dorfman se preguntaba: ¿Cómo entender el término "novela chilena actual" o "nueva novela chilena"? El mismo autor confesaba no tener otra alternativa que la de establecer un límite temporal, el año 1960, y estudiar como una arbitraria unidad narrativa la producción de los últimos siete años (1966, 111).

Vale la pena releer el artículo de Dorfman para comprobar cómo se reproducen los términos de la crítica de los 60, en los 80 y los 90. Dorfman alude, por ejemplo, al "mito que proclama la excelencia y la seriedad de nuestra novelística, mito que los editores fomentan para poder vender más" (ibíd., 110). Luego arremete contra "la despreocupación por el idioma o por la asimilación efectiva de nuevas técnicas. La función de mera entretención. La falta de rebeldía frente a la sociedad" (ibíd., 112).

Conformismo, narrativa determinada por estrategias editoriales de venta, superficialidad, miedo a la experimentación, son algunas de las críticas que hace Dorfman a la novelística de los años 60-66, y que se reiteran a la producción narrativa de 30 años después. La diferencia con la mayor parte de la crítica que se hará en los años 90 es que Dorfman emprende un examen de los textos, y revisa casos concretos, por ejemplo de finales barrocos, grandilocuentes, altisonantes. O párrafos en los que se delatan las tendencias a la abstracción, a la reflexión pedante, a la construcción de personajes ahistóricos, irreales, desapasionados, artificialmente angustiados, en los que los autores parecen haber implantado forzadamente la temática existencial, entonces en boga.

En el discurso crítico actual sobre la "nueva narrativa", en cambio, se advierte un énfasis excesivo no tanto en los textos —que son muchos y muy diversos y que no pueden echarse sin más "en el mismo saco"— sino en el contexto.

La molestia y el énfasis en los aspectos exteriores o contextuales pueden estar asociados a que esta denominación de "nueva" tiende a confundirse o mimetizarse con el proyecto de ciertos sectores políticos de refundar el país para conjurar un pasado supuestamente mediocre, soñoliento, estatista, burocrático, lleno de trabas y poco emprendedor. En lugar de ese país mortecino, fiscal, cerrado y enmohecido, vendría a erigirse otro, moderno, abierto, pujante, luminoso, dinámico, pleno de iniciativas y proyectos. En medio de este panorama esplendoroso, y como uno de los tantos éxitos del nuevo modelo, emergería la nueva narrativa, que —al igual que los kiwis o la harina de pescado— se exporta, se vende, domestica al mercado interno e incluso conquista lectores más allá de nuestras fronteras.

Es cierto que hay síntomas de asimilación de la creación literaria al modelo modernizador. El *ranking* de ventas legitima a una obra, con independencia del valor literario de ésta. Y las posibilidades de ascenso en este *ranking* tienen que ver muchas veces con factores extraliterarios. Entre ellos está, por ejemplo, la espectacularización de los autores, puestos en cocteles que aparecen en las secciones de vida social, con las mismas copas y las mismas sonrisas que empresarios, futbolistas, actores de teleseries y otros tipos exitosos de la sociedad actual. O la entrevista al autor o autora, en lo posible en un formato similar a la entrevista que se hace a los políticos y a los modelos, en las revistas de crónica social. Estas entrevistas crearían una especie de fábula en torno al autor que ayudaría a que el público comprara, aunque no siempre leyera los libros. Porque al final la leyenda del autor, los retazos de su biografía o su participación en el espectáculo social o en programas de televisión, son suficientes y casi no hace falta el libro.

Pero también es cierto que la legitimación por las vías ya descritas son válidas sólo para quienes están dispuestos a aceptar esas vías. Se ha demostrado que hasta el público televidente no es un rebaño homogéneo ni pasivo. Y suponemos que el público lector es mucho más diverso, activo y crítico. Lo que hace falta, por lo tanto, son estudios de lectura y recepción de la "nueva narrativa".

Es un hecho que en una sociedad de consumo, muchos libros se compran, pero no necesariamente se leen, como tantos otros objetos que se adquieren y no se usan. Sería interesante, entonces, tener un *ranking* de lectura. ¿Cuántos de los libros que se venden se leen? ¿Cuántas personas leen cada uno de los libros vendidos por un autor? ¿Qué fracción de los libros se lee? Porque es evidente que hay lectores que ejecutan una suerte de *zapping* editorial: leen dos o tres capítulos y pasan a otro libro.

Tal vez eso ayudaría a despejar en alguna medida la reiteración obsesiva del tema del mercado como un factor corruptor de la literatura. Es frecuente que se acuse a las grandes editoriales comerciales, y a los autores que publican en ellas, de una suerte de desnaturalización del acto creador, que perdería su pureza, su independencia y su libertad al aceptar las exigencias hechas por los deseos y apetitos literarios del comprador de libros, es decir, del mercado.

Es como si las editoriales tuvieran absoluta claridad acerca de qué es lo que quieren los lectores y pusieran a los escritores en una suerte de línea de montaje a producir novelas estandardizadas y hechas a la medida del deseo del consumidor.

Esto llevaría a una producción literaria repetitiva que se limitaría a satisfacer una demanda en lugar de crearla.

En el polo opuesto de estos "integrados" a la línea de montaje, estarían los apocalípticos, los marginales, los excluidos de la mayor parte de los circuitos de edición y distribución, los que deben recurrir al expediente siempre sospechoso de autoeditarse o de publicar en editoriales alternativas.

Se han creado, de esta forma, dos imágenes estereotipadas y polares. Por una parte el escritor integrado, vendido, próspero, visible y exitoso, y por otro, el autor maldito, heroico e invisible, proscrito tanto de los suplementos literarios como de las páginas de vida social. Es decir, los autores sin fábula social, sin biografía, "sin mundo".

Los mismos escritores tienden a atrincherarse en estas imágenes. Los integrados, por ejemplo, a menudo aceptan la legitimación por la vía de las ventas. "No puedo ser tan mala" —se ha defendido alguna vez una autora— "60.000 lectores no se equivocan".

Por el otro lado, en cada presentación de un libro de alguno de los que están "fuera del mercado", se repite la protesta contra la literatura como producto hecho en serie y se celebra al que se sale de la línea de montaje.

De esta forma, tiende a reforzarse cada vez más esta tipología polarizada de escritores: por una parte los conformistas, que se acomodan al mercado y gozan de todas sus bendiciones, traicionando algo bastante difuso, que podría ser el genuino impulso de crear sin trabas ni sujeciones a imposiciones externas al acto mismo de la creación.

En la otra trinchera estarían los irreductibles, los que a través de sus textos ponen en tensión los lenguajes dominantes, los que violentan la integridad del sujeto, los que rompen todos los contratos discursivos amigables con el lector y ejecutan otras acciones insurreccionales. Estos pagarían su rebeldía con la exclusión de los circuitos editoriales comerciales y de los escenarios que otorgan visibilidad: entrevistas, vida social, cócteles y otras frivolidades.

Tal vez esta "nueva marginación", podría situarse dentro de la respetable tradición que tiene en nuestro país el escritor maldito, y que cuenta con héroes-mártires como Teófilo Cid, Juan Godoy o Alfonso Alcalde.

El problema es que este sistema de dos líneas de trincheras, en medio de las cuales se extiende la tierra de nadie, simplifica un panorama que es bastante más complejo. Porque entre los benditos y los malditos, entre José Luis Rosasco y Pedro Lemebel, entre Marcela Serrano y Diamela Eltit, entre el conformismo del relato *soft*, *light*, aséptico, inofensivo, inodoro, indoloro e insípido, hasta las trasgresiones y cuestionamientos más radicales, las deconstrucciones o exacerbaciones del acto narrativo, la insurgencia lingüística, la fragmentación del sujeto, los relieves de la otredad, las celebraciones de la materialidad del cuerpo y de sus fluidos y desechos, y el nihilismo y el desencanto absolutos, entre ambas posiciones, hay una tierra que no es de nadie, que es de muchos, hay intercambios y movilidades, hay marginales que acceden a posiciones de relativa integración, e integrados que experimentan la tentación del fracaso.

Voy a enumerar algunas cuestiones que podrían ayudar a repoblar la tierra de nadie y a matizar este sistema bipolar de estereotipos enfrentados.

1.— En primer lugar, en un mundo en el que todo se compra y se vende, por alguna misteriosa razón se ha sacralizado a la literatura, se le exige pureza virginal y ante cualquier coqueteo con el mercado se la trata de puta. No sucede lo mismo, por ejemplo, con la medicina que se vende a las isapres; con los músicos —sean doctos, jazzistas, folcloristas o rockeros— que promocionan y venden casetes y discos compactos o recitales; con los actores, escenógrafos y directores que hacen teleseries, o con los artistas plásticos que hacen exposiciones con cócteles y prensa y venden en galerías. ¿Por qué no darle a la literatura la oportunidad también de ser un oficio humilde o pretensioso, honesto o deshonesto, en un país que está convertido en una gran feria persa?

2.— En este momento, para cualquier escritor, es difícil si no imposible conciliar una renuncia que lleve a salirse del mercado, con la aspiración de alcanzar cierta visibilidad para la propia obra. Lo que se puede hacer es postular a una gama de posibilidades de integración al mercado, que van desde el menudeo y el comercio ambulante, hasta el minimarket, el supermercado y el hipermercado.

Las llamadas editoriales alternativas también están en el mercado: distribuyen sus libros y los promocionan. Y hay escritores y escritoras que, aun cuando publican en editoriales comerciales, se niegan a subirse al tinglado publicitario. Es el caso, por ejemplo, de Sonia González. Otros, en cambio, están dispuestos a ir hasta *Viva el lunes*, el programa más frívolo de la televisión chilena.

Esta "necesidad de mercado" ni siquiera es una maldición de esta época en que se ha impuesto el mercado como el supremo asignador de recursos y distribuidor de bienes y servicios y proveedor de bendiciones. La novela social, de los años 30 y 40, con autores como Nicomedes Guzmán, o la femenina de los años 50 y 60, con nombres como Mercedes Valdivieso y Elisa Serrana, se editaban en grandes tiradas y se distribuían por una multinacional chilena, como era en esos años la empresa Zig Zag. Hubo escritores que podrían calificarse como contestatarios que tuvieron un tremendo éxito editorial, como Edesio Alvarado, cuya novela *El desenlace* agotó muchas ediciones. Entonces, el mercado no corrompió el valor de la narrativa. Me parece que ahora tampoco.

3.— Como advierte Danilo Santos en su texto "Retóricas marginales" la noción de marginalidad es "móvil y muy diversa" y por lo tanto difícil de conceptualizar. Santos indaga en las retóricas de la marginalidad, organizándolas en tres puntos: "la fractura simbólica de la noción de sujeto, la asimilación de los *mass media* y del folletín, y la explosión de un lenguaje asociado a la matriz del grotesco y la recuperación del cuerpo" (1997, 135).

Ahora, en las obras de muchos de los autores a los que se considera "integrados" o "vendidos" es fácil discernir la incorporación, paródica o no, de los lenguajes de los *mass media*, del melodrama y el folletín.

Un autor que podría ser considerado marginal, por su lenguaje asociado inconfundiblemente a la cultura popular, al grotesco bajtiniano y a la recuperación hedonista y sacrificial del cuerpo, es Hernán Rivera. Por añadidura, su novela *La Reina Isabel cantaba rancheras* trasgrede toda la convención literaria que abordaba los temas proletarios a través de la retórica de la epopeya social. Este autor, que podría ser "marginal", en términos de su discurso literario, es "integrado", en términos de ventas y traducciones. Este solo ejemplo muestra que el problema es mucho más complejo que el esquema marginalidad-integración.

4.— El sistema marginalidad-integración, supone la demarcación clara de un centro y una periferia. En el centro estarían los géneros bien delimitados, el verosímil realista, el respeto a un pacto de lectura que no depara rupturas ni sorpresas desconcertantes para el lector. En la periferia, el relato que desde su propio adentro cuestiona y subvierte sus mecanismos, se deconstruye y se rearma de modos no correspondientes ni afines con los discursos dominantes; el texto que fragmenta el sujeto, que produce hibridación de géneros, la parodia de las convenciones y los discursos del nihilismo, entre otras posibilidades.

De esta forma, así como hay un canon de la integración, tiende a conformarse otro "canon de la marginalidad", para establecer esta necesaria demarcación entre el centro y la periferia. Esta frontera, sin embargo, siempre será difusa, problemática y remitirá a zonas que se escapan de esta elemental cartografía. Podría emerger, por ejemplo, una región transmarginal que esté al margen del margen y que trasgreda las retóricas marginales.

Existe la posibilidad, incluso, de que en el futuro las novelas de los autores paradigmáticos de los integrados como Marcela Serrano o José Luis Rosasco se lean como manifestaciones del más profundo nihilismo, puesto que en su conformismo *naif*, ni siquiera creen en la utilidad de buscar formas de expresión del nihilismo.

5.— Están apareciendo nuevas formas de legitimación. Una de ellas, es la académica, que podría llegar a ser tan sospechosa como la del *ranking* de ventas. Existen otras formas invisibles, tal vez indescifrables. Hay autores como José Miguel Varas, Adolfo Couve y Germán Marín, que han ganado mucho prestigio literario con ventas muy discretas. Otros, que podrían ser considerados "literariamente marginales" por sus propuestas narrativas, tienen grandes éxitos de venta, como Alejandro Jodorowsky. Otros, considerados paradigmas de la orilla o la periferia, como Diamela Eltit, publican en editoriales comerciales.

6.— El supuesto éxito de los "asimilados al mercado" y "devorados" por las editoriales comerciales, es muy relativo. Sólo toca a 5 ó 6 autores. El resto escasamente agota una edición de 2.000 ejemplares. Muchos ni siquiera eso y terminan por venderse como saldos. Y eso que aún no hemos llegado a los niveles de reposición y descarte que ejerce el mercado en otros países, donde una novela está quince días en las librerías y si no se vende, se pica implacablemente.

7.— Habría que preguntarse, además, por la eficacia social de las trasgresiones y cuestionamientos literarios. Me parece que ni siquiera el tratamiento de contenidos cuestionadores del llamado "contexto del consenso", alcanza a ser peligroso para ese mismo consenso. La novela no ofende ni hiere. Nadie se ocupó, por ejemplo, de la novela breve *Carne de perro*, de Germán Marín. Pero cuando apareció el mismo caso que trata este texto: el asesinato del ministro Edmundo Pérez Zujovic por la Vanguardia Organizada del Pueblo, VOP, en el programa *Mea Culpa*, de televisión, de inmediato hubo interpelaciones y amenazas de querellas.

Ahora, la subversión por la vía de las deconstrucciones y violencias al discurso carece de eficacia social y sólo puede tener repercusión en un reducido círculo de iniciados, de los pocos lectores que pueden descifrar las claves de esos desacatos, los que en general, concuerdan con la trasgresión.

La pregunta, entonces es, ¿en qué se diferencia, en términos de eficacia social y cultural, el conformismo de la narrativa integrada de las insurgencias de la narrativa marginal?

Por último, mientras sigue desarrollándose esta guerrilla entre apocalípticos e integrados en la nueva narrativa, creo que sería interesante examinar la producción literaria actual desde otras perspectivas. Discernir, por ejemplo, cómo se desarrollan los temas de género, masculino y femenino, en esta producción. O la obsesión —que no puede dejar de ser significativa— por ciertos temas, como el de las relaciones parentales. ¿Por qué esa reiteración que se observa en la producción más reciente, en las relaciones madre-hija y padre-hija en la literatura? O la importancia de la producción de los trabajos biográficos, autobiográficos y memorísticos, que parecerían contradecir o llamar a una reelaboración de la afirmación frecuente de que Chile está perdiendo su propia memoria. La narrativa de los últimos años pareciera indicar, por el contrario, que hay una suerte de obsesión por la memoria.

Me parece interesante, además, examinar las áreas de silencio. Advierto que la nueva narrativa chilena —más allá o más acá de sus méritos literarios— da cuenta sólo de una parte de la realidad del país. Y excluye un territorio enorme. El mundo popular aparece sólo en las novelas de Rivera Letelier. Y es un mundo desvanecido, una suerte de lo que el viento se llevó de la vida y la cultura proletarias del norte salitrero. La vida de las poblaciones actuales se asoma apenas en las crónicas de Pedro Lemebel.

Tampoco se advierte el tratamiento literario del mundo de los grandes negocios —por ejemplo los inmobiliarios o de las empresas eléctricas privatizadas o de las telecomunicaciones— ni las nuevas relaciones "flexibilizadas" de trabajo, ni del narcotráfico, ni del mundo del espectáculo televisivo, que son escenas visibles y características del Chile de la transición.

Los autores de la nueva narrativa tienden a servirse de la propia experiencia. Por eso la mayor parte de los personajes de la novela chilena actual se parecen a sus progenitores literarios. Son hombres y mujeres de clase media, con educación universitaria, a veces con alguna experiencia de exilio y de trauma en las relaciones familiares y de pareja.

Me llama la atención este énfasis en lo biográfico que no sólo se evidencia en la producción de memorias, sino en la biografía ficcionalizada y convertida en novela. Es el caso de por lo menos dos de las novelas más recientes publicadas en Chile: *Cuando éramos inmortales*, de Arturo Fontaine, y *El gran mal*, de Gonzalo Contreras.

Otro problema que considero interesante es el examen de dos carencias evidentes: la literatura fantástica y el humor.

La narrativa fantástica es escasa. Su cultor casi único es Alejandro Jodorowski, que pertenece a la generación del 50. El humor se ha quedado también en esa misma Generación, especialmente en Guillermo Blanco.

Fantasía y humor requieren de cierta toma de distancia —irónica o imaginaria— respecto de la realidad, y también de cierto sentido lúdico de la creación literaria. La carencia de ambas podría indicar cierto enclaustramiento en la realidad, producto tal vez de los traumas de nuestra historia más reciente.

Bibliografía

Alvarado, Edesio. 1966. *El desenlace*. Santiago: Editorial Zig-Zag.

Contreras, Gonzalo. 1998. *El gran mal*. Santiago: Editorial Alfaguara.

Dorfman, Ariel. 1966. Perspectivas y limitaciones de la novela chilena actual. En: *Anales de la Universidad de Chile* 124, 140, 110-167.

Fontaine, Arturo. 1998. *Cuando éramos inmortales*. Santiago: Editorial Alfaguara.

Marín, Germán. 1995. Carne de Perro. En: íd. *El Palacio de la risa*. Santiago: Editorial Planeta, 7-89.

Rivera Letelier, Hernán. 1995. *La Reina Isabel cantaba rancheras*. Santiago: Editorial Planeta.

Santos, Danilo. 1997. Retóricas marginales. En: Rodrigo Cánovas (ed.). *Novela chilena, nuevas generaciones: el abordaje de los huérfanos*. Santiago: Ediciones Universidad Católica de Chile, 135-153.

Literatura y globalización: la narrativa chilena en los tiempos del *neoliberalismo maravilloso**

Javier Campos

> "Los grupos de rock somos muy dados a juzgar toda una cultura por la calidad del *room service*", —dijo uno de los miembros del grupo irlandés U2 a su paso por México. Cuando U2 tocó en Barcelona en 1997, quiso rendir homenaje a la herencia musical española y no se le ocurrió mejor cosa que interpretar... ¡La Macarena! El cuarteto fue abucheado en tres idiomas.
>
> *La Jornada*, "U2 en México", 21.12.1997

Pero esta cita tomada del periódico mexicano no termina aquí. A causa del abucheo en Barcelona, el grupo U2 al llegar a México no quiso volver a cometer el mismo error de desconocer la cultura del país al que llegaba y sólo tener una información tipo *room service*. El grupo estaba sumamente interesado en conocer la república mexicana... en media hora y hacer conexiones mundiales en esos mismos treinta minutos: Chiapas y Sarajevo, la tecnología y la propaganda, el carisma y el suicidio rocaurrolero eran algunos temas de su agenda. U2 había iniciado su gira por el planeta, titulada *Pop Mart,* con características de supermercado, circo, ferretería y la más alta tecnología: "Setenta camiones, 10 mil toneladas de equipo, la televisión más grande del universo y un limón de 20 metros desplazándose en el escenario"[1].

---

* El presente trabajo es una versión revisada de un texto leído en el Congreso de Literatura Iberoamericana, Santiago de Chile, Universidad Católica, julio de 1998.

[1] Véase *La Jornada* (México), 21.12.1997. Pero al ir a América del Sur (Argentina y Chile), el grupo comenzaría a comprometerse con mayor (o menor conocimiento) sobre específicos asuntos políticos. Véanse las noticias de U2 en Chile en su único concierto el miércoles 11 de febrero de 1998. Por ejemplo el diario *La Tercera* (Chile), domingo 8 de febrero de 1998, anunció que U2 había estado apoyando temas relacionados con "detenidos desaparecidos" (Argentina, Chile) causados por las dictaduras militares pasadas y "asuntos ecológicos" en general. El diario anunciaba una entrevista con la presidenta de la *Agrupación de Familiares de Detenidos Desaparecidos* (Sola Sierra) quien es la abanderada por los derechos humanos en Chile. En el monumental concierto del miércoles 11 de febrero, al igual que ocurriera con el cantante Sting en el *Tour* de Amnistía Internacional en 1986, se bailó "La Cueca Sola". Sea como fuere, el fenómeno U2 en América Latina no quita su origen globalizante según nuestro párrafo siguiente en el texto de este trabajo. Es bastante positivo su apoyo a las causas arriba mencionadas y rápidamente el grupo aprendió que su información tipo *room service* debía tomar otro rumbo. Pero U2 es sólo una excepción —su interés público por asuntos políticos que el *neoliberalismo maravilloso* latinoamericano quiere olvidar— entre una cantidad mayoritaria y sin límites de espectáculos globalizados. Poca y nada de gracia le hizo a cierta juventud (globalizada) de Chile que U2 incorporara en su concierto *Pop Mart* temas relacionados con los crímenes de las dictaduras latinoamericanas. En síntesis, creemos que

El *tour* del U2 es el ejemplo reciente más interesante de la globalización en términos culturales planetarios de este fin del milenio: la (des)información tipo *room service* que el grupo irlandés tenía de sus destinatarios globalizados mexicanos (pero que cambiaría sorpresivamente en el concierto dado en Argentina y luego en Chile), la alta tecnología comunicativa para borrar fronteras territoriales, y una entretención-espectáculo claramente diversificada: "el show —dijeron— tiene un poco de política, algo social, y algo sexual. Es esta mezcla la que estamos representando por América Latina". El *tour* de U2 es pues el más grande espectáculo globalizado postmoderno nunca visto que incluye una preocupación por asuntos que tanto el mercado como el neoliberalismo latinoamericano quisieran olvidar. De allí que todo el *show* puede resultar bastante paradójico: es diversión globalizada a su vez que es una crítica a la misma globalización por el olvido del pasado.

La experiencia de vivir ahora en los tiempos de un *neoliberalismo maravilloso* —bombardeados continuamente por la cultura de la imagen, la entretención digital y los espectáculos globalizados— es inencontrable en décadas pasadas, justamente por la limitación que tenía entonces la industria productora de información y entretenimiento masivo, y porque tampoco se imaginaba que las dictaduras del continente no sólo harían desaparecer gente en cárceles o en secretos campos de concentración, sino que harían polvo aquel *Estado de compromiso* que cumplió importantes funciones sociales para implantar ahora una modernidad salvaje. Tampoco se vislumbraba el desmoronamiento de países del Este ni menos la Unión Soviética que luego, a fines de los ochenta, cuando comienza a resquebrajarse y cae finalmente el Muro de Berlín, el desmoronamiento que le siguió fue en cadena. George Bush declaró con regocijo —no sólo a todo el planeta sino al universo entero— que comenzaba "Un Nuevo Orden del Mundo". Los ideólogos del Departamento de Estado, como también se sabe, le pusieron a este Nuevo Orden, tal si fuera una marca registrada, *el fin de las ideologías*. Pero realmente no era ningún fin sino el comienzo de la etapa superior de capitalismo multinacional o lo que Osvaldo Sunkel ya definía en 1987, para el caso de América Latina en lo económico como "la etapa superior de la dependencia multinacional"[2]. En cuanto a lo cultural, Néstor García Canclini (1997a) ha definido esta etapa como "la homogeneización cultural de la globalización".

---

el ejemplo de U2 aquí, en tiempos de globalización, es la cultura de masas o la producción de entretenimiento masivo del Primer Mundo ("Popular Culture" para los anglosajones) asumiendo un compromiso político global con los Países del Tercer Mundo. O como se discutía en la lista argentina en Internet (febrero 1998): "parece que hay que venir desde fuera de América Latina para 'recordar' lo que ocurrió en el continente dos o tres décadas atrás".

[2] Véase Sunkel 1987. También consúltese el reciente e iluminador artículo de Sunkel 1997.

Pero el desarrollo veloz de la alta tecnología comunicacional a partir de los 80 —o la revolución digital— y su variedad de usos y otra multiplicidad mayor de productos electrónicos digitales, más el crecimiento diario de la infinita *caja de pandora* llamada Internet a la que una minoría planetaria y privilegiada tiene acceso, es un hecho que está alterando considerablemente la imaginación de las generaciones actuales incluidas las nuevas generaciones de escritores. Alteraciones que ahora son mucho más profundas que en los años 60 y el impacto en la entonces *novísima narrativa*, nombre que le asignó Ángel Rama a lo que escribía Manuel Puig, Antonio Skármeta, Alberto Soriano o los escritores de *la onda* en México, etc. (cf. Rama 1981). De tal manera, desde mediados de los 80 se ha producido definitivamente el quiebre de aquél límite que existía entre las llamadas altas y las bajas o marginadas manifestaciones culturales, mezcladas ahora más que nunca con la imagen cada vez más sofisticada de los medios comunicacionales nacionales/globalizados.

Pero lo anterior no termina allí: tal situación está produciendo crisis, reflexiones y debates sobre el nuevo panorama cultural que estamos viviendo en cada país de América Latina. Para el caso de la ficción narrativa, resulta que para muchos ahora ya no se escribe una literatura como algunos quisieran. Por ejemplo, Vargas Llosa se lanza contra la literatura que él llama *light* en el diario *La Jornada* de México; Luis Sepúlveda contra los chicos malos de *McOndo* desde el diario *La Época* de Chile o García Canclini desde el mismo periódico[3]. Y justamente no se

---

[3] Vargas Llosa (1997) dijo: "La llamada literatura *light* es una literatura de entretenimiento, pura diversión. Es una literatura pobre que renuncia a cumplir lo que han sido las grandes funciones de la literatura en la historia, sobre todo en la historia moderna. Es decir, inquietar, desasosegar, desarrollar el espíritu crítico de los lectores, mostrar a través de la fantasía, de un uso creativo de la palabra, que la realidad está mal hecha, que la sociedad en que vivimos es insuficiente para colmar nuestros apetitos, nuestros deseos [...] si esta literatura (*light*) no tiene algo a que oponerse, si no resiste, si no da testimonio y se manifiesta contra una realidad que rechaza, si no tiene una actitud profundamente crítica, es muy difícil que haya (sea) una gran literatura. La literatura ha sido tradicionalmente siempre una forma de desacato y de rebelión contra lo establecido". Las opiniones de Luis Sepúlveda contra la escritura *mcondiana* aparecieron en una entrevista que le hizo *La Época* (Sepúlveda 1996). El teórico comunicacional, Néstor García Canclini, es quien mejor ha argumentado respecto a la crisis de la literatura y arte en los tiempos de la globalización. García Canclini (1997a) dijo: "Me parece que hoy la situación de la literatura latinoamericana es distinta. Hay equivalentes a lo que fue Cortázar en los 60, 70, pero también uno observa que el impacto del mercado sobre la literatura y otras artes ha sido importante para reformular los proyectos intelectuales y artísticos. Yo diría que tal reformulación ha sido en sentido negativo en la medida que prevalece una literatura *light* o los escritores sienten mayor orgullo por vender 50 mil ejemplares que por haber podido representar alguna encrucijada personal o social". Con una opinión opuesta —y poco fundamentada— la escritora chilena Marcela Serrano en varias entrevistas aparecidas en el diario *La Época*, durante 1998, insiste que "los críticos tienen una obsesión permanente: establecer relaciones entre el mercado (o marketing) y la literatura" (Serrano 1998). Pero es el escritor Gonzalo Lira (1997) quien mejor representa cómo hacer

escribe aquello que algunos quisieran porque estamos ante situaciones como las siguientes, según los autores arriba mencionados: se produce (se escribe) porque realmente se publica y hay un mercado que consume tal narrativa de entretenimiento que "[…] poco o nada inquieta, desasosiega el espíritu crítico de los lectores y que no se opone a nada" (Vargas Llosa 1997) o "[…] son escritores que sienten mayor orgullo por vender 50 mil ejemplares que haber podido representar una encrucijada personal o social" (García Canclini 1997a). Estas nuevas regulaciones del mercado y su oferta, contribuyen también a la siguiente crisis que parece desprenderse del fenómeno de globalización cultural. No sabemos qué valor tiene lo que verdaderamente se publica porque hay evidencia de que se olvida con facilidad una edición que estuvo dos o cuatro meses de superventas, vislumbrando apenas cuál es la calidad de esa producción narrativa, disipándose también cualquier definición de "un arte verdadero". En los tiempos de una globalización bastante desigual parece cada vez más difícil determinar *qué es* la literatura que estamos leyendo/consumiendo porque al mercado global dominante sólo le interesaría una literatura *light* o… una literatura *chicle*.

En la editorial del periódico chileno *La Tercera,* del 11 de diciembre de 1997, el poeta Raúl Zurita publicó un interesante artículo titulado "La política y el arte". Aquella reflexión del poeta —muy parecida a la de un Rubén Darío frente a los cambios que experimentaba el fin de siglo XIX según la interpretación que Ángel Rama hizo del modernismo dariano— expresa curiosamente, y probablemente sin proponérselo conscientemente, la crisis por la que estarían pasando no sólo ciertos escritores, sino también ciertos críticos y académicos en los tiempos actuales. Zurita quiere rescatar el valor del arte verdadero que estaría desapareciendo para siempre entre tanta modernidad vulgar:

> No sé si ésta es la época más luminosa de la historia humana. No sé siquiera si preguntármelo tiene mucho sentido, pero las creaciones de otros tiempos nos abren una fuerte duda sobre cualquier idea absoluta que tengamos del progreso. El progreso es también a menudo el progreso de la crueldad (Zurita 1997).

---

literatura *light*. En una entrevista, "El escritor chileno del millón de dólares", cuenta como se puede armar una novela para el mercado (norteamericano) y así ganarse un millón de dólares. El secreto está —según Lira— en lo siguiente: suspenso entretenido, texto rápido de leer (en un tren o avión o un bus) y éxito de ventas (por supuesto a través de una editorial con poder que pueda lanzar miles de ejemplares y poner avisos en diarios, revistas y medios masivos). Finalmente, Lira mismo sintetizó la (su) filosofía del escritor *light* en toda su desnudez: "Me dan lata los escritores que se botan a profundos, que se llenan la cabecita de ideas. Esto es más para entretenerse. Hay que tomarse la escritura con un espíritu juguetón". Finalmente, Darío Oses en su trabajo publicado en este libro se refiere también a la cuestión aquí mencionada. De igual modo véase el trabajo de Kathrin Bergenthal (1999).

Frente al pesimismo de este "progreso de la crueldad" del fin del milenio que recorre todo el artículo de Zurita, el poeta quiere y pide refugiarse en la nostalgia del arte verdadero. "No nos queda" —dice Zurita— "sino refugiarnos en las grandes obras de arte pues es la única y verdadera fuente para ser más humanos: la poesía". El termino "poesía" es usado por Zurita en un sentido genérico, aplicado a cualquier manifestación artística cuya función debe ser "la devoción" y "la solidaridad humana":

> Las grandes obras de arte, desde Homero hasta Matta, nos muestran
> la historia de una devoción encarnada en miles de seres humanos que
> se han entregado a sus obras mostrándonos cómo nosotros deberíamos entregarnos a una nueva solidaridad (Zurita 1997).

La preocupación del poeta chileno no está aislada de una situación mayor que tiene mucho que ver con esta etapa superior del capitalismo transnacional en la que todo el planeta está inserto. Explicaré esto refiriéndome a algunos planteamientos que ha hecho el filósofo hispano-mexicano Adolfo Sánchez Vázquez. Para Sánchez Vázquez, esta etapa superior del capitalismo transnacional corresponde también a una nueva sensibilidad, nuevas ideas o nuevos estados de ánimo que corresponderían a una nueva realidad social —la de la postmodernidad— que vendría a suceder a una realidad agotada: la de la modernidad. La modernidad, en el análisis de Sánchez Vázquez, tuvo rasgos positivos como lo fueron un proyecto de emancipación humana, el culto a la razón que impulsó el dominio cada vez mayor del ser humano sobre la naturaleza y sobre sus propias relaciones sociales y humanas, y el carácter progresivo del proceso histórico, lineal, ascendente en que lo viejo cedía paso a lo nuevo. El componente de la modernidad era pues la negación del pasado y la preeminencia del futuro, de lo nuevo. Sin duda, sigue Sánchez Vázquez, es ésta la visión afirmativa de la modernidad que sostuvieron los ideólogos de la Ilustración y los de la Revolución Industrial. La modernidad trajo enormes posibilidades de desarrollo humano y social pero a su vez produjo un terrible costo humano, como fue denunciado desde Marx a Nietzsche, Weber o Adorno, entre otros. Ahora bien —dice Sánchez Vázquez— es en el espacio multinacional actual —o una tercera fase que comenzaría desde la Segunda Guerra Mundial— donde hay que buscar las raíces y la necesidad del pensamiento postmoderno que Jameson ha caracterizado como "la lógica cultural del capitalismo multinacional o capitalismo tardío". Esta lógica se centra en los siguientes rasgos. Primero, la historia se disuelve como un proceso unitario dotado de cierta coherencia y racionalidad. Cambia por tanto nuestra conciencia del tiempo ya que la nueva tecnología de la información tiende a deshistorizarla al reducir los acontecimientos al plano de la contemporaneidad o simultaneidad. Segundo, proclaman la muerte del sujeto pues como no hay nueva historia a la que aspirar, los que aspiran a transformarla revolucionariamente no hacen sino dar rienda suelta a una *impaciencia subjetiva*. La muerte del sujeto, para los postmodernistas, es la muerte del sujeto romántico, el sujeto de rebelión personal para reemplazarlo ahora por un *sujeto* o *protagonista neutro*. Rebelión entonces que caracterizó a la vanguardia moderna, la de innovar, crear y negar la domesticación del mercado. Con la muerte del sujeto, el postmodernismo libera así al artista de la responsabilidad que éste asumió en la modernidad ya que ahora la emancipación misma carece de sentido. Una tercera lógica, que se desprende de todo lo anterior, es que porque ya no hay historia o sentido de la historia, se justifica el eclecticismo y el fragmentarismo o ese *collage* de estilos conviviendo sin problemas: desde —en caso de un rascacielos— el estilo Chippendale con el romano o árabe, etc. Y en el caso de la literatura una diversidad dialógica de discursos cuyo quiebre, señalado anteriormente, permite la libre permeabilidad de la alta y/o baja cultura junto a la cultura de la imagen del mercado de mensajes. En otras palabras, ya no hay narraciones totalizantes donde se privilegien jerarquías, tendencias y estilos homogéneos[4].

En esta nueva lógica cultural del capitalismo transnacional, intrínsecamente ligada a la globalización, es cómo hay que interpretar no sólo la interesante gira de U2 por América Latina, comentada al comienzo de este trabajo, sino también la crisis que delata el artículo, aparentemente sin importancia, de Raúl Zurita. O la crítica más abierta y desatada de escritores que van desde Vargas Llosa, Octavio Paz a Luis Sepúlveda, por ejemplo, respecto a la literatura *light*. La crisis y crítica de la actual narrativa chilena y/o latinoamericana, la que están escribiendo los nacidos en los años 60 y la que estarán escribiendo quizás en estos mismos momentos los que ahora son adolescentes, creo se argumenta de la siguiente manera, siguiendo el planteamiento general de Sánchez Vázquez: estaríamos ante *una ausencia y crisis* generalizada de subjetividad renovadora en el arte y literatura en los tiempos de esta lógica cultural del capitalismo tardío, y ante una dificultad de definir *qué es la obra de arte*. El hecho de que algunas novelas se vendan y tengan éxito de público no es necesariamente un signo de *subjetividad renovadora*.

Crisis y crítica fue lo que dominó en la interesante mesa redonda organizada por el periódico *La Época*, en julio de 1997, titulada "Nueva narrativa chilena"[5].

---

[4] Sánchez Vázquez 1989. Respecto a la preocupación del poeta Raúl Zurita en párrafos previos de este trabajo, Jean Franco ha discutido una situación semejante (1994, 36-38): "Para Zurita, no hay posibilidad de que los poetas sean 'torres de dios, profetas', apóstoles, ni siquiera, 'escritores comprometidos y responsables', porque el futuro es ahora impredecible [...]. Beatriz Sarlo atribuye esta confusión a la pérdida de espacio de los intelectuales en una esfera pública ocupada cada vez más por los medios masivos [...] hay una redefinición global del estado que ha forzado a los intelectuales a reconsiderar su posición [la pérdida del espacio público de los intelectuales ahora; J.C.]". También véase en relación a ideas semejantes de Franco y Sarlo el sugerente artículo de Vidal (1997).

[5] Véase *La Época* (Santiago de Chile), 31 de julio de 1997, "Nueva narrativa chilena". Y también todas las ponencias de ese seminario en Olivárez 1997. Allí expusieron sus puntos de vista: Camilo Marks, Rodrigo Cánovas, Soledad Bianchi, Raquel Olea, Carlos Orellana,

Entre las 27 presentaciones, que incluyeron autores, críticos y editores, Raquel Olea planteaba "la necesidad de interrelacionar la actual narrativa chilena y la globalización". Por otro lado, Soledad Bianchi arremetió con una acertada opinión "la necesidad de establecer criterios como los siguientes: la obsesión del número de ventas o el lugar en el *ranking*, el supuesto éxito de un autor en el extranjero, distinguir escrituras, proyectos estéticos, cercanías o distancias con las tradiciones y otras literaturas". Todo lo anterior, sin embargo, parecía contrastar con la curiosa lista de las más significativas obras narrativas de la actual narrativa chilena que señaló Carlos Orellana, editor de Planeta Chilena. La lista es significativa porque refleja una cuestión bien clara: la narrativa chilena actual es de una visible diversidad donde está entremezclada tanto aquella lógica cultural de nuestra condición globalizante conviviendo, sin embargo, con narrativas que se enfrentan de una u otra manera pero reprocesando a su vez la lógica cultural postmoderna. Respecto a esto último es lo que Sánchez Vázquez llama "la actitud cultural emancipativa en las actuales condiciones postmodernas". Nosotros agregaríamos que tal actitud sería una literatura que aun en la marginalidad editorial que le aplica la globalización estaría funcionando como respuesta a ese postmodernismo— Diamela Eltit, Carlos Franz, Ana María del Río, Alejandra Rojas, Ramón Díaz Eterovic, Guadalupe Santa Cruz, Pía Barros, Patricio Manns, Guido Eytel, Luis Sepúlveda, Jaime Collyer, entre mis preferencias. Esta narrativa no quiere enterrar ni la muerte del sujeto ni el olvido ni privilegiar *la imagen como moneda* ni jugar con lo ecléctico o el fragmentarismo, ni menos que la historia ha muerto. Por eso que la lista de Orellana es curiosa y contradictoria pues allí está Fuguet con Eltit, está Ana María del Río no sólo con Fuguet o Marcela Serrano sino con Hernán Rivera Letelier, o Eltit con Gonzalo Contreras o Carlos Franz con Fuguet, etc., etc.

El reciente estudio de Rodrigo Cánovas sobre la novela chilena actual analiza de esta manera la narrativa que el académico chileno asigna como "postmoderna" para el caso de Gonzalo Contreras, refiriéndose a su novela *El nadador*, y en mi opinión aplicable también a *La ciudad anterior* y, creo, aplicable a narrativas semejantes que andan por América Latina:

> El sentimiento de comunidad —refiriéndose a *El nadador*— presente en nuestras vidas a través de la familia, el trabajo, el espacio citadino compartido y el amor, aparece ausente o profundamente fracturado. El narrador se limitará a presentar los mundos individuales de sus personajes [...]. El relato no es dramático ni es cómico; será, más

Carlos Ossa, Diamela Eltit, Antonio Avaria, Patricia Espinoza, Jorge M. Vargas, Óscar L. Molina, Felipe Muñoz, Paulo Slachevsky, Pía Barros, Carlos Franz, Jaime Collyer, Alberto Fuguet, Ramón Díaz Eterovic, René Arcos, Sergio Gómez, Arturo Fontaine, Carlos Irurra, Darío Oses, Diego Muñoz, Luis López, Marco Antonio de la Parra y Sonia González.

bien, una introspección lúdica sobre los mundos absolutamente atomizados de los personajes, quienes aparecen constreñidos a su individualidad. [Son] seres displicentes, que viven un presente perpetuo sin miedos ni nostalgias. En este sentido, Max Borda será el paradigma del ser asocial, incapaz de comprometerse con ningún proyecto, ya sea intelectual o sentimental. [...] Los logros artísticos de esta novela radican en el hábil tinglado sicológico de su trama [...] para exhibir la orfandad social que sufren los personajes. Reconocemos en esta novela una estética del desapego, por la cual la autoría da cuenta [...] de los cambios que sufre la imagen del Yo en una sociedad expuesta al ideario liberal, propio de una sociedad de mercado (Cánovas 1997, 67s.).

Es claro que el mundo de *El nadador* es un reflejo artístico perfecto de los planteamientos que más arriba sintetizamos de Adolfo Sánchez Vázquez (tal atmósfera "postmoderna", por ejemplo, es bastante familiar y repetitiva en el cine internacional de las últimas décadas). No es mi intención desvalorizar esta línea postmoderna en la narrativa chilena y la del continente, sino constatar que su existencia es real —como muy bien da cuenta Rodrigo Cánovas— y preguntarse si es ésta la línea dominante que van a continuar los escritores más jóvenes del continente en el próximo milenio o llegará el momento de su agotamiento definitivo aun cuando se presagia que la globalización y el neoliberalismo nunca tendrán fin. Si esto último es cierto, sin embargo, las posibilidades artísticas no podrán seguir reproduciendo idénticamente, libro tras libro, cuento tras cuento, unos mismos personajes y unas mismas sensibilidades artísticas mientras los escritores y artistas en general, los jóvenes de ahora y los que vendrán, continúen habitando —como también Cánovas señala— una sociedad "expuesta al ideario liberal y a la sociedad de mercado". La siguiente pregunta por tanto me parece válida: ¿esta *línea artística postmoderna* (la de *El nadador*), desde la escritura latinoamericana, se agotará alguna vez en el próximo milenio o reaparecerán con más intensidad ésas que serían parte de algún *postmodernismo alternativo* (Eltit, Del Río, Franz, etc.) en la propuesta de Sánchez Vázquez, o continuará el fervor y el entusiasmo de los chicos "mcondianos", la *línea postmodernista virtual*?

La introducción-manifiesto de la antología de cuentos de distribución internacional a cargo de Alberto Fuguet y Sergio Gómez, *McOndo*, editada por Grijalbo en Barcelona, 1996, intenta aplastar para siempre y reducir a escombros cualquier narrativa que se parezca al *realismo mágico,* en lo que resta del siglo XX y quizás lo piensan para todo el siglo XXI, privilegiando de esa manera la admiración sin límites de todo lo que es globalización o *neoliberalismo maravilloso.* Con las siguientes citas uno puede ver mucho mejor el bosque maravilloso de los *mcondistas*:

Esta es una nueva generación literaria que es post-todo: post-modernismo, post-yuppie, post-comunismo, post-baby-boom, post-capa de
ozono. Aquí no hay realismo mágico, hay realismo virtual [...]. Los
cuentos de *McOndo* se centran en realidades individuales y privadas.
Suponemos que ésta es una de las herencias de la fiebre privatizadora
mundial [...] estos escritores no se preocupan de su contingencia pública [...]. [Los cuentos] no son frescos sociales ni sagas sociales. Si
hace unos años la disyuntiva del escritor joven estaba entre tomar el
lápiz o la carabina, ahora parece que lo más angustiante para escribir
es elegir entre Windows 95 o Macintosh [...] en *McOndo* hay McDonalds, computadores Mac y condominios, hoteles cinco estrellas
construidos con dinero lavado, *malls* gigantescos [...] digamos que
McOndo es MTV latina porque Latinoamérica es MTV latina, es Televisa, es Miami, las repúblicas bananeras, Borges, el Comandante
Marcos, la CNN en español, el Nafta, Mercosur, la deuda externa
[...][6].

Lo curioso es que ésta no es una antología estrictamente latinoamericana sino pensada con criterio internacional puesto que incluye a escritores jóvenes españoles.
La inclusión española avala el juicio de que tal antología sigue los parámetros siguientes: mientras más internacional sea el producto (los cuentos y sus temáticas,
claro está), más alcance tendrá en el mercado global de lengua castellana (recuérdese que se edita en Barcelona, el centro editorial de más influencia global en el
mercado de lengua castellana). Por otro lado, basta hacer un rápido catálogo de
productos globalizados de que gozan personajes y narradores (*walkman*, discos
compactos, juego de videos, imágenes del cine norteamericano que salen de bellos
televisores, o hablan de marcas famosas de ropa, repiten frases en inglés mientras
se maravillan también por las tarjetas de crédito), y los ambientes donde se mueven las aventuras de los personajes más o menos integrados a la globalización (de
acuerdo a últimas estadísticas reales éstos llegarían a ser de un 20% a 35% de una
población de casi 500 millones en América Latina) para darse cuenta que el pró-
logo/manifiesto se ciñe en parte a la verdad de las historias de esos 17 cuentos.
La verdad es que hay mucho de exageración y entusiasmo global en tal prólogo
y tomarlo al *pie de la letra* es un error.

Por ejemplo, si uno leyera primero el prólogo/manifiesto de *McOndo* y luego
siguiera con los cuentos y no al revés, uno entraría bastante afectado por los juicios del manifiesto y convencido de que todas las historias de *McOndo* tienen

---

[6] Cf. Fuguet/Gómez 1996b. La antología *McOndo* contiene 17 cuentos de los siguientes
países: Argentina (3), Bolivia (1), Colombia (1), Costa Rica (1), Chile (2), Ecuador (1), España (3), México (3), Perú (1) y Uruguay (1). La antología no incluye ninguna narradora
mujer.

como único objetivo que el lector joven latinoamericano *sólo goce* a destajo el *neoliberalismo maravilloso* que reflejarían sus cuentos porque ellos hablan realmente de las vidas de jóvenes integrados a tal usufructo. Y resulta que esto es verdad en parte porque los sectores integrados directa o indirectamente a la globalización que existen en América Latina sólo corresponden, como decíamos más arriba, a cerca de un 35 %. El porcentaje por país integrado iría aproximadamente en un porcentaje parecido para ciertos países y sería bastante más reducido en otros como, por ejemplo, si se comparan Chile y Haití, o Cuba y Argentina, etc.

Por otro lado, la importancia de la línea de los *mcondistas* es real y no se puede desechar pues tal narrativa no surge del vacío. Se consume y se lee con avidez por sectores jóvenes directa o indirectamente integrados, como dan cuenta de las dos o tres ediciones de *Cuentos con Walkman* (la primera edición fue en 1993, Planeta Chilena), el antecedente de la edición internacional de la antología *McOndo*. O como bien dice Bernardo Subercaseaux, estos son escritores que se sienten "más próximos a una comunidad internacional de jóvenes que a la sociedad nacional a la cual pertenecen"[7]. Lo que realmente les preocupa es narrar la multiculturalidad globalizada de la nueva ciudad (chilena y/o latinoamericana) de fin de siglo y la que continuará complejizándose en el próximo milenio. Sin embargo, se podría asegurar que el prólogo/manifiesto no está perfectamente sincronizado con los productos —los 17 cuentos antologados— de los cuales hablan los antologadores. Más bien creo que algunos cuentos poco tienen que ver con la propuesta de tal prólogo/manifiesto pues la introducción adolece de un análisis para descubrir dónde está realmente la originalidad en los tiempos de globalización de algunos de esos relatos y sus autores.

Por ejemplo, la importancia de algunos de los *mcondistas*, quizás tan válida como la línea postmoderna alternativa que mencionaba más arriba, es la incorporación de una temática no tan nueva pero importante: la preferencia sexual de los personajes hombres. El director cubano Gutiérrez Alea, refiriéndose a su película *Fresa y chocolate* (1994) —tomada del cuento de Senel Paz *El lobo, el bosque y el hombre nuevo*— dio una definición simple y clara: "No es solamente la homosexualidad lo que me preocupaba en la película, sino todo lo relativo a la incomprensión y a la intolerancia del que es diferente" (Gutiérrez Alea 1994). Es curioso, y pareciera contradictorio, pero la preocupación y debates sobre lo multicultu-

---

[7] Subercaseaux 1997. En relación específica de los efectos positivos y negativos de la globalización para América Latina (y a nivel planetario), véanse Bhalla 1994; Hopenhayn 1994; Rodríguez Araujo 1996; Moulian 1997; García Canclini 1997a; Sunkel 1997; Cademartori 1997; Cooper 1998; Claude 1998. También consúltese artículos aparecidos en el diario *Granma Nacional* en Internet sobre el "Encuentro Internacional sobre Globalización y Problemas del Desarrollo", en La Habana, Cuba, enero 18-22, 1999. Y el artículo de Castañeda 1999 (quien critica el encuentro en Davos, Suiza, pues sólo fue para celebrar "las maravillas" de la globalización y casi nada respecto a la catástrofe que está teniendo para los países del Tercer Mundo, como los de América Latina). También el reciente artículo de Moraña 1999.

ral, la tolerancia "del que es diferente", ha emergido con fuerza no sólo por el fenómeno de globalización al privilegiar una individualidad multicultural en las imágenes virtuales, sino por la ausencia de debates al respecto que no hubo dentro de la izquierda de los 60. Quizás por eso que el discurso zapatista de Chiapas emerge como un discurso nuevo porque asume lo diverso como su principal arma de lucha política y cultural. Esto es: abrir un espacio plural de análisis, discusión y propuestas para conocer la realidad que cada uno vive y partir desde allí buscando los caminos de transformación. Llamar al mundo a la tolerancia y permitir a los oprimidos de todas las condiciones tener su propia y genuina representación y unirse entre sí para dar unos giros diferentes a la historia, incluyendo indígenas y no indígenas, mujeres y hombres, distintas preferencias sexuales, la ciudad y el campo, lo premoderno y lo moderno[8].

Dentro de los cuentos *mcondistas* está el de un argentino —"Señales captadas en el corazón de una fiesta" de Rodrigo Fresán— que incorpora la cuestión de la homosexualidad y el SIDA: el *excluido* o el que es *diferente*. El asunto de homosexualidad y SIDA es tratado a través de distintos discursos (el relato testimonial, letras de música, poemas) problematizando el conflicto entre una preferencia sexual asumida y un fundamentalismo católico y familiar latinoamericano que ha obstaculizado expresar libremente su homosexualidad. En otros, como el cuento del peruano Jaime Bailly —"Extrañando a Diego"—, es el personaje homosexual insaciable, el obsesivo perseguidor del deseo que circula por discotecas, carros de último modelo, comerciales internacionales, condominios de lujo, McDonalds o Burger King, hasta las sensuales playas de Miami. Esta temática que Manuel Puig *sacó del ropero* para siempre en los años 60, incorporándola como personaje principal en la literatura latinoamericana, se continúa con los *mcondistas* pero con una mayor libertad para narrar las múltiples variantes que corresponden a la complejidad misma de lo que es asumir una preferencia sexual y las muchas culturas sexuales que existen.

Los más notables son los cuentos del colombiano Santiago Gamboa, "La vida está llenas de cosas", y el del ecuatoriano Leonardo Valencia, "Pulsión". El primero por retratar la ciudad latinoamericana, dividida abismalmente entre un mundo conectado a los privilegios de la globalización pero desconectado para siempre de los múltiples submundos de la urbe. Y el segundo, porque la profesión del futuro de los jóvenes parece ser *la publicidad*, que abre las puertas a la vida y al consumo multinacional.

Sólo me he detenido en estos ejemplos para mostrar el *entusiasmo virtual* que hay en el prólogo de la antología *McOndo* y algunos cuentos que lo contradicen.

---

[8] Véanse varios artículos aparecidos en *La Jornada* (México, D.F.), 14 de enero de 1996; 21 de enero de 1996; 9 de abril de 1996; 5 de agosto de 1996. También consúltese su *homepage* en el Internet: http://www.ezln.org/.

También es notorio que a los narradores *mcondistas* poco o muy poco les interesa tratar asuntos que tengan que ver con el pasado político ni temas que hablen de reconciliación. Su mundo parte de los 80 adelante. Por otro lado, no se ve que les preocupe tratar de una manera diferente al personaje femenino en sus historias, además no hay ninguna narradora mujer entre los antologados de *McOndo*, a pesar de una vasta literatura y discusión sobre el género a partir de esa misma década en América Latina. Siguen la tradición de ponerlas decorativamente: son seres que caen ante el capricho e ingenio de narradores hombres que andan en la aventura dentro de su propia aldea global o perturbados virtual y mentalmente, como lo son las recientes novelas *mcondistas*: *Vidas ejemplares* (1997) y *Labio superior* (1998) de Sergio Gómez[9]. Los narradores hombres de *la onda* en México (José Agustín por ejemplo), —el antecedente de los *mcondistas*— o la narrativa juvenil de Antonio Skármeta, en los 60, para enamorar a la hermosa muchacha —que por lo general hablaba poco o casi nada—, y después de varias frases en las que se describían pechos, piernas y labios sensuales, la subían a una motoneta de marca francesa, le mostraban una radio a baterías (entonces eran impensables los discos compactos o la MTV), ofrecían cigarrillos nacionales por lo general (en algunos personajes de José Agustín comienzan ya a fumar mariguana), se iban muy alegres a un parque a gozar la naturaleza (los Malls eran impensables entonces) y el narrador a ejercitar sus dedos mágicos. Así que en este sentido los *mcondistas* se mueven en círculos.

Mucho de la literatura *mcondista* no tiene nada de lenguaje ampuloso y se lee con rapidez y eso si es muy notorio. Saben atrapar al lector, pero es una literatura amarga, escéptica y casi apocalíptica como es el caso de *Vidas ejemplares* y *Labio superior* de Sergio Gómez ya mencionadas. Es cierto que muchos personajes de esta narrativa se mueven en una escenografía donde hay publicidad nacional/ multinacional y toda la maravilla virtual concebible que no gozaron los jóvenes de los 60 ó 70. Es curioso que ningún *personaje mcondista* navegue todavía por Internet ni maneje una computadora aún cuando el "prólogo" de *McOndo* se ufana más o menos de esto último. Así que lo de *generación virtual* apunta sólo *a cierto* consumo virtual. Abundan pues los trotamunderos de carreteras que se encuentran con *gurúes* también de carreteras, con bellas ex-modelos del Primer Mundo que quisieron nacer deformes, con un mendigo de 30 años que "calzaba zapatos forra-

---

[9] Gómez 1997. En cuanto a la cultura de la imagen o lo virtual en la literatura de los 80-90, me he referido a ello, especialmente en lo que respecta a poesía, en los siguientes artículos: Campos 1994b, 1996a, 1996b, 1996c. También está en preparación un artículo para el proyecto internacional *Repensando la Historia Literaria en Forma Comparativa*, de la Universidad de Toronto, cuyos tres volúmenes serán publicados entre 1999 y el año 2000 en tres lenguas simultáneamente (inglés, español y portugués). Toda la información detallada, temas e integrantes del proyecto están en el Internet en: http://www.chass.utoronto.ca:8080/lithist/index.html.

dos con tarjetas de crédito y me dijo que su familia tenía el veinticinco por ciento de una empresa farmacéutica"[10]. Algunos disfrutan hasta el delirio este consumo moderno, paseándose ida y vuelta por su aldea global. Muchas narraciones recuerdan a nuevos Jack Kerouac, Allen Ginsberg o William S. Borroughs que aún no llegan a los 30 años.

Pero entre tanta desolación o entusiasmo digital que produce la maravilla virtual dentro de una dramática globalización, especialmente para el Tercer Mundo[11], estos jóvenes escritores también tienen su puesto en la actual y diversa narrativa chilena de fin del milenio. Quiérase o no porque, para no perder la memoria, en el año 1991, bajo el primer gobierno democrático, después de 16 años de dictadura, se publica una importante novela —*Mala Onda*— de Alberto Fuguet[12]. Impor-

---

[10] Tomado del cuento antologado en *McOndo*, "He conocido a mucha gente", del español Martín Casariego.

[11] La revista *Time* dedicó su número especial de fin de año 1997 (29 de diciembre) al "Hombre del año" —Andrew Grove—, director de la compañía más importante del planeta (Intel) en la construcción de "microchips", especialmente el chip Pentium II de 1997. El microchip en general es considerado como uno de los aportes tecnológicos semejante en importancia a la máquina a vapor, la electricidad o la producción en línea. La reciente invención es el Pentium II que puede almacenar 500 millones de instrucciones cada segundo con posibilidades ya sin límites en la tecnología digital cuyo impacto en la información y en otra multiplicidad de productos digitales es inmedible. Sin embargo, pensamos nosotros, tal impacto a nivel global de una mayor velocidad de información aumentaría aún más la brecha entre los que tienen acceso a cualquier información (incluyendo los que pueden accesar esa información a través de computadores), los que pueden controlarla y manipularla (una minoría integrada a la globalización que determina una aparente globalidad en esta "maravilla virtual") y una mayoría a nivel planetario que no la tiene o está excluida, especialmente en los países del Tercer o Segundo Mundo. Se asegura que actualmente sólo el 2% del planeta, dentro de una población de 6 mil millones, tiene acceso a Internet. La mayoría de ese acceso está en los países del Primer Mundo. La revista *Time* no hace ningún comentario respecto a las implicaciones de esta revolución digital para el Tercer Mundo, por el contrario, sólo le preocupa que en Estados Unidos tal avance tecnológico pueda producir una brecha entre los que pueden adquirir y usar los nuevos avances tecnológicos y los que no pueden. *Time* también asume que la revolución digital que ha revolucionado el intercambio de información no es negativa (centralizada y de influencia totalitaria como predecía George Orwell en su libro *1984*), por el contrario, la información está ahora conectada globalmente (Internet por ejemplo); está basada en una ilimitada información; está descentralizada y no está controlada por nadie ni menos las ideas allí vertidas son reprimidas. Todo aquello facilita —termina el *Time*— la libertad de expresión y la libertad total del mercado en su oferta y demanda tanto económica, tecnológica, servicios, información, entretenimiento, etc., con una velocidad y alcance global que nunca antes gozó la humanidad.

[12] Fuguet había publicado en el año 1989 un libro de cuentos, *Sobredosis. Por favor, rebobinar* es de 1994. En 1993, junto a Sergio Gómez, edita a varios narradores jóvenes —que en su prólogo llamara "la generación virtual": *Cuentos con Walkman*. Según Fuguet, en *Mala Onda* quiso mostrar cuatro dictaduras: la música-disco, la familia, las hormonas y Pinochet. Véase la reciente entrevista a Alberto Fuguet (1998).

tante porque esta novela abre, por un lado, una temática nueva (la difícil y bella juventud de la clase alta y cierta clase media acomodada en los tiempos casi finales de la dictadura chilena dentro del funcionamiento a todo dar del modelo neoliberal en conjunción con el Nuevo Orden de la economía Global), e inicia un estilo juvenil que nada tendrá que ver con la narrativa chilena previa (testimonial o de exilio o de reconciliación ni menos hablar del realismo mágico latinoamericano), sino que todas sus historias y ambientes tendrán un escenario recurrente que podría denominarse simplemente como "el mundo *mcondista*". Es decir, su difícil y maravillosa juventud *virtual* en los tiempos de la compleja y desigual globalización de América Latina.

Bibliografía

Bergenthal, Kathrin. 1999. *Studien zum Mini-Boom der* Nueva Narrativa Chilena. *Literatur im Neoliberalismus*. Frankfurt am Main: Peter Lang.

Bhalla, Bharat *et al*. 1994. The Paradox of Economic Globalism: The Myth and Reality of the 'Global Village' — the Changing Role of Multinational Corporations. En: *Business & The Contemporary World* 4.

Cademartori, José. 1997. El futuro del capitalismo. En: *La Época* (Santiago de Chile), 28.9.

Campos, Javier. 1994a. Lírica chilena de fin de siglo y (post)modernidad neoliberal en América Latina. En: *Revista Iberoamericana* 60, 168-169, 891-912.

—. 1994b. Tomás Harris y la cultura de la imagen. Algunas reflexiones sobre poesía chilena de los 80. En: *Revista Chilena de Literatura* 46, 87-90 (también en: *Cuadernos Hispanoamericanos* 543 [1995], 133-138).

—. 1996a. Una crítica a la crítica. En: *La Época* (Santiago de Chile), 14.4.

—. 1996b. La cultura de fin de siglo. En: *La Época* (Santiago de Chile), 14.7.

—. 1996c. Sexualidad y globalización. En: *La Época* (Santiago de Chile), 24.11.

Cánovas, Rodrigo. 1997. *Novela chilena, nuevas generaciones: el abordaje de los huérfanos*. Santiago de Chile: Editorial de la Universidad Católica.

Casariego, Martín. 1996. He conocido a mucha gente. En: Fuguet/Gómez, 169-173.

Castañeda, Jorge D. 1999. Davos y el neoliberalismo. En: *El País* (Madrid), 10.2.

Castells, Manuel. 1999. El mundo según Davos. En: *El País* (Madrid), 12.2.

Claude, Marcel. 1998. Neoliberalismo y modernidad. En: *La Época* (Santiago de Chile), 19.5.

Cooper, Marc. 1998. Twenty-Five Years After Allende. En: *The Nation*, 23.3.

Franco, Jean. 1994. Marcar diferencias. Cruzar fronteras. En: Josefina Ludmer (ed.). *Las culturas de fin de siglo en América Latina*. Buenos Aires: Estudios Culturales.

Fuguet, Alberto; Sergio Gómez (eds.). 1996a. *McOndo*. Barcelona: Grijalbo.

—. 1996b. Presentación del país McOndo. En: íd. 1996a, 11-20.

—. 1998. Entrevista por John Muller. En: *El Mundo* (Madrid), supl. "La Esfera", 2.5., 4.

García Canclini, Néstor. 1997a. Paradojas de las políticas culturales y contradicciones de la globalización. Ponencia leída en LASA, Guadalajara, México, abril.

—. 1997b. Entrevista. En: *La Época* (Santiago de Chile), 24.8.

Gómez, Sergio. 1997. *Vidas ejemplares*. Chile: Planeta Biblioteca del Sur.

Gutiérrez Alea, Tomás. 1994. Entrevista. En: *El País* (Madrid), marzo.

Hopenhayn, Martín. 1994. *Ni apocalípticos ni integrados (aventuras de la modernidad en América Latina)*. Santiago de Chile: Fondo de Cultura Económica.

Lira, Gonzalo. 1997. El escritor del millón de dólares. En: *Revista Caras* (Santiago de Chile), 10.7.

Moraña, Mabel. 1999. Crítica literaria y globalización cultural. En: *Papeles de Montevideo* 1, 19-25.

Moulian, Tomás. 1997. *Chile actual: anatomía de un mito*. Santiago de Chile: LOM.

Olivárez, Carlos (ed.). 1997. *Nueva narrativa chilena*. Santiago de Chile: LOM.

Rama, Ángel. 1981. Los contestatarios al poder. En: *Novísimos narradores hispanoamericanos en marcha (1964-1980)*. México, D.F.: Marcha, 9-48.

Rodríguez Araujo, Octavio. 1996. Estado-nación y mundialización económica/II. En: *La Jornada* (México, D.F.), 23.3.

Sánchez Vázquez, Adolfo. 1989. Postmodernidad, postmodernismo y socialismo. En: *Casa de las Américas* 30, 137-145.

Sepúlveda, Luis. 1996. Escritor Luis Sepúlveda: Macondo versus McOndo. En: *La Época* (Santiago de Chile), 20.11.

Serrano, Marcela. 1998. [Entrevistas]. En: *La Época* (Santiago de Chile), 18.1.

Subercaseaux, Bernardo. 1997. América Latina: nuevos escenarios culturales, nuevas miradas. En: *Cuadernos Hispanoamericanos* 560, 107-112.

Sunkel, Osvaldo. 1987. Las relaciones centro-periferia y la transnacionalización. En: *Pensamiento Iberoamericano* 11, 31-57.

—. 1997. Quo Vadis, América Latina. En: *La Época* (Santiago de Chile), 16.3.

Vargas Llosa, Mario. 1997. Ficción y transición. En: *La Jornada* (México, D.F.), 19.10.

Vidal, Hernán. 1997. Ejercicio shamanico. Raúl Zurita, *Canto a su amor desaparecido* (1987). En: *Política cultural de la memoria colectiva*. Santiago de Chile: Mosquito, 221-239.

Zurita, Raúl. 1997. La política y el arte. En: *La Tercera* (Santiago de Chile), 11 de diciembre.

Lecturas y oídos nuevos: la poesía joven actual de Chile

Pedro Araya

Preliminar

"El oído es un órgano al revés; sólo escucha el silencio" (Juan Luis Martínez). El oído de la poesía, el que se pone frente a la cerrazón verbal, el que intuye por donde seguir la hebra de la escucha. Sumado a esto la expresión de Plotino: que el ojo no podría ver el sol si no fuese en cierto modo un sol, y nos encontramos con el fondo y la esencia del asunto que nos ocupa: el acercamiento a nuestra lectura de la poesía. Oído y ojo descubriendo apropiaciones de la lengua que son apropiaciones vitales; asombro puro.

En esta polaridad de visión y abandono, de conocimiento e incertidumbre, que es la poesía misma, en ella, decía, propongo este encuentro de lectura y letra. Puesto que en la apertura letrada de ojo y oído yace, subyace, la invitación pertinente. Tarea por lo demás inocente, ineficaz, más terrible, hermosa, cuando la hacemos nuestra, como se diría: *de a de veras*.

Comienzo

Si nos atenemos a aquel conocido *dictum parriano*: todo lo que se mueve es poesía, lo que es estático, prosa, atenderemos la condición pasajera de algunas de las siguientes observaciones, la fugacidad de sus juicios respecto a la poesía joven actual. Poesía joven *made in Chile*. Poetas jóvenes, poetas actuales, poetas en vías de ser poetas, según algunos, casi como diciendo pequeños parásitos, larvas antes de lograr el exigido voloteo de toda decente mariposa. Todos escribiendo, escribiéndose en las pocas páginas que logran ver la luz en el panorama de nuestra exigua y veleidosa comarca. *Pura voluntad*.

El rumor que difunde el supuesto carácter en ruinas de la poesía (aun en boca de algunos escritores consagrados), simplemente no lo constatamos. Sí, en cambio, el hecho que el aparato crítico y cultural que le debe acompañar se encuentra obsoleto. En este contexto, tanto escritura como lectura poética sufren de la mirada escéptica. Ya de por sí la poesía goza de un doble estatus, el poeta de una doble imagen: una suerte de fetichización del poeta nacional (*en la cúspide de la cumbre de las letras del país*) y de su falta de reflexión extrapoética, convirtiéndolo en un iluminado, irracional, peligrosamente lunático, incapaz de controlar las fuerzas que lo dominan, a ratos bacanal, a ratos apolíneamente asceta, lo relegan a la soledad extranjera bajo nuestra terrenal casa que no reflexiona. Extraño, finalmente, a la sociedad en que convive, en la que se gana su vida.

Constatamos una suerte de admiración por el fenómeno de la poesía chilena, mas, junto a ello, nos encontramos con que los libros de poesía no se editan, no se difunden, no se compran ni se leen. Sólo el ímpetu de esa inmensa minoría a la cual adscribimos, tanto lectores como poetas, en un diálogo constante e inmensamente necesario, nos permite seguir suponiendo, seguir contando con, que la poesía chilena existe tanto como nosotros. Que ella se mueve en ese espacio no definido (quizás, me atrevo a suponer, hasta no-euclidiano, con su lógica endemoniadamente desconocida, desconocedora) del cual intento dar algunos esbozos, siempre yendo mas allá de cualquier intento de ordenación serio.

La poesía joven constituye pues una categoría sospechosa: tanto el poeta como la sociedad desconfían uno del otro. Sospechoso por su afán de escribir poemas, sospechoso en su juventud; nuestra avejentada sociedad, la lógica de sus instituciones, la mentalidad no sólo de sus líderes, sino también de sus ciudadanos *modelos*, enfrascados en los devenires de una modernidad y un orden *ad portas* y buscado con denodado afán, pone a los jóvenes como problema, como amenaza constante. Ser joven es no poder hablar de los asuntos públicos y privados, siendo esta etiqueta una cuestión política, describiendo, prescribiendo, nuestro lugar en la *polis*.

Curiosamente, eso sí, navegando por algunas aguas simbólicas, nos encontramos con la representación de la juventud y la vejez como personificaciones del sol como naciente y poniente, considerando cada sol como hijo de su predecesor. Un sistema de conexión continua asegura que el viejo es siempre el padre (dominador, tradición, reflexión, soberano celeste, justicia), mientras el joven es el hijo (dominado, subversión, intuición, audacia). Ambos soles, cada uno en su propia etapa, irradia propia luz a los ojos que los vislumbran. Cada uno intenta plasmarse en la memoria de los que asisten a su luz. Siempre pareciera haber quienes prefieren la luz matinal a la vespertina, y viceversa. Mas también debemos acordar que ninguna tiene sentido sin la otra, sin el devenir de la otra. Curiosamente, decía, puesto que aquello bien puede describir el estado de cosas entre nosotros, todos poetas, buscando la permanencia de una propia luz. Mas debiendo, en algún momento, reconocer las inevitables filiaciones, diacrónicas y sincrónicas, sin las cuales no hay luz, ni del ojo ni del sol.

Digo entonces que un poeta es tan joven como el asombro de su oído reverso. Y un lector, tanto como el asombro del sol de su ojo. Allí en la punta de la lengua verbal es donde se hacen las distinciones, y allí mismo es donde se necesita mantener la vena y la pulsión. Son los textos producidos por los poetas actuales (sin importar la edad de su autor) los que nos debieran importar. Es en ellos donde debemos mascar con la sensibilidad de un cangrejo, digerir aquella carne poética, saborear los trozos, aumentar la vida, involucrándonos en su historia.

En todo lo anterior intuyo, más bien estoy cada día más cierto, que nos encontramos frente a la noción de una suerte de espacio literario autoritario. Un espacio destinado a dar soporte a un discurso monolítico, quizás cambiante sí, pero dependiente de el o los poetas mayores de turno. Como si se buscase una sola voz a quien seguir a través del terrible desierto de la propia comarca. Mesiánicos, así, todo se convierte en una lucha cerrada por lograr imponer el discurso poético propio con el fin de llegar a la cumbre de las letras nacionales. La noción de las literaturas emergentes, jóvenes, de recambio (noten los sinónimos comúnmente usados) como *amenaza* a las generaciones anteriores, supone no sólo una concepción autoritaria sino además estática del espacio literario y sus lógicas. Dura pérdida la de la posibilidad de diálogo, no sólo entre escritores, sino también entre lectores. Cero aire para el mínimo asombro. Finalmente, todo el reflejo o la fuente, de una sociedad que desconfía del pluralismo. El espacio no permitiendo la convivencia y la confrontación activa de discursos contrarios.

No se puede hablar de nadie impersonalmente: los poetas de los que hablo son, en su mayoría, conocidos, amigos. Los poetas actuales, los llamados poetas jóvenes, de los cuales formo parte, participamos del fenómeno intenso de la poesía escrita en castellano, para dar continuidad a proyectos escriturales diversos, todos vitales, en un espacio univalente, mas recargado de trucos y velos. Al ponernos a todos en el saco de los poetas jóvenes, se disminuye nuestra posibilidad de ser una voz válida, presente.

Aun así, y en esto me juego, creo presenciar una dinámica diferente (no digo *nueva*, quién podría) entre los poetas actuales, una lógica no tan sólo referida a la forma de ser sino también en los ejes fundamentales de su escritura. Existe una noción de diálogo que permea no sólo la escritura y las lecturas, si no se transforma en un pluralismo poético (si así se quiere) que se extiende y se supone necesario. Porque participamos de lecturas mutuas, de conversaciones, talleres y encuentros, de melopeas diversas, de traducir de otras lenguas (varios de nosotros embarcados en proyectos concretos de traducciones de poetas de otras lenguas), de abrir las posibilidades, de proyectos comunes, que nos obligan a mirar la flama ardiente, a armar los sesos, a oír las arremetidas que surgen de la lectura de todo buen poema que llega a nuestras manos, a nuestros oídos, a nuestros ojos.

Si el eje fundamental que movilizó a los poetas de generaciones anteriores fue la conjunción de poesía e historia y cultura, no sólo en su función testimonial, sino sobre todo en sus funciones estéticas, el eje que determina a buena parte de los poetas actuales es el de poesía y lenguaje, tanto fundamento expresivo como materia de reflexión, en una diversidad que rehuye la distinción de estéticas y temáticas comunes, regido por la inclusión de la literatura como experiencia vital desde donde también hablar.

Este tal vuelco, eso sí, no quiere decir esteticismo y/o una total desvinculación con el resto de los ámbitos, sino la *natural incorporación* de la literatura como posible *habitat*; borrar esos supuestos límites entre lo propio y lo ajeno, abrirse a las posibilidades de disponer libremente de formas y fondos. En este sentido, no sólo caben textos literarios, sino también textos históricos, historiográficos, la iconografía de diverso tipo, la música, y en fin todo lo capaz de atrapar el joven asombro.

Mas no sólo lo anterior. "*En cada línea, en cada frase está escondida la posibilidad de fracasar. Y de que fracase todo el poema, no solamente ese verso aislado. Y así la vida: en cada momento podemos perderla. En cada momento hay*

sgo mortal. Y cada instante es una elección" (Robert Frost). De esto esta-
más que conscientes. Pues no resta, entonces, para la poesía, para el poeta,
cosa que la elección en el instante del lápiz sobre la blancura, la tormenta
ntra el oficio, la escritura en el cierzo, el austro, el puelche repentino. Y allí
stamos nosotros. Provincianos de Chile, habitando el mundo, todos al vuelo, en
muchas partes al mismo tiempo, absolutamente desprejuiciados frente a las diversas posibilidades de la memoria poética, sabiéndonos partícipes del coloquio persistente —ojo y oído puestos en alerta— de las literaturas tanto de nuestra lengua
como de otras, incorporando las diversas lógicas de otros medios, recorriendo la
lógica lateral (no lineal) en la creación, propicios a las subjetividades, revirtiendo
(más bien obviando) las lógicas (auto)censoras, los espacios autoritarios de encuentro (los talleres ya no *dirigidos* sino *dialogados*), interesados en toda la poesía.

Así la explosión actual

"Di que no seremos manada" (Yanko González), escritura al vuelo mordaz, en
la punta de una lengua situada en las orillas de lo establecido por el oficialismo
cultural. *"no v/ v/ hasta aquí su labio dice que está entero/ y para qué nos pega
con el cable/ v que distorsiona"*. Escritura plural en su oralidad y en su gesto.
Óxido en la vena poética vivaz, herrumbre en la lengua para sacar en limpio la
voz tribalmente exacta.

*"Leo a poetas tan mal editados como mal nacidos/ Que van al grano como las
prostitutas al dinero"* (Germán Carrasco), arrastrando su lengua por la urbe y la
lectura. *"Un trago, el amor, Quevedo o una canción te hacen llorar/ Porque an-
das con una sensibilidad, vulnerabilidad diría/ Que hasta da miedo darte la mano
o mirarte fijo"*, la experiencia vital se hace literaria; la literaria, vital, en un tras-
toque que desborda, sutilmente incluso, hasta tranquilamente, sus límites.

*"El Rostro// Las letras son los rasgos de la muerte/ Sus cejas cuando frunces
el ceño: no entiendes/ Que en este poema la muerte se escribe en tu cara"* (Andrés Anwandter), con una minimalia feroz, mirada quieta puesta sobre la lengua
y el hombre, realidad cruzada por la construcción del lenguaje con que el hombre
se lee a sí mismo.

*"Yo no me complico la vida/ omitiendo adverbios y conjunciones/ Patino por
la hoja y tapo los surcos amargos/ con la sangre de mis amigos/ Yo no hago el
amor/ lo deshago/ Por el puro gusto de volverlo a amar/ una y otra vez/ hasta
tener sexo"* (Damsi Figueroa). Soltura de lengua, riesgo. La página en blanco es
la vida, la que se enfrenta aquí y en todas partes, una y otra vez.

*"y he aquí el relato mismo de las cosas/ como sentencia pero a la vez sólo
atisbo/ sólo husmeo en el alma infartada,/ y voy dejando señales/ miguitas que
brillarán en el negro bosque de la noche"* (Alejandra del Río). Señales de vida,
cada trazo, cada palabra, se equilibra entre la visión y el abandono. La poesía es

un paso, por el que sólo se atisba durante un segundo. Con lo visto, se arma una vida, un universo.

"Esos huesos que asoman son sílabas de tiempo, / signos huecos y blancos de un lenguaje roído, / cráneos significados por la tierra y la noche" (Jaime Huenún). Somos hechos de lenguaje, en su caso de lenguaje herido, de huilliche hispanohablante, perdida la inocencia de la raza y de la infancia. La poesía es una vieja y desesperada paciencia, una conciencia de sí en el quiebre de la(s) cultura(s). El poeta *"un mal ladrón de la blancura de las Páginas"*.

"En el aire (muerde la sílaba en el aire) / y yo qué putas hago con mis tripas / mis rodillas con mis lentos brazos" (Pedro Araya). Toda mirada es literada, toda realidad mediada por un lenguaje siempre cambiante. El poeta hace frente a *"ese miedo / de no saber / de leer los signos equívocos / de la cal"*.

Y la explosión sigue en nombres de muchos otros necesarios, surgiendo. (Nombro: Javier Bello, Rafael Rubio, Yuri Pérez, David Preiss, Sergio Muñoz, Jaime Bristilo, Miguel Naranjo, Héctor Figueroa, Antonia Torres, Santiago Barcaza, Kurt Folch, Alejandro Zambra, Antonio Silva, Lila Díaz, y otros y otros muchos.) Paciencia de pura impaciencia contenida adentro.

Poetas todos recorriendo, desde estas tierras nuevas, en ambos cursos, los trazos desde el fondo de nosotros mismos. De la vida a la comedia, de la comedia a la vida; del amor a la muerte, de la muerte al amor; del adentro a las cosas mismas, de las cosas al adentro. Y así, cada uno con su derrotero, sus lecturas, su ritmo verbal, escribimos, escribimos proponiendo sentidos a este espacio no sólo escritural, político, ético, sino también vital en ese recorrido, a contracorriente.

Término

Al arder sonámbulas, nuestras palabras buscan el oído y el ojo. Para que en ellos, oído y ojo, frutos del diálogo siempre inacabado, arda no sólo el silencio de las sirenas sino que también el sol del adentro. Se necesita paciencia y sed para acercarse a estos textos, detallar sus recorridos, sumarse a su suave desboque, oír sus silencios, mirar la luz de sus soles.

Seguimos participando de los pocos y de los muchos. Derrota y triunfo, la poesía hecha entre todos, nos invita a ese desasosiego, en estos días tan fundamental, hermosamente imprescindible. Y con ello, además, no olvidar que —a juicio de los cuequeros de tomo y lomo, como corresponde— el requisito primordial para poder tocar una cueca es ser *achuchamadrado*. Creo que por ahí van nuestras lámparas, nuestras melopeas.

La Huesera
Santiago de Chile, febrero de 1999

IV

EVOLUCIONES

Panorámica a vuelo de pájaro
de la narrativa chilena reciente

Poli Délano

Son cuatro los grupos generacionales de mayor vigencia en la narrativa chilena actual: la generación del 38, a la que pertenecen Fernando Alegría, Francisco Coloane y Volodia Teitelboim —por nombrar a los que siguen moviéndose en la palestra—; la generación del 50, en la que han destacado especialmente José Donoso, Jorge Edwards, Guillermo Blanco y Enrique Lafourcade; la que en su tiempo (los años 60) se dio a conocer como "novísima", donde se sitúan Antonio Skármeta, Ariel Dorfman, Patricio Manns, Fernando Jerez, Antonio Avaria, yo mismo; y finalmente, la generación "emergente", o "NN", o de los 80, de la que han surgido en los últimos años numerosos y potentes escritores como Ramón Díaz Eterovic, Carlos Franz, Sonia González, Diego Muñoz V., Jaime Collyer, Gonzalo Contreras, Pía Barros, Ana María del Río.

Entre estas dos podrían situarse algunos narradores que se incorporaron más tardíamente a nuestra literatura, si bien con gran potencia, como son Isabel Allende, Luis Sepúlveda, Carlos Cerda, Francisco Simón, Eduardo Labarca y Roberto Bolaño.

Trataré de centrar el hilo conductor de mi ponencia en la relación espontánea que se crea entre las temáticas de estos autores de cuatro generaciones y los procesos sociales que han sacudido al país en distintos momentos de su historia.

Bajo el gobierno pluralista de Pedro Aguirre Cerda, elegido en 1938 por una coalición de frente popular, las actividades culturales encuentran buen terreno y durante toda la década de los 40 se vivirá un proceso activamente creador. La novelística de este período se ve marcada por una fuerte influencia de los factores político y social que arrancan del impacto que tuvo la Guerra Civil Española sobre la intelectualidad chilena. En 1943 se publica *La sangre y la esperanza* de Nicomedes Guzmán, novela ambientada en un suburbio santiaguino y centrada en la lucha proletaria, un poco a la manera neonaturalista de escritores como James T. Farrell o Richard Wright. En 1941 aparece *Ranquil* de Reinaldo Lomboy, que narra una masacre policial en el campo chileno como respuesta a las demandas económicas de un grupo de campesinos pobres en el sur del país. Se eliminan aquí los escenarios rurales pintoresquistas que impuso el criollismo impulsado por Mariano Latorre y se afronta el drama social de los campesinos. Y podría dar muchos ejemplos más para establecer que se trata de una generación marcada por el compromiso, y que nunca desligará su literatura de los procesos políticos, y también para apoyar la siguiente caracterización que hace Fernando Alegría en su obra *Literatura chilena del siglo XX*:

> La generación del 38 posee ciertos rasgos que la individualizan nítidamente: por ejemplo, la importancia que se asigna a la función social

del escritor, su esfuerzo por caracterizar al chileno dentro de un complejo de circunstancias históricas que lo relacionan íntimamente con el destino del mundo contemporáneo, su preocupación por incorporar a la literatura zonas de nuestra sociedad hasta entonces ignoradas por los escritores criollistas y, en fin, un interés, que a menudo asume caracteres de obsesión, por dar categoría literaria a las luchas de emancipación política y económica de las clases trabajadoras (Alegría 1967, 80).

Guillermo Atías, Fernando Alegría y Luis Enrique Délano incorporan más tarde a su temática ya sea el período que duró el gobierno de la Unidad Popular encabezado por Salvador Allende, como es el caso de *Y corría el billete*, de Atías, novela en la cual se exploran las dificultades y las intrigas que se producen en los diversos sectores sociales a raíz del paso de una gran industria textil del área de propiedad privada a la de propiedad social; las represiones que ejercieron los militares después del golpe de 1973, y el caso de las novelas *El paso de los gansos* y *Coral de guerra*, de Alegría o bien la problemática del exilio, como la aborda Délano en *Veladas del exilio*.

En 1954, presentada por un *enfant terrible* de nuestras letras, Enrique Lafourcade, aparece la *Antología del nuevo cuento chileno*, donde hace su debut la generación del 50. Radicalmente diferentes de los escritores del 38, estos jóvenes, en general, se desinteresan conscientemente de la política y evitan opinar sobre lo que está ocurriendo, la persecución a que una dictadura legal sometió a sectores de la izquierda chilena, exonerando a miles de personas de la administración pública y abriendo por primera vez el campo de concentración de Pisagua, la época en que Pablo Neruda salió clandestinamente del país cruzando a caballo la Cordillera de los Andes. Ellos mismos se definen como una generación individualista, de élite, y heterogénea, como escritores "que no escriben para combatir, negar, afirmar algo de orden social o histórico". Si bien uno de los temas más frecuentes que abordan es la senilidad y la decadencia en un mundo que se descompone (Donoso, Mercedes Valdivieso, Margarita Aguirre), y se mantienen en general lejanos del factor político, la turbulencia de la historia política de Chile termina por arrastrarlos y no les da oportunidad de desprenderse de la fuerte sacudida que significó la dictadura, como podemos ver en las obras *Casa de campo*, *El jardín del lado* y *La desesperanza*, de José Donoso, el más destacado representante de esta generación y uno de los puntos más altos de la novela chilena; la primera novela, de 1978, metaforiza la situación social chilena bajo el régimen militar; la segunda, 1981, da una descarnada visión personal de algunos rasgos que mostró el exilio chileno; en la tercera, de 1986, reflexiona sobre la condición de los sectores aplastados por la represión militar. Jorge Edwards tampoco resiste la fuerza de la temática política. En *Los convidados de piedra* mira hacia el fracaso de la Unidad Popular desde el punto de vista de la oligarquía y con *El anfitrión* trata de mostrar algunos fenómenos del Chile de comienzo de los 80 con una perspectiva algo fantasiosa que hace difícil ver en toda su dimensión el drama de un sector de la sociedad cuyo sueño fue derrotado. Enrique Lafourcade sintió la tentación de la política más temprano, más fuerte y también más exteriormente. A pocos meses del golpe militar, apareció su libro *Salvador Allende*, mezcla de crónica-ficción que no merece demasiada atención. Insistió algo más tarde con *Terroristas*, un retrato caprichoso de tres asilados políticos en una embajada santiaguina. Y en 1984, cuando la dirección de los vientos parece empezar un cambio, lanza *El gran taimado*, crónica novelesca de carácter político en la que se juzga al régimen militar, que primero apoyó, desde una perspectiva adversa.

Es preciso recordar en este punto, que por los mismos años en que los jóvenes del 50 saltaron a la palestra, otros narradores de esa generación, que fueron creciendo en importancia con el tiempo, se encontraban realizando labores militantes de periodismo clandestino que les impidieron una participación activa en las actividades literarias. Entre los más destacados figuran Edesio Alvarado, José Miguel Varas y Luis Vulliamy.

También los escritores de la llamada Novísima Generación tuvieron, como la del 50, su lanzamiento a través de una antología, *Cuentistas de la universidad*, compilada por Armando Cassígoli (1959), que introdujo por primera vez nombres como Antonio Skármeta, Cristián Huneeus, Poli Délano, a los que andando el tiempo se fueron agregando los de Juan Agustín Palazuelos, Luis Domínguez, Ariel Dorfman, Fernando Jerez, Patricio Manns, Eugenia Echeverría, Hernán Valdés. Algunos de estos narradores se hallaban originalmente bastante cerca de los del 50 (por tema, actitud, estilo, etc.), mientras que otros se irían apartando para imprimirle a su creación un sello más propio.

Esta generación se vio marcada por una fuerte contienda ideológica librada en años de plena democracia, por la Revolución Cubana, que puso los ojos del mundo en Latinoamérica, y por el surgimiento de grandes voces narrativas de este continente, como las que conformaron el fenómeno del *boom*. Con el triunfo electoral de Allende en 1970, se multiplica el entusiasmo juvenil de un amplio grupo de escritores que han sido parte de la toma de conciencia y que serán también parte, primero, de la responsabilidad del poder y, más tarde, del fracaso del proyecto. Se trata de la generación que más mayoritariamente vivió el fenómeno del exilio. Ariel Dorfman, Fernando Jerez, Antonio Skármeta y el autor de esta ponencia, entusiasmados con el proceso de la Unidad Popular, empiezan a mostrarlo en novelas y cuentos. Jerez en *El miedo es un negocio*, novela centrada en el pánico financiero que desató la derecha en un intento de impedir que Allende asumiera la presidencia, y Dorfman en *Moros en la costa*, que intenta mostrar el proceso político a partir de críticas literarias acerca de las novelas que se van escribiendo referentes al mismo. Skármeta y yo, en diversos cuentos incluidos en los conjuntos *Tiro libre* (suyo) y *Vivario* y *Cambio de máscara* (míos). Más tarde los temas serán el exilio (Dorfman, Skármeta, Délano) y la atmósfera creada en Chile por la represión (Jerez, el único de los cuatro que permaneció en el país).

A partir del golpe, la mirada de estos escritores apunta siempre a Chile y escudriña las realidades que lo llevaron a este desenlace doloroso y sorpresivo o, al menos, difícil de comprender debido a todo el sistema de mitos generado en la conciencia chilena. Skármeta en *Soñé que la nieve ardía*, *Nopasónada* y *Ardiente paciencia* escarba las causas y las consecuencias de este pedazo oscuro de nuestra historia; Dorfman lo hace en los cuentos *Cría ojos* y en las novelas *Viudas* y *La última canción de Manuel Sendero*; Délano, en las novelas *En este lugar sagrado* y *Como si no muriera nadie*; Jerez, por su parte, reúne en su volumen de cuentos *Así es la cosa* las primeras sensaciones de desolación y desesperanza de un sector del pueblo chileno en los meses posteriores al golpe y aporta a la ya nutrida lista de novelas sobre dictadores su *Un día con Su Excelencia*.

Y llegamos a la nueva generación, los de ahora. Los escritores del 38 pasaron ya los ochenta años; los del 50 bordean los setenta; y los novísimos fluctuamos entre los cincuenta y cinco y los sesenta y tres, más o menos. Los nuevos ya están pasando los cuarenta.

Los jóvenes del 80 también contaron (como los del 50 y los novísimos) con una antología catapulta que puso en órbita a una veintena de escritores que andaban sueltos cada uno por su cuenta, para enmarcarlos en la categoría de "generación". *Contando el cuento*, realizada por Ramón Díaz Eterovic y Diego Muñoz V. (1986), agrupó a algunos que ya se habían lanzado al agua con novelas o libros de cuentos, como Pía Barros, Antonio Ostornol o Ana María del Río junto con otros que sólo contaban algunas publicaciones aisladas en revistas de escasa circulación. La mayor parte de ellos eran casi adolescentes cuando se produjo el golpe militar de 1973 y pasaron su juventud en un país caracterizado por el miedo, la vigilancia, la delación, la censura, la persecución, el crimen y la lucha clandestina, todo lo cual conforma una atmósfera que está muy presente en la temática de sus obras y que les infunde pesimismo, desarraigo, y los mueve en un espacio oscuro y asfixiante. La edad promedio de los autores que integran esta antología es de 32,4 años, lo que indica que la mayoría tenía menos de veinte años a la fecha del golpe.

Es curioso observar que casi todos estos jóvenes se inician con un sentido del oficio que supera la norma. Parten escribiendo bien, con un buen manejo del idioma y un conocimiento bastante maduro de las técnicas narrativas. Con toda seguridad, este fenómeno obedece al hecho de que, comparativamente, han publicado sus primeras obras a una edad mayor que las generaciones anteriores. Decíamos que la edad promedio de la antología es de 32,4 años. La edad promedio de los antologados por Lafourcade en 1954 era de 27,6 y la de los *Cuentistas de la Universidad*, de 21 años. Esto no significa en ningún caso que los del 80 hayan comenzado a escribir más tarde, sino que empezaron a publicar más tarde, debido a las condiciones desfavorables en que se desarrollaron.

A partir del advenimiento de la cuasi-democracia en que ahora nos desenvolvemos, se produjo una impactante eclosión de novelas que habían permanecido guardadas en los cajones y que han ganado ya un seguro público lector. Alberto Fuguet, Carlos Franz, Gonzalo Contreras, Arturo Fontaine, Jaime Collyer, Andrea Maturana, Diego Muñoz V., Sonia González y Ramón Díaz Eterovic figuran entre los más destacados. En estos dos últimos, que no se encuentran en el simposio con nosotros, quiero detenerme unos minutos.

Ramón Díaz Eterovic, descendiente de inmigrantes yugoeslavos, nació en Punta Arenas, la ciudad más austral del planeta, en 1956. Cuando terminó sus estudios secundarios, vino a radicarse a Santiago para ingresar a la universidad y comenzó su carrera literaria publicando libros de poesía y de cuentos, *Cualquier día* y *Atrás sin golpe*. Pero es con su primera novela, *La ciudad está triste*, de 1987, que se instala en la primera fila de la nueva narrativa chilena. En ella se integran a un todo unitario los tres motivos que recurren en sus conjuntos de cuentos: la relación de amor juvenil, la violencia como factor de ambiente y las relaciones que se establecen entre los personajes y las diversas formas de represión que les aplica el régimen. En un estilo desprovisto de elementos retóricos, Díaz Eterovic se ha decantado a una sencillez narrativa necesaria para toda buena trama policial. El escritor ha elegido el género policiaco denominado "novela negra" para develar una historia siniestra que representa muy bien la brutalidad-ambiente de un régimen de terror. Heredia, el investigador privado que crea Díaz Eterovic está modelado según las figuras antecesoras de Philip Marlowe y Sam Spade, los héroes realistas, humanitarios, escépticos, violentos, solitarios y justicieros de Raymond Chandler y Dashiell Hammett. Personaje que se autodefine como un ser solo y que tiene la certeza de que "lo único real es la oscuridad y el resuello de los lobos agazapados en las esquinas".

Así como en el mundo de la novela negra se devela la corrupción social, esta primera novela de Díaz Eterovic va más allá y, aunque nunca se diga que la ciudad triste sea Santiago, ataca la práctica de desaparecer personas cuando éstas no piensan como las autoridades del régimen, práctica que se hizo corriente durante la dictadura de Pinochet. Al ir destejiendo la madeja de un caso que le encargan para que busque a una muchacha que ha desaparecido misteriosamente, Heredia se va internando en las zonas negras de una sociedad sometida a la prepotencia de la dictadura y descubriendo que Beatriz y su amigo Fernando han sido asesinados brutalmente por razones de orden político. En sus novelas siguientes, *Solo en la oscuridad*, *Nadie sabe más que los muertos* y *Ángeles y solitarios*, Heredia, investigando siempre casos policiales relacionados con la política, incursiona en formas muy modernas de la corrupción en nuestros actuales mundos urbanos, como pueden ser el narcotráfico o el tráfico de armas.

La novela más reciente de Díaz Eterovic, *Correr tras el viento*, en la cual se separa momentáneamente de su detective Heredia para recrear un episodio histórico de Punta Arenas, su ciudad natal, en las épocas de la Primera Guerra Mundial, muestra a un escritor maduro, recio y muy seguro de su pluma.

Sonia González, hija de profesionales santiaguinos, nació en 1958, estudió Leyes y hoy ejerce su profesión de abogado. Debutó en las letras con un libro de cuentos, *Tejer historias*, en 1986. Once narraciones de factura muy precisa, breves, contundentes, sin concesiones, historias compactas, fragmentos muy pulidos de lo cotidiano más inmediato, insertos en un mundo demencial que frustra y destruye a sus moradores. Sus personajes son seres de tono menor que deambulan en los estrechos escenarios de una sociedad enferma desde donde los acechan el miedo, la injusticia, el dolor. Pero estos residentes de lo inhóspito no están limitados por sus propias situaciones individuales en crisis, sino que se proyectan más allá, apuntando a una situación de crisis que también es social y que afecta por lo tanto a todos. Si los motivos son la soledad y la incomunicación, la pantalla en que estos motivos se proyectan fluctúa básicamente entre las relaciones familiares y la represión ejercida por un régimen al que prácticamente no se nombra, pero que está ahí, siempre omnipotente.

Estas características que encontramos en cuentos como "Asuntos de la distancia", "Morder una manzana", "Constancias" o "Cosas que sólo Nicolás sabe" se proyectan también a las otras dos obras que nos ha regalado Sonia González, el conjunto de cuentos *Matar al marido es la consigna*, de 1994 y la novela *El sueño de mi padre*.

Sonia González maneja bien sus recursos estilísticos y con ellos, sin acercarse nunca peligrosamente al lugar común, crea un lenguaje cuya dimensión poética logra construir la síntesis de un mundo desolado que margina y enajena a sus personajes, iluminándolo con el foco decidido de una mirada muy femenina.

Autores y obras citadas

Alegría, Fernando. ²1967 [1962]. *Literatura chilena del siglo XX*. Santiago: Zig-Zag.

—. 1975. *El paso de los gansos*. Nueva York: Puelche.

—. 1979. *Coral de guerra*. México D.F.: Nueva Imagen.

Atías, Guillermo. 1972. *Y corría el billete*. Santiago: Quimantú.

Cassígoli, Armando (ed.). 1959. *Cuentistas de la universidad*. Santiago: Universitaria.

Délano, Luis Enrique. 1985 [1984]. *Veladas del exilio*. México: Villicaña.

Délano, Poli. 1971. *Vivario*. Santiago: Huda.

—. 1973. *Cambio de máscara*. La Habana: Casa de las Américas.

—. 1977. *En este lugar sagrado*. México D.F.: Grijalbo.

—. 1987. *Como si no muriera nadie*. Santiago: Planeta.

Díaz Eterovic, Ramón. 1982. *Cualquier día*. Santiago: La gota pura.

—. 1985. *Atrás sin golpe*. Valparaíso: La gota pura.

—. 1987. *La ciudad está triste*. Santiago: Sinfronteras.

—. 1992. *Solo en la oscuridad*. Buenos Aires: Torres Aguero.

—. 1993. *Nadie sabe más que los muertos*. Santiago: Planeta.

—. 1995. *Ángeles y solitarios*. Santiago: Planeta.

—. 1997. *Correr tras el viento*. Santiago: Planeta.

—; Diego Muñoz Valenzuela (eds.). 1986. *Contando el cuento*. Santiago: Sin fronteras.

Donoso, José. 1978. *Casa de campo*. Barcelona: Seix Barral.

—. 1981. *El jardín del lado*. Barcelona: Seix Barral.

—. 1986. *La desesperanza*. Santiago: Seix Barral.

Dorfman, Ariel. 1973. *Moros en la costa*. Buenos Aires: Sudamericana.

—. 1979. *Cría ojos*. México D.F.: Nueva Imagen.

—. 1982. *Viudas*. México D.F.: Siglo XXI.

—. 1982. *La última canción de Manuel Sendero*. México: Siglo XXI.

Edwards, Jorge. 1978. *Los convidados de piedra*. Barcelona: Seix Barral.

—. 1987. *El anfitrión*. Santiago: Planeta.

González, Sonia. 1986. *Tejer historias*. Santiago: Ergo Sum.

—. 1994. *Matar al marido es la consigna*. Santiago: Planeta.

—. 1998. *El sueño de mi padre*. Santiago: Planeta.

Guzmán, Nicomedes. 1943. *La sangre y la esperanza*. Santiago: Nascimento.

Jerez, Fernando. 1973. *El miedo es un negocio*. Santiago: Quimantú.

—. 1975. *Así es la cosa*. México D.F.: Samo.

—. 1986. *Un día con Su Excelencia*. Santiago: Galinost.

Lafourcade, Enrique (ed.). 1954. *Antología del nuevo cuento chileno*. Santiago: Zig-Zag.

—. 1973. *Salvador Allende*. Santiago: Grijalbo.

—. 1983. *Terroristas*. Santiago: Alfa.

—. 1984. *El gran taimado*. Santiago: Bruguera.

Lomboy, Reinaldo. 1941. *Ranquil*. Santiago: Orbe.

Skármeta, Antonio. 1973. *Tiro libre*. Buenos Aires: Sudamericana.

—. 1980. *Nopasónada*. Barcelona: Pomaire.

—. 1985. *Soñé que la nieve ardía*. Barcelona: Plaza y Janés.

—. 1986. *Ardiente paciencia*. Santiago: Pehuén.

Nuevas voces de la novela chilena

Rodrigo Cánovas

Si en esta década de los años 90 en Chile celebramos la vuelta parcial a la democracia, en el ámbito particular de la literatura celebramos la vuelta del lector y muy especialmente, del lector de novelas. Las variables que explican este regreso son muy diversas; las más citadas son las siguientes: apertura política, estabilidad económica, empresa editorial con proyectos de mediano plazo, globalización, consumo del libro como indicador de *status* social y nuevas voces narrativas con grandes proyecciones literarias.

Más allá del éxito de las estrategias de *marketing* para imponer un producto en el mercado nacional, es innegable que el lector ha elegido el género novela porque se identifica con las historias que allí se cuentan. ¿Qué nos restituye la novela?

Propongo que el lector es seducido por aquellas novelas chilenas que narran la historia de nuestras vidas desde la noción de *crisis*, padecida en este caso por seres *huérfanos*, de raíces al aire.

La noción de crisis significa el paso de un estado de cosas a otro. En la tragedia griega es el momento en que cambia la acción; el llamado "punto de inflexión" de una curva en la geometría plana, el desequilibrio entre el significante y el significado, el presente perpetuo, la carencia. Y nadie mejor que un huérfano para habitar ese espacio virtual: un alma solitaria, un feto, un paria, un traidor, un apátrida.

La orfandad es presentada en muy diversos registros discursivos, como el folletín (en Marcela Serrano y Luis Sepúlveda), el grotesco festivo (en Rivera Letelier y Darío Oses), el manierismo lúdico (en Gonzalo Contreras y Arturo Fontaine), el neobarroco (en Diamela Eltit), el video-clip (en Alberto Fuguet) y la poética reflexiva del encantamiento (en Carlos Franz y Ana María del Río).

Los personajes exponen su verdad en testimonios de muy diversa índole, tales como diarios, actas, confesiones, cartas y bocetos biográficos. Son testimonios culposos ante el gran tribunal de los lectores (en Carlos Franz y Antonio Ostornol) o confesiones ante una cámara fija, al estilo de la película *Sexo, video y mentiras* (en Sergio Gómez y Alberto Fuguet) y, en el caso de las protagonistas mujeres, la biografía de la *otra*, la rebelde, la ensoñada, quien cohabita con la pasiva, la silente y la letal —Pía Barros, Ana María del Río, Diamela Eltit. Todos estos huérfanos recuentan sus vidas acudiendo al divertimiento paródico, al pastiche, a la simulación y al psicodrama.

Hacia el final de este siglo XX, el fantasma de la orfandad recorre todos los territorios de Chile. Las páginas siguientes constituyen un intento de restituir sus voces.

¿Quién nos habla en la novela chilena de las generaciones más recientes? De modo inconfundible, un huérfano, cuya carencia primigenia le fue revelada por los acontecimientos históricos de 1973.

Aparece en escena, primero, una legión de niños abandonados, iluminados en su centro por la figura del expósito, ser sin protección, guía, ni contento. Niños envejecidos tempranamente, jóvenes sin ilusiones, chivos expiatorios de otras gentes, de otros sueños. El resentimiento contra la voz del padre (el abandono, la derrota, la traición afectiva) se expone paradigmáticamente en la novela *Santiago Cero*, de Carlos Franz, donde un personaje, asumiendo una voz colectiva, otorga el siguiente testimonio:

> Llegamos tarde, cuando ya se habían repartido todos los papeles [...]
> Esa es la enfermedad de la Raquel, la mía, la nuestra, compadres. La tranca de mi generación es que nos vendieron erotismos de segunda mano. Nadie pensó en nosotros, en nuestra talla [...] Causas ajenas, parchadas, con los codos vencidos (Franz 1989, 126).

Ahora bien, no sólo hay "huérfanos históricos", conmovidos por el eclipse de su pasado; sino también existe un grupo de "huérfanos post", inmersos en un presente perpetuo, apenas tocados por la Historia nacional. El paradigma es aquí *Mala onda*, de Alberto Fuguet, donde hace su aparición el "niño *down*", cuyo malestar proviene de vivir en una sociedad que lleva el sello vacuo de los nuevos ricos. Este sentimiento de orfandad es expuesto en una serie de microrrelatos cuyo símil es el video-clip, el *spot* publicitario, la teleserie, los diarios de vida juveniles y muchos *gags* provenientes de la cultura televisiva. Estos infantes viven duramente el descalce entre un Chile demasiado antiguo (que no les otorga identidad) y un Chile Nuevo, que no alcanza a ofrecer las ventajas comparativas del modelo liberal de la modernidad.

Si los hijos son huérfanos porque tienen que inventarse un pasado, sus progenitores —cual "veteranos de guerra"— sufren de orfandad porque tienen que inventarse un presente. Estos padres ausentes lograrán un lugar en el mundo en la medida que articulen afectivamente el legado histórico de un país, es decir, si instauran en el presente la memoria del origen. Sólo ellos tienen las llaves de ese reino.

El modo privilegiado para restituir el pasado es el relato de serie negra: un detective lleva a cabo una investigación en una sociedad en crisis. En el nivel subliminal, esta investigación es una reflexión sobre el pensamiento utópico. Ejemplos "químicamente puros" lo constituyen el detective cubano-chileno Cayetano Brulé (personaje creado por Roberto Ampuero) y el detective santiaguino Heredia (creación de Ramón Díaz Eterovic). Hay que mencionar también a un personaje análogo al de la serie negra, Belmonte (presente en *Nombre de torero*, de Luis Sepúlveda), ex-guerrillero, contratado para cumplir una peligrosa misión que conlleva el rescate de un tesoro.

El formato de la investigación privada permite una mirada inquisitiva sobre instituciones e ideologías, a la vez que logra aprehender un ímpetu de rebelión individual, amén de rescatar discursos marginales sobre la condición alienante del poder.

Para estos veteranos de guerra el pasado es elusivo; mientras que el presente se manifiesta como la vivencia del vacío de sus sueños. En la búsqueda del sentido de la existencia han extraviado patria, familia y creencias. La misión que efectúan constituye un viaje afectivo hacia un tiempo utópico que deben volver a actuar. Así, no sorprende que Cayetano Brulé sea un apátrida, Heredia un ser criado en un orfelinato y Belmonte, un creyente de una causa desaparecida. Emblema de la orfandad de estos veteranos es este testimonio de Belmonte:

> [...] y me quedaba en el limbo de los descolgados, de los que no tienen adónde ir, de los que se quedan nada más que con los principios y no saben qué diablos hacer con ellos (Sepúlveda 1994b, 120).

La difícil convivencia de los niños abandonados con sus padres adoptivos aparece muy bien diagramada en la novela *Machos tristes*, de Darío Oses. Aquí, los personajes varones realizan pastiches literarios donde ridiculizan a sus seres queridos, cumpliendo sin saberlo el refrán que dice que "el que te quiere te aporrea". Estos machos —padre sustituto e hijo varón— aparecen hermanados en el sentimiento de tristeza que les causa el no tener una mujer, no poder aferrarse a un cuerpo proteico, a un país, una ciudad, una familia.

Otra variante de esta convivencia, ahora en clave femenina, es la que presenta Ana María del Río en su novela *Tiempo que ladra*. En ella, una hija honra la memoria de su padre muerto —desaparecido en 1973— desde el minucioso recuerdo infantil de los sucesos familiares y políticos de los años 60, cuando sus progenitores se rebelaron ante un orden caduco. Adivinamos aquí el gesto de Antígona, la que protege las tradiciones utópicas y está dispuesta a sacrificarse por ellas.

Los círculos de la orfandad incluyen el cuarto propio de la mujer, la cual es presentada simultáneamente como madre, huérfana y solitaria. Guacha es, por ejemplo, la joven pobladora de *La revuelta*, de Sonia Montecino, la cual tiene una hija única. Ermitaña será, hacia el fin de sus días, la joven Blanca de la novela *Para que no me olvides* de Marcela Serrano, que se autorrecluye en una casa de campo junto a su niñita menor. Y expósita es, desde siempre, la voz femenina de *Los vigilantes* de Diamela Eltit, abandonada en plaza pública por quienes debían ampararla. Cual oráculo, como si se refiriera a todo el género femenino, el hijo bobo de esa voz pronunciará el siguiente designio: "Yace perdida y solitaria y única entre las borrascosas palabras que la acercan al escaso cielo en el que apenas pudo habitar" (Eltit 1994, 22).

Paradójicamente, desde este espacio existencial de huerfanía primigenia surge una imagen renacida de la mujer, desde su papel de creadora. Serán portadoras de un linaje que gira sólo en torno a la mujer y a una actividad creativa ligada al razonamiento y a la escritura, que les permite recomponer la memoria familiar de la estirpe. Así por ejemplo, la Sra. K, personaje de Ana María del Río, rehace su mundo sexual y afectivo en un tiempo genésico que dura siete días.

Anotemos, de paso, que en estas novelas escritas por mujeres, con tópicos explícitos sobre el género, hay una experimentación libre con todas las formas literarias. Se acude a textos paraliterarios (el testimonio rosa en Marcela Serrano), a retóricas marginales (la visualidad neobarroca en Diamela Eltit) y al restablecimiento de continuidades con la tradición inmediata del *boom* y del realismo chileno (por ejemplo, los ensoñados cuadros familiares e históricos de Ana María del Río).

En la novela chilena el sentimiento de orfandad adopta la máscara paradojal de los sujetos traslapados. Al respecto, baste recordar los títulos de algunas novelas: *El infiltrado, El mercenario ad honorem, Machos tristes, Mala onda, La ciudad anterior, La revuelta, Vaca sagrada*. Los relatos están poblados de pequeños traidores (en Ostornol y Franz), de mercaderes utópicos (en Cohen y De la Parra), rebeldes pasivas (en Pía Barros y Ana María del Río) y de trasplantados o desterrados de sí mismos (como en Contreras y Urbina). Estamos, entonces, siempre rodeados de seres metonímicos, desplazados en el tiempo y en el espacio, seres en fuga que sufren una desubicación vital.

Si bien es evidente la marca de orfandad de los personajes de la novela chilena actual, resulta más difícil y arriesgado establecer parentescos lingüísticos entre estos huérfanos. Así por ejemplo, no hay relación posible entre la heroína Blanca, de Marcela Serrano, salida casi de un cuento de hadas, y la voz de Coya, lumpen neobarroca de los barrios marginales, creada por Diamela Eltit. Y así también, nunca podrán cruzarse los destinos de la Reina Isabel, queridísima puta vieja coronada por la cultura popular, con los de la caterva de jóvenes letales y de publicistas sin vocación que conforma el imaginario urbano del relato chileno actual.

Es muy posible que el *puzzle* urbano santiaguino genere continuidades formales, haciendo coincidir, por ejemplo, a los dinámicos personajes de Fuguet, De la Parra y Cohen, en los ritmos sintácticos, gestos paródicos y citas massmediáticas, cual seres animados de una serial o historieta sobre una ciudad íntima e inabordable.

Ahora bien, la ciudad no asegura una red de parentescos discursivos, justamente porque ella misma es una compleja red de superposiciones de tiempos, atmósferas y espacios que se contradicen. Así, es muy distinto el tiempo (ritual) en que está inmersa la vieja pordiosera de la plaza pública en *Lumpérica*, de aquel otro tiempo (del desencanto del presente), ocupado por el apático morador de un edificio en altura en la novela *El nadador*, cuya vista bien pueda dar a una plaza semiabandonada. Tiempos distintos, lenguajes paralelos que, en este caso, se oponen y complementan para diseñar un espacio heterotópico, donde se superponen lo viejo y lo nuevo: el círculo del templo, exhibido a través de la figuración esperpéntica (en Eltit) y la Torre Gel, dispuesta en un lenguaje lúdico e introspectivo (en Contreras).

En fin, tiempos y espacios disímiles del paisaje nacional, como las pampas salitreras del Norte y la capital del país, pueden emparentarse a través del formato del grotesco festivo. No es una sorpresa, entonces, comprobar que ciertos relatos de Rivera Letelier y de Darío Oses recrean la casa chilena desde las variantes del prostíbulo y el falansterio, mostrando de paso que los Tarzanes criollos aún hacen patria en los artificiales paraísos de la postmodernidad.

Luego de este ejercicio digresivo, corramos el riesgo de nominar de un modo falsamente taxativo los ámbitos formales y discursivos desde los cuales surgen los huérfanos literarios de la madre patria.

Propongo tres grandes formas culturales para la novela chilena de este fin de siglo: el folletín, cuyo antecedente es la literatura de masas del siglo XIX; el logotipo, que incluye los lenguajes visuales de los *media*, y el lenguaje poético, que consiste en la recreación de nuestras tradiciones literarias ilustres ya sea desde su parodia o desde su estilización.

El folletín —y seguimos aquí el pensamiento de Umberto Eco— convoca a un lector masivo de gustos antiguos, lleno de nostalgia por escuchar historias que solían entretener a todo público e, incluso, educarlo. Es lo retrosentimental, el gusto por lo ido. La novela policial, el relato de aventuras, el melodrama social y el testimonio-rosa son aquí los subgéneros del fin de siglo chileno.

Refirámonos a Luis Sepúlveda. Considero que sus novelas pertenecen a la tradición de la literatura de aventuras por los escenarios que presentan, sus tópicos, su lenguaje y sus propuestas singulares al lector.

Los escenarios de sus primeras obras son la selva amazónica, Tierra del Fuego y los mares de ese confín austral. Los personajes tocan fugazmente el suelo urbano sólo para constatar su impureza: no hay allí amor, valores ni esperanza. Las tramas se constituyen como ritos de paso donde los hombres tocan el origen natural, rousseauneano, de la condición humana. Con un lenguaje donde la acción aparece muy bien modelada por el suspenso, el humor y una retórica afectiva, se nos presentan historias asociadas en nuestra memoria a relatos de exploradores y piratas, aludiéndose siempre a una tradición literaria ligada al relato insólito. Así, un viejo pasa sus días selváticos leyendo folletines sentimentales, un ex-guerrillero encuentra un tesoro mencionado en un manuscrito arábigo y un joven navegante se interna en los mares del Sur impulsado por sus lecturas de Julio Verne y Jack London.

El logotipo —según propuesta de Fredric Jameson— es una imagen construida con el lenguaje de los *media*, un signo que sintetiza diversos procedimientos ligados a la imaginación publicitaria. El logo se revela como un jeroglífico que encierra el futuro, cuya solución pasa por el aprendizaje de nuevos automatismos.

Refirámonos a Alberto Fuguet. Sus relatos constituyen una vertiginosa crónica de la ciudad expuesta a través de una serie de minirrelatos que se ordenan a modo de un *video-clip*. Su lenguaje es irreverente y paródico, sintético y efectista. Bajo la máscara del lugar común de las nuevas entonaciones de la jerga juvenil urbana, aparece un atento observador de las contradicciones de la modernidad. Fuguet despliega ante nosotros nuevos códigos representacionales ligados a la imaginación publicitaria propia del logo. Por ejemplo, cada vez que presenta un espacio, se muestra atento al efecto visual que tendrá para el público: se fijará en el neón del *Bowling*, en la foto retocada de una propaganda, en la distribución de muebles y combinación de colores de casas y oficinas. Se presenta, además, como un coleccionista de miniobjetos de uso más reciente, describiendo paródicamente la *plastic culture* (vasito de café que nos quema los dedos), el *junk food* (el sandwich de carne con piña) y un desfile notable de marcas de autos, camisas y corbatas. Y es, finalmente, el transeúnte tanto de la ciudad *in vitro* (Drugstores, Malls, Burger Inns) como del Santiago mítico y popular (el Mercado, el Barrio Recoleta y los innumerables Bares y Fuentes de Soda del casco antiguo de la ciudad).

Tanto el folletín como el logotipo no forman parte central del canon de la literatura, tal como lo define la crítica literaria tradicional. Pienso deben incluirse activamente en el canon, con la única condición de que sus autores renuncien a la tentación del *kitsch*, es decir, de usar un lenguaje poético hipercorregido para ser incluido en la literatura áurica. Como dice el refrán: "Más vale roto que descosido".

La literatura poética (que vertebra el canon) se constituye, según Eco, como un diálogo de diversos lenguajes literarios que exige la presencia de un lector de élite interesado en la capacidad inventiva del lenguaje *per se*. Este diálogo entre diversos lenguajes puede ser de carácter paródico, de imitación estilizada, de transgresión vanguardista o ser practicado como un libre juego de variantes.

En este escenario los relatos de Marco Antonio de la Parra son claramente paródicos, puesto que *simulan* diversos estilos, como si ya todo se hubiera gastado y sólo quedara la posibilidad de ensayar la onda *retro*. Darío Oses, más festivamente pasatista, asume la parodia desde el *pastiche*, es decir, desde la copia de ciertos estilos antiguos, muy queridos, que persisten en el tiempo, como el novelón social, ligado al melodrama y al grotesco naturalista.

Por su parte, los escritos de Gonzalo Contreras y de Carlos Franz se construyen como estilizados juegos de filiación con los modelos artísticos del siglo XX, desde la revisitación de relatos de viajes, cuadros pictóricos, atmósferas de época y *films* de cinemateca. Desde una estética de la ensoñación, Franz colma el mundo de sentido; mientras que Contreras realiza el vaciamiento del sentido desde una estética del desapego.

Diamela Eltit, por otro lado, ensaya una escritura neobarroca fundada en los ritos de sanación de un cuerpo social exhausto. En fin, Ana María del Río es capaz de congeniar voces opuestas de la tradición —por ejemplo, el naturalismo y el realismo maravilloso— gracias a un relato de carácter lúdico y subjetivo, colmado de reminiscencias históricas y familiares.

Concluyamos: la novela chilena de los años 90 diagrama un paisaje nacional fundado en las contradicciones existenciales e ideológicas de una comunidad nacional en crisis. Consignemos de paso que si en un comienzo hubo mayor énfasis en la crisis de la comunidad nacional (el extravío de las utopías de cambio social, las nostalgias y los rencores transmitidos por linaje); hacia el final de esta década la crisis se centra en los sujetos individuales, en la descripción de los desolados parajes del Yo, una vez abolido todo sentimiento de comunidad.

Bibliografía

Corpus básico de novelas

Ampuero, Roberto. 1993. *¿Quién mató a Cristián Kustermann?* Santiago: Planeta.

—. 1994. *Boleros en La Habana*. Santiago: Planeta.

Barros, Pía. 1991. *El tono menor del deseo*. Santiago: Cuarto Propio.

Cohen, Gregory. 1991. *El mercenario ad honorem*. Santiago: ArteCien.

Collyer, Jaime. 1989. *El Infiltrado*. Madrid: Mondadori.

Contreras, Gonzalo. 1991. *La ciudad anterior*. Santiago: Planeta.

—. 1995. *El nadador*. Santiago: Alfaguara.

—. 1998. *El gran daño*. Santiago: Alfaguara.

Díaz Eterovic, Ramón. 1993. *Nadie sabe más que los muertos*. Santiago: Planeta.

—. 1995. *Ángeles y solitarios*. Santiago: Planeta.

Eltit, Diamela. 1983. *Lumpérica*. Santiago: Ornitorrinco.

—. 1986. *Por la patria*. Santiago: Ornitorrinco.

—. 1991. *Vaca sagrada*. Buenos Aires: Planeta.

—. 1994. *Los vigilantes*. Santiago: Sudamericana.

Fontaine, Arturo. 1993. *Oír su voz*. Buenos Aires: Planeta.

—. 1998. *Cuando éramos inmortales*. Santiago: Alfaguara.

Franz, Carlos. 1989. *Santiago Cero*. Santiago: Nuevo Extremo.

—. 1996. *El lugar donde estuvo el paraíso*. Buenos Aires: Planeta.

Fuguet, Alberto. 1991. *Mala onda*. Santiago: Planeta.

—. *Por favor, rebobinar*. 1994. Santiago: Planeta.

—. *Tinta roja*. 1996. Santiago: Alfaguara.

Gómez, Sergio. 1994. *Vidas ejemplares*. Santiago: Planeta.

Montecino, Sonia. 1988. *La revuelta*. Santiago: Ornitorrinco.

Oses, Darío. 1992. *Machos tristes*. Santiago: Planeta.

—. 1994. *El viaducto*. Santiago: Planeta.

—. 1997. *La bella y las bestias*. Santiago: Planeta.

Ostornol, Antonio. 1982. *Los recodos del silencio*. Santiago: Aconcagua.

—. 1991. *Los años de la serpiente*. Santiago: Ornitorrinco.

Parra, Marco Antonio de la. 1989. *La secreta guerra santa de Santiago de Chile*. Santiago: Planeta.

Río, Ana María del. 1991a. *De golpe, Amalia en el umbral*. Santiago: Andrés Bello.

—. 1991b. *Tiempo que ladra*. Florida: University of Miami.

—. 1993. *Siete días de la señora K*. Santiago: Planeta.

Rivera Letelier, Hernán. 1994. *La Reina Isabel cantaba rancheras*. Santiago: Planeta.

—. 1998. *Fatamorgana de amor con banda de música*. Santiago: Planeta.

Sepúlveda, Luis. 1992. *Un viejo que leía novelas de amor*. Barcelona: Tusquets.

—. 1994a. *Mundo del fin del mundo*. Barcelona: Tusquets.

—. 1994b. *Nombre de torero*. Barcelona: Tusquets.

Serrano, Marcela. 1992. *Nosotras que nos queremos tanto*. Santiago: Andes.

—. 1993. *Para que no me olvides*. Santiago: Andes.

Urbina, José Leandro. 1992. *Cobro revertido*. Santiago: Planeta.

Textos críticos

Cánovas, Rodrigo. 1997. *Novela chilena, nuevas generaciones: el abordaje de los huérfanos*. Santiago: Universidad Católica de Chile.

Eco, Umberto. 1968. *Apocalípticos e integrados ante la cultura de masas*. Barcelona: Lumen.

Jameson, Fredric. 1991. *Postmodernism, or The Cultural Logic of Late Capitalism*. London/New York: Duke University Press.

Olivárez, Carlos (ed.). 1997. *La narrativa chilena actual*. Santiago: Planeta.

Valdés, Adriana. 1995. *Composición de lugar*. Santiago: Universitaria.

Apuntes en torno a la tematización de la Historia en la narrativa chilena actual

Fernando Moreno

En cuanto respuesta posible a las coerciones del mundo desde donde emerge, la novela chilena de las últimas décadas aparece marcada por la presencia y el sello de un referente histórico ineludible. El golpe de Estado de 1973 y la dictadura instaurada a partir de entonces provocaron, en el campo de la narrativa, una remoción genérica que implicó la búsqueda de estructuras discursivas que dieran cuenta de aquella realidad, que permitieran, por un lado, articular opciones y conocimientos, desarticular órdenes y jerarquías impuestos por el sistema autoritario, por otro. La literatura se vuelca hacia el testimonio, asume una función de denuncia, de corrección, de resistencia. En este contexto, discurso sobre la historia inmediata y discurso imaginario configuran un espacio intergenérico que se fundamenta en un proceso de recíproca interdependencia.

En un primer momento, se trata de reaccionar, de apropiarse, de hurgar, de explicar, explicarse y exteriorizar algunos elementos claves para la comprensión de ese trágico capítulo de la historia chilena. Es la perspectiva adoptada por ciertas obras publicadas en la década del 70, entre las cuales cabe citar, por ejemplo, *Soñé que la nieve ardía*, de Antonio Skármeta, *El paso de los gansos*, de Fernando Alegría, *En este lugar sagrado* de Poli Délano. Con posterioridad, gran parte de los discursos procede por medio de una estrategia de ocultación, a veces apenas velada, en la que incluso los motivos y contenidos figuradores del ámbito de la interioridad son activados y rearticulados por una contextualidad que les confiere vigor y fuerza subversivos. El referente histórico, siempre presente, se vislumbra y se desarrolla indirectamente: se invierte, se elude, se interioriza, se desliza hacia otros niveles, como el del mito y la maravilla (*Martes tristes* de Francisco Rivas, 1987). Se ofrecen aspectos de una historia problemática, se ponen al desnudo los rostros ocultos del tirano (*Un día con Su Excelencia*, de Fernando Jerez, 1986), se cuestionan y se desmitifican paródicamente los esquemas de nuevos comportamientos sociales (*Cátedras paralelas* de Andrés Gallardo, 1985). La novela deviene también el espacio de la historia hipotética, de la historia deseada, de una historia de sustitución. Es lo que sucede, por ejemplo, en la novela de Francisco Rivas, *Todos los días un circo*, publicada a fines de la década pasada (1988), última parte de una trilogía constituida además por *El informe Mancini* (1982) y *Los mapas secretos de América Latina* (1984). En la obra mencionada, en medio de una situación política incierta, de una guerra civil que asola el país dominado por un anónimo dictador, cuyo régimen es combatido por dos fuerzas —el consejo insurreccional de Antofagasta y las guerrillas dirigidas por el vendedor de globos terráqueos— el narrador principal, el joven Bernardo, inicia una etapa de aprendizaje en ese espacio a la vez marginal y de refugio, microcosmos figurativo del propio texto, de un texto cuyo discurso —cuyo eje lo constituye el tema de la muerte y que aparece determinado por una búsqueda pluridireccional— despliega, a partir de una fuerte dosis de intertextualidad pluralizada, distintos niveles alegóricos y simbólicos.

Iniciado el llamado período de la transición, un importante sector de la narrativa chilena continúa indagando en la Historia, rescatando el pasado, destacando el presente. Es tarea sumamente difícil intentar dar cuenta, de modo sintético y más o menos sistemático, de las distintas modalidades, variantes y concreciones adoptadas por aquellos discursos narrativos cuyos contenidos diegéticos indagan e informan sobre sucesos y personajes de la historia chilena. Operación tanto más delicada si se toma en cuenta la revitalización significativa experimentada por las letras chilenas durante esta última década.

En líneas generales, puede constatarse que, al menos ya parcialmente liberada de las coerciones impuestas por el contexto y el sistema políticos, los relatos que tematizan la historia proponen una asunción renovadora de la construcción novelesca, ya esbozada en los años anteriores, la cual se inscribe, a su vez, en ese vasto movimiento de resemantización de la Historia que se manifiesta en las letras continentales.

La ficcionalización del discurso historiográfico aparece en gran medida como un movimiento que revela y descubre el pasado desde nuevas perspectivas, relativizando las bases tradicionales, buscando claves que iluminen el propio presente. Apropiándose de la Historia silenciada, impugnando la historia oficial, inventando la historia, los textos contemporáneos optan por la senda de una narratividad cuestionadora que se sitúa por encima del conformismo de las verdades absolutas. De modo que la tematización de la Historia ya no se concreta tan sólo a partir de una simple opción de verosimilitud y de estricta o fiel representación de un determinado segmento de la realidad. Junto con este intento de exponer aquello que ha sido deformado o silenciado por la historia, en algunos casos la novela actual propone esta ficcionalización insistiendo en el reconocimiento de que la veracidad de la materia discursiva es una función de su propia actividad lingüística y compositiva, desde la certeza de que la literatura es actividad constituyente de significado y no mera actividad que significa, que la literatura es texto contingente y alusivo, invocador y configurador de la interdiscursividad dentro de la cual se inserta como opción y recurso posible y no como palabra sagrada o discurso inmutable.

Teniendo en cuenta lo recién señalado, podríamos intentar una primera aproximación al fenómeno de la tematización de la Historia en la narrativa chilena actual, de acuerdo con aquel criterio —que no es evidentemente el único— que consiste en tomar en consideración la distancia temporal que se verifica entre la época del referente y el momento en el que se procede a su textualización. Desde esta perspectiva se verifica la existencia de tres grandes derroteros. Por una parte, los textos se vuelcan hacia el pasado inmediato, hacia la dictadura, su "escuela" y sus secuelas; por otra, hacia un pasado más o menos lejano, hacia períodos fundacionales o significativos de la Historia chilena. Finalmente, existen aquellos textos que engarzan presente y pretérito, restableciendo vínculos y desplegando significaciones que señalan y establecen las posibles lecciones de la historia y advierten sobre la necesidad de recurrir al recorrido para hacer o rehacer el camino.

Los ejemplos del primer tipo de novela, en el cual existe una breve o mínima distancia entre ambos polos y que canaliza estéticamente las reacciones ante una situación temporalmente próxima —y que podrían denominarse textos catárticos— son innumerables. Ya sea como referencia fragmentada o como referente consustancial, este presente inunda las páginas de estas novelas "de proximidad", y sobre todo de aquellas narraciones que adoptan, en mayor o en menor grado, la estructura del género policial, por ejemplo: *La secreta guerra santa de Santiago de Chile* de Marco Antonio de la Parra (1990), *Diez noches de conjura* (1990) de Francisco Rivas, *Nadie sabe más que los muertos* (1993), *Ángeles y solitarios* (1995) de Ramón Díaz Eterovic, *Quién mató a Cristian Kusterman* de Roberto Ampuero (1993), *La ciudad anterior*, de Gonzalo Contreras (1991), *El espejo de tres caras* de José Román (1996). Estos discursos recrean realidades sociales y familiares donde priman desarraigo e incertidumbre. En esta óptica también pueden destacarse, aunque la temática y el tratamiento sean evidentemente disímiles, el texto de Fernando Jerez, *Temprano despunta el día* (1993), los relatos incluidos en el volumen *El palacio de la Risa* (1995) de Germán Marín, las novelas *Tiempo que ladra* (1994) y *A tango abierto* (1996) de Ana María del Río. También las obras de Alejandra Rojas, Diamela Eltit, Sonia González y Carlos Franz. Sin olvidar por cierto, la singular *Carta abierta a Pinochet* (1998) de Marco Antonio de la Parra, cuyo subtítulo constituye un paradigma de una de las problemáticas que preocupa fundamentalmente a este tipo de narraciones: "Monólogo de la clase media chilena con su padre". Otras producciones, realizadas por escritores exiliados, abundan en la temática político-social (piénsese en ciertos conocidos textos de Fernando Alegría, Isabel Allende, José Donoso, Ariel Dorfman, por ejemplo). También en estos años, Carlos Droguett (quien iniciara décadas atrás una línea de la revisión ficcional de la Historia con *100 gotas de sangre y 200 de sudor*, publicada en 1961) reelabora su todavía inédita *Matar a los viejos*.

En el segundo tipo de novela se verifica una distancia considerable entre el tiempo del referente histórico y el momento en que verifica su tematización. El peso del contenido histórico "tradicional" resulta acentuado, hasta el punto que se puede hablar incluso en ciertos casos de novela "arqueológica". En estos textos puede primar una intención didáctica puesto que la revisión documentada de ciertos capítulos de la Historia permite presentar ángulos inéditos de éstos, como por ejemplo, la visión de los vencidos, tal como sucede en *La invasión a un mundo antiguo* (1991) de Rosa Miquel, que refiere el enfrentamiento entre conquistadores e indígenas durante la guerra de Arauco. Mientras que la guerra de conquista "republicana" de los territorios mapuches es narrada, en *Casas en el agua* (1997) de Guido Eytel, desde una perspectiva eminentemente irónica, poniendo en evi-

274

dencia el proceso de distorsión que caracteriza la escritura de la Historia oficial. Por su parte, en *Coplas de sangre* (1998), Rodrigo Atria traza una significativa imagen del Santiago de las primeras décadas del siglo XVII, por medio de la presentación de los conflictos e intrigas en las que se ve envuelto el escribano Dámaso Alcáñiz, expresando así un mundo de opresión, amor, miedo y venganza, pero también de una tenaz resistencia asociada con el valor de la palabra y la escritura.

También este tipo de novela, al tiempo que revive y reactualiza personajes y acontecimientos pertenecientes al pasado, puede insistir o poner en evidencia problemas vinculados con el ámbito de los comportamientos culturales y de la configuración de signos identitarios. Así, por ejemplo, el texto de Jorge Guzmán, *Ay mama Inés* (1993), concretado discursivamente como crónica testimonial y centrado en la historia de la expedición del conquistador de Chile, Pedro de Valdivia. En este relato, se procede a una revalorización de la compañera de Valdivia, Inés de Suárez a partir de la óptica del mestizaje y de la problemática del otro. Por su parte, en *Maldita yo entre las mujeres* (1991) Mercedes Valdivieso, plantea un nuevo enfoque de la Quintrala, desdibuja el mito de la heroína maldita, impugnando el valor peyorativo concedido al personaje y reivindicando el mestizaje, el componente mapuche y el cuerpo materno como ejes identitarios. Siempre en esta categoría, cabe la posibilidad de considerar ciertos textos híbridos que se proponen rescatar personajes o acontecimientos olvidados o considerados unilateralmente por el discurso historiográfico que refiere el mito fundacional de la nación chilena. En *Carrera, el húsar desdichado* (1996) Carlos Monge presenta una visión internalizada de los últimos momentos de ese actor de la independencia, mientras que en *Déjame que te cuente* (1997) Juanita Gallardo reconstruye la historia de Rosario Puga y Vidaurre, la amante de Bernardo O'Higgins, el llamado padre de la patria.

El tercer tipo de novelas, es decir aquellas que establecen un puente entre el referente histórico y la contemporaneidad de la escritura, y que podríamos llamar novelas transitivas, se manifiesta por homología de situaciones históricas o por contaminación de situaciones enunciativas, experiencias y núcleos espacio-temporales.

El primer caso atañe, por ejemplo, a aquellas obras contemporáneas que tematizan la guerra civil de 1891 —conocida también como la Contrarrevolución del 91— en la que se enfrentaron las fuerzas leales al presidente Balmaceda con el ejército adicto al Congreso, y que fuera un conflicto que directa o indirectamente involucró a toda la sociedad de la época y que tuvo importantes consecuencias políticas, económicas e institucionales. En estos textos, referidos a 1891, escritos durante un período en el que el fin de la experiencia del gobierno de la Unidad Popular y del presidente Salvador Allende sigue presente en la memoria de una colectividad, en mayor o menor grado, se perfilan, se dibujan y se superponen las coincidencias entre esta fractura social reciente con aquella crisis política de trágicas consecuencias.

Se constituye de esta manera un reducido pero significativo corpus de textos integrado por *De cómo fue el destierro de Lázaro Carvajal* (1988) de Walter Garib, el que, con ecos de realismo mágico, narra las aventuras y desventuras de un soldado balmacedista obligado a exiliarse en la zona sur del país; *El último clarín* (1991) de José Agustín Linares que nos propone a través de una estructura narrativa de la lectura de un diario de vida una pintura del ambiente y de los acontecimientos del año 91; *Balmaceda, varón de una sola agua* (1991) de Virginia Vidal, en la que se cuenta la historia de los últimos meses de gobierno de Balmaceda desde la perspectiva de un imaginado secretario privado*; Balmaceda, sus últimos días* (1991), de Juanita Gallardo y Luis Vitale, en la que se narra, a modo de diario de vida, la tensa expectativa de Balmaceda y su suicidio; *1891: entre el fulgor y la agonía* (1991) de Juan Gabriel Araya, en la que los acontecimientos de la guerra civil son dispuestos y referidos por medio de una estructura que recuerda las más logradas intrigas románticas. La relación entre ambos tiempos históricos se acentúa en *El viaducto* (1994) de Darío Oses, donde el personaje central, un guionista sin mayores expectativas, toma a su cargo, durante el otoño de 1973, la realización de un melodrama cuyo telón de fondo lo constituye el período balmacedista. El protagonista, Maximiliano Molina, no sólo tiene que dedicarse a la escritura, sino que debe demás convertirse en actor y asumir el papel del propio Balmaceda. A partir de ahí el relato fluye entre dos tiempos, reactualizándose un pasado en la vivencia y en la interpretación del director y de los personajes que actúan en la teleserie.

En el segundo caso de aproximación de polos temporales por contaminación enunciativa se encuentran, por ejemplo, los textos de Antonio Gil. Allí, el contenido referencial será siempre un pasado, pero un pasado erosionado por el anacronismo del comentario intertextual, por una exégesis que acerca el contenido de lo narrado al eje de la enunciación. Aunque centrados en la figura de Diego de Almagro (el "descubridor" de Chile) en *Hijo de mí* (1992) o en la evocación de Alonso de Ercilla (el autor de *La Araucana*, texto configurador de una imagen del territorio y de su gente) en *Mezquina memoria* (1997), estos relatos mentan el referente de acuerdo con un discurso que se orienta hacia su propio mensaje, que produce efectos de espacialización de las acciones, de ensimismamiento y de recurrencias textuales autorreferenciales. También en ciertos casos el discurso literario acomete un proceso de desmitificación de la Historia a través de su ficcionalización. El texto se convierte en el ámbito de una conjunción de horizontes, se yergue como un espacio compartido por la creación poética y por la Historia. De modo que, paralelamente, se procede a la fabulación de las confabulaciones de la Historia y a la mitificación de ese espacio textual transformado en el lugar de la utopía. El ya citado Antonio Gil en *Cosa Mentale* (1994) procede a un doble movimiento, desmitificador y mitificante. Basada en algunas peripecias de la vida del pintor peruano Antonio Gil de Castro (retratista oficial de los próceres de la Independencia) el relato, que subvierte origen e identidad, parece recrear el aprendizaje y los avatares del mulato Gil. Esta narración pone en tela de juicio los mitos que ha canalizado la historiografía chilena oficial (el "prócer" O'Higgins, la llamada "chilenidad"). El carácter paródico de la narración desvaloriza la Historia la que, convertida en historieta, cuestiona los modos de representación de los discursos culturales. De ahí que se destruya la representación mimética, labor representada en lo esencial por las múltiples transformaciones de uno de sus personajes, un personaje que atraviesa tiempos y espacios; es el demiurgo responsable, con sus sueños y desvaríos, del texto propiamente tal, y de quien depende la instauración de un nuevo espacio mítico: el de la literatura.

Pero también el pasado se vuelve presente dando voz a los silencios de la Historia, recuperando el sentir de una colectividad, colectando el canto de los pueblos y de sus elementos vectores. En *La esfera media del aire* (1998) de Ana María del Río, la voz intermitente del portugués Almeida —personaje fuera del tiempo cronológico, cuya presencia se extiende desde el siglo XVI hasta nuestra década de los noventa— y su relación con Collasuri, la Tirana, una de las representaciones de la fuerza y de la memoria aymara, permite el despliegue poético de la cadena de la Historia de un pueblo, cuyos eslabones resisten las coerciones y las contradicciones de una sociedad que intenta modelarse según los esquemas del libremercado. También contiene rescate del olvido y fundación de utopías el proyecto concretado en las *Actas* (*de Marusia, del Alto Bío-Bío, de Muerteputa*) de Patricio Manns. En *Memorial de la noche* (1998) Manns reelabora las *Actas del Alto Bío-Bío* (1985), sometiendo el texto genésico, a partir de una traslación metonímica, a un proceso de significativas modificaciones y adiciones, sin alterar lo sustancial, más bien confiriéndole mayor fuerza y consistencia. A partir de la entrevista realizada por el narrador a una anciana pareja de mapuches sobrevivientes de la matanza de Ranquil (1934), del recuerdo de la insurrección frente al despojo del que son objeto los indígenas, emerge y se entrelaza todo un conjunto de voces y memorias, en particular la del cabecilla del levantamiento y jefe de la resistencia, lo que permite vislumbrar cuatro siglos de la historia de Chile desde la perspectiva de lo que sería la epopeya de los olvidados, de la muerte y resurrección de los postergados, de los depositarios de una sabiduría que se impone por sobre la usurpación y la muerte. La nueva versión de las *Actas del Alto Bío-Bío* busca un nuevo equilibrio en el testimonio, en la formulación de los aspectos esenciales de la experiencia y del pensamiento de un pueblo, en los fundamentos simbólicos de los modos de estructuración de una realidad, que va moldeándose y cobrando forma a través de este ejercicio de reexploración y reconocimiento.

Presente: el Chile de hoy que sigue expoliando al pueblo araucano en aras de la modernización, del ultraliberalismo, y pasado: el territorio transformado en escenario de enfrentamientos de dos mundos, se unen también en *Butamalón* (1994), de Eduardo Labarca. El texto no es sólo el relato de los intentos de traducción al castellano de la versión inglesa de un estudio sobre la conquista de Chile y sobre "el gran malón" de 1601, esto es, la gran rebelión contra los conquistadores españoles encabezada por Pelantaro y en la que participan diversos pueblos mapuches. La novela es, además y sobre todo, una desacralización del discurso histórico institucional y unívoco, mediante un doble proceso de atenuación de los límites de la historia y de la ficción en el ámbito de un discurso narrativo intercultural. Esta empresa se concreta por medio de la actualización de la experiencia vital de Juan Barba, un sacerdote español que cae prisionero de los mapuches y que termina por abrazar la causa indígena. La textualización polifónica que nace en un primer momento de la doble temporalidad (siglo XX y siglo XVI) y que es al mismo tiempo doble enunciación del discurso, se caracteriza por la transdiscursividad, por una intertextualidad constante (Valdivia, Cabeza de Vaca, Pineda y Bascuñán, Las Casas, Sepúlveda, de Ovalle entre otros), construye y revela una escritura de renovación y rebeldía cuestionadora de sus propios orígenes por medio de una operación especular que pone en evidencia la hibridez no resuelta en la visión identitaria del mundo americano, su angustiante conflictividad, acentuando también la necesidad de planteársela e insistiendo en el compromiso de su asunción. De este modo, el protagonista de la historia del siglo XX, que se ha compenetrado con el padre Barba, que se ha convertido en su doble, cesa de actuar como mero traductor, como espectador y transcriptor, para convertirse en actor de una escritura alucinada, de una lectura —y una traducción— todavía no formalizadas y en las que es preciso unir signos y sentidos para alcanzar aquellos significantes operatorios de una nueva percepción de la historia personal y colectiva y que condensa y concita deseo, memoria e imaginación.

Para terminar este sucinto panorama quisiéramos insistir en la extrema variedad y riqueza de esta novela chilena contemporánea que tematiza la Historia. La mayor parte de los textos mencionados en esta recensión, aunque diferentes en sus realizaciones y en su relación con el referente, se instauran como espacio mnemotécnico, como ámbito de salvaguarda de experiencias, campo del recuerdo, centro de recreación fabulosa y fabuladora. Ellos centran su eje discursivo en la memoria y en la escritura, en la escritura de la memoria y en la memoria de escrituras, se postulan como nuevas versiones o como versiones alternativas y complementarias de la Historia conocida.

Estos discursos no están allí tan sólo para volver a presentar o para representar un mundo, para nombrar realidades, sino además para cuestionarlas y cuestionar sus propias aproximaciones. No se trata de repetir la operación de percepción de la Historia en un nuevo espejo proporcionado por la ficción. De modo que en su estudio —que forma parte de un proyecto que estamos iniciando— se trataría de determinar cómo se construye la percepción de la historia a través del espejo, de indagar en los procedimientos y modalidades de ficcionalización de la materia histórica, en sus fundamentos y en sus virtuales intencionalidades proyectivas de sentido. Por ahora sólo podemos señalar que esta dinámica refractaria, que resemantiza el pasado e impugna discursos, en la que se ve y dibuja la Historia en y a través del espejo, implica no sólo reflejo, sino también reflexión y apertura. Adentrarse en esos mundos es iniciar un movimiento de análisis y de redescubrimiento, es incursionar en aquel espacio abismal proyectado por un imaginario social y configurado por un imaginario de proyectos y proyecciones, de topos y de utopías. Compartir aquellos universos es mentar con ellos trozos de nuestra realidad y cimentar trazos de nuestras quimeras, vislumbrar sabios resabios de nuestros sueños.

Más obras sobre el tema

Cánovas, Rodrigo. 1997. *Novela chilena, nuevas generaciones: el abordaje de los huérfanos*. Santiago: Ediciones Universidad Católica de Chile.

Jofré, Manuel. 1985. *La novela chilena: 1974-1984*. Santiago: Ceneca.

Olivárez, Carlos (ed.). 1997. *Nueva narrativa chilena*. Santiago: Lom.

Promis, José. 1993. *La novela chilena del último siglo*. Santiago: La Noria.

La escritura dramática vs. la escena en el teatro chileno de fin de siglo

María de la Luz Hurtado

El lugar del texto teatral o "literatura dramática" respecto a los distintos espacios del arte y de la cultura en los cuales se desenvuelve —como género literario o arte de la palabra, como sustento estructural de la representación teatral, como un lenguaje más dentro de las diferentes formas expresivas del escenario— tiene una ubicación resbalosa, limítrofe, tensional: no encuentra plena legitimidad en ninguno de ellos, pero sí periódicamente hace valer su derecho a pertenecer, cediendo y recuperando terreno respecto a otros géneros o lenguajes.

Quizás es por eso que rara vez la dramaturgia hace parte de los congresos de literatura. Ni sus propios congéneres la incluyen; en este Congreso se ha hablado de los distintos apelativos que compartimentalizan a la literatura chilena (ser escritor chileno, poeta, narrador, ensayista, mujer escritora, escritor de provincia, etc.) pero hasta ahora no se ha mencionado al "escritor de teatro". ¿Por qué esta exclusión tan radical? No siempre ha sido así: hasta el siglo XIX, existía una gran fluidez entre los géneros literarios: líricos, narrativos, dramáticos, y un escritor teatral podía llamarse a secas "escritor", o combinar con otros géneros. Incluso, hubo épocas (durante la ilustración, por ejemplo) en que la publicación de la obra, más que su escenificación, era el momento de consagración del dramaturgo.

También en relación a los artistas del escenario (actor, director, diseñador, iluminador), pervive la discusión de si lo teatral se realiza plenamente en el texto o en su escenificación, o al menos, dónde radica el eje estructurador o la "autoría" del espectáculo.

Así, la inclusión del dramaturgo no sólo es una tensión en relación al campo literario sino también al teatral. Y este juego de inclusiones y exclusiones a veces tiene por cómplice al mismo dramaturgo y en otras ocasiones se da a contrapelo de él.

Mi planteamiento aquí es que estamos en uno de esos raros momentos en esta última mitad del siglo en el teatro chileno (y tal vez, en el occidental) en que los nóveles dramaturgos tienen sus referencias y se sienten parte de la literatura propiamente tal: su oficio es la elaboración de la palabra antes que nada; palabra para el escenario, pero también palabra para ser leída en público o en la intimidad. Palabra que en sí contiene la acción y las imágenes dramáticas, las atmósferas y los personajes. No es menor el salto que esta concepción implica en relación, por ejemplo, a la vigencia casi sin contrapeso del *teatro imagen* o teatro espectáculo en los 80, o del teatro sketch, teatro del cuerpo en los 60 y los 70.

Obviamente, estas transformaciones están profundamente imbricadas con el contexto sociohistórico, y adquieren diversas particularidades en relación a su también incontestable vínculo (¿o dependencia?) con las tendencias mundiales de este arte. Es así posible responder simultáneamente a la cuestión de los lenguajes literario-escénicos, por una parte, y a las formas expresivas del teatro en las últimas décadas en Chile en relación al tema que nos convoca en este seminario: cómo elaboró el teatro el período de la dictadura militar, y luego, la difícil transición a la democracia.

Haré entonces un ejercicio ejemplificador de esta relación tensional entre escritura del texto y la escena teatral, y cómo ésta se configura al dar cuenta de la realidad histórica: en términos de memoria, de ir rescatando los procesos críticos que comprometen la experiencia popular y social más contingente, más inmediata. Y también, de qué manera se va vinculando no sólo con su tiempo sino con todos los tiempos que lo iluminan o perviven en él.

Hay un tema anexo necesario de integrar a la discusión. ¿Qué es lo propio y lo ajeno en el teatro? ¿Qué constituye autoría en esta expresión de identidad? Este tema es complejo en el teatro, ya que es habitual utilizar textos cuyo autor pertenece a otro tiempo y raigambre cultural, pero que luego, al escenificarlo, se corporiza con expresividad local. Esa relación con el texto como extranjero o como apropiable ha variado históricamente, habiendo épocas en que la autoría textual era considerada el pilar constitutivo de "lo chileno". Es célebre la frase de Eugenio Dittborn, director y maestro del Teatro de la Universidad Católica: "No hay teatro chileno sin dramaturgia chilena". Y desarrolló por décadas una política de apoyo, formación y montaje de las obras de los dramaturgos chilenos, la que, complementada a la desarrollada por la Universidad de Chile, la de Concepción y algunos teatros independientes (Ictus, entre otros) conformaron a través de las décadas del 50 y el 60 una generación muy consistente y productiva (Heiremans, Vodanovic, Aguirre, Sieveking, Wolff, M.A. Requena, Cuadra, Díaz, Pineda, etc.).

Pero pienso que hoy en día no podemos afirmar, en los términos que él lo hacía, que el teatro chileno sólo se da cuando hay dramaturgia chilena. También el concepto de autoría teatral se ha puesto en cuestión cuando los elementos de configuración del texto desde lo escénico entran a jugar más fuerte, en especial, en las recreaciones de textos poéticos, novelas o cuentos de autores extranjeros realizados por un director con su grupo de actores, fórmula que respalda un alto porcentaje de las escenificaciones chilenas del decenio.

Esto lo saco a colación justamente porque los mecanismos expresivos del teatro en Chile en los 90, y por ende sus proyecciones culturales, estéticas y políticas, han variado sustancialmente respecto a las décadas anteriores. Por tanto, el problema que aquí debatimos —de qué manera la dramaturgia ha dado cuenta de la difícil transición y de la memoria colectiva, si es que la ha dado— debe tener una percepción fina de dichos mecanismos, así como una conciencia del por qué de dichas transformaciones.

Porque si llega un visitante desprevenido a Santiago dispuesto a plantear la interrogante que nos preocupa y examina la cartelera para aventurar una hipótesis, va a decir: tres puestas en escena diferentes de la misma obra de Mishima, *Mada-me de Sade*, un Kafka, un Nietzsche, una Agota Christoff, Heiner Müller, Koltès. Hay muy pocos autores latinoamericanos y los chilenos son minoría. Entonces, tenderá a afirmar, ¡qué poco teatro chileno hay! Se está haciendo un teatro inter-nacionalizado, evasivo de la contingencia. ¡Qué diferente a los tiempos de la dic-tadura, en que el teatro conducía la reflexión crítica, la denuncia, con una pléyade de autores chilenos y latinoamericanos!

Mi hipótesis es que durante la dictadura, las formas de expresión fueron más referenciales, más explícitas y más funcionales que hoy en día, en democracia o en transición a ella cuando los mecanismos de significación son más simbólicos, más oscuros y más enigmáticos, con una referencia de tipo metonímica (de conti-güidad) y no metafórica (sustitutiva) respecto a la realidad.

Entonces ustedes me dirán, pero ¿cómo?, ¿no ha llegado a ser un lugar común afirmar que el trabajar bajo censura, bajo circunstancias muy duras de represión conlleva necesariamente en el arte lo enigmático, lo paradojal, para poder sobrevi-vir en ese espacio? Quizás esta afirmación puede relativizarse justamente con el ejemplo de la relación texto-puesta en escena-mundo convocado o significado a través de dicho juego.

Simultaneidad de la metáfora escénica con los "tiempos duros"

En el teatro, a diferencia de lo que en este seminario se ha afirmado respecto a la literatura publicada en Chile, nunca se produjo un bache en la capacidad de dar cuenta de la realidad: el teatro en el país pudo, a través de distintos mecanismos, ir acompañando cada uno de los procesos político-sociales durante la dictadura.

Ya durante 1974 hubo obras que abordaban metafóricamente el tema de la re-presión y la tortura (*Cama de batulla*, A. Sieveking), a las que siguieron sobre este tema *Hojas de Parra*, de Vadell y Salcedo, *Cuestión de descendencia* de G. Meza (episodio de *Viva Somoza*, 1980), etc., como también otras que indagaban en el proceso que había conducido al Golpe Militar e intentaban rescatar un idea-rio democrático y popular (*Al principio existía la vida*, creación colectiva de Aleph, 1974, *A la Mary se le vio el poppins*, Vadell y Salcedo, 1980); se le fue-ron sumando obras sobre la crisis económica derivada de la "política de shock" para la reconversión capitalista y de mercado, en un contexto político autoritario, manifestada en especial en la cesantía, la desprotección y la desorganización del movimiento social (*Pedro, Juan y Diego* de Ictus y David Benavente, 1976; *Los payasos de la esperanza*, Mauricio Pesutic y TIT, 1977; *Tres Marías y una rosa* del TIT y David Benavente, 1979; *El último tren*, Gustavo Meza, 1978; *Testimo-nios de las muertes de Sabina*, Juan Radrigán, 1979) sobre los detenidos desapa-recidos y la búsqueda de sus familiares (*Noche de ronda*, Darío Oses, 1979 [epi-sodio de *Cuántos años tiene un día*, Ictus]; *Una pena y un cariño*, Vadell y Sal-cedo, 1978) sobre la censura y control informativo en los medios (*Cuántos años tiene un día*, Ictus y Sergio Vodanovic, 1979), etc.; sobre la necesidad de una justicia que juzgue la violación a los derechos humanos (*Tres Marías y una rosa*); sobre el exilio (*Cinema-Utoppia*, R. Griffero, 1985) y el retorno de exiliados (*Regreso sin causa*, Jaime Miranda, 1984); sobre las formas de operar de la policía política, los centros de detención y tortura, vivencias de torturadores y torturados, las posibles vivencias de los detenidos desaparecidos, etc. (*La secreta obscenidad de cada día*, Marco A. de la Parra, 1985; *99 La Morgue*, Ramón Griffero, 1986; *Lo que está en el aire*, Carlos Cerda e Ictus, 1986; *Domingo, Antonio, No Sé, Isidro*, Mauricio Pesutic, 1984; *Demential Party*, Fernando Josseau, 1984, etc.).

Salvo raras excepciones, en el teatro no existió la censura previa o la necesidad de aprobar el texto dramático por una comisión censora, aunque sí se aplicaron formas de censura económica (aplicación de impuestos, silenciamiento de la prensa en la promoción de las obras, etc.). Aun así, pareciera que la censura o la intención de denuncia o crítica queda más en evidencia cuando es sustentada en la palabra; allí, el "cuerpo del delito" tiene una prueba material, concreta. De aquí que el teatro recurrió al chiste de doble sentido, a la alusión tangencial y, de manera preponderante, a la metáfora escénica como manera de abordar estos temas, en especial, en el primer decenio posterior al golpe de Estado.

La metáfora escénica puede elaborarse paralelamente a la trama central de la obra o también condensar, materializándolo en el escenario, su núcleo. Un ejemplo de la primera modalidad es *Hojas de Parra*, basado en textos poéticos de Nicanor Parra, tiene por espacio escénico una auténtica carpa de circo, y en el redondel hay accionando permanentemente malabaristas, trapecistas, etc. Une los intervalos de la representación de los poemas el diálogo entre el Sr. Corales, empresario del circo en cuestión, y el empresario de pompas fúnebres que administra el cementerio colindante. Hay tantos muertos en esa época (no sé explica por qué) que el cementerio crece y crece, pero el circo cada vez tiene menos gente. Entonces el empresario señor Corales dice *estoy quebrado, no puedo mantener el circo*. Y el de las pompas fúnebres le propone un negocio: *usted me arrienda un pedazo de su circo y quedamos los dos bien.*

Entonces, a través de toda la obra en que se representan los poemas de Nicanor Parra, van entrando operarios y ocupando el espacio del circo con el espacio del cementerio y se clavan cruces. Sigue la acción, pero estos señores siguen entrando cruces, cruces y cruces. Termina la obra, no queda circo y casi todo es cementerio. No hay una letra cambiada de Nicanor Parra, cierto, pero obviamente que todos los asistentes van descubriendo ese juego de la imagen escénica.

O en obras estructuradas en *sketches* que indagan sobre la caída de la Unidad Popular, por ejemplo *Al principio existía la vida*, en escena los actores miman el estar empujando un muy pesado camión cuesta arriba, pero cada cuál empuja en una dirección diferente hasta que se les desbarranca la máquina, pasando a llevar a algunos de ellos. En *A la Mary se le vio...*, obra en que el tiempo retrocede en vez de avanzar, iniciándose en el presente (1980) y culminando en 1973, hay un grupo de personas que vocean eufóricos el eslogan "no, no, no nos moverán y el que no crea que haga la prueba" mientras se equilibran apenas en un rudimentario balancín de madera, con esforzadas piruetas que finalmente no consiguen mantenerlos en pie.

En el segundo caso, en que la metáfora escénica condensa la idea total de la obra, tenemos el ejemplo de *Pedro, Juan y Diego*. Los protagonistas son empleados del Plan del Empleo Mínimo del gobierno, diseñado para paliar la hambruna desatada con la cesantía masiva. Un grupo multiclasista y de diferentes orígenes laborales forma un piquete de trabajo, y a través de la obra, en forma hiperrealista, en tanto traban amistad, construyen una gran pirca o muralla de piedra. Cuando está concluida, tras meses de esforzado trabajo en los cuales han no sólo sobrepuesto piedra sobre piedra en un trabajo colectivo, sino también amasado sus penas, memorias y proyectos, reciben una "orden superior" que los obliga a destruir la muralla. Se niegan a hacerlo, ya que su identidad personal y colectiva está engarzada con ella, pero presencian conmocionados cómo un gran *bulldozer* (que entraba realmente al escenario) hace añicos desde los cimientos su muralla.

Fue una literatura teatral muy abundante: en el año 80 contabilicé cuarenta obras escritas y escenificadas entre 1974 y 1980 dentro de Chile y que hacían, lo que llamábamos, un teatro crítico contingente.

Los temas arriba mencionados son cada vez afrontados en términos más directos, se abordan correlativamente a como éstos van sucediendo y se va colaborando a su toma de conciencia por el cuerpo social. Esta simultaneidad histórica queda dramáticamente comprobada en el artículo de Carlos Genovese, "Ficción y realidad: Crónica de un caso chileno". El Ictus estaba dando *Primavera con una esquina rota*, adaptación de la obra de Benedetti, que relata la prisión y tortura de un hombre y el doloroso sufrimiento de su padre, que comparte y se solidariza con su situación. En ella participaba el actor y maestro Roberto Parada, quien fue informado, durante su actuación en el Ictus, que su hijo había sido encontrado asesinado por un grupo paramilitar.

Roberto Parada siguió la función, como homenaje a su hijo y en la convicción de que el teatro era su aporte a la conciencia crítica de ese tipo de hechos. La siguiente obra de Ictus, en 1986, en que también participó Parada, fue *Lo que está en el aire*, de Carlos Cerda, cuyo tema era recrear el proceso kafkiano que vive un padre, intentando descubrir los pasos que condujeron a que su hijo se convirtiera en un detenido desaparecido. Y la gente iba al Ictus sabiendo cuál era la homología entre lo que se vivía en el escenario y la realidad de Parada, y le ofrendaba flores al término de las funciones.

Entonces este teatro referencial, en que la armazón de la obra y todos los elementos significativos apuntaban a un mismo hecho base que le interesaba a ese grupo manifestar, correspondía a la clásica forma de la unidad teatral, de una correspondencia fondo-forma muy íntima donde ojalá la totalidad de los elementos expresivos colaboraran a establecer una lectura precisa. Había un juego de conversión unívoca de las claves. La elaboración del texto solía incluir una participación del grupo teatral, y éste con el director imaginaba o confabulaba esta relación con la metáfora escénica.

Transformaciones en el texto y la escena (1983-1990)

Al acercarse la transición a la democracia y en el contexto de una mayor apertura política, ese paradigma unívoco es el que comienza a cambiar en dos aspectos principales, que ejemplificaré con sendas obras paradigmáticas.

La primera de ellas es de Marco Antonio de la Parra, *La secreta obscenidad de cada día* (1983), en la cual se destruyen los elementos del relato canónico teatral en virtud de una deconstrucción permanente de los personajes y la situación, resultando una ambigüedad polivalente.

Con una gran vitalidad lúdica, se fragmenta y rearma continuamente el relato a partir de personajes cuya identidad también está en continua transformación, y que simultáneamente aluden a elementos políticos, sexuales, psicológicos, sociales, en un espacio y un tiempo abiertos. La base la da un texto escrito que exige un dinamismo interpretativo e inteligente de parte del actor y una receptividad atenta y perceptiva de parte del espectador, construyendo cada uno su propio relato.

La otra obra que abre nuevas concepciones teatrales es *Cinema Utoppia* (1985) de autoría y dirección de Ramón Griffero. Esta obra plantea una simultaneidad de espacios y tiempos, en un juego de espejos y lecturas mediadas de una realidad respecto a otra: la de jóvenes chilenos exiliados en París, cuya vida es vista como una ficción por solitarios habitantes de Santiago que concurren a un cine de barrio en decadencia en los años 50, hasta que todas esas realidades confluyen al hacerse paralelas sus trágicas experiencias.

Como dramaturgo-director, Griffero incluye en su escritura la estructuración del espacio escénico que es fundamental en la significación de su obra y le permite este juego de diversidades, de pliegues y de confrontaciones significacionales. Hay una cualidad poética en la construcción del espacio, una vitalidad transgresora inquietante que lo ubica en la categoría de arte escénico. Esa dimensión es lo que muchas veces las obras anteriores no tenían, les importaba mucho más el "contenido" o el "mensaje" que la esteticidad provocativa en lo escénico.

La primera etapa, la de ese teatro más unívoco, se basa en una continuidad con el teatro de los 60: son los mismos realizadores los que hacen el teatro antes y después del Golpe de Estado, y su estructura estética, la relación política-expresividad, es similar.

De la Parra y Griffero son de una generación en transición, cuestionadores de los paradigmas ideológico-estéticos formalizados en la izquierda teatral y revitalizadores del texto y la escena simultáneamente.

Las generaciones teatrales novísimas, las que entran a la vida cultural y artística durante la segunda década de la dictadura y durante la transición democrática, se relacionan con cierta distancia con aquel primer movimiento teatral crítico, combativo, heroico. Sienten que no expresa las vivencias y la experiencia social y humana que ellos han tenido, que no responde a sus carencias más significativas ni tampoco a la forma en que ellos piensan la realidad, encontrando una vía posible en la ruta abierta por Marco Antonio y Griffero. Habrá una fuerte incursión en textualidades no realistas y en una exacerbación de la cualidad escénica, en contrapunto y realce de lo textual, de modo que se apele a zonas más perceptivas, sensuales, oníricas y psíquicas de la experiencia, no excluyentes sino complementarias y cauce de comprensión de la realidad social más amplia.

Traslación simbólica de la realidad en los 90

Quizás lo que más sorprende de la vida cultural, política y social chilena durante la transición a la democracia es que no se restaura el Chile republicano pre-73 ni el combativo por la democracia de los 80 sino que hay una otra forma de expresión de la realidad y de la memoria, otros canales de comunicación, formas de vivir la ciudad y los espacios público/privado, de relacionarse con la política y el Estado, etc. Por cierto influyen la tan mentada caída de los muros y del socialismo real, la globalización comunicacional, el imperio de la sociedad de mercado y consumo, la política de consensos, etc. La creación de las generaciones cuya experiencia vital se genera principalmente en este contexto es multifacética y no puede analizarse meramente en términos de sus "contenidos" o "temas" explícitos.

En un escrito anterior (Hurtado 1997) postulé esto en los siguientes términos:

> Creo que los tiempos de la creación no son simétricos con los de la historia. En el caso chileno, concentrar la mirada en la producción de los primeros años de recuperación de la democracia no alcanza a comprender ni las pausas reflexivas, de adaptación, ni los cambios de énfasis dentro de una cultura teatral que había estado diciendo su palabra en paralelo a los acontecimientos, y que ahora realiza una traslación simbólica no mecánica [...] Lo que tienen en común las creaciones teatrales de los 90 es un alejarse del relato informativo o documental sobre la contingencia y el próximo pasado. Estos temas se plantean como parte de un saber y de una experiencia personal que coexiste en la memoria con otros recuerdos de variada índole (1997, 15).

Existe en el trasfondo de la creación teatral de estos últimos años una conciencia profunda del daño moral e institucional sufrido por la cultura chilena y latinoamericana en muchos ámbitos, como también, de la inutilidad, desinterés y descreimiento de las utopías que otrora animaron dichas luchas. Frente a ello, la pregunta por la propia identidad aparece como vital. Hay una necesidad de tal sensibilidad emocional y psíquica de reubicar al sujeto en sus coordenadas fundamentales, haciendo explotar las contingencias para remontarse a los factores originarios, que pareciera necesario remitirse al mito y al rito para poder asirlos. Es justamente este tipo de lenguaje el que es capaz de iluminar simultáneamente zonas profundas de la psiquis como los fundamentos antropológicos y culturales de larga data histórica. Entonces, sin ocultar o evadir el enfrentamiento de la memoria histórica reciente, se metaforiza esta realidad en un ámbito traspuesto que lo engloba y proyecta en el espacio y el tiempo (ibíd., 19).

Ejemplificaremos estos procesos de traslación simbólica a través de los montajes y líneas de trabajo preponderantes en este último decenio.

Identidad invocada y parodiada desde la fiesta melodramática

El caso de la obra teatral *La negra Ester* es ejemplificador de lo planteado. Algunos afirman que todo cambió en el teatro chileno después de su estreno, a fines de 1988, por el Gran Circo Teatro. Es que este espectáculo para públicos masivos, vista por cerca de un millón de espectadores en Chile y el mundo, satisfizo una necesidad social de identificación con una identidad popular trágica y marginalizada, abordada con un tono festivo, carnavalesco y de comentario irónico acerca de sí mismo.

El grupo, bajo la dirección de Andrés Pérez, adaptó un texto con fuerte carga "chilena" popular, conectado a la tradición hispánica e hibridado con las culturas autóctonas: el poema en décimas de Roberto Parra, hermano de la Violeta y Nicanor. El carácter autobiográfico del poema le otorga un aura de *verdad* que refuerza los procesos de identificación del público.

Con un lenguaje a la vez refinado y obsceno, la obra relata la pasión amorosa del protagonista por una prostituta de puerto y el consecuente dilema trágico. Amarla en ese exacerbado ambiente nocturno de sexo, vino, rivalidades y celos, de amor-odio violento lo llevan fatalmente al desquiciamiento y la aniquilación: la explosión de júbilo erótico se transforma en muerte. Su opción es la salvación personal y, cual *hijo pródigo*, regresa al cuidado y protección materna mientras entrega a la amada a otro en matrimonio. Ella muere en expiación de los excesos, en tanto el protagonista se sume en el dolor de la pérdida irrevocable. Está condenado de por vida a la nostalgia del paraíso perdido y a la culpa por la traición a su querer. Este recorrido dramático, con reminiscencias de un melodrama tradicional, en verdad es pleno de simbolismos para el tiempo que se vivía en el país.

Por cierto, la ludicidad sensual y la corriente de emociones que canalizó la puesta en escena del Gran Circo Teatro en dirección de Andrés Pérez fue la contraparte fundamental de este acierto artístico. El humor irónico, la referencia *clownesca* y chaplinesca al cine mudo, al cómic, al teatro de guiñol y títeres, al melodrama y al radioteatro popular, generó una estética de pastiche que cita, rinde homenaje y satiriza a los géneros prototípicos. La obra reflexiona sobre sus propios mecanismos expresivos y se sitúa como constructo cultural conectado a una historia de representaciones de raigambre latinoamericana y universal. El inicio de la obra con la canción nacional chilena, en un arreglo festivo e irónico, y las múltiples referencias a un imaginario colectivo nacional (la escena del "terremoto de Chillán", por ejemplo, es de antología) refuerza esta apelación.

Asimismo, la obra se presentó en el espacio de un amplio hemiciclo de tipo griego que convoca a toda la ciudad (en la cima del cerro Sta. Lucía, símbolo fundacional de Santiago) para, en un ánimo celebratorio, realizar la catársis colectiva de la tragedia popular.

Tras más de quince años de vivir bajo una acentuada pulsión de muerte en la vida y en el teatro, los augurios de un pronto término de la dictadura permitieron a este grupo joven embarcarse en esta aventura artística y recuperar el sentido más profundo de la fiesta: la ludicidad de una teatralidad no funcional a una estricta contingencia, trabajada con claves expresivas de una memoria colectiva nacional integradora. Con este espectáculo, el teatro en Chile retomó, tras casi dos décadas de marginalidad y confinamiento a espacios periféricos, su espectacularidad dentro de la tradición circense y de un realismo grotesco trabajado como celebración de lo popular (según Mikhail Bakhtin, el realismo grotesco invoca la capacidad regenerativa de la materia en un mundo primordial, siendo el cuerpo el soporte celebratorio de la vida. Citado por Cánovas 1997, 64).

El maridaje, entonces, entre el texto poético en décimas tradicionales y una escenificación expresionista y barroca potente, atravesada por el rescate reelaborado de la memoria popular en el imaginario, el gesto, el ritmo y la música, dio curso a una veta fructífera de conjunción literatura (popular) y realismo grotesco, hasta ahora vigente en el teatro chileno. Resaltan desde entonces *El desquite*, también con texto de Roberto Parra (1995); *La consagración de la pobreza* (1995), basado en cuentos de Alfonso Alcalde, ambos con dirección de Andrés Pérez; *El áuriga Tristan Cardenilla*, basado también en cuentos de Alfonso Alcalde y dirigido por Sebastián Vila (1997); *Pide tres deseos* basado en cuentos populares maravillosos, con texto y dirección de Nelson Brodt (1997), etc.

Abstracción performativa en cuerpos transgredidos

Las obras del Teatro La Memoria, que dirige Alfredo Castro desde 1990, constituyen un buen ejemplo de una conexión simbólica entre subjetividad e historia a partir de materiales dramáticos que hace algunas décadas hubieran sido tratadas de modo realista.

La manzana de Adán (1990), *Historia de la sangre* (1992) y *Los días tuertos* (1993) deconstruyen relatos testimoniales recogidos por el grupo y por una periodista (Claudia Donoso) de seres marginales que viven en la transgresión: prostitutos-travestis, asesinos pasionales encarcelados o en hospitales psiquiátricos, etc. El grupo trabajó con ejercicios en los que, confrontados al relato testimonial, fluye la memoria inconsciente del actor. El cuerpo del actor se transforma en el vehículo comunicante de esta emoción, y el texto fue rearmado en monólogos que se entrecruzan y contrastan con los de los otros personajes, formando una sinfonía de diferentes volúmenes, tonos, ritmos, reiteraciones y asonancias. Las omisiones, los silencios, las obsesiones construyen un relato en permanente flujo respecto al tiempo y al espacio, a la realidad y al sueño, a lo prosaico y lo trascendente. El juego entre las pulsiones internas, las pasiones, la identidad y la violación de las normas y el crimen es multívoco.

El espacio de los montajes del Teatro La Memoria es ideado al modo de una instalación plástica minimalista, con objetos simbólicos que enrarecen poéticamente la escena. Así, en *La manzana de Adán* un pequeño cubo transparente con agua representa el océano y el aprisionamiento de cabellera, pechos y cuello de los personajes indican el ocultamiento/revelamiento de su masculinidad negada y femineidad buscada. Lo reprimido aflora, cuestionando desde los márgenes el orden y la lectura de la historia, suspendida entre la imagen de una madre obsesivamente buscada y un padre abandonador.

Las obras hacen un permanente juego de conexiones entre estos espacios de abandono, violencia y desarraigo y los símbolos de la experiencia y la historia nacional: el padre de la patria apelado por los hijos bastardos, la historia de la sangre o la sangre de la historia, etc. No por casualidad el grupo La Memoria concibió estas obras como "La trilogía testimonial de Chile", evidenciando estas redes de simbolización de lo nacional o de la patria y la experiencia subjetiva del abandono, la violencia y la identidad menoscabada.

Interrogantes al pasado frente a la disolución de la utopía

Como hemos dicho, la del 90 ha sido una década de movida del piso de la historia, coincidiendo en Chile el cambio a nivel nacional (fin de la dictadura) con el internacional (caída de los socialismos reales), junto al fin del siglo y el milenio, y el inobviable V Centenario de la Conquista de América.

Vuelve a ser acuciante en la cultura y el arte en Chile la indagación en torno a la experiencia vivida y a las huellas psíquicas talladas en la historia de la conquista. En *Malinche* (dramaturgia de Inés M. Stranger, dirección de Claudia Echenique, Teatro Universidad Católica, 1993) se recrea la situación del asedio propio de la guerra, que metaforiza otros tantos asedios del hombre a la mujer. Una madre indígena y sus cuatro hijas han tenido contactos diversos con los conquistadores (lengua, religión, escritura, sexo) y cada hija tiene una respuesta generadora de mestizaje, en tanto la madre se repliega hacia su cultura originaria. La obra propone que es misión de la mujer articular en lenguaje la memoria, al conectarse con aquel pasado que aún pervive en los cuerpos y mentes de la mujer americana, para descubrir aspectos esenciales de sus miedos y deseos, vividos hasta ahora en perpleja soledad.

Las evocaciones plásticas y gestuales de la puesta en escena corresponden a la cultura mapuche, siendo en parte el texto bilingüe. Igualmente, la música en vivo es una hibridación de la de dicha cultura con la contemporánea occidental, con aires de jazz, rock y rap. De nuevo, hay más bien una abstracción que un realismo escénico y actoral, instigado por un texto conceptual que permite la universalización de la situación básica: por ejemplo, en España se hizo una puesta de esta obra, respetando el texto pero ambientándola en la guerra serbio-croata.

En *Taca-taca mon amour*, en 1993, el Teatro del Silencio en dirección de Mauricio Celedón revisa críticamente las fuerzas que han movido el siglo XX, sometiendo los impulsos de la modernidad y sus utopías de liberación a la dinámica del poder, la guerra y el exterminio. El taca-taca, juego en que los cuerpos humanos están aherrojados a un soporte que los uniformiza y controla en sus movimientos, manipulados por el que tiene el poder de activarlos (Lenin, Stalin, Hitler, etc.), es la metáfora que expresa su interpretación del siglo. En otras obras del grupo, los protagonistas son creadores, artistas que han aunado fuertemente el dolor de sus vidas con su expresión artística, conmoviendo también al mundo con su gesto: Rimbaud (*Malasangre o Las mil y una noches del poeta*, 1990) y Artaud (*Nanaki*, 1997).

Fantasmagorías de la disolución de la memoria

Montajes recientes del teatro chileno están volcados al presente y centran su crítica en el modelo de sociedad que está cuajando tras decenios de economía de libre mercado y de disolución de las utopías. *La pequeña historia de Chile*, M. Antonio de la Parra, Teatro Nacional Chileno, 1996, representa el país actual como uno sin memoria, sin historia, condenado al individualismo cotidiano. Esta idea se expresa teatralmente en un absurdo liceo escolar donde el olvido de los héroes y su épica, incluso, del concepto de nación impera en los reductos tradicionales de su conservación— las ya imposibles y agotadas clases de Historia de Chile. Por su parte, Pablo Álvarez en *La catedral de la luz*, 1995, Teatro Nacional Chileno, imagina al país convertido en el desierto nortino, donde un grupo de jóvenes perdidos deambula en una sobrevivencia sin historia, en una nebulosa del tiempo y el espacio recorrido. Allí se encuentran y desencuentran olvidando y confundiendo los lazos que alguna vez tuvieron. La violencia termina siendo la relación más frecuente, perdido incluso el tabú por los muertos. Todo en ese desierto afectivo se convierte en mercancía ilusoria y el afán de acumulación de trastos como fetiches de poder obsesiona patéticamente a los personajes.

Esa fantasmagoría reverbera y extrema comportamientos y valores que han llegado a ser dominantes en la urbe mercantil, abigarrada de seres y objetos que en verdad son un desierto de anonimato e individualismo.

La condición humana: ritos de pasaje

Otra veta predominante en el teatro chileno del último decenio del milenio es plantear conflictos existenciales del ser humano, la lucha entre el sujeto y su medio (naturaleza y sociedad), apuntando a su proceso de crecimiento y definición de identidad dentro de un contexto en que la filiación con una herencia o memoria orientadora y alimentadora de la constitución del "yo" frente al "otro" está quebrada o ausente. Dos grupos teatrales de carácter experimental han dedicado su obra a esta exploración y tienen en común el encontrar su inspiración dramática en novelas y cuentos, especialmente de escritores europeos.

La Troppa, único grupo que realmente desarrolla un trabajo de creación colectiva en Chile y que mantiene un núcleo estable de integrantes (Juan C. Zagall, Jaime Lorca y Laura Pizarro) ha realizado cinco montajes que ya son de antología dentro del teatro chileno: *El rap del Quijote* (1989, en el Teatro Universidad Católica), *Pinocchio* (1990), *Lobo* (1994, basado en la obra de Boris Vian), *Viaje al centro de la tierra* (1995) y *Gemelos* (1998, basado en *Los cuadernos* de Agota Christoff).

Son obras de viaje o del transcurrir épico de personajes aventureros que en realidad están realizando ritos de paso hacia un estadio de mayor autoconocimiento y desarrollo personal, en pugna con un medio social y natural hostil. En su reciente estreno de *Gemelos*, la dura lucha por la sobrevivencia de dos niños durante la Gran Guerra en el contexto del Holocausto encuentra múltiples vínculos con la realidad y sensibilidad chilenas respecto a los tiempos de su propia guerra interna, época en que los miembros de La Troppa eran también niños.

Lo distintivo de La Troppa es su carácter lúdico y la capacidad de transformar estos relatos en una propuesta teatral de plena contemporaneidad: a la manera de los cómics y de los clips audiovisuales, se suceden vertiginosas escenas altamente sintéticas, subrayando el carácter de cada personaje en rasgos prototípicos. Parodiando los géneros populares, juegan a deconstruir ya no sólo la estructura del relato sino también la escala y enfoque de su visualización, a cuyo juego de desciframiento caleidoscópico invitan al espectador.

La Troppa realiza sus montajes en torno a una escultura-símbolo u objeto móvil básico, que condensa la interpretación de la obra. En *Viaje al centro de la tierra*, ésta es una locomotora que representa la utopía industrial y científica de la modernidad positivista, locomotora que se transforma en coche de caballos, oficina, globo volador, entrañas de la tierra, etc. Locomotora llena de puertas y artificios que da gran movilidad a la actuación.

El grupo La Puerta, por su parte, fundado en 1991, ha trabajado con textos de los poetas chilenos Nicanor Parra (antipoesías) y Vicente Huidobro (*Cagliostro*, 1994), con textos de Artaud, Nietzsche (*Zaratustra*, 1995), Kafka (*Informe para una academia* y *La metamorfosis*, 1997), Homero (*Odisea*, 1996), entre otros. Su último montaje es *La voluntad de morir* (1998), en el cual, a partir de los personajes de Ofelia, Antígona, Judas y Van Gogh, indagan en la subjetividad del suicida en su acto de abandono a la pulsión de muerte.

La Puerta realiza su propia dramaturgia, coordinada por su director Luis Ureta. Ellos también manejan la idea del viaje, pero más bien la del retorno al padre, a la patria, tras haber sido arrojados al mundo y a sus asechanzas. El tema del origen y límites de lo humano, enfrentado a la suprarrealidad, es una obsesión reiterada en sus obras, fascinándoles el mundo de lo oscuro, lo ignoto, lo mágico (la alquimia) y lo que excede a la razón, lo sensorial y la división de los órdenes de bien y mal. Su teatralidad es suprarrealista y, trabajando fuertemente sobre el actor, crean un mundo espacial inquietante, provocativo, de potente imaginería visual.

Es justamente este tipo de relación texto literario/reescritura teatral y escénica el que encuentra su máxima potencia en el trabajo creativo de La Troppa, donde se hace más fructífera la relación de lo teatral con un texto de estructura y lenguaje potentes, que se deshuesa y rearma con una fuerte impronta autoral propia, en consonancia con el contexto cultural del que hace parte. Así son reconocidos por el público que siente gran cercanía identitaria con los montajes de este tipo.

Violencia y soledad de la cultura del poder

He mencionado aquí preferentemente obras cuya dramaturgia es realizada por los mismos grupos creativos, por su director o un dramaturgo de oficio. Obviamente, en la escena chilena también hay múltiples montajes de obras dramáticas de otras procedencias, donde cabe principalmente realizar una puesta en escena significativa para su contexto de emisión-recepción. Cada vez más, al igual como ocurre en las obras inspiradas en novelas y cuentos de autores no-chilenos, la versión teatral tiene una escenificación original, nutrida hondamente de formas expresivas alusivas.

De entre los dramaturgos más convocantes en este último tiempo se encuentran los alemanes (Heiner Müller) y franceses (Koltès, Azama), como también Mishima (*Madame de Sade*). También, un montaje del judío-húngaro-alemán Tabori (*Los caníbales*) fue de excelencia. Los temas preponderantes son la deshumanización de la cultura moderna, la orfandad del hombre urbano posmoderno, el dislocamiento de las formas de convivencia que llevan a una violencia desgarrada, cotidiana, que invade la subjetividad hasta impregnar con su sombra amenazante la intimidad, trastocando el amor en sexo despiadado, la amistad en canibalismo, las utopías en fuentes de exterminio.

Se trata en general de una dramaturgia asentada fuertemente en la palabra poética; por ello, sus puestas en escena, en un contexto de tradición tan disímil como es Chile, se toma como un desafío, incentivando el ejercicio de restaurar su teatralidad.

La generación que adviene: valoración del texto dramático

Siendo sin duda una veta importante en el teatro chileno de los 90 la exacerbación de la espectacularidad escénica preñada de símbolos evocativos de la cultura chilena y latinoamericana, surge con la misma fuerza un movimiento que apuesta a la centralidad de la palabra, del texto, de la construcción de la ilusión teatral y su acción a través del verbo dramático. Se ha desarrollado todo un estilo de actuación y puesta en escena que funciona con la premisa minimalista de "menos es más" para dejar espacio al juego de la palabra protagónica (proverbial ha sido la confrontación teatral entre los directores Andrés Pérez y Rodrigo Pérez en sus respectivas puestas en escena de *Madame de Sade*, una, la de Andrés, evidenciando la máscara y el disfraz, estrafalaria, travesti, provocativamente sensorial; la de Rodrigo ascética, interior, despojada, racional), expresando esta última una valoración de la dramaturgia primeramente por su valor textual.

Ello es parte de un movimiento de retorno a la centralidad de la dramaturgia en el teatro y al auge de la escritura dramática como oficio autónomo, personal, escritural, al margen de la pertenencia del autor a un grupo o de la certeza si su obra será finalmente puesta en el escenario. Estas obras se gestan en la intimidad de la escritura, aunque muchos se reciclan y estimulan en talleres y cursos de dramaturgia. Múltiples concursos permiten apreciar la existencia ya no de decenas sino de centenas de autores dramáticos, los que se distribuyen a través del país.

Entre estos escritores nóveles, quisiera destacar —por su carácter inédito— la explosión de dramaturgia de mujeres, gran parte de ella gestada en la Escuela de Teatro de la Universidad Católica, como discípulas de I. Stranger y M.A. de la Parra. De un corpus de trece textos, más de la mitad estrenados, he identificado rasgos que se perfilan como propios de esta generación (Hurtado 1998).

La mayoría de las obras huyen del realismo. O exacerban la ironía, el juego desbocado de las situaciones y personajes, el *sketch* lindante en el absurdo (*Mala leche*, Verónica Duarte; *Nina*, Sandra Cepeda; *Tango*, Ana María Harcha, *Asesinato en la calle Illionis*, Lucía de la Maza), o exploran las situaciones poéticamente (*Por unos ojos negros*, Macarena Baeza; *Luna negra*, Francisca Imboden; *Que nunca se te olvide que no es tu casa*, Lucía de la Maza) o se ubican en mundos fantástico-oníricos, algunos de atmósfera de ciencia ficción (*Toro rojo: memoria futurista*, Verónica Duarte).

Una constante destacable es que la mayoría construye la acción sobre la base del misterio, de un secreto o de algo desconocido que enrarece las vidas trágicamente, en una explosión de violencia y muerte. En todas hay asesinato o suicidio, salvo una en que el origen de lo ocurrido es una violación reiterada de tres niñas púberes.

Estas violencias suelen estar interconectadas con una modernidad desatada, individualista, en que la competencia y el narcisismo impiden toda relación amorosa fructífera. La traición es una regla que no respeta lazos de familia, de pareja, de colegas, de amistad. Otras violencias tienen un sabor más arcano y se vinculan con la lucha entre las grandes fuerzas del bien y del mal que ensucian la pureza posible del amor, retomando mitos y recreando obras nucleares de la cultura occidental, como *Fausto*. Reaparecen los incestos y los amores prohibidos que la naturaleza humana incita una y otra vez, especificando esta dramaturgia el contexto en que ocurren: el del dominio social y el poder económico de una de las partes, en general, la masculina. Es decir, se trata de la reescritura de los mitos, poniendo ahora como protagonista vulnerada o salvadora a la mujer.

La ambigüedad de las identidades, por estar los personajes con máscaras, ropajes o formas que encubren su verdadero ser, es una constante. Los ambientes están enrarecidos, lo misterioso se cuela por muchas grietas, las mujeres quedan atrapadas o conducen juegos que puedan iluminar las situaciones y su propia realidad. Hay añoranza por amores imposibles, por la infancia, por la restauración de la confianza, por la seguridad y la fe. Las amenazas son múltiples, la soledad es un sino de los tiempos. Es desesperada la búsqueda de algo distinto, pero también es fuerte la rabia ante la desilusión y la burla de sueños rotos por la incapacidad (en general, del hombre), de mantener relaciones vivas, leales, poderosas en pasión y espiritualidad.

Es una generación de mujeres jóvenes que se lanzó a la escritura con desparpajo y atrevimiento. Lo social para ellas es un trasfondo, no el tema principal. Es el entorno que define tipos de relaciones y personalidades que se han acostumbrado a resolver los conflictos con la violencia asesina, con el engaño, empujando a cada cual, en especial a la mujer, a desarrollar su inteligencia e instinto para identificar los verdaderos rostros y almas y salir del laberinto. A veces, cuando el contexto es el de la modernidad, hay un maquiavelismo que planifica malévolamente las acciones. En otros, son las fuerzas permanentes del destino las que reiteran míticamente las luchas y deseos magnéticos ancestrales entre el bien y el mal, entre el amor del padre y la hija, entre la posesión y la entrega, entre la vida y la muerte.

Son obras de escenas cortas, vertiginosas, de lenguaje rápido, de construcción dramática progresiva que tiende a dilucidar el misterio. Son *thrillers*, a veces emparentadas con el cine negro, que no moralizan a través del lenguaje ni defienden grandes postulados histórico-políticos. Sus finales son como los del cuento corto: en un rápido brochazo, permiten al público entrever las motivaciones y rostros ocultos que desencadenaron la acción de pesquisa y descubrimiento.

Es una dramaturgia también pensada y hecha para el escenario. Que no se sustrae a las emociones fuertes y a los golpes de efecto. Que expresa una dura realidad histórica de Chile y del mundo de las últimas décadas, situada en el plano de la vivencia privada. En general, estas mujeres escriben sin una militancia "feminista" ni conciencia explícita de género, y muchos de los elementos aquí esbozados los comparten con sus pares— los hombres jóvenes dramaturgos.

En un estudio sobre la generación joven de los 90 hecho por dos alumnas de la Escuela de Teatro de la Universidad Católica, que toman por referente la dramaturgia de Alejandro Campos y Luna del Campo, expresan:

> Los conceptos que rescatamos de los teatristas de los 90: son **la búsqueda de ¿Quién Somos?, una mirada introspectiva.** Sentimos que estamos en un momento de suspensión, venimos de algo que se rompió, de una destrucción de la cual aún no se sabe lo que vendrá. Aún

no sentimos un renacer, no tenemos conclusiones, ahí estamos, detenidos. Sin embargo, la necesidad de crear nos adentra en la búsqueda de reconocernos. Las expectativas de que esto se logre o no son tan diversas como creadores hay. La vertiginosidad del tiempo, lo rápido de la vida, lo rápido de la información, de las imágenes, lo rápido que uno se desgasta y pasa. El valor que cobra la vida, en un sistema donde todo pasa rápidamente de útil a obsoleto, y el renovarse constantemente se transforma en una necesidad para subsistir y sobrevivir hoy en día. Todo esto nos acerca a una sensación constante de **muerte**, como la presencia que acompaña siempre, en el pasado y en el presente, de la cual no pueden desligarse las creaciones. Visualizamos un mundo donde las estructuras en todo ámbito de cosas (estatal, familia, religión) no son creíbles y se desplomaron, ¿queremos reconstruir?, la respuesta: es opción de cada uno (Pizarro/Raposo 1998, 96).

Los escritores dramáticos novísimos no suelen adaptar textos de otros géneros, ni tampoco se basan en la puesta en escena, sino que hacen una escritura primeramente textual. Desde la literatura crean un mundo, un imaginario, una fuerza que proponen como teatralizable, pero que igual vale autónomamente en una publicación. Tampoco anticipan la puesta en escena en el texto: no hacen indicaciones al respecto, con el implícito de "¡Aquí está lo mío, ve qué puedes hacer con eso!"

Es un proceso que va desde fines de los 60, en que directores y actores sentían que el dramaturgo no tenía cualidad escénica y lo reemplazaron por sus propios textos construidos sobre el escenario, con un predominio de la imagen escénica durante los 70 y parte de los 80, y luego, hacia los 90, hay un buscar un lenguaje y construcción de mundos en la literatura y la poesía. De ahí el dramaturgo retoma su oficio de elaborar un imaginario, situaciones y personajes con una fuerte autonomía lingüística, y con libertad respecto a los géneros canónicos. Es ahora desde la literatura dramática que se desafía al director y la escena, la que ha de encontrar un lenguaje abierto y en contrapunto con dichos textos.

De aquí que sea éste un momento de plena pertenencia de la literatura dramática al campo literario y de legitimación de su función dentro del campo de lo escénico.

Asimismo, estas tensiones y recorridos estimulan una manera simbólica, transpuesta, indagatoria de la realidad, en que no es mecánica ni refleja la manera de dar cuenta de lo social. Lo que no obsta a que, como he intentado demostrar, ésta esté siempre presente como trasfondo principal de la indagación.

Bibliografía

Cánovas, Rodrigo. 1997. *Novela chilena, nuevas generaciones: el abordaje de los huérfanos*. Santiago de Chile: Ediciones Universidad Católica de Chile.

Genovese, Carlos. 1988. Ficción y realidad: Crónica de un caso chileno. En: *Latin American Theatre Review* 21/2, 99-104.

Hurtado, María de la Luz. 1997. Chile. De las utopías a la autorreflexión en el teatro chileno de los 90. En: *Apuntes* (Santiago) 112, 13-30.

—. 1998. La experimentación de formas dramáticas en las escrituras femeninas/ escrituras de la mujer en Chile. En: *Latin American Theatre Review* 31/2, 33-44.

Pizarro, Karina; Valentina Raposo. 1998. Una mirada desde dentro: los jóvenes de los 90. En: *Apuntes* (Santiago) 114, 95-103.

La voz de los 80 (promociones poéticas 1979-1989)

Tomás Harris

> Nos educaron para atrás padre
> Bien preparados, sin imaginación
> Y malos para la cama.
> No nos quedó otra que sentar cabeza
> Y ahora todas las cabezas
> Ocupan un asiento, de cerdo.
>
> Diego Maquieira

Hacia fines de 1975 y comienzos del 76, se van conformando grupos, apareciendo folletos mimeografiados, talleres, como los conformados por Talleres Andamio, 666, Matucana, la Unión de Escritores Jóvenes (UEJ), dirigida por Ricardo Wilson, cuyos integrantes eran Armando Rubio, Erick Pohlhammer, Gregory Cohen, Antonio Gil y Bárbara Délano. Los grupos literarios reunidos en torno a la Agrupación Cultural Universitaria (ACU), la revista *La Bicicleta*, dirigida por Eduardo Jentsen; *El 100topiés* que dirigieran Luis Aravena y Esteban Navarro; *La Castaña*, dirigida por Jorge Montealegre y Eduardo Llanos; *Huelén* de Hernán Ortega y Jorge Calvo, *La Gota Pura* de Leonora Vicuña y Ramón Díaz Eterovic, todas en Santiago. En el sur, en Concepción, se comenzó a editar el tríptico *Envés*, dirigido por Mario Milanca, Carlos Cociña y Nicolás Miquea, posteriormente, la revista *Posdata*, cuyo comité editorial estaba conformado por Tomás Harris, Carlos Decap, Jeremy Jacobson y Roberto Henríquez; en Chiloé las actividades literarias comenzaban a configurarse en torno al grupo literario *Aumen*, que crearon Carlos Alberto Trujillo y Renato Cárdenas y *Archipiélago* dirigido por el poeta Mario Contreras Vega; en Punta Arenas se editaba la revista *Momentos*, en la que participaron los poetas Luis Alberto Mansilla y Aristóteles España. Toda esta configuración literaria inicial se caracterizó por su marginalidad, por su manifiesta resistencia al régimen dictatorial, sin ningún tipo de ayuda o auspicio universitario, como en la generación del 60.

Posteriormente, vinieron las primeras antologías, como *Poesía para el camino* y *Uno X Uno=nueve poetas jóvenes* (1979) en Santiago, y *Poesía joven del Sur de Chile* en 1977 producto de un "Encuentro de Poesía del Sur de Chile" convocado el mismo año por la Universidad Austral de Valdivia —una excepción a la regla imperante— en Valdivia, donde publicaron por primera vez poetas como Nicolás Miquea, Clemente Riedemann, Sergio Mansilla y José María Memet. En Temuco, en 1980 aparecía la Agrupación Cultural Puliwen Antu, de la que formaron parte Guido Eytel, Hugo Alister y Bernardo Reyes. Fueron los comienzos, caracterizados por la precariedad de medios, las contradicciones y confrontaciones políticas e ideológicas, la represión y el autoritarismo, la desconfianza del oficialismo por todo lo cultural sinónimo de subversión.

Primeras publicaciones

Posteriormente, comienzan las publicaciones, en su gran mayoría autoediciones, que van constituyendo un escenario textual múltiple y heterogéneo, donde se entrecruzan, coexisten y confrontan distintas maneras de ubicarse en el decir poético. Dice Javier Campos en el Prólogo a *La joven poesía chilena en el período 1961-1973*:

> No se había publicado tanto libro de poesía por promociones jóvenes como ha ocurrido a partir del 11 de septiembre de 1973 en Chile: desde 1974 hasta sólo 1986 se señalan como 120 libros de poesía publicados entre los de fuera y los de dentro del país. Lo anterior, sin embargo, queda minimizado por lo que señala el primer número de la revista *El espíritu del Valle* (1985): sólo en el año 1985 se publicaron casi 140 obras de poesía (libros, antologías, separatas, manuscritos fotocopiados, casetes). Esta efervescente producción es imposible e impensable en la década previa al golpe militar [...] La gran heterogeneidad actual de la poesía chilena es pues evidente con posterioridad a 1973. Es común hablar, después de esa fecha, de una poesía chilena escrita en el interior y otra escrita en el exilio. A ello, después de casi siete u ocho años más o menos, hay que agregar el retorno de algunos poetas a Chile.
>
> Esta nueva línea —o "desexilio" como denomina Grínor Rojo—, dentro de la heterogeneidad existente, resulta de una interrelación entre la experiencia vivida fuera del país y el país al cual se regresa, pero que ya no parece ser el mismo que se dejó. Si bien esta heterogeneidad resulta enriquecedora, crea también una dificultad metodológica. No es oportuno señalar quién es el príncipe de la poesía chilena actual, sino intentar definir esa heterogeneidad a través de propuestas metodológicas que ya están en camino. Otra situación que no ocurrió dentro de la década de los 60 ha sido la ascendente y significativa producción poética escrita por mujeres (Campos 1987, 11).

Javier Campos menciona como propuestas metodológicas "en camino": "Veinte años de poesía chilena: algunas reflexiones acerca de la antología de Steven White", trabajo leído en LASA en Boston, octubre de 1986; Jaime Giordano, "Poesía chilena actual: ficción e historia", trabajo leído en LASA, Boston, noviembre de 1986, actualmente publicado en el libro *Dioses, Antidioses* (1987) y a Soledad Bianchi, "quien en estos momentos (1987) trabaja un libro sobre poesía chilena"; este libro es *Poesía chilena (Miradas. Enfoques. Apuntes)*. A los que habría que agregar *Tendencias literarias emergentes*, de Carlos Cociña (1983), el texto de Raúl Zurita *Literatura, lenguaje y sociedad (1973-1983)* (1983) y *Campos minados* de Eugenia Brito (1990), que aborda una parcialidad de la literatura post-golpe en Chile, la llamada "Escena de Avanzada" o "Neovanguardismo", el artículo publicado al respecto por Luis Ernesto Cárcamo en la revista *Paginadura*, Primer Semestre de 1995 y el estudio realizado por Iván Carrasco en la *Revista Chilena de Literatura* de la Universidad de Chile número 33, del cual se publica posteriormente un extracto en el diario *La Época* del domingo 26 de diciembre de 1993 bajo el título de "El boom permanente", donde leemos que

> La poesía chilena es uno de los procesos más creativos de la escritura hispanoamericana. Reconocida con dos premios Nobel, numerosos galardones internacionales, investigaciones en los más prestigiosos centros de estudio, mantiene su vitalidad y su capacidad de renovación. Por ello, puede afirmarse que la poesía chilena es un boom permanente, tanto por la cantidad de sus textos, como por el grado de variedad e intensidad de sus propuestas (Carrasco 1993).

Sobre la literatura producida en el exilio se debe remitir a la antología de Soledad Bianchi *Viajes de ida y vuelta: poetas chilenos en Europa (un panorama)* (1992). En este texto Soledad Bianchi afirma en relación a la poesía producida en el exilio:

> [...] ciertos temas y ciertas visiones varían: comienzan a aparecer los nuevos países como territorio donde se vive, sin enfatizar la comparación ni centrarse en la añoranza de la ausencia. A veces, el español se "salpica" de términos en otras lenguas o, con menos frecuencia, se escribe directamente en el nuevo idioma. En esta circunstancia, que Gonzalo Millán llama el *"contra exilio"*, el escritor asume su condición de residente en una realidad distinta a la chilena y la asume sin necesidad de aludir a la lejanía del país de origen, ni de explicitar, una y otra vez, la diferencia de las nuevas calles o de las costumbres diversas. Es en este tiempo que el emigrante "siente" que su mundo es par y que debe acogerlo en su doble faceta de dos países. Frente a este cambio, cada uno reacciona de distintos y personales modos que no son indiferentes a la edad, el pasado individual o el lugar donde se reside (1992, V).

Los poetas que Soledad Bianchi incluye en *Viajes de ida y vuelta*, que interesan a estas notas por el período que cubren, entre los nacidos entre 1936 y 1960 y que aún viven, escriben y publican en el extranjero, son: Patricio Manns (1937) con una producción poética publicada fundamentalmente en revistas, en Cuba, Francia y Suiza; Orlando Jimeno Grendi (1937), con una publicación *Mandragore/Mandrágora* (1984), residente en París; Sergio Macías (1938), residente actualmente en Madrid, ha publicado, entre otros libros, *El jardinero del viento* y *Memorias del exilio*, en 1980 y 1985, respectivamente; Guillermo Deisler (1940), *Le cerveau*, poesía visiva, editada en París en 1975; Luis Mizón (1942) del que destacamos *Poème du Sud et autres poèmes*, una edición bilingüe, traducida por Roger Caillois y Claude Couffon en 1982; Walter Hoefler (1944); Gustavo Mujica (1947), ha publicado, entre otros textos: *Deatráspicaelindio*, París, 1975 y *Escrito por las olas* en 1985. Vivió en España y, actualmente, en Francia; Sergio Infante (1947) *Sobre-exilios/Om exilem*. Edición bilingüe español-sueco, publicada en Estocolmo en 1979 y *Retrato de época*, también publicada en Estocolmo, ciudad donde reside el autor, en 1982; Patricia Jerez (1947), *Enroque*, 1983, y *Jaque*, 1985; Leonora Vicuña (1952), publicaciones en revistas y antologías; Roberto Bolaño (1953), *Reinventar el amor*, entre otros, publicado en 1976, en México; Ricardo Cuadros (1955), que publicó en Holanda *Navegar el silencio* (1984) y *De Stilte Bevares*, edición bilingüe holandés-español, también publicado en Holanda en 1984; Cristóbal Santa Cruz (1957), que publicó en Barcelona *Réquiem para un habitante vivo de la tierra*, 1982; Bruno Montané (1957), con *El maletín de Stevenson*, Barcelona, 1985; Antonio Arévalo (1958) que publicó, entre otros, *El luchexilio o al Zar las cartas y Adiós a su séptimo de línea* (1981) y *Extraño tipo, en Roma*, 1983; Mauricio Electorat (1960) *T(RES)*— en colaboración con Andrés Morales y Cristóbal Santa Cruz, Barcelona, 1986; Luis Cociña (1960), con publicaciones en revistas y antologías españolas; Gonzalo Santelices (1962-1998), publicó, antes de su trágica muerte en un accidente automovilístico, *Todo esto para que los muchachos enseñasen sus glandes de tortugas desde el puente de Brooklin* (Jaén, España, 1983), *Sueño en la torre* (1985), *Una fiesta para la muerte* (1985) y *Nocturno en Marrakesh* (1985). Vivió y murió en su exilio en Madrid. Nombres a los que habría que agregar a Hernán Castellano Girón, residente en Estados Unidos y autor del notable poemario *Teoría del circo pobre*; Carlos Geywitz y Adrián Santini, que viven actualmente en Estocolmo, Suecia, y el importante libro de poesía urbana *Daduic-Ytic* de Tito Valenzuela, quién sólo alcanzó a publicar un libro en Chile, *Manual de sabotaje*, texto un tanto mítico y de culto por las propuestas de avanzada que ponía en la escena de la poesía chilena, en Valparaíso a mediados de los 70. *Daduic-Ytic* ha sido presentado como: "A bilingual exercise about a ghost town", por proponerlo como una performance, que pide no sólo ser leído sino también cumplirse en la representación.

Otras operas primas —nos referimos aquí a libros— de los poetas de la Promoción del 80 son *Upsilon* de Diego Maquieira (1975), *Bombardo*, del mismo Maquieira (1977), *Recurso de amparo* (1975) y *Palabras en desuso* (1977) de Jorge Torres Ulloa, *La nueva novela* de Juan Luis Martínez (1977), *Poemas crucificados* de José María Memet (1977), *Dieciocho poemas* de Álvaro Ruiz (1977), *Purgatorio* de Raúl Zurita (1979) y *Lógica en zoo* (1981) de Jorge Montealegre y Eduardo Llanos obtenía el premio "Ariel" en 1978 y el premio "Gabriela Mistral" en 1979. Así ya comienzan a perfilarse algunas directrices poéticas que se desarrollarán más tarde y a las que se le sumarán otras, durante los años 80.

Nuevos giros a la tradición

Una primera línea escritural que podemos determinar dentro de la Promoción post-golpe es aquella que se relaciona con la tradición sin intentar rupturas radicales, sino recrear a partir de las escrituras de Parra y Lihn, principalmente, una textualidad donde los rasgos predominantes son el lenguaje más cercano al habla coloquial, lo urbano, restos de discursos extraliterarios, una apelación directa a la realidad extratextual, la problemática sociohistórica, la ironía, y la presencia de un yo poético nivelado a la experiencia de la cotidianidad que no niega ni retira su subjetividad del texto.

Dentro de esta línea se inscribe Eduardo Llanos (1956) con *Contradiccionario* (1983), libro que oscila entre la experiencia social, colectiva, individual y cultural, con un lenguaje que muestra una rigurosidad extrema en la preocupación formal.

En "Aclaración Preliminar" Llanos plantea:

> Pero si ser poeta significa sudar y defecar como todos los mortales,/ contradecirse y remorderse, debatirse entre el cielo y la tierra,/ escuchar no tanto a los demás poetas como a los transeúntes anónimos,/ no tanto a los lingüistas como a los analfabetos de precioso corazón;/ si ser poeta obliga a enterarse de que un Juan violó a su madre y a su propio hijo/ y que luego lloró terriblemente sobre el Evangelio de San Juan, su remoto tocayo,/ entonces, bueno, podría ser poeta/ y agregar algún suspiro a esta neblina (1983, 9).

Dentro de esta línea también se inscribe Jorge Montealegre (1954) con sus libros *Título de dominio* (1986) y *Bien común* (1995). El primero es un libro que se constituye en un gran poema citadino ubicado en la experiencia poblacional. Tal vez, junto a *La estrella negra* de Gonzalo Muñoz (1956) y *Olla común* de Bruno Serrano (1943) sean los tres únicos libros que intentan asumir de manera totalizante la experiencia urbana de la marginalidad social en su límite más extremo. Los tres libros citados tienen un rasgo común que se mantiene en toda la escritura de *Título de dominio*: la desubjetivización y pluralización del yo poético (recurso que no se da en los libros anteriores de Montealegre ni en su última producción, *Bien común*). *Título de dominio* se estructura en dos niveles o dos poemas que se refractan el uno al otro: uno escrito en versículos donde se escenifica la lucha límite de la sobrevivencia del poblador que comienza en cada fragmento con la reiteración "Cada uno de nosotros"... y otro de escritura epigramática que reitera, también como una suerte de plegaria ritual "Soy..." Verbigracia: "Cada uno de nosotros construyó con memoria de adobe su pasado;/ ahora/ sólo nos queda la paja después del terremoto. Soy un puente sin tierra/ traspasado/ por el grito de Edvard Munch/ aterrándome". *Bien común* se inscribe en otro registro. Estructurado como colección de poemas independientes se divide en cinco secciones: "Puerta de escape", "Musas al paso", "Asuntos civiles", "Cargando cruces" y

"Niños de fin de siglo", el hablante se instala con conciencia finisecular, pero utilizando tanto el humor y el dolor en un mismo nivel de intensidad: el cine, los *mass media*, las huellas de la represión y el espacio de lo familiar son los niveles temáticos del libro. Dice Eduardo Llanos en la presentación de la solapa de este libro:

> Desde el guiño inicial del título, *Bien común* reivindica la diversidad: es un libro muy común tanto como un bien de todos. Pero lo interesante es que esas dos interpretaciones del título no reflejan una simple ambigüedad, sino la clave de una coherencia más honda. Porque lo que estas páginas terminan comunicando es precisamente la naturalidad y autenticidad de una poesía brotada al calor de un hogar y un país, de una intimidad privada y una historia pública (Montealegre 1995).

Es importante entre los poetas del 80, la poesía testimonial, poesía de testimonio de un proceso destructor de las relaciones acostumbradas hasta entonces, introduciendo el horror entre los vínculos sociales; me refiero a la experiencia compartida con Floridor Pérez en distintos recintos de reclusión, y la poeta Arinda Ojeda y su experiencia de la prisión. En el caso de Aristóteles España (1955) es la experiencia vivida por el poeta en los campos de concentración de Dawson, en una escritura que va más allá de la pura poesía de denuncia y hace universal el dolor de la reclusión política, para transformarlo en una memoria histórica, en una atmósfera respirada en el espacio del campo de concentración, en las imágenes irrepetibles de su doloroso y hermoso libro-poema Dawson, del miedo y la muerte, de la pérdida de los niveles de realidad ante la violencia y la incertidumbre, ante la amenaza constante de la proximidad de la muerte: "Anoche, al acostarme escuché ladridos, en algún lugar del campamento. Y NO ERAN PERROS".

Andrés Morales (1962), por su parte, desde sus primeras obras, *Por ínsulas extrañas* (1982); *Soliloquio del fuego* (1984), hasta su trilogía comenzada en 1988 con el libro *Verbo*, expande un proyecto lírico al que adscribe, como primera necesidad poética, la voluntad de trabajar en su escritura, privilegiando la rigurosidad formal, a pesar, incluso, de caer en un posible, pero aparente hermetismo en los significados. Su último libro —si es que sigue siendo el último cuando se publiquen estas notas al desgaire, pues Morales es, tal vez, el más prolífico escritor de las últimas generaciones— *Escenas del derrumbe de Occidente* (1998) es un libro que abre sus niveles de significación hacia un área más problemática, que incorpora los miedos, angustias y visiones apocalípticas de una modernidad recusada y abierta en un inquietante signo de interrogación hacia la historia y su sentido.

Un poeta que cruza ambas promociones, con un proyecto unitario que se va desplegando en todas sus publicaciones —libros casi todos de escaso grosor en tanto páginas, pero de gran grosor en tanto proyecto literario, es José Ángel Cuevas, y su mirada directa, mordaz, deconstructiva, hiperlúcida a pesar de su aparente nostalgia, en la construcción de uno de los proyectos poéticos "políticos" admirablemente logrado: la construcción textual de un proyecto de país que se va destejiendo en los textos —desde *Efectos personales y dominios públicos* (1979) y *Canciones rock para chilenos* (1987), hasta los *Treinta poemas de ex poeta José Ángel Cuevas* (1992) y *Proyecto de país* como en sus entregas posteriores— como un anti-proyecto de país, en tanto el poeta Cuevas del comienzo, sin claudicar en su línea poética, termina siendo, lúdicamente el ex poeta Cuevas.

Fue, sin duda, Pablo Neruda quién introdujo, al decir de Octavio Paz, en *Conjunciones y disyunciones*, el "Signo Cuerpo", dentro de la poesía amorosa chilena. Nuestra lírica estaba, antes de la aparición en 1923 de *Los veinte poemas de amor y una canción desesperada*, mucho más atrás que el erotismo modernista de Darío: mucho espíritu, poco, o nada de cuerpo. En la poesía de la generación del 80, el erotismo tiene mucho de tanático, el cuerpo demasiado de martirio, mucho San Juan de la Cruz y Santa Teresa de Ávila y casi nada del Rey David. Dos poetas que trazan una geografía erótica distinta, pletórica y dionisíaca son Jaime Hales, con sus libros *De cúpulas y amores* (1987); *Para ti, compañera* (1988) y *Dulce mía* (1993), entre otros. Pero es el poeta Tulio Mendoza (1957) quien entre sus distintos poemarios (*Elegía por los hijos de la luz* y, sobre todo, *Opus pagana*, donde expone y se expone, en una poesía que no sólo "tematiza" el problema del erotismo en la poesía, sino con su lenguaje, las texturas de sus modulaciones, la tópica visceral y descarnada, pletórica y trasgresora) atraviesa el interdicto batailliano y el tabú freudiano, para entrar en el "más allá erótico". Cercano a lo mejor de Octavio Paz en su poesía erótica y a los españoles Luis Cernuda y Luis Antonio de Villena, Tulio Mendoza es uno de los pocos poetas que en el período dictatorial optó por el signo cuerpo, pero no como campo de batalla o territorio minado, sino como goce y exposición dentro del ineluctable y omnipresente miedo al 'Otro'.

Ironía y parodia

La marginalidad, la ironía y la parodia llevada al extremo con que Quevedo demolió tanto los cánones morales, estéticos y sociales de su época, más una torsión que lleva a límites desestructurantes y bufonescos al lenguaje son los rasgos más definitorios de la poesía de Rodrigo Lira, Mauricio Redolés (1953) y Erick Pohlhammer (1955). Cada uno crea su personaje— los tres en el límite más angustiante de la marginalidad, y hablamos de una marginalidad real. Los tres poetas, cada uno en su registro, presentan una escritura que se caracteriza por una yuxtaposición donde, muchas veces, poesía y vida se confunden. No hay norma en ellos, sino la antinorma. Dice Enrique Lihn en el Prólogo a *Proyecto de obras completas* de Rodrigo Lira:

> El Chile de los años setenta tendría que parar la oreja, si no fuera
> sordo, al enmudecimiento de Lira, fenómeno que ocurre a partir de
> la letra, como una desestabilización del sentido acto mismo de escri-
> bir. Si el objeto de la poesía no fuera el de consolarnos y hacernos
> soñar, sino el de desconsolarnos, manteniéndonos desvelados, Rodri-
> go Lira tendría reservado el lugar que le reservamos en el Olimpo
> subterráneo de la poesía chilena, antes que en el escenario de la re-
> conciliación (1984, 15).

Esta afirmación de Lihn da en el punto: la poesía de Lira es una poesía del desvelo, de lo subterráneo, del desconsuelo. No está Lira lejos de Artaud. Si bien no
manifiesta esa angustia absoluta en el ámbito de su cuerpo, reemplaza el cuerpo
por el lenguaje y es en el ámbito del lenguaje donde su obra explota en una eclosión feroz —por no decir atroz— de su palabra con las cosas. Sobresaturado de
una sensibilidad *pop* y una cultura literaria implacable en relación a toda la tradición poética que lo precede y con la que coexistió, hallamos en la poesía de Lira,
una diríamos casi compulsión paródica —en el sentido de amor-odio; repulsa-fas-
cinación— por los poetas chilenos tanto de las generaciones que le preceden, como con la de sus contemporáneos.

Por su parte, los tres libros de Mauricio Redolés, escritos en un lenguaje coloquial, que muchas veces transcribe fonéticamente el habla chilena y la entremezcla
con el inglés, entre el humor y la ironía, nos hablan de lo más humano de la experiencia del poeta y de su entorno. La carga política no llega a la consigna, sino,
al contrario ponen de manifiesto esos destellos "horripilantes" y "cabrones" de la
sociedad chilena. Textos que van desde el esbozo, casi una pura línea, contribuyen a desmitificar lo que más preocupa al poeta: Chile, y a producir un plano utópico propio dentro del plano amoroso como única salida posible. Una poesía casi
imposible de encasillar por su extrema movilidad en el lenguaje y su temática,
pero que busca la utopía hasta las últimas consecuencias.

Erick Pohlhammer, sobre todo en *Gracias por la atención dispensada*, impone
lo que Jaime Quezada en la revista *Ercilla* de abril de 1986 define como "su propia norma o antinorma". En efecto, lo que estructura la poesía de Pohlhammer
es una antinorma que el poeta va configurando como su norma otra. Lúdica al extremo, la antinorma de Erick Pohlhammer incluye un dinamismo textual en forma
de *bricollage*: el humor, lo lírico, el juego, el amor, el sicoanálisis, el budismo
zen, la fábula estructuran una obra totalmente original.

La poesía del Sur de Chile

En el sur de Chile, específicamente en la X región, se produce una poesía que va
transformando y evolucionando sus elementos textuales que partían de una matriz
común en la tradición poética nacional: la de Juvencio Valle, cierto Neruda, Jorge
Teiller, Luis Vulliamy y, posteriormente, Omar Lara. Una poesía inscrita en

arraigo con la zona geográfica y la naturaleza de Valdivia, Puerto Montt, Chiloé: una poesía que ha transformado novedosamente su entorno, constituye una imagen abierta con sus habitantes, espacios, mitos, costumbres y atmósfera, a la que se le suman una preocupación antropológica donde el poeta asume tanto la voz personal como la colectiva. Poetas como Carlos Alberto Trujillo (1951), Mario Contreras Vega (1947), Sergio Mansilla (1957), Jorge Torres Ulloa (1948), Esteban Navarro (1956), Juan Pablo Riveros (1945), Clemente Riedemann (1953), Lionel Lienlaf y Elicura Chihuailaf (1955), desarrollan este discurso que, según Iván Carrasco surge de las experiencias de la interacción de las culturas indígenas y regionales con la cultura global de origen europeo y los enclaves de algunas colonias posteriores; trata los temas de la marginalidad de los grupos étnicos y culturales diferenciados, denuncia y supera el etnocentrismo que condena al silencio a las diversidades, los genocidios, las explotaciones (Carrasco 1995, 58).

Lo más característico de la configuración de los poemas es el código dual o plural, que incorpora las lenguas indígenas al circuito de la literatura moderna, sobre todo el mapundungu, y la presencia de un sujeto que se define como un cronista, un investigador o un observador involucrado de la interculturalidad.

Un texto esclarecedor para la poesía escrita en el "Sur de Chile" es el "Epílogo" de Oscar Galindo Villarroel: "Escritura, historia, identidad: Poesía actual del Sur de Chile", en la antología *Poetas actuales del Sur de Chile. Antología crítica*, de Oscar Galindo y Luis Miralles (1993).

La neovanguardia o escena de avanzada

Algunos de los poetas más significativos de la Promoción del 80, que inauguran en la poesía chilena del período una nueva forma de decir, a la que se le ha denominado entre otras maneras, neovanguardismo (a la que nos referiremos con más detención más adelante), son Juan Luis Martínez y Raúl Zurita que aparecen antologados por Martín Micharvegas en *Nueva poesía joven de Chile*, en 1972; también en el número uno y único de la revista *Manuscritos* del Centro de Estudios Humanísticos de la Universidad de Chile, editada por Ronald Kay aparece una selección de poemas de Zurita con el título de " Un matrimonio en el campo", dividido en dos secciones "Áreas verdes" y "Te lo digo todo", pero los primeros libros de este grupo de poetas no aparecen hasta después de 1977, donde los posibles textuales incluidos son fundamentalmente los más gratos a las vanguardias de comienzos de siglo: la ruptura radical con la tradición precedente y la experimentación lingüística y tópica.

Este núcleo fundamental de la Promoción del 80 desplaza su textualidad del ámbito habitual de la poesía, hacia la experimentación que los relaciona con cierto sector de las vanguardias de comienzos de siglo (Artaud, Duchamp, Huidobro, Vallejo, Girondo) y dentro de la literatura hispanoamericana dirigen una mirada hacia la novela, Arguedas, Fuentes, Cortázar, Puig, Sarduy, en tanto experimentación a través del lenguaje incluyendo múltiples formas de codificación y lo que

Luis Bocaz denomina fluidez semiótica, un esfuerzo por incorporar una pluralidad de códigos disímiles dentro del poema, textos en los que se insertan fragmentos de cómics, plástica, recuperación del lenguaje y tono de la historia y otras ciencias, la ficción narrativa, el cine, los medios de comunicación de masas, la reinserción de ciertas actitudes de las vanguardias de principios de siglo, como el surrealismo y algunos postulados del "Teatro de la crueldad" de Antonin Artaud, así como las *performances* —Duchamp como guía— que en el grupo CADA (Colectivo de Acciones de Arte), en el que se integran narradores (Diamela Eltit) y artistas plásticos —Lotty Rosenfeld, Carlos Altamirano y Carlos Leppe, entre otros— tiende a involucionar hacia esa vieja y nunca lograda ni renunciada intención de romper la tensión entre literatura y vida, volcando la praxis artística —poética incluida— hacia la segunda.

El sujeto hablante se presenta de una manera fragmentaria para inscribirse en textos también fragmentarios, pero que se constituyen como totalizadoras estructural y temáticamente, como *El estrecho dudoso* y *Canto cósmico* de Ernesto Cardenal; *Reseña de los hospitales de ultramar* y *Caravansary* de Álvaro Mutis o *Blanco* y *El mono gramático* de Octavio Paz por poner algunos ejemplos de la poesía hispanoamericana contemporánea. Dentro de esta propuesta están las obras de Juan Luis Martínez (1942-1993) con *La nueva novela* (1977), Raúl Zurita (1951) con *Purgatorio* (1979), *Anteparaíso* (1982), *Canto a su amor desaparecido* (1986), *El amor de Chile* (1987) y *La vida nueva* (1994); Diego Maquieira (1953) con *La Tirana* (1983) y *Los Sea Harrier* (1993); Gonzalo Muñoz (1956) con *Este* (1982), *Exit* (1983) y *La estrella negra* (1985); Carlos Decap (1958), con *Asunto de ojo* (1991); Juan Cameron (1947), sobre todo sus últimos libros *Cámara oscura* (1985), *Video Clip* (1989) y *Como un ave migratoria en jaula del fénix* (1992); Nicolás Miquea (1950) con sus poemarios *Textos* (1986*)* y *Que nos queremos tanto* (1994*)*; Pablo Jolly o Paulo de Jolly con *Louis XIV*, texto publicado por entregas en sucesivas plaquetas desde 1981 hasta su repentino silencio, a mediados de los ochenta, de uno de los proyectos que se contaban entre los más destacables y transgresores hasta ese momento; Alexis Figueroa (1956) con *Vírgenes del Sol Inn Cabaret* y Carlos Cociña (1951) con *Aguas servidas* (1981), *Tres canciones* (1992) y *Espacios líquidos en tierra* (1999); Eduardo Correa (1953) con *Bar Paradise* (1986), *Bar Paradise II* (1987) y *Márgenes de la princesa errante* (1991); José María Memet (1957), en su poemario *El duelo* (1994); Antonio Gil (1954) con sus poemarios *Los lugares habidos* (1981) y *Cancha rayada* (1985), a los que agregaríamos la novela poética *Hijo de mí* (1992); Egor Mardones (1957) con su más que esperado poemario aún inédito *AND THE REST IS SILENCE. FIN (del milenio)*, publicado en revistas y antologías como *1999 Concepción* (selección de los poetas Patricio Novoa y Jorge Ojeda, con un oscurecedor prólogo del poeta y académico de la Universidad de Concepción, Juan Zapata). Y el mismo Juan Zapata (1955), cuyos textos poéticos han sido publicados en revistas de poesía, como *Posdata*, la antología *1999 Concepción* y *Las* *plumas del colibrí. Quince años de poesía en Concepción (1973-1988). Estudio y antología* (1989) de María Nieves Alonso, Juan Carlos Mestre y Gilberto Triviños. En lo que concierne al desarrollo poético del período de la dictadura militar en la provincia de Concepción, esta antología, creemos, resulta fundamental, tanto por su estudio preliminar de Gilberto Triviños como por los nombres de los poetas incluidos.

Esta escritura experimental se constituye como una interrogante a la historia y la identidad chilena, dentro del contexto hispanoamericano y a la función del lenguaje en interacción de la producción textual, en un intento de reorganizarlo para constituirlo como un espacio de resistencia y trasgresión al sistema dominante. Una nueva aventura, una nueva mirada sobre el orden acostumbrado del lenguaje y el mundo poetizado.

La nueva novela de Juan Luis Martínez (1942), libro dedicado a Robert Caillois, texto dividido en siete partes: "Respuestas a problemas de Jean Tardieu"; "Cinco problemas para Jean Tardieu"; "Tareas de aritmética"; "El espacio y el tiempo"; "La zoología"; "La literatura"; "El desorden de los sentidos", más "Notas y referencias" y "Epígrafe para un libro Condenado", comienza poniendo en duda el nombre del sujeto, a través de la tachadura, y el sentido mismo de la obra. En el reverso de la carátula se lee este texto titulado "La Realidad I":

> Pregunta:/ ¿Qué es la realidad? ¿Cuál es la realidad?/ Respuesta:/ Lo
> real es sólo la base, pero es la base./ Respuesta: Lo real es aquello
> que te chocará como realmente absurdo (1985).

La duda en relación al libro y al hablante, ambos puestos entre paréntesis, el poeta visto como Superman, Carlos Marx o Rimbaud.

Un discurso que apela constantemente a preguntas sin resolución, a tareas textuales imposibles y a la disolución constante del sujeto, "un sujeto cero", según Pedro Lastra y Enrique Lihn en *Señales de ruta de Juan Luis Martínez* (1987) "que se hace presente en su desaparición, y que declara e inventa sus fuentes, borgianamente". Según el texto citado de Lastra y Lihn:

> El sistema de citas y referencias de Juan Luis Martínez no es sino lingüístico sino mitológico en el sentido amplio; abundan entre ellas las que provienen de la fotografía, de la gráfica propia y ajena, de la iconografía popular de los personajes célebres, etcétera. Todo libro es temporal en la medida en que lo datan sus referentes culturales, y es durable mientras lo actualicen sus lecturas sucesivas. Nos parece que *La nueva novela* es el proyecto utópico de escapar a la temporalidad, manipulando esos referentes de las maneras más contradictorias, entre las cuales anotamos:
> — la declaración de referentes canónicos, hiperreconocidos;
> — el elitismo y la sofisticación de otros;

— el emplazamiento del sujeto de los textos en el centro móvil de una circunferencia —el libro— de gran amplitud de radios. Las coordenadas también son móviles. Resultado: la imposibilidad de precisar el punto de intersección de las líneas que constituyen esa trama. SUPERMAN se hizo extraordinariamente popular gracias a su doble y quizás triple identidad: descendiente de un planeta desaparecido a través de una catástrofe, y dotado de poderes prodigiosos, habita en la tierra; primero bajo la apariencia de un periodista, luego de un fotógrafo y, por último, tras las múltiples máscaras de un inquietante y joven poeta chileno, que renuncia incluso a la propiedad de su nombre, para mostrarse como un ser a la vez tímido y agresivo, borroso y anónimo. (Este último es un humillante disfraz para un héroe cuyos poderes son literal y literariamente ilimitados).

El libro *Purgatorio* (1979) de Raúl Zurita (1951) inicia un extenso proyecto que finaliza con la publicación de *La vida nueva* en 1994. Ambos libros remiten al Dante, en una textualidad que está permanentemente afirmando, amplificando y apelando intertextualmente a los dos libros de Dante Alighieri: *La comedia* y *La vida nueva*. Desde el título de su primera obra y la última, como versos completos que se superponen a la reproducción de un electroencefalograma del poeta en el final de *Purgatorio* "del amor que mueve el sol y las otras estrellas" continúan este diálogo constante que sostiene la primera y la última obra del proyecto escritural de Zurita. De esta manera reactualiza y recontextualiza *La comedia* en el Chile de fines del siglo XX, ya sea en El Desierto de Atacama, en la Cordillera de los Andes y en los ríos y mares del país. Es en el desierto donde al inaugurar un espacio imaginario y soñado ("Nos sueñen las áridas llanuras/ Nadie ha podido ver nunca/ esas pampas quiméricas") que situará su Purgatorio, que transita, siguiendo el curso de la utopía al Paraíso donde "todo Chile no será sino/ una sola facha con los brazos abiertos". La relación con *La comedia* y *La vida nueva* se va ensanchando hacia otros textos de la tradición universal, que se contienen y absorben en la obra final de Zurita, como el *Génesis*, el *Valmiki*, el *Popol Vuh*, la *Teodisea*, el *Vyasa*, la *Ilíada*, la *Odisea*, las *Odas* de Horacio, las *Geórgicas* de Virgilio y el *Cantar de los cantares*. Finalmente el trabajo de Zurita, después de un vasto recorrido textual y vital —que había partido con la quemadura de su mejilla por el propio poeta— termina con la afirmación de encuentro total:

Así, resplandecidos, como mares/ vimos los ríos cruzar el centro del/ cielo y luego doblarse. Abajo se comenzaban a perfilar de nuevo las/ montañas, las cumbres erguidas/ contra un fondo de olas y tierra/ Amado padre, entrará de nuevo en ti (Zurita 1994, 519).

Diego Maquieira (1951) en sus dos últimos libros, *La Tirana* (1983) y *Los Sea Harrier* (1994) desarrolla una de las escrituras más transgresoras, carnavalescas y disfóricas de la poesía de los 80. En *La Tirana*, fiesta popular del Norte de

Chile, se anulan los contrarios, en una fiesta donde la virgen y el demonio se dan la mano. El erotismo, la muerte, la violencia y la fiesta, en un espacio de múltiples represiones marcadas bajo el signo de la contrarreforma y la inquisición española es el escenario donde se representa el libro de Maquieira. En su escritura no hay un sujeto único. Son múltiples los hablantes que se desplazan por sus textos.

El poeta se transforma en un "ordenador de sentidos" como afirmara Enrique Lihn. La escritura de Maquieira absorbe innumerables referentes de la cultura tanto literaria como extraliteraria: destacados son en su escritura el cine, Kubrick y Sam Peckimpah y su filme emblemático, de alucinante violencia en un México de pesadilla, *Traigan la cabeza de Alfredo García*, vista hasta la saciedad por el villano Olivares y los fragmentos de diálogo de Pat Garrett y Billy The Kid en "Baroque Behavior", el poema que abre el "Lado 1" de *Los Sea Harrier*, "Después de haber dejado atrás el porvenir" ("no deberíamos estar haciéndonos esto los unos a los otros") y Stanley Kubrick en *2001 Odisea del espacio*, la pintura, Velázquez y Rugendas, Georgy Boy, otra referencia a un filme que llega a los límites de la violencia, *La naranja mecánica* y Brando, Cavafis y el Demonio. La escritura de Maquieira se instala en un espacio de confrontación finisecular entre las fuerzas representadas por los Harrier y sus contrarios, los milenaristas, en una teatralización poética que corresponde fielmente al título del poema que inicia el libro *Los Sea Harrier*: un "Comportamiento Barroco".

Mujer: lenguaje y visión de mundo

Mención aparte no merece el trabajo poético de la mujer dentro del período de post-golpe. Aborrecemos de las taxonomías reductoras; pero, lamentablemente, aún a fines del milenio, en la colonia de Chile de Sudamérica, aún son engañosamente esclarecedoras de algunos hechos de lengua o hechos poéticos— incluida la poesía mapuche o la llamada poesía de "provincia" o de la República Independiente del Sur de Chile. Juan Villegas ha dedicado varios estudios a la poesía "femenina" o de "género" chilena. Naín Nómez dedicó un seminario sobre el tema durante 1998, en la Universidad de Santiago de Chile. Incluso, algunas críticas como Jean Franco, Nelly Richard y la poeta y académica Eugenia Brito —incluso Brito ha publicado una antología de la poesía femenina chilena— teorizan sobre los rasgos de su "cuarto propio", como diría Virginia Woolf. En términos generales, este discurso se sitúa dentro de la perspectiva de lo femenino como género; indaga en sus diferencias, en el ámbito de la sexualidad, la maternidad, el espacio doméstico, y el erotismo, entre otros aspectos. Como atinadamente observa el crítico y profesor Juan Villegas, las mujeres que han escrito —y que escriben— poesía en Chile, se han encontrado con un mundo cerrado, desde lo ideológico a lo literario. Este crítico considera que la mayor parte del discurso poético femenino surgido después del 80 tiende a ser subversivo, por ser la emergencia uno de los aspectos más evidentes de una lectura general de esta poesía y la configuración de la conciencia del quehacer poético de la mujer como participante activa de la historia.

Entre las poetas que podemos señalar, nacidas entre 1940 y 1960 se encuentran Alejandra Basualto, Eugenia Brito, Bárbara Délano, Paz Molina, Soledad Fariña, Rosanna Byrne, Marjorie Agosín, Elvira Hernández, Lila Calderón, Teresa Calderón, Rosabetty Muñoz, Heddy Navarro, Carmen Gloria Berríos, Astrid Fugellie, Alicia Salinas, Leonora Vicuña, Cecilia Vicuña, Marina Arrate, Natasha Valdés, Verónica Zondek. Es importante revisar aquí algunas de las líneas temáticas, formales y estilísticas en que las mujeres inscriben su proyecto de escritura.

Alejandra Basualto (1944), narradora y poeta, ha publicado *Los ecos del sol* el año 1970. Después vino *El agua que me cerca* en 1983 y *Las malamadas* en 1993. Todos sus libros poseen una característica común y es el rigor en el manejo del lenguaje. Tanto en poesía como en narrativa, Alejandra Basualto pone énfasis en la imagen poética, la que utiliza para contar pequeñas historias insertas en el mundo de la cotidianidad, la interioridad del hablante, el erotismo y la temática amorosa. Lo simbólico también adopta gran importancia en la poesía de Alejandra Basualto.

Carmen Gloria Berríos (1954) intenta producir una identificación entre el mundo que expresa y el del lector. Se dirige desde y hacia un mundo eminentemente femenino; desarrolla su trabajo atacando esas zonas que marcan las diferencias entre unas y otros. Su palabra apunta a indagar en esas fisuras de las relaciones humanas que le permiten dar cuenta de las ambivalencias que se producen en el erotismo y las emociones.

El proyecto escritural de Bárbara Délano (1961-1996), se abre con *El rumor de la niebla* (1984) —publicado en Canadá en edición bilingüe francés-castellano— al espacio de la denuncia de un mundo en decadencia, desesperanzado y sin sentido. Lo más interesante de la escritura de Délano es su relación textual con T.S. Eliot —el de *La tierra baldía* más que el de *Los cuatro cuartetos*— incorporando de manera original los postulados de la poesía imaginista anglosajona, como la utilización del lenguaje como material de trabajo estético más que de vehículo discursivo, y la utilización de la yuxtaposición de fragmentos aparentemente deshilvanados en el poema, entre los cuales, también se hallan citas del mismo Eliot. Por el momento, y debido a su prematura muerte en el accidente de aviación de Aeroperú, este proyecto pareciera haber quedado clausurado. Pero, existen textos inéditos, que ya están siendo publicados y otros que serán publicados esperamos que pronto. Bárbara Délano era una poeta madura desde el comienzo. *El rumor de la niebla* es uno de esos poemarios que trascienden los tanteos de un primer libro. Utiliza un lenguaje metafórico de gran riqueza para ahondar en situaciones de violencia, las cuales aborda casi al mismo tiempo en que van sucediendo, sobre la carne caliente del asunto por usar una frase de la Mistral.

Paralelamente, Bárbara Délano recupera el espacio familiar —en una serie de textos titulados fotografías— para desplazarlo al espacio exterior donde es posible la asociación de lo personal con lo público, lo particular con lo general. Desde este nuevo espacio igual y distinto, el mismo y el otro, empiezan a gestarse los hechos, se dibujan las situaciones y se lanzan las señales al lector. Se trata de una poesía, intensa, dolorosa, inteligente y profundamente comprometida con lo social.

Dentro de la línea experimental, destacan Verónica Zondek (1953) y Soledad Fariña (1943). Soledad Fariña ha publicado *El primer libro* (1985), *Albricia* (1988) y *En amarillo oscuro* (1994). Esta autora desconstruye las formas habituales de la expresión con el fin de indagar en los espacios anteriores a la presencia del lenguaje. Su poesía está principalmente sostenida en el plano fónico y su foco de revisión del mundo está dado por la presencia del color. Gamas, tornasoles, pigmentos, tonalidades y matices se despliegan en todo su esplendor, fuerza y poderío para producir los estímulos verbales del poema, del libro y de todo su proyecto literario. La obra de Soledad Fariña se relaciona con la búsqueda de los orígenes y no es casual que su primer libro se titule exactamente *El primer libro*. Allí reflexiona sobre la creación del poema como una acción paralela a la creación del universo. Y establece la hipótesis de la Creación por una vía única: tanto el Universo como el Poema son fundados en y por el lenguaje. Todo se crea al ser nombrado. La obra poética de Verónica Zondek, reunida en el poemario *Membranzas* (1995), experimenta en quiebres sintácticos abruptos, a veces sorprendentes, en un lenguaje áspero y a veces cacofónico, que tiene sus principales logros en el uso de la fragmentación del discurso como recurso expresivo, adentrándose mediante esta fragmentación en la condición de la mujer y la maternidad, del erotismo y la muerte.

Elvira Hernández (1951), heterónimo de Teresa Adriasola. Poeta, la primera; crítica, autora de diarios de poesía, muestras antológicas y aguda ensayista, la segunda, ha publicado: *¡Arre! Halley ¡Arre!* (1986), *Carta de viaje* (1989), *La bandera de Chile* (1991), *El orden de los días* (1991) y *Santiago Waria* (1992). Su mundo poético es profundamente desgarrado, revelador del duelo y del desencanto como rasgos predominantes. Hay un fuerte sentido social y desmitificador en su trabajo literario. Le interesa dar cuenta de cómo, en el uso, las palabras se han ido gastando con el tiempo igual como se gastan los objetos manoseados. En cuanto a los recursos poéticos, Elvira Hernández se revela atraída por las posibilidades que permiten la ambigüedad y la ironía, lo cual le habilita el campo de distanciamiento de la tercera persona para hablar, sin ninguna piedad ni concesiones, de sí misma y anotar las siguientes ideas:

> No pertenece a la mayoría ni a la minoría. No es de vanguardia o neo-vanguardia, ni marginal, ni *underground*. Nunca fue poeta joven. No se exilió adentro ni afuera. Ha estado ausente y ahora hace número. [...] Desde hace 10 años trabaja en un proyecto de su interés: "La verdad es una mentira necesaria" para lo cual no logró conseguir aus-

pléio institucional. [...] No le interesa la cultura, le interesa la luz (Hernández 1992, solapa de libro).

Alicia Salinas (1954) es autora de *Poemas de amor, exilio y retorno*, donde recoge la experiencia en las tres áreas prometidas en el título. *Amando*, publicado en 1991 retoma el tema del amor y le saca nuevos destellos a aspectos ya esbozados en su libro anterior. En *Mujeres de otras calles*, la muerte sostiene el libro como una gran columna vertebral. Esta poeta, en sus textos, breves la gran mayoría, casi epigramáticos y de gran concentración semántica, desarrolla pequeñas historias cuya carga emotiva se intensifica a través y gracias al recurso expresivo elegido. Cada texto es un micromundo que atrapa al lector en su síntesis vital. La poesía de Alicia Salinas es trabajada al extremo; sus textos, limpios y puros, se definen también por sus finales que clausuran el poema de manera ingeniosa o inesperada.

La poesía de Teresa Calderón (1955), presenta, dentro de ciertas constantes en su escritura como la incorporación del lenguaje cotidiano, del habla, de la búsqueda e incorporación de restos de otros lenguajes, no literarios, sobre todo de la subcultura o cultura popular. Calderón estructura en tres publicaciones una evolución que se va desprendiendo de los propios lazos entre sus escrituras: *Causas perdidas* (1984), despliega, a través de una escritura epigramática, concisa en expresión y forma, los temas más universales de la poesía: el amor, la muerte, las relaciones conflictivas del poeta y el lenguaje y del lenguaje con la sociedad; en su segundo poemario, *Género femenino*, su discurso se sitúa en el espacio doméstico, en las relaciones conflictuales de la pareja, a veces concebida como una suerte de campo de batalla donde se juegan una serie de contradicciones: amor/odio; sumisión/dependencia; encuentro/desencuentro. Su tercer poemario, *Imágenes rotas* (1994), título tomado de *La tierra baldía* de T.S. Eliot es un poema fragmentario en el que, a través de la dialéctica del sentimiento de muerte y la ironía, se propone una extensa y profunda reflexión lírica sobre la autodestrucción, principalmente en sus formas del suicidio y el alcoholismo, y sus relaciones con el mismo acto creativo. Es, sin duda, uno de los más profundos poemas sobre el tema, desgarrado y sombrío. También se pueden ver en este texto vislumbres de un tánatos aún más global, visionario, de imágenes extáticas en su fragmentación y connotaciones finiseculares. En su último libro, *Aplausos para la memoria* (1999), Teresa Calderón, a través de un lenguaje que mixtura lo coloquial, lo científico, la neofilosofía cuántica, lo metaliterario —con alusiones a la elegía y al microcuento— hace el balance en gris del fin del milenio, en un libro que, como muchos otros de los aquí citados, debe leerse desde sus propios rasgos escriturales, más allá de una reducción de "género".

El mundo poético de Lila Calderón (1956), en sus dos poemarios, *Balance de blanco en el ángel triste de Durero* (1994) e *In memoriam* (1995) es, sin duda, un panorama que va tomando la forma de un desolador y barroco signo de interrogación de fines de siglo: poesía de filiaciones creacionistas y surrealistas que reedita ciertos aspectos, los más significativos y universales, de la vanguardia de comienzos de siglo. Entre el sentimiento de muerte más radical y lo luminoso y lo mágico, se despliegan imágenes rituales, fundamentalmente escénicas, que más que rendir homenaje o establecer relaciones citacionales con cierto universo fílmico —Ridley Scott y Terry Gillian, por ejemplo— lo incorpora como significantes, dentro de su mundo poético, que abre e ilumina nuevas y emblemáticas significaciones de lo finisecular. La obra de Lila Calderón se extiende, amplificando los mismos tópicos ya tramados, en sus más recientes libros: *Por suerte había otra vida* y *Piel de maniquí*, ambos de 1999.

Por su parte, la poesía de María Luz Moraga, desde sus primeros poemarios *Ionesco en el salón* (1994) y *Con prismáticos prestados y la ayuda de la lupa* (1994) hasta *Ganarás el pan, si puedes* (1996), propone una estética antipoética, tributaria explícitamente por la autora a Nicanor Parra, deviene en su último poemario, *Asunto de útero* (1999), en el cual se interna en una política del cuerpo, ni terrible ni escalofriante, sino desnuda, como el almuerzo de Burroughs, donde la fragmentación del poemario va trizando el sentido —y el sentimiento— en una forma de despojo, de tronchamiento del cuerpo, paralelamente a la sensación de despojo del "yo lírico", cuya letanía fúnebre se despliega metonímicamente al cuerpo social de la aldea global y mercantilista actual, en una voz más personal, autoral si nos lo permiten, postulando un proyecto más originario y sugerente.

Así, entre la pasión y a veces obsesión por la forma, por el poema compacto, cerrado y homogéneo, de la generación del 60 y la escritura fracturada, expansiva y disgregada de los poetas del 80 (dicho esto, por supuesto, en términos muy generales y teniendo en cuenta, además de las excepciones y los cruces generacionales, si hay, por lo demás una realidad que obedezca a esta categoría orteguiana, la cercanía o simultaneidad histórica del que escribe estas líneas con su referente), caben estas notas como aproximaciones, no tanto a dos generaciones que se desconocen y se excluyen entre sí, sino, a fin de cuentas, a una misma historia poética, chilena y sudamericana, por lo demás; al mismo continuum, a los mismos sueños urdidos en este espacio, el poético, situado entre la realidad y el deseo, como diría Cernuda.

Bibliografía

Bianchi, Soledad (comp.). 1990. *Poesía chilena (Miradas. Enfoques. Apuntes)*. Santiago: Documentas/CESOC.

—. 1992. *Viajes de ida y vuelta: poetas chilenos en Europa (un panorama)*. Santiago: Documentas/Cordillera.

Brito, Eugenia. 1990. *Campos minados*. Santiago: Ed. Cuarto Propio.

Campos, Javier (ed.). 1987. *La joven poesía chilena en el período 1961-1973*. Concepción: Lar/Minneapolis, Minnesota: Institute for The Study of Ideologies and Literature.

Carrasco, Iván. 1989. Poesía chilena de la última década (1977-1987). En: *Revista Chilena de Literatura* (Santiago) 33, 31-46.

—. 1993. El boom permanente. En: *La Época* (Santiago), 26 de diciembre [también en íd. 1995].

—. 1995. Las voces étnicas en la poesía chilena actual. En: *Revista Chilena de Literatura* (Santiago) 47, 57-70.

Cociña, Carlos. 1983. *Tendencias literarias emergentes*. Santiago: CENECA.

Giordano, Jaime. 1987. Poesía chilena actual: ficción e historia. En: íd. *Dioses, Antidioses... Ensayos críticos sobre poesía hispanoamericana*. Concepción: Lar, 325-340.

Hernández, Elvira. 1992. *Santiago Waria*. Santiago: Ed. Cuarto Propio.

Lihn, Enrique; Pedro Lastra. 1987. *Señales de ruta de Juan Luis Martínez*. Santiago: Ed. Archivo.

Lira Canguilhem, Rodrigo. 1984. *Proyecto de obras completas*. Santiago: Ed. Minga/Ed. Camaleón.

Llanos Melussa, Eduardo. 1983. *Contradiccionario*. Santiago: Ed. Tragaluz.

Martínez, Juan Luis. 1985. *La nueva novela*. Santiago: Ed. Archivo.

Montealegre, Jorge. 1995. *Bien común*. Santiago: Ed. Asterion.

Zurita, Raúl. 1983. *Literatura, lenguaje y sociedad (1973-1983)*. Santiago: CENECA.

—. 1994. *La vida nueva*. Santiago: Ed. Universitaria.

Poesía de mujeres, dignas hijas de Gabriela Mistral y de la generación post-golpe en Chile

Teresa Calderón

Las mujeres ya habían adquirido una función relevante en el contexto social y político anterior a los años 70. Ellas entendieron que ya había llegado la hora y, como en una carrera de posta, tomaron la banderilla y salieron corriendo. Era necesario allanarles el camino a las hijas que tendrían que venir más adelante.

Y se pusieron a trabajar en esta tarea con toda la fuerza y la intensidad que ha caracterizado a su género. Actuaron con la sincronía del equipo que ha esperado por años su ingreso a la cancha de la primera división. Entonces, dispuestas a cobrar cuentas atrasadas, pusieron pliegos de peticiones sobre la mesa y le dieron curso a todas esas aspiraciones de igualdad de hecho y de derecho, acumuladas por décadas, en las que sólo se había esperado de ellas *deberes*; exigieron el respeto a la diferencia y proclamaron la necesidad de compartir los espacios de participación. Las madres y las abuelas, desde sus casas o desde sus tumbas, aplaudieron a estas hijas bravas que habían entendido, por fin, el mensaje medio camuflado que les habían inscrito a fuego en los genes, para que una generación o la otra lo descifraran.

Un porcentaje significativo de mujeres dio la pelea desde el lenguaje. El gesto de la escritura procuraba la posibilidad de entrar en contacto con esas mujeres que, desde otras áreas, luchaban por lo mismo. Y así se establecieron los puentes de comunicación. Las revistas publicaban poesías y cuentos escritos por *ellas* y que hablaban de *ellas*. Se convocaron para abrir a un mismo tiempo la puerta de sus casas y ocupar todo el paisaje como una prolongación natural de las cuatro paredes del hogar.

Las mujeres que pertenecemos a la generación post-golpe o N.N., aunque no éramos huérfanas, teníamos pocas parientes. Descendíamos de Gabriela Mistral y de Teresa Wilms Montt. De la primera heredamos el orgullo de su reconocimiento mundial y de la segunda, su rebeldía sin límites. Marginal en un comienzo la una, aristócrata la otra, ambas nos paseaban por el abanico arcoirizado de las posibilidades. También estuvieron en algún recodo del camino Delia Domínguez, desde el campo; Rosa Cruchaga, desde la Academia de la Lengua y Estela Díaz Varín, camuflada como un compadre más, en la bohemia de los intelectuales, en las tertulias eternas de los años cincuenta.

Líneas temáticas del trabajo poético de los 80

Las condiciones que configuraban nuestro hábitat producen en Chile una poesía que transita entre dos polos; uno del decir directo, y otro que opta por la lateralidad, el ocultamiento e incluso, la elusión absoluta. Lo significativo es que dentro de estas opciones, la generación del 80 o N.N. tiene que buscar una palabra propia, una forma de decir, una estructura y temáticas propias que den cuenta de su contexto. Es así como en Chile se va generando un fenómeno que podríamos caracterizar, sobre todo, por su gran heterogeneidad. Desde allí, como punto de partida, se van constituyendo diversas líneas y propuestas estéticas.

Dentro de esta generación, hay un grupo que opta por la continuidad del decir antipoético, trabajando el lenguaje coloquial, la ironía y la preocupación por el registro descriptivo del acontecer sociopolítico, y también aparece un tipo de poesía centrada en la denuncia y el testimonio.

Otro sector de la poesía de los 80 adopta un lenguaje más experimental, neovanguardista y rupturista, intentando integrar nuevas claves de escritura con un marcado afán renovador.

La poesía producida en el Sur de Chile, desde Temuco a Chiloé, se caracteriza por su preocupación por los aspectos históricos, sociales y antropológicos de este espacio geográfico y cultural, donde conviven los "huincas"[1] con las escasas comunidades mapuches que se han salvado del exterminio. Su proyecto es leer y refundar poéticamente este espacio para reinterpretarlo desde el presente. Persiste en esta poesía como *leitmotiv* el paisaje, la naturaleza y lo etnológico.

Otra característica de la generación del 80 es la inclusión de códigos no textuales en la poesía, como el lenguaje del cine, el video y el cómic. En términos generales, estos serían los lenguajes más significativos de la generación de los 80, que, polifónicamente constituye uno de los períodos más interesantes, ricos, renovadores y multifacéticos de la poesía chilena contemporánea.

Nosotras que escribimos tanto

El trabajo poético de la mujer dentro del período sitúa su discurso, entre otros aspectos, dentro de la perspectiva de lo femenino como género; indaga en sus diferencias; se interna en el ámbito de la sexualidad, la maternidad, en los espacios domésticos, y le otorga al erotismo un papel relevante, en tanto posibilidad de apropiación y autoconciencia del propio cuerpo y la defensa del ejercicio de la libertad sexual a partir de sí mismas, aun a riesgo de ser calificadas de "fáciles" por el sexo opuesto.

Como atinadamente observa el crítico y profesor Juan Villegas[2], las mujeres que han escrito —y que escriben— poesía en Chile, se han encontrado con un mundo cerrado, desde lo ideológico a lo literario. Este crítico considera que la mayor parte del discurso poético femenino surgido después del 80 tiende a ser subversivo, por ser la emergencia uno de los temas más evidentes de una lectura

---

[1] Término usado por los mapuches para designar al "hombre blanco".

[2] Como ensayista se ha preocupado por el discurso poético de la mujer. Al final pongo su bibliografía sobre el tema: Villegas 1985; 1989; 1993; 1995.

general de esta poesía y la configuración de la conciencia del quehacer poético de la mujer como participante activa de la historia.

Entre las poetas que jamás podrían faltar en ningún recuento a la hora de los balances, debemos señalar a Alejandra Basualto, Luisa Eguiluz, Eugenia Brito, Bárbara Délano, Paz Molina, Soledad Fariña, Rosanna Byrne, Inge Corsen, Marjorie Agosín, Elvira Hernández, Lila Calderón, Rosabetty Muñoz, Heddy Navarro, Carmen Gloria Berríos, Astrid Fugellie, Leonora Vicuña, Cecilia Vicuña, Marina Arrate, "Mayú" o María Luz Moraga, Natasha Valdés, Verónica Zondek, Alicia Salinas y, para no entrar en ese juego en el que no creo, de las falsas modestias, también habría que incluir a quien escribe este texto. Ya vendrá el tiempo de conocer a esas muchas otras poetas semiinéditas de nuestro país, cuya obra se conoce sesgada y parcialmente, debido a la carencia de editoriales que arriesguen pérdidas económicas al aceptar incluir en sus publicaciones el género poesía.

Es significativa la insistente permanencia en un lenguaje paralelo a la escritura que abordaron sus congéneres en los años 80. Tal vez era el gesto de un descorrer el cortinaje de la producción posmoderna que utiliza los múltiples medios; no teme al colage, a la confusión ni a la sutura de la fusión; a una vida tridimensional, errante, al interior de la realidad virtual y al engaño del ojo. Al encuadre que marca el límite y define el estar afuera o adentro. Al caos del fin que es otro principio en el que puede formarse un clon a imagen y semejanza del hombre sin ensuciarse las manos con el barro de la culpa.

Es interesante observar que el gran abanico desplegado por la poesía chilena de estos tiempos propone muy diferentes enfoques y resoluciones, pero todos ellos, de una validez indiscutible porque están sustentados en lo humano, en el pleno centro de la verdad, en el corazón del siglo y las derrotas cotidianas. Es una poesía que se afirma en la honestidad y en la ausencia de imposturas. Quizá en este punto resida la trascendencia de la poesía chilena. Así sea.

Revisaremos a continuación, bajo la luz de estos "nuevos tiempos", el trabajo literario de algunas de las autoras de esta generación cuyas líneas temáticas, formales y estilísticas inscriben su proyecto de escritura en un espacio diferente y digno de atención como antecedente para el trabajo poético futuro que desarrollarán las escritoras chilenas.

Alejandra Basualto

Nació en Rancagua en 1944. Estudió Licenciatura en Literatura en la Universidad de Chile donde obtuvo su grado correspondiente. Dirige talleres de cuento y poesía y ha obtenido numerosos premios por su trabajo literario. Entre los más significativos se cuentan aquellos obtenidos durante varios años consecutivos en el concurso nacional *Cuentos de mi país*; el Premio *Alonso de Ercilla y Zúñiga* y el Premio *Vicente Huidobro*. Ella ha incursionado con igual éxito en la poesía como en la narrativa, de manera que está presente casi en la unanimidad de las antologías publicadas a la fecha y ha sido traducida al inglés. Sus libros de cuentos *La mujer de yeso* (1988), *Territorio exclusivo* (1991) y *Desacato al bolero* (1994) reúnen una serie de narraciones que derivan en el tema de la mujer en su entorno y los tipos de relaciones que las distintas "ellas" establecen con el mundo.

En relación a su propuesta poética, esta autora publicó *Los ecos del sol*, su primer libro de poesía, el año 1970. Después vino *El agua que me cerca* en 1983, *Las malamadas* en 1993 y *Altovalsol* en 1996. Todos sus libros poseen como característica común el rigor en el manejo del lenguaje. Tanto en sus textos poéticos como en sus relatos, Alejandra Basualto pone énfasis en la imagen poética, la que utiliza para contar pequeñas historias insertas en el mundo de la cotidianidad, la interioridad del hablante, el erotismo y la temática amorosa.

Lo simbólico también adopta gran importancia en la poesía de Alejandra Basualto. Como bien observa el crítico Juan Villegas (1993) respecto al texto "Lluvia" del libro *El agua que me cerca*, la simbología del elemento *agua*, adquiere múltiples significados, desde el espacio que habita el yo poético con sus connotaciones de fertilidad, la presencia de la muerte y el adentramiento en sí misma como es posible observar en los siguientes versos del poema mencionado:

Y tú dices: que llueva una semana
y yo pienso en el agua que me cerca.

La humosa algarabía de las gotas
es la hermosa estación de nunca más,
es puerta agazapada en tu semilla
volando hacia el jardín de las manzanas
es roce de unos dedos en el agua.
Y en el arca flotante, abajo, arriba,
ocultos en el viento
las bocas, el oído, la hondonada,
el amor entreabierto allí en la orilla.

El tiempo de salir ha comenzado
en un regreso dentro de nosotros[3].

Carmen Gloria Berríos

Nació en Santiago en 1954. Es autora de tres libros de poemas publicados en la década de los 90, *La mujer deshabitada* (1990), *Esa urgencia de vivir* (1992) y *Razones personales* (1994), aunque comienza a escribir muchos años antes. Carmen Gloria Berríos estudió Terapia Ocupacional y recibió el título correspondiente que dejó guardado en un cajón para emprender un viaje que junto con obligarla a vivir lejos, la definió por la poesía. Su intención es producir una identificación entre el mundo que ella expresa y el de las posibles lectoras. Se dirige desde y ha-

[3] En el anexo al fin de este artículo hay más poemas ejemplares de las poetas mencionadas.

cia un mundo eminentemente femenino; desarrolla su trabajo atacando esas zonas que marcan las diferencias entre unas y otros. Su palabra apunta a curiosear en esas fisuras de las relaciones humanas que le permiten dar cuenta de las ambivalencias que se producen en los sentimientos y las emociones humanas. A través de un tono de no querer decir queriendo y diciendo, y un lenguaje sencillo escribe:

> Me transformo
> en la guinda marrasquino de tu helado
> en la crema chantilly de tus pasteles
> en el cristal azucarado
> de tu taza de café
>
> yo me transformo
>
> y la dieta te lo impide

Carmen Gloria Berríos ha tomado con seriedad su oficio y bajo la dirección del crítico y académico Mariano Aguirre ha iniciado un período de lecturas que nos depararán más de alguna sorpresa en un futuro próximo.

Astrid Fugellie

Nació en Punta Arenas en 1949 y ha publicado *Poemas*, 1966; *Siete poemas*, 1969; *Una casa en la lluvia*, 1975; *Los círculos*, 1979; *Dioses de sueño*, 1991 y *Llaves para una maga*, 1999.

Los círculos, obra cumbre de esta autora, se enmarca en el contexto de la dictadura con toda su gama de violencia y represión. Ella opta por el lenguaje hermético y el código elusivo. Acaso estas características hacen de esta obra un círculo perfecto que trasciende la contingencia en la cual fue concebido. La universalidad en su juego de eterno retorno, de procesos que van y vienen, conduce el decir poético por una ruta diferente a la mayoría de las autoras del período.

En su obra más reciente, *Llaves para una maga*, Astrid Fugellie completa los elementos simbólicos de su libro *Los círculos*. Desde los círculos a las llaves, la autora crea un universo poético único, de manera que ambos libros, cuyo puente es *Dioses del sueño*, siendo independientes, deben leerse y entenderse como una globalidad en que uno ilumina al otro, le renueva el sentido y lo potencia: "La maga dijo: —Astrid, el mundo es un 'pudridero' y la vida, a lo más un círculo que da vuelta y se repite eternamente".

Instalados en la puerta de entrada, la única pregunta posible: ¿Qué tipo de llave necesita una maga ante tantos caminos? "La maga se interroga ante la confusión: —¿Por cuál pista me dirijo?" Planteado el enigma asoma el laberinto.

> ¿Llave de entrada?
>   ¿llave maestra?
>   ¿llave inglesa?
>   ¿llave dorada?
>   ¿llave rota?
>   ¿llave de salida?
>   ¿llave ganzúa?
>   ¿llave ciega?
>   ¿llave negra?
>   ¿llave perdida?
>   ¿llave de sol?

Atentos a la advertencia: "ninguna puerta tiene cerraduras", la perplejidad nos congrega al caos original donde la maga ha naufragado. "En las costas del Universo de los universos" se hacen visibles los cuatro elementos esenciales que abrirán a otras preguntas para emprender la travesía junto a las magas Pía, Paz, Marjorie y la misma Astrid, quien manifiesta su sorpresa ante la hazaña de "llegar viva a la muerte"; cita a la que han acudido el bien y el mal, hombre y mujer: "con este advenimiento de la noche y el día" que permitió se hiciera la eternidad; cielo y tierra, interior y exterior, maga negra y maga blanca, que "dejando a su dios, el de los cuatro ojos siderales, se hizo a la vida para conocer al diablo".

Muchas puertas abren cada una de estas llaves: la historia cotidiana, el misterio, lo trascendente, la belleza, el poderoso lenguaje, y también la historia real y concreta de nuestro país; esa fatalidad que el poema registra con su observación profunda y nos pone en consonancia con el padecimiento colectivo: "La tinta/ la tinta que historia/ la historia que no ha sido impresa/ la historia negra" da cuenta del acontecer de años crueles que nos llenaron de heridos y muertos: "¿Qué opinas del osario clandestino?/ ¿Cuál?/ El del patio 29/ Felicito a los buscadores de cadáveres./ ¿Y que haya dos muertos por urna?/ ¡Qué economía más grande!"

Y aunque "la llave no simboliza otra cosa que el deseo de Dios", como advierte de manera notable la autora, necesariamente regresamos al punto de partida "con los ojos agotados por la vida". Y sólo entonces lo sabemos: la única llave que puede necesitar una maga es la poesía, y la llave que necesita el lector es la que nos entrega la maga con su más reciente poemario.

Soledad Fariña

Nació en Antofagasta en 1943. Después de completar sus estudios de Ciencias Políticas en la Universidad de Chile partió a Suecia donde vivió por cinco años, tiempo que dedicó a los estudios de Licenciatura en Filosofía y Letras en la Universidad de Estocolmo. Ha publicado *El primer libro* (1985), *Albricia* (1988) y *En amarillo oscuro* (1994), y parte de su obra está traducida al inglés e italiano, con excepción de *Albricia* que está traducido íntegro al catalán.

Dentro de la línea experimental, esta autora deconstruye las formas habituales de la expresión con el fin de indagar en los espacios anteriores a la presencia del lenguaje. Su poesía está principalmente sostenida en el plano fónico y su foco de revisión del mundo está dado por la presencia del color. Gamas, tornasoles, pigmentos, tonalidades y matices se despliegan en todo su esplendor, fuerza y poderío para producir los estímulos visuales del poema, del libro y de todo su proyecto literario. La obra de Soledad Fariña se relaciona con la búsqueda de los orígenes y no es casual que su primer libro se titule exactamente *El primer libro*. Allí reflexiona sobre la creación del poema como una acción paralela a la creación del universo. Y establece la hipótesis de la Creación por una vía única: tanto el Universo como el Poema son fundados en y por el lenguaje, el verbo. Todo se crea al ser nombrado y así es posible de advertir en el siguiente fragmento de su poema "Cuál Pintar Cuál primer":

> Zumban las alas negras
> atento el oído atisba el aleteo
> grieta profunda atraviesa las capas arcillosas
> Cruza rayo negro las capas amarillas
> las fulmina
> transgrede la suavidad dorada del polvillo
> atisba el oído atento el aleteo negro
> de alas negras
> que sostienen el aire que lo aguantan
> todo tranquilo inmóvil apacible

Soledad Fariña ha incursionado en el medio audiovisual con el mismo entusiasmo y acierto que en la poesía. Se constituyó, así, en la realizadora de tres video-arte; afortunados trabajos experimentales titulados: "Cero, topología y confidencia".

Elvira Hernández

Heterónimo de Teresa Adriasola. Poeta, la primera; crítica, editora de diarios de poesía, muestras antológicas y aguda ensayista, la segunda. Teresa Adriasola nació en Santiago en 1949. Ya en edad de merecer, se entregó a los estudios de Filosofía y Licenciatura en Literatura en la Universidad de Chile. Por su parte, Elvira Hernández —me imagino— se habrá asomado a la vida, tal vez por aquellos mismos años, aunque Teresa Adriasola ni lo sospechara. Es probable que en alguna vuelta de la infancia se vieron en algún momento y hubieron de reconocerse ambas en los ojos tristes de la otra, y se saludaron —sospecho, conociéndolas— con un guiño risueño y descarnado, adivinando el próximo encuentro, porque "a ratos soy la misma, la Una, la del espejo/ que camina con una araña en el ojal/ la sombra/ que se pegó al hombre que dobló la esquina/ y duele su cuello guillotinado".

Elvira Hernández ha publicado los siguientes libros de poesía: *¡Arre! Halley ¡Arre!* (1986), *Carta de viaje* (1989), *La bandera de Chile* (1991), *El orden de los días* (1991) y *Santiago Waria* (1992). Fragmentos de su obra se encuentran traducidos al inglés y al italiano.

El mundo poético de Elvira Hernández es profundamente desgarrado, revelador del duelo y el desencanto como rasgos predominantes. Hay un fuerte sentido social y desmitificador en su trabajo literario. Para ella ha sido muy importante mostrar, durante la primera parte de su obra, de qué manera los tiempos han ido ensuciando ciertos símbolos emblemáticos como se observa en *La bandera de Chile*:

> [...] La bandera de Chile no dice nada sobre sí misma
> se lee en su espejo de bolsillo redondo
> espejea retardada en el tiempo como un eco
> hay muchos vidrios rotos
> trizados como las líneas de una mano abierta
> se lee
> en busca de piedras para sus ganas
>
> A la bandera de Chile la tiran por la ventana
> la ponen para lágrimas en televisión
> clavada en la parte más alta de un Empire Chilean
> en el mástil centro del Estadio Nacional
> pasa un orfeón pasa un escalón
> dos tres cuatro [...]

A esta autora le interesa dar cuenta de cómo, en el uso, las palabras se han ido gastando con el tiempo igual como se gastan los objetos manoseados. En cuanto a los recursos poéticos, Elvira Hernández se revela atraída por las posibilidades que permiten la ambigüedad y la ironía, lo cual le habilita el campo de distanciamiento de la tercera persona para hablar, sin ninguna piedad ni concesiones, de sí misma y anotar las siguientes ideas:

> No pertenece a la mayoría ni a la minoría. No es de vanguardia o neo-vanguardia, ni marginal, ni underground. Nunca fue poeta joven. No se exilió adentro ni afuera. Ha estado ausente y ahora hace número. [...] Desde hace 10 años trabaja en un proyecto de su interés: "La verdad es una mentira necesaria" para lo cual no logró conseguir auspicio institucional. [...] No le interesa la cultura, le interesa la luz.

En sus libros posteriores, el proyecto poético se amplía: hay un anhelo por mostrar lo oculto, apuntar al blanco de la verdad, buscar el amparo de la honestidad, porque ella se juega por develar lo que guardan de auténtico las apariencias. El tópico del "ajeno en el mundo" y la inolvidable sentencia de don Quijote el Sabio, en eso de "ser más versado en desdichas que en versos" se abren —en el caso de Elvira Hernández— en una dolorosa forma de autoironía que le permite verse a sí misma en un mundo que no muestra todas las cartas y que le descarga al habitante desprevenido más infortunios que ventura. De eso y de todo lo que tiene que ver con lo humano nos habla en su poesía esta Elvira Hernández.

Paz Molina

Nacida en Santiago en 1945 ha escrito: *Memorias de un pájaro asustado* (1982), *Noche valleja* (1990) y *Cantos de ciega* (1994). Durante los años de ejercicio de la escritura, ha desarrollado tanto la poesía como la novela, y ha recibido numerosos premios tanto en lo uno como en lo otro. Parte de su obra ha sido traducida al inglés y aparece antologada en diversas muestras de poesía. En Paz Molina se revelan el desencanto, las representaciones del mundo onírico, pero por sobre todo, el dolor y todos los gestos de la incomunicación y la soledad. Un lenguaje depurado, metafórico y, en ocasiones, irreverente, donde participan las fórmulas coloquiales con las del lirismo consagrado, enmarcan su expresión poética:

> Libérame, dios suicida,
> sentado en tu trono de basura
> con una solemnidad impúdica.
> Tu envoltura circense, tu menear el trascro
> en busca de buenos dividendos
> para tu campaña publicitaria. [...]

Paz Molina estudió Bellas Artes y Teatro en la Universidad de Chile, pero muy pronto fue llamada a terreno por la pocsía. Dirigió talleres literarios y actualmente trabaja en Isla Negra para la Fundación Pablo Neruda.

Heddy Navarro

Profesora de Artes Plásticas, estudió en la Universidad de Chile. Nacida en Puerto Montt en 1944, esta poeta ha publicado *Palabra de mujer* (1984; fundó y dirige la revista del mismo nombre), *Óvulos* (1986), *Oda al macho* (1987), *Poemas insurrectos* (1988) y *Vírgenes vacantes* (1991). Su poesía se encuentra incorporada en numerosas antologías y ha sido traducida al inglés, alemán y sueco. Para ella el mundo de la familia, el compromiso social y familiar, los hijos, la posición de la mujer en el mundo y su actitud frente al machismo se constituyen en el mundo poético por excelencia. Dice en *Crónica (desde la cocina)*:

> El vapor se cuela entre mis rodillas
> ojos enrojecidos
> humea la cacerola
> la mano busca el ajo
> coge la papa
> pica la cebolla
> crujen los canastos

> Desde la cúspide de mi tabla
> de cortar carne
> repito
> el vapor se cuela entre mis rodillas.

A través de un lenguaje sutilmente metafórico, ella logra dimensiones de gran sugerencia y fuerza cuando penetra en esas oscuridades humanas que resultan, tantas veces, inconquistables. Para Heddy Navarro la poesía nace al interior de las situaciones más cotidianas, como por ejemplo, ir de compras a la feria para preparar comida y se establece en los espacios más prosaicos como la cocina o el baño. Es, en definitiva, en el espacio doméstico donde Heddy Navarro funda su poesía y la va habitando de frustraciones, y sueños femeninos de amor y libertad, con lo que logra perfilar con precisión el mundo real de la mujer.

Tres voces únicas: Lila Calderón, Bárbara Délano y María Luz Moraga

En esta oportunidad quiero referirme a tres poetas que escribieron durante la dictadura; sin embargo, su obra no adquirió la notoriedad que merecían en ese momento, tal vez porque, paralelo a su trabajo de creatividad poética, debieron salir fuera de la capital y también fuera del país, descender de las remotas regiones etéreas de la poesía, hacer un paréntesis, tomárselo todo con calma, poner los pies en la tierra, observar los temores de los hombres para quienes la identidad de género que ellas reclamaban los tornaba agresivos y en el momento oportuno sacar la cartita debajo de la manga. Estas tres escritoras son creadoras de mundos particulares, plenos de signos que remiten a la cultura de nuestro país, de la humanidad, la tradición literaria universal y el abordaje de otros recursos estilísticos que marcan la diferencia, lo cual enriquece aún más el panorama de la poesía chilena de los últimos 25 años.

Lila Calderón, nace en La Serena, en 1956. Es Comunicadora Audiovisual y egresada de la Universidad de Chile, del Magíster en Estudios Latinoamericanos de la Facultad de Filosofía y Humanidades. Es profesora de narrativa visual en distintas universidades chilenas y ha obtenido varios premios importantes en el área de su especialidad, siendo el más reciente, en 1998, el Primer premio en el IV Encuentro de Cine y Video del Caribe con su video documental experimental titulado *La muerte de un poeta*, homenaje al poeta cubano Ángel Escobar.

Tanto en su producción audiovisual como literaria, nada la apura, ni siquiera el desquiciado galope al tercer milenio. Lila demoró 10 años en compartir con los lectores su *Balance de blanco en el ángel triste de Durero,* 1993. Luego vendría *In memoriam*, 1995. Mantiene inédito: *Por suerte había otra vida, Piel de maniquí* y *Sangre naranja* mientras junta dinero para pagarse ella misma su salario de poeta. Su inquietante mundo poético se despliega como un escenario donde se debate la dicotomía vida/muerte, amor/desamor y está signado fundamentalmente, por el claroscuro en su oposición negro/blanco: en este escenario poético logra desarrollar, a la vez, un universo sombrío y mortuorio y otro numinoso, mítico. Es una poesía creada a la manera de un gran colage temporal donde los mitos clásicos y contemporáneos se funden y confunden, donde lo primitivo —la flecha, las pirámides— coexisten con lo moderno: los semáforos, las vitrinas o películas emblemáticas de la finisecularidad, como *Blade Runner,* el film de Ridley Scott. Estéticamente, hay una sutil filiación al surrealismo y al creacionismo huidobriano.

Para *In memoriam,* Lila Calderón retrocedió hasta el siglo XVII, donde encontró el modelo de la oración fúnebre en Bossuet, que le servirá para escribir una pieza lírica original para despedir, no un amor particular o especial, sino —el amor—, ese amor de los cuentos de hadas que tenemos grabados desde nuestra más tierna infancia, un amor de suyo falso, inexistente, irreal.

Su obra es considerada como un proyecto alternativo, ya que incluye en sus manifestaciones expresivas, las técnicas experimentales del video y la poética del cine en cuanto a sus posibilidades de escritura.

Sus poemas recalcan la hibridez de los géneros tanto literarios como audiovisuales. En sus textos puede evidenciarse lo fragmentario de la existencia acosada por la inminencia de la muerte. Un tiempo inserto en espacios dudosos que no terminan de situarse en un pasado remoto, en un presente sorpresivo y abismante, o en un futuro cuyos destellos comprueban la cercanía de la ciencia ficción insólita de Ridley Scott con la pérdida de certeza de ¿quién es quién?: ¿humano o replicante, ficticio o real, con una memoria propia o un implante confuso? ¿Quién es más humano?; crudo anticipo de los clones de hoy.

En ella, ángeles perdidos vagan ajenos a la cronología lineal, se insertan en las calles de Santiago, a veces reconocidos por una hablante que solidariza con ellos porque sabe a la manera de Vicente Huidobro que "un combate se libra en el espacio". Otras, se confunden con zombies o seres metamórficos como en un cuadro de Hieronymus Bosch. Otras, se desvanecen hasta formar parte, apenas, de una moldura o una escenografía, o en una pintura metafísica de Giorgio de Chirico.

A veces se deja ver el guiño del mural, en donde caben todos en la necesidad de interrogar a la identidad latinoamericana, búsqueda de un fruto mestizo o de una huella anterior al lenguaje.

La elección de la poeta pareciera ser la duda permanente. ¿Qué tiempo? ¿Qué espacio? ¿Quién vive? ¿Se busca? ¿Es el principio? ¿Es el fin? Es donde todos los mitos convergen con sus rostros arquetípicos. ¿Es el eco o es la fuente misma quien llama? ¿Estamos ante el espejo o el reflejo, o en la pantalla de sus múltiples tensiones audiovisuales?

La estética del fundido de cine cargado de simbologías oscuras es un recurso seductor que la poeta establece como un *leitmotiv* para estructurar la escena ¿o desestructurar las escenas? Del mismo modo, la cita a los más variados personajes históricos o de ficción, hace pensar en la permeabilidad del tiempo y del espacio, pero sobre todo en lo simultáneo.

Todo está aquí o allá con la misma vertiginosidad de la rutina diaria de fin de siglo. La aldea global que empieza a perder sus secretos. El ciber espacio por el que navegan los nuevos conquistadores. La era del aire.

De sus obras en compás de espera, *Por suerte había otra vida, Piel de maniquí* y *Sangre naranja*, Lila Calderón ha compartido con el público lector algunos fragmentos en recitales y presentaciones en Cátedras de Poesía de diversas universidades.

La historia del daño en el inconsciente femenino producto de las narraciones de los cuentos infantiles experimenta un vuelco en sus dos últimas obras, donde la mujer, sola, —sin príncipe ni ogro alguno— debe enfrentar la vida con dinero plástico, actuar como maniquí e interactuar con maniquíes. Es, en este proceso y en esta desquiciada parafernalia, donde al fin encuentra el amor.

Bárbara Délano: Hija y nieta de escritores (Poli Délano, su padre y Luis Enrique Délano, su abuelo), nació en Santiago en 1961 y murió en Lima en el accidente de aviación de Aeroperú en 1996.

Su proyecto poético se abre a la luz pública con *El rumor de la niebla,* (1984), publicado en Canadá en edición bilingüe, francés-castellano. Pero Bárbara Délano había escrito desde siempre, desde el mismo instante en que aprendió a dibujar las letras y en el mismo tiempo que aprendía a descifrar su significado y que miraba lo que ocurría a su alrededor supo que el espacio en blanco lo utilizaría en la denuncia. Con un lenguaje metafórico de gran riqueza para ahondar en situaciones de violencia, las cuales aborda casi al mismo tiempo en que van sucediendo, *sobre la carne caliente del asunto* por usar una frase de la Mistral, Bárbara Délano recupera el espacio familiar, para desplazarlo al espacio exterior donde es posible la asociación de lo personal con lo público, lo particular con lo general. En estas mezclas de espacios iguales y distintos, empiezan a gestarse los hechos, se dibujan las situaciones y se lanzan las señales al lector.

Sus primeros trabajos reflejan una poesía juvenil, bella, intensa, dolorosa, inteligente y profundamente comprometida con lo social. "Aquí frente a la canallada nosotras/ las que insultadas crecimos/ en el descampado de las ilusiones/ nosotras las más bonitas/ las que íbamos a ser reinas".

Bárbara Délano fue más tarde una socióloga exitosa que estudió en México donde residía al momento de emprender su último viaje, el viaje a la eternidad. Allí publica *México-Santiago*, 1979. Sus poemas ya habían sido traducidos al inglés, francés y sueco. En 1988, Ediciones Pehuén incluye *Baño de mujeres* en una antología de los primeros veinte becarios de la Fundación Pablo Neruda.

Con su muerte llega a nosotros *Playas de fuego*, 1998. Este texto corresponde a una selección de parte de su obra póstuma, rescatada por su madre —la psicóloga María Luisa Azócar— cuando desmontaba su departamento en México. La computadora que usaba Bárbara había guardado todo lo que ella escribió día a día, versiones sobre versiones y cambios cuyas fechas iban siendo anotadas celosamente por la autora como si adivinara que sus textos no los publicaría ella misma.

Aquí se entiende, al relacionar estos poemas póstumos con su obra anterior, desde otra perspectiva, esa obsesión por el mar que está presente siempre en su temática. Es el inmenso océano que separa el exilio de su tierra natal. Su vida cercenada está presente en el perfecto uso de encabalgamientos en extensos libros poemas que se sostienen en el fondo y en la forma. Extraordinariamente curioso es observar cómo su temprana muerte y la forma de morir ya aparecían entrecruzadas en los poemas desde su primer libro a la manera de un siniestro vaticinio.

Increíble es el caso que se observa en su libro póstumo, donde la autora cede la voz al mar: "no soy yo la que habla// La palidez del agua es un muro invisible/ entre los mundos donde habremos de perdernos".

Bárbara Délano formó parte de una generación de jóvenes idealistas a quienes la historia traicionó y les torció el destino. "Eramos jóvenes lo sé/ tenía el cabello despeinado/ y el mar pronto fue una bóveda/ encerrando todos los secretos/ todas las visiones". Muchos de estos jóvenes sufrieron la prisión, la tortura, la desaparición de sus cuerpos, la muerte. En Chile, no es secreto para nadie, que muchos cuerpos fueron lanzados al mar por quienes se tomaron el poder con las armas.

"La historia es una carga demasiado pesada" escribió Bárbara en algunos de sus instantes de desolación y nos narró para que lo supiéramos algún día: "El olor del mar azota mi rostro/ queriendo decirme algo/ que no me atrevo a comprender". ¿Lo comprendería por fin atrapada en la oscuridad del avión que volaba a ciegas directo a esa mar "que es un espejo/ para ser mirados por los ojos de Dios?"

María Luz Moraga o **Mayú**, como indistintamente se firma, nació en Santiago en 1945. Es Licenciada en Literatura por la Universidad Católica y realizó estudios de biblioteconomía en Canberra, Australia. Ha publicado una trilogía poética: *Ionesco en el salón* (1994), *Con prismáticos prestados y la ayuda de la lupa* (1995) y *Ganarás el pan, si puedes...* (1996).

> Orgullosa de un país con tanta riqueza poética, pero apenada por la carencia de lectores, quizás por ello en sus libros refleja mediante *collages*, —diseñados a la manera del quebrantahuesos—[4], a los poetas en la competencia de un hipódromo, signo de una continua lucha en un sistema que no da cabida ni a la poesía ni al arte[5].

Fiel a su proyecto concebido para trabajarlo de por vida: leer poesía, difundir poe-sía y escribir poesía, Mayú ha publicado medio centenar de ensayos sobre poema-rios de autores chilenos. *Desde este lado del prisma, Y, ahora ¿qué haré?: leeré poesía,* titula a sus columnas en diversas revistas de literatura y suplementos de periódicos, incluida la revista *Mapocho* de la Biblioteca Nacional de Chile. Ha

---

[4] Colage realizado con titulares de periódicos a manera de diario mural, popularizado por Nicanor Parra en los años 50.

[5] Julio Araya Arellano, alumno de periodismo, Universidad de Chile.

editado la revista literaria *Residencia Poética* y trabaja junto a Tomás Harris en el proyecto de la revista *PostData* de próxima aparición.

En sus obras

> las palabras se desparraman como serpentinas en el cumpleaños más triste: el de todos los días; en el aniversario de su primer poema, de su primer reto, de su segundo poema, de su tercer tropiezo, de la comida chatarra, de la mala educación... Son celebraciones escarchadas por la ironía locuaz, y sus interminables recorridos por la tristeza y la miseria humanas[6].

Los tres primeros libros de Mayú son parte de un proyecto destinado a intentar un llamado, un semáforo con luz roja, que obligue a frenar, hacer una pausa y reflexionar sobre el fenómeno literario chileno post 88. Después de años de silencio, hubo un desborde exagerado de palabras y donde más se ha notado ha sido en la poesía, por la creencia en una aparente facilidad y por el afán compulsivo de los autores por publicar para alcanzar el ansiado protagonismo: ser entrevistado para un diario, ocupar un espacio radial y aparecer en TV. Mayú, plantea que somos sobrevivientes de una contracultura que asignó un valor fundamental a la guerra. Es así como fuimos contaminados y, hoy por hoy, se percibe a los otros poetas como nuestros contrincantes, nuestros enemigos: aparecen unos pocos nombres en los escasos espacios asignados para la cultura en los distintos medios, el resto queda en el silencio, o en la deshonra, que viene a ser lo mismo. Otro valor de esta contracultura es la contradicción, ya que al mismo tiempo somos aparentemente buenos, apreciamos el trabajo de los demás e incluso, lo destacamos. No importa que nos desconozcan, descalifiquen e ignoren. Mayú habla de escenarios. En ellos hay actores que representan personajes principales y secundarios. Su papel, en los textos poéticos de la autora, es el de esquizoides en un mundo de sanos y sanos en un mundo esquizoide. En la arena poética chilena no están todos los que son ni son todos los que están, dice la autora: ..."por último/ los made in Chile en el exilio/ y en la casa de su abuelita/ circulan/ con o sin antecedentes/ por donde más calienta el sol/ chacreando la cosa poética/ ♪ ♪...Y yo también..., ♪ ♪/ cantaba angelparra en el pasado".

En su poema "Los facultativos", cuyo modelo es "Los profesores" de Nicanor Parra —poeta del que está enganchada desde principios de los años setenta, cuando eligió su obra como tesis para optar a su título de licenciada en literatura—, presenta una visión de la sociedad donde se entrecruzan situaciones ocurridas en Chile en estos tiempos, tanto en prestigiosas clínicas de salud privada como en servicios públicos de urgencia médica, cuyos protagonistas son los médicos que nada pueden envidiarle a esos de los cuales habló muchas veces en sus sátiras Quevedo, el poeta español, de quien Mayú Moraga declara filiación.

---

[6] Cristina Correa Siade, alumna de periodismo, Universidad de Chile.

El conjunto de textos distribuidos en los dos primeros títulos en alusión está dirigido a poetas y críticos que han irrumpido como hordas, desculturizando la escena literaria: "los poetas chilensis/ concursos talleres premios/ entrevistas mesas redondas/invitaciones/ no te creo júramelo// peleas pelambres/ pelos en la lengua", constituye una catarsis desgastante. Resistió 70 textos mezclados a modo de colages y ensamblados a poemas armados para la ocasión.

El mundo poético está avanzando peligrosamente hacia ninguna parte. Manejamos un lenguaje que jamás terminaremos de entender. Modismos van, modismos vienen, eufemismos y disfemismos ya sea para ocultar o para agredir, razón fundamental de nuestra dificultad para comunicarnos. En estos poemarios se pone en evidencia la pérdida gradual de los cinco sentidos. Nos negamos a mirar la realidad y verla: "Contaminaron su expresión/ impotente/ estrangula palabras extemporáneas/ al/ fondo/ del/ precipicio". Practicamos un diálogo de sordos: "El diálogo se inicia/ de pronto en el salón/ bla bla/ cacarea/ la señorita hermosa/ mm mm/ le contesta/ el apuesto varón". Estamos insensibilizados por cuotas exageradas de agresión: "Rompe dientes perfora tímpanos/ salta ojos/ despedaza órganos sexuales". El smog terminó con nuestro olfato y, del gusto, ni hablar. "La boca recibe la opinión// la mastica la deglute/ se la traga// la digiere se incomoda se intoxica/ se indigesta y la defeca".

Una experiencia personal, vital límite es el resultado de cuatro años como alumna de los talleres de escritura autobiográfica —que dicta en Santiago, Valparaíso, La Serena y Concepción, Gonzalo Millán—, produjo en la poeta un vuelco en su escritura.

Mantiene inéditos dos poemarios, trabajados durante esos años: *Asunto de útero* y *El otro lado de la costumbre*. En estas obras —de tema auténticamente femenino—, ofrece nuevas miradas metafóricas sobre la condición de la mujer que no habían sido abordadas y que María Luz Moraga las trata con el realismo, la crudeza y la audacia poética que le son tan propios. Poesía de los errores de la vida, poesía de la insistencia, pues como ella ha afirmado: "Si todo está escrito/ propongo escribir nuevamente todo"[7].

La experiencia límite, el dolor, la traición le inspiran giros en significados y significantes en su obra; a simple vista pareciera disminuir su humor, pero hurgando más allá del más allá, encontramos ese aspecto tan propio, pero que ahora María Luz intenta ocultar: desde la sonrisa de la Gioconda hasta la carcajada del Monje Loco para finalizar en la derrota, porque es una derrota la risa indispensable ante la vida y frente a nuestra condición humana, frente a la mujer, frente a Dios y frente al destino.

---

[7] Mariela Fu, alumna de periodismo, Universidad de Chile.

Bibliografía

Villegas, Juan. 1985. Visión de mundo y poesía femenina: "Campana de recuerdo" de Dolores Pincheira. En: *Alba de América* (Westminster, California) 3, No. 4/5, 200-205.

—. 1989. El discurso lírico de Winett de Rokha: la otra casa de la mujer poeta. En: *Hispanoamérica* (Gaithersburg) 18, No. 53/54, 75-87.

—. 1993. *El discurso lírico de la mujer en Chile en el período 1973-1990.* Santiago de Chile: Mosquito Ed.

—. 1995. Discurso lírico femenino y pluralidad ideológica: poesía chilena 1973-1983. En: Adelaida López de Martínez (comp.). *Discurso femenino actual.* San Juan, Puerto Rico: Editorial de la Universidad de Puerto Rico, 199-223.

MUESTRA DE POESÍA DE ALGUNAS DIGNAS HIJAS DE GABRIELA MISTRAL

ALEJANDRA BASUALTO

Desperté con su mano tibia
acariciando mis muslos
y tus ojos de avellana
se evaporaron de mis sueños

Besé su mano
y
añoré tus ojos

Ahora
me debato entre la culpa
de la doble
traición
y
el intenso goce
del doble
amor

Paso a la lumbre que crece
al mediodía

la niebla ya desciende
por la escalera

Coronados van tus ojos
mis espinas
en venta

Podría morir
de inviernos como éste
si no supiera
que existes

Recorro
extraños territorios
no hallo excusas

eres el que pasa
el que suele devolverme
esa mirada
desnuda de fragmentos
(De *Las malamadas*)

CARMEN GLORIA BERRÍOS

Tu revolcar en mis caderas
me encabrita
en perversos pensamientos
Y Dios
aplaude

Estuvimos flotando entre las sábanas
furiosos por circundarnos
Lo hicimos tres veces
antes de que el gallo cantara
y no te niego
(De *Esa urgencia de vivir*)

ASTRID FUGELLIE

Palpa mi corazón
me siento sola.
Destripada al tacto
de las manos
innumerables,
de los ojos
desfigurados
en el taciturno crepúsculo
de los Dioses.
Palpa mi corazón
y pálpame
sin horas, sin espacios.
Encontrarás la soledad
de los abismos
De la sangre, sin duda.

                        1
Segunda Loncón, payadora de las causas
perdidas
era ciega de nacimiento.
Con la amargura digna del siempreverde
solía entonar letanías a las puertas
de la Casemita.
Con los ojos llenos de noche
la mujer avellanada tarareaba
como si Dios plantara un palqui:
-Liq
      liqui
           líquido
                liquidodolor
     liquidador de mis ojos.

Alrededor del cautivador trinocanto
de Segunda,
las indígenas se hincaban para oírla.
Las cuerdas de la india se elevaban a tal punto
sobre el cielito de Chile,
que la flora silvestre del Valle Central
anudaba a su baile
el ritual de la milagrosa salvación de su pueblo.

                        2
Habitando el alma de los indígenas,
de la flora silvestre
y a hombros del atormentado cielito de Chile,
Huenu, el dios-padre-indígena de Segunda Loncón,
pudo apreciar el espíritu santo que se aposentaba
en el corazón verde de la
invidente.
Y Huenu preguntó a Segunda Loncón
desde su medio altura:
-¿Quieres ver?, necesito a tus ojos
en íntima levitación con el piadoso
canto,
que es de propia mano para lograr,
el tono magistral de los menos-
cabados
-¿Quieres ver?
-¡Sí!

De esta suerte Huenu
cogió los verdes ojos del Valle Central
y los depositó en las cuencas vaciadas
de la cara
de Segunda Loncón.

Ante los ojos
maravillados de Huenu
la indígena gritó:
-¡Veo!

Entonces Huenu vació en arcilla su ruego:
-¡Salva a tu tribu!
y para que no se repita la
inhumanidad de las civilizaciones, escribe en tu diario
lo que veas:
-CHILE ES UN BUEN EJEMPLO DE PARUSIA
(De *Los círculos*)

SOLEDAD FARIÑA

Aún no es tiempo
Muge la tierra el ocre el terracota el gris el negro
abrir la axila, hay una herida inmensa   volcán
reteniendo sus aullidos:
acallarlo

— Aún no, aún no es el tiempo de la poda de las
   guías rastreras,
   mascullan los choroyes
— Aún no es el tiempo de la poda de las guías
   rastreras

Mirar el hueco entonces —pobres humores grises
y taimados—, detener el impulso, volcarse al agujero:
hay un rojo que brama por estallar
— Aún no es tiempo,   aún no es tiempo
(De *El primer libro*)

ELVIRA HERNÁNDEZ

¡Lo vi!   Andante
Venía en el aire orbitando por mi beso
Flor de cardo, deshaciéndose a mis labios.

Estaba ahí, entrando en atmósferas cargadas
chorros de sudor
El cuerpo crujiendo como corola seca
quejidos crepitantes entre mis dedos.

Lo vi acercarse marrón color carne
Como tetilla endurecida y salobre.
Cayó hostia bendita para no levantarse.

Le dije unas palabras que se las llevó el viento.

¡Arre! Halley ¡Arre!
camina con tu tranco el tiempo que queda
mueve la cola
espanta la mosca funeraria
de mi visión...
(De *¡Arre! Halley ¡Arre!*)

Letras & Letrinas

Algo se fugó de nosotros mismos
su ausencia fundó la ciudad
La Sociedad Robótica y Mendicante

Si nos miramos a los ojos no nos vemos
¡mejor!
llevamos el serrucho bajo el brazo
un veneno poderoso en el corazón
y no hay corazón
muerto
y
reemplazado
el alma no ha sido más que un viejo refrán
le oí decir a ese hombre harto
no es el vacío es el vaciado
Sólo queda la rabia
las excretas
y el rayado de muros
(De *Santiago Waria*)

PAZ MOLINA

Caballo enceguecido

I

Soy dueña de un origen errabundo.
Galopa en mi memoria otra memoria.
Hay cárceles que ocultan paraísos.
Una amplitud se vuelve misteriosa.
Un misterio se vuelve sepultura.
La ceguera me afila los puñales.
Hay un puñal clavándose en mi espalda.
Hay un ciego insepulto apuñalado.

II

Soy dueña de un misterio indescifrable.
Memorizo un galope como un ciego.
Un caballo me amplía un paraíso.
Encarcelo con furia mi ceguera.

III

Soy dueña de un caballo enceguecido.
Hay paraísos que parecen cárceles.
Hay un puñal oculto en mi galope.

IV

Soy un caballo oculto en mi memoria
Amplío un paraíso en mi galope.
Un misterio insepulto me enceguece.

V

Soy dueña de un origen memorable.
Un misterio afilado se me clava.
Hay un caballo ciego y un sepulcro.
Un puñal errabundo y una cárcel.
Paraíso insepulto en mis espaldas.
Una amplia memoria originaria.
Soy dueña.

Insuficiente

La certeza de ser insuficiente
en el pretexto justo para el salto.
Abierta está la puerta de mi casa.
Alzo una mano como un crucigrama.
Alguien derrama flores en mi frente.

Categórico

No confundamos las categorías
dijo un pedante insoportable:
Yo me bajé del árbol incendiado
y le abrí las entrañas con un sable.
(De *Cantos de ciega*)

HEDDY NAVARRO

Proclama 1

Me declaro ingobernable
y establezco mi propio gobierno
Inicio un paro indefinido
y que el país reviente de basura
esperando mis escobas
Soy mujer de flor en pecho
y hasta que se desplomen los muros de esta cárcel
Me declaro
termita, abeja asesina y marabunta
y agárrense los pantalones
las faldas ya están echadas
(De *Poemas insurrectos*)

Yo

hembra tardía
último coche
con ruedas de madera
hago sonar la bocina en mis manos
salgo de mi larva
miro de reojo el excremento colectivo
bato mis alas en el polen
las polillas
hurtan
mis últimos encajes
(De *Monólogo de la hembra tardía*)

LILA CALDERÓN

La historia no cambia tanto

Se siguen pensando las mismas cosas
y se sigue peligrando del mismo modo
con las tres preguntas básicas.
Puede ser que mañana no te reconozca
que no seas o hayas sido
que no hayamos existido
juntos,
puede ocurrir
que no vengamos y que no vayamos
a juzgar por el comportamiento del planeta.
Pero esos son asuntos del futuro
imperfecto.
Un hombre y una mujer se han
encontrado miles de veces
en la misma historia
y han inventado que inventan el mundo
con una pasión hindú de antes de cristo,
con una pasión china de la dinastía ming,
con una pasión greco-latina de hombre y mujer
mirándose en el mismo idioma.

Para que ninguna generación se confundiera

Ella amaba a ese fósil

de quién sabe cuántos
millones
de años
—llamado hombre—
porfiadamente solo
ermitaño
cíclico
y eterno
con su proyecto poco
común
pero comprobadamente
real
(De *In memoriam*)

BÁRBARA DÉLANO

Fotografía III

Quédate allí
estática
con tu minifalda del año 1968.
El patio era frondoso entonces.
Hoy en cambio
comenzamos otra década
y ya hace mucho que pasó el año 1968
y esa especie de victoria
que se te veía en los ojos.
¿ves al lado
a un costado del marco
esas bellas enredaderas?
Esas eran las enredaderas que
se extendían en el reino
a lo largo de todos los jardines.
Hoy en cambio
el polvo cubrió las hojas
aunque esto parezca un lugar común
…y ese hombre que te acompañaba
el que está al lado de la ventana
¿lo ves?
¿puedes verlo?
Ese hombre también se ha ido
dejándonos el diafragma lleno de rabia.
Hoy comenzamos otra década
han pasado muchos años desde 1968
y tienes los ojos más tristes
la minifalda pasó de moda
este daguerrotipo se ha puesto sepia
y mágicamente
al igual como apareció la imagen
se ha ido borrando el tiempo
hasta obturar el paso de la luz.
(De *El rumor de la niebla*)

MORAGA

ví en la época de las pizarras negras y la tiza
que agrietaba sus dedos
n percibo
también iba agrietando su cerebro
n algún intersticio de esas grietas   se escondía
el azaroso azar de Emile Börel
y una que otra ecuación
de esas sumamente complicadas

me inventó que le interesaba experimentar con la cultura
y creo haberlo visto alguna vez leyendo

como norma de higiene mental
en esos tiempos visitaba exposiciones de arte
y contemplaba extasiado *El triunfo de la muerte*
para luego avanzar rapidito en el tiempo hasta Dalí o Picasso
antes del advenimiento de la muerte de su alma

para él era una pipa   *Esto no es una pipa*

a pesar de la autoridad de Magritte
el olor a tabaco que expelía la obra
era tan real como la nicotina adherida por siglos
a su barba   a su piel   a sus poros

En la época del adiós   todo había cambiado

a la hora de la tertulia
sus temas de sobremesa eran
su inteligencia y la ignorancia ajena
el culto del cuerpo
(la gimnasia aeróbica/las pesas)
los goles de los equipos de fútbol de cuarta división
las teleseries de moda
la impotencia sexual de sus amigos
y sus rameras de turno

que al igual que el Ingenioso Hidalgo don Quijote de la Mancha
él veía como doncellas virginales

En la época del adiós
se le había acentuado
ese temor incómodo
ante la pérdida inminente
de su última máscara
(*El otro lado de la costumbre,* inédito)

V

INDIVIDUALIZACIONES

Cruces hispanoamericanos:
Fuentes, Donoso y *El lugar sin límites*[*]

Jaime Concha

En su *Historia personal del boom*, José Donoso nos habla principalmente del proceso de internacionalización de la novela hispanoamericana más reciente y del puesto, entre tardío y complicado, que vino a ocupar gradualmente en él, a la sombra de sus representantes más visibles[1]. Su viaje a Argentina, la participación en sucesivos congresos literarios de radio continental (Concepción, 1962; Chichén Itzá, 1965) y, sobre todo, su estancia en México constituyen jalones importantes de esa inserción, que es también en consecuencia su "historia" como escritor y una visión muy "personal" (lo subraya el autor sin ambigüedades) de su producción narrativa hasta *El obsceno pájaro de la noche* inclusive (=OPN, 1970). Su esquema es simple: del realismo costumbrista, parcial aunque dominante, de *Coronación* (1957/58) hasta el lenguaje internacional plenamente asumido de su gran novela de 1970, publicada por Seix Barral, la casa del *boom* por antonomasia; del provincianismo estrecho de las letras chilenas en los años cincuenta hasta su consagración en los Estados Unidos gracias a traducciones en editoriales de renombre (Alfred Knopf) y los talleres de escritores de Iowa. En este itinerario de algo más de diez años la etapa mexicana, a mediados de los sesenta, cumple un papel fundamental. De hecho, casi todo el libro de Donoso es un homenaje a Carlos Fuentes y al rol crucial que le cupo en su camino y desenvolvimiento como escritor; y, si no por otras razones, debería ser valorado como un testimonio de amistad de esos que tienden a escasear en nuestras letras de ayer y de hoy[2]. Esta *Historia*

---

[*] Este artículo viene de aparecer también en la *Revista de Crítica Literaria Latinoamericana* 27, 53, 95-113, año 2001.

[1] Donoso 1972 (=HPB). Hay segunda edición, por Seix Barral, con un apéndice del mismo Donoso ("Diez años después", 142-155). Sobre HPB conozco dos trabajos: la breve y excelente reseña de Hassett (1973) en que se analizan los pro y los contra del libro de Donoso y la interesante aportación de Jacques Joset, primero publicada en *Revista Iberoamericana*, recopilada en 1995. El título, qué decir tiene, es sumamente sugestivo; pero el estudio de Joset discurre por caminos distintos del mío.

[2] Bueno, hasta por ahí no más... La amistad del 72 dará paso a un distanciamiento, casi inquina, en el 83. El pasaje que, en el "Apéndice II", Donoso dedica a su "antiguo" amigo (así lo llama) es a todas luces neurótico. Consiste en una cascada de superlativos, que empieza así: "Y Carlos Fuentes, el más antiguo de mis amigos, el más 'amigo' en un tiempo, el más imperfecto, complejo, ambicioso...", etc., para terminar asá, en una forma torpe y bastante incomprensible: "...el más calculador, el menos sagaz?" (151s. de la ed. Seix Barral). Pago de Chile, sin duda, al agente de una internacionalización ya cumplida. Para empeorar aún las cosas, una errata (¿o lapsus?) hace del pobre Ixca de *La región más transparente* un "Inca Cienfuegos" (ibíd., 154). Esta extraña peruanización del personaje se debe tal vez a su contigüidad con *Pichula Cuéllar*, la castiza creación de un digno y estirado caballero español.

personal del boom es además un diálogo muy ceñido e intenso con la obra de Fuentes hasta el momento en que Donoso deja México, desde *La región más transparente* (1958) hasta el primer cuento de *Cantar de ciegos* (1964), "Las dos Elenas" —con alusiones incluso a *Cambio de piel* (véase mas abajo) y a *Zona sagrada* (1967). Con deliberada y perfecta concentración, el capítulo tercero del libro (pp. 46-61 en la edición de Anagrama) intenta ser un recorrido y exploración del territorio-Fuentes a la altura de su primera novela, *La región más transparente*, que tiene para el proyecto de Donoso un doble efecto antitético de impulso y bloqueo, de trauma y de estímulo. Curiosamente, en este amplio, comprensivo y a veces agudo comentario de la labor del mexicano, *La muerte de Artemio Cruz* (=MAC, 1962), su novela más famosa, halla mínima cabida y es apenas mencionada[3]. ¿Por obvio tal vez, por innecesario? Es posible. Pero si tenemos en cuenta que en ese intervalo mexicano Donoso escribe *El lugar sin límites* (=LSL, 1966), gozne de transición entre su novela chilena y su *opus* barcelonés, esa reserva —casi silencio— quizás se explique por la misma fuerza e impronta contradictorias que él nos revela con tanta lucidez. El libro aparece en México, fue escrito en la misma casa del autor de MAC, dice en su dedicatoria "Para Rita y Carlos Fuentes" y, como si fuera su destino, será llevado a la pantalla cinematográfica por director y con ambientación mexicanos[4]. Donoso nos describe sus días de trabajo en la Ciudad de México en un pasaje que cito por extenso:

> A las pocas semanas yo ya estaba escribiendo *El lugar sin límites*. No podía, no debía seguir obsesionado con mi novela larga: con el fin de desembotellarme era necesario escribir otra cosa, quizás más corta. Por ello desgajé un episodio de cerca de una página de largo de una de tantas versiones de *El obsceno pájaro de la noche*, que ampliado, en dos meses quedó convertido en *El lugar sin límites*. Yo tecleaba metido en la sombra del pabellón del fondo del jardín. Al otro lado, en la casa grande, con *Las estaciones* de Vivaldi puesto a todo lo que daba el tocadiscos, Carlos Fuentes escribía *Cambio de piel*. Mi mujer, en su mesa del jardín, tecleaba traduciendo *Harry is a rat with women* de Jules Pfeiffer. Y debajo del estudio de Fuentes, junto a una ventana abierta al jardín, sigilosa como una hechicera que hilvanara los trozos multicolores de nuestros destinos literarios, Rita Macedo, con su máquina de coser, fabricaba suntuosos vestidos de aparato para ella y para su hija Julissa, que entonces comenzaba su carrera cinematográfica (HPB, 106).

---

[3] Cf. HPB, 13, 78, *passim*. A lo mejor Donoso prefirió no repetir lo que ya había dicho en su prólogo a la edición española de la novela de Fuentes (cf. Fuentes 1974, I, 1057-1063).

[4] El director es Arturo Ripstein; el film es de *Conacite Dos*, 1977. Entre los actores figuran Lucha Villa como la Japonesa y Fernando Soler en el papel del hacendado Cruz. El video está hecho en Los Angeles, 1998.

La escena es vívida, muy compleja, y responde bien a las sutiles ramificaciones y a la red envolvente, estratégica, en que consiste este libro-agenda, libro-agente, que es el instrumento inevitable con que Donoso construye su celebridad. A medias memorias pero no memorias de verdad, autobiográfico sin duda aunque no una autobiografía propiamente tal, HPB nos ofrenda este concierto de actividad literaria y artística entre el "primer agente activo y consciente de la internacionalización de la novela hispanoamericana" (así llama Donoso a su amigo, HPB, 45) y el mismo autor chileno en trance de desbloqueamiento— todo ello con un fondo suntuario y con un *basso continuo* de musas, mujeres y de *vedettes* potenciales...[5]. Señalo sólo un par de aspectos.

En primer lugar, está la índole contrastante de las imágenes que se usan para referirse a cada uno de los libros. La curiosa expresión "desembotellarme" no tiene al parecer nada de etílico, sino que remite a la experiencia automovilística[6]. Se trata de una *autopista* no precisamente *del sur*. Ante ella la analogía, tan justa, que emplea a propósito de LSL ("desgajé"), es algo vegetal, gesto de cultivo en un huerto privado[7]. La primera, la del "embotellamiento" y del "desembotellarse", es tecnológica; la segunda es manual, claramente natural, perteneciendo a un orden muy disímil de las operaciones humanas. A decir verdad, en el movimiento que lleva desde los primeros cuentos de Donoso hasta su vasta y tecnificada narración de 1970, es posible ver toda una economía y una sucesión de economías en *raccourci*, desde formas artesanales de producción personal y comercialización entre amigos (venta por las calles y en los buses; cf. HBP, 31-33 *passim*) hasta la gran industria del libro contemporánea, con centro en los Estados Unidos y en Cataluña, con su intermediación de contratos, agentes, críticos, traductores, etc. que imponen otras —sus propias— leyes del juego. Donoso juega el juego primero ansiosamente, nerviosamente; luego con gozo y con brío soberanos.

---

[5] Una perspectiva feminista podría sacarle bastante jugo al fragmento y a la óptica allí contenida. Esas Gracias que hilvanan "nuestros destinos literarios", dando así cohesión a la nueva empresa, ¿son Gracias o más bien Parcas? Por otro lado, *Jules* junto a *Julissa*, ¿no augura en cierto modo el travestismo de la novela que se escribe? De lo que no cabe duda, en todo caso, es que el grupo femenino representa el chic internacional, la ansiada internacionalización a la que aspira Donoso.

[6] Cf. HPB, 112: "circulando y circulando alrededor de mí mismo". Tiempo después, en una conferencia en inglés dada en Emory University, habla de "*turning around in circles with El último Azcoitía*" (cf. Gutiérrez Mouat 1989, 80, n. 16). Y casi veinte años más tarde, vuelve aún a insistir: "al salir de Chile, y aún embotellado de mi OPN, para el cual no lograba encontrar salida..." (Donoso 1990, 7).

[7] La noción conlleva también el aspecto de injerto, que explica las varias e importantes correlaciones que se establecerán entre la novela madre y el vástago desgajado: la Casa con mayúscula y la casa de la Estación El Olivo, las asiladas capitalinas y las asiladas del prostíbulo rural, etc. Más decisivo, el tema oligárquico pasa de una a otra, develando en cierta medida la estructura subyacente de OPN.

En seguida, y esto nos acerca ya al tema de esta ponencia, el fragmento transcrito crea una distribución espacial muy peculiar. Todo gira en torno a Fuentes—centro y eje substancial que adverbializa a los demás habitantes de la escena. Estos se encuentran "debajo", "junto a"... Más decisiva es aún la jerarquía que se instaura (normalmente, diríamos) entre la *casa grande* donde "Carlos Fuentes escribía" y ese otro lugar donde, nos dice Donoso, "yo tecleaba metido en la sombra del pabellón del fondo...". Donoso habla siempre de pabellón; más directa, más "tamalera" (como les reprochará serlo a ella y a su mujer el mismo Fuentes), María Pilar Donoso hablará en sus recuerdos de la *casita chica* (Donoso 1987, 202). Entre la *casa grande* del mexicano y la *casita chica* del chileno hay una perfecta división: ésta se halla en el fondo, aquélla está "al otro lado". Vemos, así, emerger una estructura subyacente que revela bien la economía que faltaba: una economía de relaciones rurales. Por si dudas hubiera, la mujer de Donoso, siempre más dicaz en estas materias, nos cuenta que la "casita chica" fue antes habitada por la actriz Alida Valli quien, para evitar que se le vieran las arrugas, mantenía el ambiente mal, o apenas, iluminado. Ella fue por tanto la "inquilina" anterior[8]. De esta manera, lo que se vislumbra aquí, en esta escena matriz de LSL —más allá del concierto barroco y del taller suntuario, más acá de las tres Gracias del cine, de la traducción y de la alta costura de moda—, es un paisaje económico que está a medio camino entre la gran hacienda con su inquilinaje al fondo y una muy primitiva aparcería entre dos cuates hispanoamericanos, uno ya consagrado internacionalmente, otro tecleando en su máquina para alcanzar la salida en pos de su coronación internacional.

En cuanto obra narrativa, LSL es texto y contexto a la vez, contexto interiorizado, más un trío de elementos que hoy, con un neologismo ciertamente cómodo, se suelen designar como "paratextuales"[9]. Ya me he referido a uno de ellos, la dedicatoria a sus amigos Fuentes; los otros son el título mismo y un epígrafe tomado del drama de Christopher Marlowe, *The Tragical History of the Life and Death of Doctor Faustus* (escrito *ca.* 1590, existe en las versiones de 1604 y 1616). Título, epígrafe y dedicatoria representan, en este caso, la parafernalia que rodea al texto, desbordándolo para establecer relaciones dialécticas de continuidad y discontinuidad con el contexto correspondiente. Lectura, recepción de la obra, inscripción en un sistema o subsistemas literarios y culturales, variables de mercado

---

[8] Ibíd., 187. Obviamente, "inquilina" conserva el sentido de arrendataria, persona que alquila una casa; pero el tono chismográfico que prevalece en las memorias de la autora permite un deslizamiento hacia el otro sentido que interpreto. El libro, especie de autobiografía siamesa de la pareja, provoca asociaciones en vasos comunicantes entre el marido *autobio*grafiado y la esposa-testigo. Por desgracia, salvo en los primeros apasionantes capítulos cuando ella tiene una vida propia, la mujer después constantemente *sub-beauvoiriza*.

[9] Aunque este tipo de enfoques es claramente anterior, se ha venido a codificar, a "normalizar" diríamos, con los aportes de Gérard Genette (véanse entre sus muchas publicaciones, Genette 1987, especialmente 54ss.).

editorial, pertenencia a un grupo o comunidad de escritores, etc. son aspectos tocados, en parte resueltos, por estos nexos aparentemente periféricos, en el fondo centrales al proyecto narrativo. Si hay una virtud, entre tantos otros desastres, que ha aportado la teoría literaria contemporánea tal como se estila en el ámbito galo y norteamericano, es el énfasis y valoración de los núcleos fronterizos del texto, los que crean un microcampo de fuerzas (lo "paratextual" propiamente dicho) en que texto y contexto vienen a orbitar en un sistema único. Veamos un poco esto.

Tanto en LSL como en OPN Donoso liga título y epígrafe de un modo tal que es posible, en principio, proceder a una doble lectura de ellos, en una relación de ida y vuelta que los enriquece mutuamente. Considerado en sí mismo, el título posee una significación muy clara: lugar extenso, inmensamente dilatado, o algo así; pero si sobre él se proyecta el pasaje de Marlowe, entonces se le vienen a agregar —se sobreponen, más bien— otros valores que sugieren y aluden a un simbolismo infernal. En realidad, la visión del infierno como lo que "no tiene límites, ni queda circunscrito/ a un solo lugar", tiene aire y tono de catecismo por lo comprimido del diálogo dramático, cosa que posiblemente apeló con fuerza a la memoria y a la imaginación del escritor. En el nudo que ambos configuran, título y epígrafe parecen soldarse bien, en recíproca potenciación bidimensional[10]. Si volvemos a la portada luego de conocer el epígrafe, si reabrimos el libro, ya el título no significará lo mismo. A lo que denotaba literalmente se va a sobreañadir esta otra connotación, que no estaba implícita ni era virtual en el título visto aisladamente. De ahora en adelante, la materialidad del *lugar* (de la tierra, como va a ser obvio para cualquier lector) coexistirá con esta lámpara espiritual con que el autor ha decidido iluminar y orientar nuestra comprensión de su obra. Su habilidad aquí —lo hábil de la soldadura— consiste en que se nos habla de un infierno cismundano, infierno del más acá que coincide con nuestro hábitat en este mundo. Para Donoso, el infierno no son los otros, como quería un viejo filósofo del cual hoy todos tienden a olvidarse; no, el infierno somos nosotros.

Para aclarar y simplificar este haz de relaciones, podrían emplearse inicialmente los términos retóricos de hipérbole y de oxímoron. La doble cara (y carácter) del título, una vez correlacionada con la cita del *Doctor Faustus*, se cristaliza en una dimensión de hipérbole, por un lado, y en la función del oxímoron, por otro. Es oxímoron, en la medida en que todo lugar tiene por definición y por necesidad límites; un "lugar sin límites" es conceptualmente irrepresentable. Un imposible geométrico y una quimera espacial. Esta contradicción interna del título se ve desplegada de cierto modo en el epígrafe, que primero nos habla del infierno como *lugar*, para en seguida decirnos que no se limita o circunscribe "a un solo lugar". La operación simbólica asume plenamente el oxímoron, beneficiándose de él a

---

[10] Cosa que no ocurre, creo, con OPN. Hasta donde conozco, nadie ha explicado convincentemente la significación poética del título-epígrafe tomado del viejo James.

manos llenas. Es casi una práctica de plusvalía cultural, ya que el dramaturgo isabelino y la leyenda fáustica de raíz europea vienen a sembrar su granito de prestigio en las pobres tierras de El Olivo (la Estación y el fundo de la novela) y del prostíbulo rural. Donoso parte de un capital previo, ya acumulado secularmente en la esfera de la literatura internacional, y mientras teclea en su máquina lo explota con donosura y con *savoir faire*. Ni el título se convierte en una mera etiqueta, de esas que se sacan y ponen como *working-title* de acuerdo con los altibajos del consumo público, ni el epígrafe llega a ser un puro sello de erudición u ostentación cultural escogido más o menos arbitrariamente, más o menos aleatoriamente.

En su comprensión natural y hasta inmediata el título es, como dije, una simple hipérbole, la enorme expansión de un lugar grande y tan vasto que *pareciera* no tener límites. Esta significación es la que se retoma en el interior del texto, en una descripción que puede considerarse paradigmática del latifundio chileno. Con razón se la cita muy a menudo:

> Viñas y viñas y más viñas por todos lados hasta donde alcanzaba la vista, hasta la cordillera. Tal vez no fueran todas de don Alejandro. Si no eran suyas eran de sus parientes, hermanos y cuñados, primos a lo sumo. El varillaje de las viñas convergía hasta las casas del fundo El Olivo, rodeadas de un parque no muy grande, pero parque al fin, y por las aglomeraciones de herrerías, lecherías, tonelerías, galpones y bodegas de don Alejo. La Manuela suspiró. Tanta plata. Y tanto poder... (LSL, 20; véase también 74).

El fragmento tiene por una parte un ritmo de adición, de incremento, procede y discurre como *in crescendo* y, por otra, describe un ataque organizado y ordenadísimo de las viñas contra las casas del fundo. "Convergía" es prácticamente una señal o disposición de combate. En fin, y muy marcadamente, hay un movimiento encontrado en la orientación espacial aquí reproducida, como si las viñas se extendieran "hasta la cordillera" (límite intraspasable de este *lugar sin límites*), para luego volverse contra "hasta las casas del fundo El Olivo". Estamos en el infierno-Cruz, milagro de multiplicación de las tierras, milagro destructor de toda posibilidad de habitación humana. En esta interiorización textual, en esta retextualización, el enunciado del título, que abría sus alas simbólicas en el momento del epígrafe, se posa ahora en una visión indeleble del latifundio. Vuelo a ras del suelo. El infierno cordillerano consolida entonces una cismundanización local, regional, nacional, que expresa elocuentemente lo que, con acierto, Fernando Moreno ha llamado "una extraordinaria gravitación de latifundismo en la mente de las figuras que pululan en el mundo de la obra" (1975, 79); y el mismo Fuentes, en un homenaje que rindiera a su amigo poco después de su fallecimiento en diciembre de 1996, confirma y refuerza esta percepción: "Nadie hizo más patente las rígidas jerarquías sociales en América Latina, la crueldad del sistema clasista en Chile..."

(Fuentes 1997, 27). Más aún: la existencia del latifundio no es sólo un dato estático, algo comprobable económica y sociológicamente en la historia de Chile, sino que contiene un dinamismo invasor, que choca con las aspiraciones de edificar una sociedad y un país mínimamente dignos. Como el viento de Nicodemo, pero a diferencia de él, el espíritu del latifundismo sopla donde quiere y dondequiera, pues viene de la tierra y busca hacer de todo tierra. En la descripción que acabamos de ver, aflora ya y está en cierne lo que será posiblemente la articulación fundamental de esta novela y de gran parte de la novelística de Donoso, la oposición entre tierra y casas, entre la propiedad de la tierra y un mundo propiamente humano.

El contexto es desde luego significativo. La novela se escribe en el 65, en parte del 66, publicándose a fines de este año; se la comienza a leer probablemente el 67. Aunque su presente narrativo es impreciso, una que otra alusión hace hincapié en los problemas que existen en el campo, tensa situación de confrontaciones sociales que ocurren allí (LSL, 136 *passim*). El contraste entre un pasado de poder irrecusable y los signos de fragilidad que ahora abundan peligrosamente (vejez, enfermedad, desgracias familiares del patrón, emancipación de Pancho Vega, etc.) nos habla de un dominio que está por derrumbarse. En este sentido, la fecha de aparición del libro es casi simbólica: 1966 y 1967 marcan exactamente la división que la historiografía política del Chile contemporáneo suele establecer para el gobierno de Frei[11]. A una etapa inicial de puesta en práctica y profundización de la reforma agraria (encabezada por el ministro Jacques Chonchol) sigue una fase de conciliación y retroceso, luego que los viejos dueños de la tierra desatan la agresión y organizan la violencia (uno de los ministros de Frei es apedreado por caballeros de rancia prosapia). Lo contextualmente consabido (viñas, cordillera, latifundio) permite a cualquier lector chileno o latinoamericano y a lectores mínimamente informados de cualquier otro ámbito cultural, establecer un enlace sintético entre título, epígrafe y descripción textual. Esto muestra que el referente histórico-social es constitutivo del texto, y que lenguaje, simbolismo e imaginación —nociones siempre preferidas en la crítica contemporánea sobre Donoso— conllevan esta otra dimensión como algo inherente e insoslayable. Una lectura puramente "interna" de este texto resulta una ilusión de lectores-almas, de lectores angélicos— justamente inconcebibles en nuestro infierno de acá abajo.

El código de la novela es también doble, social y sexual, aspectos que encajan como monte y valle en la unidad estructural del relato. Las prostitutas son vistas y tratadas de un modo típico en sus relaciones con los clientes o en sus horas diurnas de no-trabajo; a veces llegan a bordear la índole del radioteatro (influencia más reconocible de lo que se piensa en el Donoso que va de *Coronación* a *Cuatro*

---

[11] En la evaluación del gobierno de Frei que se hizo en el parlamento chileno a fines de su período, las fuerzas de izquierda valoraron positivamente aspectos de su política educacional y, sobre todo, el impulso dado a la reforma agraria.

para Delfina, 1982), como ocurre en personajes cual la vieja Ludovinia (la Ludo), la viuda del jefe de los toneleros a quien la Manuela va a visitar la mañana del domingo. Es casi ciega, se hace la desmemoriada o su memoria funciona de manera irregular, forja un diálogo de sordos que irrita a su interlocutor, etc. Es uno de los personajes más simpáticos de la novela y casi perfecto en su condición de estereotipo, que provoca la hilaridad. Con este código LSL entronca con la egregia tradición chilena de novelas del prostíbulo, que corre ininterrumpida desde Edwards Bello y Barrios por lo menos hasta Belmar, Rojas y muchos más. El prostíbulo es entonces —le guste o no le guste a Donoso— un *locus* criollista, costumbrista y provinciano, simple caracterización de un grupo humano con personajes planos y estereotipados, con técnicas de animalización provenientes de un naturalismo que ya tuvo su hora. Más interesantes, dentro de esta visión, son los procesos de ascenso político (Don Alejo diputado, más tarde senador) y de liberación social en el caso de Pancho Vega. Hijo de un tonelero (es decir, de un artesano que no estaba vinculado propiamente al trabajo de la tierra, pese a pertenecer y a vivir en los aledaños del fundo), Pancho Vega se emancipa como chofer gracias al "camión colorado", esa máquina que también lo une a su cuñado (Octavio) que tiene un puesto de gasolina en la vía longitudinal. Este mapa de fuerzas sociales —la tierra, la máquina, la casa en medio— resulta diseñado con trazos sobrios y efectivos.

Distinto es el personaje La Manuela, a todas luces el protagonista de LSL y quien parece concentrar, junto a las inhibiciones de su hija (virgen aún en medio de las mujeres a las que regenta) y a la ambivalencia de Pancho Vega, el código sexual de la novela. Homosexual, *travesti*: desde la aparición de LSL ha polarizado, hasta monopolizado, la atención de la crítica, que ha llegado a ver en él un símbolo de un arte degradado, o cosas así. Sin descartar esto completamente, y hablando en un estilo llano, plebeyo y levemente cervantino, uno podría pensar más bien que representa una encarnación del dicho popular "viejo, pobre y maricón", colmo de las desgracias según un saber tradicional (LSL, 52). El personaje pertenece a un filón arcaico; ahí reside parte de su carisma. Personaje siempre lateral y apenas secundario en las novelas del prostíbulo, objeto de irrisión a lo sumo, el homosexual se convierte aquí en una figura central, quebrantador de conductas sexuales aceptadas, echando una luz turbia sobre el rol de la paternidad. Factor decisivo en la historia de la "casa" (apuesta entre don Alejo y la Japonesa Grande, nacimiento consiguiente de la Japonesita), la Manuela llegará a ser un sujeto crucial para el desenvolvimiento de la intriga narrativa, la de ese *ese* domingo en el pueblo.

Lo que suelda estos dos códigos es la casa. Su existencia está notablemente descrita al comienzo del capítulo segundo, el mismo en que aparece el cuadro del latifundio que citábamos más arriba. La frase inicial es: "La casa se estaba sumiendo", en un párrafo que se cierra así: "Alrededor de las cuñas a veces brotaba pasto" (LSL, 18). La imagen capta un intenso movimiento de inmersión en la na-

turaleza, una reducción de la casa a la tierra, al par que se suma a una configuración bien frecuente en la mejor narrativa hispanoamericana de aquel tiempo, la
de una utopía en ruinas o ruinas de la utopía. En *El astillero* de Onetti (que Donoso habrá de prologar con posterioridad); en varias novelas de Carpentier; en uno
que otro texto de Roa Bastos, encontramos un mismo modelo de fracaso y frustración: ruinas inconclusas, edificios interrumpidos o a medio construir, habitaciones
invadidas por el polvo y la maleza, andamios vacíos, etc.[12]. Todos ellos apuntan
a un proyecto fallido, aborto de la ciudad latinoamericana o la comunidad que no
fue. En esta versión de Donoso, más rural y pueblerina aunque no menos poderosa, la casa se hunde tragada por la tierra y por su propia basura. O como se dice
en otra parte, retomando la relación de hostilidad entre el latifundio y el orden humano: "El Olivo no es más que un desorden de casas ruinosas sitiado por la geometría de las viñas que parece que van a tragárselo" (LSL, 46).

En un trabajo capital dedicado a LSL, Fernando Moreno percibió con justeza
la ley de inversión que preside la novela. Esta ley de inversión le permite dar
cuenta del protagonista, de la esfera religiosa, principalmente bíblica, y del aspecto fáustico inherente a la anécdota (cf. Moreno Turner 1975). Es muy posible
que, sustentando estas manifestaciones de la inversión, haya una paradoja más
profunda, la de las casas resistiendo la acción voraz del latifundio y la voluntad
destructora del hacendado. Este quiere comprar las casas que aún no son suyas
para arrasar al pueblo por entero (cf. LSL 59s., 100 y 123). Ante el imperio de
un orden moribundo, ante las órdenes de ese dios demoníaco, las mujeres resisten: la vieja Ludovinia piensa no vender, la Japonesita decide no ceder. En la des-
medrada muchachita que busca iluminar su casa y que persiste en traer la luz al
pueblo, vemos toda la contradicción de lo que antes se llamaba progreso y desarrollo y que todavía hoy llamamos modernización. Un viejo mundo que se des-
ploma y la nueva fórmula civilizadora se sueldan una vez más, como anverso y
reverso de una misma deformación histórica. Contra el frío y la oscuridad que rigen en el lugar, la tea de la luz eléctrica la empuña una humilde prostituta, hija
y vástago de una doble, más bien triple, inversión. El prostíbulo al servicio del
progreso: tampoco es ésta una figura ausente en la década de los 60 y significa
aquí, con toda probabilidad, el ápice de la inversión analizada por Moreno. Una
ciega resistencia, una quieta y activísima pasividad parecen ser el secreto de este
No a la voluntad del patrón: "Ella se arrebujó con su chal rosado, haciendo un
movimiento de negación con la cabeza, muy lento, muy definitivo, que la Manuela conocía " (LSL, 56). En el desenlace de LSL, permanecen en la madrugada en

---

[12] A esta misma lógica pertenece un subsistema de imágenes como "semáforo inválido",
"una máquina trilladora antediluviana entre cuyos fierros anaranjados por el orín jugaban los
niños como con un saurio domesticado" (LSL, 20). Significativamente, el párrafo del que extracto estas frases comienza bajo el signo del cruce o del cruzar: "Ahora no es más que un
potrero *cruzado* por la línea" (ibíd.).

el salón la Japonesita, que se acostará "sin siquiera encender una vela" (140) y el viejo Céspedes, campesino sin nombre individual, cuyo apellido es parte de la tierra (similar en esto a Pancho Vega) y al que vemos siempre confundido con los productos vegetales relacionados con el fundo (cf. 30 y, especialmente 116). Sin embargo, cuando aúllan los perros en la noche, cruza el fundo y va al sitio de la Japonesita ("—Hija—", le dice casi al final, 135). Sólo allí bebe pagando su consumo, aunque hubiera podido hacerlo gratis en la hacienda de que es peón. Campesino sombra, que ha absorbido hasta las heces la mentalidad latifundista, hace aún más desoladora esa luz que no llega; sin embargo, en su silencioso estar ahí, hay una tensa, paciente, granítica espera que convierte a este personaje en una honda silueta que da fuerza emocional a esta gran novelita de Donoso. En mi opinión, Maya, el desgraciado nortino de *Este domingo*, y don Céspedes, este siervo de tierras adentro, son cumbres señeras en la geografía humana explorada e inventada por el narrador chileno.

¿Gran novelita? Aunque muy de pasada, quisiera recalcar este punto. Como se sabe, el autor dio el nombre de "novelitas" a tres que publicó en 1973 y, en total, suman nueve los textos incluidos bajo el rubro de novelas breves[13]. Varios de estos textos bordean o sobrepasan las cien páginas en formatos editoriales, eso sí, distintos al de LSL. Ahora bien, en su edición original este relato cuenta con cerca de 140 páginas, 131 de hecho (9-140). Es claro que no existe una neta solución cuantitativa para el género o subgénero de la novela corta. Su extensión es variable, relativa, y tiene que ver con tradiciones, hábitos literarios y, más que nada, con la producción global del escritor. Para Thomas Mann, por contraejemplo, cuyas grandes novelas superaban las 600 ó 700 páginas (para no hablar de su inhumana tetralogía, *José y sus hermanos*), sus *novellen* debían ser de longitud proporcional. Que yo sepa, jamás se ha pensado en LSL como *nouvelle* propiamente tal, en su significación genérica precisa. Creo que avalan esta clasificación su marcada concentración espacial, su tensión horizontal y, muy especialmente, el dramatismo casi ritual que impone su exigua temporalización en torno a un día— desde la mañana de un día domingo hasta la madrugada del día siguiente. El presente narrativo permite *flashbacks* y *raccontos* de menor o mayor amplitud (la noche anterior, una semana antes, el año pasado, veinte años atrás) que, como en círculos concéntricos, expanden y comprimen la narración. Vista en conexión con su gran saga de OPN, esta novela corta expresa el mismo régimen de alternancia y bifurcación que encontramos en los demás escritores del *boom*: García Márquez con *El coronel no tiene nadie quien le escriba* y *Cien años de soledad*, Vargas Llosa con *La ciudad y los perros* y *Los cachorros*, Carpentier con *Los pasos perdidos* y *El acoso*, etc.

---

[13] Madrid, Alfaguara, 1996. Además de las *Tres novelitas burguesas*, la edición incluye los notables textos de *Cuatro para Delfina* (1982) —para mi gusto lo mejor de todo lo escrito por Donoso— más *Taratuta* y "Naturaleza muerta con cachimba" (1990).

Finalmente, y ya para concluir este apartado, aparece en LSL algo que no existía en *Coronación*, que se insinuaba en *Este domingo* y que se desenvolverá plenamente en OPN: la incorporación en el texto de elementos tomados de la cultura y de las creencias populares. Lo mínimum de esta inscripción revela bien el carácter relativamente elitista de esta narrativa, sobre todo si se la compara con lo que pasa en otras partes del continente. Entre la animita de *Este domingo* y el amplio motivo del imbunche en OPN, LSL estatuye una óptica de los personajes populares (la Manuela, don Céspedes) presidida por la impronta de los santos en las iglesias de pueblo, por el ambiente de las capillas pueblerinas (cf. LSL, 75). La Manuela ve así la imagen de don Alejandro, la Japonesita y don Céspedes piensan tal vez en un tabernáculo rural al fin de la novela (cf. ibíd., 135). Lo vemos: la imaginación campesina está hecha de mentalidad latifundista más los reflejos sombríos de una religión rural— "esas cuestiones que hay en las iglesias..., esas cosas coloradas con luz adentro", algo que está justamente en los antípodas de la luz que ansiaba la mujer.

Obviamente Artemio Cruz, el protagonista de la novela de Fuentes, no es un terrateniente en sentido tradicional. En su misma muerte expresa el alcance de su poder social, poder que no habría sido viable sin la ruptura histórica de la revolución mexicana y de las trasformaciones económicas e institucionales del México posrevolucionario. En ascenso impresionante el niño bastardo de una hacienda semiesclavista de tierras calientes, el soldado movilizado en las tropas de la revolución, el capitán carrancista que sobrevive al licenciado Bernal y a un indio yaqui, llegará a ser un "millonario mexicano" (así lo califica Donoso en su prólogo a la edición española de la novela), un empresario dinámico, inescrupuloso y avasallante cuyos negocios van de la minería y las financieras hasta el comercio y las inversiones en la prensa del país. No sin razón se lo ha comparado al magnate de *Citizen Kane*, la gran película de Welles. Es decir, visto sincrónicamente en el momento de su muerte, el aspecto de hacendado de Artemio Cruz no parece ser central ni relevante.

Otra cosa ocurre si se mira el proceso de engrandecimiento de un modo genético, diacrónicamente. La riqueza de Cruz comienza con su llegada a la casa de don Gamaliel Bernal, el padre de su correligionario muerto, con cuya hija Catalina se casará. Gran parte de la novela consiste en el entramado de la desposesión de las tierras del padre, por una parte, y, por otra, en la imposible posesión emocional de la hija. Artemio triunfa en una; fracasa en la otra. Desde un punto de vista histórico, la fortuna de Cruz entronca explícitamente con las expropiaciones liberales del siglo XIX, creando una cadena de rupturas que la novela hace perfectamente sensible. Es de esta tierra así expropiada y poseída de donde van a emanar los tentáculos de este cacique provincial. Como intermediario entre los viejos y soberbios hacendados regionales y los campesinos organizados por la política agrarista, Cruz engaña a unos y otros, amenaza a éstos con aquéllos y viceversa, para terminar profitando de ambos bandos y explotando a todo el que se cruce en su camino. Sus únicos patrones verdaderos serán los norteamericanos, para quienes actúa como palo blanco (*frontman*). La tierra, las tierras serán entonces cruciales para este capitalista moderno, neolatifundista si se quiere, que especula en terrenos y con la riqueza agraria del país. De ahí que, en esta tierra que se evapora ante un capital invisible, el inquilino brille por su ausencia— en contraste con lo que ocurre en LSL. El retrato social, emocionalmente equivalente al de don Céspedes, sería (si es que lo hay) el del indio yaqui que ayuda a huir a Artemio y que sucumbe mientras éste se salva.

La estructura de la novela, compleja, variadísima aunque un poco prefabricada, ha sido objeto de suficiente estudio y no necesito volver a delinearla[14]. Me interesa sólo un detalle microscópico de ella.

En las horas de agonía de Cruz, doce al parecer, un motivo emerge con gran fuerza, hasta el punto de grabarse una y otra vez en la memoria balbuceante del hombre. Es su *Rosebud*, el enigmático *Rosebud* de sus postrimerías. En términos estructurales, se trata entonces de un *leitmotiv*[15]. Con pequeñas variantes que dependen a menudo del contexto y de las asociaciones azarosas del enfermo, la frase dice más o menos así: "Cruzamos el río a caballo..." (MAC, 12, 29, 56, 88, 119, 141, 143, 162, 167, 206, 221, 267, 268, 307). "Cruzamos el río...": la imagen vuelve y reincide en el texto, creando una especie de textura, de nudo en un tejido que bien pudiera designarse —bromas aparte— como punto cruz. A medida que transcurre la novela, el lector comprende que se trata de la separación de padre e hijo, de un rito paternal y filial en la hacienda de Cocuyo y de la continuación de una tarea histórica. Infancia y juventud, contempladas desde una vida perdida: infancia recordada por uno, juventud del otro que marcha hacia el futuro. El río se cruza en dos direcciones. Hacia la orilla del otro mundo, adonde Lorenzo irá a luchar y a morir en los estertores de la guerra civil española; hacia atrás por parte de Artemio, antes del Cruz que no fue y del Cruz que va a ser. Al fin de la novela, cuando el niño de 14 años salga a descubrir la vida, no cruza ya un río, sino la montaña— engarzando así los dos Méxicos que articulan la novela, el de las tierras bajas y caribeñas de la zona de Veracruz y el de la altiplanicie de la revolución y de la desvida de Cruz.

El *leitmotiv* se prolonga mediante el constante reaparecer del verbo "cruzar". En MAC "cruzar" es por lo menos tres o cuatro cosas bien distintas. En un sentido normal, se refiere a los gestos naturales del cuerpo y de la interacción humana (cruzar los brazos, cruzarse las miradas, etc.; MAC, 83, 115, 179, 191). Por otra

---

[14] De la bibliografía sobre MAC, los mejores trabajos me siguen pareciendo los más tempranos —especialmente los de Nelson Osorio y de René Jara en la recopilación de H. Giacoman— y el más reciente (y espléndido) de Robin Fiddian (1990).

[15] En una notable contribución, "Intención y forma en MAC", Juan Loveluck se refiere a este aspecto de la novela y lo vincula acertadamente con su carácter de novela lírica (cf. Loveluck 1971, 220, n. 10).

parte, la expresión tiene que ver con operaciones militares, el sempiterno desplazamiento de las tropas revolucionarias que convierte al territorio en un perfecto "crucigrama" (180 *supra*; véanse también 85, 176, *passim*)[16]. En seguida y sobre todo, es un acto crucial, decisivo, a veces solemne, para el destino de Artemio:

"Cruzó la ancha explanada y entró en la nave silenciosa, larga y dorada" (45), es el momento en que el teniente coronel entra a convencer al padre Páez de sus designios para con la familia Bernal. Y su suerte de sobreviviente se decide cruzando la raya en un duelo con el villista Zagal: "Si usted logra herirme antes de que yo cruce la raya, me remata. Si yo la cruzo sin que usted me pegue, me deja libre" (186).

Por último, a medida que nos acercamos al desenlace y como un haz en las ramificaciones del verbo "cruzar", asistimos a una potenciación y a un desprendimiento final del símbolo, el nombre de Cruz como gran encrucijada en el mundo. La visión es más o menos ésta:

> Apoyarás la barbilla en el puño y tu perfil se recortará sobre la línea del horizonte nocturno [...]
> Tan alto, tan alto, nunca habías estado [...] Las cruces de la anchura nunca las habías visto [...]
> Y no te sentirás pequeño al contemplar y contemplar [...] el plano ondulante de la tierra y el ascenso vertical del cielo [...]
> Te sentirás alto sobre la montaña, perpendicular al campo, paralelo a la línea del horizonte [...] (311).
> Tú serás el nombre del mundo (313).

El nombre viene a coincidir con las coordenadas mayores del espacio, extendiendo los movimientos terrestres del "cruzar" a un paisaje cósmico más vasto. La hipóstasis de Cruz dilata el corazón de un moribundo hasta los confines de la materia en expansión, en un gesto sin duda excesivo, pero que se relaciona bien con la parábola del poder: "Eres, serás, fuiste el universo encarnado... Para ti se encenderán las galaxias y se incendiará el sol..." (ibíd.).

¿Mito religioso-materialista, primitivo y científico a la vez? ¿Nuevo avatar de Ixca Cienfuegos, su viejo personaje de *La región más transparente*? En todo caso, vida y muerte se sueldan aquí para siempre, de una vez por todas ("En tu corazón, abierto a la vida... en tu corazón abierto...", 314), en una peculiar estaurología a la mexicana, muy propia de Fuentes.

Nombre y símbolo rebotan sin duda en la memoria de Donoso, en una de esas tangencias de que nos habla en su libro sobre el *boom*, provocando un campo centrífugo entre las dos novelas. Esta "alternative rendition" de Artemio en don Alejo, como se la ha llamado con justeza (Magnarelli 1993, 89), bifurca las trayecto-

---

[16] Este "cruzar" táctico y estratégico alcanza también a los episodios que ocurren en España en las postrimerías de la guerra civil (cf. MAC, 229, 233, 235, 240).

rias de ambos héroes, marcándolos como esencialmente disímiles. Tangencia-choque, en consecuencia, que tal vez ayude a explicar por qué, mucho tiempo después y mientras escribe el autor las páginas de su final autobiografía, es "Cruz" el primer apellido que acude a su mente en la serie de antepasados dueños de la tierra (cf. Donoso 1996, 21). El signo del protagonista mexicano despierta en él un eco personal, familiar en sentido propio, haciendo que este singular cruce hispanoamericano sea mucho más que un trasplante artificioso entre el norte de "nuestra" América y el sur cordillerano, y resulte más bien un real desgajamiento de algo propio— las tierras de su "tribu" y el terreno aún en barbecho del OPN.

Ahora bien, en LSL se conjuga también el verbo "cruzar", pero por una senda distinta a los caminos recorridos en MAC. En vez de un ascenso en espiral que lleva a la exaltación de un nombre simbólico, el "cruzar" del LSL se mantiene en un plano natural, en los límites de una espacialidad que dramatiza la oposición básica entre el fundo y la casa, entre las viñas y el pueblo. Su nexo es con el título del relato, no con un personaje individual.

Hay que observar previamente que si uno busca los orígenes y la raíz más remota de este proceso, puede fijárselos con exactitud en el punto mismo del desgajamiento original, esto es, en el capítulo 12 del OPN, según la identificación propuesta por F. Moreno Turner (1975) algunos años atrás. La escena allí presente, si bien se la recuerda, contiene el enfrentamiento más vivo y explícito entre el grupo oligárquico de la provincia, presidido por Jerónimo de Azcoitía, y una muchedumbre de peones y mineros, los "rotos" de la vecindad contra los "futres" parapetados en el Club Social conservador. Es en medio de esta confrontación, con todo su áspero carácter de lucha de clases, en la que Azcoitía, *alter ego* de don Alejo, va a "cruzar" desafiante —va a intentarlo, por lo menos— la plaza del pueblo. La centralidad espacial y narrativa del gesto es obvia, grabando allí la huella original del "cruzar" que dominará, por entero y en definitiva, el vástago de la novela breve[17].

Conspicuamente ausente en el primer y último capítulos de LSL, "cruzar" tiene al comienzo una curva en ascenso, desaparece luego en los capítulos centrales,

---

[17] Cf. OPN, 197: "Pero para alcanzarlo era necesario cruzar entre cientos y cientos de hombres silenciosos que miraban la puerta del Club al que no tenían acceso" y ibíd., 207: "Don Jerónimo de nuevo cruzó la plaza, triunfante con su brazo vendado...". En el mismo capítulo se formula un enunciado clave, que es tan válido para OPN como para LSL: "La historia recogió ese momento como el momento culminante del poder de una oligarquía que, a partir de entonces, comenzó a declinar" (ibíd., 205). Muy interesante para el detalle que analizo casi obsesivamente es que, en la antepenúltima página del OPN, sea posible leer: "muchas puntadas *en cruz zurcen* o bordan una cicatriz sobre la trama del saco" (ibíd., 540). Lo que subrayo: *en cruz/zurcen* comprueba que, al ir abandonando su novela, el autor deja una incisión en la "trama"— anagrama y monograma de su imaginación y de su universo novelístico. Por otra parte, el palíndromo es comparable al "Isabel Cruz/Cruz Isabel" del desenlace de MAC (314s.).

VI y VII (la historia de la Japonesa Grande, en que predomina abiertamente la mención de la "casa", pues es ella la que ahí está en juego; véanse 64, 65bis, 66, 67, 68, 69, 74, etc.) y se acrecienta significativamente en la parte terminal de la novela. Ascenso, hendimiento o hiato, y desembocadura— para expresarlo mediante una tríada harto simplista. (Doy aquí los *loci* que he podido ubicar: 21, 37, 40, 41, 42, 46, 84, 99, 104, 110, 111, 114, 115, 131bis, 132bis). Sin intentar una interpretación exhaustiva de esta cadena semántica, es posible verificar que se trata de lo siguiente:

1) El desencuentro o el caminar en dirección encontrada apunta a una clara separación social: 21 y 37; "imposible cruzar", se nos dice en este último caso;

2) En momentos cruciales de la acción, el movimiento resulta tenido por objetos representativos de la oposición. Veamos sólo tres breves pasajes:

> La Manuela, cubriéndose con el vestido de española, cruzó como pudo el lago del patio, chapoteando entre las hojas flotantes desprendidas del parrón (46).
> La Japonesa cruzó bajo el parrón cuyas hojas comenzaban a tiritar con el viento y entró en la cocina (84).
> La Japonesita cruzó el rectángulo de luz prendida a Pancho Vega (104).

Luz y parrón son, aquí, los detalles de una articulación global que va a reverberar constantemente en el mundo inteligible y simbólico de la novela, determinando una constelación muy coherente de símiles, sinécdoques y otra clase de tropos[18].

3) En el ápice del movimiento narrativo, luego de pronunciarse la expresión "más allá del límite" (131, *supra*), el verbo se multiplica, prolifera y se exacerba:

> Cruzar la viña como don Céspedes [...] (131).
> Cruza el alambrado cubierto de zarzamora sin ver que las púas destrozan su vestido (ibíd.).
> Más allá está la viña; la corriente sucia lo separa de la ordenación de las viñas. Tiene que cruzar (131s.).
> [...] si sólo pudiera cruzar este río [...] (132).

Es claro: "cruzar" devela —denuncia y revela a la vez— el límite interno de este *lugar sin límites*. La Manuela quiere rehacer en dirección contraria el camino de don Céspedes a través del viñedo. "Imposible cruzar", habría que repetir aquí (ver un poco más arriba). Si en MAC "cruzar" terminaba en "Cruz", en una órbita triunfalista y sublimadora del héroe, en LSL, en cambio, lo visible es el conflicto, la contradicción interna, el antagonismo. No se puede "cruzar" el abismo social. El pobre Cristo homosexual (*Manuel*/Manuela), borracho, golpeado, so-

---

[18] La cabeza de Ludovinia es "un terrón blando" (23); la Japonesa tenía "senos pesados como sacos repletos de uva" (44); la Manuela es vieja como pasa, etc. Estos símiles entretejen una red de sinécdoques que apunta a una totalidad dominante, el dominio todopoderoso de la tierra, de las viñas y del vino.

domizado, está a años luz de don *Alejo*, dios paternal y patriarcal, benevolente y demoníaco, que no lo espera ni lo salva. Dos formas de simbolización, entonces: la liberal y anticlerical, para la que Cristo es sólo paradigma humano y un mito ya lexicalizado, y otra regida por una mentalidad aún feudal, que Donoso excava e interioriza con hondura. Gloria y majestad en una, cruz inferior en la otra— a ras del suelo y en el corazón del infierno: lo solar y lo ctónico vuelven a encontrarse en esta pareja de cuates novelistas.

Curiosamente, no es en el plano de las reverberaciones onomásticas donde se produce la conjunción más significativa entre ambas novelas. Ella reside en un rincón, en un ángulo de las configuraciones materiales levantadas por los dos escritores. Para mostrar esto, sin embargo, es necesario previamente ampliar la mirada y la perspectiva sobre la producción literaria de Donoso.

Mansión a espaldas de la realidad en *Coronación*; casa de la infancia y del deshogar en *Este domingo*; prostíbulo rural pero, como ya sugerí, manifestación plural y proliferante de las casas en LSL; Casa de las asiladas con mayúscula y casa de la Rinconada en OPN: se trata siempre de la metamorfosis y del dinamismo de una misma obsesión espacial que, si se releen estas novelas como términos de una serie sucesiva, adquiere un relieve singular. "¿Por qué esa permanente recurrencia de la casa? El autor nunca tuvo respuesta", nos dice Esther Edwards (cf. Edwards 1997, 215). Esta particularidad resalta aun más si se la compara con autores contemporáneos, como Poli Délano, o de la misma generación de Donoso, como ocurre con Claudio Giaconi y Jorge Edwards. Para el primero, importante narrador que empieza a publicar en la década de los sesenta, el ámbito principal es la pensión, cuyo marco costumbrista dará paso a una elaboración psicológica y existencial[19]. Giaconi, ya nuestro Rulfo chileno con su *mero* puñado de cuentos (*La difícil juventud*, 1954) y su gran ensayo sobre Gogol, es más bien un autor nómade, indiferente (o crítico) a los ritos cotidianos y sedentarios de la domesticidad. Y Edwards, que parecería más afín a Donoso en este plano, configura una visión muy distinta de la casa en relatos como *El patio*, *El peso de la noche* y en ese cuento clásico que es "Rosaura". En éstos sobresale una dialéctica interior, la distribución conflictiva del ocio y del trabajo en las piezas y aposentos de la casa.

"Casa de campo" posiblemente suministra, como título y no como novela, el nombre más válido, sintético y englobante para esta novelística. Tuvo que producirse la instalación de la dictadura para que la veta inquisitiva de Donoso desencadenara todo su potencial de interpretación histórica. Esta casa es la antítesis del burdel de LSL, pero se toca con ella como su avatar extremo. Está (a diferencia de la otra que se hallaba sumergida y hundida) "posada sobre un levantamiento

---

[19] Cf. *Gente solitaria* (1960), especialmente "Final"; y *Amaneció nublado*. El ambiente alcanzará su eclosión en su gran novela posterior, *En este lugar sagrado*.

de terreno", pero cerca de su superficie "se extendían las instalaciones de las bo-
degas donde enólogos cuidaban de los vinos con los miramientos debidos a personajes de alcurnia" (CC, 75). ¿Viñas modernizadas, anunciadoras del milagro económico que va a venir? De cualquier manera, el latifundio es todo, eminencia y
profundidades del país. Y, por un hallazgo notable en el idioma, Donoso da cuenta de las fuerzas encontradas que ahí conviven mediante la oposición *caserío/ca-
cería*, esto es, la *cacería* que los dueños de la tierra llevan a cabo contra la población y los poblados de los humildes[20]. Esta cacería que destruye un caserío es expresión de la misma lucha que veíamos soterrada en LSL, ahora dolorosamente
explícita, como manifestación de las fuerzas en obra durante el período dictatorial. "Casa de campo", entonces, como metáfora última en la visión histórica de
Donoso, significa dos cosas de ningún modo contrapuestas. Por un lado, es la hipérbole llevada hasta sus límites, la radiografía del país y la nación como vasta
y gigantesca excrecencia oligárquica; por otro lado, en cuanto oxímoron en plenitud, ella nos habla de una construcción histórica imposible, el infierno de la tierra
y de las tierras vuelto y desencadenado contra todo germen de comunidad humana. Tiene razón Fuentes, el autor que al final de su novela acoplaba la "casa grande" de la plantación esclavista y la choza en que nace Artemio (MAC, 297, 298,
299, 301 *passim*): la estructura clasista del país, el viejo orden que persiste en la
sociedad chilena son esenciales para comprender la obra de su compañero de generación y de *boom*. En éste, la ambición fáustica por la casa de la Japonesa
Grande da paso a la diminutiva resistencia de una *chiquilla*, la Japonesita (LSL,
50). En este desdoblamiento interno de las figuras femeninas pudiera entreverse,
por las extrañas vías de Donoso, el mismo esquema ínsito en la escena de la Ciudad de México donde comenzó su novela y donde nosotros comenzábamos este
ensayo, esquema y paradigma que, de un extremo a otro, atraviesa la narrativa
del chileno desde *Coronación* hasta *Taratuta* y *El mocho*, dos de sus últimos textos. Pero esto es ya asunto de otro costal.

---

[20] CC, 280s. Una sensitiva mirada sobre la función de la casa, puede verse en el libro de
Flora González (1995), uno de los más incisivos que se han escrito sobre el autor chileno.

Bibliografía

Délano, Poli. 1960. *Gente solitaria*. Santiago: Mazorca.

—. 1962. *Amaneció nublado*. Santiago: Alerce.

Donoso, José. 1966. *El lugar sin límites* (=LSL). México: Mortiz.

—. 1970. *El obsceno pájaro de la noche* (=OPN). Barcelona: Seix Barral.

—. 1972. *Historia personal del boom* (=HPB). Barcelona: Anagrama.

—. 1983. *Historia personal del boom*. Nueva edición con apéndice del autor. Barcelona: Seix Barral.

—. 1978. *Casa de campo* (=CC). Barcelona: Seix Barral.

—. 1990. Ópticas y avatares, prólogo a la versión teatral de *Este domingo*. Santiago: Andrés Bello.

—. 1996. *Conjeturas sobre la memoria de mi tribu*. Santiago: Alfaguara.

Donoso, María Pilar. 1987. *Los de entonces*. Barcelona: Seix Barral.

Edwards, Esther. 1997. *José Donoso: voces de la memoria*. Santiago: Editorial Sudamericana Chilena.

Fiddian, Robin. 1990. Carlos Fuentes: *La muerte de Artemio Cruz*. En: Philip Swanson (ed.). *Landmarks in Modern Latin American Fiction*. London/New York: Routledge, 96-117.

Fuentes, Carlos. 1962. *La muerte de Artemio Cruz* (=MAC). México: Fondo de Cultura Económica.

—. 1974. *Obras completas*. México: Aguilar.

—. 1997. Homenaje a J. Donoso. En: *La Jornada, 4 de julio*. Suplemento Cultural, 26s.

Genette, Gérard. 1987. *Seuils*. París: Editions du Seuil.

Giacoman, Helmy. 1971. *Homenaje a Carlos Fuentes*. New York: Las Américas.

González, Flora. 1995. *José Donoso's House of Fiction*. Detroit: Wayne State University Press.

Gutiérrez Mouat, Ricardo. 1989. *El espacio de la crítica. Estudios de literatura chilena moderna*. Madrid: Orígenes.

Hassett, John. 1973. Reseña. En: *Latin American Literary Review* 3, 108-111.

Jara, René. 1971. El mito y la nueva novela hispanoamericana. A propósito de *La muerte de Artemio Cruz*. En: Giacoman, 147-208.

Joset, Jacques. 1995. Autobiografía y literatura en *Historia personal del boom*. En: íd. *Historias cruzadas de novelas hispanoamericanas*. Madrid/Frankfurt/Main: Vervuert-Iberoamericana, 142-153.

Loveluck, Juan. 1971. Intención y forma en *La muerte de Artemio Cruz*. En: Giacoman, 209-229.

Magnarelli, Sharon. 1993. *Understanding José Donoso*. Columbia: University of South Carolina Press.

Moreno Turner, Fernando. 1975. La inversión como norma. A propósito de *El lugar sin límites*. En: Antonio Cornejo Polar (ed.). *José Donoso. La destrucción del mundo*. Buenos Aires: Fernando García Cambiero, 73-100.

Osorio, Nelson. 1971. Un aspecto de la estructura de *La muerte de Artemio Cruz*. En: Giacoman, 125-146.

El cartero de Neruda: cine, literatura y globalización

Walter Bruno Berg

1. Dos películas: dos caras de Neruda

Literatura chilena, *hoy*, a 25 años de la muerte de Neruda. Es ésta también una ocasión para preguntarse: ¿qué ha pasado entretanto con quien fue considerado en su tiempo el más grande de los escritores chilenos? Pues bien, gracias a la colaboración de su compatriota Antonio Skármeta, le ha sucedido lo que raras veces acontece a los poetas, a saber, convertirse en una estrella de cine. Y esto en dos ocasiones distintas; la primera con *Ardiente paciencia* del propio Skármeta (1984); la segunda, pocos años después, con *Il postino de Neruda*, una película ítalo-francesa bajo la dirección de Michael Radford, que también se basa en el argumento de Skármeta. El éxito internacional, en especial de la película de Radford, merece un análisis. Cabe preguntarse qué ocurre cuando un poeta pasa a la pantalla. Lo que llama la atención en los dos casos, es que no se trata precisamente de una 'adaptación' de una de las obras de Neruda, sino más bien —si se me permite la expresión— de la adaptación al cine del propio personaje, de la figura misma del poeta. Así veremos aparecer, como resultado de este análisis, a dos Nerudas distintos, cada uno producto de un arte cinematográfico que no es copia de la realidad, sino interpretación de la misma.

Antes de entrar en el análisis propiamente dicho, veamos brevemente el argumento: se trata, en efecto, de dos historias distintas que tienen, sin embargo, un núcleo en común, esto es, la amistad del poeta con el cartero Mario encargado de entregarle la gran cantidad de cartas y misivas que le llegan diariamente de las cuatro partes del mundo. La amistad que se establece entre ambos parte de presupuestos muy desiguales: a Mario, un hombre muy simple sin ningún tipo de formación intelectual, le halaga el trato con "Don Pablo", que para él es una celebridad venida de otro planeta llamado *poesía*. Rápidamente, sin embargo —con la astucia propia del 'hombre del pueblo'—, llega a entender el interés especial que el hecho de arribar a este planeta puede tener para él. 'Poesía' es para él uno de los ingredientes indispensables de esas relaciones complicadísimas entre hombres y mujeres que se llama 'amor'. Por eso, no sólo finge interesarse en la poesía de Don Pablo, sino que trata de ganarlo personalmente como mediador de sus amores con su novia Beatriz. Neruda, por su parte, al principio distante y poco favorable a esta nueva amistad, poco a poco se deja conquistar; y esto no sólo por el interés que Mario demuestra por su poesía, sino también por la oportunidad que se le presenta de demostrar, una vez más, su 'compromiso' para con el 'pueblo': empeña todo el peso de su autoridad para interceder en favor de Mario ante una madre reticente y poco convencida de la conveniencia de la unión, pero al final, lo vemos radiante en medio de los convidados que festejan el éxito del compromiso de aquél, es decir, un matrimonio rotundamente feliz.

Hasta ahí el 'núcleo' del argumento. Pues bien, los dos directores van a situar este núcleo en contextos muy diferentes. Skármeta lo sitúa en el final de la vida del poeta, y ello marcado por cuatro eventos importantes: la candidatura de Neruda a la presidencia de la República y la subsecuente renuncia en favor de Allende; su nominación al Premio Nobel; su estancia en París como embajador; y los últimos meses del poeta en su casa de *Isla Negra* con el golpe de Estado presenciado por Neruda desde su lecho mortuorio. Radford, en cambio, sitúa la acción en otro momento de la vida del poeta, esto es, un episodio durante su forzado —en palabras de su biógrafo Volodia Teitelboim (1996, 323s.)— "viaje del mundo", es decir, su exilio de cuatro años a raíz de la política marcadamente anticomunista llevada a cabo por el entonces presidente chileno Gabriel González Videla. Es la época de la llamada 'guerra fría'. Desde algún tiempo, Neruda es militante del partido comunista chileno; ha sido elegido, además, senador de la República. También como poeta se encuentra en el apogeo de su carrera. Poco antes de exiliarse, ha terminado el manuscrito del *Canto general* que va a publicarse clandestinamente durante su ausencia. Gracias al exilio, su fama de poeta comprometido se expande considerablemente, sobre todo a escala internacional.

No obstante estas diferencias, Radford trata visiblemente también de mantener analogías —aunque falsificadas— con el 'original'. La más importante de ellas es el lugar de la acción: *Isla Negra* en Skármeta; la isla[1] *Capri* en Radford. El panorama mediterráneo de esta última es tan parecido al panorama pacífico de *Isla Negra* que el espectador poco experto necesariamente llega a confundirlos. Lo mismo cabe decir de la estructura social que se nos presenta. Aunque Radford, desde la primera escena nos sitúa inconfundiblemente en el contexto socio-histórico de un *Sur de Italia* modelo de la década de los cincuenta, se trata de un contexto cuyos rasgos principales ya los conocemos a partir de la película de Skármeta: una población pobre bajo la tutela de sus caciques locales. Por un lado los de la derecha chilena, es decir, los seguidores del entonces candidato a la presidencia Jorge Alessandri; por el otro, los de la democracia cristiana italiana; una minoría de esta población que se opone al sistema, representada en los dos casos por los comunistas con su figura de proa de aquel entonces, Pablo Neruda.

Vuelvo a las diferencias en el plano del argumento: mientras que en *Ardiente paciencia* el hecho de que el poeta laureado también esté en la lista negra de los sicarios de la Junta Militar sólo se insinúa por indicios, y que la transformación de Mario en víctima del régimen ocurre, por así decirlo, *a pesar suyo*, el destino del *postino* de Radford es, en cambio, bastante explícito. Al cabo de poco menos de treinta minutos de correr la película, el joven pícaro que conocemos al principio, gracias a la prédica socialista del jefe de la oficina de correos, gracias —so-

---

[1] No obstante el nombre *Isla Negra* no es una "isla". La analogía consiste en que el lugar también está situado en la costa, lo que le permite al director de la película —igual que a Skármeta— desarrollar ampliamente la simbólica, inherente a la poesía de Neruda, del mar.

bre todo— a la influencia milagrosa de su amistad con Neruda, se ha vuelto ya un comprometido sindicalista, que al final precisamente va a morir, alcanzado por las balas policiales en una manifestación de protesta.

2. Propósito de un análisis estructural

Ya vemos perfilarse, pues —a nivel del argumento de las dos películas—, dos caras muy distintas de Neruda. Acerquémonos a ellas aún más.

Roland Barthes ha dicho, en su *Introducción al análisis estructural de los relatos,* que lo propio de una narración consiste, ante todo, en "establecer una especie de tiempo *lógico* que poco tiene que ver con el tiempo real". Unas páginas antes, expresando lo mismo, insinúa que "la actividad narrativa" no es sino "la confusión misma de la consecución y de la consecuencia, al leerse lo que viene *después* en un relato como causado por" (Barthes 1981, 30 y 16; traducción: W.B.B.). De este modo, los relatos aparentemente restablecen un principio cuyo error ya había sido denunciado por los escolásticos, es decir, "la fórmula *post hoc, ergo propter hoc*" (ibíd.). En el caso que nos ocupa, pronto nos damos cuenta, al acercarnos a las dos películas, de que estamos frente a dos universos fundamentalmente diferentes: uno —el de *Il postino de Neruda*, la película de Radford— estructurado según una lógica 'sintagmática'; otro —el de *Ardiente paciencia*, la película de Skármeta— estructurado según una lógica más bien 'paradigmática', la cual no es sino —como bien se sabe— la lógica propia de la poesía. Veamos ahora, para ejemplificarlas, las estructuras respectivas. Empecemos con la película de Radford.

3. *Il postino de Neruda*

Digamos —para ir de lleno al asunto— que la lógica sintagmática que encontramos en *Il postino de Neruda* es inherente al concepto de *compromiso literario*, y que es la idea principal de la película. Lo que hay que entender por tal concepto lo hace explícito el propio Neruda en la escena 27[2], cuando Mario le lleva un paquete que contiene una cinta grabada por sus amigos con ocasión de la aparición clandestina en Chile del *Canto general*. A propósito de un viaje a la provincia, cuenta el poeta, un grupo de mineros le había pedido escribir sobre las condiciones de vida de ellos. "Este fue", le explica a Mario, "el inicio del *Canto general*".

Lo que le explica Neruda al cartero corresponde —por así decirlo— a la "unidad elemental" del compromiso. Consta de dos elementos. La relación que existe entre ellos está constituida por un *antes* y un *después*, o sea, por una relación de causa-efecto. El poeta comprometido es aquel que *reacciona* ante una situación

---

[2] Según nuestra estructuración, la película consta de 57 escenas.

lada. Es evidente que los elementos son reversibles: la causa se convierte en efec-
; el efecto, a su vez, desempeña la función de causa.

Ambos casos están explotados abundantemente en la película. No necesito detenerme mucho en ellos porque corresponden al concepto más corriente de compromiso. Por ejemplo, el exilio que padece el poeta pertenece —claro está— a la
segunda categoría: es el efecto más visible de una obra que se 'compromete': al
ejercer una influencia sobre el contexto en que aparece, provoca la reacción de las
'autoridades', cuya primera víctima es el propio autor.

Por otra parte, es cierto que el uso que la película hace de esta estructura va
más allá de tal acepción corriente. Se trata de una estructura que también se encuentra en otros contextos, o sea, tanto en lo que se refiere al tema del amor como en las reflexiones poetológicas que se le atribuyen a Neruda. Ya en el pequeño
cortometraje pretendidamente auténtico intercalado en las primeras escenas de la
película, se menciona el tema: el famoso escritor chileno Pablo Neruda que viene
a Italia es venerado por los intelectuales "por sus ideales comunistas", pero —insiste el reportero— "querido también por las mujeres porque ha escrito *poemas
de amor*". Mario ha visto el reportaje, y se acuerda de él cuando, por primera vez
en la casa de Neruda, ve al poeta abrazando cariñosamente a Matilde. Cuando
Giorgio, el jefe de la oficina de correos, le pregunta cómo es Neruda "como hombre", Mario contesta que no le encuentra nada especial, aparte de que él y su mujer "hablan otro lenguaje", porque, a cada rato, Neruda le dice a ella "amor". "Se
nota", concluye Mario, "que es poeta"[3]. Así pues, en el amor, igual que en la política, se da una relación de causa-efecto: la poesía despierta el amor; el amor sirve de inspiración al poeta. Un poco más tarde, al enamorarse de Beatriz, Mario
recuerda la lección y la pone en práctica.

Veamos todavía otro contexto: el de la poesía misma. Cuando Mario le pide
a Neruda un poema para ofrecérselo a Beatriz, éste casi se enoja declarándose incapaz de escribirlo: "Ni siquiera la conozco. Un poeta debe conocer a la persona
para ser inspirado por ella". Lo que vale para la poesía de amor, vale también para la poesía en general: "No hay poesía a partir de la nada" (secuencia 24), insiste
categóricamente. En otra escena, Mario, le pregunta a Neruda lo que es una metáfora. El poeta se lo explica en base a un ejemplo banal. Mario no está satisfecho;
recita otro verso más complicado preguntándole si eso también es una metáfora.
"No", contesta Neruda, "eso es solamente un sentimiento". El verso que había citado Mario *es* el sentimiento, vale decir, es la expresión auténtica del sentimiento.
Toda explicación ulterior es reducida a una banalidad. Los sentimientos, sin embargo, no nacen de la nada. Nacen de la observación. Para hacerse poeta, le acon-
seja Neruda a Mario, lo que hace falta es la observación, nada más que la observación, por ejemplo, del espectáculo majestuoso del mar. Las metáforas y el rit-

---

[3] Las citas no son textuales. Sólo tengo la versión alemana de la película.

mo de la frase, entonces, nacen *de sí mismos*, automáticamente. Al lado de Mario en la playa, Neruda hace la demostración. Primero admira el panorama; después recita un verso. Al repetir el verso Mario declara que se siente "como mareado". Excelente, dice el poeta, ahora has producido tu primera metáfora auténtica.

No hace falta dar más ejemplos. En los tres casos —política, amor, poesía— estamos ante un solo y mismo procedimiento: una simple relación de causa-efecto, y que corresponde a un concepto básico de la psicología de las conductas, esto es, al famoso behaviorismo.

Qué le ha pasado al más grande de los escritores chilenos al ser transformado en estrella de cine— es la pregunta que habíamos formulado. He aquí una primera respuesta: le ha sucedido justamente lo que uno de sus mejores amigos, a saber, el argentino Julio Cortázar, en un famoso capítulo de *Rayuela*, denuncia como la reducción de la esfera humana a las "conductas standard" definidas por el "instrumental psicológico al uso"[4].

En efecto, la tendencia general de *Il postino de Neruda* consiste en reducirlo todo a las "conductas standard" de un sicologismo fácil de sentido común, aun el tema principal de la película, vale decir, el problema del compromiso. Este está concebido, también, en términos de esta "causalidad psicológica" denunciada por Cortázar. Para verlo más de cerca, echemos una última mirada al argumento: Mario es un alumno estupendo. Lo aprende todo de su maestro, sobre todo a amar y poetizar. Su aprendizaje se ve coronado por una preciosidad de mujer y por un eminente invitado de boda, el propio Neruda. Al mismo tiempo, sin embargo —subterráneamente, por decirlo así— se prepara todavía un tercer aprendizaje: Mario, bajo la influencia de su gran amigo, también se 'concientiza' políticamente. Por eso, finalmente —cuando su amigo ya ha regresado a su país—, se lo invita a presentar un poema suyo dedicado a Neruda en una manifestación sindical; en el momento de subir a la escena hay un tumulto; Mario cae víctima de un atropello policial.

---

[4] El texto de Cortázar hace referencia a un proyecto de libro del escritor Morelli encontrado en forma de "notas sueltas" por sus amigos. El proyecto consiste en imaginar un libro basado en los presupuestos de una "teoría química del pensamiento", teoría que obliga a pensar las llamadas "conductas standard" de los individuos en términos de una realidad fantástica movida por fuerzas extrañas: "Los actores [de ese libro] parecerían insanos o totalmente idiotas. No que se mostraran incapaces de los *challenge and response* corrientes: amor, celos, piedad y así sucesivamente, sino que en ellos algo que el homo sapiens guarda en lo subliminal se abriría penosamente un camino como si un tercer ojo parpadeara penosamente debajo del hueso frontal. Todo sería como una inquietud, un desasosiego, un desarraigo continuo, un territorio donde la causalidad psicológica cedería desconcertada, y esos fantoches se destrozarían o se amarían o se reconocerían sin sospechar demasiado que la vida trata de cambiar la clave en y a través y por ellos, que una tentativa apenas concebible nace en el hombre como en otro tiempo fueron naciendo la clave-razón, la clave-sentimiento, la clave-pragmatismo" (Cortázar [18]1975, 415-418).

En la última escena un Neruda pensativo está parado en la playa delante de una peña gigantesca de la isla de Capri. El poeta ha vuelto para saludar a su viejo amigo. Acaba de enterarse de su muerte. Beatriz, ahora viuda, le ha contado lo que sabe. Hay varios cortes con imágenes documentales de los últimos momentos de un Mario herido de muerte. Al final, otra vez la playa; vista panorámica; la cámara abarca la totalidad de la peña, que desde lejos tiene los contornos del continente sudamericano; por debajo de este mapa natural, achicado por la perspectiva: Pablo Neruda. El valor emblemático de la imagen es subrayado por el silencio obstinado del poeta durante toda esta última secuencia: es como si todo un continente —representado por Neruda— estuviera de luto frente a la primera víctima que cae por haberse comprometido con la causa del poeta latinoamericano, una causa que es también —he aquí la verdadera sugerencia de la escena— la *suya*. Antes de llegar a una conclusión, pasemos a la película de Skármeta.

4. *Ardiente paciencia*

Al contrario de *Il postino de Neruda*, el argumento de *Ardiente paciencia* está estructurado según una lógica 'paradigmática'. Es la lógica propia de lo que llamamos 'metáfora'.

"¿Qué es una metáfora?" pregunta Mario al poeta en la escena cuarta[5]. "Un modo de decir una cosa comparándola con otra", contesta Neruda sencillamente. La definición es tan simple y general que ni siquiera es falsa. Es una de las más antiguas, y remonta al retórico Quintiliano. Ahora bien, desde el simbolismo y, sobre todo, desde el vanguardismo, la crítica se ha acostumbrado a reconocer un nuevo tipo de metáfora, a saber, la metáfora *poética* (o bien, *creativa*). También se habla de la metáfora *absoluta*. A diferencia de la metáfora retórica, la metáfora poética es una comparación a la que le falta, paradójicamente, aquello que normalmente se considera como el elemento esencial de una comparación, es decir, el *tertium comparationis*. A partir del momento justamente en que es posible —según el credo simbolista— *compararlo todo con todo*, en que *el uno* al mismo tiempo siempre significa *el otro*, es ya innecesario buscar un puente lógico que permita la comparación entre dos cosas. En este caso, el rasgo característico de la metáfora ya no sería la comparación, sino la *sustitución*. Se habla de metáfora justamente cuando, dentro de un paradigma, uno de los elementos que constituyen este paradigma es sustituido por un elemento de otro paradigma.

Hay otra cosa más. Veamos un ejemplo: "Le bateau ivre", el título de un famoso poema de Rimbaud. Aquí también estamos ante dos paradigmas: el mundo de los barcos y el mundo de los hombres. "Ivre" (= "ebrio") por ejemplo debe entenderse como 'barco sin timón' o 'barco que ha perdido el rumbo', etc. Por otra parte, es evidente que, al traducir "bateau ivre" por 'barco que ha perdido

---

[5] Según nuestra estructuración, *Ardiente paciencia* consta de 47 escenas.

el rumbo', no se está diciendo lo mismo. Se pierde, en cierta medida, lo esencial. Una metáfora —dice Paul Ricœur (1975, 312)— es una afirmación paradójica, una afirmación para la cual la tensión entre un *ser* y un *no-ser* es constitutiva. En este sentido, es lícito decir que es inherente a la metáfora una lógica de la *exploración*. Así pues, cuando Mario se pregunta en la escena siguiente, si acaso "el mundo entero es la metáfora de algo", evidentemente está en el buen camino. En efecto, la sentencia no sólo vale para la poesía de Neruda, sino también para la película: no cabe duda de que la metáfora —en el sentido amplio al que nos hemos referido— es un elemento estructurador de primera categoría para ésta.

Al respecto, hay tres niveles que tenemos que considerar: el argumento, el lenguaje y la política.

4.1 El argumento: amor y política

La diferencia más importante entre las dos películas —ya lo hemos dicho— consiste en el hecho de que la lógica de causa-efecto —preponderante en la película de Radford— es sustituida en *Ardiente paciencia*, por una lógica de las metáforas. Y así, la realización del propio sueño de Mario, a saber, casarse con la bella Beatriz, no aparece como un acontecimiento explicable según las categorías de la llamada 'causalidad psicológica'. No es el resultado de los encantos masculinos del cartero; no es resultado de sus dones poéticos recién descubiertos (y apreciados por su enamorada); ni tampoco es resultado de la intervención de don Pablo. Sobre todo esta última choca contra la voluntad férrea de una doña Rosa que se opone eficientemente, con todo su poder de vieja mandamás, a una unión que no le gusta. Si hay una *causa efficiens* de ese idilio amoroso al final realizado, se podría decir que se reduce al gesto del tío de Beatriz —verdadero *deus ex machina*—, que, en medio de la fiesta con motivo de la elección de Allende, le comunica a su sobrina que su enamorado le da cita. El casamiento feliz entre Mario y Beatriz es, por consiguiente, una verdadera metáfora. Es la unión de los contrarios. Retomando los términos de la definición antes mencionada, podemos decir que Mario, dentro del universo de sentido constituido por la autoridad de doña Rosa, es un 'cuerpo extraño'; pertenece a otro paradigma que aquel constituido, en la mente de su madre, por el conjunto de los pretendientes *aceptables*.

Pasemos ahora al final de la película. En la última escena, Mario es llevado preso por un comando de la policía secreta. No sabemos *con exactitud* lo que va a pasar con él. Seguramente van a interrogarlo. Tal vez vayan a torturarlo; tal vez lo maten. Pero también es posible que lo pongan en libertad, porque no todos los que fueron llevados presos fueron también asesinados. En cambio, lo que sabemos con seguridad es que Mario, durante el corto espacio que lo conocíamos, era un hombre fundamentalmente apolítico. Al contrario del Mario de Radford, no se 'concientiza', no se 'compromete', y curiosamente su amigo, el declarado comunista Neruda, no lo obliga a hacerlo. Por otra parte, también el protagonista de Skármeta es un buen alumno: aprende a hacer metáforas, hasta llega a componer poesía. Pero mientras el Mario de Radford escribe un *Canto en honor de Neruda* que lee públicamente en una manifestación sindical, el protagonista de Skármeta compone una "Oda a la nieve sobre Neruda en París" que no es sino un recado personal que le manda a su amigo para aliviarle su estadía en el extranjero. En una palabra: no hay propiamente una relación de causa-efecto entre la biografía de Mario —tal como llegamos a conocerla— y el acontecimiento final de la película. Ahora bien, en el caso de ser torturado o aun asesinado, ¿será una víctima del régimen? Claro que sí: tanto más, cuanto que lo es *a pesar suyo*. Pero Mario es también —y sobre todo— una víctima *metafórica* del régimen. De la misma manera como, dentro del paradigma autoritario de la mente de doña Rosa, no es sino un 'cuerpo extraño', tampoco cabe dentro del paradigma de los verdaderos opositores al régimen militar —los públicamente llamados "terroristas"— que los militares están persiguiendo[6].

4.2 El lenguaje

Pasemos ahora al problema del lenguaje. Se diría que es el terreno propio de la metáfora. En efecto, es ésta la sugerencia de la primera escena, vale decir, de la conversación de Mario con don Pablo a propósito del problema de la metáfora, pero sobre todo, lo es de la ingeniosa conclusión de Mario al día siguiente, cuando se pregunta si acaso "el mundo entero es la metáfora de algo". No obstante esos indicios explícitos, no hay ninguna transposición *directa* del arte metafórico *nerudiano* a la película. Tampoco ahí, pues, a nivel de lenguaje, existe una relación de causa-efecto. Lo que sí existe, en cambio, es la transposición de la metáfora lingüística al lenguaje específicamente cinematográfico. Me limito a dos ejemplos:

Primero: Neruda le manda a Mario una carta desde París, donde representa a su país como embajador. París está bajo la nieve. La carta viene acompañada de una grabadora en que se escucha la voz de don Pablo diciendo lo siguiente:

> Quería mandarte algo más aparte de las palabras. Así que metí mi voz
> en esta jaula que canta. Una jaula que es *como* un pájaro. Te la rega-
> lo. Pero también quiero pedirte algo, Mario, que sólo tú, puedes
> *cumplir*. [...] Quiero que vayas con esta grabadora por Isla Negra,

---

[6] Para que no haya ninguna equivocación, tal vez es necesario aclarar que la argumentación aquí presentada no contiene la más mínima intención apologética en cuanto al fenómeno del ejercicio de esta violencia institucionalizada que se llama 'represión'. Al contrario, creo que la noción de 'víctima metafórica' hace resaltar aún más el cinismo implícito de toda 'represión', que se ha dirigido siempre, no sólo contra los 'militantes' en el sentido estricto de la palabra, sino también contra individuos inocentes, inconscientes o semi-conscientes, en fin, contra todo ese conjunto de personas que constituye el ambiente social en que vive el que 'milita'.

y que me grabes todos los sonidos y ruidos que vayas encontrando.
Necesito desesperadamente aunque sea el fantasma de mi casa[7].

El estilo de estas frases es metafórico. Es un buen ejemplo para la definición sencilla de la metáfora como "modo de decir una cosa comparándola con otra". No hay ninguna metáfora verdaderamente *poética* (en el sentido antes definido). Se diría que es un estilo *a la altura* de los receptores del mensaje.

Veamos ahora la puesta en escena: mientras escuchamos la voz de Neruda —en el momento mismo en que dice "Quiero [...] que me grabes todos los *sonidos y ruidos* que vayas encontrando"—, *vemos* la mano de Mario que agarra una grabadora portátil adelantándose hacia los *sonidos* del mar. Un instante después, cuando la voz declama: "Necesito desesperadamente aunque sea el fantasma de mi casa", vemos a un Mario corriendo, siempre la grabadora en la mano, en contacto con las olas del mar. Mientras tanto, el panorama sonoro no ha cambiado. Es el mismo mar que seguimos escuchando, porque la familia, al recibir la carta de Neruda, estaba sentada en la playa. Lo que se pone en escena es, pues, un verdadero efecto *sinestético*, doblado aún por las virtudes específicamente narrativas del medio cinematográfico que son la anticipación y la simultaneidad. Sin entrar en más detalles, ya nos damos cuenta de que, en efecto, estamos una vez más ante una gama de *sustituciones metafóricas* específicamente cinematográficas, que, si no cumplen exactamente con las pretensiones del cine vanguardista, sí son superiores —es decir, estéticamente adelantadas— a las metáforas meramente retóricas de esta prosa de Neruda[8].

Segundo ejemplo: acabo de sugerir que el estilo de la carta de Neruda está *a la altura* de los destinatarios de la carta, o bien, que refleja a su modo la falta de nociones estético-intelectuales, que caracteriza —según el prejuicio corriente— a los ambientes populares. Si el juicio, en cuanto a Mario, tiene por lo menos *apariencia* de verdad, en cuanto a su suegra, la terrible doña Rosa, es simplemente falso. Al contrario de lo que por lo común se supone —y lo que la película de Radford no se cansa de poner en escena—, no hay ninguna superioridad *innata,* ni a nivel sicológico ni lingüístico, en quien el texto de Skármeta suele llamar irónicamente "el vate". Éste, aunque de buena voluntad hace de mediador entre Mario y la madre de Beatriz, sucumbe ante el primer ataque de una doña Rosa furiosa. Cuando, después de la visita de ella a su casa, la vuelve a llamar por teléfono, ya a la segunda frase tiene que rendir las armas. Al colgar, da un suspiro: "[...] ahora sé lo que siente un boxeador cuando lo noquean al primer round" (Skármeta 1996, 73).

---

[7] Citado según el libro; cf. Skármeta 1996, 94s.; en la película, sin embargo, se suprime el *como* y se sustituye el *cumplir* por *hacer.*

[8] Vale la pena recordar que escuchamos al Neruda *de Skármeta.* No se trata de emitir un juicio sobre la prosa del 'verdadero' Neruda.

Una vez más estamos, pues, frente a un fenómeno de sustitución metafórica. Esta vez, sin embargo, el paradigma que se sustituye es el lenguaje mismo, mejor dicho: el lenguaje en relación a lo que en lingüística se llama 'sociolecto'. Así pues, en cuanto que sociolecto, el lenguaje de doña Rosa es tan poderoso —o aun, dado el caso, *más* poderoso— que el lenguaje poético del propio Pablo Neruda. El ejemplo ilustrativo de esta creatividad metafórica del lenguaje popular se encuentra al final de la escena 22: la del 'interrogatorio'. Doña Rosa está *interrogando* a su hija sobre sus relaciones —aunque hasta ahora meramente 'metafóricas'— con su pretendiente. Para apartarla del peligro eminente la amenaza con mandarla donde una tía en Santiago. Por primera vez, la hija opone resistencia:

> —¡Esto es ridículo! ¡Porque un hombre me dijo que la sonrisa me aleteaba en la cara como una mariposa, tengo que irme a Santiago! (Skármeta 1996, 57)

La oposición encontrada no hace a la mujer sino enfurecerse aún más:

> —¡No sea pajarona!— reventó también la madre—. ¡Ahora tu sonrisa es una mariposa, pero mañana tus tetas van a ser dos palomas que quieren ser arrulladas, tus pezones van a ser dos jugosas frambuesas, tu lengua va a ser la alfombra de los dioses, tu culo va a ser el velamen de un navío, y la cosa que ahora te humea entre las piernas va a ser el horno azabache donde se forja el erguido metal de la raza! ¡Buenas noches! (ibíd., 57s.)

5. Conclusiones

Unas pocas palabras para concluir:

¿Cómo es, quién es ese Pablo Neruda —habíamos preguntado—, muerto hace un cuarto de siglo, y que se nos presenta hoy día en los medios de masas, en nuestro caso en el cine? Hemos visto dos películas, dos caras de Neruda. No cabe duda donde están nuestras simpatías: del lado del Neruda de Skármeta[9], claro está. Hay que darse cuenta, sin embargo, que también la película de Skármeta ha entrado en años. Producida en 1984, es decir, en plena época del régimen militar, está a medio camino entre Neruda y nosotros. El título —*Ardiente paciencia*— es una cita del discurso de agradecimiento de Neruda al recibir el Premio Nobel. A su vez es una cita de Arthur Rimbaud: "A l'aurore, armés d'une ardente patience, nous entrerons aux splendides villes" (Skármeta 1996, 112). Se trata de una "pro-

---

[9] Quizás sea necesario recordar el que la oposición entre un 'Neruda de Skármeta' y un 'Neruda de Radford' es una oposición basada en un análisis meramente *estructural* de las dos películas. Se sabe que Skármeta ha dado su consentimiento a la película de Radford. No tenemos ninguna información si más allá del consentimiento, hubo también colaboración efectiva. En este caso lo que cambiaría serían los títulos de los paradigmas, mas no el resultado de nuestro análisis.

fecía" (ibíd.), dice Neruda. Skármeta, al servirse de ella como título de su película, ¿ha podido imaginarse que Santiago –comparada con otras metrópolis latinoamericanas– hoy día, en 1999, iba a ser, en efecto, una "espléndida ciudad"? Si es así —o bien, si *no* es así—, ¿a quién culpar?, ¿a Neruda y los 'comunistas' o al régimen uniformado? Creo que la respuesta siempre será una metáfora, por la sencilla razón de que las metáforas —creo yo con Neruda y con Skármeta— siempre están más cerca de la verdad que las afirmaciones seguras y, por ende, dogmáticas. El Neruda de Skármeta es entonces un Neruda para los aficionados a la poesía en el sentido amplio de la palabra, vale decir, para aquellos que como Rimbaud, Neruda, Cortázar y Skármeta, creen que la poesía es una de las fuerzas productivas de la historia.

El Neruda de Radford, en cambio, me parece ser más bien un Neruda para el cine, no el cine poético al que pertenece la película de Skármeta, sino ese cine que es el producto de una cultura en vías de globalización. Acabo de mostrar cómo, en *Il postino de Neruda*, en el fondo un solo y mismo modelo —la sicología de las conductas— sirve para explicar fenómenos tan disímiles como, por un lado, la producción literaria y, por el otro, el compromiso político. Ahora bien, la aplicación de este esquema crea la apariencia de una clave universal que permite compararlo todo con todo a escala global. Al contrario del simbolismo, sin embargo, que se entiende —hemos dicho— como un proceso de *metaforización*, la ideología de la globalización sugiere el principio de la equiparación[10] que no es otra cosa que —como todo el mundo sabe— el principio mismo del mercado. La globalización —por lo menos este tipo de globalización aquí presente— no permite las metáforas; metáforas, por supuesto, *poéticas*. En cambio, sí está lleno de metáforas retóricas cuya función consiste en estabilizar el mensaje— en vez de demostrar sus ambivalencias. En cuanto a la praxis literaria, su tendencia consiste en reducirla a nociones tales como 'compromiso' o 'expresión de sentimientos', fenómenos a la vez tan accesibles al sentido común como lejanos —hoy en día por lo menos— a las verdaderas preocupaciones de los escritores. En cuanto al mensaje político propiamente dicho, uno de los presupuestos de esta globalización me parece ser una especie de historicismo falso y tranquilizante: *falso*, porque ya la sugerencia de un paralelismo estricto entre la situación de Chile en 1948 y la de posguerra en Europa de la misma época me parece discutible; *tranquilizante*, porque, una vez aceptada la sugerencia, nos exime de la necesidad de interrogarnos por la verdadera actualidad de la poesía de Neruda hoy.

---

[10] Comentando a su vez la película de Radford, Marco Antonio de la Parra, en el marco de la discusión llevada a cabo en Eichstätt, le asignó al presupuesto ideológico de la misma el calificativo de 'fundamentalismo *light*', expresión que concuerda perfectamente con los resultados del presente análisis.

Bibliografía

Barthes, Roland. 1981. Introduction à l'analyse structurale des récits. En: *Communications, 8. L'analyse structurale du récit*. Paris: Éditions du Seuil, 7-33.

Cortázar, Julio. [18]1975 [1963]. *Rayuela*. Buenos Aires: Editorial Sudamericana.

Ricœur, Paul. 1975. *La métaphore vive*. Paris: Éditions du Seuil.

Skármeta, Antonio. 1996. *El cartero de Neruda (Ardiente paciencia)*. Barcelona: Plaza y Janés Editores.

Teitelboim, Volodia. 1996. *Neruda*. Edición revisada y actualizada. México: Editorial Hermes.

Intertexto y sistema normativo en la narrativa de Gonzalo Contreras (escribir contra la realidad)

Stéphanie Decante

Este trabajo se inscribe en una reflexión socio-crítica sobre las obras de varios integrantes de la llamada "Nueva Narrativa Chilena". Me centraré aquí en la obra de Gonzalo Contreras.

Un comentario de Dominique Maingueneau podría resumir los fundamentos de mi perspectiva de lectura: "La literatura constituye una actividad: no se limita a tener un discurso sobre el mundo; también se encarga de *gestionar* su propia presencia en este mundo"[1]. Esta cita también permite entender mi interés específico por el intertexto, que definiría, siguiendo a Gérard Genette, como un juego de relaciones que unen un texto a su contexto, así como a otros textos que lo atraviesan de forma consciente o inconsciente, exhibida o velada (1982, 79).

Harto se ha dicho de la "Nueva Narrativa Chilena": "movimiento", "generación", "fenómeno literario", y demás taxonomías que han dado lugar a inextricables debates (Olivárez 1997).

Harto se ha dicho también del contexto en que se ha ido dando, y de su evolución (¿degradación?) en el tiempo.

Primero: esperanzador despertar cultural permitido por la "Transición Democrática", después del largo "apagón cultural"; nueva vitalidad de las letras chilenas; "*boom* editorial"; y aparición, en un país de "jaguares", de escritores que pueden hacer alarde de un éxito a la par del de esos jóvenes empresarios brillantes... así, por lo menos, lo dejan a entender varios comentarios en la prensa de aquella época, y en particular un artículo de David Gallagher, ampliamente difundido allí por el año 93, titulado "La creación de un Chile nuevo".

Pero luego, como reacción a este entusiasmo, van apareciendo las críticas: crisis del Libro y la Lectura; "hongkonguización" del país; denuncia de la intrusión de lógicas comerciales en el campo literario, de una mediatización excesiva, de cierta chatura intelectual, e incluso de cierta falta de ética... Los nuevos narradores chilenos pasan a ser entonces "Planeta boys"; su éxito comercial llega a ser relacionado con una postura moral y una validez literaria sospechosas, como lo sugiere el título polémico de un artículo de Paula Recart (1993): "Estos son los vendidos".

Más allá del tópico según el que el éxito comercial de una obra perjudica su reconocimiento literario (Zaïd 1996), lo notable aquí es que las descalificaciones o canonizaciones se dan en un contexto de pugnas por la configuración de una "imagen de país", que echan mano de los discursos ficcionales como si fueran meros

---

[1] Maingueneau 1990, 48. La traducción es mía.

discursos públicos, pasando por alto la literariedad de estos textos, su estatuto de ficciones, de creaciones literarias, de construcciones lingüísticas y poéticas.

En sintonía, y quizás en el origen de esta tendencia, habría que señalar un tópico ampliamente difundido: "Los chilenos necesitan leerse" (que no ser leídos, o atentamente leídos…). Dicho tópico parece haber formado parte de una política de promoción del Libro y la Lectura, en supuesta armonía con una estrategia de promoción comercial, justificando el inesperado e improbable "*boom* editorial" del que tanto se habló.

Su ambigüedad (¿qué chileno?, ¿qué tipo de lectura?) parece haber pasado por alto lo específico de la actividad literaria; tanto de la lectura como de la escritura. Quizás haya alimentado el estigma del "escritor chileno", acerca del que Bernardo Subercaseaux ha reflexionado en este Simposio.

El campo literario constituye un tejido complejo, tensionado por varias fuerzas. En él, las opciones temáticas, estéticas y técnicas de escritura se ven cruzadas por las tensiones problemáticas entre distintas posturas de índole política, mediática, comercial, y socio-literaria. Cada una de estas opciones tiene como consecuencia determinada posición dentro de la jerarquía del campo literario. En este contexto de los 90, me interesa ver cómo los escritores se van posicionando en el campo social, y por otra parte, cómo se van posicionando o reposicionando en el campo literario, según sus reglas y jerarquías internas.

A la hora de definir la producción literaria chilena de principios de los noventa, no podemos sino contemplar varias vetas ya existentes, entre las cuales los integrantes de la "Nueva Narrativa Chilena" se van a posicionar. Se observan dos tendencias: una que, poniendo de realce el compromiso social y político del escritor, propone una literatura de corte testimonial o realista; mientras que la otra profundiza una línea experimental formal, que no ha gozado de una recepción mediática muy amplia, pero sí de cierto prestigio dentro del campo académico.

Entre los "recién publicados", marcados por los estigmas del mercado y la mediatización, se van delineando también varias vetas, más o menos comprometidas, más o menos comerciales, más o menos abanderadas, que oscilan entre la crónica y la reivindicación de una escritura más elaborada formalmente.

Gonzalo Contreras es justamente de aquellos escritores que se posicionan en el filo de la navaja, oscilando entre una propuesta formal y la preocupación por escribir "buenas novelas", por "reanudar con el placer de contar buenas historias"… Esta misma oscilación da cuenta de las tensiones que se dan a la vez en la sociedad chilena y dentro del campo literario. Responde a una oscilación que ya se ha observado en las letras latinoamericanas, y que plasmó Mario Vargas Llosa, con el concepto de "Novela popular de calidad" (en: Giudicelli 1991, 48).

Para entender esta oscilación, trataré de dar a ver las "reglas del arte", o sea las lógicas a las que obedecen escritores e instituciones literarias y que se encuentran *de forma sublimada* en las obras literarias. Más concretamente, seguiré algunas de las pautas de Pierre Bourdieu, quien hace estallar la ilusión de omnipotencia del genio creador y establece en este mismo movimiento los fundamentos de una "ciencia de las obras", cuyo objeto sería no sólo la producción material de la obra en sí, sino también *la producción de su valor*. Lejos, sin embargo, de aniquilar al creador bajo las determinaciones sociales que pesan sobre él, y de reducir la obra al medio que la ha visto nacer, el análisis aquí desplegado permitirá entender el trabajo específico que el artista lleva a cabo, a la vez contra estas determinaciones y gracias a ellas, para producirse como creador, vale decir como sujeto de su propia creación (Bourdieu 1992).

Entre los escritores definidos como integrantes de la "Nueva Narrativa Chilena", Gonzalo Contreras es de aquéllos que han sabido conciliar éxito comercial y reconocimiento literario casi indiscutido. Abundantemente premiado (Premio El Mercurio, Premio Municipal, Premio del Fondo de Fomento del Libro y la Lectura), ha recibido una crítica bastante parca, aunque muy alabatoria, de su obra como si ésta no pudiera ser recuperada por los discursos públicos imperantes, como si tanto su figura pública como su obra hubieran ofrecido cierta resistencia a los avatares de la mediatización.

Este reconocimiento tiene sin duda que ver con el valor de su escritura narrativa.

Pero más nos interesa aquí vislumbrar cómo esta obra se ha constituido y valorado dentro del campo literario, a pesar del velo de desprecio y suspicacia que pesaba sobre su generación. Vale decir, cómo ha lidiado —tanto en la constitución de su imagen pública de escritor, como en la estructuración de su obra— para alcanzar un lugar genuino, y sortear lo que quizás sea uno de los mayores problemas del contexto literario de esta última década en Chile: una tenaz confusión entre ficción y realidad que parece negarle a la ficción su autonomía en tanto creación literaria.

Mi lectura se centrará en la presencia y el papel que cumple el aparato intertextual en la obra de Gonzalo Contreras. Iré siguiendo los pasos de un lector hipotético, según un movimiento centrípeto de acercamiento a su obra. Me fijaré primero en la aparición del intertexto en lo que Gérard Genette llama los "umbrales" (o paratexto) de la obra, viendo qué papel cumplen para la elaboración de una imagen pública y la constitución de cierto pacto de lectura. Luego, observaré en qué medida el intertexto —las citas, directas o indirectas, abiertas, explícitas o no— va desempeñando en las narraciones varias funciones, entre las cuales la más interesante parece ser la función programática.

Esta observación me llevará a la conclusión de que dichas citas van elaborando códigos, normas de lectura, así como de escritura, lo que me llevará a considerar el intertexto como fuente de elaboración de un sistema especular, de reflexión metatextual, que otorga a la ficción, como lo nota Lucien Dällenbach, cierto peso y cierta autonomía, poniendo de realce el trabajo literario en su proceso de elaboración (1977, 50-68).

Fundamentaré mi trabajo en dos textos teóricos de Gonzalo Contreras: "¿Vale la pena novelar?" (1989), y "Contra la realidad" (1998); en un libro de cuentos: *La danza ejecutada* (1993), y en tres novelas: *La ciudad anterior* (1991), *El nadador* (1995), y *El gran mal* (1998).

Así, este análisis permitirá vislumbrar la coherencia y lógica de la estrategia narrativa de Gonzalo Contreras, pero también cierta evolución, que tiende a hacer cada vez más visible un intertexto cuyo papel sería afirmar, a través de una reflexión metatextual ya casi explícita, la literariedad de sus novelas. Este proceso de afirmación parece culminar con *El gran mal*, novela recientemente publicada, con la que cerraré mi trabajo.

I El paratexto: filiaciones y declaraciones de principios, la constitución de una imagen pública para autor y obra

Siguiendo, pues, los pasos de un lector hipotético, me interesa aquí aclarar cómo se va integrando el intertexto en los "umbrales" a la vez de la obra y de la lectura. Por "paratexto", Genette entiende a la vez el epitexto (discurso que se despliega fuera del objeto libro) y el peritexto (discurso que se encuentra en el mismo objeto libro); ambos constituyen un lugar en el que se van tejiendo a la vez un pacto de lectura y una imagen pública, en relación con determinada posición dentro del contexto socio-literario.

1) Un epitexto prudente

"Los chilenos necesitan leerse"… este lema que celebra las nupcias entre escritores y lectores ha ido engendrando monstruos, provocando una banalización del trabajo literario, como lo muestra un sinfín de entrevistas en las que se producen confusiones: entre narrador y autor, entre personajes y autores u otros referentes de la vida pública. Así la crítica ha tendido a reducir los escritores a "portavoces" de intereses y culturas: generacionales (en el caso de Alberto Fuguet), de clase (en el caso de Arturo Fontaine) o de género (en el caso de Marcela Serrano), taxonomías bastante perjudiciales para un reconocimiento de la autonomía de lo literario…

El epitexto (entrevistas, declaraciones públicas) de Gonzalo Contreras, es a la vez abundante y parco, escueto y de cierta enjundia, con lo cual se distingue singularmente de sus "pares" ("pares" de éxito comercial y sobreexposición mediática). Citaré solamente una entrevista en la que se puede observar cómo el autor se cuida de esas asimilaciones tan recurrentes:

> En mi literatura el tema no es lo central ni lo determinante. No trato
> de hacer una literatura reportaje sobre una determinada clase social,
> ni mucho menos. Los personajes valen por su interés intrínseco […].
> Mi literatura está en la línea de José Donoso, de su escritura. Una li-

teratura con alta imaginación, contra una literatura de tipo realista que
está muy en boga en estos días (Contreras 1992, 2).

Con este tipo de declaraciones, Contreras reivindica la literariedad de sus textos,
rechaza el principio realista de "reflejo directo", y sortea los posibles abandera-
mientos. Y aunque a menudo eche mano del lema "los chilenos necesitan leerse"
para explicar el éxito comercial de sus novelas, también lo rechaza recalcando peligros: "El trabajo del escritor es hacer arte, no sociología" (Tello 1995, 36). De
esta manera, sortea las interpretaciones de corte sociológico que han abundado en
Chile frente a la literatura de corte realista.

Por otra parte, la reivindicación de "padres literarios" como Donoso, en particular, y Camus, James o Faulkner, le brindan un indiscutible prestigio.

Pero la banalización periodística es de cuero duro, y a pesar de estas precau-
ciones, se siguen leyendo entrevistas en las que se afirma ingenuamente que
"Contreras es mucho más simpático que sus personajes" (Serrano 1995, 18), y
demás sandeces...

Contreras no se limitó a cuidar una imagen pública prudente, también ha difundido textos de reflexión teórica de su autoría, en los que hace alarde de una amplia cultura literaria, así como de una profunda conciencia de las problemáticas
actuales de la novela (de índole ética, estética, técnico-enunciativa, etc.). Los títulos de estos textos "¿Vale la pena novelar?" y "Contra la realidad" se hacen eco,
constituyendo una declaración de principios literarios y proyectando, orientando,
pactos de lectura. En ellos, el autor se muestra consciente de la influencia de las
expectativas del público, reivindicando sin embargo cierto grado de resistencia.
Se ubica en los linderos de la forma novelesca decimonónica realista, sin dejar de
destacar sus límites actuales, y por otra parte, del "Nouveau Roman", cuya forma
también critica. Así se revela como un autor en busca de un camino genuino. En
particular, el segundo texto, "Contra la realidad", desarrolla su programa de escritura, que de alguna manera puede verse como una respuesta a las tendencias
actuales de escritura.

Este cuidado se acompañó de una recepción crítica favorable, a dos respectos.
Primero porque pudo contar con el apoyo de la voz mercurial autorizante de Ignacio Valente, pero también porque la estructura misma de sus narraciones, en las
que el enredo es mínimo, no se prestó a la glosa, tan común en la crítica periodís-
tico-literaria[2], otorgándole, otra vez, una posición y un reconocimiento literario
particular.

---

[2] A propósito de glosa en la crítica literaria chilena ver Subercaseaux 1991.

2) Un peritexto programático que resalta filiaciones literarias

Según Philippe Hamon (1984b, 25), el intertexto puede leerse como "reserva de autores, de objetos, de programas y de valores ya legitimados", función que parece cumplirse en el espacio paratextual de la obra de Contreras.

Los títulos: *La danza ejecutada*, *La ciudad anterior, El gran mal* se destacan por su grado de construcción poética, que mantiene cierta tensión polisémica. Al respecto, llama la atención el contraste con los títulos de Alberto Fuguet (*Mala onda*) o Marcela Serrano (*Para que no me olvides*), por ejemplo, que, en un registro mucho más coloquial, se prestan para "anunciar" más bien crónicas.

Asimismo, los títulos de la obra de Contreras podrían sugerir la posibilidad de establecer nexos referenciales con los títulos de otras obras (*La ciudad ausente*, de Ricardo Piglia, o *El nadador*, de John Cheever). Bien pueden haber sido casuales, pero resulta que incorporan su producción literaria en una reserva de textos y autores ya canonizados, lo cual le proporciona cierto peso auctorial.

Más allá de eso, el intertexto implícitamente presente anuncia y enfatiza líneas de escritura que se despliegan en un ambiente de desesperación existencial y de fuga permanente, tan bien alegorizado en el cuento homónimo de Cheever, por ejemplo. Así el intertexto, además de sugerir un sistema de valores, llega a proponer un programa de escritura alegórico, profundamente cruzado por lo literario.

Los epígrafes de sus dos últimas novelas: citas de Henry James, en *El nadador*, y de W. B. Yeats, en *El gran mal*, proceden de la misma estrategia: legitimación auctorial con referencias de alto prestigio literario, y también orientación de la lectura, por lo que estos epígrafes definen modelos de escritura —la plurivocidad narrativa de James (cf. Marks 1995, 3), la escritura poética de Yeats.

En *El gran mal*, estas normas de escritura se ven enriquecidas por el anuncio de un ambicioso proyecto ético y estético de escritura, cruzado por la problemática de la tensión entre vida y obra, ficción y realidad, como lo subraya, en epígrafe, un poema de Yeats, titulado "The Choice".

Así, a través del paratexto, notamos que Contreras se aparta claramente de sus pares; reconoce una filiación prestigiosa; se desapega de la contingencia, alejándose de la crónica, y reivindicando el trabajo de creación, de elaboración formal, como propio de su labor literaria. En otras palabras, y para glosar los títulos de sus dos ensayos, tras haber demostrado una aguda capacidad de reflexión acerca del problemático lugar de la literatura en las sociedades contemporáneas, propone un programa de escritura "contra la realidad", vale decir, recurriendo a la realidad como material para ir desplegando y abriendo amplios horizontes de interpretaciones, que constituyen a su vez la textura literaria de su obra.

En este sentido, el recurso al intertexto permite corroborar un proyecto de distanciamiento frente a la realidad y de rechazo rotundo a la crónica.

II Peso y funciones del intertexto en la obra ficcional de Gonzalo Contreras

Philippe Hamon, teórico de las relaciones entre texto e ideología, plantea la hipótesis siguiente: "el efecto-ideología en un texto pasa por la construcción y la escenificación estilística de aparatos normativos textuales incorporados al enunciado". En particular, ve en la referencia a obras artísticas un lugar textual privilegiado (que llama "encrucijada normativa") para imponer, cuestionar o sugerir una norma literaria. Esta norma puede ser de índole estética, ética, técnica o lingüística. Remite a cierta concepción de la literatura, ligada con cierto tipo de pacto de lectura y por tanto remite también a cierto posicionamiento dentro de la jerarquía del campo literario[3].

Iré viendo ahora en qué medida el intertexto puede cumplir una función descriptiva, que deriva hacia una función metatextual programática, de lectura, y de escritura.

1) El intertexto: de la función descriptiva a la función programática

Mi acercamiento puede parecer paradójico en la medida en que la primera novela de Gonzalo Contreras, *La ciudad anterior*, se caracteriza justamente por un aparente terreno baldío de referencias literarias. En efecto, llama la atención el despoblado de libros, lectores y lecturas en el que se desarrolla esta novela.

En esta novela de la degradación y de la desolación, los letreros, telegramas, y catálogos son otros tantos soportes de *textos ausentes*, que alegorizan un mundo desprovisto de sentido, regido por fuerzas incomprensibles. Asimismo, cumplen la función alegórica de un ambiente de incomunicación dominado, además, por el comercio: trámites económicos de la separación de una pareja que intercambia telegramas; relaciones sociales y humanas que se van tejiendo alrededor de un vendedor de armas mediante la circulación de su catálogo de venta... Así, letreros, telegramas y catálogos, son otros tantos "sub-libros", en un mundo que no se puede leer, y en el que ya no se puede leer.

A este respecto, es revelador que una de las pocas veces en que aparece el objeto libro en esta novela, la incapacidad de leerlo llegue a representar de forma alegórica una crisis anímica, y moral, que a su vez bien podría ser una alegoría de la "realidad nacional":

> Desde hace un tiempo, me cuesta leer o concentrarme largo rato en algo. Tiendo involuntariamente a la dispersión [...]. Estos estados de desazón corresponden a menudo a algún llamado más o menos urgente de la memoria (Contreras 1991, 33).

---

[3] Hamon 1984b, 18-25; las traducciones son mías.

En *El nadador*, la intertextualidad aparece de manera más recurrente. Forma parte de un arsenal descriptivo que permite representar ya no ambientes, como en *La ciudad anterior*, sino más bien personajes. La novela se abre con la descripción de una mujer durmiendo, con un libro en la mano. Luego nos vamos enterando de que esta mujer depresiva va a actuar movida y dominada por una enigmática voluntad exterior y suprema, y que la novela que está leyendo es *Retrato de una dama*, de James.

Se teje ahí un interesante juego de cruces entre la cita epigráfica de la novela (cita a otra novela de James, *Las alas de la paloma*, cuya heroína tiene muchas similitudes con Alejandra, la heroína de *El nadador*) y la cita que aparece dentro del mismo texto. Así, la construcción del tejido intertextual va más allá de la mera función descriptiva: también anuncia, programa y guía la evolución de la intriga novelesca.

Además, la referencia a James parece establecer de por sí las líneas características de la estructura narrativa: estatuto exterior de un narrador que se esfuerza por descifrar la realidad, en una sucesión de interrogantes y especulaciones que van tejiendo a su vez el material narrativo.

A través de la intertextualidad, se va determinando así una norma estética y técnica de escritura, que podría definirse como una escritura "contra la realidad".

Este tipo de determinaciones se vuelve a encontrar en esta misma novela, según un proceso semejante, pero llevado a un mayor grado de elaboración. En ella, los protagonistas se ven caracterizados por sus lecturas. Salman, por su lectura de los existencialistas (Contreras 1995, 23); Max Borda, por sus lecturas de Rabelais, Shakespeare y los románticos ingleses (ibíd., 196); y Malta, el viejo profesor, voz de la sapiencia, por su lectura de los Humanistas, de Montaigne, en particular (ibíd., 97). Ahora bien, más allá de esta función descriptiva, de su función temática y estética, es interesante ver que las referencias intertextuales también llegan a definir un programa de técnica narrativa. En efecto, en un diálogo entre Max y el viejo profesor, surge la cita siguiente a Montaigne: "Quienes se ocupan de examinar los actos humanos, en nada hallan tanta dificultad como en reconstruirlos, y someterlos al mismo punto de vista" (ibíd., 103).

Esta cita tiene por lo menos dos niveles de interpretación. Caracteriza a ambos personajes, enfatizando su situación sicológica en este momento del enredo (la desazón frente a esta constatación). Pero también puede leerse como una referencia metatextual a la novela misma, glosando su estructura narrativa, que es la de un narrador impersonal, heterodiegético, que baraja especulaciones con el fin de dar luces sobre los enigmáticos comportamientos de los personajes... sin resultado, a nivel de enredo (nada queda explicitado), pero con grandes logros literarios (estas mismas especulaciones constituyen la materia literaria). De esta manera, esta cita es a la vez la constatación de un fracaso (el relato imposible, la vanidad del novelar), y la afirmación de un programa, de una norma de escritura

"Contra la realidad", una escritura nutrida esencialmente de un material imaginario y lingüístico...

Con esta cita, que constituye el meollo de su novela, Contreras se aparta de forma determinante de la escritura cronística, poniendo en primer plano la labor y la elaboración escritural.

2) La constitución de un aparato metatextual: una norma literaria basada en el relato especular

En *El nadador* el intertexto llega a cumplir una función de programa de escritura, definiéndola como un trabajo de lectura, de desciframiento; más que de representación. Este mismo principio orienta la mayoría de las narraciones de Contreras, tanto en sus cuentos, como en sus novelas. Da cuenta de una preocupación por otorgar a la creación literaria un lugar central, viendo en la realidad, ya no un universo por representar, sino un material de elaboración literaria (ahí destacan las influencias de H. James, J. Joyce, W. Faulkner, ampliamente citados en su obra). De este movimiento participa una intertextualidad muy potente, que llega a ser a veces el punto de partida escritural. Esta tendencia se encuentra de forma más experimental en los cuentos de *La danza ejecutada,* en particular en el cuento "Ellos, Ralph y Florian", que pareciera ser un juego de glosa musical de varios poemas de Rimbaud. Contreras presenta ahí textos sumamente dialogantes, que cruzan géneros y fronteras textuales y en los que la creación verbal se encuentra en el centro del enredo, como motor fundamental.

En la obra de Contreras, espacios, tiempos, personajes (mujer mentirosa, niño tonto, hombre taciturno) son otros tantos enigmas que impiden cualquier tipo de adhesión o de identificación del lector.

Estos enigmas constituyen verdaderos motores narrativos que van gatillando micro-relatos. Estos micro-relatos se desarrollan a partir de estructuras mínimas (un verso de poema en "Manual para escribir un poema", dos títulos de poemas de Rimbaud en "Ellos, Ralph y Florian", frases entrecortadas de los telegramas en *La ciudad anterior,* o frases provocativas como "soy ininterpretable" (Contreras 1991, 243)... Sea lo que fuera el gatillador, resulta ahí que el enredo narrativo termina siendo segundario en comparación con la lógica de la hilvanación poética.

Frente a estos enigmas, el narrador, sea personal o no, lleva a cabo una labor de lectura, de desciframiento, que abre sentidos frente a (o contra) la realidad, creando un universo paralelo. Los recursos a giros hipotéticos (como si + subjuntivo) y al campo semántico de la lectura, de la interpretación, de la escenificación, etc., permiten la irrupción de este mundo paralelo ficcional. En estas condiciones, los personajes se autodefinen como "protagonistas", "actores", que desempeñan "papeles" en múltiples "escenas"...

De esta manera, se van formando efectos de *mise en abyme*, vale decir de relatos dentro del relato, que dan una espesura mayor a la ficción-marco. En efecto, como lo recalca lúcidamente Lucien Dällenbach, una de las funciones de *la mise en abyme* sería decir, de alguna manera: "Soy literatura, yo, y el relato que me enmarca"[4].

Dicho procedimiento de *mise en abyme* se va repitiendo a lo largo de la producción literaria de Gonzalo Contreras, pero se sistematiza y se hace más obvio en *El gran mal*, su última novela.

En esta novela, el protagonista (y narrador) está escribiendo la biografía de su tío, pretexto para escenificar los entresijos del proceso tanto de escritura como de lectura. En ella, el narrador va multiplicando reflexiones metatextuales relativas a los dilemas de la producción literaria, desde sus aspectos más pragmáticos: reconocimiento social, compromiso, obsesión por la recepción/reacción de sus lectores (aquí encarnados por la joven Agata), hasta sus aspectos más teóricos. Estos, en gran parte heredados de las reflexiones de José Donoso, giran en torno a cuatro ejes esenciales, obsesivos en la reflexión teórico-poética de Contreras:

— la necesaria autonomía de la ficción en relación con su contexto;
— la mantención de un punto de vista distanciado, frente a las tentaciones de la "adhesión";
— la objetividad o subjetividad del autor;
— la adaptación de la forma al relato.

Estas reflexiones cruzan toda su obra y pueden verse como una respuesta a las tendencias de la novela actual y de su recepción, en Chile.

Además, estas construcciones metatextuales otorgan al relato el estatuto de relato especular, que termina reflejando ya no sólo el resultado de una obra, sino también todo su proceso de elaboración.

Ahora bien, en *El gran mal*, tales reflexiones metatextuales, tal juego de vaivén entre el representar un mundo y el presentar un trabajo de escritura (Bourdieu 1992, 9-14), cobran una forma muy explícita y redundante, con la cual, se tiende a perder la sutileza de las novelas anteriores. Asimismo, llama la atención la sobreabundancia de citas, de referencias literarias, o provenientes de las artes plásticas, que alimentan de forma a veces un tanto literal y trillada esta "poética ficcionalizada". Comentarios del narrador/personaje escritor como: "No, debemos escapar del lugar común, porque la vida de Marcial escapa de todo lugar común. Anoto en mi libreta: 'escapar del lugar común'"(Contreras 1998a, 32), o:

> Hay que añadir que todos los actos de Marcial en su inicio aparecen casuales y arbitrarios, desprovistos de sensación de conjunto [...] lo que explica en gran parte la desorganización del relato. La narración no es más que el fiel reflejo de esa anarquía, lo que no facilita el trabajo de quien escribe. Pero en fin, al trabajo (ibíd., 62).

---

[4] Dällenbach 1977, 79. La traducción es mía.

Tales comentarios dan cuenta de esta tendencia y no pueden dejar de despertar interrogaciones acerca de las virtudes estéticas y las razones de tanta reivindicación explícita de lo literario.

Conclusión

Mi propósito aquí ha sido dar luces sobre algunos fenómenos socio-literarios, y poner de realce su manifestación sublimada en las obras para entender cuáles son las posturas en pugna ahí (papel y poder del escritor, compromiso, función social adjudicada o rechazada, etc.).

Habría que interrogar las razones de la reciente proliferación en Chile de novelas que escenifican, de forma más o menos burda, el trabajo del escritor, su formación, narrativizando el proceso de escritura, en su dimensión social, histórica y sicológica. En efecto, el gesto de Contreras se vuelve a encontrar en las últimas novelas de Marcela Serrano y de Alberto Fuguet (que gana ahí el reconocimiento mercurial de Javier Edwards y ajusta cuentas con las exclusiones del campo literario).

Es evidente que cada uno goza de una posición distinta dentro del campo literario, ofrece obras de calidades disímiles, y ha realizado este gesto de afirmación con más o menos logro estético; sin embargo, vería en los tres casos, quizás una misma motivación.

Más allá de una posible preocupación por conseguir un reconocimiento en la jerarquía del campo literario, vería en estos textos (estos gestos) la afirmación, la reivindicación del espesor de lo literario, del estatuto ficcional de la novela, en una época en que se ve bastante amenazado. Son a la vez el indicio de una crisis y un intento de superación, que pasa por una toma de conciencia de las ambigüedades, cada vez más patentes, de las relaciones entre literatura y sociedad. Podrían constituir, en otras palabras, el intento de aunar discurso sobre el mundo y gestión de su propia presencia en este mundo.

Bibliografía

Bourdieu, Pierre. 1992. *Les règles de l'art*. Paris: Ed. Seuil.

Contreras, Gonzalo. 1989. ¿Vale la pena novelar? En: *La Época* (Santiago), 8 de enero, 1s.

—. 1991. *La ciudad anterior*. Santiago: Ed. Planeta.

—. 1992. No pensé que *La ciudad anterior* iba a ser una novela para el gran público. En: *El Mercurio* (Valparaíso), 31 de mayo, 25.

—. 1993. *La danza ejecutada*. Santiago: Ed. Planeta.

—. 1995. *El nadador*. Santiago: Ed. Alfaguara.

—. 1998a. *El gran mal*. Santiago: Ed. Alfaguara.

—. 1998b. Contra la realidad. En: *Revista de Estudios Públicos* (Santiago) 71, 335-344.

Dällenbach, Lucien. 1977. *Le récit spéculaire*. Paris: Ed. Seuil.

Gallagher, David. 1993. La creación de un Chile nuevo. En: *Gaceta del Fondo de Cultura Económica* (México) 275, 48-51.

Genette, Gérard. 1982. *Palimpsestes*. Paris: Ed. Seuil.

—. 1987. *Seuils*. Paris: Ed. Seuil.

Giudicelli, Christian. 1991. A propos de roman populaire de qualité. En: *Cahiers du CRIAR* (Rouen) 11, 45-53.

Hamon, Philippe. 1984a. *Texte et idéologie*. Paris: Ed. PUF.

—. 1984b. Pour une poétique de la norme. En: íd. 1984a, 5-43.

Maingueneau, Dominique. 1990. *Pragmatique pour le discours littéraire*. Paris: Ed. Bordas.

Marks, Camilo. 1995. Retrato de varias damas. En: *La Época* (Santiago), 20 de agosto, 3.

Olivárez, Carlos (ed.). 1997. *Seminario Nueva Narrativa Chilena*. Santiago: Ed. LOM.

Recart, Paula. 1993. Estos son los vendidos. En: *Caras* (Santiago) 140, 62-65.

Serrano, Margarita. 1995. Gonzalo Contreras, mucho más inocente que su pluma. En: *La Tercera* (Santiago), 1ero de octubre, 18s.

Subercaseaux, Bernardo. 1991. *Historia, literatura y sociedad*. Santiago: CENECA/Ed. Andrés Bello.

Tello, Nerio. 1995. Escritores chilenos después del desierto. En: *Visión* (Buenos Aires) 85, 36s.

Zaïd, Gabriel. 1996. *Los demasiados libros*. Barcelona: Ed. Anagrama.

El teatro de Egon Wolff o la importancia del texto dramático

Osvaldo Obregón

El origen de este trabajo fue la lectura de dos artículos firmados por Egon Wolff y Marco Antonio de la Parra, aparecidos en la revista *Conjunto* N° 94 de 1993. Se trata de dos ponencias en torno al oficio de dramaturgo, presentadas en el marco del Festival Mundial de Teatro de las Naciones, que se realizó en Santiago de Chile entre el 23 de abril y el 3 de mayo de 1993, tituladas "Teatro no textual en Chile" y "La dramaturgia como sacrificio", respectivamente.

Aunque muy distintos en su forma, estos dos artículos tienen algunos puntos comunes. En primer lugar, señalan la crisis por la que atravesaba la forma secular y canónica del texto dramático, destinado a su transposición escénica, mediante el aporte de un equipo compuesto por el director, los actores y los especialistas de la escenografía, la iluminación, el vestuario y la utilería, en lo esencial. En segundo lugar, Wolff y De la Parra defienden los fueros de la palabra transmutada en arte y su asociación con la imagen en la escena y constatan también la hipertrofia de la función del director en la época actual.

La ponencia de De la Parra está más centrada en una reflexión general sobre la dramaturgia y la complementariedad de los otros componentes (montaje, representación), incluyendo al espectador como receptor y, a la vez, último "intérprete" de la obra. La ponencia de Wolff se plantea también como una reflexión sobre el oficio del dramaturgo, pero adopta la forma de un alegato en defensa del texto dramático, subvalorado a su juicio en favor de nuevas formas teatrales que privilegian los aspectos propiamente escénicos (teatro de la imagen, protagonismo del director) u otras modalidades de creación del texto dramático, como la creación colectiva, por ejemplo.

La postura expresada por estos dos destacados dramaturgos chilenos no es aislada. Por el contrario, representa el malestar de muchos dramaturgos actuales. La encontramos, con distintos matices en Alfonso Sastre, uno de los principales representantes del teatro español de la posguerra civil, en el autor mexicano Guillermo Schmidhuber, cuyo artículo "Teatralidad y dramaturgia" lleva el sugestivo subtítulo: "Reflexiones de un dramaturgo sobreviviente" (Schmidhuber 1998, 9) y en muchos otros autores que sería largo enumerar.

El presente trabajo, como lo anuncia el título, tiene como objeto sólo el teatro de Egon Wolff, por la simple razón de que hemos podido seguir su trayectoria desde sus primeras obras: *Mansión de lechuzas* y *Discípulos del miedo*, estrenadas en 1958 por la SATCH (Sociedad de Autores Teatrales de Chile) y el TEUCH (Teatro Experimental de la Universidad de Chile), respectivamente. Además, porque su ponencia se presta más a la polémica por sus planteamientos.

El hecho de que, precisamente, el dramaturgo chileno más difundido en el exterior o, por lo menos, uno de los más conocidos internacionalmente, como veremos después, muestre su desaliento de manera tan cruda y explícita, se presta al análisis y a la controversia, tanto más cuanto que Wolff no sólo habla de su propio caso, sino en nombre de su generación y de todos los que en Chile ofician de dramaturgos, en el sentido más propio del término.

Nuestro enfoque del tema opera desde fuera y no desde dentro del contexto chileno, por razones obvias de larga residencia en Francia. Sin embargo, las evocaciones del período anterior a 1973 tendrán el respaldo de experiencias teatrales vividas en Chile.

En una primera parte analizaremos las relaciones entre dramaturgia, montaje y representación y propondremos una tipología de los principales modelos de creación del espectáculo teatral. La segunda parte estará reservada específicamente al caso particular de Egon Wolff en el contexto chileno, como prototipo del dramaturgo y una tercera parte, destinada a evaluar el lugar que ocupa este autor en el contexto latinoamericano y la difusión de su obra fuera de Chile.

Algunas indispensables precisiones conceptuales

La más elemental de estas precisiones exige distinguir entre "dramaturgia", "montaje" y "representación". Por "dramaturgia" en la tradición hispánica y occidental se entiende la elaboración de un texto, breve o largo, destinado a ser escenificado ante un público. Este texto está constituido habitualmente por dos niveles de lenguaje: el enunciativo, a menudo dialogado, a cargo de los diversos personajes que participan en la acción y el lenguaje didascálico, que comprende toda clase de informaciones o descripciones dirigidas a los encargados del montaje y a cualquier lector de la obra. Hay casos extremos en que el autor prescinde de todo lenguaje didascálico o a la inversa, de todo lenguaje enunciativo en favor del didascálico, como sucede en *Acto sin palabras* de Beckett y *El baile* de Jean-Claude Penchenat, estrenado por el Théâtre du Campagnol (1981) y llevado después al cine por Ettore Scola.

El "montaje" es, generalmente, el proceso de transposición a la escena de un texto dramático. Desde fines del siglo XIX, el principal encargado de esta escenificación es el director de escena, cuya función antes inexistente en la forma en que hoy se concibe, ha ido adquiriendo con el tiempo una importancia creciente. El montaje o puesta en escena debe culminar con la representación, cada vez única e irrepetible, ante un público determinado, en un espacio dado. Su característica esencial es la inmediatez, el carácter efímero de la representación, como acto compartido con los espectadores que, en alguna medida, modelan el espectáculo propuesto. El avance tecnológico ha hecho posible grabar el espectáculo, ya sea en magnetófono, ya sea en video-cassette, pero el producto así envasado pierde lo esencial de su potencialidad comunicativa.

El circuito texto dramático-montaje-representación-público ha funcionado así desde hace dos milenios y medio en occidente y de manera predominante. No obstante, este circuito ha sufrido alteraciones y variantes en sus dos primeros elementos, de modo que ya no hay un solo modelo de creación del espectáculo sino varios. Examinaremos rápidamente sólo los principales.

1. El modelo clásico o tradicional. Inventado por los griegos, corresponde a la forma que acabamos de describir. De aquel teatro antiguo sólo se conservan algunos anfiteatros y sobre todo, aunque muy parcialmente, algunos textos de los autores griegos que más se destacaron en los concursos organizados anualmente. La dramaturgia occidental proviene de ese modelo que, en lo que respecta a la tragedia, ha sido prolijamente descrito por Aristóteles en su *Arte Poética*.

La escritura individual del texto ha sido dominante, pero la historia del teatro registra diversos casos de escritura en colaboración entre dos o más autores (los hermanos Álvarez Quintero, Alejandro Flores y Rafael Frontaura, los cuatro autores argentinos de *El avión negro*[1], etc.). La estructura llamada aristotélica de la obra ha sido cuestionada por Bertolt Brecht ("teatro épico") y por Peter Weiss ("teatro documento"), pero la producción del texto está orientada a su posterior puesta en escena y representación, siguiendo el modelo dramatúrgico clásico.

2. El modelo de adaptación teatral de un texto perteneciente a los otros géneros. Muy en boga en la época actual, pero de antigua tradición. Recordemos las adaptaciones de *Martín Rivas* (Alberto Blest Gana), de *La Negra Ester* (Roberto Parra), de *El Señor Presidente* (Miguel Ángel Asturias), de *Macunaima* (Mario de Andrade), entre muchas otras. A veces el propio autor es el que adapta al teatro sus obras no dramáticas, como Manuel Puig y Augusto Roa Bastos, con sus novelas: *El beso de la mujer araña* y *Yo, el supremo,* respectivamente. *Fulgor y muerte de Joaquín Murieta* tuvo como núcleo original un poema de *La barcarola* del propio Neruda. Este modelo consiste básicamente en la conversión de un género a otro. Hecha la adaptación, en general el resultado no difiere del modelo tradicional anterior.

3. El modelo de guión sintético, base del montaje, con ayuda de la improvisación de los actores para su representación. Este modelo fue canonizado por la Commedia dell'Arte, cuyas convenciones eran muy precisas en cuanto a personajes tipificados y situaciones. Esta fórmula ha sido en cierto modo actualizada por la Liga Canadiense de Improvisación Teatral, en el sentido de prever el enfrentamiento de dos equipos de actores como si fuera un match, en que cada grupo improvisa sobre la base de una situación propuesta en el momento. El árbitro y el público deciden del triunfo del equipo más destacado.

---

[1] Cossa/Rozenmacher/Somigliana/Talesnik 1975.

4. El modelo de creación colectiva. De fuerte vigencia en los años '60 y '70 en América Latina, en que toda la compañía, organizada colectivamente, participa en la elaboración de un texto y de su montaje, recurriendo a menudo a improvisaciones, que permiten probar en la escena situaciones, personajes y diálogos. Se genera una dialéctica entre texto y montaje, sin que el primero preceda necesariamente al segundo (Garzón Céspedes 1978). Esta fórmula importada de Europa tuvo sus principales representantes y teóricos en algunos grupos latinoamericanos como el Teatro Experimental de Cali (TEC), La Candelaria de Bogotá, el Grupo Escambray cubano y el Grupo Aleph de Chile. Muchas veces se crea una cierta ambigüedad frente a la paternidad autoral de los textos, como sucede con Óscar Castro y el Aleph (Pradenas Chuecas 1995). Pasada ya la euforia de la creación colectiva y por un fenómeno normal de agotamiento de la tendencia, muchos líderes de este movimiento han vuelto al teatro de autor individual, según el modelo clásico (los colombianos Enrique Buenaventura y Santiago García, por ejemplo).

5. El modelo ilustrado por La Cuadra de Sevilla. Desde principios de los '70, con su primera creación titulada *Quejío* (1971-1972), La Cuadra ha trabajado sobre la base de un modelo que la singulariza. El fundador y director de la compañía andaluza, Salvador Távora, sorprendente autodidacta, concibe y prepara un montaje a partir de un tema y de ciertas intuiciones clave, con un texto muy reducido, pero con fuerte apoyo visual y musical, arraigado en la tradición oral gitano-andaluza. Las funciones de autor —no de un texto sino de un espectáculo— y de director de escena (a menudo también de actor) se fusionan en todo el proceso de montaje. No es la doble función autor-director la que caracteriza este modelo, sino la modalidad que consiste en que el realizador prepara un montaje desde el comienzo sin partir de un texto previo y en que éste sólo tiene una importancia secundaria. En cuanto a la doble o triple función autor-director-actor, hay casos célebres de dramaturgos representantes del modelo clásico, que han cumplido también las funciones de director y actor, como sucedió con Shakespeare y Molière, más recientemente con Brecht, como autor-director de escena. Estas grandes figuras del teatro poseían la ventaja de tener sólidas competencias en todos los elementos del circuito clásico: texto-montaje-representación-público.

Egon Wolff, prototipo del dramaturgo

El caso de Egon Wolff y de muchos otros dramaturgos chilenos se inscribió desde sus comienzos en una tradición dramática milenaria, ligada a la vez a la literatura y al arte de la representación. Como lo declara en su artículo citado, su escuela y la de su generación (llamada "del cincuenta") tuvo como referencia los teatros universitarios profesionales, pioneros de la renovación escénica chilena: el TEUCH y el TEUC (Teatro de Ensayo de la Universidad Católica). Estas compañías adquirieron pronto el estatuto de subvencionadas, con lo cual no dependían únicamente de la taquilla. Concebían el teatro como un servicio público, se dieron por misión difundir el gran repertorio occidental y fomentar la dramaturgia chilena del presente, así como recuperar la del pasado, además de otras muchas tareas. Por otra parte, el teatro era uno de los pilares de la política de extensión cultural de las universidades. A las dos principales hay que agregar la Universidad técnica del Estado, la Universidad de Concepción, la Universidad de Valparaíso, entre las más importantes.

Egon Wolff ha sido estrictamente fiel a ese modelo dramatúrgico heredado de la rica tradición occidental: "[...] perfeccionarlo con acento en lo chileno era nuestro objetivo" (Wolff 1993, 22), según sus palabras, lo cual ha demostrado desde sus primeras obras estrenadas en 1958, en que no ha cesado de interrogarse y de cuestionar la sociedad de su país. El crítico chileno Agustín Letelier establece dos grandes preocupaciones del teatro de Wolff: "los conflictos psicológicos, sobre todo en el interior de la familia, y el problema que implica una estratificación social con excesivas diferencias" (Letelier 1987, 9). Como toda esquematización esta dicotomía es algo reductora, puesto que en muchas de sus obras se funden los problemas sociales y existenciales.

La pieza que consagró internacionalmente a Egon Wolff fue *Los invasores* (1963). Hemos podido comprobar el impacto de esta obra en su lengua original entre nuestros estudiantes de la Universidad de Franche-Comté en Besançon. En los años de prosperidad de la Unión Europea, podría haber sido considerada, desde la perspectiva francesa, como una obra tercermundista por excelencia, ya que describe un mundo miserable en extremo, habitado por mendigos en situación infrahumana, marginados de la sociedad. Sin embargo, la crisis de la sociedad europea industrial o "desarrollada", con la pauperización progresiva de algunos sectores, ha hecho resurgir el brutal contraste entre opulencia y miseria, que constituye el tema central de *Los invasores*, ligado al tema de la invasión de la propiedad privada por un grupo de mendigos. Sólo al final de la obra el lector/espectador se percata de que todo lo ocurrido no es más que un sueño del industrial Lucas Meyer[2].

En efecto, todos los elementos de la obra están determinados por esta dimensión onírica fundamental. Situaciones, personajes, lenguaje, coordenadas espacio-temporales son generados por el inconsciente de Meyer. Toda explicación lógica está automáticamente abolida del sistema de la obra, que sólo funciona mediante mecanismos del mundo onírico, cargado de símbolos y de situaciones inconexas e insólitas. La culpabilidad reprimida de Meyer está en el origen de la pesadilla de la invasión. Culpabilidad por haber acumulado una riqueza no siempre ganada honestamente y con un trato injusto para sus obreros. En el sueño de Meyer la in-

---

[2] De manera casi textual, utilizamos algunos párrafos de un trabajo mucho más amplio sobre *Los invasores* (Obregón 1997, 61s.).

vasión es total. No sólo su lujosa residencia ha sido ocupada por los harapientos confinados al otro lado del río, sino que también lo ha sido la ciudad entera. Se trata entonces de una verdadera rebelión contra el poder político y económico dirigido y sustentado por los ricos.

Wolff evita el esquematismo maniqueo al presentar claras discrepancias entre el grupo de mendigos rebeldes. En efecto, China, el principal oponente de Meyer, representa el sector moderado de la revolución, preocupado de ahorrar al máximo las efusiones de sangre. Para él el movimiento no puede estar motivado por la venganza. Su rival es Alí Babá, partidario de la violencia y de la extirpación radical de la burguesía dominante. Son los jefes de dos corrientes contrarias, no dispuestas a cejar en sus posiciones.

Tampoco es monolítico el bloque de los ricos. Meyer no se muestra muy solidario con los de su clase, a los que delata llegado el momento. En una primera parte de su enfrentamiento con China desarrolla una defensa a ultranza de la "creación empresarial", de la iniciativa individual, del espíritu competitivo, de la legitimidad de la propiedad privada, del premio al más apto (neo-darwinismo social). A su hijo Bobby trata de inculcarle una de sus convicciones más profundas: "La codicia es el motor que mueve el mundo… Nunca ¿entiendes? nunca desaparecerá entre los hombres…" (Wolff 1990, 259).

Los invasores fue gestada en los últimos años del gobierno de Jorge Alessandri (1958-1964), el período presidencial que obligó a fusionarse a los dos partidos tradicionales de derecha: el conservador y el liberal, bajo la enseña del Partido Nacional. En las elecciones presidenciales de 1964, las principales alternativas de gobierno estuvieron representadas por una coalición de partidos de izquierda (Frente de Acción Popular) y por la ascendente Democracia Cristiana, cuyos programas de distinta inspiración exigían fuertes reformas en cuanto a la tenencia de la tierra y de la gran minería, en manos de compañías extranjeras.

El humanismo cristiano del autor es la ideología subyacente que inspira *Los invasores,* la cual tiene carácter de advertencia, particularmente para aquellos sectores conservadores de derecha que se resistían a las reformas necesarias al país en pro de una mayor justicia social. Contenía un ataque en profundidad a la burguesía, que no quería desprenderse de sus privilegios. Wolff parece formular como idea esencial: "Si no hay un cambio profundo de actitud, una expresión de verdadera solidaridad social, nadie podrá contener a los invasores". Cobra especial significación, en este sentido, lo dicho por Meyer a China: "Ustedes están haciendo todo esto para… asustar a la burguesía indiferente ¿no es verdad?" (Wolff 1990, 242).

Lo admirable en esta obra es el talento con que Wolff ha representado artísticamente el contraste entre opulencia y miseria y su explícita condenación de esta situación inherente a la realidad de Chile y de América Latina, pero válida también para el tercer mundo y cada vez más para los países altamente industrializados, que generan desempleos masivos. Hasta el momento, que sepamos, el tratamiento del tema por Wolff en el marco del teatro latinoamericano permanece inigualado, enriquecido y profundizado, además, por sus dos obras posteriores: *Flores de papel* (1970) y *La balsa de la Medusa* (1984).

Con *Flores de papel* (Premio Casa de las Américas y Premio de la Mejor obra extranjera 1972, atribuido por la Asociación de Críticos de Buenos Aires) la temática de *Los invasores* se prolonga, centrándose ahora en una pareja de condición social muy diferente. El harapiento Merluza invade el departamento de Eva, trastornando radicalmente su mundo burgués, mediante su delirante fantasía y produciendo en ella una transformación tal, que hace posible al final una relación de estrecha convivencia entre estos dos personajes, que al comienzo todo separaba. Si en *Los invasores* la dimensión social es dominante, en *Flores de papel* Wolff consigue una armoniosa fusión entre lo social y lo existencial, explotando el inagotable venero de la pareja humana.

La balsa de la Medusa completa esta verdadera trilogía, llevada a cabo en el curso de 22 años, pero contrariamente a *Los invasores,* son los ricos los que ocupan el primer plano, mientras que los mendigos sólo aparecen en tres momentos fugaces de la obra, con lo cual una vez más Wolff pone en evidencia el contraste brutal entre riqueza y miseria.

Los once burgueses de ambos sexos y de oficios diversos, invitados a la mansión del enigmático Leonardo para pasar el fin de semana, terminan viviendo un verdadero purgatorio, al quedar aislados del mundo exterior. Afuera los guerrilleros imponen su ley y adentro, en la lujosa residencia, el anfitrión no se deja ver ante sus invitados. Es su mayordomo Conrado, quien se encarga de atender a los huéspedes. Estos, a medida que transcurren los días van derivando hacia la angustia y la desesperación provocadas por el asfixiante *huis clos*. La arrogancia y el egoísmo de los burgueses son sometidos a dura prueba en la extraña circunstancia que les toca vivir. De nada les sirve su poder económico, convertidos ahora en verdaderos náufragos, luchando desesperadamente por sobrevivir, aunque sea en desmedro de los demás invitados. Confrontados a esa situación límite, cada uno revela lo más profundo de su personalidad.

Usamos antes la palabra "purgatorio", porque los burgueses de *La Balsa*... sufren una especie de expiación, provocada por un poder superior indeterminado. En efecto, los mandatarios de ese poder son Leonardo y Conrado. En la parábola de estructura circular ideada por Wolff, al final los burgueses recuperan su libertad y aparentemente cada uno retoma el curso de vida habitual. Poco después de su partida, un grupo similar hace su entrada, animado por la misma soberbia del anterior, anunciados ruidosamente por los pordioseros del comienzo.

Estrenada en los últimos años de la dictadura por el Teatro de la Universidad Católica, Wolff reitera en ella su crítica a la clase burguesa dominante, la cual constituía ya el blanco principal de *Los invasores,* dos décadas antes. En el contexto chileno neo-liberal de los '80, esa crítica adquiere aún más sentido, aunque ningún indicio textual designa un referente espacio-temporal preciso.

El sobre azul (1978), su segunda obra escrita bajo la dictadura, es una sátira feroz al mundo empresarial. Su autor la presenta como una "farsa en dos actos inútiles, sobre el inútil acto de escribir farsa" (Wolff 1990, 403). Por primera y única vez, Wolff aborda este subgénero. Los únicos personajes son El Gerente y los dos Subgerentes: Sebastián Cereceda y Sebastián Recereda, personajes prototipos de las funciones que representan, cuya intercambiabilidad es patente como lo indican los nombres de los dos últimos. Como lo anuncia el título, todo gira alrededor de la práctica empresarial de despido del personal por razones de mejor rentabilidad. El fatídico "sobre azul" constituye una amenaza constante para todos los asalariados, sea cual fuere su rango.

Poco sabemos acerca del país en que se desarrolla la acción, pero algunas breves alusiones permiten enterarse de que el "Jefe Supremo" es un "Almirante"; que imperan las leyes del libre mercado, hasta el punto de que uno de los temas de composición en las escuelas es "Las maravillas de la libre empresa"; que existe una rivalidad feroz por ascender en la jerarquía administrativa: que el orden y la disciplina son valores esenciales del sistema. El Subgerente Cereceda se muestra orgulloso del desarrollo industrial del país: "De aquí hasta la cordillera, un solo techo de fábricas. Industrias hasta en el lecho de los ríos. Chimeneas que oscurecen el cielo" (ibíd., 405). En el sistema socio-económico brevemente descrito hay por cierto algunas palabras tabúes. El Gerente se muestra agradecido con Recereda: "(Va a abrazarlo) Oh, Dios, usted es mi Salvador. RECEREDA: Cuidado! Cuidado con esa palabra!" (ibíd., 428). *El sobre azul* no es una obra mayor de Egon Wolff, pero confirma su honda preocupación por la sociedad en que vive, mediante un enfoque farsesco inhabitual en su itinerario.

La crítica más explícita al modelo neo-liberal chileno la formula Wolff en *José* (1980). Contrariamente a muchas de sus obras, que eluden un referente histórico preciso, sitúa claramente la acción en el contexto chileno del momento. La acción transcurre presumiblemente en Santiago, bajo el toque de queda, en el seno de una familia de clase media de prosperidad reciente. La confortable casa de Raúl y Estela, dueños de una industria, alberga también a Isabel, la madre de esta última, y a Trini, la hermana menor. José, el tercer hijo, regresa de Estados Unidos después de siete años de ausencia. Durante ese tiempo, ha experimentado en carne propia el modelo socio-económico que recién se está aplicando en Chile y su actitud ante la vida viene a perturbar el plácido conformismo de su familia. José encarna justamente los valores antinómicos: rechazo al consumismo, al lujo, al egoísmo y a la hipocresía. Se escandaliza de que el abuelo haya sido recluido en un hospicio, del que logra sacarlo no sin esfuerzo.

José desaprueba no sólo las actitudes poco solidarias de los miembros de su familia, sino que enjuicia también drásticamente a la sociedad chilena neo-liberal de fines de los '70, en que prima la ley del más fuerte, económicamente. Su cuñado Raúl y el pretendiente de su hermana Trini (Cristián), representan en escala reducida a los nuevos triunfadores del sistema, aunque los negocios no sean siempre limpios, como ocurre con el primero, principal oponente de José en la obra. En un diálogo con Trini, José expresa con ironía:

El chileno de hoy se está volviendo práctico, también, y realista! Abrió una ventana a los Estados Unidos, y está recibiendo de allá todas sus fetideces y le están oliendo a perfume! Hoy el chileno está aprendiendo a parecerse al americano, y eso le alegra el corazón! (Wolff 1990, 515)

Las vivencias de José en Estados Unidos, las pruebas que debió sufrir (la discriminación también contra los latinoamericanos) lo transformaron radicalmente. Encarna desde entonces los valores más puros del cristianismo de los orígenes. Se puede reprochar a Wolff una neta idealización de su protagonista, sin defectos ni contradicciones, lo que le resta relieve humano. Sin embargo, su papel de perturbador, de aguafiestas, es un elemento esencial de esta obra, que se sitúa en la mejor tradición de Wolff: la de cuestionar lúcidamente y sin complacencia la sociedad chilena, en un lenguaje dramático siempre interesante. No sería raro que acertara también con una nueva obra que dé cuenta de la "difícil transición" de la dictadura a la democracia, puesta a dura prueba con la retención de Pinochet en Londres y su vuelta a Chile.

Ante la imposibilidad de considerar todas las obras recientes, ha llegado el momento de establecer algunos rasgos formales caracterizadores de su teatro, el cual valoriza significativamente el texto dramático.

— Wolff ha mostrado siempre preferencia por la obra larga o de función completa, la convención vigente en nuestra época, contrariamente a otros autores de este siglo, algunos célebres, que alternan esta forma con la obra breve: Chéjov, O'Neill, Pirandello y muchos más.

— En cuanto a la división formal de sus textos dramáticos, predomina la estructura binaria (2 actos), divididos a su vez en escenas. Si tomamos como referencia las 14 obras contenidas en su *Teatro completo* (Wolff 1990), ocho de ellas adoptan esta división, otras tres se dividen en tres actos y el resto en escenas, solamente.

— Sus textos revelan un uso moderado de las didascalias, en el sentido de recurrir a ellas cuando sólo es indispensable. En general, la didascalia inicial es mucho más larga, lo que le permite referirse a las condiciones escénicas exigidas desde un punto de vista autoral, es decir, una suerte de pre-montaje.

— La mayoría de las obras de Wolff y, sobre todo, las mejores, se plantean como una superación del realismo, valiéndose de elementos oníricos, como en *Los invasores,* o de elementos insólitos como en *La balsa de la Medusa.* En éstas y otras obras se añade también un componente lírico que emana frecuentemente de ciertos personajes de singular perfil, a contracorriente del éxito social, como Portus de *El signo de Caín* o Moncho de *Alamos en la azotea:* o personajes simplemente marginales, como Merluza de *Flores de papel.*

— Consecuente con esta opción no realista, salvo excepciones, Wolff no sitúa sus obras en coordenadas espacio-temporales precisas, como lo señalamos anteriormente. Por otra parte, la consistencia y universalidad de algunas de sus mejores obras, permiten situarlas en cualquier contexto contemporáneo, válidas en cualquier país.

— Otro rasgo es la maestría en la composición de personajes de indudable teatralidad, muchos de ellos de raigambre popular y de índole grotesca, como el China, Alí Babá, Tole-Tole de *Los invasores,* aunque en esta obra aparecen particularmente estilizados por el prisma onírico. De la misma estirpe son los mendigos de *La balsa…* y Merluza de *Flores de papel.* No menos certeros son algunos retratos de burgueses, como la familia Meyer de *Los invasores,* como los once burgueses de *La balsa…,* así como las caracterizaciones de personajes de la clase media, que son los que más abundan: Portus y Joaquín de *El signo de Caín* (1969); Toño, Mico y Meche de *Kindergarten* (1977); casi todos los personajes de *Espejismos* (1978); de *José* (1980); de *Alamos en la azotea* (1981); y de *Háblame de Laura* (1986), entre otras.

— La mayoría de las obras transcurre en interiores: sala de estar, cuartos de dormir, oficinas, negocios…, rara vez en exteriores, como *Niñamadre,* por ejemplo, cuya acción se desarrolla de preferencia en un patio. En cualquier caso son todos personajes de ambiente urbano.

En suma, Egon Wolff ha respetado cierta ortodoxia dramatúrgica en algunos aspectos ya señalados, pero en otros ha experimentado formas menos convencionales, en que la imaginación prima sobre los datos de la realidad, con resultados muy positivos. La fidelidad sin fallas al modelo clásico le ha hecho a veces navegar contra la corriente de las modas, a la hora en que algunos compañeros de generación "[…] se plegaron a esa presión, cediendo su individualidad y prestando su pluma para anotar lo que otros, creando colectivamente, les dictaban" (Wolff 1993, 24). Alusión probable a Sergio Vodanovic y Sergio Pineda, entre otros.

Egon Wolff en el contexto latinoamericano

Desde hace algunos años Egon Wolff se siente incomprendido en su propio país, malestar que se refleja claramente en el artículo que inspiró esta ponencia y que nos sigue planteando algunas interrogantes. Su teatro, en particular, ¿ha dejado de tener un público en Chile? ¿Ha llegado a considerársele un dramaturgo anticuado, anacrónico? ¿Por qué los jóvenes directores de talento prefieren a veces llevar a escena textos no teatrales, en lugar de sacar todo el partido escénico a algunas excelentes obras de Wolff y De la Parra? Estas preguntas nos acucian, pero somos incapaces de contestarlas desde fuera de Chile. Como contrapartida, disponemos de un arsenal suficiente de datos objetivos que permiten evaluar a Wolff en el contexto más vasto latinoamericano y medir la difusión de su obra, particularmente en Estados Unidos y en Francia.

1. En cuanto a su valoración como autor nos parece significativo el hecho de la presencia de sus obras, tanto en antologías nacionales como latinoamericanas, que es un grado selectivo aun mayor. Que sepamos, ningún autor chileno ha merecido como Wolff ser incluido en cinco antologías nacionales y en cinco latinoamericanas, éstas últimas preparadas en su gran mayoría por no chilenos (ver bibliografía al final).

2. Casi todas sus obras han sido publicadas, incluso su *Teatro completo* (USA) lo que no es un caso corriente en América Latina en vida del autor. Paralelamente a esta difusión puramente libresca, algunas de sus obras han sido traducidas y estrenadas en múltiples idiomas y países[3]. *Flores de papel* ha sido representada en una quincena de países (en español, inglés, francés, alemán, sueco, noruego, danés, portugués, búlgaro, húngaro y japonés). Sólo en Francia ha habido ya tres montajes profesionales de esta obra.

3. Críticos chilenos y extranjeros le han dedicado numerosos artículos e incontables reseñas al teatro de Wolff e incluso existe una recopilación de trabajos editados por Pedro Bravo-Elizondo con el título: *La dramaturgia de Egon Wolff* (Bravo-Elizondo 1985).

4. La investigación universitaria le ha dedicado tesinas y tesis en Chile, Canadá, Estados Unidos y Francia, según nuestros limitados conocimientos sobre esta cuestión precisa. Actualmente, dirigimos una tesis sobre el teatro de E. Wolff, que prepara Carole Michel. Antes hizo una maestría que comprendió la traducción y el análisis de *La balsa de la Medusa*. Esta versión francesa se publicó en la revista *Coulisses* N°16, 1997 de la Universidad de Franche-Comté de Besançon, conjuntamente con una sección de estudios que incluyó también un breve texto inédito de Wolff: "Apuntes sobre *La balsa...*". Paralelamente el Teatro Universitario de Besançon, en la imposibilidad material de poner en escena *La balsa...* preparó una lectura dramatizada de algunas escenas y posteriormente montó un espectáculo de creación colectiva inspirado en ella, con el título "Naufrages" (1997), que fue llevado a varias ciudades francesas y extranjeras.

Todos estos antecedentes, de ninguna manera exhaustivos, permiten situar a Wolff no sólo como uno de los más destacados dramaturgos chilenos por el conjunto de su trayectoria, sino como uno de los más importantes autores dramáticos de América Latina en la segunda mitad del siglo XX, a un nivel semejante al de los mexicanos Rodolfo Usigli y Emilio Carballido; los argentinos Griselda Gambaro, Roberto Cossa, Ricardo Monti, Osvaldo Dragún; al venezolano José Ignacio Cabrujas; a los puertorriqueños René Marqués y Luis Rafael Sánchez; a los colombianos Enrique Buenaventura y Carlos José Reyes; al peruano Sebastián Sa-

---

[3] *Niñamadre* ha sido estrenada en Chile, Estados Unidos, Venezuela y Alemania, en tanto que *Los invasores* ha sido representada en una docena de países (en español, inglés, francés, alemán y sueco).

lazar Bondy; a los cubanos Virgilio Piñera y José Triana; al uruguayo Ricardo Prieto, es decir, a la altura de los mejores dramaturgos latinoamericanos de las últimas generaciones, con los cuales figura asociado en varias antologías.

Si al parecer su estima en Chile resulta mitigada en los últimos años, paradójicamente Wolff goza de un indiscutible reconocimiento internacional y, en alguna medida, ha abierto las fronteras a otros dramaturgos chilenos que toman el relevo, como Marco Antonio de la Parra, Juan Radrigán, Benjamín Galemiri y otros.

Como muchos dramaturgos de su misma especie en Chile, Egon Wolff ha sufrido inevitablemente los embates de nuevas corrientes como el teatro-imagen, el teatro épico o brechtiano, el teatro-documento, el teatro ritual, la creación colectiva y también la hegemonía de directores capaces de crear brillantes espectáculos, a veces con magros textos, incluso no teatrales. Así va no sólo el teatro chileno, sino el teatro occidental contemporáneo, como un caudaloso río con diversos afluentes que lo alimentan, cada cual aportando lo suyo, pero uno particularmente potente y más antiguo, que desde Esquilo fluye sin cesar, sin haber agotado aún todo su potencial fertilizador.

Bibliografía

El teatro de Egon Wolff (orden cronológico)

Los invasores. 1964. En: Carlos Solorzano (ed.). *El teatro hispanoamericano contemporáneo* (antología). México: Fondo de Cultura Económica, 124-190.

Mansión de lechuzas. 1966. En: *Teatro chileno actual* (antología). Santiago de Chile: Editorial Zig-Zag, 165-225.

Niñamadre. 1966. Santiago de Chile: Instituto Chileno-Norteamericano de Cultura.

Los invasores. 1970. Santiago de Chile: Editorial Ercilla.

Los invasores. 1970. En: Julio Durán Cerda (ed.). *Teatro chileno contemporáneo* (antología). México: Editorial Aguilar, 131-209.

El signo de Caín/Discípulos del miedo. 1971. Santiago: Ediciones Valores Literarios.

Flores de papel. 1971. En: Orlando Rodríguez Sardiñas; Carlos Miguel Suárez Radillo (eds.). *Teatro selecto contemporáneo hispanoamericano*. 3 vols. Madrid: Escelicer, vol. I, 117-196.

Paper Flowers. A Play in Six Scenes. 1971. Translated by Margaret S. Peden. Columbia: University of Missouri Press.

Los invasores. 1972. En: Florencio Valenzuela Soto (ed.). *Antología de literatura*. Valparaíso: Imprenta Carroza, 371-418.

Paper Flowers. 1973. En: Ruth Lamb (ed.). *Three Contemporary Latin American plays*. Waltam, Mass.: Xerox College Publishing.

Teatro: Niñamadre/Flores de papel/Kindergarten. 1978. Santiago de Chile: Nascimento.

Flores de papel. 1979. En: Miguel Ángel Giella (ed.). *9 dramaturgos hispanoamericanos. Antología del teatro del siglo XX*. 3 vols. Ottawa: Girol Books Inc., vol. 2, 151-221.

Espejismos. 1981. En: *Apuntes* (Santiago) Nº 88, octubre, 41-105.

Alamos en la azotea. 1982. En: *Teatro chileno contemporáneo* (antología). Santiago de Chile: Editorial Andrés Bello, 127-184.

El sobre azul. 1983. En: *Caravelle* (Toulouse) Nº 40 (Le théâtre en Amérique latine), 89-109. Obra en dos actos, de los cuales sólo se publicó el primero.

La balsa de la Medusa. 1984. En: *Apuntes* (Santiago) Nº especial, marzo, 81-215.

Los invasores/José. 1987. Santiago: Edición Pehuén.

Parejas de trapo/La balsa de la Medusa. Prólogo de Agustín Letelier. 1987. Santiago: Editorial Universitaria.

Teatro completo. 1990. Prefacio de George Woodyard. Boulder, Colorado: Society of Spanish and Spanish-American Studies.

Los invasores. 1992. En: Juan Andrés Piña (ed.). *Teatro chileno contemporáneo* (antología). Madrid: Centro de Documentación Teatral/Fondo de Cultura Económica, 299-360.

Invitación a comer/Cicatrices. 1995. Santiago: Editorial Universitaria.

Los invasores. 1998. En: Osvaldo Obregón (ed.). *Théâtre latino-américain contemporain: 1940-1990* (anthologie). Arles: Editions Unesco/Actes Sud Papiers.

Otras obras teatrales

Cossa, Roberto; Germán Rozenmacher; Carlos Somigliana; Ricardo Talesnik. 1975. *El avión negro*. Buenos Aires: Talía.

Estudios (selección)

Bixler, Jacqueline E. 1989. Language in/as Action in Egon Wolff's *Háblame de Laura*. En: *Latin American Theatre Review*[4] (Lawrence, USA) 23, 1, 49-62.

—. 2000. El juego del poder y la parálisis político-existencial en el teatro de Egon Wolff. En: Heidrun Adler; George Woodyard (eds.). *Resistencia y poder. Teatro en Chile*. Madrid/Frankfurt: Iberoamericana/Vervuert, 39-56.

Boyd, Jennifer. 1990. *Flores de papel* as Criticism: The Artist and the Tradition. En: *LATR* 23, 2, 7-12.

Boyle, Catherine M. 1987. Egon Wolff's *La balsa de la Medusa*: Is the Bourgeoisie Waving or Drowning? En: *LATR* 21, 1, 43-52.

Bravo-Elizondo, Pedro (ed.). 1985. *La dramaturgia de Egon Wolff*. Santiago: Editorial Nascimento.

Castedo-Ellerman, Elena. 1976. Variantes de Egon Wolff: fórmulas dramática y social. En: *Hispamérica* (Gaithersburg, USA) 15, 15-38.

Chrzanowski, Joseph. 1978. Theme, Characterization and Structure in *Los invasores*. En: *LATR* 11, 2, 5-10.

Faivre, Ana. 1992. *Analyse et traduction de* Kindergarten. Mémoire de maîtrise, Université de Franche Comté à Besançon.

García Gil, Carlos Javier. 1984. *Dimensión social del teatro de Egon Wolff*. PH.D., University of Alberta/Edmonton, Canada.

Garzón Céspedes, Francisco (ed.). 1978. *El teatro latinoamericano de creación colectiva*. La Habana: Casa de las Américas.

Letelier, Agustín. 1987. Ver: Egon Wolff. *Parejas de trapo*.

López, Daniel. 1978. Ambiguity in *Flores de papel*. En: LATR 12, 1, 43-50.

Lyday, Leon F. 1972. Egon Wolff's *Los invasores:* A Play Within a Dream. En: *LATR* 6, 1, 19-26.

Michel, Carole. 1996. *Traduction et analyse de l'œuvre d'Egon Wolff:* La balsa de la Medusa. Mémoire de maîtrise, Université de Franche Comté à Besançon.

—. 1997. Egon Wolff: *Le radeau de la Méduse* ou l'histoire d'un naufrage social. En: *Coulisses* N° 16, mai, 62s.

Morel, Consuelo. 1992. Entre la realidad y la alucinación. En: Juan Andrés Piña (ed.). *Teatro chileno contemporáneo* (antología). Madrid: Centro de Docu-

---

[4] Empleamos a continuación la sigla *LATR*.

mentación Teatral/Fondo de Cultura Económica, 293-298 (sobre *Los invasores*).

Obregón, Osvaldo. 1997. Egon Wolff: *Les envahisseurs* ou Le jour où ils ont franchi le fleuve. En: *Coulisses* N° 16, mai, 58-61.

Parra, Marco Antonio de la. 1993. La dramaturgia como sacrificio. En: *Conjunto* (La Habana) N° 94, julio-septiembre, 12-20.

Peden, Margaret S. 1969. Three Plays of Egon Wolff. En: *LATR* 3,1, 29-35.

—. 1977. *Kindergarten*. A New Play by Egon Wolff. En: *LATR* 10, 2, 5-10.

Piña, Juan Andrés. 1978. Egon Wolff: el teatro de la destrucción y la esperanza, prólogo a *Teatro* de Egon Wolff. Santiago: Nascimento, 7-33.

—. 1987. Verdad y humanidad en el teatro de Egon Wolff. En: Egon Wolff. *Los invasores/José*. Santiago: Edición Pehuén, 165-173.

Pradenas Chuecas, Luis. 1995. *Théâtre au Chili*. Thèse de doctorat en sociologie, Université de Paris VII - Denis Diderot (Vol. 1: Traces et trajectoires; Vol. 2: Théâtre Aleph, archéologie d'un rêve).

Schmidhuber, Guillermo. 1998. Teatralidad y dramaturgia. Reflexiones de un dramaturgo sobreviviente. En: íd. *El ojo teatral. 19 lecturas ociosas*. Guanajuato: Ediciones La Rana, 9-47.

Wolff, Egon. 1993. Teatro no textual en Chile. En: *Conjunto* (La Habana) N° 94, julio-septiembre, 21-25.

Promover la unión. La poesía de Cecilia Vicuña o una artista heterogénea en busca de unidad

Kathrin Bergenthal

> La palabra es aliento
> de amor armado
> para inspirar amor
> por un poema mayor: la creación
> Cecilia Vicuña, *PALABRARmas*

Hay pocos artistas chilenos que aún en los años 80 y 90 articulan utopías y confían en la capacidad del arte para cambiar el mundo. Cecilia Vicuña se cuenta entre éstos.

Nacida en 1948 en Santiago al abrigo de un ambiente familiar favorable (nieta y sobrina de artistas) le cupo la posibilidad de iniciarse tempranamente en el arte. Su quehacer se extiende a tres décadas de continuas búsquedas de expresiones creativas transgresoras de las separaciones tradicionales de géneros artísticos occidentales, que reniegan, en muchos casos, de la condición de obra, entendida ésta como objeto estable que perdura en el tiempo.

El arte de Cecilia Vicuña se nutre tanto de las vanguardias europeas y latinoamericanas como de los precarios legados indígenas de América. Sus preocupaciones se centran en la relación del ser humano para con sus contemporáneos, con la naturaleza y con la historia silenciada, es decir, indígena, del continente americano. La reflexión sobre las posibilidades del arte para enriquecer estas relaciones es una constante de su creatividad entera. No en vano, busca frecuentemente la comunicación directa con un público y actúa con elementos de la naturaleza no humana. Una parte considerable de su labor consiste en *performances* e instalaciones que lleva a cabo en la calle, en la playa, en el campo, en la cordillera o bien, en salones de actos. Hay, muchas veces, interrelaciones entre estas expresiones artísticas de Vicuña y su obra escrita, como, por ejemplo, (1) cuando la escritura forma parte de una acción (como es el caso cuando escribe "parti si pasión" en la carretera (Zegher/Vicuña 1997, q. 56s.), (2) cuando la escritura es medio de reflexión a partir de una acción (como en todos los textos de su libro *Precario/Precarious* que integra fotos de instalaciones), (3) cuando vincula la escritura a colages, cuadros, fotos, etc. (el caso de su primer libro *Saboramí*) y (4) cuando la artista considera expresiones no escritas, en especial los textiles, muy cercanas a la escritura, como observamos, p. ej., en el título del libro *QUIPOem*. Sin embargo, su obra incluye también libros de poesía tradicionales en cuanto a su forma de representación.

Pretendo, a continuación, referirme a la escritura de Vicuña para destacar las nociones de "unión" y "unidad", ya que forman un hilo conductor a través de toda su obra escrita.

Su primer libro, *Saboramí*, fue escrito a finales de los años sesenta y a principios de los setenta. Como advierte la introducción, apareció en Inglaterra dos meses después del golpe militar. Puede repartirse en tres grandes bloques: (1) un diario de colages y textos que festeja la construcción del socialismo en Chile y documenta el peligro de golpe, (2) la descripción de un evento artístico, reflexiones sobre el arte y reproducciones de pinturas, y (3) poesía. Si bien el tema de la unidad del pueblo predomina en las dos primeras partes, la noción de unión no está ausente en la poesía. Así, encontramos en el poema erótico "Solitud" la frase "Perderíamos más de la mitad/ de nuestra unión/ si dejo yo de ser/ tu amigo" (1973, sin página), enunciado que subraya que la unión no es una entidad divisible sino un tipo de relación, en este caso entre dos personas.

El poema introductorio de su segundo libro importante, *Precario/Precarious*, publicado en una edición bilingüe en 1983 en Nueva York, residencia habitual de la autora desde 1980 si bien interrumpida por frecuentes viajes a Sudamérica, termina con el párrafo "Recuperar la memoria es recuperar la unidad:// Ser uno con el cielo y el mar/ Sentir la tierra como la propia piel/ Es la única forma de relación/ Que a Ella le puede gustar" (1983, sin página). Aquí se habla de la relación entre el ser humano y su medio ambiente natural. Se evoca un estado mítico de unidad original que pudiera ser recuperado mediante la memoria. Vicuña propone una actitud cuidadosa con los espacios naturales, imaginándose el agrado de ellos, en especial de la tierra. De esta manera, supera la propia sensación de alienación. Llama la atención que la autora considere viva (y hasta sagrada) toda la naturaleza sin hacer hincapié en las diferencias que existen, p. ej., entre una roca y un animal. Esta postura integral o panteísta no puede constituir el punto de partida para una ética racional preocupada del comportamiento cotidiano con la naturaleza no humana[1]; sin embargo, constituye una disposición afectiva hacia el medio ambiente que puede sensibilizar a lectoras y lectores. Cabe señalar, en este contexto, que su slogan "El agua quiere ser escuchada" se utilizó en una campaña ecologista para la descontaminación del río Mapocho en Santiago (Lippard 1997, 11).

"Incidir juntos en la unión" se llama el último poema largo del libro *PALABRARmas* (Buenos Aires 1984). La primera parte se compone, básicamente, de nueve citas metapoéticas parecidas en cuanto a su contenido, tres de ellas de procedencia indígena, otras tres relacionadas con el extremo oriente y tres extraídas de la Biblia o pertenecientes a autores europeos. El poema presupone un origen trascendental del lenguaje humano y expresa la esperanza de que la conciencia de poder formar el mundo colectivamente gracias al "palabrar" (1984, 88) lleve algún día a superar la injusticia y la explotación existentes y a "elegir juntos el ser" (ibíd.), es decir, a construir a escala mundial una sociedad de soberanía ciudada-

---

[1] Ver Dietmar von der Pfordten 1996, 107s. acerca de fundamentaciones panteístas o religiosas-holísticas de una ética ecológica.

na— visión que contrasta radicalmente con el proyecto de soberanía empresarial que se había diseñado en el plan para el Acuerdo Multilateral de Inversiones, AMI. En su constatación "Universo dice:// el verso sólo es único/ en la unión/ de todos los hombres/ del hombre y Dios" (ibíd.), la autora expresa su utopía de un mundo unido. A la vez, opina que el verso, es decir, el uso cuidadoso del lenguaje, tiene una función irreemplazable para realizar esta utopía siempre y cuando contribuya a la unión de los seres humanos entre sí y/o con Dios. Observamos aquí una enorme fe en el poder del lenguaje y un deseo de unión que no quiere suprimir o absorber a los otros, sino que, al contrario, afirma la constitución social del ser humano y reivindica la participación de todos en las decisiones que conciernen a la vida común en nuestro planeta.

En su poemario probablemente más hermético, *La Wik'uña*, aparecido en 1990 en Santiago, la autora se acerca al legado indígena de América. De nuevo, el concepto de la unión es importante. Así, uno de los últimos poemas, que lleva el epígrafe "La justicia es la curación" de la chamán mexicana María Sabina, reza "Unión complementaria, paridad/ La extrema fuerza y la debilidad/ El colibrí y el jaguar/ La wik'uña y el zorro/ La presa y el predador/ Nacer y morir/ Dar y recibir/ Reciprocar, el fundamento de la igualdad" (1990, 97). ¿De qué unión se habla aquí? Se trata, como leemos en el primer verso, de una unión de elementos distintos que, no obstante, forman parejas. Sorprende que después de esta constatación, los versos dos a cinco enumeren un par de estados y tres pares de animales que parecen ser, más bien, ejemplos de relaciones de subyugación: difícilmente puede haber una relación igualitaria entre seres de extrema fuerza y seres débiles; asimismo, la relación de colibrí y jaguar o de vicuña y zorro es aquella de presa y predador y, por lo tanto, de extrema desigualdad. Sin embargo, Cecilia Vicuña no idealiza en su poema la ley de la selva ni la ley de la puna como modelo de uniones complementarias deseables entre seres humanos. Tanto el epígrafe como el último verso del poema señalan que la justicia es un valor primordial para ella. Su combinación de substantivos abstractos y de metáforas del reino animal expresan, más bien, una autoconciencia mestiza. Esta se identifica, de manera complementaria y sin discriminación valorativa, tanto con la cultura indígena como con la cultura hegemónica de procedencia europea[2]. Los versos "La presa y el predador/ Nacer y morir" destacan los conflictos y resquebrajamientos internos de la identidad mestiza, identidad que se aprecia, no obstante, sumamente en los últimos dos versos. Es allí donde se sugiere que al mestizaje cultural le son propias las conductas de dar y recibir, es decir, de establecer relaciones recíprocas con otras personas, superando así posibles fronteras culturales y/o sociales, actitud

---

[2] En un artículo-poema sobre Gabriela Mistral, Cecilia Vicuña (1997, 75) escribe "[...] Gabriela vive en el quiebre o el roto entre dos culturas./ Grieta o *k'ijllu* por donde asciende a su totalidad./ Vieja de mierda o Santa Gabriela, es igual: unión complementaria, alma misma de la andinidad", aserto que respalda mi interpretación del texto.

que la autora considera fundamental para fomentar la igualdad en la convivencia de los seres humanos. Vicuña proyecta, de esta forma, la utopía de un mundo a la vez igualitario e intercultural.

Mi breve presentación de la obra de Vicuña respalda la tesis de Iván Carrasco según la cual:

> en algunos sectores de la poesía actual se observa la persistencia de discursos de credibilidad, es decir, de aceptación de formas utópicas de vida. Quiero destacar las experiencias de la interculturalidad como modelo de una sociedad en diálogo, del amor al prójimo o aceptación cristiana del otro y de la creencia en la autonomía de los pueblos y culturas, que aparecen en la poesía chilena etnocultural. Estas manifestaciones constituyen profundas fisuras en la concepción neoliberal de la literatura y la vida en este extremo de la sociedad sudamericana (2000, 59).

Aunque Carrasco no toma en cuenta a Cecilia Vicuña, podría referirse a su obra cuando afirma que "la poesía etnocultural es un discurso del diálogo interétnico más que del combate o la separación" (ibíd., 61). *Vivir* entre varias culturas significa para Vicuña un desafío, y, probablemente, una condición privilegiada en cuanto a la posibilidad de contribuir a la deseada unión del mundo.

La poesía y el resto de la creación artística de Vicuña es instructiva ya que destaca las semejanzas y mezclas existentes entre distintas culturas. En este sentido, su visión del mundo difiere radicalmente de aquélla expuesta por el académico y asesor del gobierno de EE.UU., Samuel Huntington, el cual sostiene en su *bestseller El choque de civilizaciones* (*The Clash of Civilizations*)[3]:

> Un norteamericano multicultural es imposible porque unos Estados Unidos no occidentales no son estadounidenses. Un mundo multicultural es inevitable porque un imperio planetario es imposible (1997, 381).

Para Huntington, el mundo consta de varias culturas rivales compuestas por sendos grupos de estados culturalmente homogéneos. Sus pruebas empíricas son, cuando menos, discutibles, tal y como ha logrado demostrar Harald Müller, quien habla en su libro *Das Zusammenleben der Kulturen* ("La convivencia de las culturas") de una interpretación simplificadora y, en varios casos, distorsionada de la

---

[3] Su libro no sólo provocó numerosas discusiones en EE.UU. sino también en Alemania, en donde apareció traducido, por primera vez, en 1996 y, presumiblemente, en otros países. La traducción al castellano (*El choque de civilizaciones*) publicada en 1997, engendrará, probablemente, discusiones acerca del papel que Huntington le otorga a América Latina en su esquema del choque de las civilizaciones. Un pequeño indicador de ello es la mención de este autor en la ponencia que presentó Néstor García Canclini en el Congreso Europeo de Latinoamericanistas en Halle en septiembre de 1998.

realidad. Huntington entiende la relación entre culturas como combate o, al menos, como choque, en tanto que Vicuña procura coadyuvar a una cultura mestiza universal. Lo que para el norteamericano es origen de la separación de las culturas —a decir, principalmente, la religión— constituye para Vicuña una posible base para la comunicación entre ellas. Huntington profesa un concepto estático y cerrado de cultura mientras Vicuña insiste en la interacción de seres humanos o bien mestizos, o bien procedentes de diferentes culturas. Huntington se dirige a los líderes intelectuales y políticos de Norteamérica y de Europa Occidental, explicándoles cómo deberían actuar para mantener (pacíficamente) el poder de sus países, mientras que Vicuña se interesa por un mundo igualitario y poscolonial.

Huntington es un autor *best seller* que influye, notablemente, en el discurso público de más de un país. A Vicuña y a muchos otros escritores latinoamericanos, en cambio, los lee una minoría intelectual hispano o lusohablante poseedora de los medios necesarios para la adquisición de libros.

Cambiar esta situación, luchar por un acceso más democrático al libro y difundir textos como los de Vicuña, que no se limitan a proclamar la coexistencia pacífica de naciones, estados y culturas sino que fomentan el diálogo y la identidad intercultural como primer paso hacia una sociedad de convivencia solidaria sobre nuestro planeta, emerge como una de las tareas primordiales que tenemos como latinoamericanistas.

Bibliografía

Carrasco, Iván. 2000. Crisis y esperanza: poesía chilena de fin de siglo. En: Rodrigo Cánovas; Roberto Hozven (eds.). *Crisis, apocalipsis y utopías. Fines de siglo en la literatura latinoamericana.* XXXII Congreso Internacional de la Literatura Iberoamericana. Santiago: IILI, 59-63.

García Canclini, Néstor. 1998. América Latina entre Europa y Estados Unidos: Mercado e interculturalidad. Conferencia presentada en el II Congreso Europeo de Latinoamericanistas, Halle. [Publicado en CD-Rom].

Huntington, Samuel P. 1997. *El choque de civilizaciones y la reconfiguración del orden mundial.* Buenos Aires, Barcelona, México D.F.: Paidós (original: 1996. *The Clash of Civilizations*, New York: Simon & Schuster).

Lippard, Lucy R. 1997. Spinning the Common Thread. En: Zegher/Vicuña, 7-15.

Müller, Harald. 1998. *Das Zusammenleben der Kulturen. Ein Gegenentwurf zu Huntington.* Frankfurt am Main: Fischer Taschenbuch Verlag.

Pfordten, Dietmar von der. 1996. *Ökologische Ethik. Zur Rechtfertigung menschlichen Verhaltens gegenüber der Natur.* Reinbek bei Hamburg: Rowohlt Taschenbuch Verlag.

Vicuña, Cecilia. 1973. *Saboramí.* Cullompton: Beau Geste Press.

—. 1983. *Precario/Precarious.* New York: Tanam Press.

—. 1984. *PALABRARmas.* Buenos Aires: El imaginero.

—. 1990. *La Wik'uña.* Santiago: Francisco Zegers Editor.

—. 1997. *QUIPOem.* Ver: Zegher/Vicuña.

—. [2]1997. Andina Gabriela. En: Raquel Olea; Soledad Fariña (eds.). *Una palabra cómplice. Encuentro con Gabriela Mistral.* Santiago: Cuarto Propio, 75-83.

Zegher, M. Catherine de (ed.)/Cecilia Vicuña. 1997. *The Precarious. The Art and Poetry of Cecilia Vicuña/QUIPOem.* Translated by Esther Allen. Hanover, New England: Wesleyan University Press.

El obturado diafragma de la subjetividad
o la difícil transición: *Anteparaíso* de Raúl Zurita

José Morales Saravia

I

El poemario *Anteparaíso* (1982) se abre con un epígrafe que es una declaración poetológica y estética. Un interlocutor sin nombre interpela a un yo poético de apellido Zurita con la petición de que se saque "esos malos pensamientos" de la cabeza. He aquí el programa que abre la escritura y la lectura de este poemario y el desafío que asume ese yo poético. Quien cierra *Anteparaíso* después de haberlo leído, constata que la tarea señalada por el programa no resulta sencilla. Primero, porque el yo poético procede mostrando "esos malos pensamientos"— no hay otra posibilidad. Segundo, porque al mostrarlos, el yo poético no se los logra sacar del todo. Para comprender la dificultad de la empresa y la magnitud del reto asumido se tiene que contextualizar este poemario y ese yo poético dentro de la tradición a la que pertenece y de la que quiere desprenderse.

Por nacimiento y por fechas de publicación, Raúl Zurita (*1951) pertenece a una promoción de poetas que surge después de la triada Cisneros-Lihn-Pacheco en el panorama de la poesía hispanoamericana[1]. Esta triada —se habla de ella como de un equivalente lírico del *boom* narrativo de los años sesenta[2]— se caracteriza por haber logrado reunir las posiciones de "puros" y "comprometidos"; en la terminología que vamos a emplear aquí, su rasgo definitorio sería justamente el de mostrar "esos malos pensamientos": la alienación del sujeto, sus vicisitudes prosaicas en el mundo moderno que aparece plenamente aludido con sus discursos, objetos, sus retóricas coloquialistas, su contemporaneidad y, si se quiere, con

---

[1] Una breve bio-bibliografía sobre Zurita se encuentra en Szmulewicz 1997, 878. Sobre Lihn y la poesía chilena de su generación se puede consultar Muñoz González/Oelker Link (1993, 323-335) que incluye además una útil bibliografía; para el grupo de poetas inmediatamente siguiente llamado "la promoción de poetas emergente" por Epple (1988, 60) véase Campos 1987 y 1988, Concha 1988 y Epple 1988. Junto con Juan Luis Martínez pertenece Zurita, según Epple (1988, 64), a una "segunda promoción emergente". Sobre el uso y abuso de la denominación "emergente" véase más abajo la nota 6.

[2] Espina (1993, 689) emplea la expresión "mini *boom*" y escribe sobre Cisneros y su poética lo siguiente: "La obra de Cisneros (Lima, 1942), que en los sesenta pudo verse como el centro de un posible *mini boom* de la poesía hispanoamericana, hoy aparece como manida y repetitiva. Salvo aisladas excepciones, su poesía parece no haber pasado la antología del tiempo. Si los signos se gastan, como creía Robert Lowell, el caso de Cisneros es una prueba elocuente al respecto. Apostó a la inmediatez circunstancial de la historia y, como tal, ésta fue traicionera y efímera".

su estética de lo bello negativo[3]. Está claro que Raúl Zurita no quiere insertarse en esta tradición y la exhortación inicial hace alusión a ello[4].

Si cambiamos de esfera y miramos ese *boom* narrativo aludido más arriba, más precisamente la narrativa chilena, nos topamos con que un tal requerimiento es de encontrar en una novela aparecida cuatro años antes de *Anteparaíso*. En *Casa de campo* (1978) José Donoso reflexiona sobre la estética del feísmo que ha dominado hasta ese momento su obra y sobre la posibilidad de salirse de ella y crear, a través de la apelación a otra, un mundo no menos portentoso y críticamente impactante. Donoso apela en esa novela al principio de lo bello en su exageración preciosista, pero sabemos —por la temática alegorizada en *Casa de campo*, que es la misma de *Anteparaíso*— que lo hace para dar una nueva expresión a "esos malos pensamientos"[5]. Así la búsqueda de una nueva estética, de una transición —para tomar el lema de este congreso— se estaba intentando en varios registros por esos años[6].

---

[3] Enrique Lihn define, en contraposición a Zurita, su postulado poético: "Él [Zurita] retoma cierto discurso que nosotros [rechazábamos] [… nosotros] trabajamos para terminar con esa visión hegemónica y totalizadora de la realidad de la poesía [...]. Digamos el representante del Olimpo en la tierra, o de la Poesía en la tierra, como Neruda que poetizaba acerca de un discurso en ese sentido chachariento, infinito. Nosotros estábamos en esa cuestión [...]. Había un trabajo de desplazamiento de los discursos que era una forma de desnaturalización de los mismos y una forma de degeneración" (en: O'Hara 1996, 33s.).

[4] Zurita se expresa en relación a la poética de Lihn de la siguiente manera: "[...] a mí no me ha interesado su trabajo relacionado con Pompier. Ese desnudar al lenguaje retórico, ¿te fijas?, la problemática que le interesa a él. Mientras yo lo veo todo esto dentro de la literatura y de los modos de construcción literaria... Ese trabajo con la 'cháchara' le viene a Enrique de su propio trabajo profesional [...], esta permanente fijación francesa, telqueliana, que se dio bastante fuerte, a mí personalmente ni me importa ni me afecta ni me interesa mayormente [...]" (ibíd., 110).

[5] La reflexión poetológica de Donoso se encuentra en la misma novela en boca del narrador y la transcribo: "Yo no he podido resistir la tentación [...] de cambiar mi registro, y utilizar en el presente relato un preciosismo también extremado como corolario de ese feísmo y ver si me sirve para inaugurar un universo también portentoso" (Donoso 1983, 400s.).

[6] Una posibilidad de búsqueda exitosa de esta nueva estética (me refiero al intento de salirse de los planteamientos de la estética negativa o del burkiano *delightful horror*), que por lo demás no ha vuelto a aparecer en la así llamada generación "emergente" de narradores chilenos —si descontamos el caso de la novela *Mala onda* (1991) de Alberto Fuguet— y que lamentablemente no ha sido evaluada en su significación positiva la ofreció la novela *El anfitrión* (1987) de Jorge Edwards que apelaba al muy serio *plot* de la comedia y que por ello se presentaba como uno de los textos de la literatura chilena "menos mal pensantes", no sólo en el sentido que define Zurita. Este hecho pone también en tela de juicio el uso de la expresión "emergente" en relación a estos narradores últimos.

II

En la lírica chilena, Zurita intenta otro camino, pero en el registro y en la utilería elegidos no puede ocultar, tras la elección, la "anxiety of influence" de la que habla Harold Bloom[7]. Rechazar las opciones de la poética de la triada Cisneros-Lihn-Pacheco no significaba que no existieran en la tradición anterior retóricas ni imaginerías a las cuales retrotraerse. El título mismo del poemario remite directamente a un registro épico y englobador de procedencia dantiana[8]; una vena rapsódica implícita evoca a momentos la poesía de los elementos naturales practicada por un Saint-John Perse[9] y hay un civismo manifiesto que no tiene nada que ver con la poesía comprometida de los sesenta, sino que busca cantar la patria y Chile de una forma que se le aparece al lector como un anacronismo y que recuerda la poesía de tipo pindárica[10]. Sin embargo estos autores citados no tienen sino una función referencial, están para significar un registro épico, rapsódico, elementos narrativos, que diferencian esta poesía de la de las vivencias interiores o de la interioridad del yo, y no pueden ser los antecesores inmediatos que causan esa ansiedad en el yo poético de *Anteparaíso*[11]. Por el contrario la *aemulatio* practicada

---

[7] Se trata de la idea de un antecesor que marca al escritor y al poeta de manera casi edípica (cf. Greene 1982, 37-48) y que lo obliga en el texto a practicar una competencia con él (una *aemulatio*) o un evitamiento de ese enfrentamiento (una *dissimulatio*). Sobre el concepto véase el libro clásico de Bloom 1973.

[8] Zurita dice en la entrevista citada de 1981 a este respecto: "Así, por ejemplo, en el año 75 intuí una obra en la cual los procesos de vida fuesen en realidad el telón de fondo sobre el cual asentar determinadas escrituras... Usando una analogía muy grosera, que la obra sea una carretera que tú caminas y los textos los cartelones que se ven en ella" (en: O'Hara 1996, 102s.). Lagos Caamaño (1999, 17) escribe que Zurita asume "la propuesta de reescribir *La Divina Comedia* de Dante desde un sitial marginal respecto del arte 'internacional' de las metrópolis"

[9] Sobre el paisaje y los elementos naturales en la poesía dice Zurita en la entrevista de 1981: "De hecho hay una vuelta al paisaje como tema [...]. Es curioso, la poesía chilena surgió como una poesía de paisaje, concretamente con Neruda, con De Rokha y con la Mistral... Y parece que Parra fue el primer tipo que se dio cuenta de que el paisaje era algo que moría también. Entonces la nueva temática del paisaje deja de ser esa cosa pletórica, uniforme, muy del mundo por ganar [...]. Hoy en día se parte de un punto cero, ¿te fijas?, entendiendo que el paisaje es algo absolutamente construido" (en: O'Hara 1996, 105s.).

[10] Zurita dice en la misma entrevista: "Curiosamente, con el correr de los años, he retomado la 'temática colectiva' (hay que ponerle unas tremendas comillas a esto) en concreto, luego del golpe militar" (ibíd., 102).

[11] A este respecto critica Zurita en 1981 las limitaciones de la "antipoesía": "yo soy de los que sostuve y sostengo que el lenguaje de la antipoesía fue incapaz de dar cuenta de este verdadero quiebre, digamos perceptivo a partir de 1973. ¿Por qué? Porque era de un optimismo increíble: creía efectivamente que el lenguaje oral, el lenguaje de las conversaciones, tenía una salida mejor que las otras... Pero después del 73, ¿te fijas?, nos preguntamos qué fue de tanta conversación, ¿no? ¿Qué pasó? De hecho una zona de la antipoesía no podía dar cuenta" (ibíd., 107).

por Zurita tiene frente a sí libros como *Canto a los indios americanos* de Ernesto Cardenal, *Canto general, Canto a Chile* de Pablo Neruda, y *España, aparta de mí este cáliz* de César Vallejo. Hay en el registro y en la utilería elegidos por Zurita un sudamericanismo y un chilenismo que presentan una naturaleza narrativizada que no tiene nada del mundo-novismo de principios de siglo, pero que lo evoca[12]; hay en este registro y esta utilería una tematización del hombre genérico en esa naturaleza; hay finalmente —aquí la presencia de lo bíblico y de lo evangélico es común a Zurita y a Vallejo— el intento poético de presentar a la muerte para matarla o abolirla[13], intento que quiere dar ese mismo paso en dirección a la transición que significa sacarse de la cabeza "esos malos pensamientos". Más que obvias intertextualidades —en realidad podrían encontrarse muchísimas más— los libros citados son el punto de partida para el desafío que esta poesía ha asumido[14]. Poesía de la visión —adelantamos—, la mirada que es presentada en las cuatro partes que constituyen este poemario no permite ser reconstruida porque no mira de manera realista: su paseo por la utilería natural no encuentra el portentoso espectáculo romántico —aunque uno piense en él—, debido a la característica particular del diafragma de ese ojo errático que no cesa de volver a posarse de manera obsesiva sobre los mismos elementos, de fijarlos en su huidiza significación y en su bloqueada narratividad.

---

[12] Me refiero aquí a algunos poemas del Modernismo hispanoamericano, especialmente a libros como *Alma América* (1909) de José Santos Chocano.

[13] Hay que citar aquí el poema de Vallejo a que se remite este planteamiento. Se trata del poema I (versos 154-156) de la colección *España, aparta de mí este cáliz*: "¡Voluntarios,/ por la vida, por los buenos, matad/ a la muerte, matad a los malos!" (Vallejo 1988, 454). Brito (1994, 84) resume este hecho de la siguiente manera: "el imaginario de Zurita se coloca del lado del cristianismo [...]. El libro promete la realización de una utopía de redención de la patria, lo que pasa por el sacrificio de todos sus hijos. Sólo así, el pueblo chileno será perdonado y la utopía puede realizarse".

[14] A este respecto Zurita en 1981: "Te diría que en un momento [en la época de la Unidad Popular] no reconocía en ningún poeta determinado un grado de filiación; muchos me entusiasmaban, sobre todo Nicanor Parra. Después sí he tomado determinadas filiaciones, pero más por el lado de concepción e intención que por la escritura misma, ¿te fijas? De un tiempo a esta parte, Neruda ha sido para mí un redescubrimiento, *pero despojado de una serie de mistificaciones de índole personal*. A raíz de ciertos poemas como "Alturas de Macchu Picchu" y el *Canto general*, he comprendido la intención de un proyecto poético, *sin adscribirme en absoluto a ese lenguaje*" (en: O'Hara 1996, 102; las cursivas son mías). Lihn emplea en relación a estos antecedentes la expresión "traumas" que viven las tradiciones poéticas sobre todo de Chile y Perú con Huidobro, Neruda y Vallejo (cf. ibíd., 32). Bianchi (1988) se pregunta, en relación a Neruda, sobre el intento de parricidio al que se ven compelidos los novísimos poetas. Más explícito, en relación a reasumir la tradición y aceptar sus desafíos, es Zurita en una entrevista de 1988 que le realizara Epple (1994, 881): "Lo que yo sueño para la poesía [...] es lo siguiente: [...] La poesía posterior [a la tradición fundada por Vallejo, Huidobro y Neruda] perdió parte de su aliento, con excepción de dos o tres autores, entre ellos Ernesto Cardenal. Hoy día es preciso recuperar los desafíos".

III

Los registros épicos y rapsódicos aludidos remiten a esquemas narrativos, a un *plot* que daría organización al conjunto y que ordenaría las partes como momentos de ese todo. *Anteparaíso* alude a un lugar antes del paraíso, a la antesala de éste, y presupone un poemario precedente —en este caso el libro *Purgatorio*[15]— y un poemario que lo continúa —*Paraíso*— que está supuestamente en elaboración. Este *plot* abarcador tiene un desarrollo propio en el poemario de que nos ocupamos. *Anteparaíso* se divide en cuatro partes y en cada una de ellas es posible encontrar un esquema narrativo presentado en torno a un eje[16]. Estos ejes son (i) las playas, (ii) las cordilleras, (iii) los pastos y (iv) los vientos de Chile. Cada parte presenta un momento inicial, caracterizado por un estado de negatividad del elemento en cuestión, y un momento de salida en que esa negatividad parece ser superada, revertida o convertida en positividad, por lo menos de manera parcial. Hay que aclarar que estos *subplots* están más aludidos que diseñados; la narratividad de estos elementos-ejes carece, paradójicamente, de desarrollo; lo rapsódico viene sólo referido a retazos[17].

La primera parte, titulada "Las utopías", se inicia con la descripción de una visión: un hombre —el yo poético— se encuentra en un bote en una noche tormentosa y se entera de que amainará y se podrá ver una estrella. Esta parte concluye con la misma visión: el yo poético se encuentra en el bote, junto a él muchos otros, y percibe por un instante fugaz la unidad del universo y su sobrevivencia. Entre estos dos momentos aparecen catorce poemas numerados en romanos que llevan por título "Las playas de Chile". Más que poemas parecen ser fragmentos que tratan el tema: las playas se hacen llagas y son lavadas, las playas son ojos relucientes, las playas son calvarios, las playas se llenan de estrellas y de muertos, resucitan y reviven.

La parte segunda, "La marcha de las cordilleras", es un acápite en ocho fragmentos que gira en torno al tema de los Andes. Los Andes son presentados como heridas abiertas, como seres helados y cubiertos de nieve, teniendo frío y estando enfermos y enfrentados a "Las cordilleras del Duce" (un acápite de 3 fragmentos); estas últimas obran de manera negativa sobre los Andes y el horizonte pues son oscuras, carecen de nieve, operan un proceso de vaciamiento y reversión y se convierten en "Los hoyos del cielo" (éste es el título de otro acápite con seis

---

[15] *Purgatorio* apareció en 1979. Sobre este libro se puede consultar: Jackson 1985, Sánchez Aguilera 1987, Campos 1991, Brito 1994, 60-84 y Lagos Caamaño 1999.

[16] Todas nuestras citas de *Anteparaíso* proceden de la versión bilingüe español-alemán de Zurita 1993.

[17] Brito (1994, 92) formula esta constatación en estos términos: "El texto así se sitúa en las fronteras de lo lírico y lo épico [...] el sujeto se desliza en los bordes de un quehacer que no tiene directamente epicidad, sino que los hechos por él aseverados [...] son espacios propios de una subjetividad que tampoco se da a conocer en sí misma".

fragmentos). La segunda parte de *Anteparaíso* concluye con unos poemas dedicados a conocidos nevados de los Andes; en ellos se trata de lograr la positivización del odio, del frío y de la muerte.

La parte tercera, por su lado, lleva el título de "Pastoral" y se inicia presentando el dominio de los "malos" elementos sobre la naturaleza. Los pastos —el elemento-eje de esta parte— son descritos en pleno estado de deterioro: los pastos están quemados. En correspondencia con esta situación se tematiza en un acápite denominado "Pastoral de Chile", que consta de 12 fragmentos, la ausencia y traición de la amada. Si en los seis primeros textos de este acápite los pastos están quemados y el mundo está de duelo porque la amada ha abandonado y engañado al amado, entregándose a otros, en los seis siguientes textos se narra el retorno de la amada y con él el regreso de lo positivo: los pastos resucitan y reverdecen ahora.

Finalmente la cuarta y última parte de *Anteparaíso* lleva por título "Esplendor en el viento" y no presenta propiamente un *plot*. El presumible elemento-eje —el viento— no recibe desarrollo y muchos de los poemas pertenecientes a esta sección insisten más bien en el tema de los ojos, la mirada y la visión. Esta última es dañada con ácido para resultar testigo de los eventos positivos que quieren cerrar *Anteparaíso*: la maravilla sudamericana de llamar a la pampa argentina cielo; la resurrección de las cabezas negras; la iluminación de las barriadas pobres con una luz de amor[18].

El poemario se cierra con un texto que lleva el título de todo el conjunto, "Anteparaíso", y retoma el tema del poema inaugural y el tópico del epígrafe: el yo poético ha podido avizorar las señales de acuerdo entre el mundo, el cosmos y el hombre. Este yo poético recurre, sin embargo, a un oxímoron que deja ver los elementos negativos otra vez y traslada ese acuerdo a un futuro proyectivo. Cito los versos finales:

> alzaré por un minuto más mi cara hacia el cielo
> llorando
> porque yo creí en la felicidad
> habré vuelto a ver de nuevo las radiantes estrellas

---

[18] Este hecho tiene un aspecto autobiográfico, se relaciona con el acto anterior de Zurita de quemarse la mejilla que se tematiza en *Purgatorio* y se puede insertar en lo que a partir de 1979 se llamó "acciones de arte". Sobre este tema véase las declaraciones de Zurita en Orellana 1986, 123s. y O'Hara 1996, 103. Oviedo 1984, 104 lo describe: "En marzo de 1980, Zurita incurrió en una nueva autoagresión: esta vez trató de echarse amoníaco a los ojos; algunos pasajes de *Anteparaíso* hacen referencia a este hecho". Por lo demás no puede dejar de mencionarse que en buena cantidad de fotos de Zurita se pone énfasis en mostrar la expresión marcadísima de los ojos: muy abiertos y muy salidos. Cf. las fotografías en Vidal 1985, 179 y en O'Hara 1996, 99.

El libro se cierra con un "Postfacio" del yo poético que confiesa sus limitaciones expresivas, la imposibilidad de acceder por la ceguera a la visión para revertirla y la confrontación, a través ahora de la vista, con la escritura de la naturaleza y de Dios. Dice allí:

> aunque fue hermoso, yo hubiese querido
> decirte algo más acerca de nosotros,
> algo más de la nueva luz que está
> embargando nuestros rostros. No fue
> posible, pero tú, amigo, igual podrás
> entender el Paraíso, igual sabrás por
> qué te pude pensar toda esta maravilla[19].

Estos versos aluden a los problemas expresivos que presenta el yo poético en este poemario. Hemos señalado que a la organización del libro le subyace un esquema narrativo no desarrollado discursivamente. ¿Cómo logra construir esta poesía de elán épico un yo poético que no accede a lo épico ni a lo narrativo[20]?

IV

La organización de *Anteparaíso* nos suministra información sobre los procedimientos empleados. Lo que llama primeramente la atención es que buena parte de los poemas incluidos forman ciclos o conjuntos numerados en romanos. Así tenemos que "Las playas de Chile", por ejemplo, alcanzan el número de 14 textos. Este hecho revela el primer rasgo definitorio de esta poesía: la construcción de los ciclos responde a un principio de variación. Dentro del ciclo, el cambio de número significa un cambio de perspectiva, la variación de un rasgo insinuado y sólo enunciado en otro texto. Pero este principio opera también dentro de la organización de cada poema individual. Por lo general el poema se inicia con unos versos breves que fungen de motivo; a ellos le siguen numerados en romanos versos, versículos o frases que retoman, variándolo, algún elemento del motivo. Tomo

---

[19] Brito (1994, 89) no subraya, a nuestro parecer, suficientemente el hecho de las limitaciones expresivas y "visionarias" (se trata de un paraíso más pensado que visto) cuando escribe: "El intento de cegarse comienza con el deseo de acceder al Paraíso. Su falla se compensa con la visión compartida con la amada".

[20] El énfasis en la construcción por variación y repetición que nuestra lectura tiene discuerda con la presentación del poemario que hace Yamal (1990, 102): "La progresión de sección a sección evidencia un camino de iluminación. 'Las Utopías' es un escape visionario del dolor y el descubrimiento del confort en la colectividad. 'Cordilleras' es un regreso a la verdadera y cruda realidad de Chile. 'Pastoral' constituye otro paso de esta progresión, signado por el anhelo de un escape posible hacia un futuro que parte del pasado chileno y sugiere la acción colectiva unificante capaz de sacar al pueblo de las barreras del pasado. 'Esplendor en el viento' reinstala una mirada dirigida a la acción colectiva como fuerza espiritual para liberar al país de las fuerzas opresoras".

como ejemplo el poema "Las playas II". Se trata del tema de la fiesta y de la iluminación de los elementos, incluso del polvo. El número romano I enuncia el hecho de manera afirmativa:

I. Las playas de Chile son una fiesta en sus ojos

Como esta frase introduce el tema de los ojos y la mirada, la frase II lo une al de la iluminación, pero ella ya no se inicia de manera afirmativa sino causal:

II. Por eso hasta el polvo que los cubría se hacía luz en sus miradas
benditos   lavándose las mortajas

Esta segunda frase causal aclara el posesivo "sus" en la primera frase: se trata de unos personajes cubiertos de polvo que lavan sus mortajas, es decir, que están muertos; ellos son benditos y están tocados por la luz, se iluminan. La frase III vuelve a retomar el esquema causal de la frase anterior, pero introduce otros elementos temáticos combinándolos de manera inesperada:

III. Por eso la patria resplandecía levantándose desde el polvo como una
irradiada en las playas de sus ojos relucientes   para que hasta los
sepultos puedan ver la costa en que se festejaron cantando esos
dichosos.

El nombre de Chile del motivo inicial aparece ahora lexicalizado como patria; es la patria la que ahora resplandece y se levanta desde el polvo, pero en las miradas de los muertos, en sus ojos que son vistos ahora como playas: las playas de Chile pasan a ser las playas de los ojos relucientes de los muertos. La comparación "como una irradiada" (lexicalmente una construcción propia y frecuente del yo poético) reafirma el tema de la iluminación: la patria está irradiada de esa luz. Por lo demás, la acción que describe la tercera frase se realiza en vistas de propiciar la visión de las playas, ahora llamadas costas, por parte de los muertos que son llamados sepultos; éstos son dichosos y cantan. La escena de resurrección aquí descrita da la impresión, sin embargo, de estar pintada en blanco y negro, y de tener algo de fantasmagoría[21].

Este mismo poema permite ver otros procedimientos de formulación empleados por el yo poético. La frase está trabajada rara vez como verso; ésta tiende más que a la estructura del versículo a la de la prosa, carece de puntuación. El yo poético no habla siguiendo un esquema sintagmático sino paradigmático que se ordena temáticamente por el principio de variación. Esto tiene por consecuencia

---

[21] A este respecto se ha opinado, apoyándose en los elementos ofrecidos por *Purgatorio*, que se trata de un lenguaje, de una "palabra que puede ser aquí denominada psicótica, en el sentido que escapa a las operaciones de la razón y a la realidad, a la que atisba en un cierto 'contacto' que esta mantiene [...] con el referente político-chileno y con los nombres que le sirven de puente con esa demasiado desdibujada tierra" (Brito 1994, 89). Sobre el tema de la locura en Zurita se puede consultar Davis-Eddy 1986 y Yamal 1990.

que el lector tenga dificultad en avanzar en la lectura, ya que frecuentemente las relaciones de orden y subordinación en la frase no aparecen claramente definidas. Muchas veces los poemas empiezan con frases positivas, pero continúan con frases de significación causal que no responden a una relación causal habitual. Otras veces siguen oraciones que parecen iniciarse *in medias res* y sin ninguna conexión lógica o sintáctica con las anteriores. El espectro de este tipo de oraciones no es tan extenso en este poemario y puede ser brevemente enumerado: frases que empiezan con "En que...", "Porque...", "Donde...", "Y entonces...", "Hasta...".

Menciono otro ejemplo breve, el poema "Las playas III", que muestra todos los elementos descritos hasta ahora. Primero es enunciado el motivo del poema:

> Véanlas mecidas bajo el viento:
> Chile entero resurgía como una
> línea de pasto en el horizonte

El tema lo dan las palabras "resurgía" y "pasto", "horizonte" y "Chile". La primera frase en romanos repite casi exactamente —se cambia una preposición— los versos 2 y 3 del tema:

> I.   Chile entero resurgía como una línea de pasto por el horizonte

La segunda frase se inicia con la partícula causal "Por eso" ya vista en el poema anterior y el tema del "ellos" que alude a los muertos resucitados:

> II. Por eso las playas parecían mecerse como espigas
>   frente a ellos   lejanas   esparciéndose en el aire

Esta frase retoma el verbo "mecerse" del primer verso del tema y lo completa con la imagen de las espigas moviéndose al viento, añade además que esas playas —semejantes a las espigas— se esparcen en el aire tal vez como trigos. La tercera frase empieza sin conexión, *in medias res*, con las partículas "En que...", y crea una hipérbole a base de una negación para presentar el portento de la resurrección de Chile, cambia el sujeto del verbo "mecerse" (las playas por un "nosotros") y trastoca el sujeto reflexivo (las playas esparciéndose) introduciendo un sujeto de verbo transitivo: es Chile ahora quien esparce, ya no las playas sino la costa; esta costa es adjetivada por una palabra ("iluminada") que procede del poema anterior. Se trata del verso: "Hasta el polvo se ilumina".

> III. En que ni sus sueños supieron del resurgir de toda la
>   patria donde nosotros somos apenas una línea de
>   pasto meciéndose en el horizonte   como espejismos
>   ante Usted   por esos aires besando la costa que
>   Chile entero esparció iluminada bajo el viento

Este poema muestra cómo el yo poético va construyendo su discurso y cómo éste está dislocado sintagmáticamente. El discurso logra producirse, sin embargo, en el nivel paradigmático según el principio de variación.

Este principio de variación debe ser mirado desde otra perspectiva. Variación significa también repetición. El yo poético hace proliferar su discurso —el poemario, pero sobre todo el poema— porque recurre a todo tipo de figuras de la repetición. "Las playas II" muestra una de ellas, la anáfora existente entre la frase II. y III. con la expresión "Por eso...". El empleo de las figuras de repetición se explica por las carencias discursivas y narrativas del yo poético que no puede armar un *plot* ni un desarrollo fraseal en el nivel sintagmático. En este contexto hay que señalar otra de las figuras de repetición empleada a lo largo de todo el poemario; se trata de la iteración de una estructura sintáctica adversativa del tipo "no... sino..." que tiene también la función de expandir el poema, pero que es utilizada como un proceso de definición y redefinición de los elementos, como una especie de permanente atribución de nuevas identidades[22]. Cito algunos ejemplos de la primera parte de *Anteparaíso* dedicada a "Las playas de Chile":

> En que los hijos de Chile no fueron los amorosos hijos
> de Chile sino un santoral revivido entre roqueríos
> > ("Las espejeantes playas")

> III. Y en que lejanas ya no hubo playas sino la solitaria
> visión donde los muertos lanzaron el adiós [...]
> > ("Las playas VII")

> II. Por eso el cielo nunca fue el cielo sino sólo el
> azul ondeando en sus banderas

> III. Por eso las playas no fueron las rojas playas de
> Chile sino apenas un jirón sobre el viento
> [...]

> VII. La estrella no fue entonces sino la patria
> ondeando en sus entumidos
> > ("Las playas IX")

V

Estas citas permiten observar también cómo construye el yo poético, en términos semánticos, sus imágenes. El rasgo principal de ellas es su irrealidad y abstrac-

---

[22] Brito (1994, 90) formula esto en los siguientes términos: "El discurso de Zurita en *Anteparaíso* se funda en un saber oscilante entre la instauración de un mundo huidizo, que borra las fronteras entre el emisor y el enunciado [,] y la realidad de ese mismo mundo al que testimonia y exhorta a creer". Nuestro punto de partida —la propuesta de superar los "malos pensamientos"— es bastante diferente del de Foxley (1988, 274) que incluye el uso de las fórmulas "no ... sino" dentro de las estrategias textuales de refutación que el yo poético emplea: "Con las proposiciones adversativas el emisor responde a un discurso extratextual, el que es presupuesto como marco que fija la coherencia del texto. El emisor responde refutando al presupuesto extratextual que en toda comunicación deben compartir los interlocutores para entenderse".

ción, su casi irrepresentabilidad[23]. No hay pues una descripción realista, por ejemplo, de las playas o de las costas. Ellas aparecen en su significado general, aparecen para ser metamorfoseadas, perder su identidad y ganar otra momentáneamente: son la visión de los muertos lanzando un adiós, son un jirón, así como el cielo deja de serlo para convertirse en un azul que ondea en las banderas de los muertos.

A este proceso de hacer irreal los elementos, se suma el de hacer de ellos algo deficiente, carente, revertible, reversible. En el breve ciclo "Los hoyos del cielo", de la segunda parte, dedicada al tema de las cordilleras, se presenta un proceso de vaciamiento de los Andes: las montañas están huecas, vacías, se transforman en hoyos en el cielo y se le aparecen al yo poético como invertidas. Esta carencia, este vaciamiento cubre repentinamente todo el mundo de la visión del yo poético: todo es hoyo, vacío y agujero, y las cordilleras así transformadas resultan ser "las pozas de Chile", el gran agujero donde se encuentra la patria. Cito un pasaje de "Los hoyos del cielo VI":

IV. Huecas son las cumbres   huecas son las nieves en
    que se bañan los muertos   huecos son los ojos del
    llanto corean los cielos invertidos sobre Chile   Nos
    hemos bañado en horribles nieves   anotamos
    nosotras las montañas llorosas de frío   invertidas

A este proceso que irrealiza la representación y que hace carentes y deficientes los elementos, se agrega otro que presenta el mundo de la naturaleza dividida según los principios del bien y del mal, y que deja traslucir en la concepción del yo poético un principio gnóstico. Claro ejemplo de esto es el breve ciclo "Las cordilleras del Duce". Frente a los Andes, frente a las cordilleras de Chile, aparecen estas oscuras montañas del Duce: negras, sin nieve, situadas al oeste, llenas de muerte; ellas realizan acciones negativas: se agrupan tras la noche, colocan la corona sangrante a los Andes, avanzan, se solidifican, empalan el horizonte. Este procedimiento mito-poético que encierra esta bipolaridad no logra, sin embargo, su narrativización y se realiza fragmentariamente. El lector reconoce la presencia del mal y los "malos" en el mundo representado por el yo poético, pero no logra identificar del todo el origen de ese mal más allá de lo que la palabra Duce alude y refiere. A esta especie de *dramatis personae* —los muertos, los elementos naturales positivos, los elementos naturales negativos, el Duce— pertenece el "Usted", escrito con mayúsculas, que aparece repetidas veces en el poemario. Este "Usted"

---

[23] Oviedo (1984, 106) se refiere a este hecho en estos términos: "la fuerte presencia del paisaje en la Mistral y en Neruda reaparece en Zurita, pero significa otra cosa: los paisajes aquí son sobre todo mentales, valles y montañas que son como la refracción fantasmagórica de los que existen en la naturaleza".

es frecuentemente identificado con la naturaleza positiva, pero en un poema se lee:

> Padre si es tanta tu hambre
> por qué
> no te alimentas de nosotros
> ("Las aldeas del Tiguanay")

que a pesar del rescate del tema del hambre y del autosacrificio para que otros coman, no deja de tener un signo negativo en la representación fagocitante del Padre Dios[24].

VI

La consideración de los principios constructivos —es decir: la apelación al ciclo, a la variación, para desarrollar la idea poética; el recurso a la repetición en sus variadas formas para hacer proliferar el poema; la construcción paradigmática más que sintagmática; el inicio *in medias res* de las frases; la obsesión de las oraciones causales y finales, y la iteración de esquemas oracionales adversativos— muestran a un yo poético bloqueado expresivamente, incapaz de construir su discurso sino de manera fragmentaria y repetitiva[25]. Esto se confirma desde la perspectiva de los *plots* que parecen subyacer a *Anteparaíso*: hay en este poemario una narratividad propuesta pero no realizada, insinuada pero elidida, substituida por la repetición. El yo poético tiene una historia, pero no la logra contar, no logra instalarse como ente poético portador de esta historia que debería hablar de muertos y resucitados, de las causas y las acciones que explican esas muertes y de lo que genera las resurrecciones. Ese yo poético intenta cambiar de registro y crear un nivel mito-poético enunciando las fuerzas enfrentadas, pero ese nivel mito-poético no logra hacerse rapsodia ni historia. La historia es conocida para el yo poético pero es incontable.

Este bloqueo expresivo del yo poético se hace evidente también en relación al tema de la visión, de los ojos, que remite precisamente al tipo de poesía que se pretende hacer: una poesía visionaria, una poesía que ve y ofrece lo visto. Ya he mencionado que los ojos y la vista presentan —por decirlo de alguna manera— un diafragma obturado; también quedó dicho que en la última parte de este poemario los ojos y su daño ocupan varios de los poemas y que en el "Postfacio" el yo poético relata que volvió a ver, pero reconociendo que no ha sido capaz de decir:

---

[24] No se puede dejar de pensar aquí en la iconografía "negra" existente a este respecto, especialmente en el cuadro *Saturno devorando a un hijo* (1821-1823) de Goya que cuelga en el Prado de Madrid.

[25] Campos (1991, 68) habla de "un conjunto caracterizado por la fractura verbal y espacial, por la contradicción y la ambigüedad".

> algo más de la nueva luz que está
> embargando nuestros rostros.

El yo poético no se reconoce del todo en lo que ha podido ver y menos en lo que ha podido transmitir.

Los bloqueos expresivos del yo poético frente a esa historia inenarrable, frente a la visión de acontecimientos que le obturan la vista, tienen varias consecuencias en lo que toca a la constitución de la identidad del sujeto y del mundo poéticos. En *Anteparaíso* prima el uso de los verbos definientes que son empleados para caracterizar el ser de las cosas; éstos atribuyen permanentemente una identidad a los elementos y a los personajes, pero en el mismo giro ellos les substraen también esa identidad otorgándoles otras. Es lo que se ha visto cuando se consideró el uso de las frases adversativas del tipo "no... sino...". Una variante de estas frases son las oraciones definientes restrictivas donde la identidad de los objetos y elementos es modificada y reducida. Doy un ejemplo procedente de "Las espejeantes playas":

I. Las playas de Chile no fueron más que un apodo
    para las innombradas playas de Chile
II. Chile entero no fue más que un apodo frente a
    las costas que entonces se llamaron playas
    innombradas de la patria

Estas dos frases no sólo presentan a las "playas de Chile" como algo menos de lo que son —no el nombre sino el apodo— sino que esas mismas palabras "playas" substituyen lo que ellas mismas son y que no ha sido nombrado. Con esto tematiza el yo poético no sólo la desatribución de identidades sino el estado de innombrabilidad en el que viven los elementos y la desadecuación entre esos elementos y sus nombres. A estos ejemplos podrían sumarse otros. Sin embargo este hecho nos conduce de nuevo al problema de la identidad del yo poético.

El epígrafe del poemario muestra a este yo poético con el apellido Zurita. Hay que aclarar que entre este Zurita yo poético y el Raúl Zurita que viste y calza hay un abismo, incluso si se pueden detectar en el primero algunos datos biográficos del Zurita de carne y hueso. Así el primer poema de la primera parte que precisamente lleva el título "Zurita", ofrece un yo poético que se tiende en un bote y que refiere que el tal Zurita le ha dicho que está por amainar porque ha visto una estrella. En el último poema de esta primera parte, "Y volvimos a ver las estrellas", el yo poético vuelve a aparecer en el mismo bote, acurrucados con él otros inidentificables, y tiene la impresión de que la tempestad, la noche y él son uno y que sobrevivirán. Ahí utiliza en el verbo un "nosotros" englobante. Este "nosotros" es de hallar en otros poemas y debe ser identificado con un ente poético plural que coincide con los muertos y resucitados que forman uno de los elementos del *dramatis personae* del poemario. En "Las playas de Chile V" leemos:

> V. Nosotros seríamos entonces la playa que les alzó
>   un justo desde sus heridas

donde puede apreciarse el procedimiento de atribución de identidad a través del verbo "ser": los muertos se han transformado en naturaleza, el ente poético plural asume una identidad, pero la identificación del "yo" con el "nosotros" se rompe por la frase "sus heridas" que presupone un "ellos" distanciante. En este mismo poema se puede leer un similar movimiento de distanciamiento; la frase primera dice: "Aferrado a las maderas se vio besándose a sí mismo"; se trata del yo poético del primer poema que ahora es descrito en tercera persona por otro yo poético. Estos ejemplos quieren mostrar los saltos y quiebres en la identidad del sujeto poético, sus atribuciones y desatribuciones, su carácter fragmentario, que corresponden también a los rasgos ficcionales que porta el personaje que recibe en el poemario el apellido Zurita.

VII

El bloqueo expresivo, la imposibilidad que muestra el yo poético de construirse en tanto sujeto, esa ausencia de narratividad, el errático juego de atribuciones y desatribuciones de identidades respecto a los elementos, y los *dramatis personae* son resueltos positivamente, en la tercera parte de *Anteparaíso*, en el ciclo titulado "Pastoral de Chile". Este ciclo está dividido en dos. Los seis primeros poemas relatan cómo la ausencia de la amada —"hija de la patria" la llama el yo poético— ha ocasionado que los pastos estén quemados, que los desiertos se encuentren por todas partes y que domine un duelo universal. Estos poemas, que presentan el abandono sufrido, la entrega de la prometida a otros, logran, sin embargo, construir un *plot*, narrar los eventos más importantes de esta historia de amor introduciendo el tiempo, dividiendo los acontecimientos en un antes, un ahora y un después. Los seis últimos poemas de este ciclo narran el regreso de la amada y su positivo efecto en el mundo: reverdecen los pastos de Chile, las banderas de luto desaparecen y es posible —por primera vez en el poemario— mentar lo malo vivido y sufrido porque ese amor logra saltar por encima de lo negativo:

> ya no entrará más en ti ni el asesino ni el tirano
> no volverán a quemarse los pastos sobre Chile
> Abandonen entonces las cárceles
> abandonen los manicomios y los cuarteles
> que los gusanos abandonen la carroña
> y los torturadores la mesa de las torturadas
> ("Pastoral de Chile X")

Ahora es posible incluso reír y afirmar lo siguiente:

Por eso ríanse, ríanse que nos hemos encontrado
vuélense de amor por los pastos
Que yo y ella nos queramos para siempre
y que por nuestro amor sean queridas
hasta las puntas de fierro de las botas
que nos golpearon
("Pastoral de Chile IX")

En los poemas de este ciclo, que evoca el *Cantar de los cantares* y que es posible leer alegóricamente, el amor así cantado permite por única vez en este poemario al yo poético superar los bloqueos expresivos y constituirse en sujeto; él permite la restitución del tiempo, la salida del obsesivo variar, reiterar y repetir. Aquí parece cumplirse el reto que iniciaba este poemario de sacarse los malos pensamientos[26]. También la ansiedad ocasionada por la influencia aplastante de los antecesores literarios muestra su lograda *aemulatio*: se logra abolir lo negativo y la muerte misma (citando a Vallejo a la lejanía), y se enarbola triunfante un texto no muy extenso, titulado "Idilio general", que cita todo lo extenso de ese *Canto general* que se encuentra detrás de la tradición hispanoamericana y chilena como un nevado de difícil acceso.

Al principio hablaba de lo difícil del desafío propuesto por el epígrafe de *Anteparaíso*. El programa poetológico y estético sigue al terminar la lectura del poemario en pie. Los "malos pensamientos" siguen en parte ahí cuando se pasa de la tercera a la cuarta parte de este libro. La visión, debido a la persistente obturación del diafragma, está todavía por construirse[27].

---

[26] En cierta medida —aunque no considera el proyecto estético y poetológico que anima el poemario— se refiere a este hecho Oviedo (1984, 108) cuando escribe que "la serie 'Pastoral' (de *Anteparaíso*) tiene un soplo de tragedia cósmica a la vez que de gozoso canto a la vida, frágil pero indestructible".

[27] La afirmación de Foxley (1988, 282) es correcta, pero no considera el desafío estético que Zurita se ha propuesto y su poéticamente magnífico incumplimiento: "Me parece importante señalar que este texto, si bien se basa en el patrón convencional del discurso épico testimonial […] desplaza la perspectiva perceptiva que funda el modelo, hacia la *perspectiva volitiva*, dando más importancia a la intención voluntaria que a la observación visual de la realidad, más importancia a lo que se hace intencionalmente al decir, que a lo que se dice" (cursivas en el texto). Por lo demás resulta aleccionador comparar la sección "Pastoral de Chile" con el poemario *Canto a su amor desaparecido* (1985) en el que el amor está atravesado totalmente de negatividad, incluso cuando vuelve a retomar la tradición del *Cantar de los cantares* y el yo poético femenino ahí presentado se propone salvar al amado y al mundo; este mundo es vivido ahí como retazo y jirón, como acumulación de nichos y tumbas. Cito un acápite que recuerda la dicción de *Trilce* de Vallejo: "Nicho 24 de las hambrientas llanuras chilenas, argentinas, chamarritas y pampas. Son cuatro asignadas en uno. Vuelta: son pedazos del país argentino que no cupieron en nicho referido. Todo el desierto de los cuarteles, Quelmes, Yaruzabi y cuarteles Tres Alamos, Baquedano y Dawson del nicho chileno. Sólo llorados en todas las tumbas cupieron, Amén. Del amor desaparecido por toda tumba, nicho referencia, di-

Bibliografía

Bianchi, Soledad. 1988. Ya que estamos aquí aprendamos algo. En: Yamal, 195-205.

Bloom, Harold. 1973. *The anxiety of influence*. New York: Oxford University Press.

Brito, Eugenia. 1994 [1990]. Un continente semiotizado en femenino. La escritura de Raúl Zurita. En: *Campos minados (literatura post-golpe en Chile)*. Santiago de Chile: Editorial Cuarto Propio, 53-93.

Campos, Javier, 1987. *La joven poesía chilena en el periodo 1961-1973 (G. Millán, W. Rojas, O. Hahn)*. Minnesota/Concepción: Institute for the Study of Ideologies and Literatures/Ediciones Lar.

—. 1988. La poesía chilena joven en el periodo 1961-1973. En: Yamal, 19-49.

Campos, René A. 1991. El poema concreto en la obra de Raúl Zurita: algunas observaciones. En: *La Torre* (San Juan de Puerto Rico) 5, 17, 57-76.

Concha, Jaime. 1988. Mapa de la nueva poesía chilena. En: Yamal, 73-85.

Davis-Eddy, Mariana. 1986. *Poetic Technique in the locura of Raúl Zurita*. Vanderbilt University. [Tesis de Master of Arts].

Donoso, José. ⁶1983 [1978]. *Casa de campo*. Barcelona: Seix Barral.

Epple, Juan Armando. 1988. Nuevos territorios de la poesía chilena. En: Yamal, 51-71.

—. 1994. Transcribir el río de los sueños (entrevista a Raúl Zurita). En: *Revista Iberoamericana* (Pittsburgh) 168-169, 873-883.

Espina, Eduardo. 1993. Poesía peruana: 1970, 1980, 1990. En: *Revista Iberoamericana* (Pittsburgh) 164-165, 687-702.

Foster, David William. 1978. *Chilean Literature. A working bibliography of secondary sources*. Boston: G.K. Hall & Co.

---

ce nada" (Zurita 1985, 22). El poemario *El amor de Chile* (1987) parece dar un paso adelante y ponerse en confrontación con las *Odas elementales* de Neruda. En un lenguaje de clara estirpe whitmaniana que no presenta fisuras ni retorcimientos, en una dicción apenas metafórica y más bien enunciativa, Zurita canta, hace el elogio de los desiertos, las playas, las cordilleras y de todos los elementos naturales. El último poema del libro, "Queridos poderosos, queridos humildes", muestra el carácter —¿más voluntarioso que sentido?— de esta ganada positividad, de este homenaje al mundo: "Cuando todo acabe quedarán tal vez/ estas algas/ sobrevivirán a las marejadas, a los/ siglos y a los sueños/ Como perdurarán a los poderosos, a los/ tercos de corazón/ y a los hombres que me humillan/ estos poemas de amor a todas las cosas" (Zurita 1987, 91).

Foxley, Carmen. 1988. Raúl Zurita y la propuesta autorreflexiva de *Anteparaíso*. En: Yamal, 263-288.

Greene, Thomas M. 1982. *The light in Troy*. New Haven & London: Yale University Press.

Jackson, Scott. 1985. Prólogo. En: Raúl Zurita. *Purgatorio* (edición inglés-español). Pittsburgh: Latin American Literary Review Press, Ivette E. Miller Editor, 7-13.

Lagos Caamaño, Jorge. 1999. Singularidad y heterogeneidad en *Purgatorio* de Raúl Zurita (1979). En: *Estudios filológicos* (Valdivia) 34, 15-25.

Muñoz González, Luis; Dieter Oelker Link. 1993. *Diccionario de movimientos y grupos literarios chilenos*. Concepción: Ediciones de la Universidad de Concepción.

O'Hara, Edgar. 1996. *Isla Negra no es una isla. El canón poético chileno a comienzos de los 80* [Entrevistas con Enrique Lihn, Oscar Hahn, David Turkeltaub, Nicanor Parra, Gonzalo Rojas, Raúl Zurita, Manuel Silva Acevedo y Jorge Teiller]. Valdivia: Editorial Barba de Palo.

Orellana, Carlos. 1986. Construir una poesía tan vasta como la tragedia chilena. En: *Araucaria de Chile* (Madrid) 36, 115-126.

Oviedo, José Miguel. 1984. Zurita, un "raro" en la poesía chilena. En: *Hispamérica* (Gaithersburg) 13, 39, 103-108.

Sánchez Aguilera, Osmar. 1987. Proyecto, censura y poesía en el *Purgatorio* de Raúl Zurita. En: *Casa de las Américas* (La Habana) 28, 164, 25-40.

Szmulewicz, Efraín. 1997. *Diccionario de la literatura chilena*. 3. edición corregida y aumentada. Santiago de Chile: Ediciones Rumbos.

Vallejo, César. 1988. *Obra poética*. Edición crítica de Américo Ferrari. Paris: Archivos.

Vidal, Orlando. 1985. Raúl Zurita. En: *Academia* (Santiago de Chile) 11, 175-181.

Yamal, Ricardo (ed.). 1988. *La poesía chilena actual (1960-1984) y la crítica*. Concepción: Ediciones Lar.

—. 1990. La cordura poética y la locura visionaria en la poesía de Raúl Zurita. En: *Inti* (Rhode Island) 31, 97-105.

Zurita, Raúl. 1983. *Literatura, lenguaje y sociedad (1973-1983)*. Santiago de Chile: CENECA.

—. 1985. *Canto a su amor desaparecido*. Santiago de Chile: Editorial Universitaria.

—. 1987. *El amor de Chile*. Santiago de Chile: Montt Palumbo & Cia Ltda.

—. 1990. *Selección de poemas*. Temuco: Universidad de la Frontera.

—. 1993 [1982]. *Anteparaíso / Vorhimmel*. 2 vols. Nürnberg: DA Verlag. Das Andere.

VI

APOSTILLAS

Cómo escribir un *bestseller* en el siglo veintiuno

Eduardo Labarca

Cuando a mi casa de Viena llegó un sobre con el membrete de esta Katholische Universität Eichstätt lo dejé oreándose sin abrir, pues su forma me hizo sospechar que contendría una carta del profesor Karl Kohut invitándome a participar en uno de sus simposios literarios. Mi gesto no fue de desprecio hacia esta casa de estudios, ya que conozco bien la excelencia de las reuniones que organizan los profesores Kohut y José Morales Saravia: se trató de una actitud de principios. Desde el día en que decidí ser escritor, hace 25 años, he podido comprobar, como Sócrates observó hace 25 siglos, que los poetas más inspirados —"poetas" en el sentido amplio de "escritores"— suelen exhibir una ignorancia mayúscula cuando intentan analizar sus propias obras. En un simposio el escritor estará siempre en desventaja: pedirle una ponencia será como exigirle a un pintor que, además de su labor sustantiva de pinceles, realice el trabajo adjetivo de redactar el catálogo de su exposición. Por eso nunca he podido tragar a los escritores que adoptan aires académicos, dan clases de literatura, escriben crítica literaria y pontifican en simposios y seminarios, generalmente con sangre en el ojo y mala leche, sobre las obras de sus colegas. Dejemos los simposios a los académicos y nosotros, escritores, dediquémonos a escribir, para que ellos a su vez tengan algo de qué escribir y sobre todo de qué hablar en los simposios.

¿Qué hago aquí entonces? Fue una decisión de último minuto. He venido —lo reconozco— por vanidad. Para presentarme por primera vez ante mis pares, los escritores de mi país, y ante los estudiosos de nuestra literatura, contarles mi singular historia y sentirme, durante los veinte minutos de esta disertación, uno más de ustedes. Como seguramente nunca volveremos a encontrarnos ni escucharán ustedes de nuevo hablar de mí, se me antoja comenzar a propósito con este fragmento de la carta de Arturo Cova que abre las páginas de *La vorágine* de José Eustasio Rivera:

> ...Los que un tiempo creyeron que mi inteligencia irradiaría extraordinariamente cual una aureola de mi juventud; los que se olvidaron de mí apenas mi planta descendió al infortunio; los que al recordarme alguna vez piensen en mi fracaso y se pregunten por qué no fui lo que pude haber sido, sepan que el destino implacable me desarraigó de la prosperidad incipiente y me lanzó a las pampas, para que ambulara, vagabundo como los vientos, y me extinguiera como ellos, sin dejar más que ruido y desolación.

Les advierto: todo lo que voy a relatarles es estrictamente confidencial y si alguien lo repite tendré, por las razones que entenderán, que desmentirlo.

Esta historia comienza en Santiago de Chile en 1976, hace 24 años. Para no alargarme haré algunas descripciones en forma telegráfica.

Miércoles 21 de enero de 1976, Santiago, verano caluroso

En Chile los tanques han sido reemplazados por algo más inquietante: grupos de perfil impreciso y dotados de poderes omnímodos que salen a la caza de unos seres humanos cuyas huellas terminan perdiéndose en la niebla. Miedo. Una muchacha y cuatro muchachos ilusionados. Los cinco expulsados de sus universidades. Los cinco poetas. Los cinco lectores entusiastas. Los cinco sin trabajo. Los cinco sin un centavo. Los cinco sin futuro. Una luz: el primer taller literario. Lugar de las sesiones: detrás del cerro San Cristóbal, barrio Recoleta, casa pobretona de Douglas Hurtado, cineasta cesante pero optimista, que viene saliendo de un campo de concentración. Para vivir, él y Celsa su mujer fabrican empanadas. Directora del taller: Pía Gandulfo, dinámica, cordial, profesora de literatura cesante, poetisa, cuentista. Una noche después de haberse marchado la directora, los cinco talleristas se quedan a comer media empanada que Douglas le ofrece a cada uno —"si les doy una empanada entera me desfinancio, ustedes no son los únicos bolseros"— y Carmelo Caro, el más leído e informado de los cinco, nos revela confidencialmente que se prepara en secreto la más audaz operación de la historia de la literatura en lengua castellana: el lanzamiento a escala planetaria de un nuevo *bestseller* de Gabriel García Márquez. La novela de Gabo —cuenta Carmelo— aparecerá simultáneamente en España, Argentina, Colombia y México con una tirada inicial de 1.350.000 ejemplares en español, seguidos por un millón de ejemplares en inglés, 800.000 en alemán y 500.000 en francés. Gabo está terminando de escribirla. Ustedes que asisten a este simposio habrán adivinado que estoy hablando de *Crónica de una muerte anunciada*, de la que en España se vendieron el primer día 35.000 ejemplares y de la cual una sola librería de Bogotá hizo un pedido inicial por esa misma cantidad.

Los cinco jóvenes callan maravillados. Comprenden que sus vidas son insignificantes. Para escribir hay que pensar en grande: novela.

Isabel Arévalo dice:
—Algún día yo quisiera escribir un *bestseller*.
Luis Serrano dice:
—Me gustaría también escribir un *bestseller*.
Antonio Sarquís dice:
—Voy a tratar de escribir un *bestseller*.
Yo —uno de los cinco— digo:
—Yo voy a escribir un *bestseller*.
Carmelo Caro dice:
—Yo seré editor y voy a publicar *bestsellers*.
Conversación apasionada. ¿Cómo se escribe un *bestseller*?
—Ojo, primero tenemos que saber qué es un *bestseller* —dice Carmelo.

Se acerca el toque de queda. Douglas nos pide que partamos. Pero antes, un acuerdo: Carmelo traerá un informe sobre el tema a una segunda reunión del grupo literario Los Cinco —así lo hemos bautizado en ese instante— que efectuaremos aquí mismo el último día de febrero, domingo 29, porque estamos en año bisiesto.

Domingo 29 de febrero de 1976

Douglas nos advierte:

—Si llegan los milicos, ni una palabra de literatura: nos llevarían presos a todos. Estamos discutiendo cómo ampliar la fábrica de empanadas, y si revisan los apuntes de Carmelo explicaremos que la palabra *bestseller* se refiere a empanadas: queremos ser los mayores vendedores de empanadas de América Latina.

Luis nos muestra las cicatrices redondas como monedas de su antebrazo y dice:

—Yo estuve preso en Malleco y no me agarran vivo por segunda vez. Entre los pliegues de su chaqueta asoma la cacha de una pistola. Nos miramos en silencio: admirados, aterrados.

Parte Carmelo con su informe. Brillante. ¿De dónde saca tanta información? El *bestseller* o superventas —nos explica— es tan antiguo como la literatura, sólo cambia la forma. ¿Qué escritor no ha buscado el triunfo, la fama, el dinero? Aristófanes adaptaba sus obras al gusto del público y de los jurados de turno de los festivales griegos, y si no era aclamado naufragaba en negra depresión. Horacio dice: se escribe "por sacar provecho o por agradar" y alaba a los griegos, quienes sólo ansiaban aprobación, y regaña a los romanos, que buscan dinero. Dante envía a los artistas a expiar su soberbia al Purgatorio, pero en el canto XVII del *Paraíso* reclama fama eterna para sí mismo. Shakespeare compone sus obras en función de la taquilla, cobra su parte y deja los originales abandonados. Cervantes envidia los ingresos de Lope de Vega y lo acusa de arrojar "libros de sí como si fuesen buñuelos", pero a su vez se propone "componer e imprimir un libro con que [él, Cervantes] gane tanta fama como dinero". Balzac inaugura la racha de los grandes folletinistas, escribir *pane lucrando*, en procura del dinero para comer hoy, como Alexandre Dumas padre, Eugène Sue, Dostoievski, Joseph Conrad, y en Chile Martín Palma, Daniel Barros Grez, Liborio Brieba y Jorge Inostroza, y en Estados Unidos, Edgar Rice Burroughs, que terminó multimillonario.

Douglas desde la cocina se indigna:

—¡Estás mezclando a *Tarzán* con *Los Hermanos Karamazov*!

Y Celsa, que además de fabricar empanadas es pintora, espeta:

—Oye huevón, ¿no creís que también se puede escribir por amor al arte?

Carmelo no se inmuta:

—El amor al arte vale para los poetas, pero ojo, estamos hablando de la novela de cara al siglo XXI. ¿Saben cuál es el mayor *bestseller* de los últimos cincuenta años?

Uno dice:

—¿*La Biblia*?

—No.

Otro:

—¿*Lo que el viento se llevó*?

—No. *El Libro Guinness de los Records*. Los gringos los llaman *nonfiction*. ¡Fuera, pues! Estamos hablando de ficción. ¿Novelas policiales, novelitas rosas, de *cowboys*, esotéricas, porno-light y otros géneros menores? Fuera también. Hablamos de La Novela, con mayúscula, la que inventó Cervantes.

Y en ese momento, a los 19 años, Carmelo, profeta lúcido, nos describe, en 1976, desde un rincón de Chilito, el futuro global. Lo que mandará de aquí en adelante no es la literatura, es la industria, el producto, la mercancía: el libro. Dos horas de información, datos, clasificaciones, pruebas, demostraciones, estadísticas, silogismos. Nueva York, Broadway Avenue, entre 6a. y 3a., capital de la industria editorial del mundo, seguida por Múnich... según los muniquenses, claro está. Diez grupos estadounidenses luchando fieramente por la supremacía en los cinco continentes. Su caballo de batalla: el *bestseller*, fenómeno comercial eminentemente extraliterario. Cincuenta mil títulos al año en Estados Unidos, 8.000 novelas. Un centenar llegará a la meta de los 100 mil ejemplares vendidos en librerías, supermercados, kioskos de diarios, clubes de lectores, por correo, puerta a puerta. Unos pocos venderán más de 800 mil: los *bestsellers*. Y sólo 3 ó 4 venderán tres o más millones de ejemplares de tapa dura y varias veces más de tapa blanda y se convertirán en mega*bestsellers* mundiales en todos los idiomas: *Aeropuerto*, *El padrino*... Lucha sin cuartel por escalar la lista de *bestsellers* del *New York Times*. Cuatro semanas arriba en la lista gatillan la venta de otro medio millón de libros. Las ventas generando ventas. Lucha de las editoriales para que sus autores aparezcan en televisión. La tele generando ventas. Los *bestsellers* al cine: Hollywood generando ventas. Cada editorial con su corral de autores en la raya de partida de cada temporada. Anticipos en dólares de seis y hasta de siete cifras a escritores famosísimos a cambio de los derechos de tres libros por escribir. El nombre de los autores consagrados generando ventas. El divorcio o el sida de un escritor generando ventas. Los anticipos generando ventas. El dinero generando dinero. Y zancadillas, traiciones, espionaje, plagios. Ojo clínico del experto para descubrir en un manuscrito el futuro *bestseller*, para descubrir al autor de futuros *bestsellers*, para fabricar el próximo *bestseller*. Y lucha a muerte por el espacio de las vitrinas y mesas de las cadenas de librerías Barnes & Noble, Bolton y Double Day, y de los supermercados y las tiendas de los *malls*. Ojo. La experiencia de Estados Unidos se extenderá a todo el planeta. La Feria de Francfort habrá de coger el ritmo en Europa. El Corte Inglés de Madrid, Falabella en Santiago tendrán que vender libros. *El Mercurio* deberá sacar una lista de superventas. Los críticos literarios y los catedráticos, que hasta ahora han tratado de ignorar el *bestseller*, tendrán que subirse a este carro si no quieren quedarse fuera de la cancha. Esto en Chile todavía no lo sospecha nadie: nosotros cinco somos los primeros. Ojo.

Carmelo nos deja anonadados. Douglas, sabio, acota a la pasada:
—Si quieren vender novelas: tiros y cachas, la fórmula que no falla.

Carmelo nos lanza el salvavidas de la esperanza: Ojo, algunos *bestsellers* también son buena literatura: *La Ilíada* y *La Odisea*, *La divina comedia*, nuestro *Quijote*, el *Fausto* de Goethe y otros clásicos; obras exigentes como el *Ulises* de Joyce, las de Kafka, la interminable *Búsqueda del tiempo perdido* de Proust, las de Faulkner o las de Günter Grass, Borges, Umberto Eco y las del *boom* latinoamericano... Esos son la excepción: *bestsellers* literarios de venta prolongada, *longsellers*, *steady-sellers*. Pero ojo: Por ley, el autor del *bestseller* del futuro tendrá que vender su alma al diablo.

Una empanada entera para cada uno, vino tinto, despedida al borde del toque. Todos a una: los cinco juramos no vender jamás nuestra alma al diablo. La siguiente reunión de Los Cinco se fija para dentro de cuatro años, próximo año bisiesto.

Viernes 29 de febrero de 1980

Berlín, bar-restorán *La barcarola*, las mejores empanadas de Europa. Presentes: Los Cinco. Celsa, la dueña, sirve empanadas de horno tropicales, con trozos de piña y plátano. Douglas ofrece vodka-sour. Cada cual cuenta su historia. Carmelo hace una *maîtrise* con Barthes en París. Isabel sobrevive como periodista en Colombia y ya envió a Barcelona el manuscrito de su primera novela. En Zúrich, Antonio se gana la vida de locutor en español en la radio suiza y le publican cuentos traducidos al alemán. Luis, según se rumorea, regresa con el alma herida de una guerrilla latinoamericana; según nos dice, busca trabajo en Alemania y escribe para su capote. Yo respiro hondo, sonrío y les doy la noticia: soy el único escritor profesional de Los Cinco. Me gano la vida en Viena escribiendo en español.

—Muéstranos tus libros.
—Los habrán visto en los kioskos o en las estaciones de tren. Se venden en todas partes. Yo cuando paso miro por pudor hacia otro lado. Se publican con seudónimo: Carlina Verdugo. Yo soy Carlina Verdugo y trabajo para el grupo Editorial Palmeta de España.

Carmelo dice con asco:
—¡Basura!

Isabel, Antonio y Luis me miran con desprecio:
—Vendiste el alma al diablo, huevón. Eres el primer traidor de Los Cinco...

Respondo:
—En absoluto. ¿Qué se han creído? Escribo por encargo, pero con seudónimo.
—*Un nègre* —comenta Carmelo.

Explico:

—Mi alma está a salvo. El contrato estipula que se mantendrá en estricto secreto la verdadera identidad de Carlina Verdugo, o sea mi nombre.

Celsa, maternal, me defiende desde la caja:

—Y qué tiene de particular. Necesita ganarse la vida de alguna manera. ¿Creen que a mí me gusta hacer empanadas? Odio las empanadas.

Sigo explicando: Dos novelas de unas 220 holandesas al año, sobre temas con gancho de actualidad que discutimos por teléfono. A eso me dedico en las mañanas de 7 a 12. En estos días escribo una novela sobre una despampanante guerrillera libanesa con la ropa interior atiborrada de amongelatina que secuestra un avión hacia Cuba. Pero a las 12 sepulto en el disco duro del computador el texto de la detestable Carlina Verdugo, me como un sándwich con una Coca-Cola, bebo un café fuerte en taza grande y a las 12 y media cierro las persianas, desconecto el teléfono, enciendo mi lamparilla y espero en silencio. Los síntomas tardan, pero llegan: aceleración del pulso, sudor frío, vértigo, náuseas. Mis brazos se contraen y mis manos temblorosas descienden sobre el teclado del computador. El texto comienza a brotar de la yema de mis dedos como un río. Y escribo, escribo, escribo. Hasta las 12 de la noche escribo mi novela, mi obra, la que saldrá con mi nombre verdadero. Escribo una novela de excelencia literaria. Cuando se publique seré famoso como Neruda. "Je serai Chateaubriand ou rien", dijo Balzac ante la tumba del maestro al que finalmente superó. Cien años más tarde, Sartre fue a orinar a la tumba de Chateaubriand. Yo en Santiago fui a la tumba de Neruda y dije "seré más que Neruda", y oriné e hice algo más contundente todavía.

—No seas cochino —grita la Celsa—. ¿Qué te ha hecho Neruda? Estás peor que los milicos.

—¿Qué estás escribiendo? —pregunta Douglas conciliador desde el bar.

—La gran novela que falta de Salvador Allende. Tiene la forma de una ópera-salsa que se va creando y representando a lo largo del libro. El salsero que en la ópera canta el papel de Allende se llama dentro de la novela Rubén Baldes, a la Tencha la encarna Celia Cross, a la Payita, Soledad Barba y a Pinochet, Oscar Delón. Una ópera-salsa sobre Allende, que se va escribiendo y representando en presencia de Allende, dentro de la novela cuyo protagonista es Allende, quien después de muerto se está viendo a sí mismo, o sea a Allende. Y Allende escucha a Allende que canta y ve a Allende bailando la guaracha de la nacionalización del cobre o encabezando la larga conga del desabastecimiento. En un momento hay cuatro Allendes en escena bailando, cantando, diciendo discursos, haciendo trabajo voluntario, disparando con una metralleta, despidiéndose de sus hijas, besando a la Tencha y metiéndole a la Payita la mano bajo la blusa. ¿Qué les parece?

—Ojo —dice Carmelo—. Ya muchos escribieron antes poemas, dramas, comedias o novelas con el teatro metido adentro. Acuérdate de *Hamlet*; del *Retablo de maese Pedro*, que Cervantes intercala en el *Quijote*. Piensa en el *Fausto* de Goethe, donde el director y el poeta aparecen en escena, o en *Entreacto* de Virginia Woolf.

—Eso de la Woolf ni siquiera la he leído —contesto.

—Intertextualidad —explica Carmelo. Yo no le hago caso y prosigo:

—Mi novela desconstruye a Allende y carnavaliza su gobierno, y la familia Allende me va a quitar el saludo. La novela no endiosa a Allende y los allendistas acérrimos como tú, Luis, me van a acusar de vendido. Cuando vean a Pinochet con un uniforme cubierto de plumas negras, los milicos me van a acusar de traidor a la patria. Voy a quedar peleado con todo el mundo y sin poder volver a Chile quizás hasta cuando. Pero a cada cual le contestaré: "¡Alto, compadre; alto, comadre! Ficción: el sagrado derecho del autor a fabular y mentir que reconoce el mismo Aristóteles".

Carmelo comenta, pedante:

— Ojo. El autor realmente inspirado no sabe cuál de sus personajes tiene la razón: Platón, *Las leyes*.

Digo:

—Yo estoy por encima de las pasiones mezquinas de los lectores y de mis propios personajes. Me conformaría con que un día me coronen de laureles como a Petrarca, con que a mi funeral venga toda la nación, como al de Victor Hugo, con que reciten poemas ante mi tumba y me pongan flores como a la estatua de Pushkin en Moscú, con que peregrinen de todo el mundo a mi casa, como a las casas de Neruda ... o con morir olvidado, pero con la seguridad serena de la gloria póstuma.

La reunión se cierra con la corrida de vino tinto rumano que ofrece Douglas, quien nos recuerda la fórmula triunfadora de la novelística: "tiros y cachas".

Miércoles 29 de febrero de 1984

Lugar: *El bolígrafo*, bar-restorán de moda en Santiago, calle Villavicencio. Llegamos Luis, Antonio, Carmelo y yo. Douglas nos sirve piscosauers auténticos y nos muestra en exclusiva la *Revista de libros de El Mercurio* que saldrá el próximo domingo. Caricatura de Isabel Arévalo muy pizpireta en la portada y reportaje en las centrales sobre los secretos del triunfo de su primera novela. El manuscrito dio bote por agencias y editoriales hasta caer en manos de la Superagente Catalana, quien olió el *bestseller*. Neutralización de chilenismos, españolización de tiempos verbales, poda de un párrafo por aquí, estiramiento de otro por allá, afinamiento del plan y del ritmo... Creación de imagen de la autora: referencias familiares, fotos, televisión, entrevistas astutamente preparadas... Lanzamiento y promoción de la novela con sesgo feminista, al calor de la repulsa contra los militares chilenos y la compasión por los vencidos... Resultado: *bestseller* absoluto.

Al *Bolígrafo* llega el cartero con un telegrama dirigido a "Grupo Literario Los Cuatro". Firma Isabel Arévalo. Se excusa. A la hora de nuestra reunión tiene que pronunciar la conferencia inaugural del Congreso de Escritores Iberoamericanos en Columbia University: "Por falta de tiempo no puedo seguir perteneciendo al grupo. Exito y abrazos".

Yo me indigno:

—Vendió su alma al diablo... y al dólar.

—Qué te has creído, huevón —exclama la Celsa desde la caja—. No permito que en mi restorán insulten a la Isabel. Hablas de pura envidia.

Carmelo, que ha venido de París donde hace un doctorado con Foucault, dice con indulgencia:

—Ojo: *La férocité littéraire*. Perdónalo, Celsa. *Genus irritabile vatum*: la raza irritable de los poetas....

Celsa sigue a la carga:

—La novela de la Isabel me encantó: es superpoética y me hizo llorar a mares. Ya quisieras tú escribir como ella.

Carmelo precisa:

—Concurrencia notable de voces narrativas homodiegéticas y heterodiegéticas; eficaces desplazamientos del punto de vista; profusa utilización de la prolepsis —97 casos a lo largo de la novela— como recurso lírico generador de suspenso y ansiedad; realismo fantasmagórico: revitalización de un estilo que se agotaba. Isabel pertenece al segundo grupo de escritores en la clasificación de ese loco lindo Ezra Pound: los maestros que saben combinar los procesos de varios autores precedentes tan bien o mejor que sus inventores. Triunfo merecido. Salud, por el primer *bestseller* de nuestro grupo, por la gran Isabel Arévalo.

Levantan sus copas, yo miro hacia otro lado sin tocar la mía. Luis cuenta lo suyo con verba escueta: durante su trabajo de guardia nocturno en Alemania escribe a escondidas una novela de los cielos abiertos, narrativa sobre hombres y animales en la selva tropical. Antonio nos habla con sonrisa ancha: continúa de locutor en Suiza y trabaja en una novela sobre un deportista ambicioso que se dopa y se alía con la mafia para eliminar a sus adversarios y vencer. Yo sigo por las mañanas de Carlina Verdugo, y por las tardes en mi *Allende ópera salsa* desde bambalinas irrumpe por la derecha a ritmo de bongoes y chachachá la marcha de señoras con cacerolas y por la izquierda ingresan los obreros de los cordones industriales sobre música de mambo. Ante el choque inminente, Tito Fuentes inicia su descarga de tumbas y batería.

Las empanadas, exquisitas: son de locos, a pesar de la veda. El vino, Rhin Undurraga. Nos vemos dentro de cuatro años. Douglas calla, pero ya lo sabemos: tiros y cachas.

Lunes 29 de febrero de 1988

Santiago, *El bolígrafo*. Nos espera un fax dirigido a "Grupo Los Tres". Lo intuimos: Luis nos abandona. Inaugura a esta hora el Congreso de Escritores Iberoamericanos en el gran anfiteatro de la Universidad Complutense. Su novela selvática ganó un premio en España y, traducida al francés y al alemán por obra de la Superagente Catalana, encabeza las listas de ventas en esos países y, de rebote, también en España, América Latina, Chile.

—¡Puah! Otro que vendió su alma al diablo, digo.

Carmelo lo defiende:

—Ojo. Exotismo de reminiscencia arcádica. Novela de frontera entre el neurótico mundo civilizado y el paraíso miltoniano del buen salvaje. Evocación subliminal del malestar generalizado de nuestro fin de milenio. Texto depurado, sin alardes formales. Aventuras amables con uno que otro tiro contadas en pasado directo por un narrador omnisciente. Reminiscencias de Jack London, Bruno Traven y de nuestro maestro don Pancho Coloane, sin las honduras de un Melville ni de un Conrad... Como novela *light* de 102 páginas —lo que no quiere decir superficial— le pongo un 5,5 sobre 7. Salud con este Casillero del Diablo que Douglas nos ofrece: por Luis, el nuevo *bestseller* del grupo.

Mi copa no se mueve y escucho el relato de Antonio sobre la publicación en Chile de su novela del deportista. Crítica amable, amplias repercusiones dentro del país, ganancias modestas. Mi Allende, de casco militar, se despide por teléfono de la Tencha bajo una bandera chilena, y ella, recortada en un extremo del escenario por una luz cenital, canta su postrero lamento de amor al Presidente desde la casa de Tomás Moro, todo ello en ritmo de son montuno.

Canapés de erizos de veda, hasta dentro de cuatro años.

Sábado 29 de febrero de 1992

Como en la novela de Agatha Christie, sólo van quedando dos. No necesitamos mesa en *El bolígrafo*: acodados al bar es suficiente. La pícara Celsa, que también puede ser perversa, me pregunta:

—¿Cómo sigues, Carlina Verdugo?

—Vivita y coleando, linda —le contesto torvamente.

Prefiero hablar de mi *Allende ópera salsa*, de los cuatro aviones Hawker Hunter que descienden en picada hacia La Moneda colgando de cuerdas nylon sobre el escenario. Un barrido de cielo en diagonal en el telón de fondo produce en el estómago de los espectadores el vértigo de la picada. Con trombones y música atronadora de motores, los cuatro pilotos cantan su guaguancó diabólico en el instante en que arrojan los cohetes. Suena el teléfono, atiende Celsa. Es Antonio avisando desde un aeropuerto de Europa que no puede llegar: hoy inaugura en Florencia el Congreso de Escritores Iberoamericanos y mañana vuela a Nueva York, donde Simon and Schuster lanza medio millón de ejemplares de su novela del deportista desquiciado. Pasado mañana vuela a Los Angeles, donde la superproducción cinematográfica basada en el libro ha sido nominada para el Oscar. Pide que lo demos de baja y que sigamos como Grupo Los Dos. Hablo:

—Traidor, vendió su alma al diablo cuando la Superagente Catalana aprovechó el escándalo del dopaje en los Juegos Olímpicos para ofrecerle su novela a Hollywood. Antonio ha terminado por rebautizar el libro con el nombre de la película y poner a los actores en la tapa.

—Un momento —grita Douglas —nadie ataca a Antonio en este lugar. Película excelente y excelente libro: al texto Antonio no le ha cambiado ni una línea. Y en materia de portadas, hasta las obras de Shakespeare llevan hoy la foto de Richard Burton como Marco Antonio y Elizabeth Taylor de Cleopatra. Además, su programa *El circo de los libros* es el mejor programa literario de la televisión de América Latina. No quiero aquí escritores amargados que hablen mal de mis amigos. Búsquense otro lugar para la próxima reunión.

A Carmelo, llegado de París, nada le sorprende. Con sonrisa de sabelotodo se explaya sobre la actual supremacía de la creación audiovisual sobre la obra escrita. Cita a Bosanquet para indicar que Antonio ha logrado sacar de lo feo —las acciones del deportista corrupto— la "belleza difícil". Celsa, una dama, se niega a cobrarnos los Chivas Regal. Adiós.

Jueves 29 de febrero de 1996

Sólo Carmelo y yo en el Café Central de Viena: el Grupo Los Dos. Echamos de menos a Douglas y a la Celsa.

Carmelo, de paso hacia un simposio en Budapest, me anuncia que acaba de sacar en París un doctorado de Estado con la Kristeva. Nada más tiene que hacer en Francia y se muda a Barcelona a dirigir una nueva colección de la editorial Alfagrama.

—¿Cuánto te paga Palmeta por los Carlina Verdugo? —me pregunta.
—Un sueldo equivalente a lo que gana mi cartero vienés, sin las propinas naturalmente.
—¿Y tu *Allende*?
—En este momento canta el bolero caribe *Se abrirán las grandes alamedas*. Sólo me falta la *gran finale* con 150 bailarines en escena que ya tengo en la cabeza. He enviado el bosquejo y capítulos de muestra a nueve editoriales y siete agentes literarios, y una primera versión del libro a 15 concursos, pero sólo he recibido de vuelta notas de rechazo. Dos veces he pedido la beca Guggenheim, con igual resultado. Ellos se lo pierden: ya se arrepentirán.
—Tú me interesas para una nueva colección que pienso lanzar en Alfagrama, pero con una condición —dice Carmelo.
—¿Cuál?
—Que estés dispuesto a vender tu alma al diablo.

—¡Ni hablar! Adiós.

—Adéu.

Hace un año terminé mi *Allende ópera salsa* y se lo mandé a Carmelo a Barcelona. Tres meses después recibí una carta por la que Alfagrama me comunicaba oficialmente que el Consejo de Lectores había presentado un informe negativo sobre mi libro y que el Consejo Editorial lo había rechazado. A la semana siguiente Carmelo me llamó por teléfono:

—Confidencialmente, el rechazo no se debió a motivos literarios. Ojo. Yo defendí tu libro hasta el final, pero me argumentaron que los temas políticos no venden y en el mercado hay saturación de novelas sudacas. Los lectores piden otra cosa. A mí me gusta tu idea de una novela-ópera: creo que todavía podemos hacer algo. ¿Te interesaría?

—Escucho.

Carmelo me hizo entonces la más insólita de las propuestas:

—El mundo entero —me dijo —está conmovido con la muerte a cornadas de la torera María de la Rambla acaecida ante las cámaras de televisión. ¿Por qué no conviertes tu libro en una novela sobre Conchita Cintrón, la legendaria rejoneadora chileno-peruana de los años 40, la torera más famosa que haya existido en todos los tiempos? El momento es propicio: se vendería como pan caliente.

—¿Estás demente? ¿Convertir a Allende en una torera?

—Con los computadores esos cambios se hacen todos los días. Yo acabo de transformar una monja de clausura del siglo XV en un marciano trisexual del siglo XXII. Tendrías que inspirarte en *Sangre y arena* de Blasco Ibáñez y *Muerte en la tarde* de Hemingway, y para el toque poético darle una releída a *Llanto por la muerte de Ignacio Sánchez Mejías* de García Lorca. Y en lugar de tantas canciones y bailongo, deberías poner a la torera a follar con un delantero del Real Madrid: tiros y cachas, toros y goles.

—¿Modificar mi libro? ¿Tú crees que yo escribo para el mercado? Cada línea de mi *Allende* ha sido fruto de angustias desgarrantes. Noche a noche agonizo ante el aura azulosa de mi computador y renazco escribiendo poseído por los dioses, como exigía Platón a los artistas verdaderos. En mis horas de parto solitario todos los escritores que en el pasado dieron lustre a la épica y a la novela están en mí. Soy ellos, su enviado y continuador sobre la tierra. Que me consideres capaz de traicionarlos, de violar mi propia obra, de vender mi alma al diablo, me hiere en lo más hondo.

—No digas pelotudeces. ¿En qué mundo vives? ¿Todavía crees en las glorias megalomaníacas del gran escritor del siglo XIX? Hace 30 años Andy Warhol demostró que una lata de sopa vale tanto como *La Mona Lisa*, que *La divina comedia* no es más importante que una historieta del Pato Donald. Ojo. Los príncipes y las condesas que alimentaban a los grandes novelistas se murieron hace rato: sólo sobreviven de mecenas tres o cuatro fundaciones a las que les recortan el presupuesto año tras año. Hoy los "grandes escritores" incontaminados como tú son unos pelafustanes desconocidos que se calientan pizzas en el microondas y se cosen los botones como cualquier mortal. El lugar de tus "grandes escritores" lo ocupan hoy tres o cuatro escritores famosos que salen en la televisión y en las revistas *Hola*, *Caras* y *Cosas*, unos fantoches inflados efímeramente por los grupos editoriales y reemplazados por otros en la próxima temporada. Ojo. Yo recibo todos los días decenas de manuscritos, tengo cola de autores noveles como tú ansiosos por publicar su primer libro y dispuestos a rehacer sus textos veinte veces si se los pido. Agradece lo que te estoy ofreciendo antes de que me arrepienta: déjate de purismos y delirios de grandeza. ¿Crees que en nuestros días alguien le da importancia al autor de un libro? El libro es un producto colectivo con respecto al cual agentes literarios, lectores profesionales, editores, correctores de estilo, promotores, publicistas deciden el tema, el título, la extensión, el estilo y sobre todo el instante preciso de su aparición en función de la volubilidad del *aura popularis*, los virajes de los gustos de la muchedumbre que ha de comprar el producto *libro*, a menudo sin intención de leerlo. La antigua interacción escritor-lector se ha resuelto a favor de un sujeto único: el comprador. El autor pasa a ser irrelevante, apenas un nombre sonoro y, en la práctica, un mero obrero de una cadena de muchas manos. La voz cantante la llevan quienes arriesgan en esta empresa su capital. A los dueños de los grupos editoriales sólo les interesan las ganancias: la literatura los tiene sin cuidado. Y ojo. Cualquiera puede escribir una novela hoy día: para comprobarlo basta con que te asomes a las páginas literarias de la internet...

Le corté el teléfono al majadero. Pero esa noche, preso de frenesí incontrolable, experimenté con los reemplazos en la computadora. Donde decía "Allende" puse "Conchita Cintrón" y el casco de Allende lo reemplacé por una gorra de torera. Donde aparecía Pinochet puse al toro. La Tencha se convirtió en la madre de la torera Conchita, la Payita en su novio, las hijas en sus hermanas, los aviones fueron caballos, los cohetes, picas y los pilotos, picadores. Donde se invocaba a Carlos Marx puse a la Virgen de la Macarena. Convertí los mambos en pasodobles, las guarachas en sevillanas y activé el programa de corrección gramatical para que me arreglara las concordancias. Arrastrado por el vértigo —click— oprimí convulsivamente el botón "send" y envié por e-mail a Carmelo mi flamante novela *Conchita Cintrón* y sin más mandé a la Editorial Palmeta el *Allende ópera salsa* que Alfagrama había rechazado, con el solo cambio de mi nombre por el de mi otro yo: Carlina Verdugo.

Al mes siguiente, llamada angustiada de Carmelo. La inminente publicación de *Conchita Cintrón* se había filtrado a *Babelia* y a la *Revista de libros de El Mercurio*, y los defensores de los animales amenazaban a Alfagrama con ponerle bombas si se publicaba una novela exaltando la masacre de los inocentes toros de lidia. Carmelo explica:

—Yo insistí cuanto pude, pero la editorial no quiere follón con los grupos *progre*, y ha dejado sin efecto la publicación de tu novela. Pero, ojo, podríamos hacerle algunos cambios y convertirla en...

Colgué el teléfono y en cuestión de segundos envié por e-mail a Palmeta mi *Conchita Cintrón*, poniendo como autora a Carlina Verdugo.

Hace dos semanas Carmelo me llama a Viena:

—¿Has visto la prensa?

—No.

—Felicitaciones por el premio.

—¿Qué premio?

—¿Dónde vives tú? Parece que Viena estuviera en otra galaxia. Bajo el impacto de la detención de Pinochet hace más de un año en Londres, tu *Allende ópera salsa* ganó el Premio Palmeta y fue lanzado con bombos y platillos. Está en primer lugar de las listas de ventas de *El País* y del *ABC*. Corren estrambóticos rumores acerca de la misteriosa autora, y una maestra de Granada, llamada por coincidencia Carlina Verdugo, pretende cobrar el premio asegurando que el espíritu de García Lorca le dictó a ella tu novela. Hollywood compró los derechos y la ópera se presentará en el Carnegie Hall, con Rubén Blades de Allende, Celia Cruz, Soledad Bravo, Óscar D'León, y en las tumbas Tito Puente. Los dueños de Alfagrama despidieron a todos los miembros del Consejo de Lectores y del Consejo Editorial por haber rechazado tu manuscrito, y a mí, que lo defendí, me han nombrado director de ediciones con poderes absolutos. Tu *Conchita Cintrón* yo te la compro: la lanzaremos a toda orquesta la próxima semana.

—¡Momento! —exclamo—. Ustedes la rechazaron y yo la mandé a Palmeta.

—¿Qué me estás contando? ¿Cuánto te paga Palmeta por *Allende*, cuánto le vas a cobrar por *Conchita*?

—Lo de siempre: un sueldo mensual de cartero vienés.

—¿Te estás riendo de mí?

—No, ésa es la verdad.

—Tú estás loco. Esa gente te debe millones. ¿Qué dice tu contrato con ellos?

—No sé: lo tengo guardado, nunca lo he leído.

—Eso lo arreglo yo —exclama Carmelo—. Desde este momento soy tu agente literario. Faxéame el contrato ahora mismo para hablar con los abogados y cobrar todo lo que nos deben. Como es un caso complicado tendrás que darme el 20 por ciento. Ojo. Convocaremos una conferencia de prensa donde revelaremos al mundo que tú eres Carlina Verdugo. Alfagrama publicará *Conchita* y todos tus libros anteriores con tu verdadero nombre, incluido *Allende ópera salsa*. Te conseguiremos un par de premios taquilleros y a Hollywood ya lo tengo en el bolsillo.

El martes Carmelo me llama al Hotel Concorde de Múnich con voz de ultratumba:

—Te felicito: tu contrato era perfecto.

—¿Tienes todo arreglado?

—Contrato perfecto... para Palmeta. "Carlina Verdugo" es una marca registrada de propiedad de Editorial Palmeta. Según tu contrato, un editor de Palmeta te dicta la trama de una novela y tú escribes lo que él te encarga. Tu contrato es de... mecanógrafo *free-lance*, con un honorario de 2.000 pesetas por cuartilla, equivalente a 71 pesetas por línea, 4,50 pesetas por palabra y menos de una peseta por cada golpe de tecla. Los espacios no te los pagan. Consulté a los mejores abogados especialistas de Alemania, España, Estados Unidos, Francia, Inglaterra y Chile. Aquí tengo sus dictámenes: no hay nada que hacer. Tu caso está perdido de antemano. Entre paréntesis, si no has leído la prensa, entérate de que las traducciones de *Allende ópera salsa* están en el primer puesto de las listas del *New York Times*, de *Der Spiegel* y de *L'Express*, en Francia. De ese solo libro has vendido más ejemplares que todos los libros que Isabel, Luis y Antonio juntos han vendido hasta ahora. *Conchita Cintrón* no se quedará atrás: aprovechando el escándalo montado por los defensores de los animales, Palmeta prepara en secreto con tu libro un operativo que dejará como juego de niños el legendario lanzamiento de *Crónica de una muerte anunciada*. Eres el mega*bestseller* del Grupo Los Cinco.

—Demos, entonces, la conferencia de prensa —sugiero.

—Por ningún motivo, yo en eso no me meto. Ojo. Según tu contrato, si pretendieras presentarte como Carlina Verdugo te acusarían de uso fraudulento de marca registrada e irías a dar a la cárcel.

Anoche, aquí en Eichstätt, recibí en la Kolpinghaus una llamada desde Santiago. Douglas invita a los miembros del antiguo Grupo Los Cinco a que nos reunamos solemnemente en *El bolígrafo* pasado mañana, 29 de febrero del 2000, el año bisiesto con que ha comenzado este nuevo milenio. Celsa me confidenció por teléfono que habrá entrada de centolla de veda, empanadas de locos de veda, congrio de veda con salsa de erizos de veda.

Hace un momento, al llegar a este edificio de la Landratsamt, Rita Lentner me entregó aquí en la antesala un sobre de Carmelo en el que me envía las cuentas de los seis superabogados que estudiaron mi contrato. Les debo en total 65 mil dólares. Mientras Javier Campos leía su ponencia, calculé que para pagarles tendré que escribir para Palmeta 24 novelas de Carlina Verdugo. Por lo tanto, ni pensar en viajar a la cita de Santiago. Mañana domingo regresaremos en auto hacia el Oriente con mi musa. El lunes me sumergiré en mi covacha de Viena: cerraré las persianas, encenderé la lamparilla y pondré manos a la obra. Si con el tiempo logro pagar las deudas, y si ese día todavía me quedaran salud y energía para reaparecer ante el mundo, y cacumen para seguir escribiendo, hablaré con la Superagente Catalana para ofrecerle mi alma a ella, o sea al diablo.

EPÍLOGO

Transición, emergencia y transmodernidad
Algunas reflexiones sobre el sistema literario chileno

José Morales Saravia

A. Introducción

Hablar de la más reciente literatura chilena impele a recurrir a conceptos que sobre todo circulan, ya no en el ámbito más estrecho de lo literario, sino en el de lo político y lo cultural en su sentido más amplio. El término "transición" no hace referencia inmediata al sistema literario, sino a los eventos políticos ocurridos en el país a partir de 1989. Él refiere el pasado inmediato de un gobierno dictatorial —poco importa aquí que ese pasado pueda ser divido en dos fases: la del terror y la de la constitucionalidad (Moulian 1997)— y su paso a un gobierno democrático elegido en el año indicado. Este término es, sin embargo, aplicado a fenómenos literarios dentro de la especificidad de este subsistema. Lo que "transición" significa en el dominio de lo político no coincide de manera perfecta —ni imperfecta— con lo que este término tendría que designar en el orden de lo literario. Otro tanto sucede con el término "emergencia" empleado específicamente para designar fenómenos literarios —en este caso la última narrativa—, pero que procede del dominio de lo político y que designa allí el ascenso de nuevos grupos sociales a la palestra de las decisiones en torno al poder. A diferencia del término "transición" —que parece abarcar varios subsistemas— el de "emergencia" no hace referencia, en la semántica chilena, sino al dominio de lo literario y tiene sobre todo un carácter metafórico. Un tercer término, que habría que poner en juego con los dos anteriores, es el de "transmodernidad". Este procede de las discusiones sobre la cultura en general, ha tenido menos éxito que el término "postmodernidad" y tiene la ventaja de no crear una oposición con el de "modernidad" —oposición que con el tiempo se ha desdramatizado y ha perdido tensión— sino de introducir la idea de un proceso y su continuidad, especialmente en el orden, no de lo político, sino de lo literario.

Por alguna paradójica razón estos términos han sido puestos en relación con temas, problemas y designaciones que los diferentes géneros del sistema literario chileno cubren. El adjetivo "emergente" se aplica a la más reciente narrativa chilena de la década de los noventa. El tema de la "transición" ha hecho surgir un género que en Chile no tenía una tradición importante: el del ensayismo de interpretación nacional. El término "transmodernidad" no ha sido empleado expresamente, pero se encuentra implícito si se lee los diferentes estudios sobre buena parte del sistema literario chileno y puede ser a veces traducido —en no siempre buena medida— con el de "postmodernidad" tan en la punta de la lengua (Hopenhayn 1998). En lo que sigue pretendo reflexionar sobre estas denominaciones partiendo de los géneros literarios más importantes en las dos últimas décadas: el ensayo, la poesía y la novela. Mi opinión es que el estatuto de estas denominaciones —de allí la paradoja aludida más arriba— resulta pertinente si se comprueba el carácter "cruzado" de su uso. Así quiero postular que, desde los patrones internos del sistema literario, desde su autonomía, el término *transición* tendría que ser aplicado particularmente a la constitución de la lírica reciente, ya que él permite vislumbrar los intentos que se han estado realizando allí para abandonar una estética de lo negativo y dar el paso *transicional* a una cierta nueva forma de afirmación. También deseo sugerir que el término *emergencia* refiere plenamente el surgimiento del ensayismo y su consolidación en tanto género *emergente* dentro del sistema literario chileno, y que el de *transmodernidad* se puede aplicar con toda pertinencia a la nueva narrativa de los años noventa en la medida en que ésta reengarza con tradiciones narrativas plenamente modernas de la así llamada "generación del cincuenta".

B. Emergencia

I

En el sistema literario chileno no existen textos como *Siete ensayos de la realidad peruana* (1928) de José Carlos Mariátegui, *Radiografía de la pampa* (1933) de Ezequiel Martínez Estrada o *El laberinto de la soledad* (1950) de Octavio Paz, por sólo mencionar algunos, que hayan reflexionado sobre lo que es la propia realidad nacional, sus proyectos y su identidad regional[1]. Es posible que la necesidad de arreglar cuentas con la herencia colonial —como en el caso peruano— no haya sido tan impelente en un país construido a base de una emigración tardía y reciente y de espaldas a minorías indígenas en parte diezmadas, en parte soslayadas[2]. Es posible que el fracaso del proyecto liberal implementado desde mediados del siglo XIX y recién fracasado con toda evidencia en el momento del "crack" de 1929 —como en el caso argentino— no haya ocasionado un mal tan grande en una población urbana no ligada a ese proyecto vía Estado y por ello no defraudada en sus limitadas expectativas de ascenso social. Es posible que las promesas de revolución y movilidad social creadas a principios de siglo y llevadas a cabo inmediatamente no se hayan visto —como en el caso mexicano— traicionadas con el orden resultante de tales cambios y por ello no hayan obligado al intelectual a reflexionar sobre su posición en dicho nuevo orden y su soledad respectiva. Recién el gran trauma histórico que inauguran los acontecimientos de septiembre de 1973 enfrenta a la sociedad chilena de golpe con su propia historia y con la pregunta sobre lo que ha hecho posible y ha conducido a tal situación en un país legalista y moderado. La censura, la experiencia inmediata del exilio, el orden del terror

---

[1] En este contexto tiene que ser mencionado, sin embargo, el libro *Chile, o una loca geografía* (1940) de Benjamín Subercaseaux.

[2] Bernardo Subercaseaux aborda este problema en su artículo incluido en este volumen v habla de "déficit de espesor cultural".

parecen haber bloqueado a buena parte de los intelectuales en un primer momento consecutivo a estos hechos, también la cercanía con tal situación que no permitía probablemente distancia para la reflexión y el estudio. Es probablemente por esta razón que a finales de los ochenta y durante toda la década de los noventa haya aparecido un espacio dentro del cual se haya podido realizar tal reflexión y estudio y que en este espacio se haya asumido la tarea de retrabajar el pasado, evaluar los proyectos sociales frustrados y considerar el problema de la identidad nacional[3].

II

Dentro de ese espacio —la creación de la *Revista de Crítica Cultural* en 1990 y su vinculación con la universidad ARCIS fundada en esos años son algunos ejemplos de él[4]— es que hay que situar, por ejemplo, un libro como *Chile actual: anatomía de un mito* (1997) de Tomás Moulian que ofrece un estudio del Chile posterior a la dictadura buscando explicar la situación presente en el pasado mediato e inmediato. Ya como su título lo indica —la palabra clave es aquí "anatomía"— este libro quiere entroncarse con una tradición a la que pertenecen textos como *Radiografía de la pampa* de Martínez Estrada, una tradición de libros que expresan su decepción frente a los proyectos sociales que han guiado la vida política, social y cultural de los países del subcontinente. Su método —en el caso del libro de Moulian la metáfora "anatomía" lo adelanta— no es del todo el de las ciencias sociales. Moulian explica por qué su repetido recurso a procedimientos que caracterizan al ensayo:

> el ensayo aporta aire y luz en el clima monótono de la escritura sociológica. Tiene razón Nelly Richard cuando plantea que nuestra incapacidad de transgredir la canónica escritural nos ha impedido avanzar más allá en la iluminación de las realidades estudiadas (1997, 10).

Este libro de Moulian (que es sobre todo la constatación de que la democracia instaurada a partir de 1989 obedece a los parámetros creados en 1973) muestra su método metaforizante cuando habla de una "matriz" que es un *menage à trois* de las fuerzas armadas, los intelectuales neoliberales y los empresarios nacionales o transnacionales, cuyos rasgos más sobresalientes son el "blanqueo" del Chile precedente —el olvido—, el consenso que se ha impuesto y la idea de una "democracia protegida" que ha implantado leyes políticas elaboradas entre 1973 y 1989 y un sistema de partidos formado desde 1983. En este libro Moulian pasa revista —es un elemento generador de la tradición de este ensayismo en el subcontinente— al mito del país moderno, exitoso y consumista y muestra, en el caso de Chi-

---

[3] Horst Nitschack hace una presentación clasificatoria del ensayismo chileno último en su contribución a este volumen.

[4] Véase la presentación que Andrea Pagni hace de este espacio, especialmente de la mencionada revista, en su artículo incluido en este libro.

le, lo que se esconde detrás: un desordenado crecimiento urbano, una delincuencia galopante y un fuerte conformismo. Moulian resume sus tesis en la noción de "transformismo" que él define como:

> el largo proceso de preparación, durante la dictadura, de una salida
> a la dictadura, destinada a permitir la continuidad de sus estructuras
> básicas bajo ropajes políticos, las vestimentas democráticas (ibíd.,
> 145).

III

Otro de los patrones generadores del ensayismo latinoamericano en el siglo XX ha estado dado por el tratamiento del tema de la identidad. En el caso de Chile, el tratamiento de este tema explica en buena parte también la emergencia en este país del género ensayo en la década de los noventa. Sin embargo ya para ese entonces los planteamientos y definiciones de la identidad han sufrido reformulaciones que subrayan más bien las ideas de diferencia, hibridez y eclecticismo. Si José Bengoa, en su libro *La comunidad perdida* (1996), parece manejar todavía una noción de identidad convencional cuando echa de menos resultados o respuestas a este respecto desde "el lado de la multitud posmodernista, llena de claves herméticas, de búsquedas marcadas por el elitismo, de decepción teórica y aceptación entusiasta de las reglas que impone el mercado" (1996, 67), esta noción convencional de identidad no se encuentra ya detrás de los intereses de la ensayística de una autora como Nelly Richard. Esta autora —ella se mueve entre la crítica literaria, la crítica artística y el ensayo culturalista— parte de la discontinuidad, de la fisura, de la mutilación y seccionamiento del mundo simbólico chileno a partir de 1973 y busca la reconstrucción de ese imaginario partiendo de lo roto, fragmentario y residual; esto, sin embargo, sin caer nunca en la pretensión de una reconstrucción lineal, progresiva, y sin querer nunca buscar un único sentido del corpus histórico-nacional. De ahí que hable ella de "reinventar la memoria" o emplee el plural cuando se refiere a "las políticas de la memoria" (1994, 13). Es Nelly Richard, por lo demás —la cita de Moulian lo confirma—, quien ha puesto más énfasis en la necesidad de un nuevo lenguaje, en lo imperativo de una nueva metodología de investigación, al hablar de los "saberes cruzados" o del "redisciplinamiento del saber (1998, 141-160). Aludiendo a la "crítica cultural" habla ella incluso de la "desacademización del saber", de la necesidad de reflexionar en el texto mismo sobre la propia escritura, abriéndose así a campos de expresión que se encuentran en los bordes, en la periferia del discurso académico (ibíd., 148).

IV

Y ¿dónde colocar textos, que no son ni estudios sociológicos ni crítica literaria ni tratados politológicos, sino dentro de la emergencia de este género centauro que es el ensayo? Tal vez Marco Antonio de la Parra dé los mejores ejemplos de estos textos *emergentes* con dos de sus últimas publicaciones. Se sabe que De la Parra es psiquiatra; en su *Carta abierta a Pinochet. Monólogo de la clase media chilena con su padre* (1998) De la Parra quiere calar en la honda relación, mediada por el miedo, que se estableció a partir de 1973 entre autoridad y subordinación. Es cierto que De la Parra emplea ciertos recursos dramáticos en este monólogo, pero su deseo es sacar a la superficie de manera discursiva los estratos psíquicos más profundos de la imagen paterna del poder en Chile, concretamente en la figura del dictador Pinochet. Este libro no es sólo una interpelación crítica ni tampoco sólo un informe sobre los mecanismos más internos que generan el miedo; este texto es sobre todo una forma de reconstruir la memoria —uno de los planteamientos comunes a todos los ensayistas chilenos de la década de los noventa— de ese hijo simbólico que es la clase media chilena, la memoria del miedo, un miedo que se posee todavía, pero que se quiere erradicar mediante un proceso de catarsis, de liberación. Así escribe De la Parra al final de su texto:

> No estoy en la fiesta. Tengo ganas de hacerme una, eso sí. Pero de verdad. A este país le hace falta una fiesta grande. La de saber que el miedo terminó. Que no hay palabras peligrosas. Que la muerte no anda suelta por la calle. Eso se llama paz (1998, 104).

En su otro texto, *Manual para entrar al siglo XXI* (1999), que también debe ser incluido dentro de esta ensayística *emergente*, Marco Antonio de la Parra pasa revista en cincuenta acápites a lo que ha sido en Chile el siglo XX con su idea conductora del futuro. De la Parra emplea aquí la imagen de la maleta que se tiene que llevar en este viaje, en este paso de un siglo a otro. Si la maleta, al inicio de este ensayo, parece que no será suficiente para encerrar todo lo necesario; al final, después de una revisión crítica, se constata que esta maleta llevará apenas unas pocas cosas, lo que es ya un enjuiciamiento del siglo que concluye. En palabras del autor:

> No hay maleta más liviana [...]. Nada que declarar en la aduana [...] Equípese de esperanzas serias y rigurosos actos de fe, un escepticismo bien templado y una memoria poderosa (1999, 69).

Pero pasemos a considerar el caso de la última narrativa chilena.

C. Transmodernidad

I

José Donoso, el representante chileno de la nueva narrativa hispanoamericana, cuenta en su *Historia personal del boom* la visita que "una temible *bas-blue* de empingorotadísima situación en Chile" (1972, 16) le hizo en su casa de Vallvidrera, Barcelona, una tarde de invierno cuando estaba tratando frenéticamente de terminar su novela *El obsceno pájaro de la noche* y el efecto inhibidor en su escritura —el tema de sus famosos períodos de seca— que le ocasionó en esa conversación la repetida afirmación de la inexistencia de una novelística chilena. Si esta afirmación podía todavía en 1970 sumir a Donoso en un estado depresivo que le impedía avanzar con su escritura y darle la sensación de ejercer un oficio que en Chile no tenía tradición, veinte años después esa afirmación carece aún más decididamente de fundamento[5].

Lo que inhibía a José Donoso se puede tal vez explicar por la concepción que se encontraba latiendo detrás: la idea de que un autor no puede existir sin una literatura. Para decirlo en los términos de Harold Bloom: esa sensación de no tener antecedentes memorables, pero sobre todo, esa sensación de no poseer en la propia tradición autores imitables o, más precisamente, autores con los que practicar una contienda emulativa. A inicios de los años noventa, esto ya no es cierto en el caso concreto de la novelística chilena— por no hablar de la lírica donde los padres y los abuelos han sido y siguen siendo todavía muy poderosos, tal vez demasiado. En el libro citado, Donoso relata cómo tuvo que recurrir a finales de los años cincuenta a sus parientes y amigos para poder vender y así financiar la publicación de su primera novela *Coronación* (1957). Esto ya no es tampoco el caso varias décadas después en un Chile donde existen entre tanto premios literarios —Donoso mismo ha fungido de jurado varias veces en ellos—, sino editoriales que publican los libros de los jóvenes escritores y —lo que es más importante— que los tienen que reeditar inmediatamente varias veces porque la demanda de público sobrepasa generalmente la primera edición. Sólo para mencionar unos ejemplos: la novela *Mala onda* de Alberto Fuguet, publicada en 1991, tenía en 1993 —es decir dos años después— cinco ediciones, y la novela *La ciudad anterior* de Gonzalo Contreras, publicada también en 1991 iba ya en 1993 por la sexta.

Un nuevo elemento ha resultado, sin embargo, concomitante a este surgimiento de una literatura, de una novelística chilena, y a la aparición de editoriales y de público interesado en ella. Y en esto es Donoso también uno de los primeros en formar parte de este fenómeno, ya que él —Jorge Edwards tiene que ser mencionado también en este contexto— lo muestra y lo representa de manera palpable. Donoso configura —qué duda cabe— uno de los pilares de la "nueva narrativa" chilena. Pero al constituirse Donoso en ese pilar, él también se constituye simultáneamente en uno de los autores más importantes de la así llamada "nueva novela" hispanoamericana. Una dinámica entre lo regional y lo internacional es aquí de constatar. Un proceso de internacionalización acompaña al proceso por el cual se va constituyendo la literatura narrativa "nacional". Para repetirlo con otras palabras: la creación y afincamiento de una tradición "nacional" pasa por su internacionalización: premios, editoriales, pero también becas, estadías prolongadas en el extranjero, y finalmente el ingreso o el trasvasamiento a los canales de los *mass media* y de los circuitos audio-visuales son otros tantos factores de este proceso

---

[5] Dentro de este contexto Jaime Concha se ocupa, en su artículo recogido en este volumen, del momento de escritura de *El lugar sin límites* (1966) en el período en que Donoso vivió en México, particularmente de la relación intertextual de esta novela con la obra de Carlos Fuentes.

de internacionalización (sólo traigo a recuerdo que textos literarios de Donoso, Isabel Allende, Antonio Skármeta, Ariel Dorfman han entrado, mediante sus versiones cinematográficas, en un circuito que rebasa largamente las dimensiones iniciales del público "nacional" y continental[6]). Los escritores de la década de los noventa —la así llamada "generación emergente"— están articulados plenamente a este proceso y son, por decirlo de alguna manera, sus primeros ocupantes, sus primeros usufructuarios naturales.

Hay una especie de consenso —por lo menos en el ámbito publicista— de que los años noventa marcan un momento de relevo generacional en la narrativa hispano-americana. La expresión "generación" vuelve a aparecer en esa década para designar nuevas promociones de narradores. Así en 1994 entra en escena en México un nuevo grupo de escritores que se autodenomina la "generación del *crack*". En Chile aparece por los mismos años la expresión "generación emergente" para designar un grupo equivalente. Los escritores mejicanos explican su autodenominación desde una posición emulativa —en el sentido de Harold Bloom— frente a la "nueva narrativa" hispanoamericana, frente a la literatura del *boom*. Ellos dicen: "Mientras que *boom* significaba explosión, *crack* nos parecía el sonido de la fisura, de la ruptura"[7]. La designación de "emergencia" en la expresión "generación emergente" chilena, por su parte, no parece tener ese carácter de ruptura sino que pide ser vinculada con ese vacío de tradición de que hablaba José Donoso todavía en su libro de 1972. Es cierto que las autodenominaciones o las denominaciones publicísticas de corrientes literarias se muestran con el tiempo muy arbitrarias y no pueden sostenerse teóricamente. Sin embargo hay en esa arbitrariedad un elemento que pretende crear un campo de irradiación semántica que no puede ser pasado por alto. Posiciones constructivistas hablan de "emergencia" cuando un sistema en su propia y necesaria autorreproducción admite elementos que inicialmente no tienen un valor estructurador, pero que en su nueva combinatoria dan con la aparición de algo nuevo (Luhmann 1996, 43s.). La noción de "emergencia" en la expresión "generación emergente" apunta a este sentido. Pero si tomamos en serio el contexto que han ofrecido las opiniones de Donoso sobre la ausencia de una tradición novelística chilena, el adjetivo "emergente" no puede sino referirse, en este caso, a la constatación del surgimiento de esa tradición, y no sólo a esto, sino a su afincamiento y autorreproducción creativa. Los escritores chilenos de los noventa —que de ellos se hable de un *mini boom* (Bergenthal 1999; Dill 1999, 375) es ya sintomático— estabilizan y otorgan complejidad a una novelística que dos décadas antes era percibida como inexistente. Tal vez se deba mencionar aquí el hecho de que ese primer "hito" de esa novelística —es decir: Donoso— montó y dirigió repetidas veces talleres narrativos donde participaron buena

---

[6] Véase a este respecto el estudio de Walter Bruno Berg, en este volumen, sobre las dos versiones cinematográficas de la novela *Ardiente paciencia* (1984) de Antonio Skármeta.

[7] *El País Digital*, domingo 15 de octubre del 2000, n° 1626.

parte de los integrantes de esta "generación emergente". Uno podría decir aquí —si es dable la comparación— que la diferencia entre los del *crack* y los de la "emergencia" radica en que en los primeros se constata esa "neurótica historia familiar de carácter edípico" de la que hablaba Harold Bloom (citado por Greene 1982, 41), mientras que en los segundos esa historia parece no existir. Esta gruesa diferenciación tiene, sin embargo, que ser matizada. Pero con ello nos encontramos ya en la consideración misma de los elementos que hacen a la "generación emergente". Antes quiero volver, sin embargo, a enunciar las posibles diferencias entre ambos grupos: mientras los mejicanos apelan a una estética de la ruptura, los chilenos aparecen como los que logran crear y asentar una tradición entonces inexistente. Mientras que los mejicanos toman distancia frente al *boom* y su eclosión, los chilenos hacen hablar a los críticos de un *mini boom*. Mientras que los mejicanos están envueltos en una historia edípica, los chilenos desconocen esa historia y se empeñan en "la búsqueda del antecedente".

II

Es en relación a este último punto que la reciente crítica chilena (Cánovas 1997) ha encontrado un elemento común para describir las novelas de la "generación emergente": el tema de la orfandad (tema que por lo demás mencionaba Donoso en cuanto a la ausencia de tradición novelística anterior a él). Los personajes de estos textos son principalmente jóvenes que se encuentran abandonados a sí mismos, que muestran una decidida oposición al mundo de las convenciones representado por los adultos y cuyas acciones están marcadas por la impronta de la búsqueda del padre, una búsqueda que por lo demás no tiene nunca éxito. Este elemento explica muchas de las decisiones narrativas que se han tomado para la escritura de estas novelas. La primera de ellas es el empleo de un narrador que habla en primera persona. El joven Matías Vicuña es el que relata en la novela *Mala onda* de Alberto Fuguet, por ejemplo, en 1980 los días previos al plebiscito sobre una nueva Constitución, días que coinciden con su regreso de la excursión escolar a Río de Janeiro donde descubre otro mundo más libre, pero días también en los que presencia la separación de sus padres. Este recurso es también empleado en la novela *El lugar donde estuvo el paraíso* de Carlos Franz que presenta una narradora adolescente que va a visitar a su padre cónsul —que va en busca de él— a la ciudad de Iquitos, en la selva peruana, y que no presiente que será causa y testigo del fracaso profesional y existencial de éste. Carlos Franz ha desdoblado este recurso en su primera novela, *Santiago Cero*, en la que el narrador habla al lector empleando durante todo el texto la segunda persona. En esta novela, los personajes son literalmente huérfanos de padre o de madre y se enfrentan —no suficientemente preparados— al mundo de las instituciones convencionales educativas descritas en sus fuertes rasgos autoritarios y represivos. En las novelas que no presentan narradores que son jóvenes huérfanos —aunque sí personajes—, como *La ciudad anterior* de Gonzalo Contreras o como *Cien pájaros volando* de

Jaime Collyer, se constata también el uso de la primera persona. En *La ciudad anterior*, es la primera persona —un viajante de comercio que vende armas— la que da la perspectiva a toda la historia: su visita a una ciudad de provincia que se le revela funesta y donde los adolescentes —huérfanos ya corrompidos o débiles mentales— ofrecen una pesimista visión del futuro. En *Cien pájaros volando* es el antropólogo que va a realizar un estudio de campo a un mínimo pueblo de pastores el que narra también en primera persona no sólo su fracaso matrimonial, sino el último intento, llevado a cabo por unos jóvenes —huérfanos de todo contexto y realidad: son los días de la caída del muro berlinés—, de realizar en Chile una revolución armada.

El mundo que estos personajes juveniles enfrentan es el de las instituciones anquilosadas en su autoritaria convencionalidad y en su omnipresente poder amenazador. Este mundo es vivido como asfixiante, malhadado y cerrado en sí mismo. Este hecho ofrece en estos textos un principio ordenador en la construcción del espacio. A un espacio exterior, referido como un dominio difícilmente alcanzable y donde se respira un aire de libertad y de autonomía, se encuentra opuesto un espacio interior construido según los signos del mal. Este espacio interior aparece, por su parte, jerarquizado. En un arriba —visualizado con una torre, con un despacho en algún piso elevado, con el cuarto de un hotel — residen las fuerzas funestas, censoras y violadoras. En un abajo, se despliega un ámbito que intenta edificarse según principios lejanos al poder y basados en el amor o la amistad. El vendedor de armas en *La ciudad anterior*, empujado a ese oficio por el desempleo y el fracaso matrimonial, recala en una opaca provincia que se le desenmascara poco a poco como una tela de araña tejida por sus habitantes y de la que logra apenas escapar. El personaje femenino de la novela *Siete días de la señora K.* de Ana María del Río vive inmerso en un mundo interno clausurado, cerrado para todo gozo vital, mundo que está signado por la violación sufrida de niña. Matías Vicuña, el personaje de *Mala onda,* descubre, luego de su regreso del extranjero, del exterior, que su país, su familia, él mismo, sus maestros— incluso sus mentores— se encuentran encerrados en un provincialismo, comprende que allí todo se vive de segunda mano y que ser distinto, salirse de esos espacios de censura y de convencionalidad, se paga con la pérdida de la identidad o la autodestrucción.

Esta constitución del espacio explica, en buena medida, el trabajo que estas novelas realizan con la categoría tiempo. Este se puede observar en la construcción del *plot*. Los jóvenes —los narradores en primera persona— de estas novelas se descubren solos en un mundo negativo y hostil en el que deben aprender a imponer, al orden de lo convencional y de las instituciones, el contenido de su subjetividad o fracasar en ese empeño. El desenvolvimiento del tiempo en estas ficciones, el *plot*, expone cómo se realiza. Una variante narrativa representa a los personajes realizando ese aprendizaje en la negatividad, obligado por la misma negatividad del mundo o de las circunstancias a practicarse y actuar en el dominio de lo infame (*Santiago Cero*). Otra variante desarrolla la historia retrospectivamente desde el fracaso de ese aprendizaje, volviendo a recorrer los pasos que han conducido a él (*La ciudad anterior* y *Cien pájaros volando*). Una tercera variante, apenas evocada en una que otra novela, ofrece un momentáneo respiro al personaje, que parece haberse salvado del fracaso, de la autodestrucción, y de la práctica en la negatividad (*Mala onda* y *Siete días de la señora K.*).

Estas determinaciones —las enumero de nuevo: la orfandad de los jóvenes personajes, la construcción del espacio como dominio del mal, el aprendizaje de lo infame como forma de plasmar el devenir del tiempo— explican otros rasgos formales saltantes en estas novelas. En primer lugar hay que señalar la parquedad —casi dramatúrgica— de estos textos. Las novelas evitan el despliegue de grandes tiradas narrativas o descriptivas, no están interesadas en construir una hipercomplejidad ficcional. Todo lo contrario es el caso: se trata de textos breves que se centran en la plasmación de un destino, de textos que reducen la complejidad a unos pocos días o semanas, para a partir de esta reducción construir ellos mismos su propia complejidad ficcional. En el caso de la novela *Mala onda* de Fuguet, la narración está reducida a la semana y media siguiente al retorno del personaje de su viaje a Brasil, y los capítulos llevan como título la fecha de cada uno de esos días. En la novela *Siete días de la señora K.*, el mismo título da el principio de construcción y el proceso reductivo temporal empleado. La novela de Gonzalo Contreras, *La ciudad anterior*, presenta la entrada a ese espacio funesto por parte del desilusionado vendedor de armas y su salida espantada de él en unas semanas. Las dos novelas de Carlos Franz, *Santiago Cero* y *El lugar donde estuvo el paraíso*, proceden de manera equivalente. Ellas centran la narración en un espacio temporal también reducido: el último año de estudios de los jóvenes personajes en un instituto educacional, en la primera novela, y la visita de vacaciones escolares que hace la adolescente narradora a su padre, en la segunda novela. Franz hace uso, sin embargo, del prólogo o del epílogo para construir la complejidad temporal que necesita, presentando brevemente las consecuencias que tienen esas pocas semanas o meses en el futuro de los personajes.

A esta parquedad en la construcción temporal de la historia se suma el carácter que adquieren los capítulos de estas novelas. Ninguno excede casi las cuatro o cinco páginas. Su principio constructor es por ello, frecuentemente, el del encuadre. Los personajes aparecen en el espacio elegido realizando sus escasas acciones, diciendo breves parlamentos, sumergidos en su mundo interior frecuentemente monomaniático. Por lo demás, ese espacio ha sido también —por decirlo de alguna manera— puesto en escena con una utilería bien dosificada y parca. Esto explica finalmente que el lenguaje empleado sea igualmente parco. En estas novelas impera también el principio de la reducción, un *less is more* guía la construcción de la frase y el fraseo narrativo. Estas novelas no quieren abundar, huyen de la doble adjetivación, emplean la descripción con estricta mesura y parecen renegar de todo principio de barroquismo. El lector de estos textos no puede dejar de relacionar estos principios poetológicos con las mejores tradiciones del moderno purismo expresivo literario[8].

III

Este purismo expresivo —esta especie de transmodernidad constatable en estas novelas— se confirma en los planteamientos estéticos que parecen subyacer a la novelística "emergente". La parquedad constructiva, la reducción expresiva, el rechazo del regodeo sensorial barroco apuntan a despertar en el lector determinadas vivencias. No se trata, ciertamente, de un efecto anestético que quisiera prescindir de la apelación a los sentidos. La parquedad y la reducción apuntan más bien a reconcentrar los procedimientos para que ellos produzcan en el lector los efectos de lo negativo. Para ello estas novelas trabajan y retrabajan los diferentes niveles de lo que se ha llamado la estética de lo feo. Enumero a continuación algunos de estos niveles subrayados especialmente en estos textos. En las reducciones ejecutadas, por ejemplo, en *Santiago Cero*, Carlos Franz ha restado a la representación cromática, de manera muy lograda, matices, despojando así al mundo representado de sus colores. El lector tiene frecuentemente la sensación de estar leyendo una historia "filmada" en blanco y negro: la novela se inicia con la explícita mención de los días que son cortos; el café del instituto educacional donde los jóvenes se encuentran tiene los vidrios empañados que no permiten la entrada de la luz. El mismo efecto es creado desde su inicio por la novela *La ciudad anterior*, de Gonzalo Contreras: un ómnibus interprovincial se detiene una noche para dejar bajar al vendedor de armas en plena autopista Panamericana; fuera del personaje y del camino carretero que se adentra en la ciudad no hay nada, sino la iluminación que a largos intervalos ofrecen las luces de los automóviles que pasan. Esta semioscuridad va a configurar la atmósfera total de la novela, en la que las acciones acontecen frecuentemente en lugares y a horas de poca luz[9].

Pero no sólo se le resta cromatismo al mundo representado; también hechura, acabado, cumplimiento y solidez. Estos textos apelan a una estética de lo fragmentario, de lo deficitario y de lo ruinoso cuando describen topografías, edificaciones y personajes. Así el prominente edificio, símbolo de la arquitectura moderna, de la modernidad, que domina el espacio urbano en *La ciudad anterior* ha quedado sin concluir y nadie sabe si alguna vez será terminado. Semánticamente opuesta a él, en la misma novela, aparece la casa —alguna vez señorial— que hospeda al personaje, casa que muestra ya mal sus buenos tiempos pasados y más bien el ruinoso estado en el que se encuentra. Lo mismo sucede en la representación de la casa y del mobiliario donde reside el cónsul chileno de Iquitos en la no-

---

[8] Partiendo de una consideración de la poética "moderna" de José Donoso, Carlos Franz expone estos principios poetológicos "transmodernos" en su contribución a este volumen.

[9] Sobre la segunda novela de Gonzalo Contreras y los procedimientos narrativos ahí empleados se puede consultar el trabajo de Stéphanie Decante incluido en este libro.

vela de Carlos Franz *El lugar donde estuvo el paraíso*. Este mismo rasgo de carencia y de deficiencia es empleado en el retrabajo de los personajes. El hijo de la familia que da hospedaje al vendedor de armas en *La ciudad anterior* es —como la casa— un ser deficiente, un adolescente mentalmente débil que apenas comprende el mundo que lo rodea.

También desde esta misma estética es transmitida a lector la vivencia de lo abominable en la novela *Santiago Cero,* donde el empleo de la segunda persona como instancia narrativa involucra al lector. Este es interpelado por un narrador en tanto su *alter ego*, como si fuera verdaderamente él, el lector, el que ha realizado ese funesto aprendizaje de la infamia, del soplonaje, de la traición de sus amigos[10]. Con otros recursos es transmitida también esta vivencia de lo abominable, de lo infame, en la novela *La ciudad anterior*; allí los jóvenes huérfanos, la hermana, aparecen representados bajo el signo de la corrupción, de la curiosidad morbosa y del placer demoníaco que lleva a la joven huérfana a abusar sexualmente del adolescente mentalmente débil de la casa. Que ella quede embarazada al final y que el posible padre pueda resultar ser ese débil adolescente reafirma la desesperanza puesta en el futuro.

Pero junto a la representación de lo abominable hay que mencionar además la de lo crudo, de lo corporalmente más bajo, de lo escabroso, que producen en el lector también una vivencia enmarcada dentro de la estética de lo negativo y de lo feo. En *Cien pájaros volando* se hace uso de la primera persona, entre otras cosas, para acercar al lector de manera identificatoria a la perspectiva del narrador. Cuando ya la visión de este narrador ha ganado en los primeros capítulos al lector para su causa, para la causa del desilusionado antropólogo caído de casualidad en la última y grotesca empresa de emprender una revolución —una última revolución que por farsesca no es menos duramente aplacada—, ese narrador llevará a un lector, no preparado para ello, a que participe involuntariamente en su proceso de construcción libidinosa frente a Dalila, una oveja que adquiere conforme se habla de ella y se la describe en el transcurso de la novela todos los rasgos de una muchacha graciosa y altanera, coqueta y seductora, que otorga sus favores en las noches no sólo al narrador sino a todos los otros pobladores del caserío, incluidos por supuesto los revolucionarios. Este acercamiento erótico a la oveja no puede menos fascinar que repeler al lector involucrado. De igual manera, el lector tiene esa vivencia de lo crudo cuando en *Santiago Cero* se le hace presenciar la ejecución del plan de embarrar todo el edificio de la institución educativa con unos excrementos acumulados durante un año en los *containers* de la calefacción. La explosión excremencial, además de fascinar por lo que tiene de denuncia y de venganza, repele fuertemente por lo crudo de su presentación y visualización.

---

[10] Manfred Engelbert difiere de esta interpretación en su contribución incluida en este volumen bajo el título de "25 años de postgolpe y una literatura desgraciadamente normal".

Estos y otros niveles son retrabajados por esta novelística, dentro de la estética señalada. De más está decir que hay en ello no sólo una voluntad crítica del mundo referido, sino especialmente el deseo de involucrar al lector, de transmitirle ese rechazo frente a la realidad representada en este estado de degradación y de amenaza. En el hecho de que el lector llegue a vivenciarla intensamente —se trata del conocido tópico del "horror deleitable" de Burke— se encuentra la plenitud formal que esta novelística ha alcanzado, pero también su filiación —la superación de la orfandad— con las mejores tradiciones de la narrativa moderna no sólo chilena[11].

D. Transición

I

Si en el caso de la última narrativa chilena se trataba del problema de la orfandad, no sólo como tema de representación ficcional sino como ausencia de filiación con la tradición narrativa anterior chilena, esto no se puede afirmar en el caso de la lírica última. A diferencia de la novelística, la poesía chilena tiene madres y padres poderosos, omnipresentes no sólo en el dominio particular y específico de la lírica. Este hecho ofrece de nuevo el conocido tópico bloomiano del "temor al antecedente", del enfrentamiento competitivo —edípico se podría decir— con la tradición y con ello se presenta a tratamiento el problema de la *transición*. Tal vez sea precisamente la poesía el dominio del sistema literario chileno donde este problema se plantea con mayor urgencia *Transición* significa aquí puntualmente el paso de una poética a otra, el recambio en los planteamientos estéticos que venían sustentando a la poesía chilena hasta entonces: el tratamiento de la vida cotidiana alienada en un espacio urbano donde un yo poético refería sus vivencias anodinas con un lenguaje coloquial lleno de citas de lo contemporáneo, de su consumo tanto material como cultural[12]. Vista así, esta *transición* no refiere mediata o inmediatamente el tema de la "transición democrática" que a partir de 1989 experimenta Chile, sino que tiene lugar en primer término dentro del subsistema literario de la lírica. La pregunta que esta forma de entender la *transición* presenta es cómo reenganchar con la gran tradición poética anterior, cómo retomar los grandes temas del amor, del paisaje y de la historia, para reafirmarlos sin repetir —esto es la *aemulatio*— *Veinte poemas de amor y una canción desesperada* y *Canto general* de Pablo Neruda, *Altazor* de Vicente Huidobro o la poesía de Gabriela Mistral[13].

---

[11] Pienso aquí, por ejemplo, en *El juguete rabioso* (1926) de Roberto Arlt y en *El túnel* (1948) de Ernesto Sábato.

[12] Refiriéndose al lenguaje poético de Enrique Lihn, un representante de esta poética, escribe Julio Ortega (2000, 159): "[...] el lenguaje dice ahora la ironía y el sarcasmo, pero también la rutina, de las máscaras y los escenarios derruidos".

[13] A este respecto consúltese el artículo incluido en este libro de Teresa Calderón bajo el título: "Poesía de mujeres, dignas hijas de Gabriela Mistral y de la generación post-golpe en Chile".

Pero en el horizonte de esta competencia, de esta *aemulatio*, se encuentra sobre todo lo que debe constituir la *transición* propiamente dicha y que se enuncia con la palabra *eudaimonía*: la impostergable necesidad de desatanizar la visión del mundo que daba la de por sí satánica historia reciente, el imperativo de un mínimo de afirmación de la vida en ese nuevo espacio político llamado "transición" que —como se vio al pasar revista a la emergencia del ensayo— era tematizado con palabras cargadas negativamente como "consenso" y "reconciliación", espacio que era, pues, percibido de manera desencantada y escéptica. Este complejo temático puede ser visto y referido, sobre todo, en dos poetas de la reciente lírica chilena que han asumido el reto de esta *transición*: Tomás Harris y Raúl Zurita.

II

Me limito aquí sólo al caso de Tomás Harris[14], si bien él sigue en esta problemática a Raúl Zurita, mostrando haberlo leído entre líneas y haber asumido el mismo reto poético. En Harris se muestra, empero, lo dificultoso de realizar esta *transición* de manera más clara. Quiero ocuparme de su libro *Cipango* (1996), especialmente de su quinto apartado que lleva el mismo título, para considerar en qué consiste este reto. Harris es perfectamente consciente de que una poética sólo de las vivencias del yo y sus laberintos no abre un nuevo camino. Los elementos épicos que hacían a libros como *Canto general* de Neruda le interesan a Harris sobre manera; él los asume introduciendo patrones narrativos en su poesía. Su retrabajo no descansa así en el poema sino en el poemario que él concibe como un todo complejo y cuyos elementos repite o varía de poema a poema. Pero a diferencia de sus grandes "antecedentes", el yo poético de estos poemarios o ciclos no es una voz unívoca que logre organizar siempre todo su material: un deshilachado, una subrayada irregularidad caracterizan al tramado que este yo poético presenta, al que él suma incursiones metadiscursivas que ponen en duda su propia enunciación: "[...] pensamos en la/ forma que va tomando este mapa de sueños absolutos/ de comparaciones al infinito,/ de fulguraciones falsas" (1996, 200). Los elementos épicos aparecen también a través de una técnica de superposición o yuxtaposición de *plots* procedentes de la historia colonial de diversas épocas y regiones. El poemario completo narra un paseo por ciertas zonas "orilleras" de la ciudad chilena Concepción: el barrio prostibulario Orompello con su semántica transgresora, con sus campos significativos de búsqueda del placer carnal; los hoteles aledaños; los bares. El yo poético es en primer lugar un solitario a la búsqueda de una "mina" —para decirlo en argentino y así poder sumarle la significación implícita de riqueza y oro— que da vueltas y vueltas por estas calles que son mencionadas por su nombre. Pero debido a este proceso de superposición, el yo poético es

---

[14] Sobre una lectura desde esta perspectiva de la obra de Raúl Zurita se puede consultar mi artículo sobre el poemario *Anteparaíso* incluido en este volumen.

también el Almirante, un Cristóbal Colón navegando a la búsqueda de la riqueza y el oro. Este mismo yo poético es también, por la misma técnica de yuxtaposición, otro buscador comercial en las tierras de las especies, un Marco Polo de viaje por Cathay y Cipango. Los roles se superponen y muestran un yo poético desencajado de su espacio natural y de su tiempo rutinario, moviéndose una y otra vez en círculo, saltando de un rol a otro. Este yo poético es el temprano hombre moderno y el reciente. Los *plots* así superpuestos adensan el contenido histórico y desarrollan los elementos épicos en los que Harris está interesado. Pero si la superposición espacial yuxtapone Concepción, como ciudad sudamericana, con las ciudades orientales y las islas descubiertas de los primeros movimientos colonizadores, la superposición temporal practicada en este poemario no por dar grandes saltos en el tiempo quiere dejar de puntualizar la cercana historia chilena: "ya se iban los 80" (ibíd., 183), "Los acontecimientos que ahora recuerdo/ transcurrieron durante el año/ de la desmantelación de La Libertad" (ibíd., 186), "esto sucedía en un baldío de Cipango una tarde de abril,/ 1987" (ibíd., 232). Estos saltos temporales y yuxtaposiciones nos presentan, pues, toda la Edad Moderna desde sus mecanismos de movilidad no sólo comercial.

Es justamente dentro de este adensamiento histórico, dentro de esta yuxtaposición topográfica y temporal, que las primeras cuatro partes de *Cipango* desarrollan, que quiero considerar más de cerca la última parte del poemario. Allí plantea Harris con toda claridad la necesidad de la *transición*, del paso de una estética a la otra. A diferencia de las anteriores, en esta parte —se titula como el libro todo "Cipango"— se percibe un yo poético empeñado en construir un *plot* que se guíe por un cierto orden cronológico, un yo poético expresamente interesado, correlativamente, en saltar por encima de todo lo negativo, un yo poético que quiere tematizar particularmente el problema de la *eudaimonía*. Su tratamiento está unido, discursivamente, a la construcción de una persona apelada, de un "tú", que se revela como la amada; el gran tema eudaimónico del amor aparece:

> este es mi deseo: así como te he cubierto,
> así como me he derramado en tu cuerpo tan joven,
> así,
> derramarme y cubrir este panorama desolado
> que contemplamos (ibíd., 185)

El *plot* que el yo poético inicia en esta quinta parte va de encontrarse en "la maldita isla embrujada" (ibíd., 187), en el "año de la desmantelación de La Libertad" (ibíd., 186), a la realización de un éxodo, de un viaje en un barco de nombre Demeter, para arribar a las costas de Cipango. Los viajeros, los migrantes, quieren representar el deseo, el amor, pero el éxodo les significa experimentar metamorfosis negativas: "así sobrevivimos/ transmigrados en amarillas perras/ obliterados en azules ratas/ […] fluorescentes" (ibíd., 187). Pronto la amada, que ha sido llamada inicialmente "paloma" (ibíd., 183) va perdiendo también todos sus elementos positivos, recibe el nombre de Aurelia y es descrita en estos términos: "una imagen salida del planisferio/ del Penthouse" (ibíd., 191), y el amor eudaimónico en éstos: "ese amor perfecto/ que se nos apareció en un sueño de perro/ podríamos haberlo llamado/ Aurelia" (ibíd., 209). El *plot* tiene entonces un nuevo desarrollo y de Cipango se pasa al valle de Cathay; pero si en esta nueva topografía se habla de asombro, lo visto allí aparece lleno de "fulguraciones falsas" (ibíd., 200). Es en este momento de desarrollo del *plot* cronológico que esta ordenación de las acciones —ella hubiera desparadojizado la estructura temporal y espacial circular construida por la técnica de superposición— se rompe. El yo poético se encuentra ahora en un Cipango que es la ciudad de Concepción, deambula por sus calles prostibularias y pasa por sus hoteles y bares. La negatividad trabajada en las cuatro primeras partes del poemario se instala de nuevo. El yo poético dice: "nosotros sabíamos que las utopías son putas de miedo" (ibíd., 207). Él presenta irónicamente el amor en estos términos: "se nos apareció el amor perfecto: calzaba sandalias rojas de plástico transparente,/ toda ella iba mojada" (ibíd.). El yo poético se encuentra de nuevo en el Yugo Bar, le inoculan apomorfina, duerme, tiene visiones funestas del poder y sus representantes. El último poema —un texto que cita abiertamente la obra de Zurita— titulado "Poiesis de la vida mejor" intenta volver a los planteamientos iniciales de esta parte, a su búsqueda de la *eudaimonía*. Este intento —como el desarrollo del *plot* en esta parte— queda trunco. El yo poético es consciente de ello cuando menciona que su tema inicial era la felicidad, cuando al cerrar el poemario —en alusión a la significación gnóstica de la perra amarilla en la obra de Donoso[15]— dice lo siguiente:

> las mariposas nocturnas negras terminaron por enloquecer
> no querían dañar a nadie
> pero arrastraron a muchos
> una vida mejor soñaban por lo bajo
> en estos amaneceres de la Edad de Hierro
> aunque hablemos de felicidad
> ¿Y después de todo esto?
> [...]
> al final vimos una perra
> no podía pararse
> era una perra amarilla
> se pasaba la lengua por las mataduras
> el miedo anidaba
> en los ojos del animal (ibíd., 238).

---

[15] Se trata de la figura de la bruja, del mal, representada por una perra amarilla en su conocida novela *El obsceno pájaro de la noche* (1970). Como en este poemario, en esa novela el final queda dominado por esta figura maligna.

La *transición*, el intento del paso de una estética de la negatividad a una de la *eudaimonía*, queda verbalizada claramente en este último poema. La poesía —el subsistema de la lírica en el sistema literario chileno— es quien ha asumido este reto. Con esto adelanta un horizonte de desarrollo y abre una gran puerta. Que la asunción de este reto no haya sido coronada con el éxito tiene poco que ver con la calidad de esta poderosa poesía chilena última, sino más bien con la dificultad que existe de poner en relación, desde sus autonomías, desde sus respectivos subsistemas funcionalmente independientes, la *transición* con la "transición" en la semántica que atraviesa la cultura chilena.

Bibliografía

Bengoa, José. 1996. *La comunidad perdida. Ensayos sobre identidad y cultura: los desafíos de la modernización en Chile*. Santiago de Chile: Ediciones Sur.

Bergenthal, Kathrin. 1999. *Studien zum Mini-Boom der Nueva Narrativa Chilena. Literatur im Neoliberalismus*. Frankfurt am Main: Peter Lang.

Bloom, Harold. 1973. *The Anxiety of Influence*. New York: Oxford University Press.

Brunner, José Joaquín. 1994. *Bienvenidos a la modernidad*. Santiago de Chile: Editorial Planeta.

Cánovas, Rodrigo. 1997. *Novela chilena, nuevas generaciones: el abordaje de los huérfanos*. Santiago de Chile: Ediciones Universidad Católica de Chile.

Collyer, Jaime. 1995. *Cien pájaros volando*. Barcelona: Seix Barral.

Contreras, Gonzalo. 1993 [1991]. *La ciudad anterior*. Santiago de Chile: Editorial Planeta.

Dill, Hans-Otto. 1999. *Geschichte der lateinamerikanischen Literatur im Überblick*. Stuttgart: Reclam.

Donoso, José. 1970. *El obsceno pájaro de la noche*. Barcelona: Seix Barral.

—. 1972. *Historia personal del "boom"*. Barcelona: Editorial Anagrama.

Franz, Carlos. 1997 [1990]. *Santiago Cero*. Santiago de Chile: Seix Barral.

—. 1997 [1996]. *El lugar donde estuvo el paraíso*. Buenos Aires: Editorial Planeta.

Fuguet, Alberto. 1991. *Mala onda*. Santiago de Chile: Editorial Planeta.

Greene, Thomas M. 1982. *The Light in Troy*. New Haven/London: Yale University Press.

Harris, Tomás. 1996. *Cipango*. Santiago de Chile: Fondo de Cultura Económica.

Hopenhayn, Martín. 1998. Tribu y metrópoli en la postmodernidad latinoamericana. En: Roberto Follari; Rigoberto Lanz (comps.). *Enfoques sobre posmodernidad en América Latina*. Caracas: Editorial Sentido, 21-35.

Luhmann, Niklas. 1996 [1984]. *Soziale Systeme*. Frankfurt am Main: Suhrkamp.

Moulian, Tomás. 1997. *Chile actual: anatomía de un mito*. Santiago de Chile: LOM Ediciones-ARCIS Universidad.

Ortega, Julio. 2000. *Caja de herramientas. Prácticas culturales para el nuevo siglo chileno*. Santiago de Chile: LOM Ediciones.

Parra, Marco Antonio de la. 1998. *Carta abierta a Pinochet. Monólogo de la clase media chilena con su padre*. Santiago de Chile: Editorial Planeta.

—. 1999. *Manual para entrar al siglo XXI*. Santiago de Chile: LOM Ediciones.

Richard, Nelly. 1994. *La insubordinación de los signos (Cambio político, transformaciones culturales y poéticas de la crisis)*. Santiago de Chile: Editorial Cuarto Propio.

—. 1998. *Residuos y metáforas (Ensayos de crítica cultural sobre el Chile de la Transición)*. Santiago de Chile: Editorial Cuarto Propio.

Río, Ana María del. 1995 [1993]. *Siete días de la señora K*. Santiago de Chile: Editorial Planeta.

Subercaseaux, Benjamín. 1961 [1940]. *Chile, o una loca geografía*. Santiago de Chile: Editorial Ercilla.

DOCUMENTACIÓN

AUTORES Y CRÍTICOS

Pedro Araya

* 1969 en Valdivia (Chile)

Poesía
Arcosanto. 1991. Valdivia: Ed. Barba de Palo.
Per/nocto. 2001. Santiago: Lom.

Traducciones
La muerte se está fumando mis cigarros de Charles Bukowski. 1996. Santiago:
  Ed. Bajo el Volcán.

Otras obras
Metáforas de Chile. 2000. Santiago: Lom Ediciones/Corporación Altamar.

Premio Gabriela Mistral, otorgado por la Municipalidad de Santiago (1991)

Teresa Calderón

* 1955 en La Serena (Chile)

Poesía
Causas perdidas. 1984. Santiago: Ed. Artesanales.
Género femenino. 1989. Santiago: Ed. Planeta.
Imágenes rotas. 1995. Santiago: Red Internacional del Libro.
Aplausos para la memoria. 1999. Santiago: Red Internacional del Libro.
Vida de perras. 2000. Santiago: Aguilar Chilena de Ediciones.

Voces de Eros (con Pía Barros y Alejandra Basualto). 1994. Santiago: Ed. Grijalbo Mondadori. [relatos eróticos]

Javier Campos

* 1947 en Santiago de Chile

Las últimas fotografías. 1981. Montevideo: Acali Editora. [poesía]
La ciudad en llamas. 1986. Concepción: Ediciones Lar. [poesía]
Las cartas olvidadas del astronauta. 1991. Coral Gables, Florida: Iberian Studies Institute, University of Miami. [poesía; Primer Premio "Letras de Oro" en 1990 para escritores hispanoamericanos residentes en Estados Unidos]
Los saltimbanquis. 1999. Santiago de Chile: Red Internacional del Libro. [novela]
El astronauta en llamas. 2000. Santiago de Chile: LOM. [novela; Finalista en Premio "Casa de las Américas", Cuba]

Patricia Cerda-Hegerl

* 1961 en Concepción (Chile)

El pozo del pasado. 1999. München: Edición Quinde. [novela]

Varios

Spanier und Portugiesen in Berlin. 1994. Berlín: Die Ausländerbeauftragte des
Senats.

Fronteras del sur: la región del Bío-Bío y la Araucanía. 1997. Temuco-Chile:
Ed. Universitaria de la Frontera.

Jaime Collyer

* 1955 en Santiago de Chile

Hacia el nuevo mundo. 1985. Madrid: Urbión. [novela infantil]
Los años perdidos. 1986. Madrid: Almarabú. [novela corta]
El infiltrado. 1989. Madrid: Mondadori. [novela]
Gente al acecho. 1992. Santiago: Planeta. [cuentos; Premio del Consejo Nacional del Libro y la Lectura, Santiago, 1993]
Cien pájaros volando. 1995. Santiago: Planeta; Barcelona: Seix Barral. [novela]
La bestia en casa. 1998. Santiago: Alfaguara. [cuentos]

Premio "Juegos Literarios Gabriela Mistral" en Cuento, Santiago (1979), convocado por la Municipalidad de Santiago
V Premio Universidad de Murcia de Cuento, Murcia (1984)
Premio "Jauja" de Cuentos, Valladolid (1985), convocado por la Caja de Ahorros de Valladolid
V Premio de Novela Corta Ciudad de Villena, Villena, Alicante (1985), convocado por el Ayuntamiento de Villena
Distinguido en el "Premio PLAYBOY de Narraciones Eróticas", Barcelona (1988), convocado por la edición ibérica de la revista PLAYBOY
Premio Municipal de Santiago en Cuento, Santiago (1993), convocado por la Municipalidad de Santiago

Poli Délano

* 1936 en Madrid (España)

Novelas
Cuadrilátero. 1962. Santiago: L. Rivano.
Cero a la izquierda. 1966. Santiago: Zig-Zag.
Cambalache. 1968. Santiago: Nascimento.
En este lugar sagrado. 1977. México: Grijalbo.
Piano-bar de solitarios. 1983. México: Katún.
El hombre de la máscara de cuero. 1984. Santiago: Bruguera.
Como si no muriera nadie. 1987. Santiago: Planeta.
Casi los ingleses de América. 1990. Santiago: Planeta.
Muerte de una ninfómana. 1996. Santiago: LOM. [novelas cortas]
Humo de trenes. 1997. Santiago: Andrés Bello.
La cola. 1999. México: Grijalbo.

Cuentos
Gente solitaria. 1960. Santiago: Mazorca.
Amaneció nublado. 1962. Santiago: Edit. Universitaria.
Vivario. 1971. Santiago: Huda.
Cambio de máscara. 1973. La Habana: Casa de las Américas.
Como buen chileno. 1973. Buenos Aires: Centro Editor de América Latina.
Sin morir del todo. 1975. México: Extemporáneos.
Dos lagartos en una botella. 1976. México: Joaquín Mortiz.
Veinticinco años y algo más. 1985. Santiago: Alfa.
Como una terraza en la quebrada. 1987. Santiago: Galinost.
Un leopardo en la cumbre de un volcán. 1989. La Habana: Arte y literatura.
Cuentos escogidos. 1994. México: UNAM.
Cuentos. 1996. Santiago: Fondo de Cultura Económica.
Solo de saxo. 1998. México: Grijalbo.

Premios principales
Premio Casa de las Américas (cuento), 1973
Premio Nacional de Cuento, México, 1975
Premio Municipal de Santiago: 1961, cuento; 1969, novela; 1985, novela
Premio Internacional de Novela Deportiva, Colombia, 1990

Carlos Franz

* 1959 en Ginebra (Suiza)

Santiago Cero. 1997. Santiago: Seix Barral. [novela; Primer Premio en el Cuarto Concurso Latinoamericano de Novela CICLA, 1988]

El lugar donde estuvo el paraíso. 1998. Buenos Aires: Planeta. [novela; Primer Finalista en el Premio Planeta latinoamericano, 1996, y ha sido traducida a ocho idiomas]

La muralla enterrada. 2001. Santiago: Planeta. [ensayo]

Eduardo Labarca

* 1938 en Santiago de Chile

Libros de reportajes
Chile invadido: reportaje a la intromisión extranjera. 1968. Santiago: Editora
   Austral.
Chile al rojo: reportaje a una revolución que nace. 1971. Santiago: Ediciones de
   la Universidad Técnica del Estado.
Corvalán, 27 horas: el P.C. chileno por fuera y por dentro. 1973. Santiago: Qui-
   mantú. [entrevistas]

Narrativa
El turco Abdala y otras historias. 1988. Santiago: Eds. Melquiades. [tres novelas
   cortas]
Acullá. 1990. Santiago: Documentas. [novela]
Butamalón. 1994. Madrid: Anaya y Mario Muchnik; 1997. Santiago: Editorial
   Universitaria y Fondo de Cultura Económica. [novela]

Premio Platero de Cuento (Ginebra, 1988)

Patricio Manns

* 1937 en Fuerte de Nacimiento (provincia del Bío-Bío, Chile)

Novelas

De noche sobre el rastro. 1967. Santiago: Editorial Universitaria. [Premio de novela "ALERCE", de la Sociedad de Escritores de Chile y la Universidad de Chile]

Buenas noches los pastores. 1972. Valparaíso: Novela Ediciones Universitarias de la Universidad Católica de Valparaíso. Segunda edición: 1973. Tercera edición: 1973. Edición revisada, corregida y aumentada: 2000. Santiago: Editorial Sudamericana. [Premio Municipal de Literatura, 1973, entregado por el Intendente de Santiago en 1998]

La revolución de la escuadra. 1972. Valparaíso: Ediciones Universitarias de la Universidad Católica de Valparaíso.

Actas del alto Bío-Bío. 1985. Madrid: Libros del Meridión, Ediciones Michay. 1988. Santiago: Ediciones Versión Libre. Traducida al ruso y al inglés.

Actas de Muerteputa. 1988. Santiago: Editorial Emisión.

De repente los lugares desaparecen. 1992. Concepción: Ediciones Literatura Americana Reunida, LAR.

Actas de Marusia. 1993. Santiago: Editorial Pluma y Pincel. Inspiró el film homónimo de Miguel Littin a partir del manuscrito de 1974, con Gian María Volonté. Finalista a la Palma de Oro del Festival Cinematográfico de Cannes y al Oscar al Mejor Film Extranjero, en 1976.

El corazón a contraluz. 1996. Buenos Aires: Emecé Editores. Tercera edición: 1999. Versión francesa: *Cavalier Seul*. 1996. Paris: Editions Phébus. 1999. Collection Libretto. [Grand Prix Rhône-Alpes du Roman 1996]

Memorial de la noche. 1998. Santiago: Editorial Sudamericana. Segunda edición: 2000.

El desorden en un cuerno de niebla. 1999. Buenos Aires: Emecé Editores.

Ensayos

Cuentos. Francisco Coloane. 1975. Estudio, selección de cuentos y notas. La Habana: Colección Literatura Latinoamericana, Casa de las Américas.

Violeta Parra: la guitarre indocile. 1977. Etudes, selection des chansons et notes. Paris: Editions du Cerf, Collection "Terres du Feu". Versión española: *Violeta Parra: la guitarra indócil*. 1978, numerosas reediciones. Estudio, selección de canciones y notas. Madrid: Ediciones "JUCAR", Colección "Los Juglares". Traducida además al italiano. Edición chilena: Ediciones Literatura Latinoamericana Reunida, LAR, Concepción (Chile) 1986, numerosas reediciones.

Actas del cazador en movimiento. 1991. Ensayo testimonio, con Juan Armando Epple. Santiago: Mosquito Editores.

Chile: una dictadura militar permanente (1811-1999). 1999. Santiago: Editorial Sudamericana.

Otros

Memorial de Bonampak. 1995. Santiago: Editorial Cuarto Propio. [poemas]

La lampe sur la terre. 29 de septiembre 1999. Belfort, Franche-Comté, Francia: Obra de teatro producida y estrenada por el Théatre Granit, de la Scéne Nationale de Belfort.

Darío Oses

* 1949 en Santiago de Chile

Novelas
Machos tristes. 1992. Santiago: Editorial Planeta.
Rockeros celestes. 1992. Santiago: Editorial Andrés Bello.
El viaducto. 1994. Santiago: Editorial Planeta. [Premio Academia de la Academia Chilena de la Lengua 1995]
Caballero en el desierto. 1995. Santiago: Editorial Andrés Bello.
La bella y las bestias. 1997. Santiago: Editorial Planeta.
2010: Chile en llamas. 1998. Santiago: Editorial Planeta.

Premio de Novela Joven Andrés Bello (1992)

Ana María del Río

* 1948 en Santiago de Chile

Entreparéntesis. 1985. Santiago: Arcilla. [cuentos]
Óxido de Carmen. 1986. 2ª ed. 1990. Santiago: Editorial Andrés Bello. [novela; Premio María Luisa Bombal]
De golpe, Amalia en el umbral. 1991. Santiago: Andrés Bello. [novela; Premio Andrés Bello]
Siete días de la señora K. 1993. 6ª ed. 1995. Santiago: Ed. Planeta Chilena. [novela]
Tiempo que ladra. 1991, 1994. Santiago: Ed. Planeta Chilena. [novela; Premio "Letras de Oro", otorgado por la Universidad de Miami en 1991]
Gato por liebre. 1995. Santiago: Caos Editorial. [cuentos]
A tango abierto. 1996. Santiago: Aguilar Chilena de Ediciones. [novela]
La esfera del medio aire. 1998. Santiago: Aguilar Chilena de Ediciones. [novela]

Críticos que colaboran en este volumen

Walter Bruno Berg
* 1943. Cursó estudios de filología románica y filosofía en las Universidades de Köln y Clermont-Ferrand. Fue profesor ayudante en las Universidades de Heidelberg y Mannheim, becario de la Fundación von Humboldt en el Perú (1982-83). Desde 1989 es catedrático de literatura latinoamericana en la Universidad de Freiburg im Breisgau. Sus campos de trabajo son las literaturas hispanoamericana, brasileña, española y francesa. En el campo de los estudios latinoamericanos ha publicado los siguientes libros: *La americanidad de Julio Cortázar: literatura, política, cultura* (1986; en col. con R. Kloepfer); *Grenz-Zeichen Cortázar. Leben und Werk eines argentinischen Schriftstellers der Gegenwart* (1991); *Lateinamerika. Literatur - Geschichte - Kultur. Eine Einführung* (1995); *Oralidad y argentinidad. Estudios sobre la función del lenguaje hablado en la literatura argentina* (1997; en col. con M.K. Schäffauer); *Discursos de oralidad en la literatura rioplatense del siglo XIX al XX* (1999; en col. con M.K. Schäffauer).

Kathrin Bergenthal
* 1967 en Essen, Alemania. Trabajó en el Centro de Investigaciones Cooperativas (SFB) sobre la Internacionalidad de las Literaturas Nacionales en la Universidad de Göttingen, donde elaboró, junto con Annette Karl, una base de datos electrónicos sobre la *Intertextualidad nacional e internacional en la poesía chilena contemporánea (1960-1990)* (publicación en CD-ROM e Internet). Participó en varios congresos internacionales de literatura. En 1999 se publicó su tesis de doctorado *Studien zum Mini-Boom der Nueva Narrativa Chilena. Literatur im Neoliberalismus*. Prepara la traducción de poemas de Cecilia Vicuña del español al alemán. Actualmente trabaja en los servicios electrónicos de la Feria de Frankfurt.

Rodrigo Cánovas
* 1952 en Concepción, Chile. Obtuvo su Licenciatura en Literatura en la Universidad de Chile en 1980 y su Doctorado en la Universidad de Texas en Austin en 1986. Actualmente es Profesor de Literatura en la Pontificia Universidad Católica de Chile y jefe del Programa de Postgrado de Letras en esa Casa de Estudios. Entre sus publicaciones principales se cuentan: *Literatura chilena y experiencia autoritaria* (1986), *Antología de la poesía religiosa chilena* (1989), junto con Miguel Arteche, *Guaman Poma, Felipe. Escritura y censura en el Nuevo Mundo* (1993) y *Novela chilena, nuevas generaciones* (1997).

Jaime Concha
* 1939 en el Puerto de Corral, provincia de Valdivia, Chile. Es Profesor de Literatura Hispanoamericana en la Universidad de California, San Diego. Ha publicado numerosos libros sobre poesía chilena y latinoamericana y sobre autores e

ideas coloniales. Entre sus trabajos figuran, entre otros: *Neruda (1904-1936)* (1972); *Poesía chilena* (1973); *Novelistas y cuentistas chilenos* (1973); *Tres ensayos sobre Pablo Neruda* (1974); *Rubén Darío* (1975); *Vicente Huidobro* (1980); *Gabriela Mistral* (1987); *La sangre y las letras. Ensayos de literatura colonial* (1987). Además ha editado las siguientes obras: *Enrique Molina: páginas escogidas* (1967); *Alberto Blest Gana: Martín Rivas* (1977); *Pablo Neruda: Odas elementales* (1982).

Stéphanie Decante
* 1971 en Paris. Licenciada con una memoria titulada: *La representación del cuerpo en la obra de Diamela Eltit*. Doctorada en Estudios Hispanoamericanos (en cotutela entre la Universidad de Santiago de Chile y la Universidad de La Sorbona, Paris III), con una tesis titulada: *Horizonte de expectativas y estrategias de escritura en el Chile de la Transición Democrática. El caso de Diamela Eltit, Gonzalo Contreras y Alberto Fuguet. 1988-97*. Alumna egresada de la École Normale Supérieure. Profesora en la Universidad de Nanterres, Paris X. Traductora.

Manfred Engelbert
* 1942 en Dessau, Alemania. Es catedrático de Filología Románica en la Universidad de Göttingen. Después de una tesis sobre Calderón de la Barca se especializó en investigaciones sobre cultura hispanoamericana y francesa modernas (literatura, cine, canción). Su antología bilingüe de canciones de Violeta Parra (dos ediciones en 1978 y 1979) contribuyó a que se conociera mejor a esta chilena genial en Alemania. Actualmente dirige una serie de pesquisas sobre la literatura chilena en su contexto internacional.

María de la Luz Hurtado Merino
* 1950 en Santiago de Chile. Es Profesora Titular de la Universidad Católica de Chile, donde se desempeña como Jefa del Depto. de Investigación y Experimentación Teatral y como Directora de la Revista *Apuntes* de la Escuela de Teatro, así como también del Programa de Investigación y Archivos de la Escena Teatral. Es socióloga y licenciada en sociología en la Pontificia Universidad Católica de Chile y candidata a Doctor en Literatura. Se especializó en teoría e historia de la cultura chilena y latinoamericana. Destacan entre sus publicaciones los libros *Teatro chileno y modernidad: identidad y crisis social* (1997); *Memorias teatrales* (1993); *Historia de la televisión en Chile* (1989) entre otros.

Bella Jozef
* 1926 en Rio de Janeiro, Brasil. Profesora emérita de la Universidad Federal de Rio de Janeiro, condecorada con las Palmas Académicas (Francia), Orden del Sol (Perú), Orden de Mayo (Argentina). Ha recibido numerosos premios, entre otros, Mejor Libro de Crítica Literaria (Asociación Paulista de Críticos de Arte, 1980).

Ha sido Personalidad Cultural del Año (Asociación Brasileña de Escritores, 1982). Entre sus libros se encuentran, entre otros: *História da literatura hispanoamericana* (1ª ed. 1971; 4ª ed. 2001); en español: *Historia de la literatura hispanoamericana* (Guadalajara, México, 1991); *O jogo mágico* (1980); *Romance hispanoamericano* (1986); *O espaço reconquistado* (1974, 1993). En español: *El espacio reconquistado* (Valladolid, 1999); *A máscara e o enigma* (1986). En prensa, en español: *La máscara y el enigma* (Guadalajara, México, 2001); *Poesía argentina 1940-1960* (antología, 1990); *Antología general de la literatura brasileña* (México, 1995); *Jorge Luis Borges* (1996); *Diálogos obliquos* (1999). Es Fundadora, Directora y Editora de la revista *América Hispánica*.

Karl Kohut
* 1936 en Olmütz, Moravia. Catedrático de Filología Románica y director del Centro de Estudios Latinoamericanos de la Universidad Católica de Eichstätt. Editor (con Hans-Joachim König) de las publicaciones de este centro, *americana eystettensia*, y (con Sonia V. Rose) de la colección *Textos y estudios coloniales y de la Independencia* (ambas colecciones en la editorial Vervuert). De 1992 a 1998 fue presidente de la Asociación Alemana de Investigación sobre América Latina (ADLAF). Sus campos de trabajo son el humanismo español y portugués de los siglos XV y XVI, la cultura iberoamericana colonial y la literatura latinoamericana del siglo XX.

José Morales Saravia
* 1954 en Lima, Perú. Es catedrático externo en la Universidad Católica de Eichstätt y docente en la Universidad de Erlangen-Núremberg. Entre sus monografías y ediciones figuran, entre otros: *El discurso argentinista en los años treinta* (*Scalabrini Ortiz, Martínez Estrada y Mallea*,1986); *Das enttäuschte Bewußtsein. Die literarische Bearbeitung des Scheiterns des liberalen Projekts in der Cono Sur-Region Lateinamerikas* (tesis de habilitación, aparecerá en 2002); *Die schwierige Modernität Lateinamerikas* (1993); *Emilio Adolfo Westphalen. Abschaffung des Todes und andere frühe Gedichte* (1995); *José Carlos Mariátegui* (1997); *Das literarische Werk von Mario Vargas Llosa* (2000); *Roberto Arlt. La modernidad argentina* (en colaboración con Wolfgang Matzat y Barbara Schuchard, 2001).

Fernando Moreno Turner
* 1948 en Concepción, Chile. Doctor de Tercer Ciclo de la Universidad de la Sorbona y Doctor de Estado en Literatura Hispanoamericana de la Universidad de Poitiers. Hasta 1973, profesor de Literatura en la Universidad de Chile de Valparaíso. Actualmente catedrático de Literatura Hispanoamericana en la Universidad de Poitiers, Francia y director del Centro de Investigaciones Latinoamericanas (CRLA-Archivos). Ha publicado numerosos trabajos y artículos sobre literatura hispanoamericana contemporánea. Su más reciente publicación es el libro,

escrito en colaboración con Alain Sicard, *Diccionario del Canto general de Pablo Neruda* (Paris, 2000).

Horst Nitschack
* 1947 en Leutershausen, Alemania. Se doctoró en 1975 en la Universidad de Freiburg con una tesis sobre las obras estéticas de Kant y Schiller. Lector del DAAD (Servicio Alemán de Intercambio Académico) en Nantes (Francia), Fortaleza (Brasil), Lima, y, actualmente, en Santiago de Chile. Ha tenido a su cargo la enseñanza de cursos de literatura alemana moderna, literatura comparada y literatura latinoamericana en las Universidades de Freiburg, Köln y Essen. Numerosas publicaciones en revistas y obras colectivas.

Osvaldo Obregón
Catedrático titular de literatura y civilización de América Latina de la Universidad de Franche-Comté, Besançon. Doctor de estado, Universidad de Paris III, Sorbonne-Nouvelle. Ha publicado: *Teatro latinoamericano. Un caleidoscopio cultural, 1930-1990* (2000); el volumen bibliográfico *Théâtre latino-américain en France, 1958-1987* (2000); y alrededor de 60 artículos sobre el teatro latinoamericano y español del s. XX. En prensa: *La diffusion et réception du théâtre latino-américain en France, 1958-1987* (Annales littéraires de L'Université de Franche-Comté). Editor de la antología *Théâtre latino-américain contemporain, 1940-1990* (1998), patrocinada por la Unesco, y de *América: 1492-1992. Théâtre et Histoire*, número especial de la revista *Théâtre/Public* (1992).

Andrea Pagni
* 1953 en Buenos Aires, Argentina. Estudió Letras en la Universidad de Buenos Aires. Enseña literaturas románicas en la Universidad de Rostock. Autora de *Post/Koloniale Reisen* (1999), un libro sobre relatos de viajeros franceses al Río de la Plata y rioplatenses a Francia en el siglo XIX. Ha publicado diversos artículos sobre debates culturales en América Latina y sobre literatura argentina de los siglos XIX y XX y co-editado, junto con Karl Kohut, *Literatura argentina hoy. De la dictadura a la democracia* (1989); con Ottmar Ette *Crossing the Atlantic: Travel Literature and the Perception of the Other* (*Dispositio* XVII, 42-43, 1992). Actualmente trabaja en un proyecto de investigación sobre espacios de traducción en América Latina.

Erna Pfeiffer
* 1953 en Graz, Austria. Profesora extraordinaria de Hispanística en el Instituto de Romanística de la Karl-Franzens-Universität de Graz. Traductora literaria de obras en español (Unamuno, Galdós, entre otros). En 1984 se doctoró con una tesis sobre *Literarische Struktur und Realitätsbezug im kolumbianischen Violencia-Roman*. Se habilitó en 1998 con una tesis sobre *Territorium Frau: Körperer-*

fahrung als Erkenntnisprozeß in Texten zeitgenössischer Autorinnen. Entre sus trabajos figuran, entre otros: *Canticum Ibericum. Neuere spanische, portugiesische und lateinamerikanische Literatur im Spiegel von Interpretation und Übersetzung* (1991, en col. con Hugo Kubarth), *AMORica Latina: Mein Kontinent - mein Körper. Erotische Texte lateinamerikanischer Autorinnen* (1991); *EntreVistas. Diez escritoras mexicanas desde bastidores* (1992); *Torturada - Von Schlächtern und Geschlechtern. Texte lateinamerikanischer Autorinnen zu Folter und politischer Gewalt* (1993); *Exiliadas, emigrantes, viajeras. Encuentros con diez escritoras latinoamericanas* (1995).

Stefan Rinke
* 1965 en Helmstedt, Alemania. Es Profesor Asistente de Historia Latinoamericana de la Universidad Católica de Eichstätt (Alemania) y fue Profesor Visitante de Historia Comparativa de las Américas y Europea de la Universidad de Tufts (EE.UU.). Ha trabajado sobre relaciones internacionales, la emigración de alemanes, la construcción de identidades nacionales en América Latina y la historia de Chile. Fruto de sus investigaciones son tres libros y 25 artículos en revistas latinoamericanas, norteamericanas, y europeas.

Bernardo Subercaseaux
* 1944 en Santiago de Chile. Es catedrático principal de la Universidad de Chile. Entre sus libros se encuentran: *Historia, literatura y sociedad: ensayos de hermenéutica cultural* (1991); *Historia de las ideas y de la cultura en Chile* (1997); *Chile, ¿un país moderno?* (1996); *Genealogía de la vanguardia en Chile (la década del centenario)* (1998); *Chile o una loca historia* (1999).

Índice onomástico

americana eystettensia

Publicaciones del Centro de Estudios Latinoamericanos
de la Universidad Católica de Eichstätt

A. ACTAS

1. D.W. Benecke; K. Kohut; G. Mertins; J. Schneider; A. Schrader (eds.): *Desarrollo demográfico, migraciones y urbanización en América Latina.* 1986 (publicado por la editorial F. Pustet de Ratisbona como vol. 17 de *Eichstätter Beiträge*)

2. Karl Kohut (ed.): *Die Metropolen in Lateinamerika — Hoffnung und Bedrohung für den Menschen.* 1986 (publicado por la editorial F. Pustet de Ratisbona como vol. 18 de *Eichstätter Beiträge*)

3. Jürgen Wilke/Siegfried Quandt (eds.): *Deutschland und Lateinamerika. Imagebildung und Informationslage.* 1987

4. Karl Kohut/Albert Meyers (eds.): *Religiosidad popular en América Latina.* 1988

5. Karl Kohut (ed.): *Rasse, Klasse und Kultur in der Karibik.* 1989

6. Karl Kohut/Andrea Pagni (eds.): *Literatura argentina hoy. De la dictadura a la democracia.* 1989. 2a ed. 1993

7. Karl Kohut (ed.) en colaboración con Jürgen Bähr, Ernesto Garzón Valdés, Sabine Horl Groenewold y Horst Pietschmann: *Der eroberte Kontinent. Historische Realität, Rechtfertigung und literarische Darstellung der Kolonisation Amerikas.* 1991

7a. Karl Kohut (ed.) en colaboración con Jürgen Bähr, Ernesto Garzón Valdés, Sabine Horl Groenewold y Horst Pietschmann: *De conquistadores y conquistados. Realidad, justificación, representación.* 1992

8. Karl Kohut (ed.): *Palavra e poder. Os intelectuais na sociedade brasileira.* 1991

9. Karl Kohut (ed.): *Literatura mexicana hoy. Del 68 al ocaso de la revolución.* 1991. 2a ed. 1995

10. Karl Kohut (ed.): *Literatura mexicana hoy II. Los de fin de siglo.* 1993

11. Wilfried Floeck/Karl Kohut (eds.): *Das moderne Theater Lateinamerikas.* 1993

12. Karl Kohut/Patrik von zur Mühlen (eds.) *Alternative Lateinamerika. Das deutsche Exil in der Zeit des Nationalsozialismus.* 1994

13. Karl Kohut (ed.): *Literatura colombiana hoy. Imaginación y barbarie.* 1994

14. Karl Kohut (ed.): *Von der Weltkarte zum Kuriositätenkabinett. Amerika im deutschen Humanismus und Barock.* 1995

15. Karl Kohut (ed.): *Literaturas del Río de la Plata hoy. De las utopías al desencanto.* 1996

16. Karl Kohut (ed.): *La invención del pasado. La novela histórica en el marco de la posmodernidad.* 1997

17. Karl Kohut/José Morales Saravia/Sonia V. Rose (eds.): *Literatura peruana hoy. Crisis y creación.* 1998

18. Hans-Joachim König (ed.) en colaboración con Christian Gros, Karl Kohut y France-Marie Renard-Casevitz: *El indio como sujeto y objeto de la historia latinoamericana. Pasado y presente.* 1998

19. Barbara Potthast/Karl Kohut/Gerd Kohlhepp (eds.): *El espacio interior de América del Sur. Geografía, historia, política, cultura.* 1999

20. Karl Kohut (ed.): *Literatura venezolana hoy. Historia nacional y presente urbano.* 1999

21. Karl Kohut/José Morales Saravia (eds.): *Literatura chilena hoy. La difícil transición.* 2002

B. MONOGRAFÍAS, ESTUDIOS, ENSAYOS

1. Karl Kohut: *Un universo cargado de violencia. Presentación, aproximación y documentación de la obra de Mempo Giardinelli.* 1990

2. Jürgen Wilke (ed.): *Massenmedien in Lateinamerika. Erster Band: Argentinien — Brasilien — Guatemala — Kolumbien — Mexiko.* 1991

3. Ottmar Ette (ed.): *La escritura de la memoria. Reinaldo Arenas: Textos, estudios y documentación.* 1992. 2a ed. 1995

4. José Morales Saravia (ed.): *Die schwierige Modernität Lateinamerikas. Beiträge der Berliner Gruppe zur Sozialgeschichte lateinamerikanischer Literatur.* 1993

5. Jürgen Wilke (ed.): *Massenmedien in Lateinamerika. Zweiter Band: Chile — Costa Rica — Ecuador — Paraguay.* 1994

6. Michael Riekenberg: *Nationbildung, Sozialer Wandel und Geschichtsbewußtsein am Rio de la Plata (1810-1916).* 1995

7. Karl Kohut/Dietrich Briesemeister/Gustav Siebenmann (eds.): *Deutsche in Lateinamerika — Lateinamerika in Deutschland.* 1996

8. Jürgen Wilke (ed.): *Massenmedien in Lateinamerika. Dritter Band: Bolivien — Nicaragua — Peru — Uruguay — Venezuela.* 1996

9. Christiano German: *Politik und Kirche in Lateinamerika. Zur Rolle der Bischofskonferenzen im Demokratisierungsprozeß Brasiliens und Chiles.* 1999

10. Inge Buisson-Wolff: *Staat, Gesellschaft und Nation in Hispanoamerika. Problemskizzierung, Ergebnisse und Forschungsstrategien. Ausgewählte Aufsätze.* Edición e introducción de Hans-Joachim König. 1999

11. Franz Obermeier: *Brasilien in Illustrationen des 16. Jahrhunderts.* En colaboración con Roswitha Kramer. 2000

12. Sonja M. Steckbauer: *Perú: ¿educación bilingüe en un país plurilingüe?* 2000

C. TEXTOS

1. José Morales Saravia: *La luna escarlata. Berlin Weddingplatz.* 1991

2. Carl Richard: *Briefe aus Columbien von einem hannoverischen Officier an seine Freunde.* Reeditado y comentado por Hans-Joachim König. 1992

3. Sebastian Englert, O.F.M.Cap: *Das erste christliche Jahrhundert der Osterinsel 1864-1964.* Edición de Karl Kohut. 1996

3a. Sebastiun Englert, O.F.M.Cap: *Primer siglo cristiano de la Isla de Pascua. 1864-1964.* Edición de Karl Kohut. 1996

4. Denzil Romero: *Recurrencia equinoccial.* Novela. Edición de Karl Kohut. Prólogo de Antonio M. Isea. 2002

D. POESÍA

1. Emilio Adolpho Westphalen: *"Abschaffung des Todes" und andere frühe Gedichte.* Edición de José Morales Saravia. 1995

2. Yolanda Pantin: *Enemiga mía. Selección poética (1981-1997).* Prólogo de Verónica Jaffé. 1998